国家职业教育“十三五”规划教材·机车车辆类

内燃机车检修新技术

主　编　许建林　崔亚伟　于彦良
副主编　张春雨　钟铁柱　杨璞哲　车瑞霞

北京交通大学出版社
·北京·

内容简介

本书为技师研修培训教材，涵盖和谐内燃机车总体，和谐内燃机车柴油机，机车交流传动技术，机车微机控制与网络通信控制系统，机车制动技术，和谐内燃机车检修设备、检修制度与工艺，检修数据资料的收集与管理，机车常见故障及处理方法，6A 系统、机车远程视频监控系统，工卡量具的使用，现代职业培训技术简介，科技论文写作基础知识等内容。

本书还可以方便广大从事内燃机车检修的人员进行深入学习使用。

图书在版编目（CIP）数据

内燃机车检修新技术 / 许建林，崔亚伟，于彦良主编. —北京：北京交通大学出版社，2018.9

ISBN 978-7-5121-3666-3

Ⅰ. ① 内… Ⅱ. ① 许… ② 崔… ③ 于… Ⅲ. ① 内燃机车–机车检修 Ⅳ. ① U269.5

中国版本图书馆 CIP 数据核字（2018）第 179570 号

内燃机车检修新技术
NEIRAN JICHE JIANXIU XIN JISHU

策划编辑：陈跃琴 刘建明 责任编辑：陈可亮
出版发行：北京交通大学出版社 电话：010-51686414 http://www.bjtup.com.cn
地 址：北京市海淀区高梁桥斜街 44 号 邮编：100044
印 刷 者：北京鑫海金澳胶印有限公司
经 销：全国新华书店
开 本：185 mm×260 mm 印张：26.5 字数：656 千字
版 次：2018 年 9 月第 1 版 2018 年 9 月第 1 次印刷
书 号：ISBN 978-7-5121-3666-3/U・327
印 数：1～3 000 册 定价：76.00 元

本书如有质量问题，请向北京交通大学出版社质监组反映。对您的意见和批评，我们表示欢迎和感谢。
投诉电话：010-51686043，51686008；传真：010-62225406；E-mail：press@bjtu.edu.cn。

前 言

铁路技能人才重点培训项目的实施，有效提高了铁路职工整体素质。随着铁路快速发展，铁路应用新技术也在快速迭代。技能人才是铁路发展的基础，只有掌握和应用先进的生产设备，融通技术发展历史脉络，才能发挥其应有的效能，形成运输生产力。

为满足铁路技能人才重点培训项目对教材的需求，加快岗位业务知识更新，不断提高机务系统检修技术骨干人员的业务知识与技能，为铁路运输生产服务，我们积极探索，创新思路，突破传统教学模式，再经过培训单科教案、校本教材不断的实践、修改、提升，组织编写了《内燃机车检修新技术》重点项目培训教材。教材编写采用学校培训专家和内燃机车运用及检修现机务部门的技术专家相结合的方式，经过了多次专题交流和讨论。以《中国铁路总公司办公厅关于印发年度铁路技能人才重点培训项目计划的通知》文件为指导，深化“强基达标、提质增效”。教材实现“既注重新技术，又建立技术发展历程，强调理论联系实际”，教材通过 12 个模块 23 个任务，较为系统地介绍了内燃机车检修新知识、新技术、新装备、新工艺、企业培训与自适应性学习等方面的内容。

本教材由河北轨道运输职业技术学院许建林、崔亚伟、于彦良担任主编；北京铁路局集团有限公司怀北机务段张春雨、钟铁柱，石家庄机务段杨璞哲，以及北京铁路局集团有限公司石家庄电力机务段车瑞霞担任副主编，全书由河北轨道运输职业技术学院许建林负责统稿完成。教材编写具体分工如下：许建林编写引言、模块 5 任务 5.1、模块 9 任务 9.2，参与编写模块 6、模块 7；崔亚伟编写模块 11 任务 11.1；于彦良编写模块 11 任务 11.2；马越编写模块 1、模块 2；闫树成编写模块 3；李联福编写模块 4；李志南编写模块 5 任务 5.2、任务 5.3；钟铁柱编写模块 6；张春雨编写模块 8；杨璞哲编写模块 9 任务 9.1；车瑞霞编写模块 7、模块 10；许立霞编写模块 12。

教材编写过程中得到了北京铁路局机务处、教育处的大力支持，教材在出版过程中得到北京交通大学出版社领导、编辑和技术工程师的大力支持与帮助，在此一并表示感谢。

教材编写过程中，笔者通过网络查阅了大量资料，但未能及时地记下这些资料的出处。在此对撰写这些资料的专家首先表达歉意，更加表示深深的谢意！

由于笔者水平有限，教材中难免有缺陷和不足之处，恳请广大读者批评指正。

编 者

2018 年 5 月

目录

引 言

行到水穷处，坐看云起时。

——〔唐〕王维

人类最重要的进化——通过实践发现了工具，并逐渐学会了创造工具，也就有了技术。从发现工具开始，人类实际上就开始了迈向工业化的脚步。伴随着工业化发展历程，技术在保持着不变的本质，同时也拥有随时代进步变化的属性。创新就在本质到属性，属性回归本质的轮回中得到升华。

1. 工业 0.0 时代

又称工业前时代，0.0 代表着当下没有，但已经开始孕育。这个时代人类开始使用工具，发现新的工具，再到创新工具，工具经历了从石器到青铜器，再到铁器的过程。在这个漫长的过程中人类不断积累着经验，并不断转化为技术，再应用技术发展工具，为工业化时代做着量的储备。

1）石器时代（Stone Age）

（1）旧石器时代（Paleolithic）：距今约 300 万年至距今约 1 万年，是以使用打制石器为标志的人类物质文化发展阶段。如图 0－1 所示。

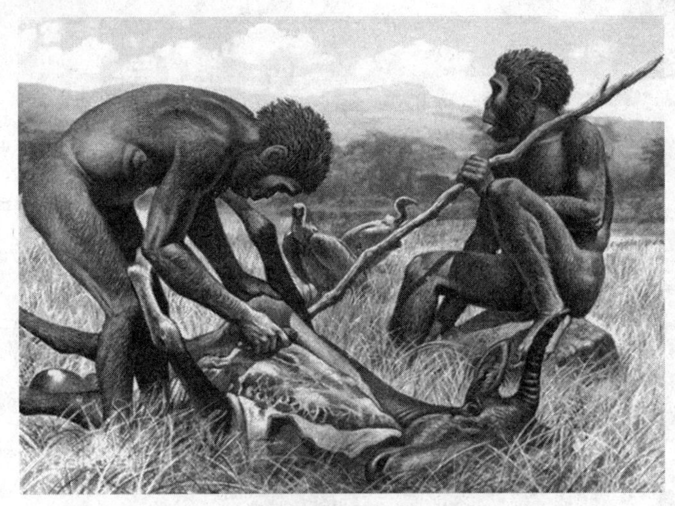

图 0－1　旧石器时代人类使用工具图

其时期划分一般采用三分法，即旧石器时代早期、中期和晚期，人们主要是制造简单工具以作打猎和采集的用途，以中国周口店发现的北京人为例。据考究，他们使用石器和木棍来猎取野兽，并懂得采集果子来充饥。他们主要居住于山洞中，从其洞穴中发现木炭、灰烬、椀烧石、烧骨等痕迹，显示当时的人们已掌握了使用火的技术，并会砍取树木作燃料。在旧石器时代早期，人类学会用火；中期制造骨器；晚期能制造简单组合工具，开始形成了母系氏族。元谋人、蓝田人、北京人、山顶洞人等基本上都处于这一时期。

（2）中石器时代（Mesolithic）：人类生活仍是以狩猎渔业为主，出现氏族社会，人们发明弓箭、渔矛、渔网等打猎工具。如图 0－2 所示。

人们发明房屋建筑技术，发明独木舟，开始驯养狗、羊和猪，开始磨制简单石器。在世界上的森林地区，可以看到森林地开始被开发的迹象。森林地的急遽开垦是新石器时代的事情。

（3）新石器时代（Neolithic）：在考古学上是石器时代的最后一个阶段，以使用磨制石器为标志的人类物质文化发展阶段。如图 0－3 所示。

图 0-2　中石器时代人类使用工具图

图 0-3　新石器时代人类使用工具图

新石器时代大约从距今 1 万年前开始，结束时间从距今 5 000 多年至 2 000 多年不等。一般认为新石器时代有 3 个基本特征：开始制造和使用磨制石器，发明了陶器，出现了原始农业、畜牧业和手工业。

2）青铜时代（Bronze Age）

又称青铜器时代、青铜文明，在考古学上是以使用青铜器为标志的人类文化发展的一个阶段。如图 0-4 所示。

青铜时代初期，青铜器使用比重较小，甚或以石器为主；进入中后期，使用比重逐步增加。自有了青铜器和随之使用的增加，农业和手工业的生产力水平提高，物质生活条件也渐渐丰富。青铜出现后，对提高社会生产力起了划时代的作用。

3）铁器时代（Iron Age）

世界上最早锻造出铁器的是赫梯王国，距今约 3 400 年。从 20 世纪 70 年代在河北藁城和北京平谷刘家河商代遗址出土的铁刃铜钺得知，中国在商代中期已经开始用铁，如图 0-5 所示，但属于稀有之物。西周晚期，我国开始使用铁器，进入铁铜石并用的时代，河南三门峡虢国墓中出土的铜柄铁剑能够证明西周晚期我国已有人工冶炼的铁器。

图 0-4 青铜时代人类使用工具图

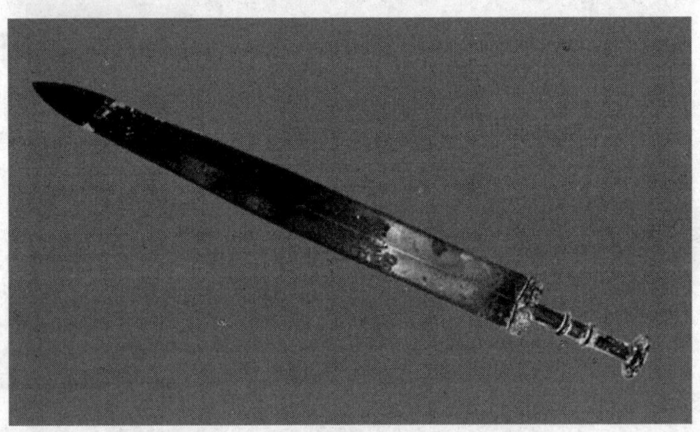

图 0-5 铁器时代人类制作的铁剑图

2. 工业 1.0 时代（18 世纪 60 年代—19 世纪中期）

突破点：通过水力和蒸汽机动力实现工厂机械化。机械生产代替了手工劳动，经济社会从以农业、手工业为基础转型到以工业、机械制造带动经济发展的新模式。

技术革命始于英国，自此人类开始了工业化的征程，即：以机器替代手工工具，实现机械化的过程。就是通过水力和蒸汽机实现工厂机械化。许多技术发明都来源于工匠的实践经验，科学和技术尚未真正结合。交通工具方面，蒸汽机车发明，出现了新的运输形式——铁路运输，如图 0-6 所示。

马克思把“现代工业”“工厂制度”“机器体系”跟工场手工业作了区分。现代工业之所以区别于工场手工业，是由于机器起了主要的作用。“只是在工具由人的机体的工具变为机械装置即工具机的工具以后，发动机才取得了独立的、完全摆脱人力限制的形式。于是……单个的工具机，就降为机器生产的一个简单要素了。”马克思把机器体系的发展划分为两个阶段。第一个阶段是“简单协作”，即仅仅是“同种并同时共同发生作用的工作机”在工厂中的“集结”，它们使用着一个单一的动力来源。第二个阶段是一种“有组织的机器体系”，这时候通过各局部机器之间不断的交接工作，产品便从一个生产阶段传送到另一个生产阶段。当这种有组织的体系臻于完善，并且只需要工人从旁照看就能够进行整个生产过程的时候，它就成为“自动的机器体系”。

图 0-6 初期铁路运输场景示意图

3. 工业 2.0 时代（19 世纪后半期—20 世纪初）

突破点：在已经发展较为成熟的蒸汽动力基础上，采用电力驱动产品的大规模生产；工业进入了由继电器、电气自动化控制机械设备生产的年代。这次的工业革命，通过零部件生产与产品装配的成功分离，开创了零部件生产与产品装配实现分工，工业进入大规模生产时代。

这个时期，以电能的突破、应用以及内燃机的出现为标志，技术革命的驱动力由英国转为德国、美国。随着自然科学研究取得重大进展，各种新技术、新发明层出不穷，并被应用于各种工业生产领域。1866 年，德国人西门子制成了发电机；19 世纪 70 年代，实际可用的发电机问世。电器开始代替机器，成为补充和取代以蒸汽机为动力的新能源。随后，电灯、电车、电影放映机相继问世，人类进入了“电气时代”。19 世纪七八十年代，以煤气和汽油为燃料的内燃机相继诞生，19 世纪 90 年代柴油机创制成功。内燃机的发明解决了交通工具的发动机问题。19 世纪 80 年代德国人卡尔·弗里特立奇·本茨等人成功地制造出由内燃机驱动的汽车，内燃汽车、远洋轮船、飞机等也得到了迅速发展。内燃机的发明，推动了石油开采业的发展和石油化工工业的生产。

1864 年，英国技师威尔德提出了用旋转电枢产生的电流为电磁铁励磁的设想，提出了自激式发电机原理。把这一原理转化为实际应用的则是科学家、发明家与商人特点于一身的维尔纳·西门子。1866 年，他研制成功第一台自激式发电机，这在科学史上和瓦特的蒸汽机具有同等重要的历史地位。

从 17 世纪末到 19 世纪末的大约 200 年间，内燃机终于从设想变成了可以实际应用的动力机。自从奥托汽油机和狄塞尔的柴油机出现之后，很快在各个领域开始推广应用。

1913 年，亨利·福特从屠宰场流水线式操作受到启发，首创了汽车生产流水线，如图 0-7 所示。福特成功地从小批量生产转到大批量生产，使汽车从富有的象征成为大众化的消费品。在他的工厂内，专业化分工非常细，仅一个生产单元的工序竟然多达 7 882 种。为了提高工人的劳动效率，福特反复试验，确定了一条装配线上所需要的工人，以及每道工序之间的距离。这样一来，每个汽车底盘的装配时间从 12 小时 28 分缩短到 1 小时 33 分。这项生产管理技术创新给百年后的世界带来的巨变肯定是亨利•福特当年想象不出来的。

图 0-7　福特的汽车生产线

4. 工业 3.0 时代（20 世纪 70 年代至今）

突破点：在升级工业 2.0 的基础上，广泛应用电子与信息技术，制造过程的自动化控制程度得到大幅度提高。工厂大量采用由 PC、PLC/单片机等自动化控制的自动化生产线进行生产，如图 0-8 所示。机电一体化的机器不仅替代了相当比例的“体力劳动”，还逐步从事了“脑力劳动”。

图 0-8　自动化汽车生产线

1969 年，美国数字设备公司（DEC）研制出第一台可编程控制器，用于通用汽车公司的生产线，取代生产线上的继电器控制系统，开创了工业控制的新纪元。19 世纪 70 年代，日、德、英、法等各国相继开发了适于本国的可编程控制器，并推广使用。1974 年，我国也开始研制生产可编程控制器。

随着微电子技术、计算机技术及数字控制技术的高速发展，到 19 世纪 80 年代末，PLC 技术已经很成熟，并从开关量逻辑控制扩展到计算机数字控制（CNC）等领域。目前，世界先进工业国家PLC已经成为工业控制的标准设备，成为工业自动化的三大支柱（PLC技术、机器人、计算机辅助设计和制造）之一。国际电工委员会（IEC）将可编程逻辑控制器改称为可编程控制器PC（programmable controller）。后来由于发现其简写与个人计算机（personal computer）相同，所以又重新沿用PLC的简称。

5. 工业4.0时代（21世纪10年后起步）

突破点：“工业4.0”是实体物理世界与虚拟网络世界融合的时代。未来，基于信息物理系统（cyber-physical system，CPS）的智能化，将使人类步入以智能制造为主导的“第四次工业革命”。PLM（产品全生命周期）、全制造流程数字化以及基于信息通信技术的模块集成，将形成一种高度灵活、个性化、数字化的产品与服务新生产模式。

“工业4.0”概念是德国政府2013年《高技术战略2020》确定的十大未来项目之一，并已上升为国家战略，旨在支持工业领域新一代革命性技术的研发与创新。

“工业4.0”项目主要分为三大主题：一是“智能工厂”，重点研究智能化生产系统及过程，以及网络化分布式生产设施的实现；二是“智能生产”，主要涉及整个企业的生产物流管理、人机互动以及3D技术在工业生产过程中的应用等，该计划将特别注重吸引中小企业参与，力图使中小企业成为新一代智能化生产技术的使用者和受益者，同时也成为先进工业生产技术的创造者和供应者；三是“智能物流”，主要通过互联网、物联网、物流网，整合物流资源，充分发挥现有物流资源供应方的效率，而需求方则能够快速获得服务匹配，得到物流支持。

2015年3月5日，李克强在全国两会上作《政府工作报告》时首次提出“中国制造2025”的宏大计划。2015年5月19日，国务院正式印发《中国制造2025》。“中国制造2025”是在新的国际国内环境下，中国政府立足于国际产业变革大势，作出的全面提升中国制造业发展质量和水平的重大战略部署。其根本目标在于改变中国制造业“大而不强”的局面，通过10年的努力，使中国迈入制造强国行列，为到2045年将中国建成具有全球引领和影响力的制造强国奠定坚实基础。

第一步：力争用10年时间，迈入制造强国行列。到2020年，基本实现工业化，制造业大国地位进一步巩固，制造业信息化水平大幅提升。掌握一批重点领域关键核心技术，优势领域竞争力进一步增强，产品质量有较大提高。制造业数字化、网络化、智能化取得明显进展。重点行业单位工业增加值能耗、物耗及污染物排放明显下降。到2025年，制造业整体素质大幅提升，创新能力显著增强，全员劳动生产率明显提高，两化（工业化和信息化）融合迈上新台阶。重点行业单位工业增加值能耗、物耗及污染物排放达到世界先进水平。形成一批具有较强国际竞争力的跨国公司和产业集群，在全球产业分工和价值链中的地位明显提升。

第二步：到2035年，我国制造业整体达到世界制造强国阵营中等水平。创新能力大幅提升，重点领域发展取得重大突破，整体竞争力明显增强，优势行业形成全球创新引领能力，全面实现工业化。

第三步：新中国成立一百年时，制造业大国地位更加巩固，综合实力进入世界制造强国前列。制造业主要领域具有创新引领能力和明显竞争优势，建成全球领先的技术体系和产业体系。加快新材料、新技术和新工艺的应用，重点突破体系化安全保障、节能环保、数字化智能化网络化技术，研制先进可靠适用的产品和轻量化、模块化、谱系化产品。研发新一代绿色智能、高速重载轨道交通装备系统，围绕系统全寿命周期，向用户提供整体解决方案，建立世界领先的现代轨道交通产业体系。

思考与讨论

科学与技术的发展对机车检修技术的影响。

模块 1

和谐内燃机车总体

任务 1.1　熟悉 HX_N3 机车总体
任务 1.2　熟悉 HX_N5 机车总体

任务 1.1　熟悉 HX_N3 机车总体

HX_N3 机车是大功率交—直—交电传动内燃机车，外形图如图 1－1－1 所示。由额定功率为 4 400 kW 的 16V265H 型柴油机、交流电传动和控制系统、车体、转向架、机油系统、燃油系统、空气滤清系统、CCB Ⅱ型空气制动系统等部件及系统组成。

图 1－1－1　HX_N3 机车外形图

HX_N3 机车从Ⅰ端开始依次为Ⅰ端司机室、电气室、电阻制动室、空滤室、柴油机室、冷却室、Ⅱ端司机室，如图 1－1－2 所示。

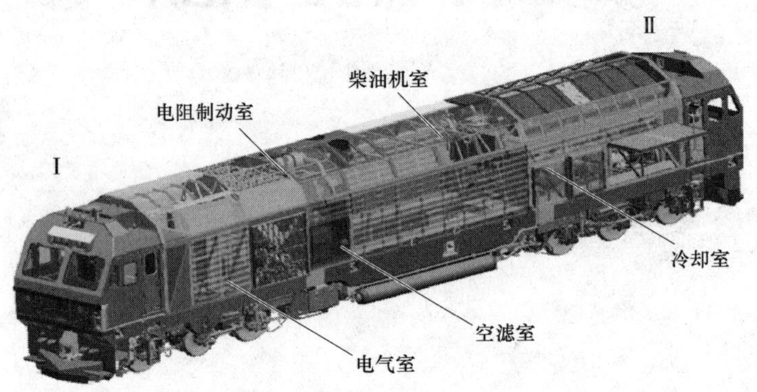

图 1－1－2　HX_N3 机车总体布置

HX_N3 机车主要技术参数：

✧ 传动形式	交流电传动
✧ 轨距	1 435 mm
✧ 轴式	C_0—C_0
✧ 轮径	1 050 mm
✧ 齿轮传动比	85:16
✧ 柴油机装车功率	4 660 kW
✧ 主发输入功率	4 400 kW（6 000 hp）
✧ 牵引功率	3 700 kW
✧ 最大起动牵引力	620 kN

✧ 最大轴重	25 t±3%
✧ 柴油机型号	16V265H
✧ 柴油机起动方式	风动
✧ 柴油机额定转速	420 r/min
✧ 柴油机最低怠速转速	325 r/min
✧ 电阻制动功率	（3 700±100）kW
✧ 燃油箱容积（可用燃油量）	≥9 000 L
✧ 最小摘挂曲线半径	250 m
✧ 三台机车重联	以 5 km/h 速度可以通过半径 145 m 的曲线
✧ 最大运用速度	120 km/h
✧ 持续速度	20 km/h
✧ 最大恒功速度	120 km/h
✧ 恒功率速度范围	23～120 km/h
✧ 两车钩中心线间距离	22 250 mm
✧ 车体两端部之间距离	20 980 mm
✧ 最大宽度	3 370 mm
✧ 最大高度	4 705 mm
✧ 转向架中心距	13 900 mm

1. 司机室

HX_N3 司机室如图 1－1－3 所示。司机室与车体隔离，这样就隔离了来自轨道和柴油机发出的噪声，从而降低了司机室的噪声水平。在司机室操纵台上的 FIRE 显示屏可提供有关机车运行状态、系统故障和故障处理的信息。

图 1－1－3　HX_N3 司机室

2. 电气室

Ⅰ端司机室之后的是电气室，电气室内装有机车控制的电气设备，如图 1－1－4 所示。电气室通有清洁的滤清空气，室内予以加压以免污物进入室内。电气室里安装有 EM2000 微机、监控设备、无线列调设备、给辅助系统提供 74 V 直流电的 APC、提供 220 V 交流电的逆变器、空调逆变器、控制继电器和接触器等电气部件。

图 1-1-4 HX_N3 电气室

3. 柴油机室

16V265H 柴油机和 TA20/CA9 牵引发电机安装在车体柴油机室的中央位置，如图 1-1-5 所示。牵引逆变器是一个电气装置，它按照要求把 AC 转变成 DC 用于电阻制动，把 DC 逆变成 AC 用于牵引功率（逆变器和变流器是可以互换使用的术语，TCC 表示牵引控制逆变器）。

辅助发电机 CA9 驱动各种风机，同时为 TA20 主发电机提供励磁电流。XDC 充电和其他低电压（DC 74 V）系统是由辅助发电机通过辅助电源变流器（APC）供电的。主发的励磁电流是由机车 EM2000 微机控制的。

图 1-1-5 HX_N3 柴油机室

4. 冷却室

冷却室安装有中冷和柴油机高温水散热器和冷却风扇，冷却风扇安装在散热器的下面，如图 1-1-6 所示。机油滤清器、机油热交换器和燃油滤清器也安装在散热器和冷却风扇的下面，用于冷却第二转向架电机组的牵引电机通风机也安装在冷却室内。两个空气压缩机和一个小辅助空压机安装在冷却风扇的下面。

5. 转向架

转向架承担机车的全部重量，为机车动力传递到钢轨上提供手段，如图 1-1-7 所示。高强度的钢结构焊接构架使用无摇枕的二系悬挂系统，构架内安装了牵引电机和轮对。产生的全部纵向牵引和制动载荷，都通过拐臂牵引杆机构从转向架传递到机车底架。转向架的设计要满足高可靠性、长大修周期、较长的保养周期。电机吊杆装配取代了传统的橡胶悬挂吊杆装配，它支撑着转向架上的三台交流牵引电机。

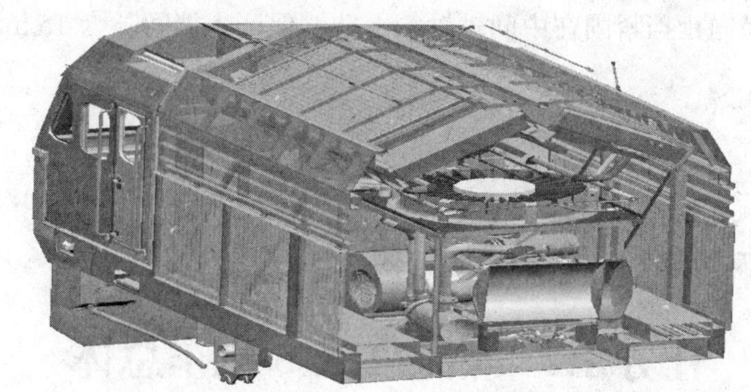

图 1－1－6　HX_N3 冷却室

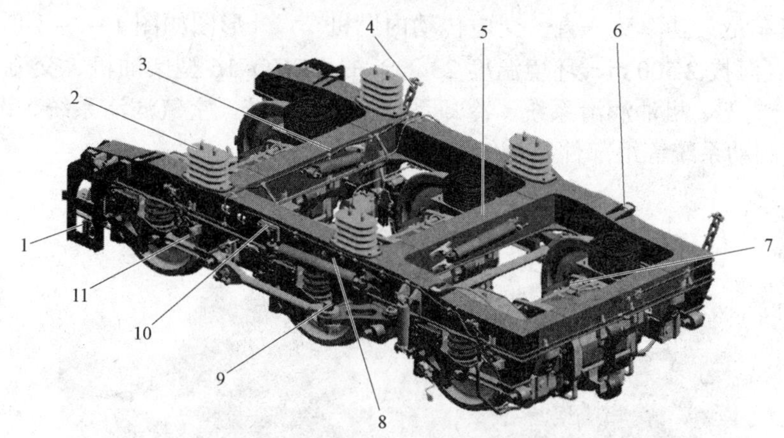

图 1－1－7　HX_N3 转向架

1—车体装配；2—二系橡胶弹簧；3—横向减振器；4—整体起吊装置；5—构架；6—摇头止挡；
7—轮对电机安装；8—抗蛇行减振器；9—牵引杆装配；10—横向止挡；11—轴箱拉杆

安装在转向架上的三台交流牵引电机把电能转化为机车牵引力。电机通过传动装置连接到驱动轴上，驱动轴再通过车轮将力传递到钢轨。

整个机车的重量是由四个二系橡胶弹簧装配支撑和直接传递到转向架的构架上。二系弹簧提供有可控的横向刚度和蛇行刚度，以确保良好的驾乘质量以及运行稳定性。

较软的一系悬挂装置是由 12 个双圈圆弹簧和橡胶减振垫组成，用来提高运行品质，平衡轮重，克服轨道线路的不平顺。垂向减振器装在端轴两端，轴箱体与构架之间的位置，用来衰减构架较大的垂向和侧滚振动。

两个二系抗蛇行减振器纵向安装在构架和车体底架之间，用来衰减转向架的蛇行运动以实现高速运行的稳定性。转向架构架和车体底架之间，横向装有两个二系横向减振器以确保良好的横向运行品质。

构架上设有二系弹性横向止挡来限制转向架和车体底架之间的横向移动。转向架也设有四个旋转止挡，来限制转向架旋转，防止诸如二系弹簧、二系减振器、风道、电机大线、空气软管和撒砂软管等转向架和底架间的连接部件超限。

牵引电机/轮对装置的横动量是通过安装在轴箱体上的一个垫板和用螺栓紧固在构架上的非金属垫板相互配合来保证在规定的范围内。这种设计保证了横动量易于检查和加垫调整。

用螺栓把弹性横向止挡紧固在端轴轴箱上能够保证止挡间隙为 1 mm，以达到良好的稳定性。用螺栓把刚性横向止挡紧固在中间轴轴箱上能够保证止挡间隙为 15 mm，用来满足曲线通过的需要。

思考与讨论

1. 简述 HX_N3 机车的总体设备布置。
2. 简述 HX_N3 机车转向架的结构特点。

任务 1.2　熟悉 HX_N5 机车总体

HX_N5 型机车是大功率交—直—交电传动内燃机车，外形图如图 1－2－1 所示。由额定功率为 4 660 kW（海拔 2 500 m、环境温度 23 ℃）的 GEVO 16 型柴油机、交流电传动和控制系统、车体、转向架、机油润滑系统、冷却系统、燃油系统、空气滤清系统、设备通风系统、CCB Ⅱ型空气制动系统等组部件及系统所组成。

图 1－2－1　HX_N5 型内燃机车外形图

HX_N5 型内燃机车主要技术参数：

✧ 型号	HX_N5 型
✧ 用途	客、货运
✧ 传动方式	交流传动（AC－DC－AC）
✧ 操纵方式	单司机操纵
✧ 机车具有电气和空气系统重联功能（同型号机车之间）	
✧ 限界	符合 GB 146.1—1983
✧ 轨距	1 435 mm
✧ 轴式	C_0—C_0
✧ 机车整备重量	150 t±3%
✧ 轴重（标称）	25 t±3%
✧ 车轮	整体碾钢车轮（AARM107/208），C 级

✧ 轮径	1 050 mm	
✧ 额定功率（主发输入功率）	4 400 kW	AAR 标准状态
✧ 轮周功率	4 003 kW	AAR 标准状态
✧ 牵引力		
起动牵引力	620 kN	AAR 标准状态
持续牵引力	565 kN	AAR 标准状态
✧ 速度		
最高运行速度	120 km/h	
持续速度	25 km/h	AAR 标准状态
恒功率速度范围	22.3～120 km/h	AAR 标准状态
✧ 最大电阻制动力	338 kN	
✧ 电阻制动功率	4 004 kW	AAR 标准状态
✧ 制动距离	≤1 100 m（单机平直道，轨面状态良好，制动初速 120 km/h 条件下，纯空气制动时的距离）	
✧ 最小通过曲线半径	145 m（三台机车重联，以 5 km/h 速度通过）	
✧ 最小摘挂曲线半径	250 m	
✧ 轴距	1 850 mm	
✧ 转向架中心距	13 298 mm	
✧ 机车尺寸		
机车总长	21 133 mm（车体两端面间距离）	
机车宽度	3 119 mm（司机室处）	
机车高度	4 770 mm	
✧ 车钩中心距	22 295 mm	
✧ 燃油箱容量（可用）	9 000 L	
✧ 砂装载量	500 L	
✧ 水装载量	1 100 L	
✧ 机油装载量	1 300 L	

HX_N5 型内燃机车为外走廊底架承载式结构。机车分上下两部分，上部为车体及安装在其上的设备，下部两端为转向架，中部设有承载式燃油箱。车体上面部分为相对独立的 4 个室，如图 1－2－2 所示。司机室（OP）、辅助/逆变室（AUX）、动力室和冷却室（RAD），其中动力室分为两间，即发电机间（ALT）和柴油机间（ENG）。

车体左、右两侧在辅助/逆变室中间部位和冷却室后端部位均设有供司乘人员上、下的扶梯；司机室后端墙左、右两侧设有通往机车外部的门。

车体车架前后两端都装有 AAR M201 Grade E 型牵引车钩和 NC－391 型橡胶缓冲器；车钩左右两侧有列车管、空气重联管及重联电缆等。车架中部为承载式燃油箱，燃油箱右侧设有两个总风缸，两个总风缸间装有高压安全阀；总风缸前端依次设有空气干燥器、辅助用风精滤器，后端设有制动用风精滤器；燃油箱左侧设有蓄电池箱。在司机室下部车架前端左右两侧各设有一个蓄电池充电插座。在车架中部设有燃油切断系统燃油切断阀。

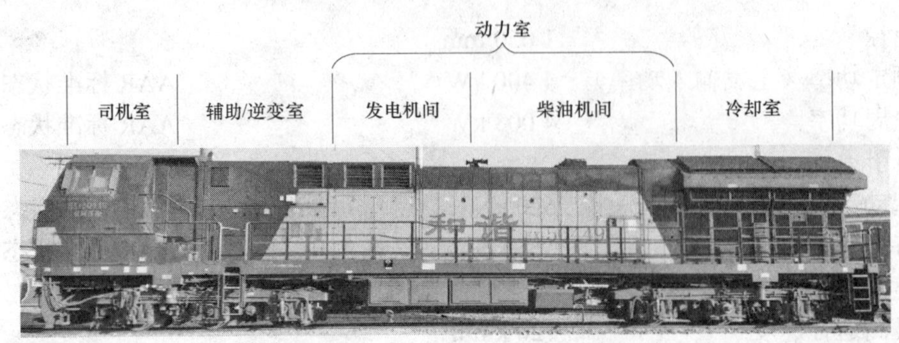

图 1-2-2　HX_N5 型内燃机车工作间（室）示意图

1. 司机室

司机室前端壁下部左右两侧设有前转向架的砂箱；上部装有两块具有防霜、加热功能的 PVB 夹层玻璃的前窗，窗外设有气动刮雨器。前窗下面左右两侧设有标志灯。如图 1-2-3 所示。

图 1-2-3　HX_N5 机车司机室

两侧侧墙上部设有侧窗，侧窗下部有电热丝式加热器；两侧墙前外端还装有后视镜。顶棚前端中部为头灯。

司机室内部以铺有防滑、吸声特性材料的底板将司机室内部隔为上、下两部分。

司机室底板上部前端左侧和后端右侧分别设置有主操纵台和副操纵台，操纵台上安置了全部驾驶和信息控制设备。操纵台上布置有构成人机接口的设备：司机主控制器、电子制动阀、智能显示器（smart displays）等；副操纵台左侧设有加热盘和电烤箱；操纵台后端设有司机座椅。司机室前端前窗下部设有监控系统主机、信号系统主机、冰箱、灭火器和工具箱。司机室后端设有控制设备柜（CA1 控制区），控制设备柜门外侧设置了折叠座椅。控制设备柜的后端右侧为卫生间，左侧为行车安全设备柜。司机室顶部设有天花板；天花板中间后顶部设有照明灯；前顶端右侧设有 1 个风扇，左侧设有 1 个风扇和 1 个司机控制台灯。

司机室底板下部为空气制动设备柜，其中还安装有空调等其他设备。

2. 辅助/逆变室

辅助/逆变室内部以车顶底板将其分隔为上、下两部分。

下部为安装 HX_N5 型内燃机车多个辅助、牵引和变流器控制设备的电气柜。电气柜内以中间隔板隔为前、后两室。前室为高压电气柜（牵引变流器），左为 CA5 控制区，右为 CA3 控制区；后室为低压电气柜（功率装置柜），左为 CA4 控制区，右为 CA2 控制区。在这些控制区内布置有 2 个计算机板和 1 个计算机电源，作为可调节的辅助电源，有 3 个 AC/DC 和 3

个 AC/AC 电源板。牵引系统的主要部件有主整流器、驱动牵引电机的变流器、变流器专用电源等。电气柜内还安装有一些电子控制板、传感器、接触器、继电器。低压电气柜内还设有变流器、主发电机通风机的通风道。

上部前端为辅助通风机、主发电机通风机的进风区间，其车顶两侧设有 V 形滤网和离心式空气滤清器（空滤器栅），车顶前端中间设有排尘出风口；内部设置辅助通风机和排尘风机；后端为机车最前面一组电阻制动装置工作区间，两侧都装有制动电阻进风（下部）和排风（上部）百叶窗，内部安装有一组电阻制动装置。

在辅助/逆变室与发电机间交界区设有变流器冷却用风出风管。

3. 柴油机间

柴油机间内安装有 GEVO 16 型柴油机。柴油机输出端左侧设有盘车机构的接口。柴油机排气烟囱（消声器）安装于柴油机自由端增压器出口，与后顶盖相关联。柴油机间中部顶盖外端安装有风喇叭。

4. 冷却室

前半部分上方装有冷却水箱、空滤器（柴油机空气滤清箱组件）；下方为集成的柴油机支持系统，其中包括机油滤清器、机油热交换器、燃油加热器、燃油滤清器、起动机油泵和低压燃油泵。

后半部分上面为冷却系统冷却装置封闭作业区，冷却装置上方设有由压缩空气驱动的散热器百叶窗。百叶窗下方为散热器，散热器下部装有冷却风扇，其左右两侧安装有供散热器进风的 V 形滤网。在冷却装置封闭作业区下部空间内，前端为牵引电机通风机、通风机滤清器及排尘风机；后端为空压机及供空压机冷却用的翅片管式冷却器。

冷却室后端墙上装有 CA9 控制箱，左右两侧还装有供后转向架用砂的砂箱。

5. 转向架

HX_N5 型机车采用单独驱动的三根动轴、传统导框式轴箱定位、焊接构架浮动中心销牵引的无摇枕转向架，外形图如图 1－2－4 所示。

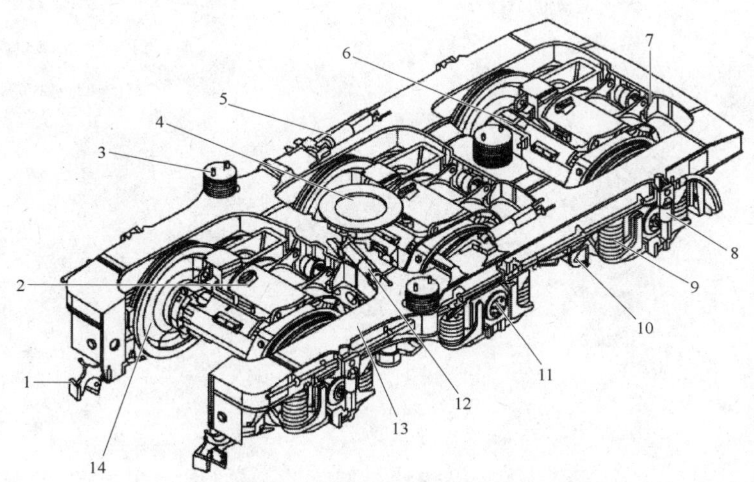

图 1－2－4　HX_N5 机车转向架外形图

1—排障器；2—牵引电机；3—承载垫；4—中心销；5—抗蛇行减振器；6—转向架吊钩；7—牵引电机吊杆；8—垂向减振器；9—轴箱弹簧；10—单元制动器；11—轴箱；12—横向减振器；13—构架；14—轮对

HX_N5 型机车转向架主要部件由构架、弹簧悬挂及减振器、轴箱及其定位结构、牵引装置、轮对电机驱动装置、基础制动装置、附件（轮缘润滑装置、排障器、清扫器、撒砂装置）等组成。

HX_N5 型机车转向架的主要特点是：适应环境温度范围广（－40～45 ℃），采用导框式轴箱定位、滚动轴承抱轴悬挂、中心销牵引、牵引电机顺置排列、三个橡胶堆旁承承受垂向载荷、六个空气驱动的单元制动器，中间轴安装机车速度传感器，具有机车停放制动功能和整体起吊功能等。

作用力的传递具体如下：

✧ 纵向作用力（牵引力和制动力）：钢轨—轮对—轴箱轴承—导框—构架—牵引销—车体。

✧ 垂向作用力：车体—旁承—构架—轴箱弹簧—轴箱轴承—车轴轴径—车轮—钢轨。

✧ 横向作用力：钢轨—轮对—轴箱轴承—导框—构架—牵引销—车体。

思考与讨论

1. 简述 HX_N5 机车的总体设备布置。
2. HX_N5 机车司机室布置有什么特点？
3. HX_N5 机车转向架的主要特点有哪些？

模块 2

和谐内燃机车柴油机

任务 2.1　熟悉 HX_N3 机车柴油机
任务 2.2　熟悉 HX_N5 机车柴油机

任务 2.1 熟悉 HX_N3 机车柴油机

HX_N3 机车采用的 16V265H 柴油机的主要部件有：机体装配、油底壳装配、曲轴装配、凸轮轴装配、动力组、传动机构（配气齿轮）配气机构、泵支承箱装配、增压系统、机油系统、高低温冷却水系统、燃油系统、监测控制系统、空气起动系统等。

机体采用球墨铸铁整体浇铸，采用动力组（亦称动力单元）结构；曲轴采用合金钢锻造、平衡块焊接、轴颈和圆角感应淬火工艺；单根凸轮轴布置在 V 形夹角中间主机油道上方，同时控制左右两排气缸的进、排气和供油定时；进、排气推杆和供油推杆的动作通过随动摇臂机构控制，取代了常见的挺柱结构；定时齿轮布置在输出端；自带燃油输送泵，通过机油泵传动；左、右列气缸各自拥有相对独立的进、排气系统；空气冷却器（中冷器）分别布置在柴油机两侧，冷却能力强，增压空气先稳压后冷却；双排气管左、右气缸各自拥有独立的排气管；两个废气涡轮增压器，分别被左、右排气缸废气驱动，并分别为左、右气缸提供压缩空气；曲轴箱在工作状态下为负压，采用单片式联轴节，轴向刚度较大。

机体与主发电机的定子无连接。柴油机和主发电机分别刚性地紧固在机车底架上；采用两个空气马达起动柴油机；采用弹性缓冲式泵传动齿轮；采用气门间隙调整器；采用气门旋转机构；采用电子监测和控制系统。

16V265H 柴油机的主要技术参数：

✧ 结构型式	16 缸、V 形排列（45° 夹角）、四冲程、增压空气中间冷却、废气涡轮增压、电子控制燃油喷射系统、机油振荡冷却活塞、压力水冷气缸套
✧ 缸径与冲程	265 mm×300 mm
✧ 总排量	264.74 L（单缸 16.55 L）
✧ 压缩比	15.4
✧ 外形尺寸（长×宽×高）	5 890 mm×1 780 mm×2 760 mm
✧ 柴油机净重	25 200 kg±2%
✧ 柴油机内冷却水的质量	372 kg±1%
✧ 柴油机内机油的质量	952.4 kg±1%
✧ 曲轴转向	面对输出端逆时针

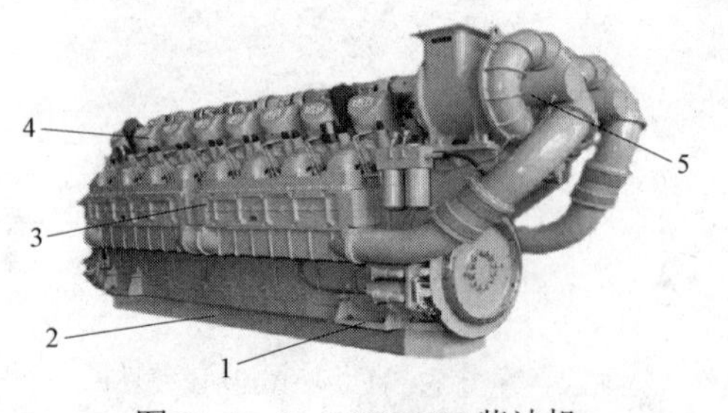

图 2－1－1 16V265H 柴油机

1—柴油机支承；2—油底壳；3—机体；4—配气机构；5—增压器

1. 机体

16V265H 柴油机机体采用球墨铸铁整体浇铸。机体是满足最大强度和刚度的整体铸造机体，如图 2－1－1 所示。作为柴油机的一个主要结构件，机体装有曲轴、动力组和其他安装在柴油机上的附属部件，该铸件还附带了值乘座，其内部通道用作主机油道和冷却液总管。

柴油机动力组延伸至机体内部并从

外部予以紧固。除了冷却液总管和滑油总管外，所有总管都在柴油机外部。通过机体上的检查孔盖，可以进入油底壳便于检查和维修动力组的下部零件。

2. 油底壳

16V265H 柴油机油底壳为钢板焊接箱形结构，如图 2－1－2 所示。吸油管路由自由端延伸至中部；自由端下部有放油口；油底壳与机体下部采用螺栓紧固；结合面采用 O 形截面橡胶条密封。油底壳内有主机油泵的吸油管，从油底壳的前端板延伸至由挡板隔开的油底壳中部。油底壳与机体安装在一起时，在油底壳顶面的加工槽内装有硅橡胶密封条。当更换机油或柴油机故障时，必须彻底清洁油底壳。必须特别注意排油管，确保排油管内部没有异物堆积，应擦拭油底壳角落和凹坑内的堆聚物。检查滑油吸油管和吸油区是否有裂缝和破损。若有，则会导致吸空。

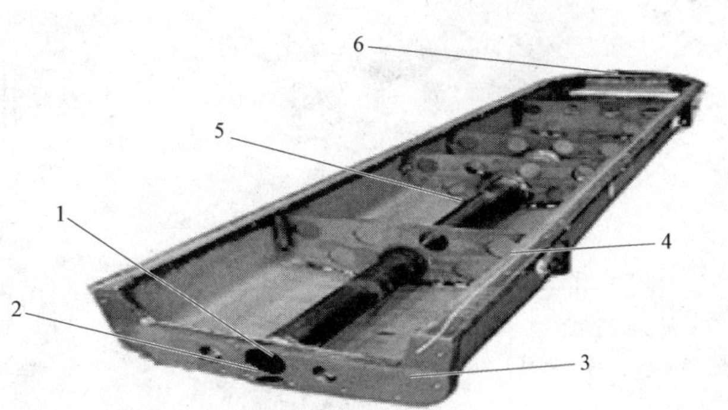

图 2－1－2　油底壳

1—机油泵吸油口；2—放油口；3—自由端；4—密封条；5—吸油管；6—输出端

3. 曲轴

16V265H 柴油机曲轴为全纤维锻钢曲轴，如图 2－1－3 所示。轴径表面及圆根部位采用感应淬火处理；每一个曲拐只有一个平衡块，平衡块与曲轴采用焊接连接。

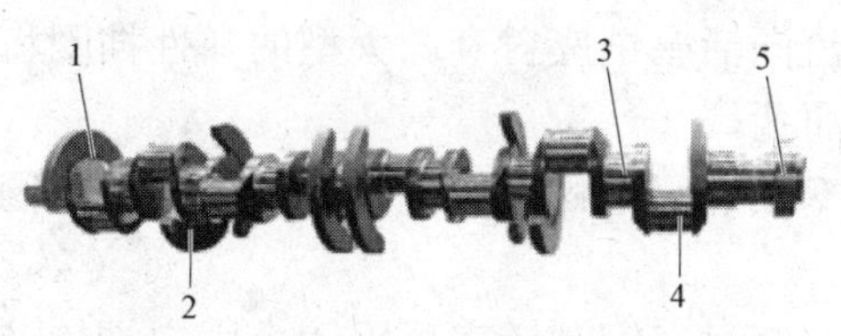

图 2－1－3　曲轴

1—自由端；2—平衡块；3—主轴颈；4—连杆颈；5—输出端

主轴瓦采用三层金属制成，钢背上粘结有一层青铜。在青铜和最外层的白金属层之间是一层很薄的镍。镍层增加了轴瓦的强度，有利于阻止轴承材料的剥离。主轴瓦是由上瓦和下瓦成对匹配的，在轴承孔中为过盈配合。轴瓦上的定位舌可以保证轴瓦对齐，并防止轴瓦在轴承孔内转动。

扭转减振器是液力减振器，用来吸收曲轴的扭转脉冲，通过内部油的移动来减弱曲轴的振动。

4. 动力组单元

16V265H 柴油机采用动力组单元，模块化方便维修，如图 2－1－4 所示。使用四个螺柱紧固在机体上；使用液力拉伸紧固。16V265H 柴油机采用的动力组，其设计是一个整体更换的装配。举例来说，作为单独部件，如活塞或气缸套等，除非随整体装配一起拆卸，否则无法予以拆卸。

动力组主要包括：连杆、活塞装配、活塞销、气缸套气缸盖装配、推杆、摇臂装配、横臂装配和喷嘴。

连杆是一个锻钢部件，如图 2－1－5 所示。其设计具有最大的强度并保持尽可能轻的重量。与原来的叉片式组合连杆不同，同排相对的连杆使用同一曲拐，每个连杆都与曲轴相连接。

连杆大端外侧有一个凸起的区域叫作“缓冲台”，它提供了一个止推面，与曲轴推力面配合。连杆下部大端内侧面（未示出）是加工面，使其能够与对面的连杆对齐。

图 2-1-4 单缸动力单元

1—动力组装配；2—进气支管；3—排气总管单节；4—进、排气推杆；5—随动摇臂；6—凸轮轴

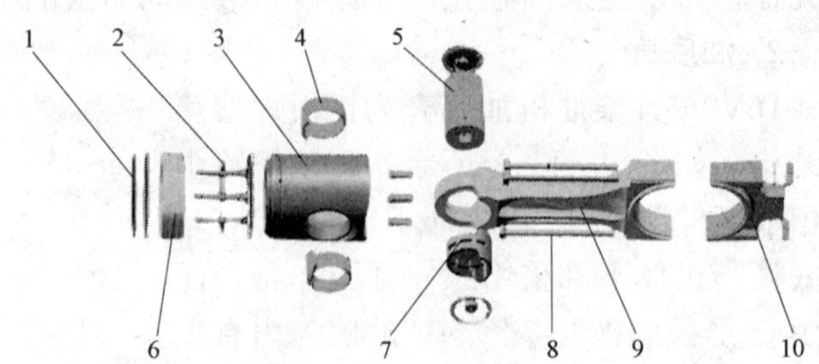

图 2-1-5 连杆

1—气环；2—油环；3—活塞裙；4—活塞销座衬套；5—活塞销；6—活塞顶；7—小端衬套；8—连杆螺钉；9—连杆体；10—连杆盖

连杆盖用 4 个螺栓、淬火垫片、螺母固定，螺栓头部为方形，与连杆上铣出的凹台配合。由于轴承孔是一体加工的，因此杆身和盖成为配对件，并分别在杆身和盖上打印了相同的系列号。使用的连杆瓦为三金属瓦，类似于主轴承瓦。连杆瓦带有定位舌以防止在孔中转动。连杆的小端装有青铜合金材料的活塞销衬套。该衬套被压装在连杆孔内，衬套中带有油通道到表面。在杆身内部的钻孔使润滑油从曲柄销通向活塞销用于润滑和冷却。

钢制活塞销用于连接活塞和连杆。16V265H 柴油机采用全浮动活塞销设计，在连杆小端孔和活塞销孔中，采用青铜合金衬套。

活塞销内部有加工的油道，使机油由连杆衬套流向活塞销座衬套。大型的弹性挡圈将活塞销保持在活塞座上。新改进活塞销可能有更多的油孔。

活塞装配由活塞裙、活塞销衬套、活塞顶、活塞顶的固定螺栓及隔套、活塞顶密封圈、活塞环组成。

活塞裙装配是由铝合金制造的，装有铜合金活塞销衬套钢制活塞顶用 4 个固定螺栓及隔套紧固在活塞裙上。一个密封圈装在活塞裙与活塞顶之间，防止机油漏出，污染活塞环和燃烧区域。

16V265H 柴油机采用三道环来密封燃气并控制机油消耗。上部的两道环布置在活塞顶上的环槽里，下部的一道环布置在紧靠活塞顶的裙上。上部第一道气环采用的是经过强化的不锈钢环，外表面经过镀铬处理；上部第二道气环采用可锻铸铁环，经表面镀铬。下部油环截面设计成扇形，中间装有张紧弹簧。活塞裙部的油道使过量的机油流回曲轴箱。来自活塞销衬套的机油通过活塞裙装配内的通道，直达活塞顶下面的空腔内。空腔内机油吸收活塞顶传下的热量，然后经过活塞裙底面的孔流回曲轴箱。

气缸盖是动力组装配中最复杂的部件，如图 2-1-6 所示。气缸盖用 6 个螺栓紧固在缸套上，二者之间使用硅橡胶 O 形圈和气缸盖垫片进行密封，它们作为一个装配单元在工厂组装，不能在现场进行维修。气缸盖装配是铸铁件。

气缸盖上装有两个进气阀和排气阀以及压装的氮化气阀导管。气阀由推杆、摇臂挺柱机构以及装在中央的凸轮轴驱动。当凸轮轴转动时，随着凸轮的旋转运动，摇臂挺柱及其滚轮向上移动，这一运动转换成推杆在垂直方向的抬起。推杆抬起摇臂的后端，迫使摇臂的前端压下横臂装配。横臂有两个功能：在一个摇臂驱动下同时打开两个气阀，利用横臂中的液力调整器控制气阀间隙。一个横臂控制进气，另一个横臂控制排气。进排气阀都装有旋转机构，使气阀和阀座寿命延长，并改善气阀密封。配气机构如图 2-1-7 所示。

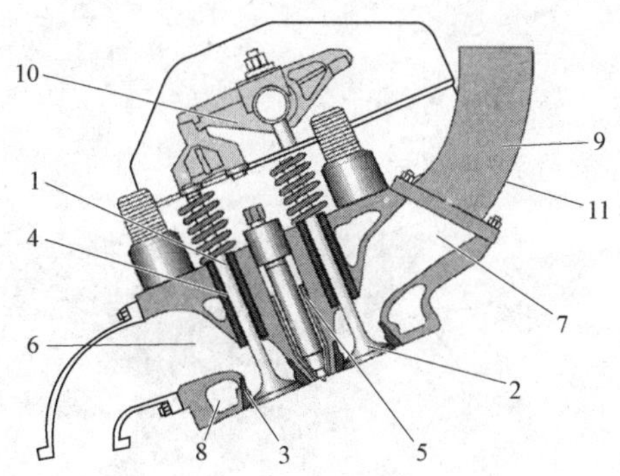

图 2-1-6　气缸盖

1—进气阀；2—排气阀；3—合金钢阀座；4—氮化气阀导管；5—铜制喷嘴护套；6—进气道；7—排气道；8—冷却水进口；9—T 形排气管；10—气阀驱动机构；11—冷却液出口（在 T 形排气管后面）

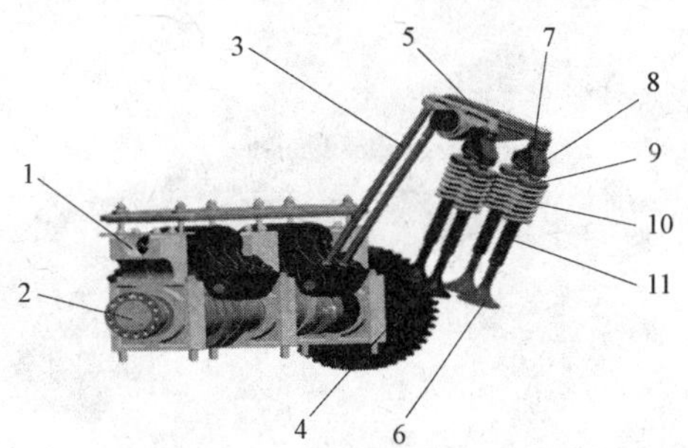

图 2-1-7　配气机构

1—凸轮轴座；2—凸轮轴；3—气门推杆；4—排气门；5—摇臂；6—进气门；7—横臂；8—气门间隙调整器；9—气门旋转机构；10—气门弹簧；11—气门导管

气缸套是整体铸铁结构，如图 2-1-8 所示，安装在机体装配上。气缸套通过较大的顶部法兰部位下垂到机体。

图 2-1-8　气缸套

气缸套下部承载面和机体之间装有一个冲压成形的钢制垫片，这样就为冷却液和机油回油通道提供了密封，同时也可作为一个可更换的磨损表面。气缸盖和气缸套之间采用定位销来对正。

5. 凸轮轴

16V265H 柴油机采用单根凸轮轴，如图 2-1-9 所示，布置在两排气缸之间。凸轮轴装配由四个单节组成，用螺栓和定位销定位连接紧固。每个单节控制每列两个共四个气缸。对应每个气缸有三个凸轮：喷油凸轮、进气凸轮和排气凸轮。传动齿轮通过一组螺柱和螺母紧固在最后一节凸轮单节上。

图 2-1-9　凸轮轴

安装在随动摇臂机构轴上的凸轮随动摇臂机构，如图 2-1-10 所示。通过滚轮将凸轮的旋转运动转换成垂直运动，并传递到推杆上。机油经过凸轮轴承后依次经过随动摇臂轴、随动摇臂和推杆，最后为气阀驱动机构提供润滑。

16V265H 柴油机泵传动装置，如图 2－1－11 所示，布置在自由端；高、低温水泵由泵传动弹性齿轮驱动；泵支承箱为铸造铝合金材料。

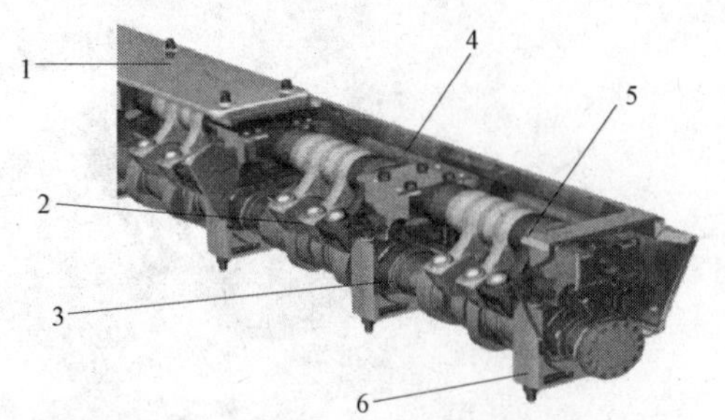

图 2－1－10　凸轮随动摇臂机构

1—凸轮轴箱；2—凸轮轴；3—凸轮轴座；4—凸轮轴座压盖；5—随动摇臂；6—凸轮轴座紧固螺栓

图 2－1－11　泵传动装置

1—高温水泵齿轮；2—泵支承箱；3—泵传动弹性齿轮（高、低温水泵和主机油泵的驱动齿轮）；4—中冷水泵齿轮；5—机油泵齿轮

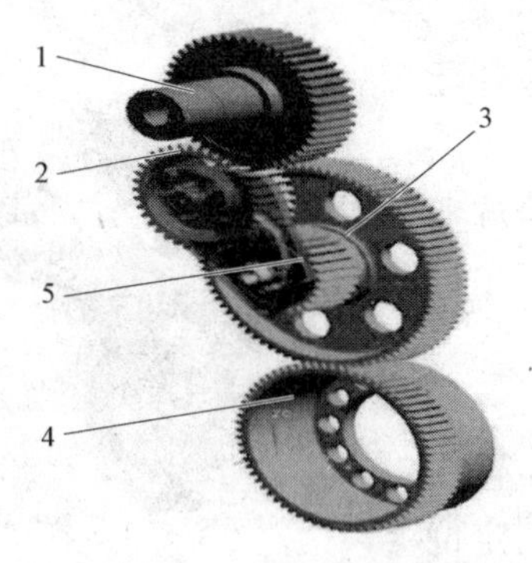

图 2－1－12　齿轮机构

1—凸轮轴齿轮；2—惰轮；3—双联齿轮大齿轮；4—曲轴齿轮；5—双联齿轮小齿轮

凸轮轴由位于柴油机后部的齿轮机构驱动，如图 2－1－12 所示。动力由曲轴齿轮传递到双联齿轮，安装在支架右上角的惰轮将动力从双联齿轮传递到凸轮轴齿轮。当曲轴逆时针旋转时，凸轮顺时针旋转。

6. 进排气系统

柴油机的燃烧需要一个非常清洁的空气来源。惯性空气滤清器在第八位时的功效接近 90%，但这对柴油机是不够的。作为第二道过滤，柴油机的空气滤清器可以挡住余下的污物。进气的温度和总的滤清度同时被 EM2000 微机控制系统和 EMDEC 喷射控制系统监控。

燃烧所需空气通过滤清器后，被涡轮增压器吸入。柴油机每侧都有独立的增压器，二者之间无连接。两个增压器是一个真正的涡轮增压器，即完全由废气驱动。H 形四冲程柴油机增压器完全由燃烧废气驱动，取消了齿轮驱动连接。独特的小惯量叶轮设计可减小涡轮滞后的影响，对柴油机速度和负荷的变化进行快速响应。如图 2－1－13 所示。

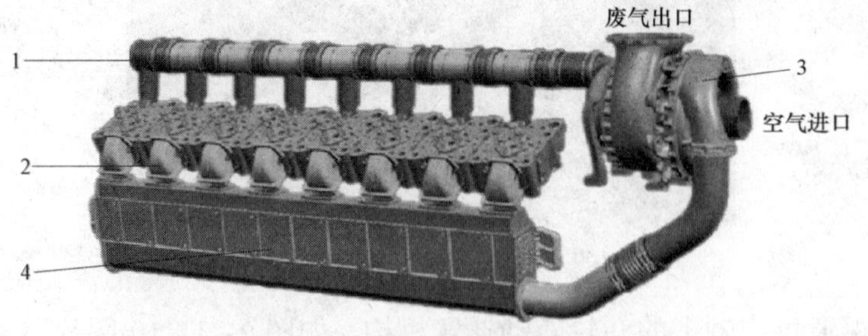

图 2－1－13　进排气系统

1—排气歧管；2—进气弯管；3—左侧增压器；4—中冷器

如图 2－1－14 所示，柴油机的两侧有与柴油机等长的中冷器，从增压器出来的空气通过粗大的连接管进入中冷器下面的高压腔，然后气流继续向上流经中冷器的内芯后分别到达各气缸的进气弯管。两侧空气是分别供给的，空气压力和温度均由 EMDEC 监控。

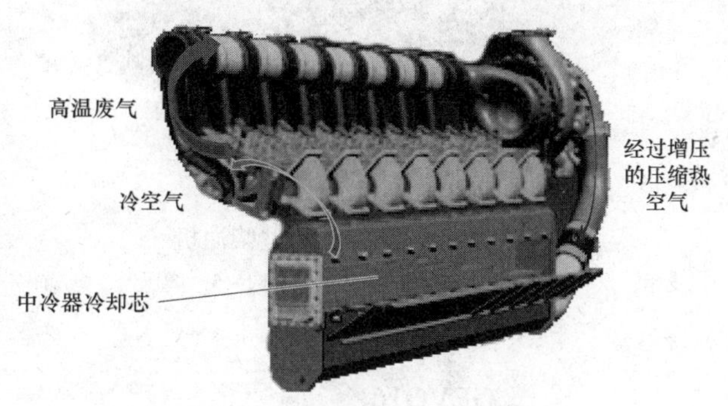

图 2－1－14　进排气系统工作原理

7. 增压器

增压器装配，如图 2－1－15 所示，主要用来提高柴油机的功率以及更好地节约燃油。柴油机每侧都有各自的增压器和排气总管。气缸的排气热量由排气总管汇集到增压器中，并驱动一个单级涡轮，进而带动叶轮压缩空气。独特的小惯量的叶轮设计可对柴油机的速度和负荷变化产生快速的涡轮响应。当柴油机接近满负荷时，排气热量使温度接近 538 ℃，足以驱使涡轮达到一定速度，从而为柴油机的燃烧提供大充量的空气。

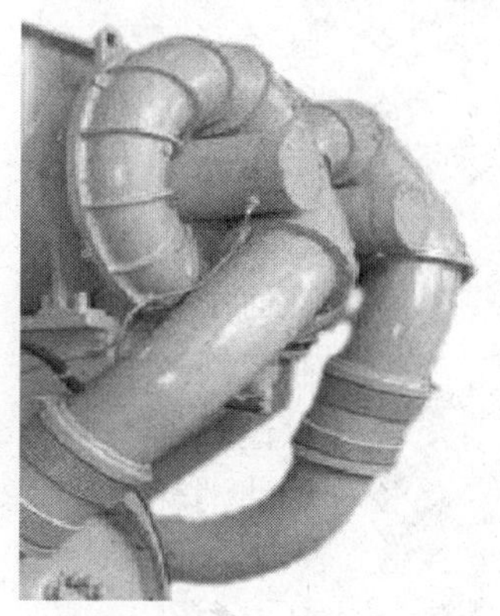

图 2－1－15　增压器装配

增压器超温或超速是过多的废气能量引起的。这一能量使增压器的转速大大超过正常转速，导致增压器的涡轮叶片疲劳或损坏、扩压器变形、轴承或密封件损坏。

思考与讨论

1. 简述 16V265H 柴油机的结构特点。
2. 简述 16V265H 柴油机动力组单元的组成。

任务 2.2　熟悉 HX_N5 机车柴油机

HX_N5 机车采用 GEVO16 型柴油机，如图 2－2－1 所示。其原型机通过做大量的破坏性试验，确认关键零部件的设计余量。一些结构部件，如曲轴、连杆、活塞、气缸盖和涡轮增压器，均在专门设计的试验台上进行破坏性疲劳循环试验。柴油机进行了大量的性能和耐久性试验。

图 2-2-1　GEVO16 型柴油机

1—柴油机支承；2—油底壳；3—机体；4—配气机构；5—增压器；6—前端盖组件

主要技术参数：

✧ 型号	GEVO16
✧ 型式	四冲程、直接喷射燃烧室、废气涡轮增压、增压空气中间冷却
✧ 缸径×行程	250 mm×320 mm
✧ 缸数及排列	16 缸、V 形、夹角 45°
✧ 额定功率	4 660 kW
✧ 气缸总排量	251.3 L
✧ 几何压缩比	16.8:1
✧ 额定转速	1 050 r/min
✧ 怠速转速	440 r/min
✧ 燃油消耗率	214 g/（kW・h）±3%（排放优先模式） 200 g/（kW・h）±3%（油耗优先模式）
✧ 外形尺寸	5 105 mm×1 771 mm×2 603 mm
✧ 质量	24 857 kg

GEVO16 型柴油机的两列气缸呈 V 形 45° 布置，有利于减小机车柴油机的整体宽度。

独立的动力组件安装于半隧道式的曲轴箱上。通过卸去最少数量的紧固件，即可将包括气缸盖、气缸套、加强套、活塞、连杆、高压油泵、气门挺柱和气门推杆等动力组件整体从柴油机中取出。采用该结构便于柴油机维护，缩短检修周期，避免冷却水对润滑油的影响等。

前端盖组件集中安装涡轮增压器、中冷器、水泵、润滑油泵等部件，前端盖组件内还布置有空气、水、润滑油通道；柴油机 V 形夹角里，从下至上设置有柴油机总的进水腔、进气道和出水总管。这就为油、水、气管路布置提供了便利条件，可大为简化外部管路的设置，使柴油机外观整洁，也便于维修。

电子控制燃油喷射系统主要由电子控制喷射装置、柴油机控制单元和多种传感器组成。电子控制喷射装置的高压油泵和喷油器分别安装在加强套和气缸盖上，两者由高压燃油管连接。高压油泵向喷油器供油，由柴油机控制单元通过装在高压油泵上的电磁阀控制。电子控制燃油喷射系统，改变了柴油机喷油控制方式，全面监测柴油机运行状态，实施精确的反馈调控。

较大深度的曲轴箱可以提高机体的刚性，每个气缸对应有一节凸轮轴的分段组合式结构，每节凸轮轴外侧有一个盖板，打开盖板就可以方便地观察和拆检凸轮轴。大的曲轴箱观察孔盖位于曲轴中心的上方，以便维修连杆时易于接近。

1. 机体

GEVO16 型柴油机机体由球墨铸铁制成，是一个半隧道式的曲轴箱。其横截面大体呈六边形，底面与曲轴中心线有较大的距离，并且有通长加厚的底板，这就使机体有较大的横向和纵向刚度。如图 2－2－2 所示。

2. 气缸盖

GEVO16 型柴油机气缸盖与加强套一起用四个长螺栓紧固在机体上。气缸盖内部安装有喷油器和气门及其驱动机构，同时布置有串联式的进、排气道以及冷却水腔。

GEVO16 型柴油机气缸盖采用了双层箱形结构。在气缸盖的内部设置了中隔板，将缸头冷却水腔分成上水腔和下水腔，中央设有安装喷油器的空心圆柱并与中隔板连成一体，以增强中间部位的刚度。GEVO16 型柴油机气缸盖选择合理的中隔板锥度并尽量接近底板，既有利于增强刚度和底板的冷却，又具有合适的下冷却水腔容积，同时避免了铸造和清砂的困难。如图 2－2－3 所示。

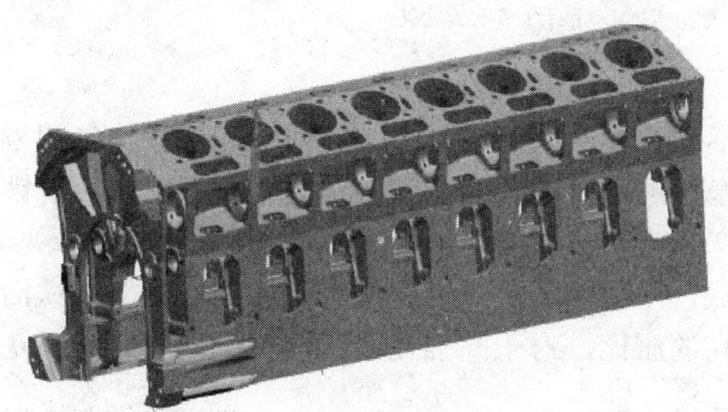

图 2－2－2　GEVO16 型柴油机机体

图 2－2－3　GEVO16 型柴油机气缸盖

3. 曲轴

曲轴的材料为合金钢，以整体锻造而成。经热处理后改善其机械性能，轴颈表面经过氮化处理以提高硬度。如图 2－2－4 所示。

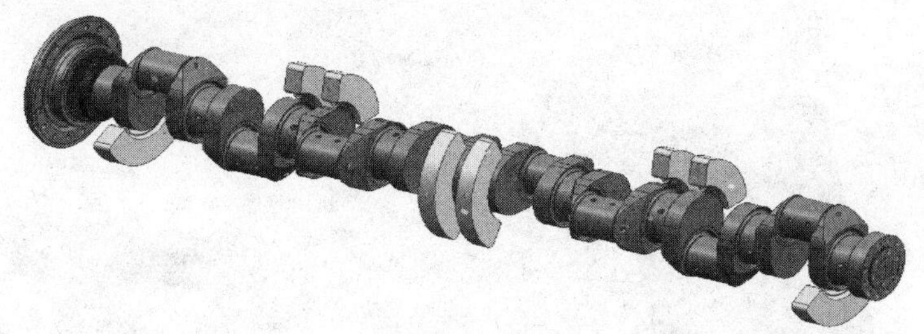

图 2－2－4　GEVO16 型柴油机曲轴

曲轴由 8 个曲柄、自由端轴段和输出端轴段组成。曲轴以 9 个主轴颈支承于机体的主轴承内，其中输出端设止推轴承。曲轴自由端的法兰安装一个减振器和一个泵驱动齿轮，由该齿轮驱动水泵和润滑油泵。曲轴的输出端，在轴颈上安装曲轴齿轮，经由惰轮带动凸轮轴齿轮。

主轴颈和连杆颈均为实心结构。垂直于曲轴中心线方向均钻有贯通的油孔，并有斜油孔把主轴颈油道与连杆轴颈油道相连。曲轴上的斜油孔从曲柄臂的斜面上钻入，在钻口处拧上油堵。在曲轴的自由端，由一个钻孔与曲轴上的斜油孔连通，此钻孔对着装在曲轴自由端法兰上的减振器油槽，润滑油由此进入减振器内腔。如图 2-2-5 所示。

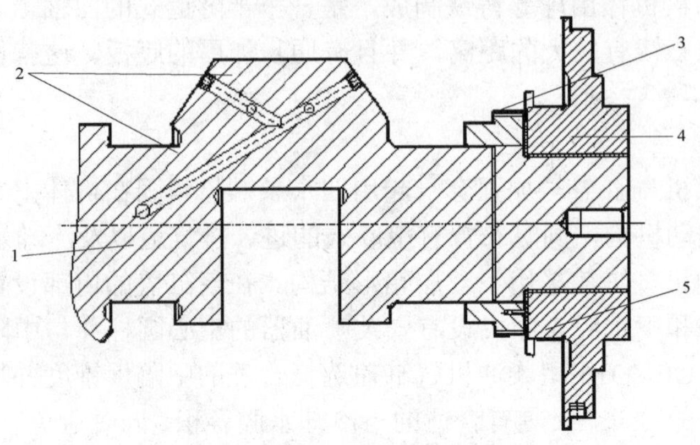

图 2-2-5　曲轴内油孔及输出端结构

1—曲轴；2—斜油孔；3—甩油盘；4—锥套；5—法兰盘

4. 活塞

活塞主要由活塞头、活塞体、活塞裙、活塞销和活塞环等组成。活塞头和活塞体之间采用螺栓紧固，活塞销为浮动式活塞销，在活塞裙的活塞销孔两侧装有挡圈，用于限制活塞销的轴向窜动。GEVO16 型柴油机采用三道活塞环密封，上面两道为气环，下面一道为油环。

GEVO16 型柴油机活塞体由球墨铸铁制成，主要用于支撑活塞头和活塞销。球墨铸铁活塞体相对铝质活塞体，其活塞销孔可承受更高的压比，对于高强化的柴油机，球墨铸铁活塞体具有较大的优势。如图 2-2-6 所示。

5. 连杆组

连杆组主要由连杆体、连杆盖、连杆螺栓、连杆小头衬套等组成。连杆体和连杆盖采用合金钢整体模锻，并经调质处理，具有较高的综合机械性能。由合金钢制成的高强度连杆螺栓，使连杆体与连杆盖可靠地连接。连杆小头衬套由钢背和铜铅锡合金制成。连杆大头剖分面为斜切口，剖分面与连杆中心线夹角为 50°，斜切口采用齿形定位。连杆杆身采用工字形截面。如图 2-2-7 所示。

图 2-2-6　活塞

1—根压缩环；2—活塞体；3—活塞销；4—活塞头；5—活塞刮油环；6—活塞裙

图 2-2-7　连杆组

6. 凸轮轴

GEVO16 型柴油机凸轮轴由合金钢制成，各凸轮经淬硬处理，以适应对凸轮耐磨的要求。GEVO16 型柴油机凸轮轴采用一缸一节结构，凸轮轴能够从柴油机机体侧面的凸轮轴观察孔安装和拆卸，可维护性和可接近性非常好。

柴油机左右两根凸轮轴分别安装在柴油机机体左右两侧的九挡滑动轴承中。每根凸轮轴分为 8 个单节。每两节凸轮轴之间安装一凸轮轴颈，其中输出端（左右第 9 位）为止推凸轮轴颈，以控制凸轮轴的轴向推力；左右两侧自由端（左右第 1 位）为末端凸轮轴颈；其余左右的 2～8 位为凸轮轴支承轴颈。各节凸轮轴和轴颈之间采用螺栓连接并用空心定位套定位。如图 2－2－8 所示。

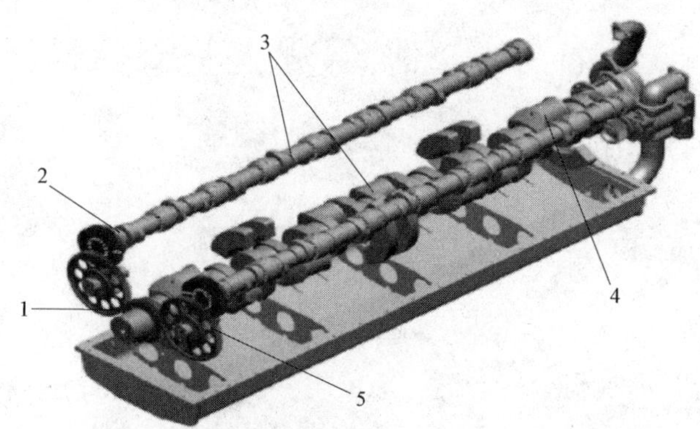

图 2－2－8　凸轮轴

1—组装在曲轴上的整体式转动齿轮；2—凸轮齿轮；3—左、右凸轮轴；4—曲轴；5—中间齿轮组

7. 增压器

GEVO16 型柴油机的增压器是由 GE 公司自主开发的产品，具有高效率、大流量、高压比的特点。不仅性能优越，而且重量轻、尺寸小、结构紧凑、可靠性高，两台增压器布置在柴油机的自由端，安装在前端集成盖上，左右对称布置，适应柴油机总体紧凑布置的要求，减少了柴油机的总宽度。

GEVO16 型柴油机的增压器压气机为单级离心式，由进气直管、导风轮、压气叶轮、扩压器、蜗壳等组成。导风轮和叶轮的设计具有满足大流量气流的要求，同时具有气动性好、流动损失小、效率高以及变工况性能好的特点。进气蜗壳的法兰连接沿增压器轴心方向周向旋转，能按照不同进气管路的要求调整角度，便于结构的布置。

增压器支架与增压器的蜗壳体铸成一体，将增压器的冷却水进口和润滑油的进出口集成在蜗壳的底座上。便于柴油机的总体布置，大大简化了冷却水和润滑油的管路，便于柴油机的检修和维护。增压器底座采用 8 个螺栓固定在前端盖组件上，同时在蜗壳和前端盖组件之间采用了马鞍形的过渡板加强连接。如图 2－2－9 所示。

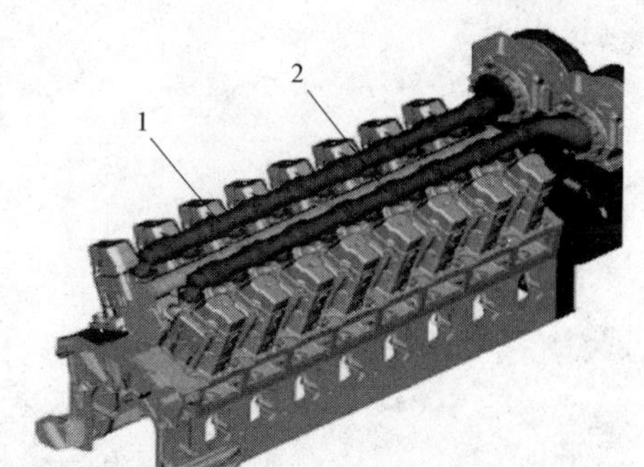

图 2－2－9　增压器

1—左排气管；2—右排气管

思考与讨论

1. 简述 GEVO16 型柴油机的结构特点。
2. 简述 GEVO16 型柴油机凸轮轴的结构。

模块 3

和谐内燃机车交流传动技术

任务 3.1　熟悉 HX_N3 机车牵引传动系统

1. 概述

HX_N3 机车的基本发电系统主要由柴油机、交流牵引发电机、副交流发电机、辅助电源变换器和 IGBT（绝缘栅双极晶体管）等构成。通过机车电气控制系统来控制这些设备，从而使机车在牵引或电阻制动的任何工况下都能产生出符合设计的牵引力或制动力。

柴油机转动带动主交流发电机机组，这个机组包括交流牵引发电机和副交流发电机。CA9 副交流发电机有两个互相绝缘的定子线圈，它们共用一个转子励磁线圈。副交流发电机的 1 号定子发出的 400 V 交流电（司机手柄在 8 位时）提供给机车的风机电机；发出的 200 V 交流电（司机手柄在 8 位时）提供给主发电机的励磁变流器。

该副交流发电机的 2 号定子的输出（司机手柄在 8 位时的 300 V 交流电输出）与辅助电源整流器（相位补偿器）相连接，该整流器给控制系统、蓄电池充电和副交流发电机励磁提供低压直流电源（72～78 V 的直流电），从而可以省去一台辅助交流发电机。

TA20 交流牵引发电机包含两个互相绝缘的定子线圈，它们共用一个转子的励磁。1 号定子线圈的三相交流电输出端与 3 号牵引整流器相连接，整流器输出的直流电（直流环节）提供给 1 号 IGBT 逆变器（1 号转向架）。

2 号定子的三相交流电输出端以同样方式与 2 号牵引整流器和 2 号 IGBT 逆变器（2 号转向架）相连接。这两个牵引整流器是新型设备，不需要熔断器保护，它们安装在电气间内，位于逆变相模块上方。整流器可以从机车左侧带插销的盖子后面看到。交流牵引发电机励磁回路如图 3－1－1 所示。

机车 EM2000 系统根据晶闸管的设定情况以及交流牵引发电机的输出状况、柴油机状况和其他条件的状态反馈，对交流牵引发电机的励磁过程进行控制。为了控制交流牵引发电机的励磁，EM2000 系统对主交流发电机的绕组励磁晶闸管的门极进行控制。如前所述，每一个直流环节都与一个 IGBT 逆变器相连接。每个逆变器产生三相交流电来驱动三个牵引电机。EM2000 系统根据晶闸管和制动手柄的位置、机车的速度、柴油机的运行状况和其他条件来控制逆变器，使它们能产生出所需要的牵引力或制动力。

2. 旋转类电气设备的运行顺序

具体运行顺序如图 3－1－2 所示。

注意：在一台使用交流电的机车上，即使机车柴油机在停机状态下，高压电仍然可能存在。因此需要在直流环节电路上或其附近进行维护工作或排除故障时，请遵循 IGBT 牵引逆变器的安全规程。

具体来说，在下列设备上或附近进行维护或排除故障时需要注意遵守有关的安全规程：交流牵引发电机/主发电机整流器机组、相模块、制动系统供电网络和制动接触器、消弧电阻和晶闸管、牵引电机和电缆。

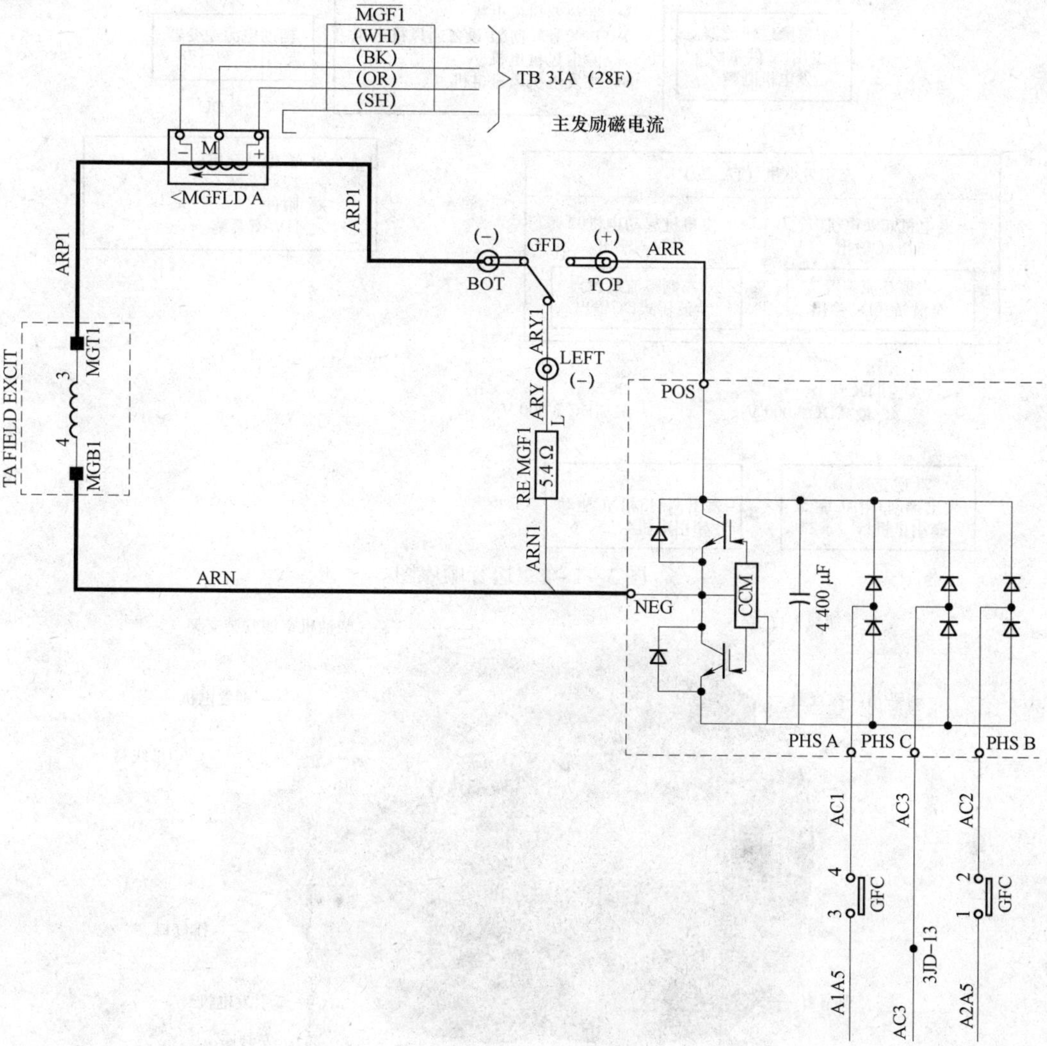

图 3－1－1　交流牵引发电机励磁回路

3. 交流牵引发电机

TA20 交流牵引发电机，如图 3－1－3 所示，包括一个 10 极的转子；3 号和 4 号集电环和电刷，将励磁电流传导到转子绕组线圈；两组定子线圈，分别输出交流电；两套三相全波整流器。交流牵引发电机的输出经整流后，其额定电流为 8 100 A 的持续电流，最高直流电压为 2 600 V。

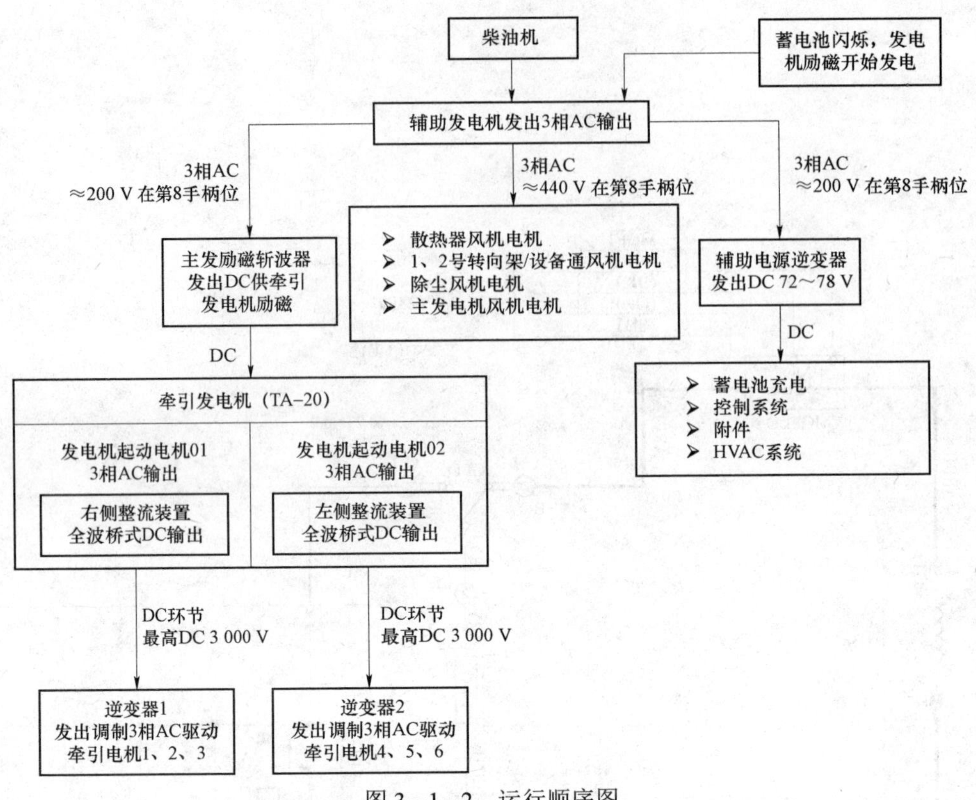

图 3－1－2　运行顺序图

通风入口　柴油机空滤安装支架　刷架/滑环检查盖　副发电机　CA9母线箱　排气口　观察窗　牵引发电机　安装座　端壳

图 3－1－3　TA20 交流牵引发电机

1）交流牵引发电机参数

✧ 主发励磁功率	＜20 kW
✧ 主发励磁电流	＜DC 126 A
✧ 主发励磁电压	＞DC 36 V（1 手柄位），＞DC 150 V（8 手柄位）
✧ 主发频率	50～170 Hz（1 000 r/min）
✧ 主发输出接线方式	Y形（相序 ABC 或 ACB）

✧ 主发整流输出（双路输出）　　　<DC 2 650 V（4 250 kW，1 000 r/min 时）

✧ 主发整流输出效率　　　　　　　>96.5%（最大环境温度时）

2）交流牵引发电机的结构与定子

交流牵引发电机的焊接结构和铁芯组件十分牢固，它们紧固地将定子线圈封闭在内部，并支撑着外壳的尾端以及副交流发电机的定子。交流牵引发电机的三个定子线圈，在靠近定子尾端的轴承附近，连接成两组Y形的三相线圈绕组。这两组线圈绕组构成了牵引交流发电机的定子。这样，当转子转动并对定子励磁时，就能够发出两路三相交流电。

3）交流牵引发电机的转子

交流牵引发电机的转子绕组包括一系列连接起来的线圈，它们缠绕在层叠起来的电极上，而这些电极用螺丝紧固在一个星形轮上。这个星形轮连接在轴上，而该旋转轴又被固定在主交流发电机组外壳尾端的轴承上（轴的另一端通过联轴器连接在柴油机的曲轴上）。10 个绕组线圈与固定在轴承末端的 3 号集电环和 4 号集电环是连接起来的。

4）主交流发电机的输出整流和配电

主交流发电机的两个三相交流电输出线路中的每一条，都与主交流发电机气室中的两个整流系统相连接，整流器如图 3－1－4 所示。如果需要对整流系统进行更换，可以在不动主交流发电机的情况下进行。

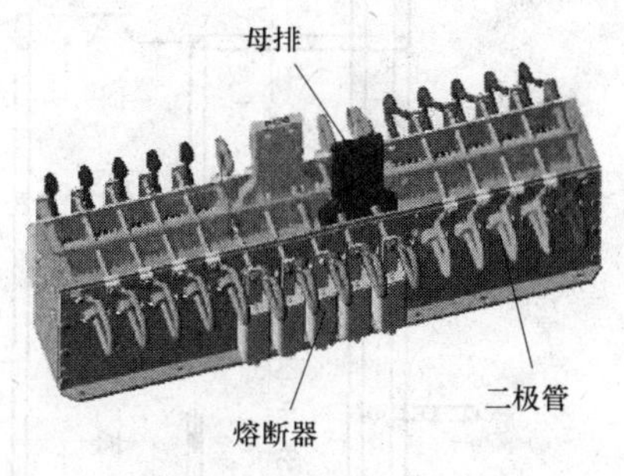

图 3－1－4　整流器

整流器直流输出通过制动接触器（在自负载情况下）与电阻制动柜连接，或通过直流环节开关与 IGBT 逆变器相连接。在牵引或制动工况下，交流牵引发电机输出经整流后的两路电都与 IGBT 逆变器相连接。

1 号转向架逆变器产生的交流电用于牵引电机 1、2 和 3 的驱动，2 号转向架逆变器产生的交流电用于牵引电机 4、5 和 6 的驱动。EM2000 系统控制逆变器产生所需的驱动电能。具体回路如图 3－1－5 所示。

5）副交流发电机

副交流发电机是与交流牵引发电机以机械方式连接在一起的。副交流发电机包括一个 16 极转子。1 号和 2 号集电环和电刷将励磁电流传导到转子绕组线圈。这两个集电环（1 号和 2 号）和四个对应的电刷将励磁电流传导到副交流发电机的转子绕组线圈上。共用的机座内安装有两组相互绝缘的定子线圈，它们产生三路不同的三相交流电。电路如图 3－1－6 所示。

1 号定子线圈提供两路不同的三相交流电输出。其中一路输出用于机车风机电机（约 400 V 的交流电，司机手柄在 8 位时），另一路为中心抽头输出，经斩波电路控制后向交流牵引发电机的 3 号和 4 号集电环相关绕组提供励磁电源（约为 200 V 交流电，司机手柄在 8 位时）。

2 号定子线圈提供的三相交流电输出（200 V 交流电，司机手柄在 8 位时）到辅助电源变换器（相位控制器），该整流器将提供 72～78 V 直流电给控制系统、蓄电池充电和副交流发电机的励磁装置。副交流发电机的出线连接点都固定在机座内，位于主发电机机组的左侧。

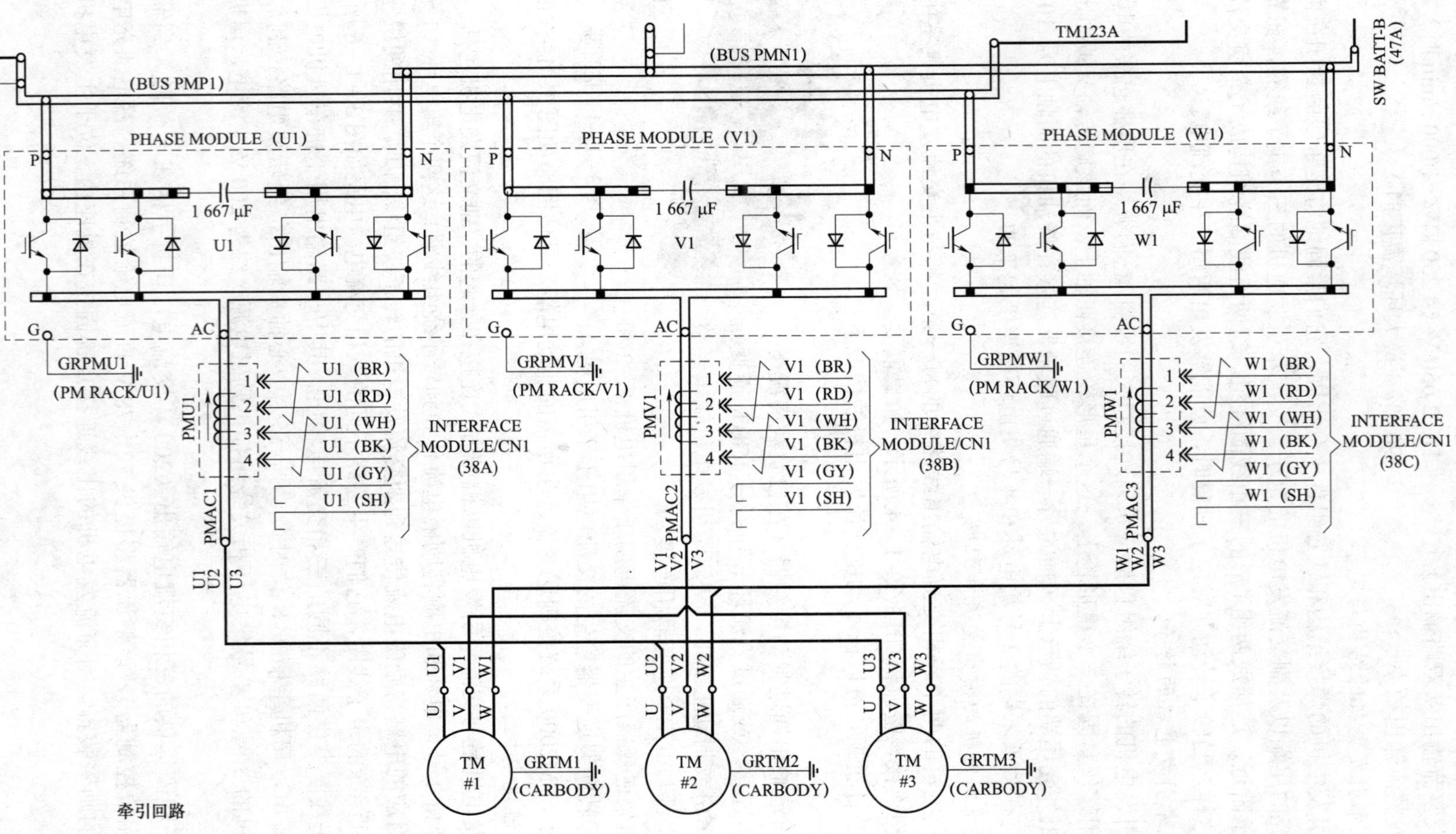

图 3-1-5　由同步交流发电机输出提供电源的回路

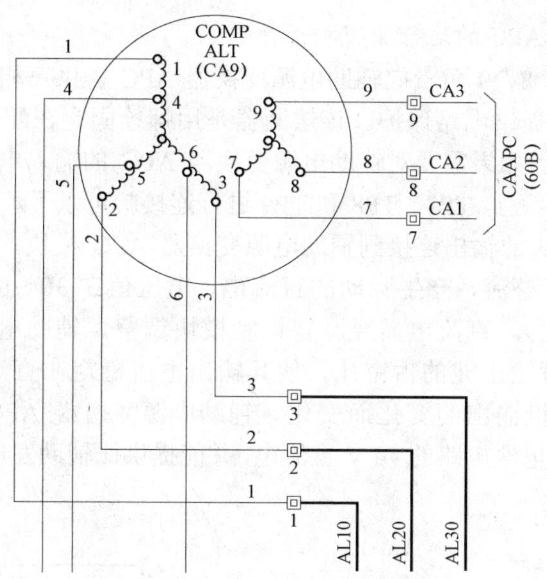

图 3-1-6　辅助发电机 CA9 电路

辅助发电机参数：

✧　辅发主绕组输出功率（端子 1、2、3）	250 kW@0.7 pf，380 kW@0.9 pf
✧　辅发主绕组输出线电流	AC 500 A
✧　辅发主绕组输出电压	AC 444±10% V（1 000 r/min 时）
✧　辅发抽头绕组输出功率（端子 4、5、6）	20 kW@1.0 pf
✧　辅发抽头绕组输出电压	AC 222±10% V（1 000 r/min 时）
✧　辅发抽头绕组输出线电流	AC 100 A（1 000 r/min 时）
✧　辅发辅绕组输出功率（端子 7、8、9）	31.5 kW（400 r/min 时）
✧　辅发辅绕组输出线电流	AC 332 A（400 r/min 时）
✧　辅发辅绕组输出电压	AC 222±10% V（1 000 r/min 时）
✧　辅发输出频率	133.3 Hz（1 000 r/min 时）
✧　辅发输出接线方式	Y形（相序 ABC）
✧　辅发励磁电源	DC 72～78 V（所有转速下），DC 70 A（最大）

4. 辅助电源变换器 APC

辅助电源变换器 APC 是一个模块式标准组件，安装在配电室内墙的后壁上，如图 3-1-7 所示。给辅助电源变换器 APC 提供的电源来自副交流发电机可变电压/频率线圈中的一路。输入 APC 的电源是一个三相交流电，其频率和电压均与机车的柴油机速度成正比。变化范围是在 325 r/min（柴油机惰转时）的 AC 72.2 V rms 43.3 Hz 到 1 000 r/min（司机手柄在 8 位时）的 AC 211.1 V rms 133 Hz。

图 3-1-7　辅助电源变换器 APC

1）辅助电源变换器 APC 的运行原理

CA9 的输出端子 7、8、9 负责向辅助电源变换器 APC 提供三相交流电输入。每一相都有一个 800 A 的熔断器提供电路保护。该熔断器是用螺栓固定在配电室内辅助电源变换器 APC 旁边的绝缘支座上。如果需要对辅助电源变换器 APC 的输入电流进行检测，只要与电气间断路器配电盘上的检测点 TP7、TP8 和 TP9 进行连接就可以了。

通过熔断器后，CA9 的输出连接到辅助电源变换器 APC 模块。辅助电源变换器（相位控制器）先对三相电进行整流，产生脉动的直流电，电压值在 30～90 V 之间（具体电压值根据 CA9 的输出而变化）。直流电需经脉宽调制模块调整。辅助电源变换器 APC 在固定频率（1 000 Hz）时设置输出波的占空比，使其输出电压稳定在直流 74 V，而不随柴油机转速或 CA9 交流发电机输出的变化而变化。辅助电源变换器 APC 的脉冲宽度调制技术（PWM）能够精确地调制电池电路的 74 V 直流电，并能提供比辅助发电系统更高的输出功率。如图 3－1－8 所示。

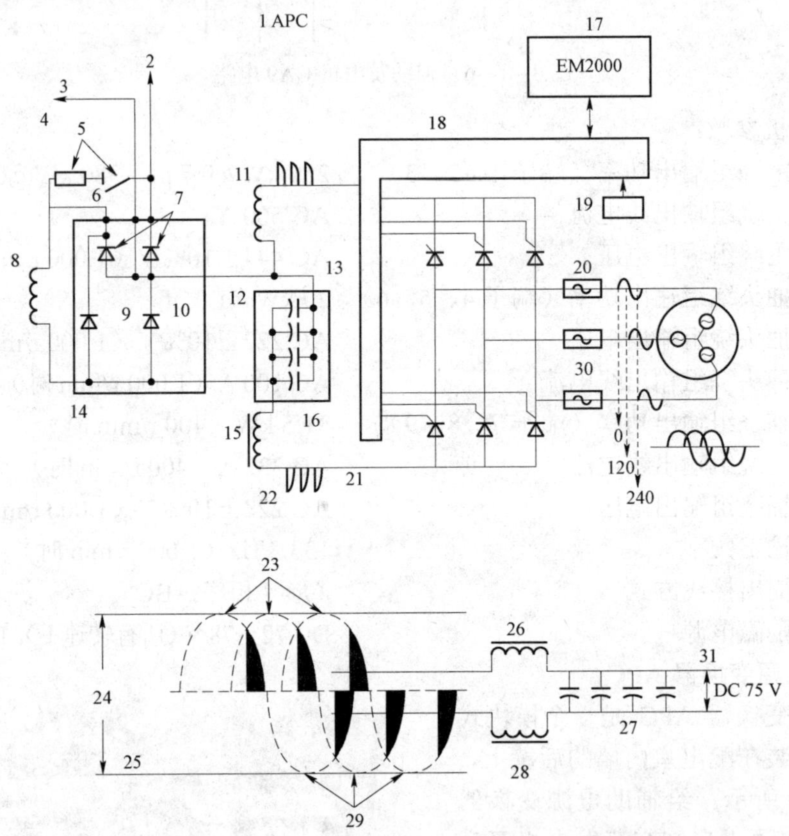

图 3－1－8 辅助电源变换器 APC 运行电路

1—辅助电源变换器；2—至蓄电池组；3—辅助电源；4—励磁初始化电路；5—副交流发电机的起动电阻；6—副交流发电机的起动接触器 CAF；7—逆止二极管；8—CA9 励磁线圈；9—CA 绕组逆止二极管；10—续流二极管；11—L1 互感器；12—滤波电容器；13—FOS；14—二极管装配；15—L2 互感器；16—NEG；17—EM2000 系统输入/输出反馈；18—辅助电源变换器 APC 相位控制器，门极控制；19—蓄电池组温度；20—熔断器 300 A；21—全波桥装置；22—根据充电电压来控制脉冲宽度占空比的例子；23—正角 23.125%触发；24—输入电势为 320 V 直流；25—76.875%关断，无能耗；26—L1 滤波电感；27—滤波电容器；28—L2 滤波电感；29—负角 23.125%触发；30—总能耗取决于 CA9 的电压输出，而该电压输出会随柴油机转速的变化而不同，占空比也会随之变化，使充电电压保持在 74 V；31—输出至蓄电池组经过辅助电源变换器 APC 的调制控制后，再经过滤波处理。这个滤波电路包括四个电容器（即滤波电容器组）和两个电感（L1 和 L2），滤波的目的是消除蓄电池组 74 V 直流电输出脉动。滤波的过程可看作是一个向辅助电路和蓄电池组充电电路提供平稳 74 V 直流电的低压直流环节。这个经过调制和整流的电流输出将被控制在 DC 72～78 V 之间，最大功率输出为 31 kW。其充电电压的设定将根据蓄电池组周围环境温度的变化而改变。电容器如图 3－1－9 所示。

图 3－1－9　辅助电源变换器 APC 的电容器

二极管组件经滤波的 74 V 直流电正极输出，给两个电池组的正极端子（BP 和 BCP）提供电源。这两个电路是所有低压电路的主要供电来源。

第三个端子为 CAP 端子，它负责向 CAP 旋转绕组提供恒定的 74 V 直流电。在配电室辅助电源变换器 APC 组件上方，还安装有一个二极管组件，其特殊的连接方式能够防止诸如空调、司机室加热器等系统在柴油机关闭时或 APC 系统输出为零时被起动。这种设计可以防止这些用电设备浪费蓄电池组的电能，还能防止不适当的充电。这一组件的工作方式与带有辅助发电机的机车上的充电整流器工作方式完全相同。辅助电源变换器 APC 能够发挥三个主要功能：

（1）副交流发电机的励磁。辅助电源变换器 APC 输出的这个 74 V 的直流电（CAP 端子），为 CA9 副交流发电机提供励磁。CA9 的频率和电压输出会随着柴油机转速的改变而改变。

（2）蓄电池组充电。当机车在运行并且辅助电源变换器 APC 在工作（BP 线路）时，辅助电源变换器 APC 输出的 74 V 直流电为机车的蓄电池组充电。

（3）低压电路的供电电源。辅助电源变换器 APC 向两组由电池供电的电路（BP 和 BCP 线路）提供 74 V 直流电。

具体电路图如图 3－1－10 所示。

2）BP（蓄电池供电）线路

本线路向蓄电池充电、机车照明、机车燃油泵、机车涡轮泵等电路提供电池正电。这些电路总是与蓄电池组的正极相连接，而不管柴油机是否正在运转，或辅助电源变换器 APC 是否正在产生电流。BP 线路是从蓄电池组电路得到反馈的（有蓄电池开关），即使辅助电源变换器 APC 没有产生电流，那些与 BP 线路连接的电路都仍然带电。APC 二极管装配如图 3－1－11 所示。

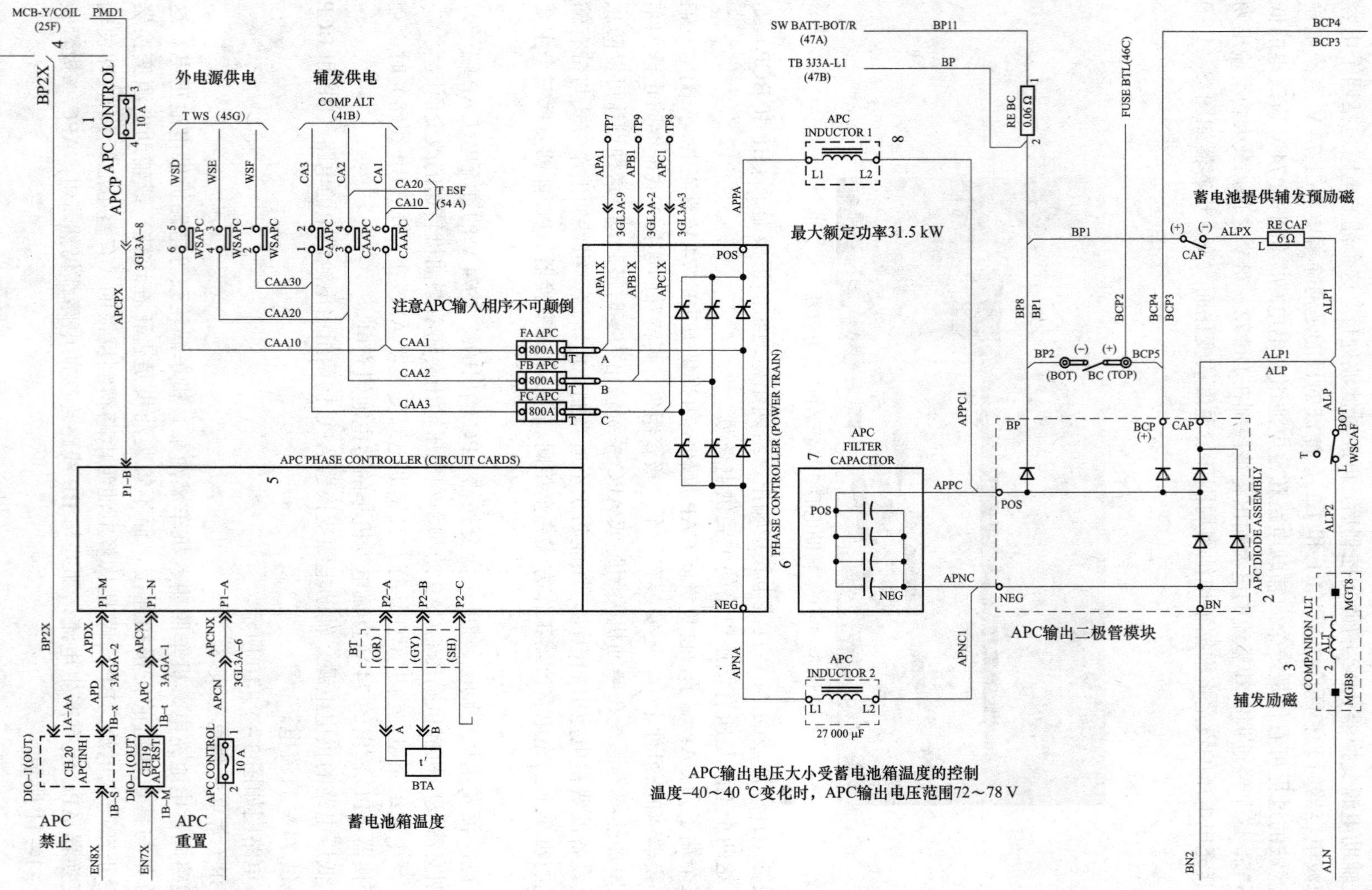

图 3-1-10 辅助电源变换器APC 电路图

1—辅助电源变换器APC控制器；2—辅助电源变换器APC二极管组件；3—副交流发电机；4—MCB/Y/线圈；5—辅助电源变换器APC相位控制器；6—相位控制器（列车电源电缆）；7—辅助电源变换器APC滤波电容器；8—L1电感

3）BCP 线路

这一线路向空调、电热玻璃、空气干燥器、辅助司机室加热器等电路提供蓄电池控制正电，并从这些输出电路得到反馈信号。只有在柴油机运转和辅助电源变换器 APC 产生电能时，BCP 线路才带电。当柴油机关闭时，二极管组件就切断蓄电池组向这些电路供电。

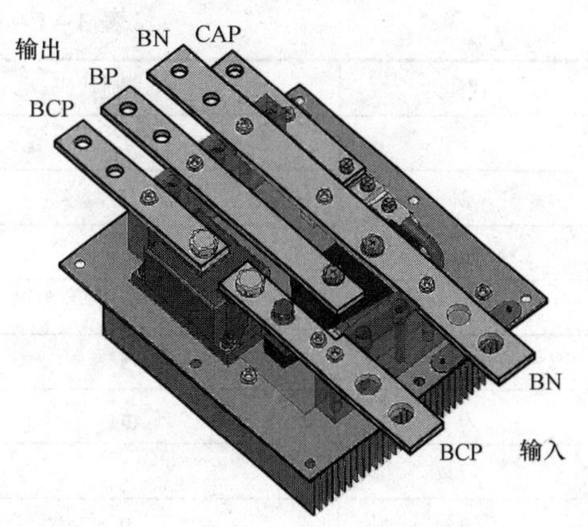

图 3－1－11　APC 二极管装配

4）起动时交流发电机的励磁

前面已经介绍过，在柴油机起动以后，辅助电源变换器 APC 向副交流发电机的线圈提供励磁。发电机的初始励磁是由机车的蓄电池组在起动过程中向发电机线圈进行励磁供电的。

在柴油机起动 10 s 后，EM2000 系统通过 DIO－2 的 18 通道送出 CAF 信号，起动 CAF 线圈。该线圈随即闭合 CAF 接触器，使电池组的电流流过 RE 电阻和 CA9 绕组，向 CA9 交流发电机的励磁线圈提供励磁电流，发电机开始发出三相交流电，并使辅助电源变换器 APC 起动。大约 30 s 之后，EM2000 系统将 CAF 接触器断开，交流发电机的励磁电流则完全由辅助电源变换器 APC 的 CAP 输出来提供。

5）外部设备对辅助电源变换器 APC 的输入

如前所述，辅助电源变换器 APC 组件为蓄电池充电电路和低压控制系统的运行提供经过调整的 74 V 直流电输出。为了充分了解其运行的原理，下面将对影响辅助电源变换器 APC 运行的各种输入和输出进行解释。辅助电源变换器 APC 的控制电源是由一个双极 10 A 断路器控制的，这个断路器安装在司机室柴油机控制台后面的断路器面板上。

辅助电源变换器 APC 从安装在蓄电池箱的温度传感器（BTA）采集环境温度。由于较低的温度会造成蓄电池充电困难，为解决这个问题，辅助电源变换器 APC 可以改变充电电压。辅助电源变换器 APC 的电压范围为 DC 72～78 V。

6）EM2000 系统与外部设备对辅助电源变换器 APC 的接口（输入/输出通道）

除上面的输入外，辅助电源变换器 APC 还必须与 EM2000 系统进行通信。下面列出了 EM2000 系统与辅助电源变换器 APC 之间的各种输入/输出通道。

（1）多路传输的 DIO－3（IN）输入 3 号通道。

✧ APCCB——DC 74 V 输入 10 A 的 APC CB 闭合反馈。

✧ APCIN1——辅助电源变换器 APC 的运行状态反馈 1。

✧ APCIN2——辅助电源变换器 APC 的运行状态反馈 2。

✧ APCIN3——辅助电源变换器 APC 的运行状态反馈 3。

✧ APCIN4——辅助电源变换器 APC 的运行状态反馈 4。

EM2000 系统通过四路反馈对辅助电源变换器 APC 的运行状态进行监控。四路反馈信号组合成一个十六进制的代码，这个代码可以表述辅助电源变换器 APC 的不同运行故障类型和模式。维修人员看不到这些代码，但故障信息可以显示在 FIRE 屏幕上。参见表 3－1－1。

表 3-1-1　FIRE 屏幕故障信息显示

代码	十六进制代码	代表信息
1	1	正常关机
2	2	软起动/停机
3	3	CA 电压不足
4	4	电流限制
5	5	电池 RTD 故障
6	6	电压过低跳闸
7	7	电压过高警告
9	9	水箱加热限制
10	A	电压过高跳闸
12	C	电压过低警告
13	D	反相序
14	E	相位损耗
15	F	正常运行

（2）CAF 接触器状态 DIO-1（IN）2 号通道。

辅助电源变换器 APC 电路向 EM2000 系统的另一个输入是 CAF 接触器的运行反馈。在柴油机初始起动时，CAF 接触器接通，为 CA9 励磁并起动 CA9 交流电的输出。如果 CAF 接触器接通，则这个输入通道是高电平。

① APCRST——辅助电源变换器 APC 复位 DIO-1（OUT 输出）19 号通道，如果辅助电源变换器 APC 需要复位，则这个输出将是高电平。

② APCINH——辅助电源变换器 APC 限制 DIO-1（OUT 输出）20 号通道，如果输出为高电平，则辅助电源变换器 APC 将被暂停运行。若辅助电源变换器 APC 正常运行，则输出为低电平。

（3）CAF 接触器 DIO-2（OUT 输出）18 号通道。

当柴油机起动时，EMDEC 就向 EM2000 系统反馈柴油机已在运行。此时 EM2000 系统将起动本通道，使 CAF 接触器闭合，以便给副交流发电机的绕组 1 号集电环和 2 号集电环励磁。

7）辅助电源变换器 APC 的运行状况

相位控制器有五个发光二极管，安装在模块面板上，用于指示辅助电源变换器 APC 的运行状况。依据不同的运行和故障情况，相位控制器将把这些运行状况信号传输给 EM2000 系统（采用十六进制代码），同时将运行状况通过发光二极管进行显示。“控制电压”显示为“开”表示 10 A 的辅助电源变换器 APC 断路器处于闭合状态，并存在蓄电池电压。“交流电压”显示为“开”表示副交流发电机的三相交流电有输入。当“起动”显示为“开”表示 EM2000 系统允许辅助电源变换器 APC 运行。“直流电压”显示转变为“开”时表示辅助电源变换器 APC 有 DC 72～78 V 输出。当“故障”显示变为“开”时表示辅助电源变换器 APC 的控制器有故障或者辅助电源变换器 APC 已经停止工作。如图 3-1-12 所示。

8）辅助电源变换器 APC 的重置程序

图 3－1－12　辅助电源变换器 APC 的发光二极管显示
1—控制电压；2—交流电压；3—起动；4—直流电压；5—故障

如果辅助电源变换器 APC 或者 EM2000 系统在运行中检测到一个故障，将起动 EM2000 系统的故障信息处理，并将信息显示出来。辅助电源变换器 APC 能够记录的典型故障：

① 辅助电源变换器 APC 发生过电压跳闸，自动复位。

② 辅助电源变换器 APC 发生欠压警告，自动重置。

③ 辅助电源变换器 APC 发生欠压跳闸，自动复位。无负载，辅助电源变换器关闭，欠压故障。辅助电源变换器 APC 的程序设计允许其在 5 min 的时间范围内容错 3 个。如果在 3 min 的时间内出错 3 个，辅助电源变换器 APC 的运行将停止（自锁），并将显示下列信息：

✧ 无负载，辅助电源变换器关闭，欠压故障。

✧ 无负载，辅助电源变换器关闭，过电压故障。

注意：一旦系统自锁，辅助电源变换器必须由手动来复位，方法是先断开然后再闭合辅助电源变换器的 10 A 断路器，它安装在司机室的柴油机控制台的后面。如果出现反复自锁的现象，则必须由维护人员来查找问题的原因。

9）检查 CA9 通往辅助电源变换器 APC 输出线路的接地情况

检查 CA9 交流电输出线路接地问题的方法：将检验灯泡连接到零线上，如果有一相接地，灯泡就将接地的情况显示出来。这个方法对副交流发电机的输出线路比较适合，但对于辅助电源变换器的电路则要采用不同的检查程序。辅助电源变换器 APC 是一种相位控制的 SCR 电桥，但因其特殊的电路特性，不管它是否具有接地点，检测灯泡都会亮起。对于此种电路，出现这种现象是正常的，它并不表明辅助电源变换器 APC 或它的线路有问题。

检查程序在检查中，机车应该停机并采取防止意外起动的措施。如果怀疑 CA9 的辅助电源变换器 APC 的线路存在接地故障，可以使用高阻表来检验一下接地是否正常。在通往辅助电源变换器 APC 的熔断器的位置将三根电缆断开，然后将三个熔断器短接在一起。将高阻表放在 600 V 的量程，然后测量从熔断器到地面的电阻。其最小读数应该大于 1 MΩ 以上。用高阻表来检验辅助电源变换器 APC，方法是：将 P1 和 P2 在控制器组件的连接器处右手侧断开，把它们的外壳沿顺时针方向扭动 1/4 圈，同时边扭边向外抽；然后将三根电缆短接在一起，用高阻表测量电缆到地面的电阻，其最小读数应该大于 1 MΩ 以上。

5. 交流牵引发电机的绕组供电断路器

交流牵引发电机的绕组供电断路器安装在配电室内。它的作用是按照 EM2000 系统的要求向交流牵引发电机的绕组提供经过整流和调整的电流。交流牵引发电机的绕组供电断路器可以给 EM2000 系统提供副交流发电机的电压/频率的反馈信息，并控制该计算机选通信号要求。

1）交流牵引发电机绕组供电断路器的运行

交流牵引发电机的励磁电流，主要是来自副交流发电机的三相交流输出端子 4、5、6 中的一个。该交流电的输出功率可变，从空转时的 AC 60 V 到司机手柄在 8 位时的约 AC 200 V。这个三相电输出（通过发电机绕组接触器 GFC 的触头）与绕组供电断路器的 PHS－A 端子、PHS－B 端子和 PHS－C 端子相连接。其中两相是用 100 A 的 GEN FL（发电机绕组）断路器来进行保护的。

检测点 TP1、TP2 和 TP3 位置在配电室的控制断路器（CB）配电盘上，这些检测点连接在发电机绕组（GEN FL）断路器与发电机绕组接触器（GFC）之间，为检测断路器的交流电输入提供了方便的检测途径。发电机绕组控制断路器（GEN FL CB）必须设定好参数，发电机绕组电流接触器（GFC）的连接器必须闭合，才能使交流电输送到交流牵引发电机的绕组供电斩波器上。

交流牵引发电机的绕组供电斩波器在配电室中辅助电源控制器（APC）的二极管装配的旁边，它是由下列部分组成的：一个整流器装配、一个斩波控制模块（CCM）、一个控制输入和输出的单元装配与 2 个门极控制的 IGBT。输入到斩波器的交流电先被全波整流组件整流为直流电。整流组件的输出随着交流电输入电压的变化而变化（输出范围在 DC 90～300 V）。该直流电通过一个跨接在整流器输出组件上的 4 400 mF 电容滤波。这一直流电要通过 IGBT 的 1 号开关，当该开关闭合时，它将使电流通向主发电机（MG）绕组电路。

同样跨接在 MG 绕组上的主发电机绕组 1 电阻（RE－MGf1）形成一个放电电路使得牵引发电机（TA）能够在发电机绕组电流减小，接触器（GFD）断开时实现迅速放电。

2）牵引发电机励磁斩波器

安装在电气间的牵引发电机励磁斩波器在 EM2000 系统的控制下对牵引发电机的励磁电流进行整流和调节。该斩波器还向 EM2000 系统提供副发动机的电压/频率反馈并放大微弱的微机触发信号。如图 3－1－13 所示。

图 3－1－13　牵引发电机励磁斩波器

3）牵引发电机励磁斩波器的运行

牵引发电机的励磁电源来自副发动机的第 2 组端子的三相交流输出，该输出的变化范围为 AC 60（惰转）～200（手柄 8 位）V，该输出的三相直接连接到斩波器，其中两相由 100 A 的发电机励磁断路器（GEN FLD Breaker）保护。

牵引发电机励磁斩波器是一个模块化的装置，安装在 APC 安装板的背面，包括 1 个整流模块、1 个斩波控制模块（CCM）、1 个连接各种输入/输出的底板装配和 2 个 IGBT 触发装置。全波整流模块将斩波器输入的交流电整流为随输入变化的 DC 90～300 V 直流电，经过跨接在整流模块输出端的 4 400 mF 电容的滤波，传输到第 1 个 IGBT 回路，当该 IGBT 导通时，电流将流过牵引发电机的励磁绕组。如图 3－1－14 所示。

4）交流牵引发电机绕组供电斩波器控制

以下解析交流牵引发电机绕组供电斩波器，并介绍它们是如何与外部系统之间互相作用来控制主发电机的绕组电流的。下面是这个控制系统的主要构成：

（1）全波整流组件。

（2）IGBT 的选通装置。

（3）一个斩波控制模块（CCM）。

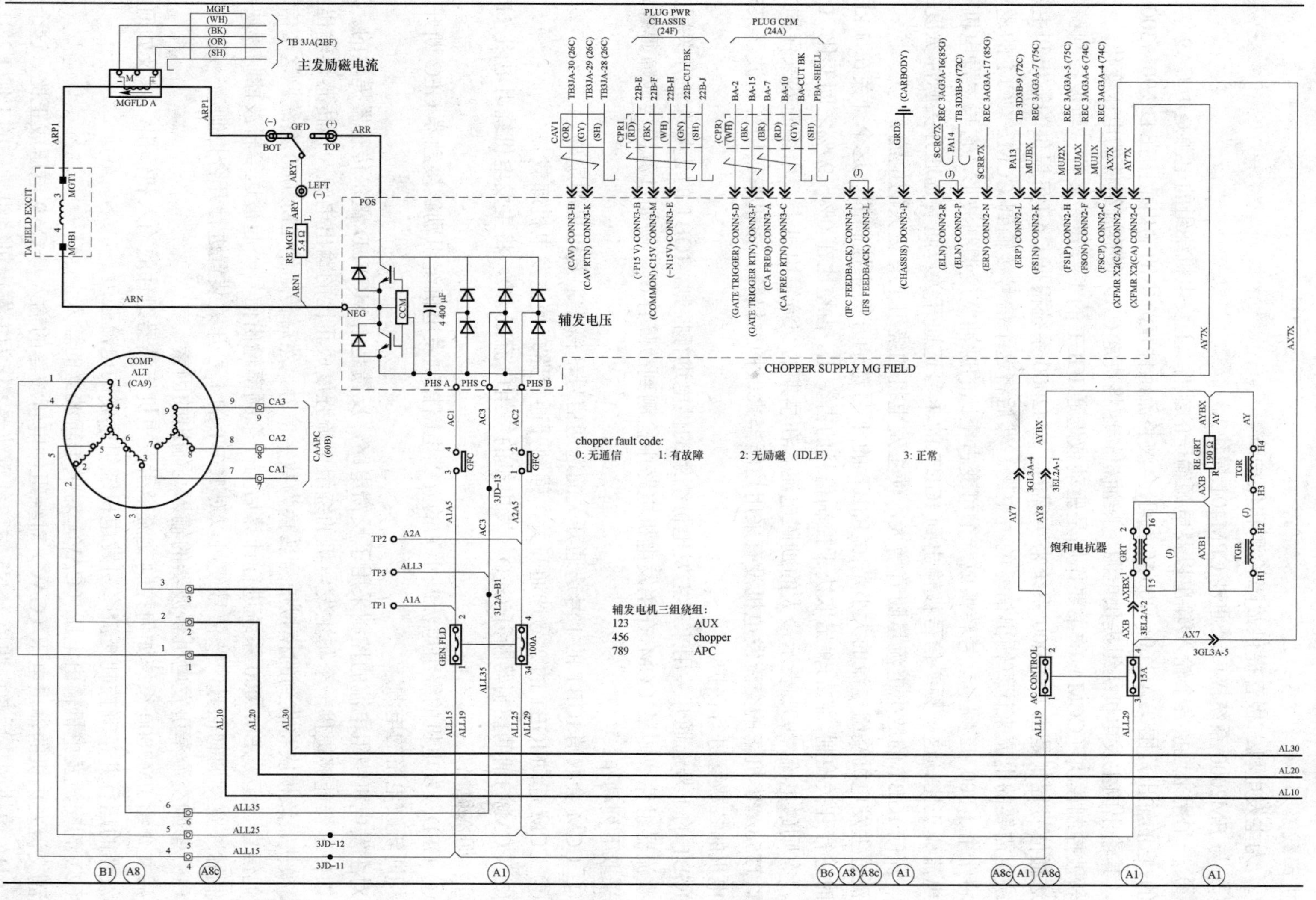

图3－1－14　牵引发电机励磁斩波器电路

① IGBT 的 2 号开关装置（1 号是主发电机励磁开关，2 号是续流开关，以便快速给主发电机卸载）。

② 为主发电机二极管提供故障检测和保护。

③ 与 EM2000 系统接口（通过 CPM401 模块）。

④ 一个用来连接各个输入/输出以及电源输送的组件。主发电机绕组的电源是由 CA9 输出提供的，它的输出范围在 AC 60～200 V 之间。全波整流组件直流电的输出范围在 DC 90～300 V 之间，其输出向主发电机绕组提供电源。柴油机转速将决定 CA9 和整流组件的电压变化。

斩波控制模块（CCM）的主要作用是驱动或选通 IGBT 的 1 号开关装置。斩波控制模块中的选通信号控制是由 EM2000 系统来实现的。EM2000 系统根据 CA9 可提供的输出和主发电机绕组需要的电流来计算输出信号的占空比。然后将这个信号传输到 CCM。CCM 的逻辑电路将一个 1 000 Hz 频率信号转换成一个可变占空比的脉冲宽度调制波形，它与主发电机的绕组电流成正比。这一频率信号被输出到 IGBT 的 1 号选通开关，随着选通开关脉冲宽度的增加，流向 IGBT 的放电电流量随着增大，使主发电机的绕组上有更大的电流。

流过主发电机绕组电流的大小是由 IGBT 的 1 号选通开关来控制的。这个开关在 1 kHz 常数时进行开关控制，它的输出取决于控制信号的占空比。占空比在 0%～99%之间变化，0%表示没有励磁电流，99%表示最大的励磁电流。在早期的交流发电机上，用熔断器来保护二极管。JT56Ace 机车的交流发电机没有采用熔断器来保护二极管。该机车采用了斩波器来对主发电机的二极管进行保护。

IGBT 的 1 号选通开关用来对主发电机绕组的供电进行控制，IGBT 的 2 号选通开关用来保护整流器组件。如果 CCM 在主发电机电路中检测到故障存在，例如过流或接地障碍等，就会采取下列动作：

① CCM 会取消 IGBT 的 1 号选通开关的选通信号，停止主发电机的励磁。

② CCM 起动 IGBT 的 2 号选通开关，强制开通短路，使主发电机卸载。

③ CCM 的辅助控制器断开 GFD（发电机的绕组电流减小），将主发电机绕组电阻（RE MGF1）加入电路。

④ GFD（发电机的绕组电流减小）的互锁电路控制发电机绕组励磁接触器 GFC 断开，从而切断斩波电路的电源。

对主发电机绕组电流的控制采用了反馈电路，反馈是由 MGFLD 霍尔传感器提供的。这个反馈传感器能够提供一个与主发电机的绕组电流强度成正比的输出电流。该传感器输出到 ADA 模块，该模块将收到的模拟信号转换为数字信号，然后传送给 EM2000 系统。这个信号与其他信号一起被 EM2000 系统进行计算后与一个频率输出信号一起被送给斩波控制模块用来控制脉冲宽度调制信号，该信号便可以对 IGBT 的 1 号开关装置进行开合控制。

（1）影响交流牵引发电机斩波器的输入与输出的因素。

后文介绍 EM2000 系统如何控制交流牵引发电机斩波器组件的输入和输出，以及如何控制斩波器的运行并精确控制交流牵引发电机绕组励磁的电流强度。

（2）副交流发电机输出电压（CAV）对供电斩波器的输入。

副交流发电机的输出电压（CAV）对绕组供电斩波器的输入与 CA9 电压成正比。这个信号被 ADA 模块调整后通过通道 IAN3 输送到斩波器，作为主发电机绕组励磁的 L1、L2、L3。这个信号在斩波电路中的标识是 CAV 和 CAV RTN。ADA 输出的信号使用 AC 1 V 换算

DC 31 V 的比例因子。

（3）电源输入。

斩波器从 EM2000 系统的 CPR1 电源插头获得+P15、－15PV 和 C15V（COM）电源。

（4）选通触发输入。

EM2000 系统控制交流牵引发电机的绕组电流，它是通过控制斩波器的门极信号来实现的，这个信号的占空比是通过 CCM 模块来调制的。这一信号通过 CPR/CPR1 插头传送。持续时间或占空比决定了在任何一个时间段内通过 IGBT 的 1 号开关的电流，从而控制牵引发电机绕组的励磁电流。

（5）主发电机绕组控制反馈电路 MGFLD_A 反馈信号。

主发电机绕组控制反馈电路 MGFLD 的信号是由霍尔传感器产生的，这个信号代表主发电机的绕组励磁电流的强度。这个信号发送给 ADA 模块/EM2000 系统（CHIAN 22）。在这个模块或系统中，将这个信号与其他信号比较，目的是将主发电机绕组的励磁电流维持在所期望的大小，同时防护主发电机的绕组过流损坏和牵引励磁太深。MGF2 信号作为 IFC/IFS 的反馈信号被送往斩波组件。斩波器利用这个信号来控制 IGBT 的开和关。如图 3－1－15 所示。

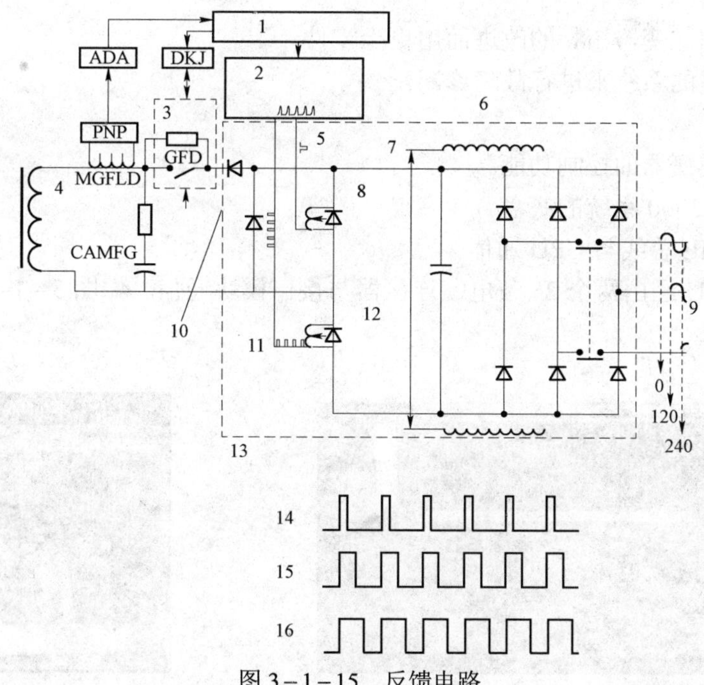

图 3－1－15　反馈电路

1—EM2000 系统对斩波器励磁的百分比控制；2—电子脉冲宽度调制控制 1 000 Hz，可变占空比；3—断开时为 40～50 ms；4—主发电机绕组；5—2 ms 延时触发；6—斩波器；7—电容器引起的交流电波形；8—整流器续流；9—副交流发电机，电压 AC 60～220 V，16 极 120 Hz 全速；10—斩波控制 GFD 断开；11—斩波输出驱动；12—DC 90～300 V，取决于柴油机转速；13—根据励磁电流，脉宽控制占空比；14—小电流；15—中电流；16—大电流

副发电机电压、频率和功率随着柴油机转速的上升而上升。斩波整流器输出的电压也随柴油机的转速变化而变化，从而可提供高达 DC 300 V 的电压。斩波保护开关对这个经过整流的电压进行每秒钟 1 000 次即 1 kHz 的调制。为了控制主发电机绕组的输出电压，这个斩波

器的占空比以百分比的速率进行变化。例如：如果副交流发电机经过整流的输出值是 DC 200 V，并且斩波器的占空比设定在 50%，则提供给副发电机绕组的电压将会是全压的 1/2，即 DC 100 V。换句话说，占空比在任何时候都是副交流发电机可提供的总电流的一个百分比值。如图 3-1-16 所示。

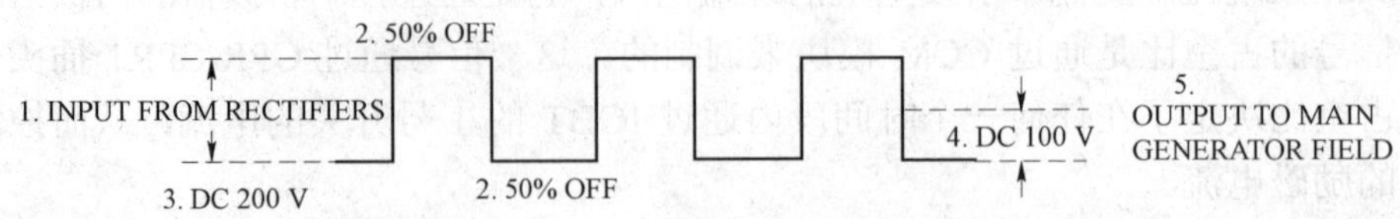

图 3-1-16　主发电机绕组斩波器

5）斩波器运行中使用的其他信号

斩波器还利用许多不同的输入/输出信号来对主发电机的绕组电流进行控制，而该主发电机的绕组电流也给 DC LINK 提供足够的电源来使机车能够产生需要的马力。

6. IGBT 逆变器

IGBT 的全名是绝缘栅双极型晶体管，取代 GTO（可关断晶闸管）。

IGBT 特点：

（1）可靠性因逆变器拓扑的改进而用更少零件。

（2）以更简易的系统来进行故障诊断。

MPU 特点：

可发挥所有逆变器的控制功能。

（1）位于 EM2000 系统的底盘。

（2）经由 VME 总线与 CPU 通信。

（3）每个 MPU 经由两个 25 条电缆连接器与接口模块通信。如图 3-1-17、图 3-1-18 所示。

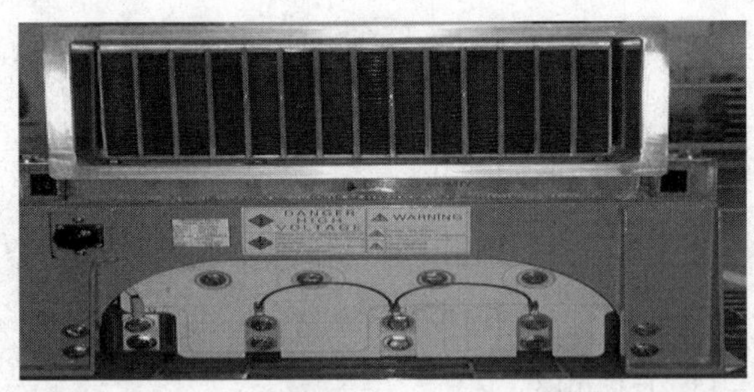

图 3-1-17　IGBT 逆变器相位模块

图 3-1-18　MPU 模块

7. 接地继电器保护系统

接地继电器/发电机故障保护系统的作用是保护交流牵引发电机（主发电机）、牵引电机和高压线路的安全。接地保护的方式是：当在高压电系统中出现了接地故障或其他故障，它就立即停止交流牵引发电机绕组的励磁。在 HX_N3 机车上，接地继电器电路已做过改进，使之能够处理设备运行中出现的各种情况。在接地继电器二极管前后安装有滤波电容器，目的是避开脉冲宽度调制（PWM）的接地电流，这是三相交流电机车正常运行的一部分。

1）接地继电器的描述

接地继电器监测电路在交流牵引发电机左右侧板之间的接地中线。接地继电器包括一个闭合线圈、一个复位线圈和一个机械插销。接地继电器通常是不带电的，但当有足够的电流（750～825 mA）流过它，它就会连通，同时接地继电器的机械插销也会开始动作将电路锁定。复位线圈可以用来使机械插销复位并使接地继电器断开。复位线圈是机车控制计算机的 DIO 输出通道来控制的。接地继电器电路是连接在机车的车身结构上的。因此，发电机的任何不平衡情况或与车身结构的接触都会引起电流从接地继电器电路上通过车身传给机车电路以外的接地设施。

2）接地继电器的连通

当接地继电器连通时，下列动作将开始：

（1）通过接地继电器的常开触点向 EM2000 系统提供一个 74 V 的信号输入。

（2）通过 GRD RLY 的常闭触点向发电机绕组放电（GFD）线圈提供信号，从而断开（GFD）接触器，同时也断开了交流牵引发电机绕组励磁斩波器的电路。

（3）GFD 接触器的常开触点断开接触器 GFC 的线圈，使其停止工作。

（4）在收到接地继电器的输入后，只要该输入存在，计算机将作出以下动作：

① 将柴油机降低到最低转速。

② 断开 GFC 的输出，负载断开故障。

③ 断开 GFD 的输出。

④ 将电阻制动接触器闭合 5 s。这样有利于在出现接地故障后，放掉 DC LINK 电容器存储的电能。

⑤ 显示器将提示接地继电器故障。

⑥ 记录该故障。

3）接地继电器的断开

在以前机车的微处理器单元中，如果在一定的时间段内发生了相当数量的接地继电器“跳闸”事件，则机车将自动把运行状态锁定在一个特定的模式内。HX_N3 机车也是同样，不过在采用 EM2000 系统时，上述动作的时间控制略有不同。具体来说，接地继电器的每一个故障现在都被单独记录，而不管接地继电器的其他故障情况。当上一个故障过去 10 min 后，该故障将从日常锁定的内存中清除。

请看下列例子：

第 0 min，接地继电器 PWR（通电）；

第 7 min，接地继电器 PWR（通电）；

第 13 min，接地继电器 PWR（通电）；

第 15 min，接地继电器 BRK（制动）；

第 16 min，接地继电器 PWR（通电）。

当第一个接地继电器通电时，计算机开始了为期 10 min 的计时。当 10 min 的时间到了时，这个接地继电器的事件就被从计算机的日常内存中清除掉。如果在刚才的 10 min 时段内又发生了两起同样运行模式的事件，则该装置就将被锁定在刚才的运行状态中。换句话说，接地继电器在 10 min 的时间内如果连续三次被连通，它就会被锁定（而不会被计算机复位）。必须在显示器上对系统进行复位（重置）操作。在显示器上对锁定进行复位操作只能是针对特定的锁定状态。引发的接通次数将被单独存储在另外的地方，以便它们不会互相影响，因为引发的接地并不一定都与牵引电机有关。

在 HX_N3 机车上，电阻制动接触器 B 可以被闭合 5 s，这样就会使 DC LINK 的电容器在接地继电器发生锁定后进行放电。在第 7 min 时，在通电状态下，第二个事件发生了。计算机开始了第二个计时动作，并将在第 17 min 时结束。当这个计时结束后，锁定程序内存中有关这个接地继电器的事件记录将被清除。然而，这个计时动作决不会消除在 0 min 时开始计时的第一个计时动作。

在第 13 min 时，在通电情况下第三个事件发生了。在 HX_N3 机车的系统控制下，设备的运行仍将继续，因为在第 10 min 时，计算机把最开始时发生的接地继电器连通事件的记录给清除了。因此，在此时的接地情况发生内存中，发生的事件总数仍是“1”，因此不会发生锁定。此时计算机再次开始了 10 min 的计时，其记录和消除记录的方式仍和前面介绍过的一样。

注意：对于 GRD RLY 接地继电器的闭合情况还有另外的程序在进行记录。在通电中发生的闭合并不影响电阻制动的运行，反之亦然。

在第 15 min 时，接地继电器在制动时闭合了。这个事件发生时距离第 7 min 时发生的那个事件还不到 10 min。由于现在发生的事件不是发生在机车牵引状态下，因此不会发生锁定。因此另一个 10 min 的计时开始了，计时的方式与前面描述的一样。

到第 16 min 时，接地继电器再次闭合。而此时在第 7 min 时启动的计时动作还没有结束。由于已经有两个牵引状态的事件存在内存中，所以就启动了锁定动作，并且还通过显示器和警铃通知了驾驶员。机车整体系统的其他部分都将继续保持运行状态，前提是那些部分的模式没有被锁定。

注意：接地继电器动作有可能是对设备有害的，并可能导致火灾。经验证明，引发此类故障的原因大多是地面潮湿。因此，系统控制允许在这种情况下降低电流强度继续运行，以便对设备进行干燥，同时也降低了同类事故再次发生的概率。如果接地继电器频繁启动，应该像上面介绍的那样对机车的运行进行限制。

4）接地继电器的自动复位

在接地继电器跳闸后 15 s，计算机会自动对接地继电器进行复位。当接地继电器复位以后，显示器上的接地继电器信息就会消失。但如果已经发生了接地继电器的锁定，则计算机就不会自动对 GRD RLY 进行复位。

如果接地继电器复位（GR RST）输入在“高电平”的状态上连续保持了 800 ms 之后，接地继电器仍然闭合，则表明复位失败。从而机车减载，驾驶员会看到“无负载–接地继电器无法复位”的显示。

此外，在系统的内存中，这一情况被记录为已发生。这样做可以防止 GFC（发电机绕组电流接触器）或 GFD（发电机绕组放电）的虚假信号被忽略。如果在接地继电器被复位后接地情况仍然存在，那么复位仍然会发生，但司机室中的显示信息将提醒驾驶员注意接地仍然存在的可能性：无负载–接地继电器无法复位，接地故障可能仍然存在，接地继电器锁定手动复位。

如果接地继电器发生了锁定，则需要通过 FIRE 屏幕对接地继电器进行复位。具体做法是按动显示器上的复位键。另外，在配电室里的断路器配电盘上也设有接地复位开关。在手动对接地继电器的锁定进行复位之后，接地继电器锁定的显示将从显示器上消失。

5）接地继电器的切除

配电室断路器配电盘上安装有一个接地继电器断流开关（GRCO）。这个开关可以在机车进厂维修时用来关闭接地/发电机故障保护电路。当这个开关闭合时，它可以向计算机提供一个接地继电器“没有切除”的信号。接地继电器切除开关是断开的，这个输入就降为“低电平”，EM2000 系统就停止交流牵引发电机的励磁（断开发电机绕组接触器 GFC），并把机车柴油机的转速降低到最小。GRCO 的断开（多路电路 DIO 1 号（IN）2 号通道）情况也会在显示器上显示出“无负载接地继电器断开”。

6）接地继电器保护系统的运行

接地继电器保护系统能够监测高压直流电或交流电的接地情况、交流牵引发电机的交流电接地情况、线圈接地情况，或交流牵引发电机的缺相或牵引整流器组件的缺相情况。每一相包括交流牵引发电机的五个定子线圈以及牵引整流器组件的正基极二极管和负基极二极管。每个牵引整流器与三相组相连接。HX_N3 型机车的接地继电器基准电路使用 8 个 10 Ω 的电阻（REGR3A/REGR3B/REGR3C/REGR4A 和 REGR4B/REGR4C/REGR5A/REGR5B）串联于每个交流牵引发电机的零线和接地继电器的二极管电桥之间。

接地继电器监测电路在接地设施和交流牵引发电机的零线上（从电气原理上讲，这个保护电路实际上是接在机车的底盘和两个交流发电机定子的零线接头上）。在监测电路中，接地继电器（GR）的运行线圈以串联方式与两个桥式整流器电路相连接（CRGR1 到 CRFR4 组成一个桥，CRFR5 到 CRGR8 组成另一桥）。

CRGR1 到 CRGR4 桥式整流器对接地的故障电流进行整流。当故障电流被整流时，它启动接地继电器的闭合线圈，使电流从线圈的零线向火线方向传输。监测电路从 CRGR5 到 CRGR8 的桥式整流器负责对 TGR（变压器接地继电器）的次级线圈的输出电流进行整流。只要接地继电器的饱和电抗器、接地继电器的变压器（GRT）和控制线圈当中的任何一个上面有电流流过，TGR（变压器接地继电器）的次级线圈就会有电流产生输出。把接地继电器变压器（GRT）的控制线圈接入电路，是为了监测交流牵引发电机的故障，例如整流二极管出现故障或相短路或缺相等。

当接地继电器连通时，EM2000 系统和显示器的常规显示内容都被启动。这是因为接地继电器的触头闭合，从而向计算机 DIO 3 号（IN）12 号通道提供了“GRDRLY”（接地继电器）反馈。当接地继电器闭合时，计算机响起警铃。接地继电器的闭合使发电机绕组接触器 GFD 断开。而 GFD 的断开又会导致发电机绕组连接器 GFC 的断开。GFC 断开的触点阻断了励磁电流，切断了交流牵引发电机的绕组供电斩波器。GFD 的双向连接触头将交流牵引发电机的绕组供电斩波器与交流牵引发电机的绕组断开，并使交流牵引发电机的绕组电路短路，从而确保绕组的剩余电流快速衰减。如果接地继电器没有被复位，EM2000 系统将强制柴油机转速进入空转状态。为了复位，计算机 DIO 1 号（OUT）3 号通道“GR RST”（接地继电器复位）启动接地继电器的复位线圈（导线标志为 L 和 M）。如果接地继电器被接通的次数过于频繁，计算机仍不会自动将其复位，而是会阻止电源或电阻制动的进一步运行（看故障出现的时候处在什么运行状态），并显示下列有关信息：无电源–接地继电器锁定；无负载，电阻制动–接地继电器锁定。

于是当操作者对接地继电器的锁定进行复位后，计算机对接地继电器进行复位，允许其继续运行。当断开时，双极的接地继电器断流开关（GRCO）将停止接地继电器的故障监测系统的自动运行，从而使机车的车间检修得以进行。当该开关闭合时，监测系统又可以恢复正常工作。

图 3－1－19　牵引电动机

当闭合时，即双极接地继电器断流开关（GRCO）的手柄位置于“UP”的位置时，另一个电极向 DIO 1 号（IN）2 号通道传输“GRNTCO”信号。当 GRNTCO 通道在接收信号时，计算机就允许设备加载。然而，当开关手柄被搬下到“断开”（CUT OUT）位置时，GRNTCO 通道就收不到信号。结果，计算机就不会允许设备加载，并会显示下列信息：无负载–接地继电器断开。

8. 其他牵引电气设备

1）牵引电动机

HX_N3 内燃机车采用的牵引电动机，如图 3－1－19 所示。

牵引电动机参数：

✧ 电机数量	6
✧ 额定功率	690 kW
✧ 额定电压	AC 2 027 V
✧ 额定转速	3 220 r/min
✧ 磁极极数	4 极
✧ 通风方式	强迫通风
✧ 电机类型	三相感应电机

散热风扇电机参数：

✧ 极数	8/16 极变极运行
✧ 额定电压	AC 445 V
✧ 额定功率	59.7/7.5 kW
✧ 额定电流	104/33.8 A
✧ 接法	Y
✧ 额定转速	1 980/990 r/min
✧ 效率	93%/80%
✧ 转向	由出线端顺时针

电气间/除尘风机电机：

✧ 数量	1 个
✧ 极数	2/4 极变极运行
✧ 额定功率	19/14.2 kW　14/10.5 kW
✧ 额定电压	244/445 V
✧ 额定频率	73.3/133.3 Hz
✧ 额定转速	4 330/3 980 r/min
✧ 额定电流	42/20 A
✧ 接法	Y/△

2）电气间/除尘风机电机逻辑控制

（1）在司控器惰转至2位，以2极方式运行。

（2）在司控器3至8位，以4极方式运行。

如果某一种运行方式出现故障，则所在司控器手柄位都以一种方式运行。

如果2极运行方式故障，则在所有手柄位都采用2极运行方式；如果4极运行方式故障，则机车微机将柴油机转速控制在2挡位以内，以防止电机超速损坏。

电流互感器检测电流信号，发送给微机，以实现过流、缺相、电机开路三种保护。

微机自动复位错误，如果3 min内发生三次错误，则锁定。

3）主发通风机控制逻辑

主发通风机电机，如图3－1－20所示。如果柴油在运行，微机检测到断路器开路，超过10 min，则将停止柴油机运行，以保护辅助发电机。如果柴油未运行，微机检测到断路器开路，则不能起机；电流互感器用于检测电机电流，并发送给微机，来判断电机过流、欠流、电机开路故障。断路器开路、欠流、电机开路故障可以在FIRE显示屏上进行复位操作。

主发通风机参数：

✧ 数量	1个
✧ 额定功率	16.5 kW
✧ 额定电压	AC 445 V
✧ 额定频率	133.3 Hz
✧ 额定转速	3 950 r/min
✧ 额定电流	28 A
✧ 接法	Y

4）动力间通风机电机

动力间通风机，如图3－1－21所示。

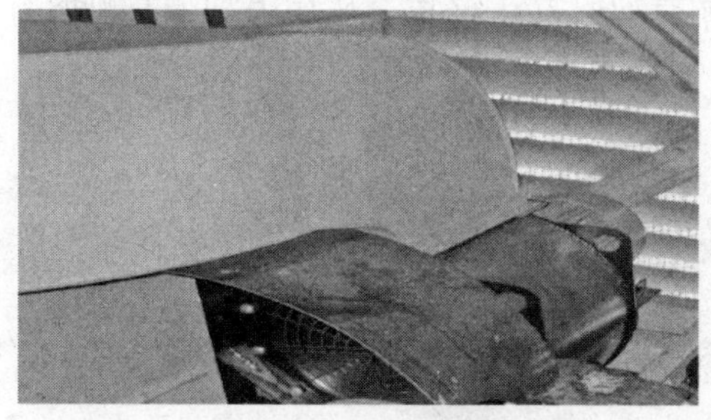

图3－1－20　主发通风机电机

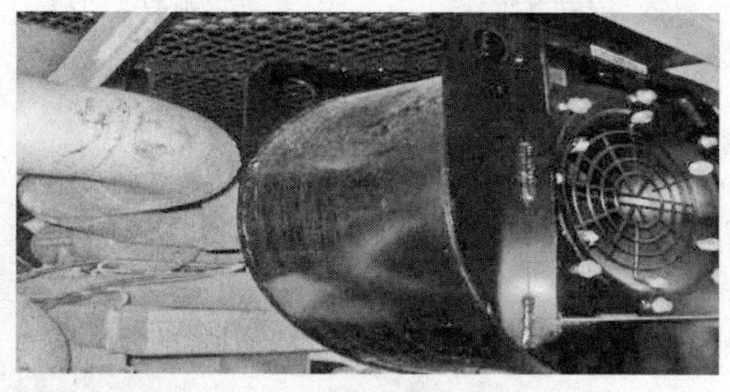

图3－1－21　动力间通风机

动力间通风机电机参数：

✧ 电机数量	2个
✧ 额定功率	2.8 kW
✧ 额定电压	AC 445 V
✧ 额定电流	5.1 A
✧ 额定频率	133.3 Hz
✧ 额定转速	3 940 r/min

5）动力间通风机电机的控制逻辑

（1）由微机通过接触器进行控制；

（2）断路器保护（断路器有反馈）；

图 3－1－22　滑油泵电机

（3）柴油机运转时，当微机接收到断路器反馈，并且参数 AmbTp2 的数值大于 25 ℃时，微机发出指令，使接触器 ERV 闭合，电机开始运行。

（4）当 AmbTp2 的数值小于 20 ℃时，微机发出指令，使接触器 ERV 开启，电机停转。

6）滑油泵电机

滑油泵电机如图 3－1－22 所示。滑油泵电机控制逻辑正转：在柴油机正常运行时，机车微机控制滑油泵电机正转，以给增压器供油润滑。反转：在预润滑模式下，微机控制滑油泵电机反转，给整个柴油机提供滑油润滑。在按下柴油机起机按钮后，微机控制滑油泵电机正转，当柴油机成功起机后，滑油泵电机停止。柴油机停机后，微机会继续控制滑油泵电机运行 30 min。

滑油泵电机参数：

✧ 电机数量	1 个
✧ 额定功率	1.1 kW
✧ 额定电压	AC 220 V
✧ 额定电流	5 A
✧ 额定转速	1 200 r/min
✧ 额定频率	62.5 Hz
✧ 极数	6
✧ 旋转方向	正转，从输出轴端看逆时针；反转，从输出轴端看顺时针

7）空压机电机

空压机电机，如图 3－1－23 所示。

图 3－1－23　空压机电机

空压机电机参数：

✧ 数量	2 个
✧ 额定功率	22 kW
✧ 额定电压	AC 165 V
✧ 额定电流	98.3 A
✧ 极数	4
✧ 额定转速	2 660 r/min
✧ 额定频率	90 Hz

空压机电机控制逻辑：

（1）2 个空压机分别由 2 个逆变器进行控制运行；

（2）变频起动；

（3）延时加载；

（4）油温高保护；

（5）油压高保护；

（6）欠流；

（7）过流；

（8）电机开路。

8）辅助空压机电机

辅助空压机电机，如图 3－1－24 所示。

辅助空压机控制逻辑：

（1）由机车微机经过接触器控制。

（2）柴油机停机时，按下 FIRE 显示屏上的起动按钮，机车微机发出指令，使接触器闭合，辅助空压机开始工作。

（3）当参数 SR 的值达到规定压力时，机车微机发出指令，使接触器断开，空压机停止工作。

9）燃油泵电机

燃油泵电机，如图 3－1－25 所示。

图 3－1－24　辅助空压机电机

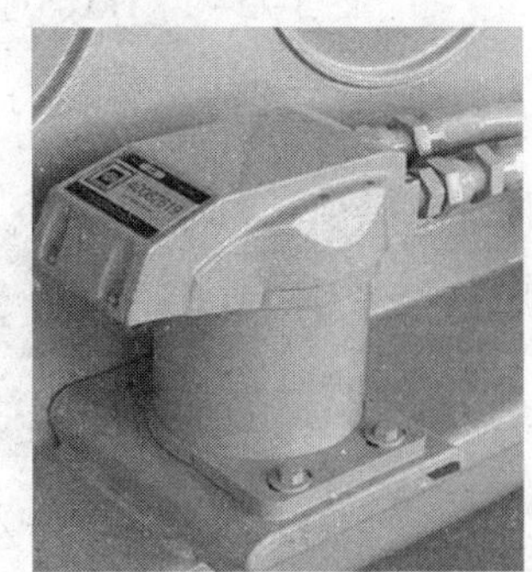

图 3－1－25　燃油泵电机

燃油泵电机控制逻辑：

（1）由机车微机通过接触器控制燃油泵的起停。

（2）按下柴油起机按钮后，燃油泵开始运行。

（3）柴油机起机后，当司控器挡位高于 2 位（包括 2）时，燃油泵停止运行。

（4）柴油机停止，燃油泵停止运行。

任务 3.2　熟悉 HX_N5 机车牵引传动系统

HX_N5 型内燃机车属交流电传动内燃机车。该车由柴油机来产生机械能，利用交流发电机将机械能转换成交流电源。由于该交流电频率及电压均不适合 HX_N5 型内燃机车的交流牵引电动机，所以必须进行转换调整。首先由主整流器组将交流转换成直流，然后再由采用 IGBT 器件的逆变器转换成可变频变压的交流电。在机车牵引时，牵引电传动系统传送给牵引电动机定子绕组的交流电源信号频率必须高到足以产生一个转速稍高于转子转速的旋转磁场，即逆变器产生的同步转速高于转子转速时，旋转的定子磁场给转子导条中产生电流，因而它对转子就提供了转矩，使其旋转并驱动机车。当机车在电阻制动状态时，轮轴制动能量通过牵引电动机转换为电能并损耗在制动电阻上。

HX_N5 型内燃机车牵引设备布置如图 3－2－1 所示。

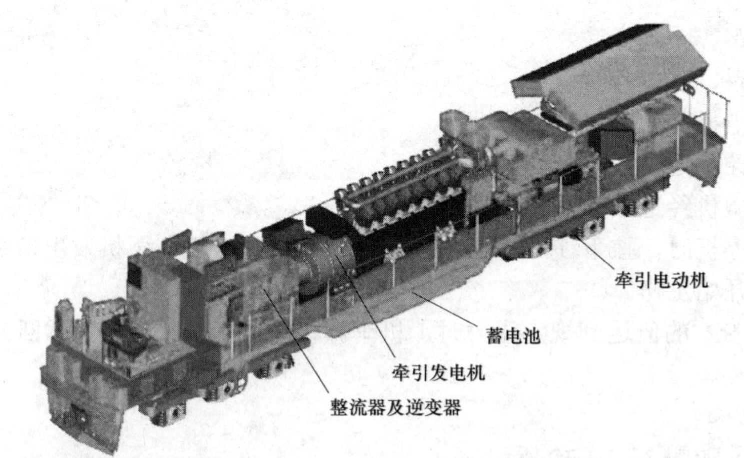

图 3－2－1　HX_N5 型内燃机车牵引设备布置图（图中制动电阻未标出）

图 3－2－2　5GMG201E1 型同步牵引发电机外形图

1. 牵引发电机

HX_N5 型内燃机车的牵引发电机，采用的是凸极转子的同步发电机，牵引发电机与辅助发电机同轴，相当于一个机座内有 4 个电机，结构复杂。如图 3－2－2 所示。

1）牵引发电机的主要数据

型号：	5GMG201E1
容量（功率因数为 0.955）：	4 690 kVA
输出电压：	DC 1 380 V
输出电流：	DC 3 082 A
频率：	87.5 Hz
绝缘等级：	H 级
励磁绕组电压：	74 V
励磁绕组电流：	400 A
效率：	≥96%
重量：	9 069 kg
冷却方式：	轴向强迫通风

2）牵引发电机的结构

HX_N5 型内燃机车用的 5GMG201E1 型同步牵引发电机为卧式单轴承结构的三相凸极同步发电机，星形连接，转子极数为 10，图 3－2－3 为该电机的结构图。该电机为主、辅发电机同轴，轴承为单列圆柱滚子轴承，可用型号有 FAG 558830C 和 SKF 466860VAR，主、辅发电机与滑环位于轴承两端。机座上装有转子支撑以支撑转子，防止轴承在电机安装到机车前遭到破坏。电机的输入端为法兰形式，与柴油机曲轴直接耦合传递动力。

该电机的冷却为轴向强迫通风，冷却空气由辅助发电机外围的大端盖上方的入口进入，一条支路冷却主发电机定子和转子，另一条支路冷却辅助发电机定子和转子，冷却空气在主发电机后端汇合，从后端排出。

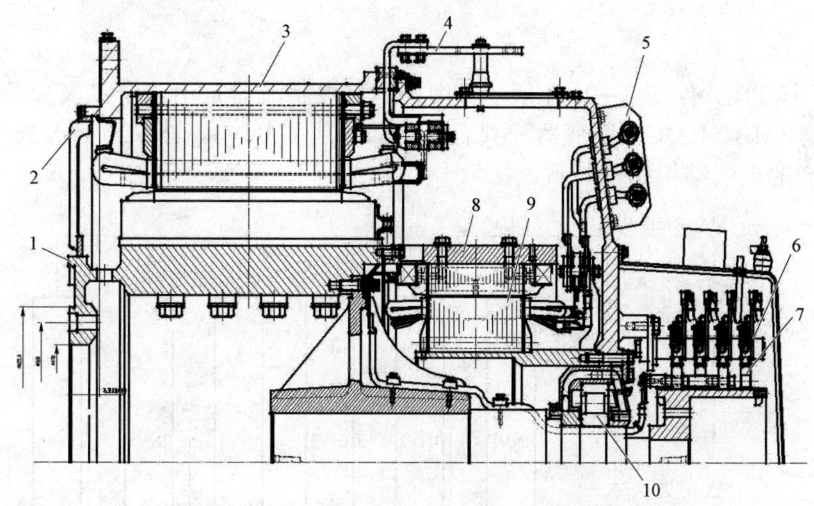

图 3－2－3　5GMG201E1 主/辅发电机结构图

1—转子装配；2—转子支撑；3—主发定子装配；4—主发出线端；5—辅发出线端；6—刷盒；7—滑环；8—辅发转子；9—辅发定子；10—轴承

（1）定子结构。

该电机的定子铁芯由 9 片扇形冲片拼成整圆，90 个开口槽，设两排共计 162 个通风孔。定子铁芯叠片成形后用拉杆、压圈和压块固定，再与定子机座热套紧固，机座上有挡肩定位。

定子引出线在位于电机固定后端盖的侧上方，并由绝缘子沿电机轴向固定在端盖的圆周面上。

定子绕组为三相星形连接，中性点没有引出线。线圈节距为1～9，每极相绕组由3个线圈串联，每相绕组由 10 个并联支路组成。定子线圈由两根熔敷导线并绕而成，每个线圈 4 匝，除端部外，直线段和圆弧段为三分之二叠包增强云母带一次。

（2）转子结构。

电机转子的主发电机转子和辅发电机转子同轴，辅发电机为外转子结构，主、辅发电机转子位于轴承的一端，轴承的另一端安装了滑环系统。

转子外径为 1 086.5 mm，中心点气隙为 4.65 mm，转子磁极由两排 8 根螺栓与磁轭紧固。转子磁极铁芯两端采用精铸端板，无阻尼绕组，磁极线圈为扁绕整匝导体，并压成弧形，宽厚比较大，高达 21，匝数为 35 匝。

（3）滑环与刷架系统。

滑环组装与转轴之间采用过盈配合连接，钢质滑环和滑环毂之间的绝缘采用浇铸式，有别于传统工艺。接线柱上有绝缘套管。滑环表面车有右旋螺旋槽。4 套滑环分别为主、辅助发电机转子绕组励磁供电，励磁电缆联线由转轴上的凹槽穿过轴承连接励磁绕组和滑环。

刷架系统安装在端盖外侧，共有 16 个刷盒，每个刷盒内有一块斜碳刷，碳刷尺寸为 19.05 mm×44.45 mm。刷架系统由上下可拆卸的两个保护罩与外界防尘隔离。刷架系统引出线安装在下方保护罩上。

2. 整流器及逆变器

HX_N5 型内燃机车是交流电传动内燃机车，主牵引变流器主要由 1 台二极管整流器和 6 台 IGBT 逆变器构成，它将同步发电机发出的三相交流电压整流成脉动直流电，再逆变成变频变压的三相交流电以驱动 6 台交流牵引电机。此外，主牵引变流器还包括检测电路、保护电路等部分。

1）电气原理

牵引电气原理图，如图 3－2－4 所示。由图中可见整流器是由三个二极管整流桥臂构成，分别是 RMA、RMB、RMC。逆变器一共有 6 台，分别是 INV1、INV2、INV3、INV4、INV5 和 INV6，它们的电气结构完全一致。

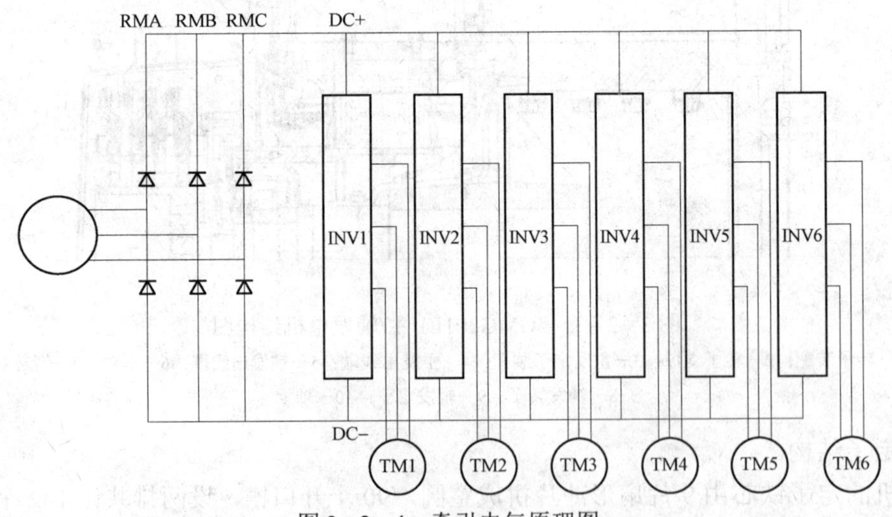

图 3－2－4　牵引电气原理图

INV1 详细电气原理图，如图 3－2－5 所示，主要由支撑电容（C11、C12）、IGBT 器（P1AP～P1CP、P1AN～P1CN）、电流传感器（CM1A、CM1B）、电压传感器（VAM10）、快速熔断器（F1A1～F1C1、F1A2～F1C2）、IGBT 驱动电源（GDP1）、牵引控制器（TMC）构成。支撑电容的作用是稳定中间直流电压，防止逆变器开关动作时直流电源的浪涌电流和尖峰电压。IGBT 是逆变器的核心开关器件，按照一定的顺序开关，相应的 IGBT 器件就能产生驱动牵引电机的三相电压。电流传感器用来检测 2 个桥臂的电流，即是牵引电机的两相电流，该电流信号经过牵引控制器 TMC 计算后，产生控制逆变器工作的 PWM 调制信号。电压传感器（VAM10）测量两处电压，即中间直流电压和牵引电机三相线电压，中间直流电压信号主要用于保护，牵引电机线电压信号则通过牵引控制器 TMC 产生控制逆变器工作的 PWM 调制信号。桥臂快速熔断器主要用于保护 IGBT 器件，当逆变器任一桥臂发生短路故障时，所在桥臂电流快速增大，快速达到快速熔断器的整定值，快速熔断器断开该桥臂，避免该桥臂上的 IGBT 器件被短路电流损坏。IGBT 驱动板电源（GDP1）将机车蓄电池电压 74 V 转化为 100 V、25 Hz 的方波电压，为 IGBT 的门极驱动板提供工作电源。牵引控制器（TMC）是这个逆变器的核心控制单元，主要由 6 块微机插件板和 2 块光纤驱动板构成，它将电压传感器、电流传感器和速度传感器等输送的信号经过数模转化后，按照矢量控制的算法产生 PWM 调制信号，通过光纤驱动板将信号传送给 IGBT 驱动板，以控制相应 IGBT 器件的通断，产生满足司机指令要求的三相交流电压，驱动牵引电机工作。

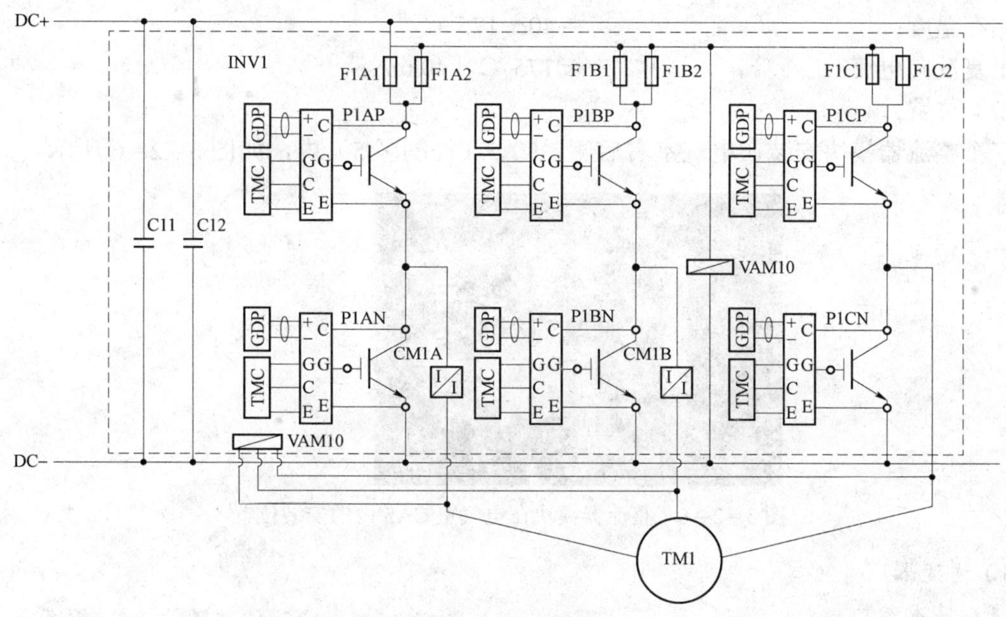

图 3－2－5　INV1 详细电气原理图

6 个牵引逆变器中各关键部件的代号（与 INV1 对照），参见表 3－2－1。

表 3－2－1　逆变器关键部件代号表

IGBT 器件	电流传感器	中间直流电压传感器	牵引电机电压传感器	IGBT 驱动电源	快速熔断器	牵引控制器
P1AP、P1BP、P1CP P1AN、P1BN、P1CN	CM1A、 CM1B	VAM10	VAM10	GDP1	F1A1、F1A2、F1B1 F1B2、F1C1、F1C2	TMC

续表

IGBT 器件	电流传感器	中间直流电压传感器	牵引电机电压传感器	IGBT 驱动电源	快速熔断器	牵引控制器
P2AP、P2BP、P2CP P2AN、P2BN、P2CN	CM2A、CM2B	VAM13	VAM10	GDP1	F2A1、F2A2、F2B1 F2B2、F2C1、F2C2	TMC
P3AP、P3BP、P3CP P3AN、P3BN、P3CN	CM3A、CM3B	VAM13	VAM11	GDP2	F3A1、F3A2、F3B1 F3B2、F3C1、F3C2	TMC
P4AP、P4BP、P4CP P4AN、P4BN、P4CN	CM4A、CM4B	VAM11	VAM11	GDP2	F4A1、F4A2、F4B1 F4B2、F4C1、F4C2	TMC
P5AP、P5BP、P5CP P5AN、P5BN、P5CN	CM5A、CM5B	VAM13	VAM12	GDP3	F5A1、F5A2、F5B1 F5B2、F5C1、F5C2	TMC
P6AP、P6BP、P6CP P6AN、P6BN、P6CN	CM6A、CM6B	VAM12	VAM13	GDP3	F6A1、F6A2、F6B1 F6B2、F6C1、F6C2	TMC

2）整流器

（1）基本参数。

输出电压（结温 175 ℃时）： 3.2 kV

输出电流（结温 175 ℃时）： 2.9 kA

工作温度： −40～175 ℃

储存温度： −40～175 ℃

重复反向电流： @175 ℃，40 mA

（2）位置。

三个整流器模块安装在电气室右后侧，CA5（控制区 5）内，如图 3−2−6 所示。

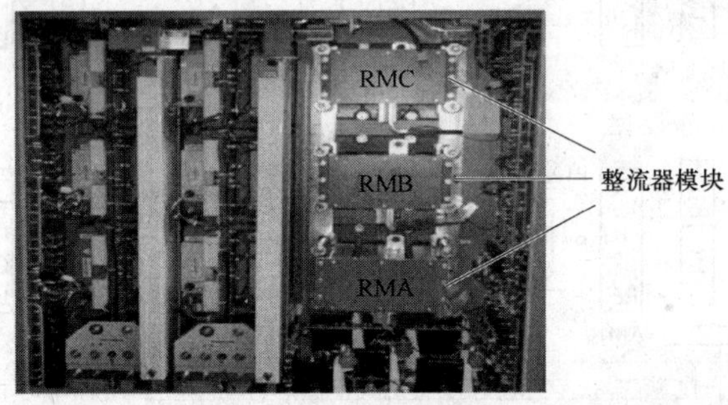

图 3−2−6　整流器模块在电气室 CA5 内的安装位置

3）逆变器

（1）基本参数。

以下为单个逆变器稳态数据。

✧ 输入电压（最大值）： 1 400 V

✧ 输入电流（最大值）： 410 A

✧ 输出电压（基波有效值）： 1 100 V

✧ 输出电流（基波有效值）： 850 A

✧ 输出容量： 709 kVA

✧ 输出频率（最大值）： 200 Hz

✧ 输入滤波电容：　4 500 μF

✧ IGBT 参数：　2.4 kV，2.2 kA

✧ 效率：　≥0.98

✧ 工作环境温度：　40 ℃

✧ 存放温度：　−45～85 ℃

功率模块参数如下。

✧ 型号：　17FM789（+），17FM790（−）

✧ 数量：　36

✧ 模块构成：　1 个 IGBT，1 个反并联二极管，1 个散热器，1 个门极驱动电路

✧ 冷却方式：　强迫空冷

✧ 柴油机全速空气流量（最小值）　2.9 m^3/min

✧ 柴油机怠速空气流量（最小值）　2.49 m^3/min

✧ 模块重量：　24.9 kg

✧ 模块体积：　432 mm×356 mm×127 mm

支撑电容参数如下。

✧ 额定电压：　1 800 V

✧ 额定峰值电压：　2 700 V

✧ 载流能力：　260 A rms（连续），350 A rms（1 小时）

✧ 电容值：　2 250 μF

✧ 绝缘介质：　聚丙烯膜

✧ 寿命：　20 年±7%

✧ 环境温度：　−40～67 ℃

✧ 填充物：　矿物油

✧ 自感：　＞60 nH

✧ 绝缘电阻：　＞10 MΩ

✧ 重量：　32 kg

（2）位置。

六个逆变器的主要部件安装在 CA3 和 CA5 内，如图 3−2−7 所示。CA3 和 CA5 位于电气室后部机车的对边，主要部件包括逆变器开关和直流滤波电容。

控制这些开关的计算机板安装在 CA2 内的牵引电动机控制器（TMC）上，位于电气室的左边。

用来测量供给每台牵引电动机相电流的器件安装在 CA4 和 CA5 的底部。测量牵引电动机相电压的元件安装在 CA5 的左右侧壁上，位于电气室的右后边。

4）牵引电动机控制器（TMC）

智能显示器为 HX_N5 型内燃机车上每台牵引电动机提供指令信号，而牵引电动机控制器（TMC）的任务是将这些信号转换成可用来驱动与牵引电动机相连接的逆变器的信息。TMC 通过驱动它内部的六个微机−I/O（CPU−I/O）卡和两个光纤卡来实施这项工作。

图 3-2-7　安装在 CA3 和 CA5 里的逆变器

（1）位置。

TMC 位于 HX_N5 型内燃机车上电气室 CA2 的左上部。图 3-2-8 表示出了该位置上的 TMC。

图 3-2-8　安装在 CA2 中的 TMC 示意图

（2）功能。

为了控制 HX_N5 型内燃机车上的六台牵引电动机，智能显示器通过有线连接的 ARCNet 网络发送转矩和车轮打滑指令到 TMC。TMC 中的光纤卡被连入，充当这些指令的接收器/传送器通道。一组专门的转矩和车轮打滑的信息由通道传送至 TMC 中六个 CPU-I/O 卡中的一个卡。这个对应的 CPU-I/O 获取这些转矩和车轮打滑的信息，并将它们转换为一组控制信号，控制信号被传送到连接于并控制 TM 的变频器上。该控制信号采用了通/断的光纤信号方式，其被传送到指定逆变器上的每个电子开关上。这些信号使得逆变器上的电子开关能产生一个三相交流电流波形，去给与逆变器相连接的 TM 供电。在 TMC 中的每个 CPU-I/O 卡积累关于逆变器及 TM 运行的数据，并将这些信息传送到智能显示器中。智能显示器利用这些数据来优化牵引系统的运行及防止它损坏。图 3-2-9 是一个 TMC CPU-I/O 卡和其全部接口的方框图。

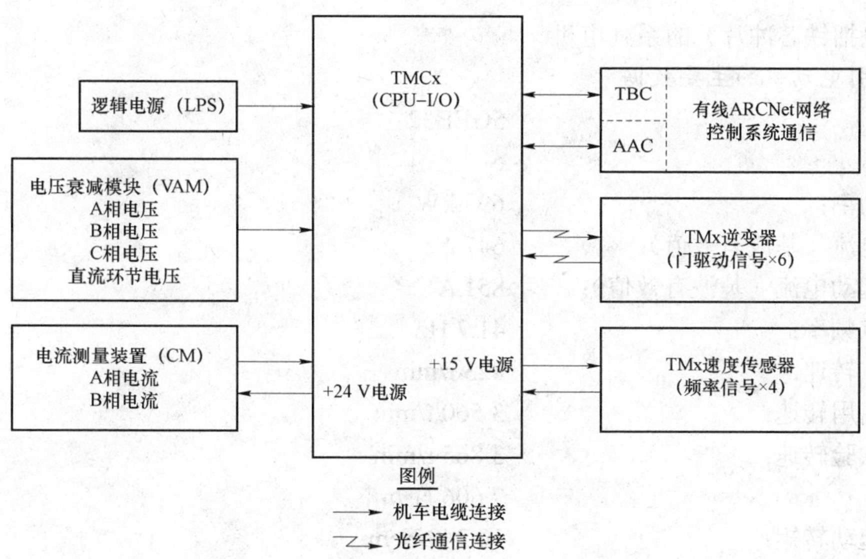

图 3－2－9　TMC CPU－I/O 卡和其全部接口方框图

下面将从图 3－2－9 中所示的 LPS 开始，以逆时针方向，逐一介绍 TMC CPU－I/O 卡的输入或输出项。

每个 TMC CPU－I/O 卡从 LPS 处接受电源电压以运行它的数字电路和模拟电路。输入的电压源包括直流+5 V、直流±15 V 和直流±24 V。从逻辑电源的隔离输出端口输出到每个卡上的电压采用了相互独立的连接方式。

四条带有电压衰减模块部分的电路提供 CPU－I/O 卡的输入。其中，三条电路指示牵引电动机的相电压，剩下一条电路提供处于主直流母线上的电压值。

两个电流测量装置（即 LEM）输入数据给 CPU－I/O 卡，微机卡指示由它通过相应的逆变器进行控制的牵引电动机的 A 相和 B 相电流。CPU－I/O 卡利用基尔霍夫（Kirchoff）电流定律计算出 C 相的电流值。CPU－I/O 卡提供直流±24 V 电源给每个电流测量装置。

CPU－I/O 卡提供直流±15 V 电源给由它控制的 TM 上的速度传感器，并读取四个频率变化的反馈信号。该信号采用方波的形式。方波信号的频率指示 TM 转子的转速，信号间的相位关系指示 TM 转子的旋转方向。

HX_N5 型内燃机车上的每个逆变器都需要一组六个光纤信号，每个信号分别指示逆变器上六个电子开关中的每个何时开和关。CPU－I/O 卡提供这些信号给连接于并控制 TM 的逆变器。为了保证这些开关动作正确，逆变器传送给该卡六个反馈信号，分别指示六个开关的状态。

CPU－I/O 卡与 CCA 中的其他设备进行通信，它采用的方式是沿着 ARCNet 网域到达离它最近的网络邻居 TBC 和 AAC。

3. 牵引电动机

HX_N5 型内燃机车牵引电动机的型号是 5GEB32，与青藏线用内燃机车的配套电机 5GEB30 同属于一个系列。5GEB32 是在 5GEB30 的基础上将定子绕组从 8 匝改为 7 匝，铁芯长度从 411.5 mm 增加到 488.44 mm，输入功率从 455 kW（基波有效值 517 V/620 A）增加到 693 kW（基波有效值 635 V/750 A），机械输出功率从 420.6 kW 增加到 643.3 kW，拥有大量互换件（包括铁芯冲片）的系列电机。

1）*牵引电动机的主要数据*

型号：	5GEB32
极数：	6
电机功率：	693 kW
持续电流（基波有效值）：	647 A
最大起动电流（基波有效值）：	851 A
持续点频率：	41.7 Hz
持续点转速：	823 r/min
最高运用转速：	3 560 r/min
最高试验转速：	3 865 r/min
转矩：	7 606 N•m
最大起动转矩：	10 249 N•m
转差：	0.013
绝缘等级：	H 级
冷却方式：	强迫风冷
冷却风量（柴油机全速）：	73.1 m^3 /min
效率：	0.946
速度传感器型号、制造商：	84A207936P2，Honeywell 或相当厂商
质量：	2 450 kg（只包括电动机）

2）*牵引电动机的结构*

5GEB32 交流牵引电动机为铸钢机座的 6 极异步电动机，悬挂为滚动抱轴承鼻式悬挂方式，采用齿轮轴单边直齿传动，传动比为 5.312 5（85/16），传动端轴承采用传动齿轮箱油润滑。

（1）定子结构。

定子冲片采用硅钢片冲制，72 个矩形槽均布。机座为铸件，定子铁芯处机座壁厚 20.9 mm。铁芯长度约 488.4 mm，由定子压圈、冲片、端板叠压成型，再和机座采用热套后焊接固定，其后再精加工机座，以消除热套产生的残余变形，保证止口、抱轴面的精度。

每个线圈跨距 1 跨 11，4 个线圈一组。当相序为 A－B－C 时，从连线端看旋转方向为逆时针。每个矩形槽中嵌入两个线圈，采用聚酯玻璃纤维槽楔固定，线圈端部用层间绝缘垫隔开，再用绑扎带绑扎在绑扎环上。绑扎环与定子压圈焊接在一起。线圈引出线采用银铜焊料焊接，用引线夹固定在通风口处的机座壁上。定子出线盒安排在非传动端，毗邻通风孔处。

（2）转子结构。

转子冲片采用梯形槽，60 槽均布。转轴采用齿轮与转轴一体的结构，转子铁芯叠压完成后再热套到转轴上，用大螺母锁紧止退。端环为铜铬镁合金锻件，导条采用铬铜材料，银铜焊料焊接。

传动端轴承为专用的绝缘圆柱滚子轴承，采用齿轮箱油润滑；非传动端为球轴承，采用脂润滑，在一个维修期间不需要再行加注润滑脂。

转子轴上非传动端安装有 192 齿的测速齿盘。

（3）端盖、轴承盖和通风。

5GEB32 交流牵引电动机外形，如图 3－2－10 所示。电动机的前后端盖与轴承室采用非整体的分离结构，装配工序较多。非传动端端盖上安装有双通道速度传感器。内轴承盖上有两个 180° 分布的锁定转子用螺纹通孔，在运输时通过穿过外轴承盖的长螺栓顶紧测速齿盘锁定转子。为防止较大的轴向冲击载荷，外轴承盖通过 12 颗 12 角螺栓固定在内轴承盖上。

图 3－2－10　5GEB32 交流牵引电动机外形图

传动端端盖也采用铸件加工而成，分布有 18 个通风孔。由于采用油润滑轴承，并考虑油路，传动端的油封和密封件较多，并且在传动端轴承室上安装有挡风板。强迫通风空气从非传动端的电动机上方进入，从传动端的端盖处排出。定子冲片上有两排共 72 个 ϕ19 mm 的通风孔，转子冲片上有三排通风孔，每排 24 个。挡风板在风路上不仅有强化冷却定子线圈端部的作用，而且减少了油封处的负压，有利于油路密封。

4. 电阻制动原理及制动电阻装置

1）电阻制动原理

在电阻制动时，施加在定子绕组的交流电源在定子线圈中所产生的旋转磁场转速低于转子转速，即由逆变器产生的同步转速低于转子转速。

由电机学原理可知，在异步电机中，当转子转速高于定子旋转磁场转速时，牵引电动机将由电磁功率输入状态变成电磁功率输出状态，也就是发电机状态。发电机的机械驱动力矩便由行驶的列车供给，而发电机给列车提供的反作用力便是列车的制动力。牵引电动机（此时为发电机工况）此时发出交流电，发出的交流电经逆变器整流后，直接施加在制动电阻上，转化为热能，产生的热量被电阻制动风机吹入的冷却空气带走，消散于大气中。这是一个机械能—电能—热能的转化过程，所以，电阻制动常常又被称为能耗制动。

HX_N5 型内燃机车电阻制动特性由两个区段组成：高速时的恒功率制动区段，该区段制动力随机车速度的降低而增大，功率约为 4 000 kW；低速时的恒制动力区段，该区段维持机车最大制动力不变，制动力约为 350 kN。

计算机系统为每台牵引电动机计算频率及电压以便使每个转子产生最优的转矩。由于这种制动方案具有有效的计算机可控制特点，所以在理论上，HX_N5 型内燃机车可以使用电阻制动使机车速度降至 0。

2）制动电阻装置

HX_N5 型内燃机车制动电阻装置采用卧式结构，它由两部分组成，分别是置于辅助电气柜上的单节电阻制动柜及置于交流电机室上的双节电阻制动柜，如图 3－2－11 所示。在整个装置中，每“节”均为一组完整、独立的电阻制动单元，因此，共有 3 组制动电阻单元。

3 组制动电阻单元在柜中的安装情况大致相同。每组制动电阻单元均包括 6 只电阻栅格、1 套散热系统以及相关引出线。以下就制动电阻各部分作适当描述。

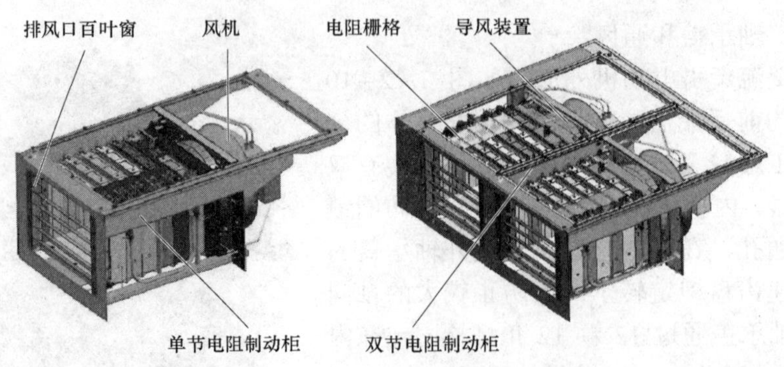

图 3-2-11　HX_N5 型内燃机车电阻制动柜

（1）电阻栅格及其安装。

每组电阻单元的 6 只电阻栅格包括 1 只 945 电阻栅格和 5 只 747 电阻栅格，其中 945 栅格有 3 个接线端子，747 栅格有 2 个接线端子，所有电阻栅格均由带状电阻组成，如图 3-2-12 所示。每只电阻栅格接线端子面均带有开有安装孔的端子板，该端子板同时也是接线端子之一。安装栅格时，仅需要将对应栅格逐层吊入电阻柜上对应的绝缘子上，并用紧固件紧固，便可完成栅格的安装。这样，即便其中的栅格发生故障，也可以很容易地将之取出。

电阻栅格之间采用导电铜排连接，每组电阻单元中的 6 只电阻栅格都连接成两条并联支路，每条支路均由 3 只电阻栅格组成。电阻单元的“+”“-”端接至辅助柜上的引出铜排。

（2）电阻散热系统。

电阻散热系统采用强迫通风直接冷却方式。风机采用电机驱动，并且风机与电机为一体化结构。空气由风机直接从大气中吸取，经过导风装置导向后，直接流过电阻栅格，然后由排风口排出。导风装置采用“天圆地方”型结构，圆的一面与风机相连，方的一面与电阻栅格相接，中间装有导风向的导风板，纠正冷却风中的紊流，如图 3-2-13 所示。排风口采用百叶窗式结构，将热风向机车上方排出，这样，避免热风向下排出对走廊上的人员造成意外的伤害。

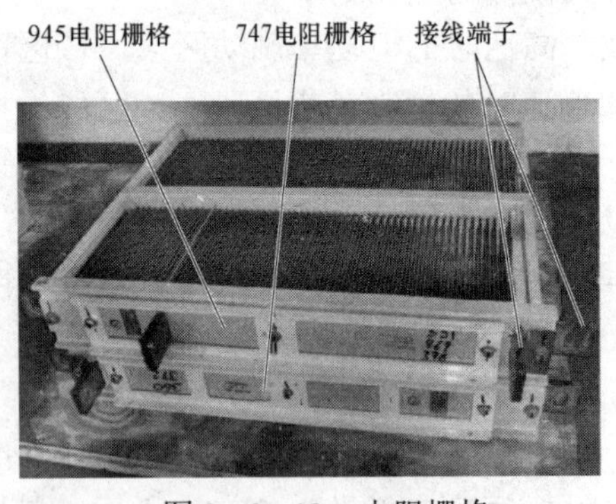

图 3-2-12　电阻栅格

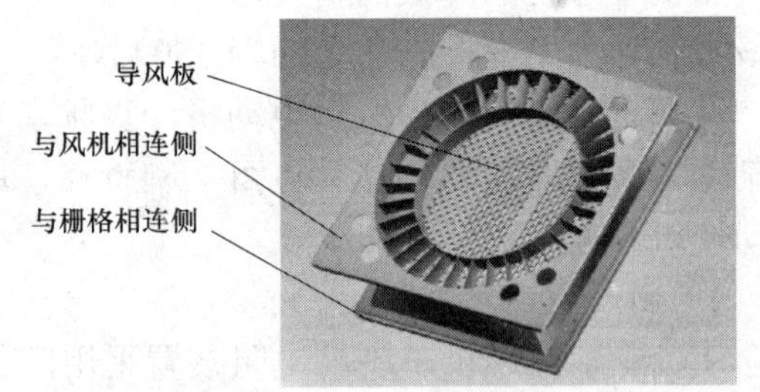

图 3-2-13　导风装置

风机电机为串励直流电机，其引出线为“A”“FF”两根电缆，分别接在 945 栅格的两个接线端子上。在原理上，电机便是直接并联在制动电阻上。

（3）电阻制动保护。

每组电阻单元上均设置两处制动电阻失效检测点，并将该信号接入机车计算机控制系统。

5. 牵引电路的接地检测原理

HX_N5 型内燃机车采用的技术使得控制系统既可在牵引系统出现接地故障时仍保证机车运行，又可在必要时切断牵引动力，以保护人身和设备安全，若需检修还会提示检修步骤。

1）接地故障检测线路

图 3－2－14 所示是一张电气简化图。它仅仅绘出了 HX_N5 型内燃机车的电阻制动电路中 3 个电阻单元中的一个和供电给牵引电机的 6 个逆变器中的一个。

牵引系统接地故障检测电路主要由两部分组成：

（1）两个电阻 R100 和 R101，在母线的正负极之间起电压分配器的作用。两电阻的中间点通过 GDA 连接至机车底架。当任意一个电阻中都没有接地故障电流流过时，中间点的电压将会是母线电压的一半。

（2）VAM8 是一个将高电压（交流或直流）变换为计算机可接受的低电压值的设备。它提供信号给 CIO，使 HX_N5 型内燃机车的计算机系统可以测定母线正极与机车底架之间的电压差。

当牵引电路中没有接地故障时，CIO 测定来自 VAM8 的电压，其数值应是施加在母线正负极之间电压的一半。

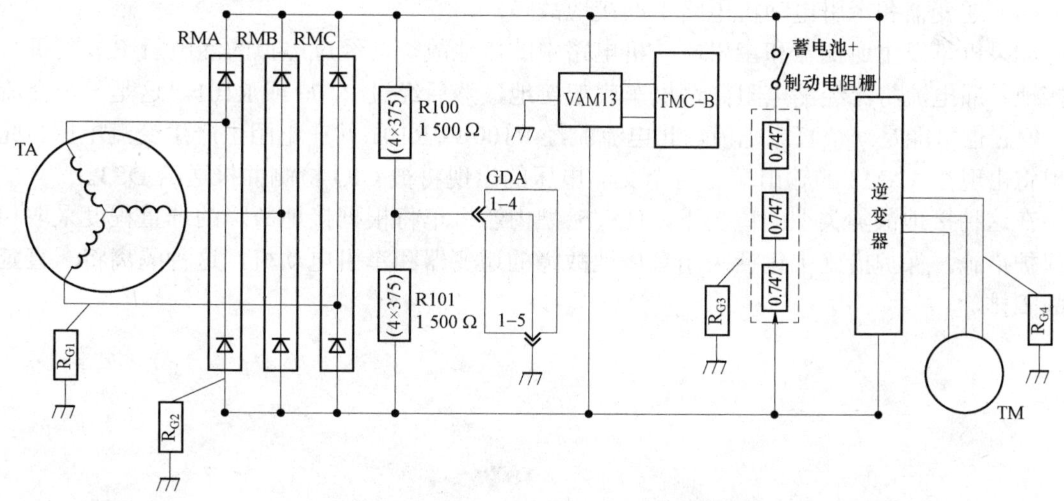

图 3－2－14　牵引系统接地故障检测电路

2）检测原理

在牵引系统电路中可能出现四种不同类型的接地故障。

（1）主发电机中的接地故障。

这种情况是指主回路经过虚拟的漏电阻 R_{G1} 到机车底架接地。接地漏电流将流经漏电阻 R_{G1} 到达机车底架接地，然后经过电阻 R100 或 R101。这是一个交流电流。此电流将在电阻 R100 或 R101 上产生交流电压，此电压输入 VAM8 并经过转换传输到 CIO。CIO 检测到该信息并报告给 DS3。

在机车发生此种接地故障时，HX_N5 型内燃机车将根据接地故障的严重程度采取相应的保护措施。保护措施中包括减小主发电机功率输出，或关闭主发电机，直至故障排除。

（2）电源转换、整流和配电装置中的接地故障。

假如机车主回路经过虚拟的漏电阻 R_{G2} 到机车底架接地，漏电流将流经漏电阻到达机车底架接地，然后经过 R100 或 R101。通常，这是一个直流电流，但它也可能是一个交流电流。若接地故障 R_{G2} 出现在图 3-2-14 所示的位置，那么 R100 上的直流电压会随着通过它的直流电流的增加而增大。CIO 将读出 VAM8 输出的该增大值并且将这个数据送至 DS3。反过来说，R_{G2} 出现在母线的正极一侧，那么 R101 上的直流电压会随着通过它的直流电流的增加而增加。R100 的电压的减小将被 CIO 检测到并报送至 DS3。

在这种接地故障类型的情况下，HX_N5 型内燃机车将根据接地故障的严重程度采取相应的保护措施。通常采用的保护方法是控制产生在母线上的牵引电压，使 VAM8 检测到的电压不高于 875 V，保护措施包括关闭牵引系统，直到故障排除。

（3）电阻制动电路中的接地故障。

这种情况如图 3-2-14 中点划线框所示，经过虚拟的漏电阻 R_{G3} 到机车底架接地。假如机车发生这种故障，漏电流将流经漏电阻到达机车底架接地，然后经过 R100 或 R101。通常，这是一个直流电流。这种接地故障类型的检测方案与情形（2）相同。

HX_N5 型内燃机车保护措施包括切除某个有接地故障的制动电阻单元使其隔离。打开相应的 DB 接触器即可完成这种隔离，直到制动电阻单元故障排除。

（4）逆变器和牵引电动机电路中的接地故障。

如果机车发生逆变器和牵引电动机电路中的接地故障，经过虚拟的漏电阻 R_{G4} 到机车底架接地。漏电流将流经漏电阻到达机车底架接地，然后经过 R100 或 R101。这是一个交流电流，但它也可能是一个直流电流。此电流流经 R100 或 R101 并在电阻上产生交流电压，此电压也将出现在 VAM8 的输出端。这个交流电压的出现将被 CIO 检测并报送给 DS3。

在这种接地故障类型的情况下，HX_N5 型内燃机车将根据接地故障的严重程度采取相应的保护措施。保护措施中包括关闭有接地故障的逆变器和牵引电动机，这种隔离将一直延续至故障排除。

模块 4

和谐内燃机车微机控制与网络通信控制系统

任务 4.1 熟悉 HX_N3 型内燃机车微机网络控制系统

HX_N3 型内燃机车的微机控制系统采用 EMD 公司的 EM2000 微处理器，它极大地减少了控制系统中模块的数量，提供了极为有效的元件及系统故障检测手段。它还包含自检功能，有助于对机车故障进行故障排除。

HX_N3 型内燃机车的微机网络控制系统主要由柴油机控制系统、牵引控制系统、辅助控制系统、显示系统等组成，如图 4－1－1 所示。

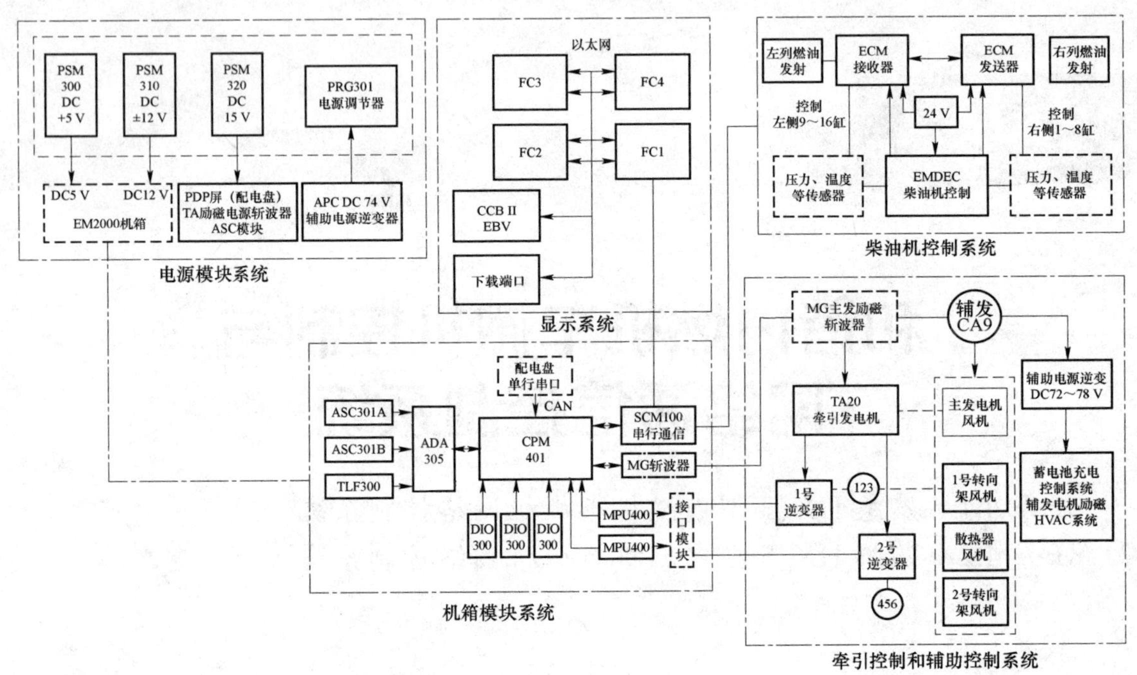

图 4－1－1 HX_N3 型机车微机网络控制系统原理简图

HX_N3 型内燃机车的微机网络控制系统的作用主要体现在以下几方面。

（1）励磁功能。

向牵引交流发电机励磁电源斩波器组件发出指令，以控制牵引发电机、控制逆变器的脉冲宽度调制，最终达到控制和监控机车的牵引力和制动力。

（2）逻辑功能。

处理来自操作器（油门手柄、开关等）或列车的所有指令控制和监控机车的通断装置（接触器、继电器和电磁阀），控制柴油机起动逻辑顺序和控制柴油机的运行速度等。

（3）显示功能。

与 EM2000 系统的所有人机交流都是通过安装在控制台上的 FIRE 显示屏完成的。HX_N3 的微机控制系统接收来自 FIRE 显示屏的输入，在 FIRE 屏幕上显示信息。此外通过显示屏启动诊断功能并能将数据记录在档案存储器中。

1. HX_N3 型内燃机车柴油机控制系统

1）柴油机简介

HX_N3 型机车上装有一台 16V265H 型电喷四冲程增压柴油机。该柴油机使用两台空气起动马达来起动，其中增压器主要用来提高柴油机的功率，使机车更好地节约燃油。

柴油机驱动牵引发动机装置（含主发电机 TA20 和辅助发电机 CA9）工作，如图 4－1－2 所示。

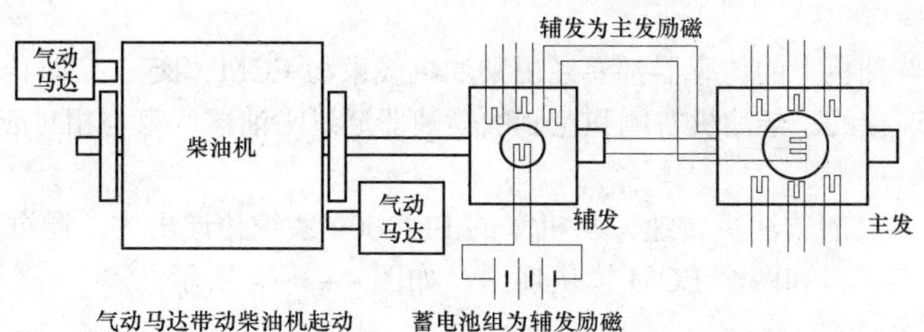

图 4－1－2　柴油机驱动牵引发动机工作示意图

柴油机由气动马达起动，当起动完成后气动马达在控制系统的控制下退出。接着柴油机转轴带动辅助发电机 CA9 起动，辅助发电机起动完成以后，由辅助发电机的主发励磁绕组为主发电机进行励磁供电，主发 TA20 在柴油机的带动下起动。

TA20 将柴油机的机械能转变成交流电，安装在内部的整流装置将交流电转换成高压直流电。高压直流电传送给牵引逆变器，将直流脉宽调制成三相交流电，并根据 EM2000 的指令将三相交流电供给牵引电动机驱动机车运行。

2）柴油机控制系统的组成

HX_N3 型机车柴油机控制系统（EMDEC）是一个电子控制燃油喷射系统。与柴油机传统的机械控制方式相比，EMDEC 具有明显的优势。该系统对柴油机的控制程序进行优化，以改善燃油经济性能和废气排放性能。EMDEC 系统还具有保护功能，以防止柴油机在温度超标或机油压力过低的情况下受到严重的损坏。柴油机控制系统 EMDEC 主要包括：电子控制模块（ECM）、电子喷射单元（EUI）和柴油机传感器三部分。

3）柴油机喷射系统

HX_N3 型机车上的 16V265H 型柴油机使用两个电子控制模块 ECM 来控制柴油机喷射系统。如图 4－1－3 所示。

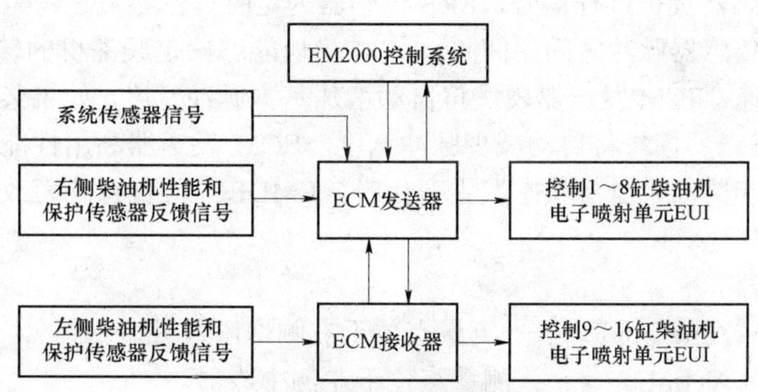

图 4－1－3　柴油机喷射系统方框图

电子控制模块 ECM 配置原则：发送器控制柴油机右侧的 1～8 缸，接收器控制柴油机左侧的 9～16 缸。发送器 ECM 为两个 ECM 决定基本燃油喷射脉冲宽度。尽管装到柴油机上的性能和保护传感器的数据均由发送器 ECM 处理，但两个 ECM 均有电缆与传感器相连。除了操控右侧的喷油器之外，ECM 接收器与所有（柴油机）外部安装的传感器相连，并传递这些数据供机车控制系统使用。

HX$_N$3 型机车的控制和诊断信息，通过双向串行连接送到机车界面模块，然后传送给 ECM 模块。

所有安装在柴油机上的传感器都要经由柴油机线束与 ECM 相连。定时传感器和速度传感器也是经由线束连接的。柴油机右侧和左侧的喷油器通过喷油器线束与相对应的 ECM 相连。

4）柴油机的控制

控制信号（需要的柴油机转速）从机车的 EM2000 系统传递出去，通过双向串行连接与机车界面模块相连，再和两个 ECM 模块连通，如图 4－1－4 所示。

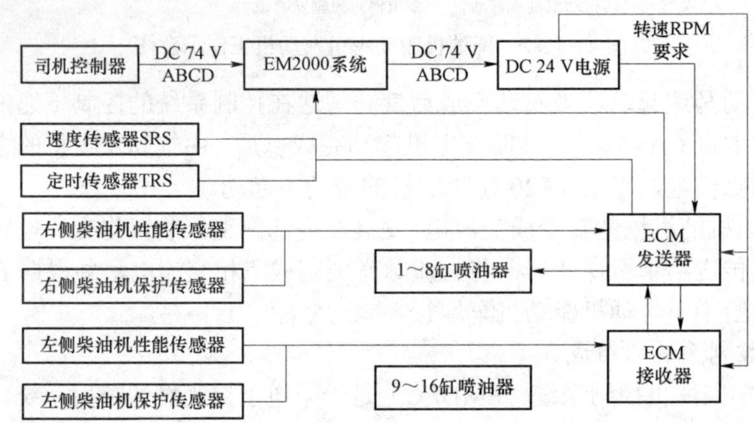

图 4－1－4　16V265H 柴油机 EMDEC 装置原理图

ECM 发送器模块监控速度、性能和保护参数，并计算基本喷油脉冲宽度。当两个 ECM 使用这个基本脉冲为起始点或参考点时，实际喷油器脉冲宽度将有微小的偏差，这是由于各个喷油元件的校正偏差引起的。

定时和速度参数由两个磁电传感器（TRS 和 SRS 传感器）提供给 ECM 模块。TRS 传感器安装在柴油机后部的一个架子上，由单片联轴节齿盘上读取信号。SRS 传感器安装在柴油机的前部。TRS 传感器提供过程信号，SRS 传感器为定时提供零点参考。

通过观察两个传感器脉冲之间的间隔，ECM 模块能够确定柴油机的转速。如果柴油机转速低于所要求的转速，ECM 发送器模块将自动增加基本脉冲宽度。如果柴油机转速高于所要求的转速，ECM 发送器模块将自动减少脉冲宽度。ECM 发送器利用性能参数来确定基本喷射时间点。当环境和柴油机自身状态发生变化时，EMDEC 装置有能力改变喷油定时和脉冲宽度，以使性能最佳化。

（1）性能传感器。

空气进口温度＜AmbTmpF＞——测量点位于右侧增压气进口。

左侧空气温度＜ATImLbF＞——测量点位于左侧中冷器。

右侧空气温度＜ATImRbF＞——测量点位于右侧中冷器。

左侧进气压力＜APImLbF＞——测量点位于左侧中冷器前端。

右侧进气压力＜APImRbF＞——测量点位于右侧中冷器前端。

燃油进口温度＜FIEgIF＞——测量点位于燃油分配器上。

燃油进口压力＜FPEgIPS＞——测量点位于燃油分配器上。

除了性能数据之外，ECM 发送器还通过保护传感器监控柴油机支持系统的状态。依据故障的严重程度，如果柴油机支持系统不能正常运作，ECM 装置将限制柴油机的功率，甚至使柴油机停机。

（2）保护传感器。

柴油机滑油进口压力＜OPEgIPS＞——测量点位置位于主滑油进口管。

柴油机滑油进口温度＜OTEgIF＞——测量点位置位于主滑油进口管。

左侧增压器滑油压力＜OPTuLPS＞——测量点位于增压器。

右侧增压器滑油压力＜OPTuRPS＞——测量点位于增压器。

左侧柴油机冷却水压力＜WPEgILP＞——测量点位于左侧进口。

右侧柴油机冷却水压力＜WPEgIRP＞——测量点位于右侧进口。

左侧曲轴箱压力＜APCcLB＞——测量点位于前齿轮箱左侧。

右侧曲轴箱压力＜APCcRB＞——测量点位于前齿轮箱右侧。

左侧涡轮前排气温度＜ETTuILT＞——在涡轮进口测量。

右侧涡轮前排气温度＜ETTuIRT＞——在涡轮进口测量。

左侧增压器转速传感器＜TbSdLb＞——在叶轮处测量。

右侧增压器转速传感器＜TbSdRb＞——在叶轮处测量。

全部传感器参数均可以通过监控程序在便携计算机上实时浏览。然而通过双向串行连接，技术人员也可有另外的选择，即通过 EM2000 微机的 FIRE 显示屏可以看到所有的传感器数据。ECM 模块与所有传感器连接，并通过串行连接向 EM2000 微机传递所有的性能、燃油喷射和故障数据。

（3）传感器作用原理。

① 空气压力传感器为发送器 ECM 提供数据，主要用于排放控制。这些传感器安装在每个中冷器气道的前面，是一种电容压力传感器。ECM 收到从传感器上来的信号后，将其译成压力读数。

② ECM 进行供油计算和控制排放是必要的。传感器中有一个安装在右侧涡轮增压器的进口处，在柴油机两侧前角处紧挨着每个空气传感器各安装一个，传感器探头安装在气道内。这些传感器是热敏电阻式传感器。当传感器探头温度发生变化时，传感器的内阻发生变化，ECM 检测电路中电压和电流特性，并将其转换成温度读数。

③ 燃油压力传感器监控供油压力有两个原因：其一是燃油压力读数时对发送器 ECM 的输入，可形成供油比计算的一部分；其二，如果燃油压力降到许可水平以下，系统将记录一个故障警告，即将发生的功率下降。该传感器是一个电容压力传感器，其工作与空气压力传感器极其类似，安装在柴油机自由端的燃油分配器上。柴油机进油口压力在此处进行监控。

④ 机油压力传感器向 ECM 提供柴油机机油压力反馈值。如果柴油机机油进口压力或任何一台涡轮增压器机油压力下降到某一个预先设置的相对于柴油机转速和持续时间设定点时，就会发生停机。机油压力传感器与燃油压力传感器是相同的元件，安装在柴油机机油进油口处，以及每个涡轮增压器的机油供油管路中。

⑤ 从结构上看，机油温度传感器与燃油和空气传感器的外形是相同的。给发送器 ECM 的输入信号用于监控进入柴油机机油系统的机油温度。如果机油温度超过 124 ℃，柴油机就

会停机。传感器位于前面的柴油机机油进口处。传感器有两种可能出现的故障情况。输入电压高或输入电压低都会各自产生一种故障情况。

⑥ 冷却水压力传感器监测柴油机水套冷却水进口以及柴油机排水口处的冷却水压力。冷却水压力传感器与机油和燃油压力传感器完全一样。如果冷却水压力降至设定值以下，柴油机会停机。

⑦ 曲轴箱压力传感器是为监测柴油机曲轴箱内部空气压力而设置的。在柴油机自由端泵支撑箱的两侧安装两个传感器。不像其他压力传感器，这个压力传感器既可以读正压也可以读负压。柴油机保护参数设置在 EMDEC 软件中，如果曲轴箱内的压力升到设定值以上，柴油机停机，曲轴箱内压力过高可能表示放气系统故障，或者是柴油机动力组出现严重故障，或轴承状况不良。

（4）HX_N3 柴油机控制原理图。

柴油机 EMDEC 装置电路原理简图，如图 4－1－5 所示。

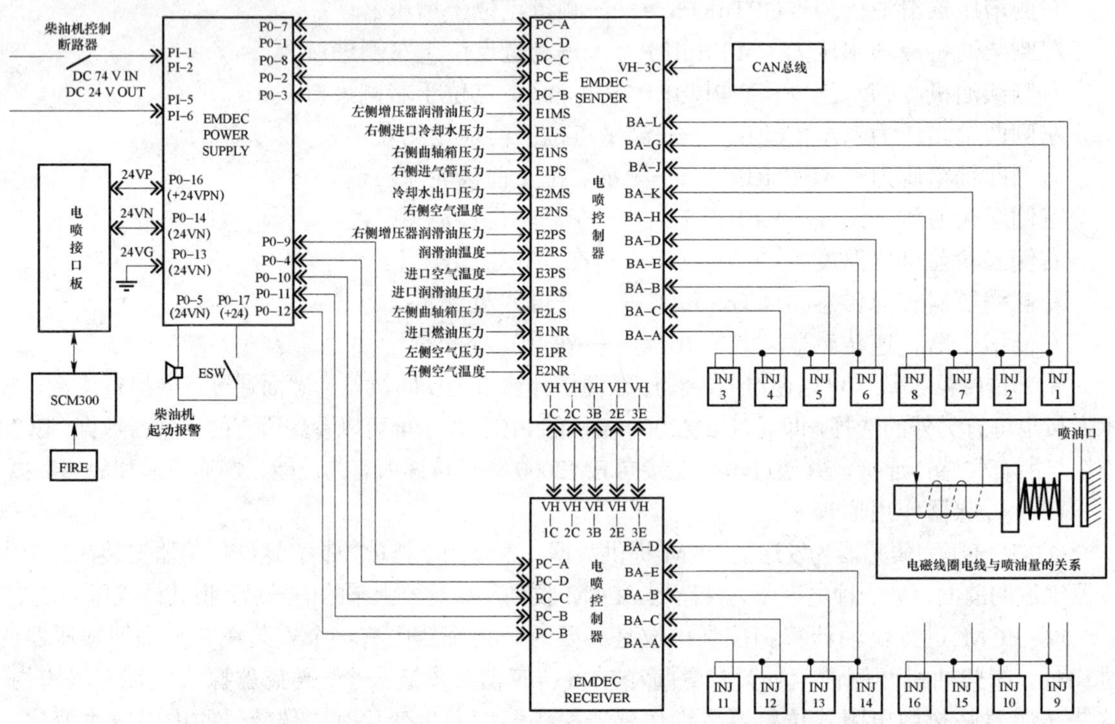

图 4－1－5 柴油机 EMDEC 装置电路原理简图

2. HX_N3 型内燃机车基本发电系统

1）HX_N3 型内燃机车的基本发电系统

柴油机、交流牵引发电机、副交流发电机、辅助电源变换器和 IGBT（绝缘栅双极晶体管）构成了机车的基本发电系统。通过机车电气控制系统来控制这些设备，从而使机车在牵引电阻制动的任何工况下都能产生出符合设计的牵引力或制动力。

（1）柴油机转动带动主交流发电机组。

这个机组包括牵引交流发电机和副交流发电机。CA9 发电机有两个互相绝缘的定子线圈，它们共用一个转子励磁线圈。

（2）机车 EM2000 系统。

根据晶闸管的设定情况以及交流牵引发电机的输出状况、柴油机状况和其他条件的状态

反馈对牵引发电机的励磁过程进行控制。为了控制交流牵引发电机的励磁，EM2000 系统对主交流发电机的绕组励磁晶闸管的门极进行控制。每一个直流环节都与一个 IGBT 逆变器相连接。每个逆变器产生三相交流电来驱动三个牵引电机。EM2000 系统根据晶闸管和制动手柄的位置、机车的速度、柴油机的运行状况和其他条件来控制逆变器，使它们能产生出所需要的牵引力或制动力。

2）HX_N3 型内燃机车牵引发电机系统

牵引发电机系统主要由电气设备、发电与配电系统组成。该机车由柴油机来产生机械能。主发电机由 16V265H 型柴油机驱动，其装配包括 TA20 牵引发电机和 CA9 辅助发电机。TA20 将柴油机的机械能转变成 AC（交流），整流装置（安装在 TA20 内部）将 TA20 的交流电输出转换成高压直流电。由整流装置产生的高压直流电通过直流环节传送给 DC/AC 牵引逆变器。牵引逆变器根据 EM2000 系统的指令将三相交流电供给牵引电动机。EM2000 系统响应从司机控制器和传感器来的输入信号，以及从动力设备来的反馈信号。

TA20 交流牵引发电机包含两个互相绝缘的定子线圈，它们共用一个转子。

1 号定子线圈的三相交流电输出端与牵引整流器相连接，整流器输出的直流电（直流环节）提供给 1 号 IGBT 逆变器，为 1 号转向架的三台电机供电。

2 号定子线圈的三相交流电输出端以同样方式与牵引整流器和 2 号 IGBT 逆变器，为 2 号转向架的三台电机供电。如图 4－1－6 所示。

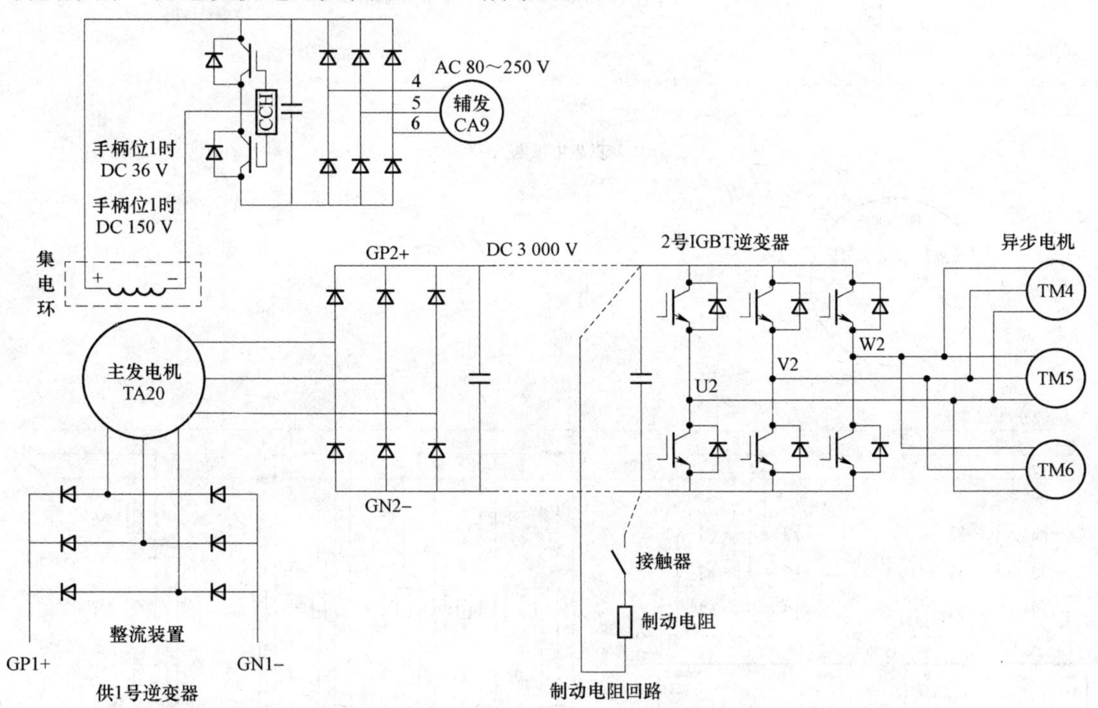

图 4－1－6　牵引发电机系统结构原理简图

机车主发电机首先将三相交流电输出到主牵引整流器，从而提供牵引变流器的直流电压，经逆变送给三相交流异步电动机。牵引逆变器是一个电气装置，它按照要求把 AC 转变成 DC 用于电阻制动，把 DC 逆变成 AC 用于牵引功率（逆变器和变流器是可以互换的，TCC 即牵引控制逆变器）。

3）HX_N3 型内燃机车辅助发电机系统

主发电机机壳内还包括另一个辅助发电机，它负责为主发励磁，负责为其他辅助设备提供电源。

HX_N3 型内燃机车辅助发电机电气系统，如图 4-1-7（a）所示。

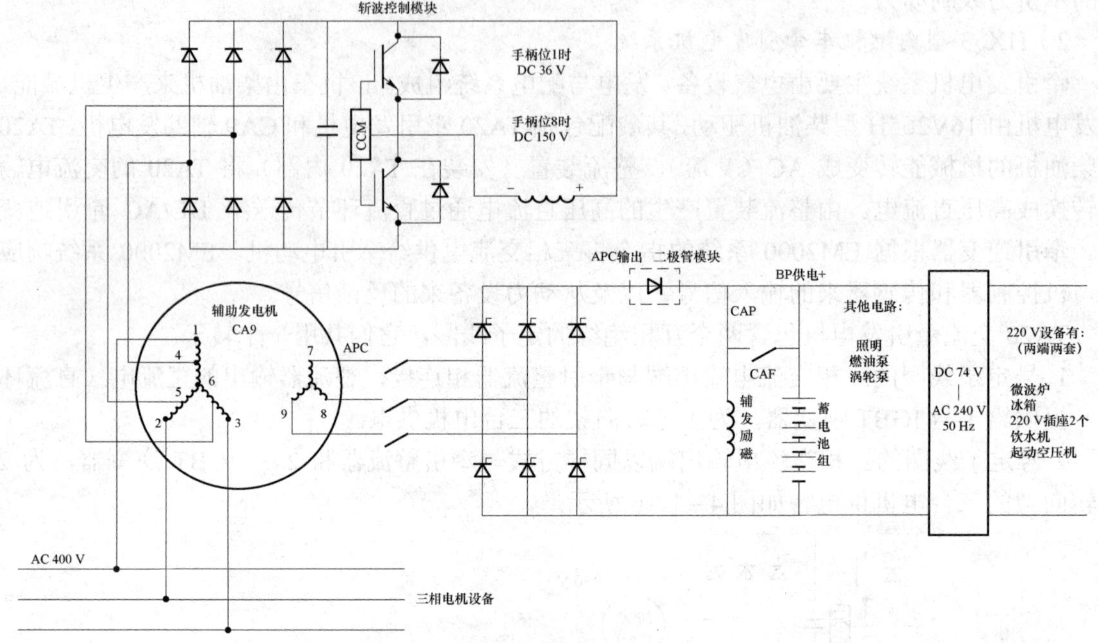

(a) 辅助发电机电气系统

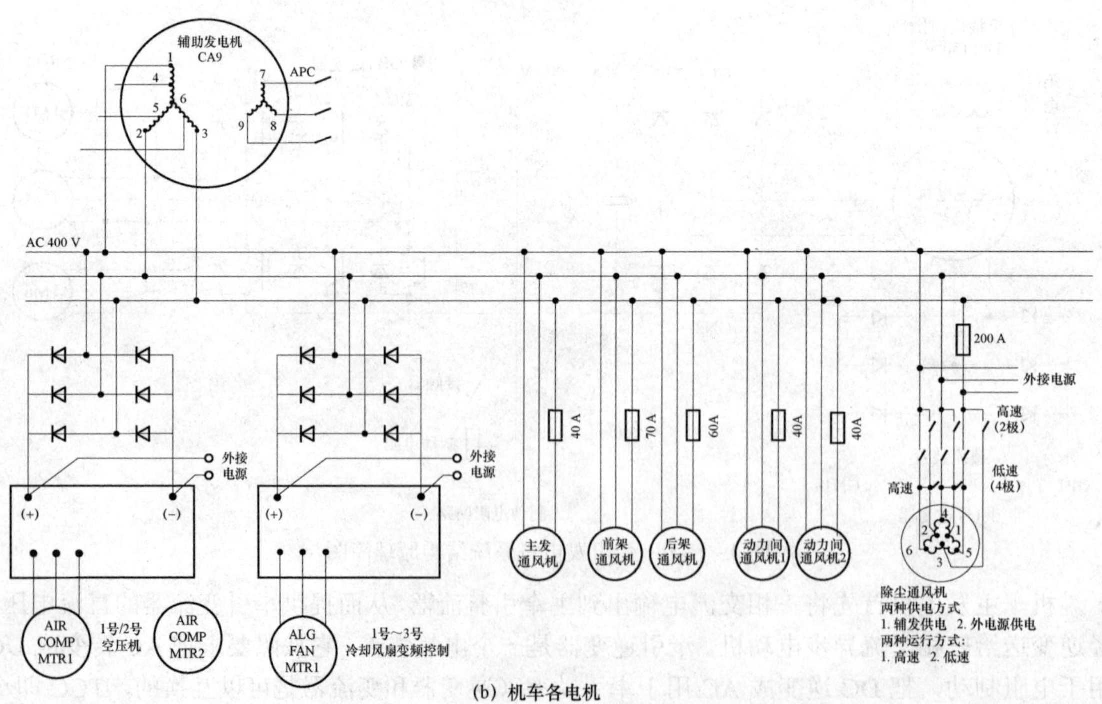

(b) 机车各电机

图 4-1-7 辅助发电机电气原理图

（1）2 号辅助发电机的定子的输出（司机手柄在 8 位时的 220 V 交流电输出）与辅助电源整流器 APC 相连接，该整流器给控制系统、蓄电池充电和副交流电机提供低压直流电源（72～78 V 的直流电），从而可以省去一台辅助发电机。

（2）1 号中心抽头出来的三相绕组，发出 200 V 交流电（司机手柄在 8 位时）提供给主发电机的励磁斩波器。

（3）辅助发电机的 1 号定子发出的 400 V 交流电（司机手柄在 8 位时）提供给机车的风机电机，这些电机包括空压机、冷却风扇电机、主发通风机、前架通风机、后架通风机、动力间通风机、除尘通风机等，如图 4－1－7（b）所示。

3. HX_N3 型内燃机车 EM2000 系统

1）EM2000 机箱模块的组成

EM2000 机箱中装有以下模块：DIO300（数字输入/输出）、ADA305（模拟—数字—模拟）、CPM401（中央处理单元/内存模块）、MPU400（控制 IGBT 逆变器）、SCM100（串行通信模块）。如图 4－1－8 所示。

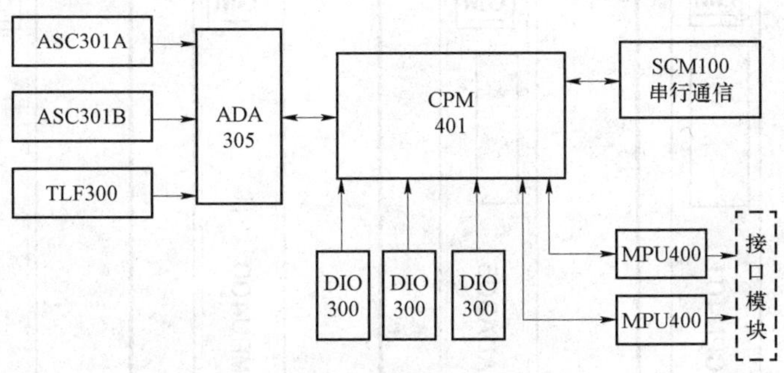

图 4－1－8　机箱模块方框图

2）CPM401 中央处理单元/内存模块

EM2000 系统中的 CPM401 模块是整个计算机系统的“大脑”。它负责将工作循环指令发送给牵引交流发电机励磁电源斩波器。它还负责产生牵引逆变器脉宽信号，实现对牵引电机的 VVVF 控制。机箱模块插件，如图 4－1－9 所示。

在 CPM401 模块中使用两种类型的存储器：一种是用于操作编程的“闪存”（Flash Rom）。通过主存储板 MMB，可以在现场轻松地对“闪存”进行重新编程（仅限 EMD 人员使用）。另一种是用于数据存储的传统 RAM。运行总数、故障档案、校验信息和单元数据信息被保留在 RAM 内存中。传统 RAM 需要有电池支持。

3）DIO300 数字输入/输出模块

EM2000 系统的数字输入和输出模块（DIO300）由 3～4 个 DIO 模块进行处理。每个 DIO 模都有 24 个输入通道和 26 个输出通道。

对输入通道 1～8 进行多路传输，每个多路转换输入通道都可以监控最多 6 个输入信号。也就是说，原来在不采用多路转换的情况下需要使用 48 个 DIO 模块输入通道，现在只需要 8 个输入通道就可以完成。多路传输是利用一个输入通道监控几个输入信号的过程。也就是说，并非所有的输入信号都需要持续不断地监控，它们只需要定期监控。

DIO 输出通道由 EM2000 系统直接控制，用来接通或断开继电器/接触器线圈或电磁阀与 DC74 V 负极之间的电路。可以在 FIRE 显示屏上观察输入和输出通道的状态（通或断）。

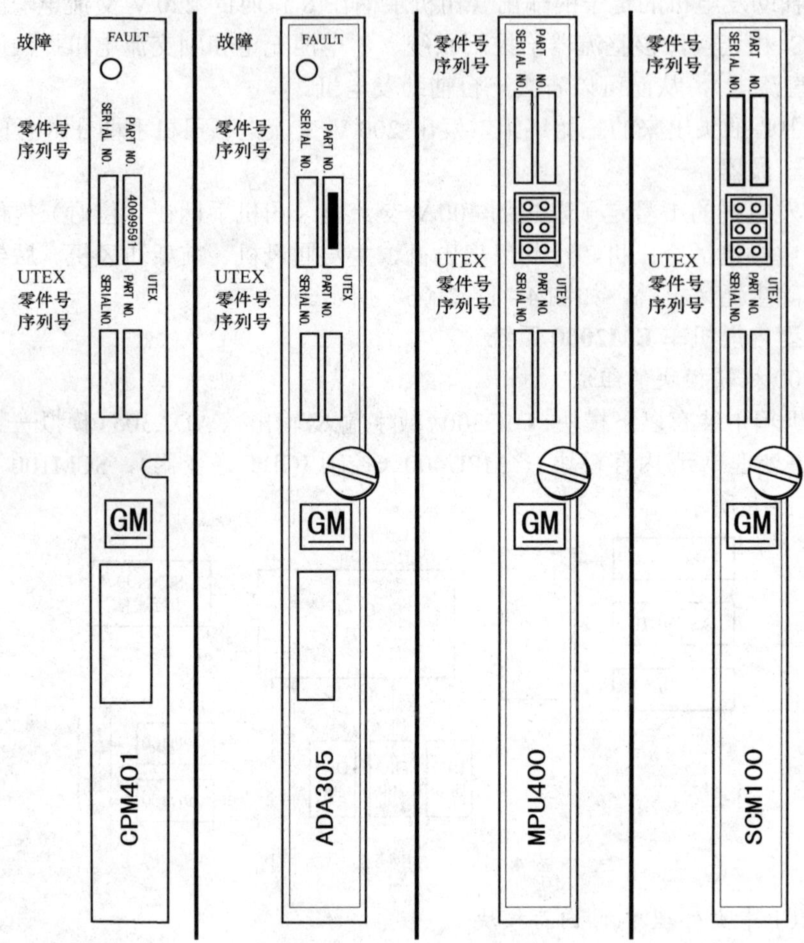

图 4-1-9 机箱模块插件

4）ADA305 模拟—数字—模拟模块

ADA 模块接收来自各种反馈传感器的模拟输入信号。模块电路将模拟反馈信号转换成数字形式并进行调整，以便于 CPM 模块使用。ADA 模块将某些数字 CPM 输出信号转换成模拟形式，以便于外部设备使用。

ADA 模块又有三个子模块，分别为 ASC301A、ASC301B 和 TLF300。

（1）ASC301A 模块。

该模块将 MGCTA2（2 号牵引交流发电机的定子电流值来自电流互感器 CTD、CTE 和 CTF）及 BATTV（机车蓄电池电压）模拟反馈信号调整到 ADA 模块能够处理的水平。

（2）ASC301B 模块。

该模块将 MGCTA1（1 号牵引交流发电机的定子电流值来自电流互感器 CTD、CTE 和 CTF）模拟反馈信号调整到 ADA 模块能够处理的水平。

（3）TLF300 列车滤波器模块。

在老一代机车上，DC 74 V 继电器的触点会在 DC 35 V 左右闭合。对于当前一代的机车，DIO 模块上的输入通道在 DC 25 V 左右就会变高（位状态“1”为通）。为了让 DIO 上的这些输入通道像继电器一样动作，TLF 面板修改这些信号，“诱使”DIO 通道像继电器那样动作。

TLF 电路需要 TLF 的输入电压至少在 DC 35 V。如果电压为 DC 35 V，TLF 通道负极一侧的电压则为 DC 25 V，该电压将施加在 DIO 的输入端。

如果机车为动车组，车厢采用列车电路上可能存在寄生电压的老一代机车驱动，本电路还可以防止 DIO 通道错误地变高。

5）MPU400 模块

MPU 模块用来控制 IGBT 逆变器。一个 MPU 模块控制一个 IGBT 逆变器。MPU 模块由 VVVF（变压变频）控制器、保护序列电路、故障记录仪电路和配套的软件和硬件组成。

MPU 模块与 EM2000 机箱兼容，通过 EM2000 VME 总线与 LCC 通信。MPU 模块的外部是接口面板，用来将 MPU 模块连接到要控制的相关 IGBT 逆变器。每个逆变器有一个接口板，每个板为 IGBT 逆变器大功率电子设备提供信号调节和光接口。

6）SCM100 模块

SCM100 模块（串行通信模块），示意图如图 4－1－10 所示，是一种更新的通信模块，提供 FIRE 计算机与 EMDEC 和 EM2000 计算机之间的接口。

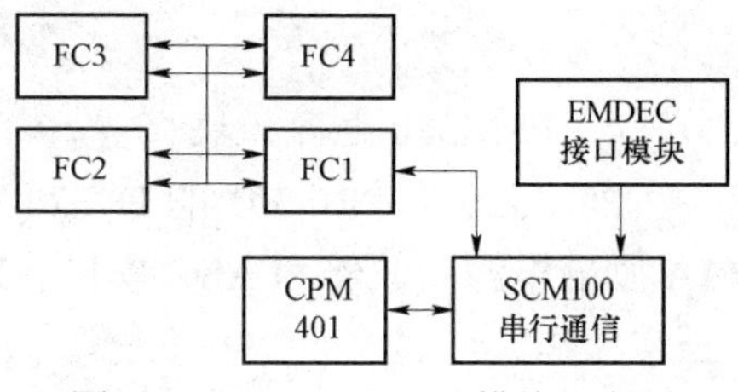

图 4－1－10　SCM100 模块示意图

4. HX_N3 型内燃机车电源模块

1）PRG301 电源调节器

PRG301 是 PSM 模块的电源调节器。其输入信号来自 DC 64 V/74 V APC 机车蓄电池电路。当其输入电压在 DC 25～95 V 范围内时，PRG301 将正常工作。如果输入电压在 DC 25～63 V 范围内，PRG301 将其输出电压增大到 DC 64～73 V，增压只在 PRG301 达到热过载之前的有限时间内进行。增压运行的持续时间取决于 PRG301 提供的增压有多大。如果输入信号大于 DC 63 V，增压电路将断开，PRG301 起低通滤波器的作用，其输出比输入低大约 DC 1 V。

如果输入信号过高，PRG301 还起功率消耗电阻器的作用。电阻电路在 DC 80 V 左右时启动。

橙色面板指示灯指示 PRG301 正处于增压模式运行中。这不属于故障条件，不是要关注的原因。但它是机车蓄电池电压过低，如果没有 APC 输出就不能维持 EM2000 系统运行的一个信号。PRG301 能在增压模式下运行约 20～30 min。

输入电压上升到 DC 93 V 以上或下降到 DC 22 V 以下时，红色的面板“输入故障”指示灯点亮。该指示灯点亮表示 PRG301 被禁用。要使 PRG301 复位，须断开“计算机控制”断路器至少 20 s。电源模块插件见图 4－1－11。

2）PSM300 电源模块

PSM300 将 PRG301 的 DC 74 V 输入电压降低到 DC +5 V 后，将电源配送给 EM2000 机箱。请注意，本系统不使用 DC－5 V 电源。PSM300 必须从 PRG301 接收 55～90 V 的输入信号，才能正常工作。

3）PSM310 电源模块

PSM310 将 PRG301 的 DC 74 V 输入电压降低到 DC±12 V 后，将电源配送给 EM2000 机箱。PSM310 必须从 PRG301 接收 55～90 V 的输入信号，才能正常工作。

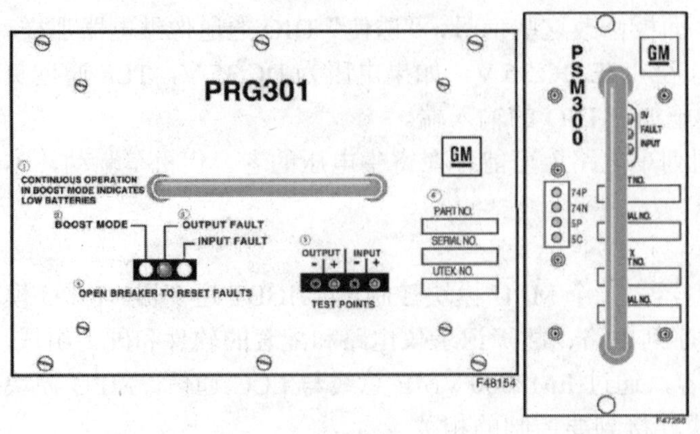

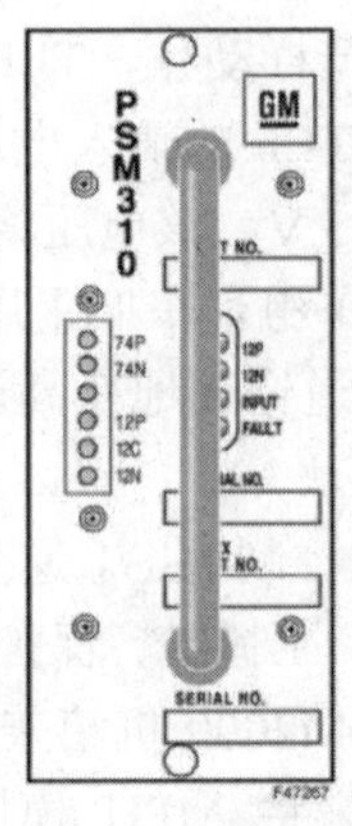

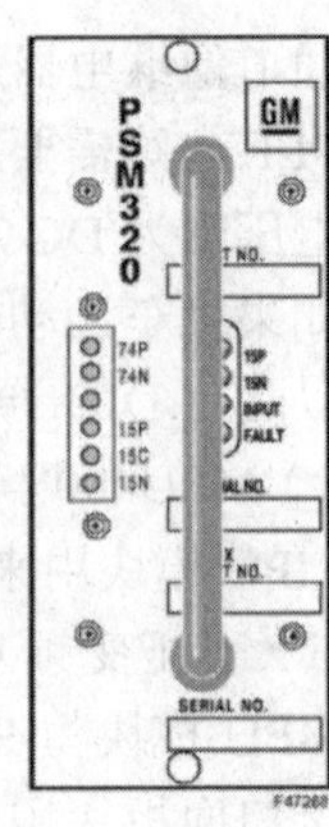

图 4-1-11　电源模块插件

4）PSM320 电源模块

PSM320 将 PRG301 的 DC 74 V 输入电压降低到 DC±15 V 后，将电源配送给 PDP 屏、TA 励磁电源斩波器和 ASC 模块。PSM320 必须从 PRG301 接收 55～90 V 的输入信号，才能正常工作。

5. HX_N3 型 FIRE 计算机系统

1）FIRE 计算机系统介绍

FIRE 计算机（FC）系统与机车控制计算机 EM2000 进行通信，它用来使机车指令和控制功能相互连接，同时又作为主机的电子系统。图 4-1-12 为司机操纵台上的两个 FC 系统。

图 4-1-12　司机操纵台上的两个 FC 系统

司机操纵台上有两个 FIRE 显示屏，离操纵台中心位置最近的那个 FIRE 显示屏是主 FIRE 显示屏，所有关键性的乘务员信息都显示在上面。操纵台右边远一点的 FIRE 显示屏是备用的或副显示屏。通过使用 FIRE 显示面板，司机可以在操纵台直接观察重要的操作数据，并响应机车不同的子系统（包括机车控制计算机 EM2000）。每个 FIRE 显示面板装有 1 个显示屏和 8 个按键，司机可以选择或激活屏幕键标记上所列的菜单项。

FIRE 计算机将整个机车控制融为一体进行管理。这些指令和控制功能包括以下内容：

（1）提供控制机车子系统的用户接口；

（2）在相互之间无直接通信关系的子系统之间进行通信；

（3）对机车子系统的总体运行进行系统的组合和协调（内部将系统功能融入 FIRE 系统中）；

（4）FIRE 计算机能用在物理上独立的空气制动电子功能执行指令和控制功能，不需要支持传感器或执行某一特定功能所需的执行器，并且可以通过网络连接与各种设备通信。

2）FIRE 计算机系统的作用

（1）为操作人员/维修人员提供与机车子系统连接的接口；

（2）连接机车子系统之间的通信链接。

（3）FIRE 计算机系统用串行端口进行 FIRE 计算机与各子系统的互联，如图 4－1－13 所示。同时使用网络连接器用于 FIRE 屏幕之间的通信，提供标准的高速网络协议用于 FIRE 各元件之间的互联。

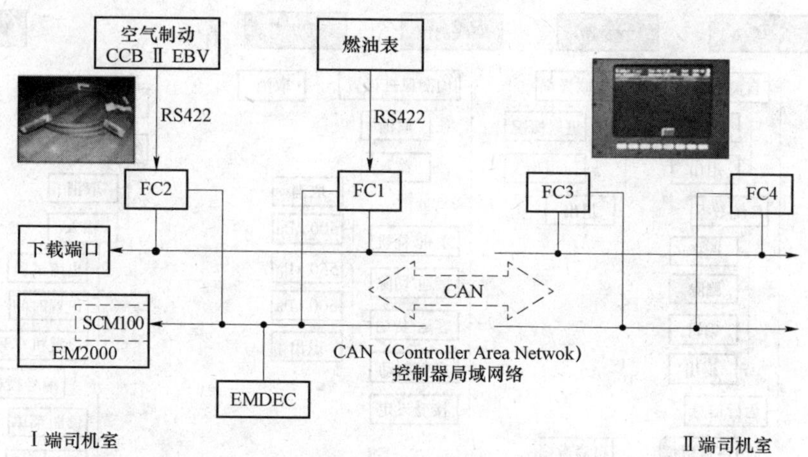

图 4－1－13　FIRE 计算机之间的通信结构示意图

FIRE 计算机系统用一个集成的显示屏幕代替大多数常用的控制台开关、仪表和指示灯，以及机车计算机显示屏。

3）FIRE 计算机系统的主要功能模块

主显示屏和副显示屏在正常运行中的显示功能分工，如图 4－1－14 所示。

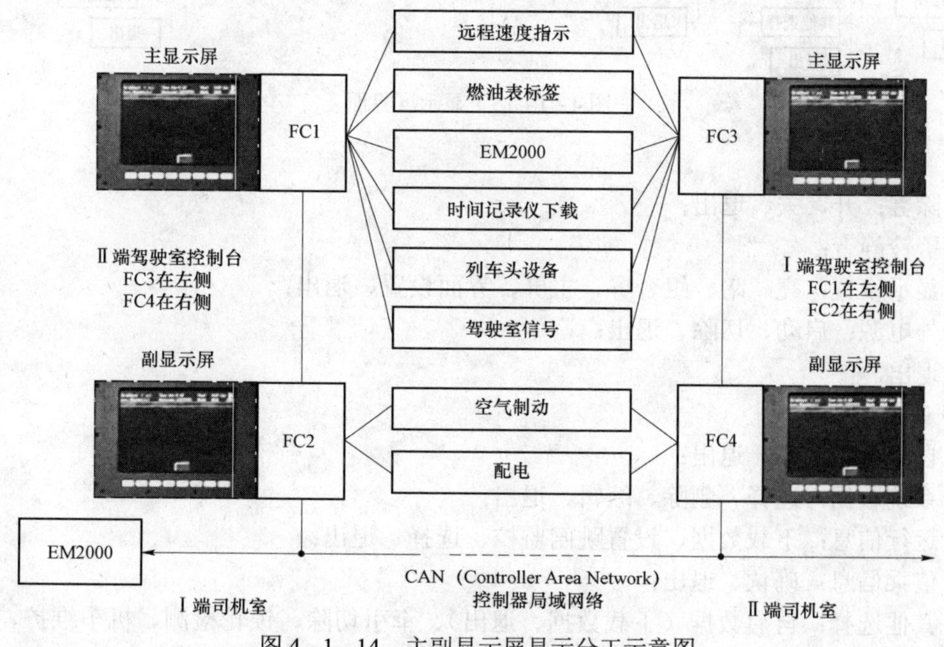

图 4－1－14　主副显示屏显示分工示意图

4）FIRE 显示屏的操作

FIRE 显示面板集很多控制和指示功能于一个系统中。通过使用 FIRE 显示面板，司机可以在操纵台直接观察重要的操作数据，并响应机车不同的子系统（包括机车 EM2000 计算机）。每个 FIRE 显示面板装有 1 个显示屏和 8 个按键，司机可以选择或激活屏幕键标记上所列的菜单项。如图 4－1－15 所示。

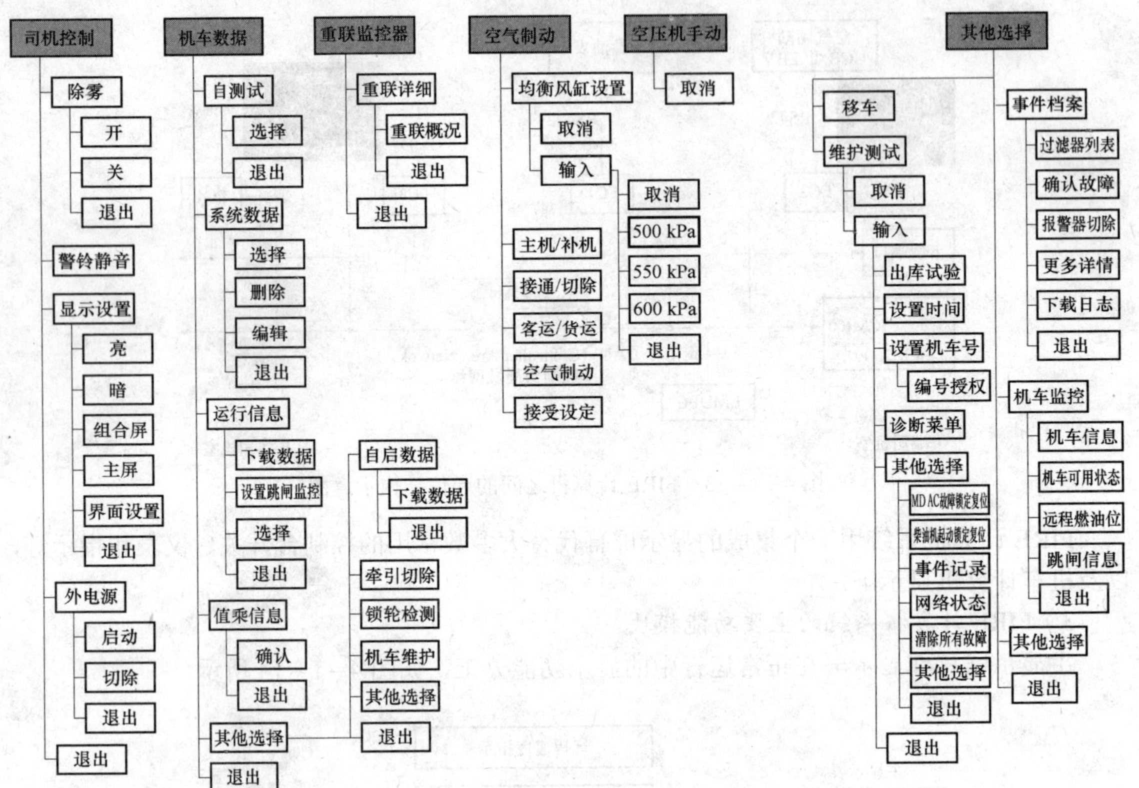

图 4－1－15　显示屏界面

（1）司机控制。

① 除雾：开、关、退出；

② 警铃静音；

③ 显示设置：亮、暗、组合屏、主屏、界面设置、退出；

④ 外电源：启动、切除、退出；

⑤ 退出。

（2）机车数据。

① 自测试：选择、退出；

② 系统数据：选择、删除、编辑、退出；

③ 运行信息：下载数据、设置跳闸监控、选择、退出；

④ 值乘信息：确认、退出；

⑤ 其他选择：自启数据（下载数据、退出）、牵引切除、锁轮检测、机车维护、其他选择、退出；

⑥ 退出。

（3）重联监控器。

① 重联详细：重联概况、退出；
② 退出。
（4）空气制动。
① 均衡风缸设置：取消、输入（取消、500 kPa、550 kPa、600 kPa、退出）；
② 主机/补机；
③ 接通/切除；
④ 客运/货运；
⑤ 空气制动；
⑥ 接受设定。
（5）空压机手动。
（6）其他选择。
① 移车；
② 维护测试：取消、输入（具体见图 4－1－15，不再罗列）；
③ 事件档案：过滤器列表、确认故障、报警器切除、更多详情、下载日志、退出；
④ 机车监控：机车信息、机车可用状态、远程燃油位、跳闸信息、退出；
⑤ 其他选择；
⑥ 退出。

思考与讨论

1. HX_N3 型内燃机车的微机网络控制系统由哪几部分组成？
2. 什么是 EMDEC？由哪三部分组成？与传统柴油机相比具有哪些优势？
3. HX_N3 型机车牵引发电系统是如何配电的？
4. EM2000 的机箱模块由哪几部分组成？电源模块由哪几部分组成？
5. 一个 DIO300 有几个输入通道？几个输出通道？
6. PSM300、PSM310、PSM320 的输出电压各为多少？
7. FIRE 计算机系统有哪些作用？主显示屏和副显示屏如何分工？
8. 在 FIRE 显示屏中，操作人员可以进行哪些操作？

任务 4.2 熟悉 HX_N5 型内燃机车微机网络控制系统

HX_N5 型机车是大功率交一直一交电传动内燃机车，微机控制采用 CCA 集中控制系统。微机系统具有足够的冗余度，一旦发生故障，系统可对自己进行重新组合，从而获得更高的可靠性。

CCA 由相互联系的许多电子单元组成，它是一个基于计算机的电子控制系统。CCA 执行的测量、计算、决策和控制操作以及其他车载系统所需的功能。这种控制系统，以微型机为核心，采用单元组合方式，根据不同需要灵活组合成一个完整系统。CCA 采集来自司机的命令和来自 HX_N5 型内燃机车上其他系统的数据，并用它来调整电功率的产生和分配，以使机车具备牵引能力。

HX_N5 型机车的网络采用 ARCNet，即 Attached Resource Computer Network 链接资源计算机网络。所谓 ARCNet，是一种安装广泛的局域网（LAN）技术，它采用令牌总线（token－bus）方案来管理 LAN 上工作站和其他设备之间的共享线路。其中，LAN 服务器总是在一条总线上连续循环地发送一个空信息帧。当有设备要发送报文时，它就在空帧中插入一个“令牌”以及相应的报文。

如图 4－2－1 所示，当目标设备或 LAN 服务器接收到该报文后，就将“令牌”重新设置为 0，以便该帧可被其他设备重复使用。

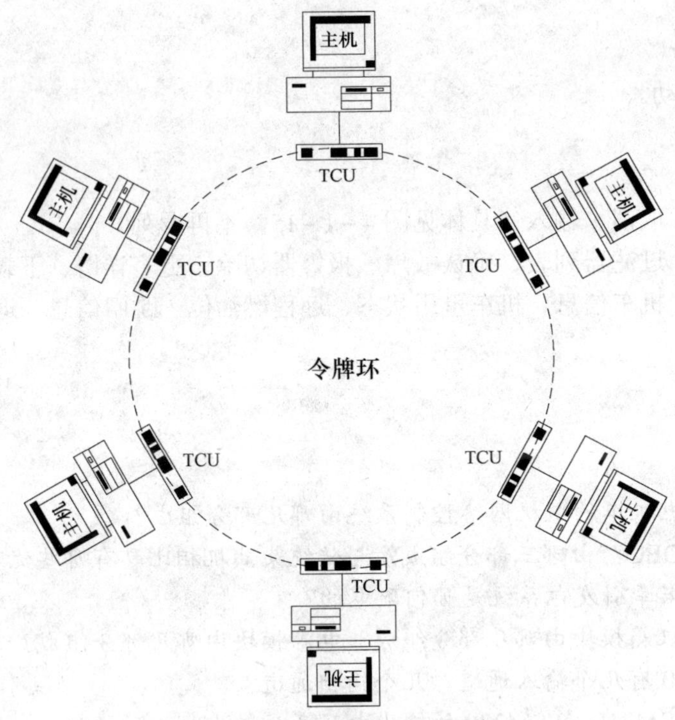

图 4－2－1　令牌环结构简图

1）HX_N5 型内燃机车微机网络控制系统模块单元的功能

运用拓扑的方式，将 CCA 控制系统中各模块单元之间的连接方式和等级关系展现得十分清晰。这种控制系统既有控制算式先进、精度高、响应速度快的优点，又有仪表控制系统安全可靠、维护方便的优点。设备模块的主要功能如下。

（1）智能显示器 1～3（DS1～3）：控制计算机及显示装置。

（2）集成输入/输出控制板（CIO）：为智能显示器与机车常规运行部件提供输入和输出通道。

（3）协议转换板（PTP）：在第三方设备和 CCA 之间进行通信协议转换。

（4）柴油机控制单元（ECU）：根据牵引系统和辅助系统的负载控制柴油机转速。

（5）牵引交流发电机控制器（TAC）：控制牵引交流发电机的励磁电流。

（6）牵引通风机控制器（TBC）：控制向牵引电动机提供冷却空气的通风机的运行。

（7）牵引电动机控制器（TMC）：将智能显示器的指令转换为控制信号，通过逆变器向牵引电动机提供电能。

（8）辅助发电机励磁控制器（AAC）：控制辅助发电机的励磁。

（9）蓄电池充电控制器（BCC）：用于蓄电池充电的电压调节器。

（10）散热器风扇控制器 1～2（RFC1～2）：控制 1～2 号散热器风扇的运行。

2）CCA 网络控制系统的连接顺序

系统的网络连接从位于机车司机室端的智能显示装置（DS3）一直到位于机车电气室的 CA4 中的零部件。具体连接顺序为：司机室的操纵台（DS3→DS2→DS1）→CA1 电器柜（CIO）→RLA 无线电电器柜（PTP）→CA2 电器柜（ECU→TAC→TBC→TMC）→CA4 电器柜（AAC→BCC→RFC1→RFC2）。如图 4-2-2 所示。

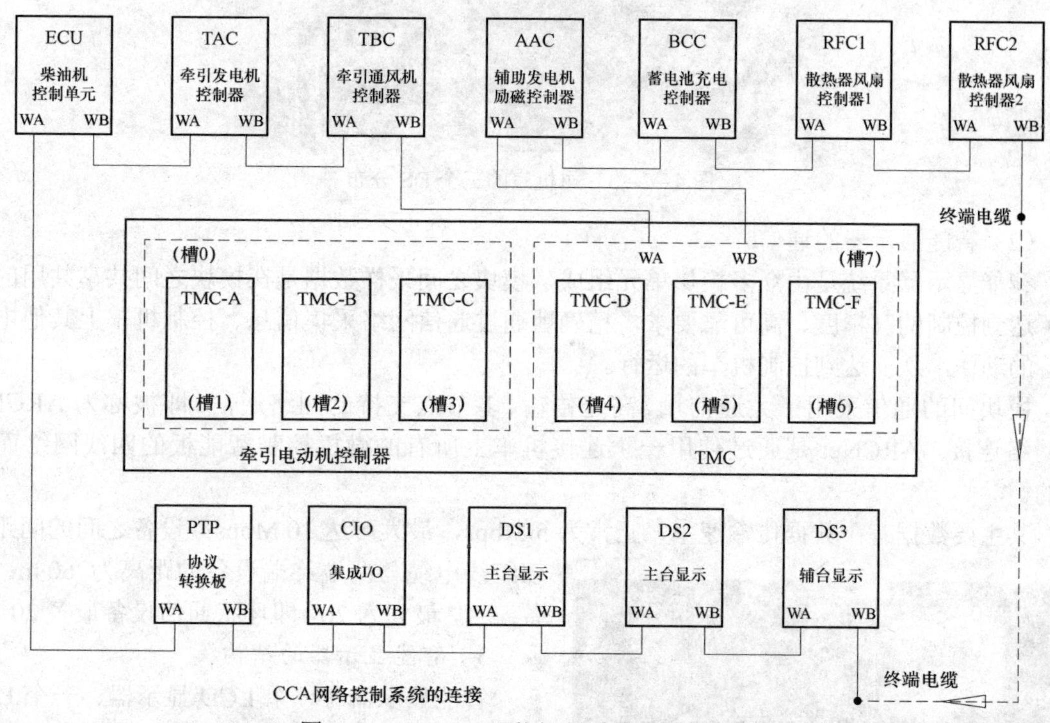

图 4-2-2　CCA 网络控制系统连接顺序图

1. HX_N5 型机车智能显示器 DS 系统

1）智能显示器 DS 的作用

智能显示器是 HX_N5 型内燃机车上的控制微机单元，同时既是控制系统终端显示接口，又是整个控制系统的处理核心。智能显示器接收机车操作者（司机）的指令，并读取机车的运行状态。在协调这些信息后，智能显示器产生一组指令并将之传送到 HX_N5 型内燃机车控制系统其他模块单元上，以实现操作人员的命令，达到对机车的职能控制和保护。

除了对机车的控制功能外，它还作为显示和诊断设备，用以辅助机车操作人员及铁路维修人员的工作。

2）司机控制室安装的智能显示器 DS

（1）智能显示器的分布。

一台机车上有三个智能显示器（位于司机室），如图 4-2-3 所示。主操纵台上为 DS1 和 DS2，副操纵台上为 DS3。三个智能显示器 DS1、DS2、DS3 是机车上主要的控制中心，它将计算机控制单元DS、柴油机控制单元ECU、辅助系统控制单元AAC、牵引系统的控制TMC等连接起来，共同实现牵引电动机等设备的控制，并且为与第三方设备进行通信提供接口，公开通信协议，极大地方便了设备的加装和协调控制。

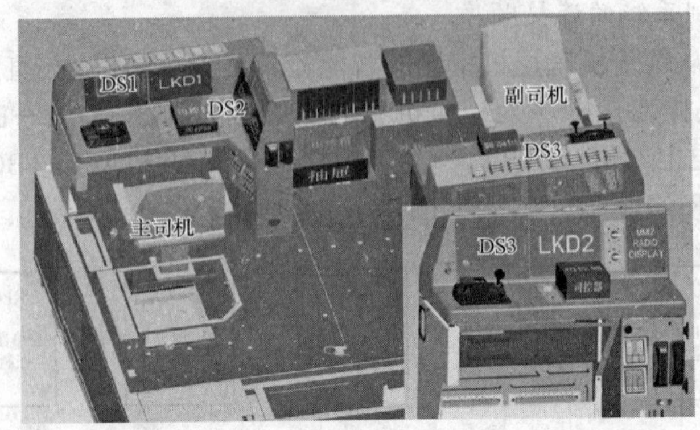

图4-2-3　司机室的三个DS分布

（2）智能显示器的通信。

智能显示器系统是由众多模块单元组成，模块之间采样数据是在模块之间共享共用的，为了达到控制的高精度、高可靠要求，精确地通过通信网络采集信息、控制机车上其他电气设备的动作，从而达到控制机车的运行。

模块间的通信采用了大通信量、高速传输、多节点支持的网络通信，即被称为ARCNet的网络连接。ARCNet是通过使用一个连接机车上所有的微机控制智能板的四线网络而实现的。

其主要数据有：数据传输速率，正常为5 Mbps，最大可达10 Mbps；设备之间的间距，双绞线电缆与两端终端设备的距离为60 m；设备编号，最大为20，即环状通信设备最多20个。

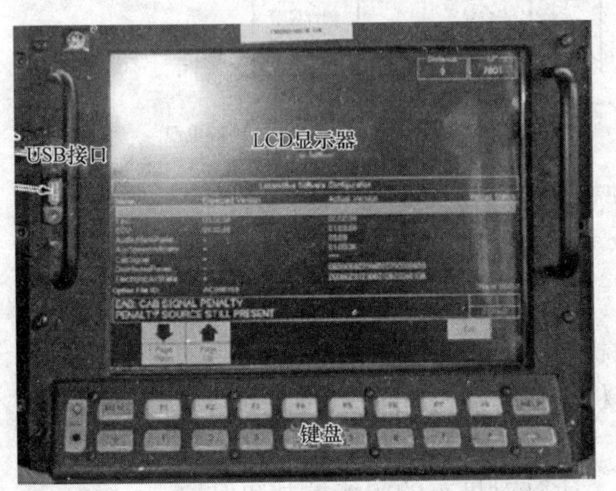

图4-2-4　智能显示器DS

3）智能显示器的结构

智能显示器有一个LCD显示器、一个USB数据传输接口和两排按键的键盘，如图4-2-4所示。

（1）智能显示器的LCD显示器。

智能显示器中用的LCD规格为12.1英寸，长宽比为1.33:1。像素分辨率800×600，6位彩色。

LCD带背光照明，荧光管可自动关断以节省电能，并延长灯管和LCD使用寿命。有32个照度级，在冷环境下运行，智能显示器内有一个加热器为LCD和灯管保温。

（2）智能显示器的主机参数。

DS的计算机为Power PC，400 MHz。可选的读/写内存为128/256/512 MB，有1 GB的硬盘存储空间，带有USB接口。

（3）智能显示器DS输入/输出示意图，如图4-2-5所示。

2. 集成输入/输出控制板 CIO

1）集成输入/输出控制板 CIO 的组成及作用

（1）CIO 的组成。

智能显示器 DS 通过 ARCNet 网络与机车上的系统进行通信。各类智能控制板与机车上的这种装置进行模拟和数字的信息交流（收集输入信息及发送输出信息）。

从机车上各种输入传感器处收集信息，或提供输出信号去控制一组电子/机械装置的各种智能控制板，称为输入/输出集中处理器，即 IOC。在每台机车上至少有 6 个 IOC，为了简化机车设计，降低成本和增加可靠性，所有的 IOC 被集成到一个控制板上，即集成式输入/输出（I/O）控制板，简称 CIO。

（2）CIO 的作用。

集成输入/输出单元 CIO 位于司机室后部折叠柜门内，如图 4－2－6 所示。其插件板是智能显示器的输入/输出装置。通过 CIO，插件板伸出去感知 HX_N5 型内燃机车的操纵条件，并控制牵引和辅助系统中各种电气设备的操作。

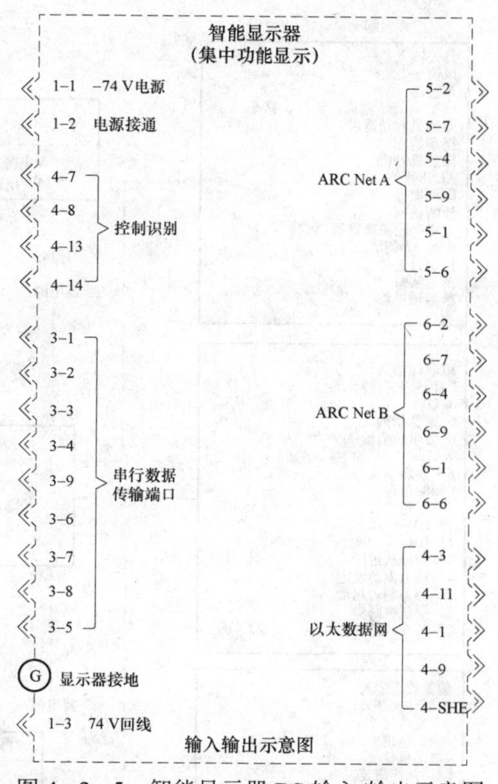

图 4－2－5　智能显示器 DS 输入/输出示意图

图 4－2－6　集成输入/输出控制板 CIO

CIO 能控制一组接触器的状态并能读取状态以确定这些接触器是否动作正确。

2）集成输入/输出控制板 CIO 的接口模块

作为遍布在整个机车的各种电子/机械装置之间的一个主要接口，CIO 输入数据给智能显示器 DS 或接受 DS 的控制信号。图 4－2－7 为 CIO 接口示意图。

（1）逻辑电源。

CIO 从 LPS 处接收电能，以运行它的模拟电路和数字电路。输入的电压包括 DC +5 V、DC +15 V 和 DC－15 V。CIO 有通到 LPS 的电压检测线，所以可对 LPS 的输出进行调节以使电压适用于 CIO，其中考虑了电压在电源线上的衰减。

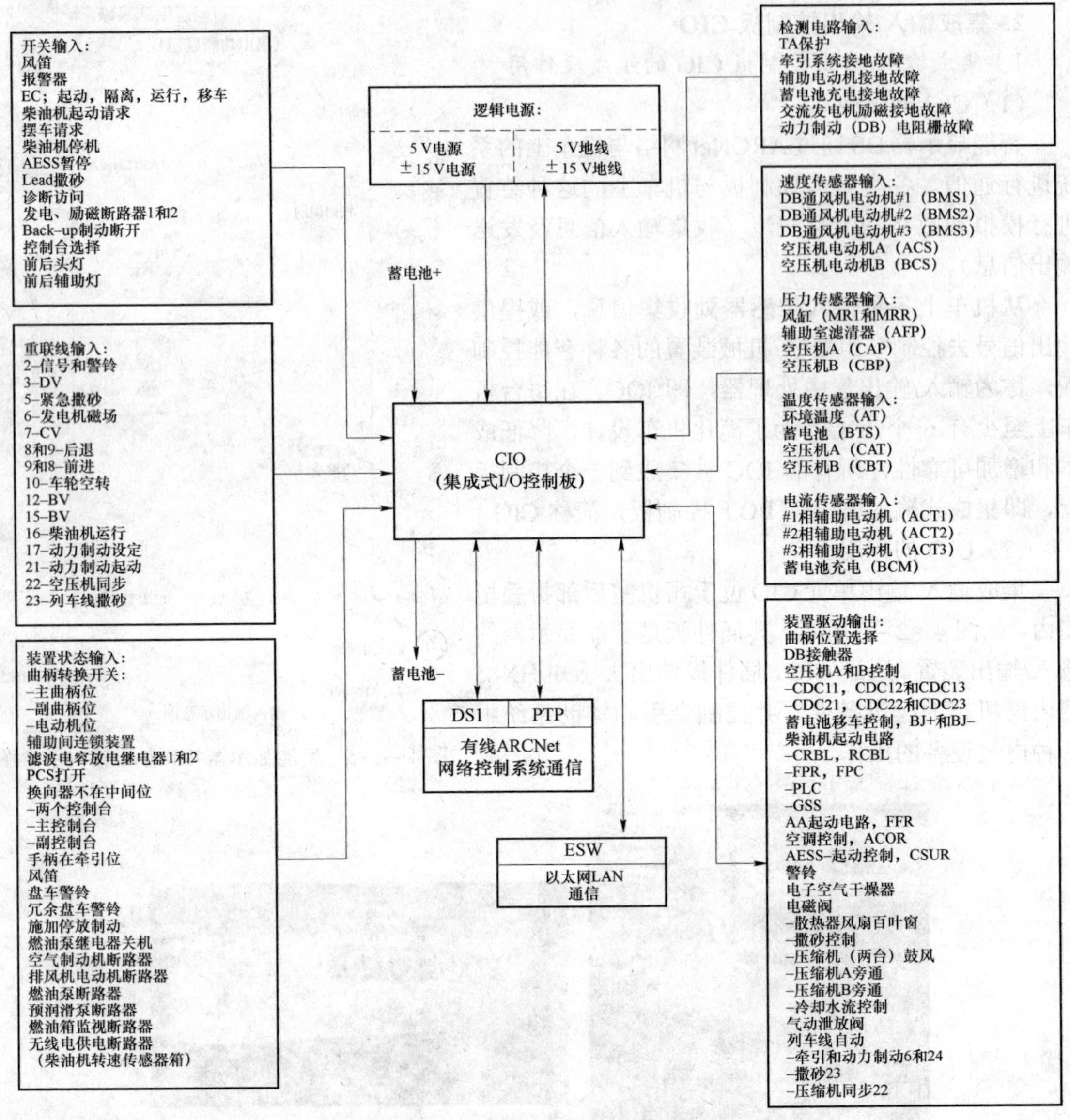

图 4-2-7　CIO 接口示意图

CIO 接收的是本机电池终端电压，所以它能识读开关和装置的输入，控制各种继电器和电流接触器。

（2）开关输入。

CIO 可输入多种开关设定，因此智能显示器能够应答人们的输入。通常，当开关触点闭合时，它们提供一个电池终端正电压的输入。这些开关输入包括风笛按钮（司机和副司机对风笛的控制）、报警器、柴油机起动请求、柴油机停机等。

（3）重联输入。

为了检测来自司机操纵台或其他机车的指令，CIO 输入列车线的状态。通常，蓄电池上正电压表示 T/L 为激活状态，而蓄电池负电压表示非激活状态。如 2-信号和警铃，说明是从另一台机车发出的信号，提示需要引起司机的注意。

（4）装置状态输入。

CIO 为智能显示器检测机车上不同设备的状态，并通过 ARCNet 网络将这些信息报告给智能显示器。显示在 CIO 输入上的设备状态是通过有或无蓄电池正电压而实现的。

（5）以太网连接。

为了便于在 HX_N5 机车上的某些装置之间进行快速数据传递，配有以太网 LAN。CIO 通过一个以太网开关 ESW 与该网连接。

（6）装置驱动输出。

CIO 使智能显示器可以影响和控制那些支持机车上各种系统功能的装置的运行。如曲柄位置选择、空压机 A 和空压机 B 控制、AA 起动电路（用一继电器将蓄电池电流施加到 AA 励磁线圈，以开始由 AA 输出电能）等。

（7）传感器数据输入。

CIO 输入智能显示器需要的数据，以满足在 HX_N5 机车上进一步发展的需要并确保机车运行正常。有 5 个速度输入、4 个压力传感器、4 个温度传感器和 4 个电流传感器属于这一类。

（8）检测电路输入。

CIO 读取 HX_N5 机车上的故障检测电路的状态并将其报告给智能显示器，如牵引电机（TA）保护、牵引系统接地故障（确定在牵引系统中是否存在接地故障；如果存在，智能显示器将实施故障隔离、减负荷和/或关停牵引系统等作为回应）、辅助电动机接地故障等。

3. 协议转换板 PTP

1）协议转换板 PTP 的作用

在 HX_N5 型内燃机车上装有许多第三方设备，包括电子空气制动机、全球定位系统、事件记录仪以及燃油液位计等。这些装置发送信息到智能显示器以用于显示和控制，并根据机车使用人员的输入从智能显示器那里接收操作和设置指令。所有这些数据的传送都通过协议转换板（即 PTP）来进行，它充当信息翻译和传递渠道。

2）协议转换板 PTP 的位置

PTP 位于 HX_N5 型内燃机车司机室后部司机侧的无线电机柜区（RLA）内，如图 4－2－8 所示。

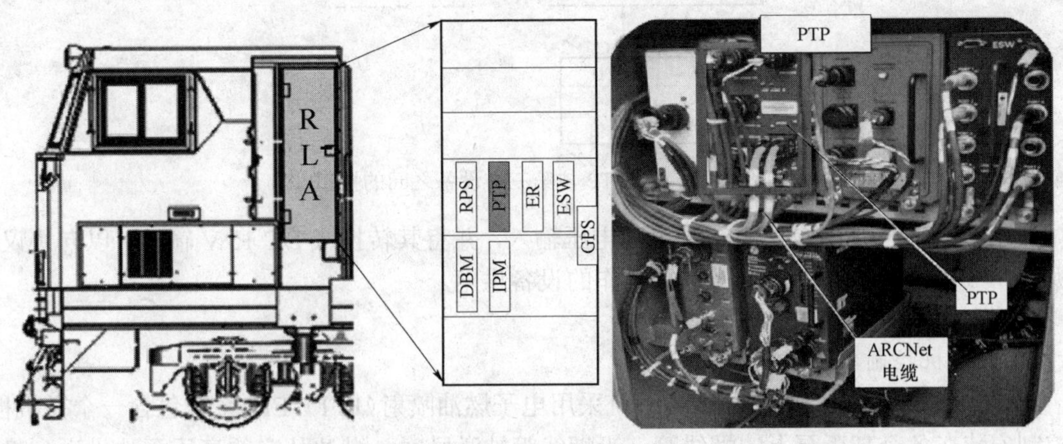

图 4－2－8　PTP 协议转换板

PTP 通过部件箱所支持的通信通道与它们进行对话，并随后将这些信息转换成智能显示器所支持的 ARCNet 网络标准。

3）与 PTP 对接的设备

表 4-2-1 列出了所有与 PTP 对接的设备，包括设备型号、所使用的行业标准通信协议以及 PTP 与第三方部件箱之间传输的数据的类型等信息。

表 4-2-1　与 PTP 对接的设备

装置	通信接口方式	传送数据信息
GPS	RS－232	经纬度和时间信息
ER	RS－422	列车操纵和安全信息
IPM（EAB）	RS－422	EAB 运行的准备、控制和显示信息
AP	RS－422	提示司机的声音信号
FTM	RS－422	燃油液位显示信息

PTP 与第三方设备之间的接口，如图 4-2-9 所示。

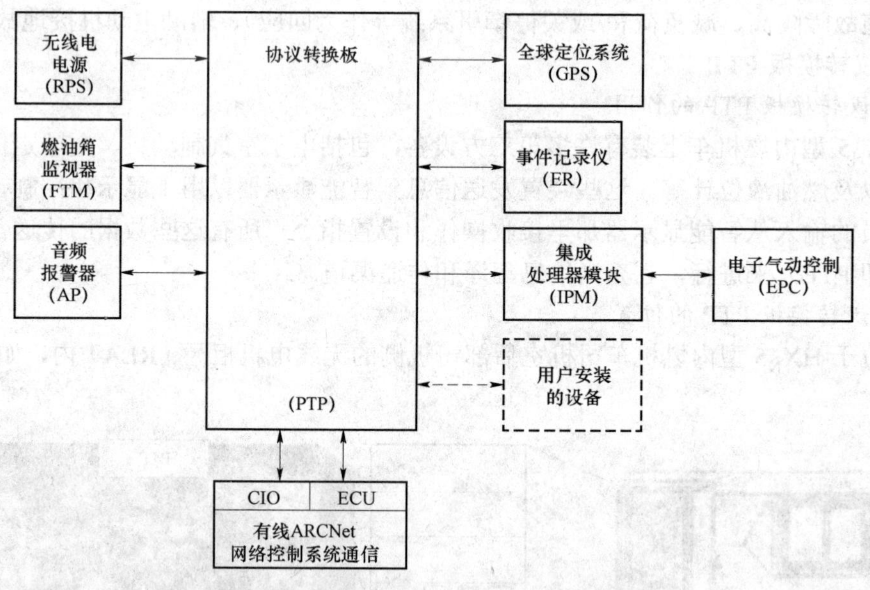

图 4-2-9　PTP 与第三方设备之间的接口

其中，无线电源 RPS 由机车蓄电池电压输入，并将其转换成 DC 15 V 输出，以向协议转换板、GPS 以及其他利用该电压进行工作的设备供电。

4. 柴油机控制单元 ECU

1）柴油机控制单元 ECU 及其作用

HX_N5 型内燃机车上的燃油传送系统采用电子燃油喷射（EFI）。EFI 系统包含一个微机板，它控制安装在各个高压泵上的螺线管。当螺线管被激励时，燃油从它的高压泵被供送到喷油器。这种单板微机被称作柴油机控制单元，即ECU。

GEVO16 柴油机装用的控制单元（ECU），不仅改变了柴油机喷油控制方式，更重要的是能全面监测柴油机运行状态，实施精确的反馈调控，必要时采取保护措施。

2）柴油机控制单元 ECU 的位置

ECU 位于 HX_N5 机车上 CA2 的中间靠近顶部，如图 4-2-10 所示。

3）柴油机控制单元 ECU 的控制系统

柴油机控制单元 ECU 的控制系统，如图 4-2-11 所示。

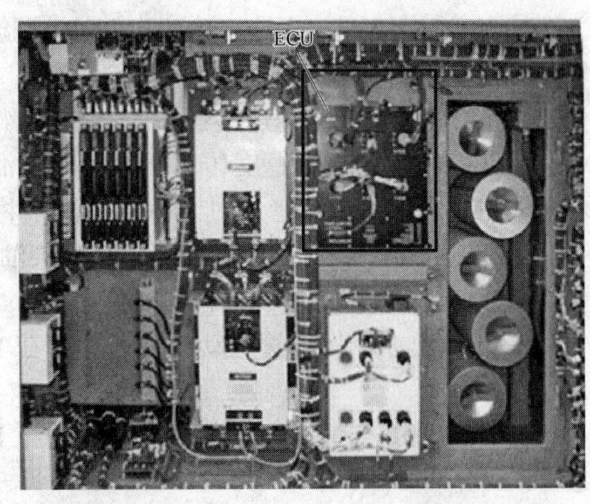

图 4-2-10　ECU 在 CA2 中的位置

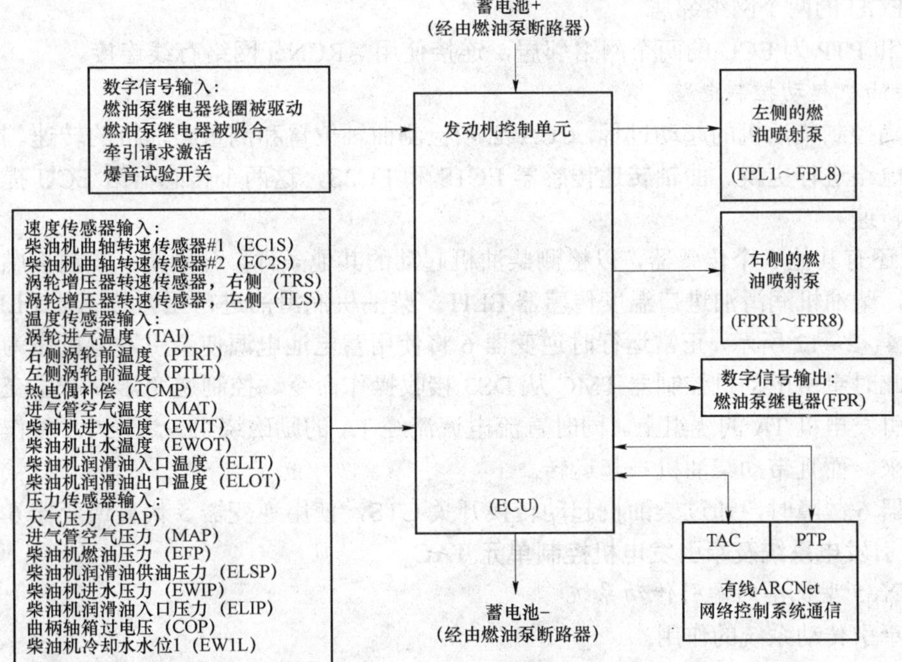

图 4-2-11　ECU 的控制系统

（1）蓄电池。

柴油机控制单元通过燃油泵断路器的触点从蓄电池中获取电能。

（2）数字信号输入。

ECU 接收来自机车控制电路和燃油控制电路中装置的若干个二进制输入信号（以蓄电池电平）：

① 指示燃油泵继电器中的线圈已经被驱动。

② 指示燃油泵继电器上的触点何时吸合。

③ 指示司机手柄何时移入 1~8 挡的范围。

④ 指示列车线 6 何时被激活（至蓄电池正极）。

⑤ 一瞬间的输入信号起动一次 POP 试验。

（3）传感器输入。

① ECU 利用 4 个速度传感器执行它的燃油输送和柴油机转速控制功能。

② ECU 利用 9 个温度传感器来跟踪柴油机周围的各种温度，从而可以在内部利用它们来正确完成它的任务或者通过 ARCNet 网络将这些温度值传送给其他设备。

③ ECU 通过 8 个压力传感器跟踪与柴油机运行相关的压力值。

（4）燃油喷射接口。

ECU 输出 8 个螺线管驱动信号去控制在 R1～R8（右排 1～8 缸）上的高压泵处的燃油旁通管。

ECU 输出 8 个螺线管驱动信号去控制在 L1～L8（左排 1～8 缸）上的高压泵处的燃油旁通管。

输出对燃油泵继电器 FPR 进行控制。

（5）ECU 的两个网络邻居。

TAC 和 PTP 为 ECU 的两个网络邻居，连接使用 ARCNet 网络有线连接。

4）柴油机起动控制电路

为正确控制柴油机的起动过程，CCA 必须检测曲轴位置和测量柴油机的转速。同时 CCA 还对起动电路进行更换。曲轴转速传感器 EC1S 和 EC2S，这两个传感器给 ECU 提供了曲轴的位置和转速。

ECU 还有其他 3 个传感器，以检测柴油机起动的其他条件，分别是：柴油机燃油压力传感器 EFP，柴油机润滑油进口温度传感器 ELIT，柴油机润滑油进口压力传感器 ELIP。

如图 4－2－12 所示，正常运行时逆变器 6 将使用蓄电池电源使牵引发电机作为起动电动机运行。此时牵引电动机控制器 TMC 从 DS3 接收操作命令，控制逆变器 6 产生交流电源并施加到牵引发电机 TA 的绕组上。同时直流电流流经 TA 的励磁绕组。这样 TA 便作为电动机旋转了起来，而且带动柴油机一起运转。

逆变器 6 故障时，通过柴油机起动转换开关 CTS，使用逆变器 5 代替逆变器 6 工作。

5. 牵引发电系统及牵引发电机控制单元 TAC

1）HX_N5 型机车的牵引传动系统

（1）牵引传动系统的作用。

HX_N5 型机车上的牵引传动系统从电子控制系统获得控制指令，并且执行以下任务：由柴油机产生 5 900 马力的机械功率，将其转换成为 4 400 kW 的电功率，再将此电功率分配给 6 台牵引电动机，驱动列车运行。

（2）牵引传动系统的组成。

牵引传动系统由柴油机、牵引发电机、牵引逆变器及牵引电动机组成。

柴油机是原动力或称动力源。柴油机由涡轮增压器驱动，16 缸 45° 排列，采用电子控制燃油喷射系统。起动方式为蓄电池逆变成交流电后供给牵引发电机起动。

牵引发电机（TA）则将柴油机的机械能转换成电能，为牵引逆变器及牵引电机供电。

牵引变流器主要由 1 台二极管整流器和 6 台 IGBT 逆变器构成，它将同步发电机发出的三相交流电压整流成脉动直流电，再逆变成变频变压的三相交流电以驱动 6 台交流牵引电机。此外，主牵引变流器还包括检测电路、保护电路等部分。如图 4－2－13 所示。

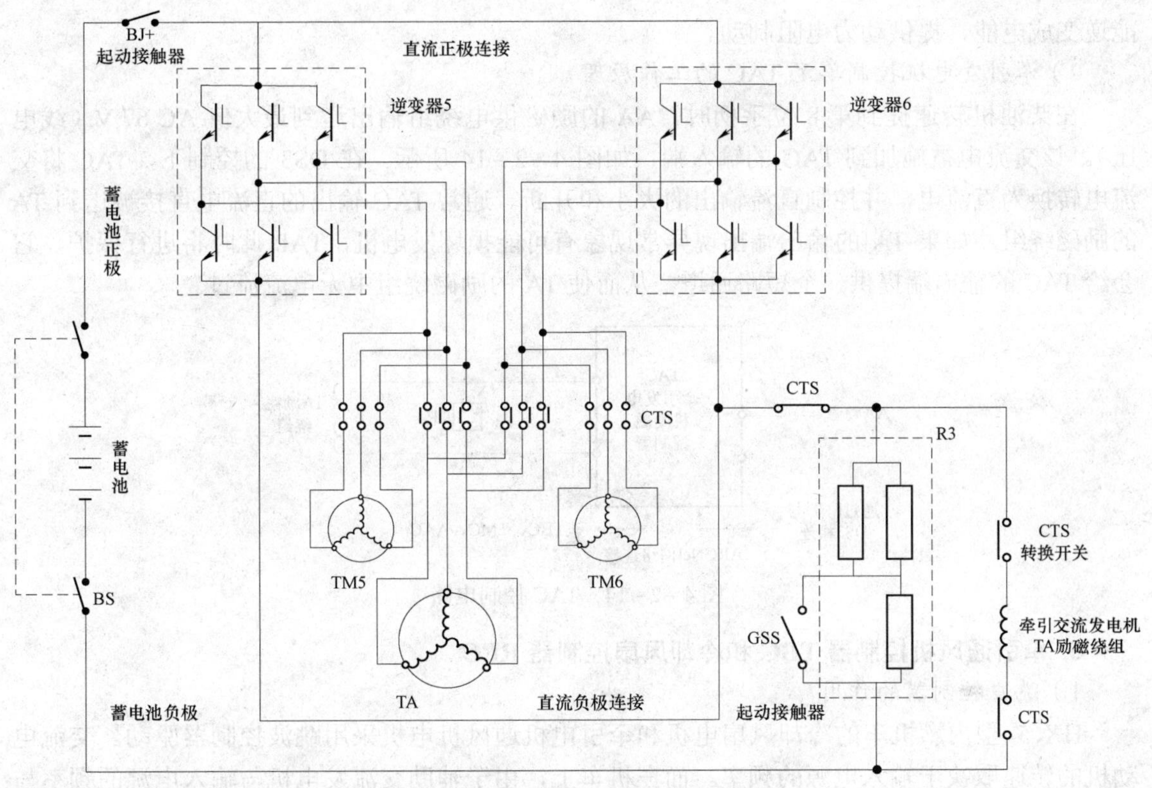

图 4-2-12　柴油机起动控制电路

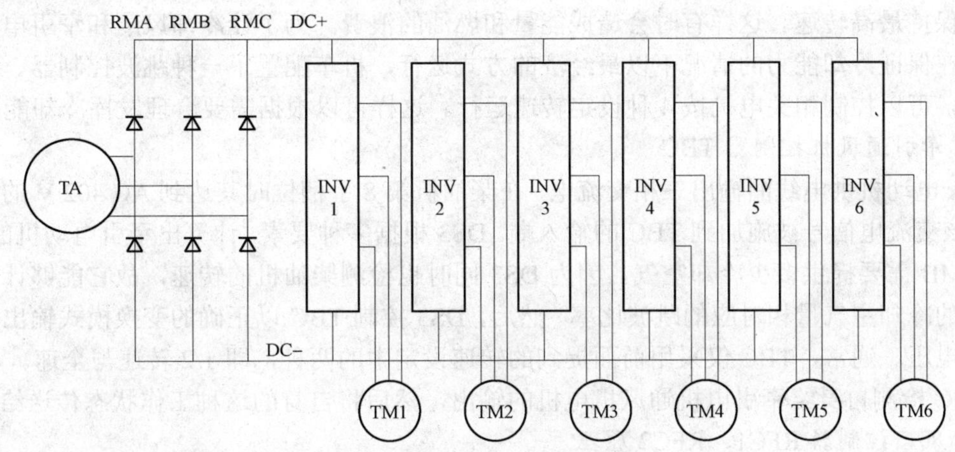

图 4-2-13　牵引变流器的组成

① 整流模块（RMA、RMB、RMC）。

将 TA 输出的交流电转为直流电，并通过直流环节提供给逆变器。

② 功率调节设备（INV1～INV6）。

由电子开关和动力接触器构成 6 个逆变器。该设备用于控制与牵引电动机之间往返的功率传递，以此决定机车的工况（牵引、制动）及方向。

③ 牵引电动机（TM1～TM6）。

三相异步交流电动机将电能转换成机械能，牵引机车运行。或在制动工况下将动能或位能逆变成电能，提供动力电阻制动。

2）牵引发电机控制单元 TAC 的工作原理

在柴油机转速提到第 8 位手柄时，AA 的励磁供电绕组输出达到最大值 AC 67 V（线电压）。该交流电被施加到 TAC 的输入端，如图 4－2－14 所示。在 DS3 的控制下，TAC 将交流电转换为直流电，并控制直流输出的大小和开断。通常 TAC 输出的直流电直接被送到 TA 的励磁绕组。如果 TA 的输出端出现异常现象有可能损坏发电机，TAP 此时将进行保护，它会给 TAC 的输出端提供一个短路通道，从而使 TA 的励磁绕组中无电流流过。

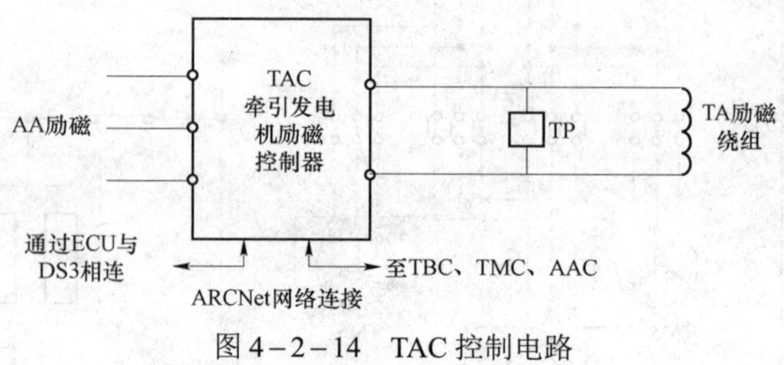

图 4－2－14　TAC 控制电路

6. 牵引通风机控制器 TBC 和冷却风扇控制器 RFC

1）跳波控制器的作用

HX_N5 型内燃机车的冷却风扇电机和牵引电机通风机电机采用跳波控制器驱动。交流电动机的转速取决于输入电源的频率。而在机车上，由于辅助交流发电机与输入电源的频率与柴油机有关。所以，如果采用直接接到辅助发电机的方式，那电动机就会一直随着柴油机的转速而保持最高转速。这样有时会造成能量和燃油的浪费。为了让冷却风扇和牵引电机通风机电机在保证冷却能力的情况下以最经济的方式运行，机车配置了一种跳波控制器。在微机控制下，可以控制相关电机按 4 种设定转速运行。这样可以根据需要合理发挥冷却能力。

2）牵引通风机控制器 TBC

AA 电动机供电线圈输出三相交流电，在柴油机第 8 手柄位时其达到 AC 402 V 的最大线电压。该交流电信号被施加到 TBC 的输入端。DS3 根据多种要素，计算出牵引电动机的温升，确定 TMB 需要提供多少冷却空气。因为 DS3 同时也检测柴油机的转速，故它能够计算出与要提供的冷却空气量相对应的跳波比率。然后，DS3 控制 TBC 以正确的变换模式输出所需的频率及电压。通常，TBC 仅采用前面提到的转速设定中的两种，即 1/2 转速与全速。

TBC 检测自身给牵引电机通风机电机的输出，然后将自身的这种工作状态传送给 DS3。

3）风扇控制器 RFC1、RFC2 原理

AA 电动机供电线圈输出三相交流电，在柴油机第 8 手柄位时其达到 AC 402 V 的最大线电压。该交流电被施加到 RFC1、RFC2 的输入端。DS3 通过传感器监测柴油机冷却水温度，传感器通过 ECU 将测得的数据传送给控制系统。如果温度变得过高，DS3 便计算出需要由散热器提供多大的冷却能力，同时确定与之相对应的冷却风扇电动机的转速。由于 DS3 也监测柴油机的转速，故它能够计算出与该冷却能力相对应的跳波比例。DS3 将该信息传输给 RFC1 与 RFC2，它们分别用来控制将输入频率和电压变换成所需的输出值。在 RFC1 与 RFC2 工作过程中可能要用到前面提到的所有 4 种速度设定，即关断、1/4 转速、1/2 转速和全速 4 种。TBC 和 RFC 控制电路见图 4－2－15。

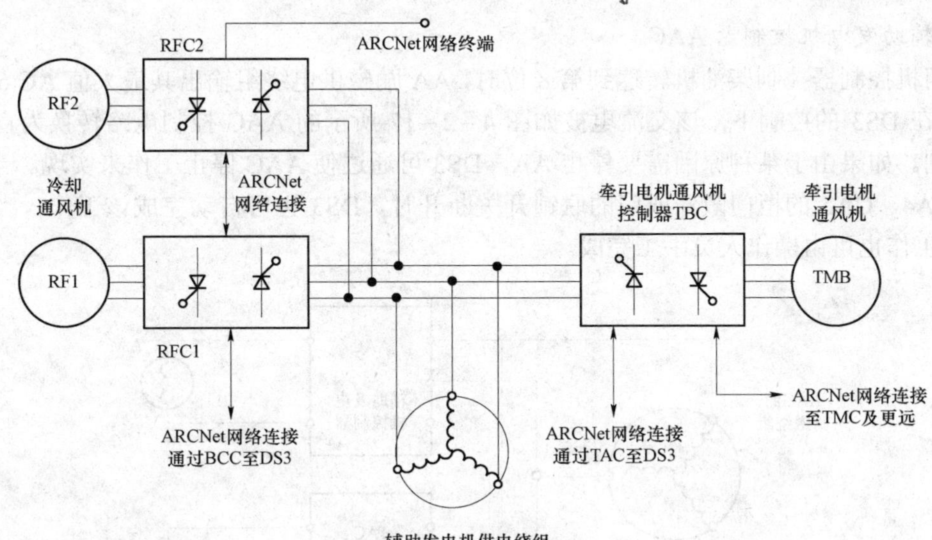

图 4－2－15　TBC 和 RFC 控制电路

7. 辅助发电机控制器 AAC 和蓄电池控制器 BCC

1）辅助发电机供电绕组

辅助发电机三套绕组输出三个不同等级的三相交流电源，分别供给不同的辅助电路，即主辅发电机励磁电路、冷却风扇等辅助发电机回路、蓄电池充电电路。按负载的不同，可将这三套绕组分为励磁供电绕组、辅助电动机供电绕组、蓄电池充电供电绕组，如图 4－2－16 所示。

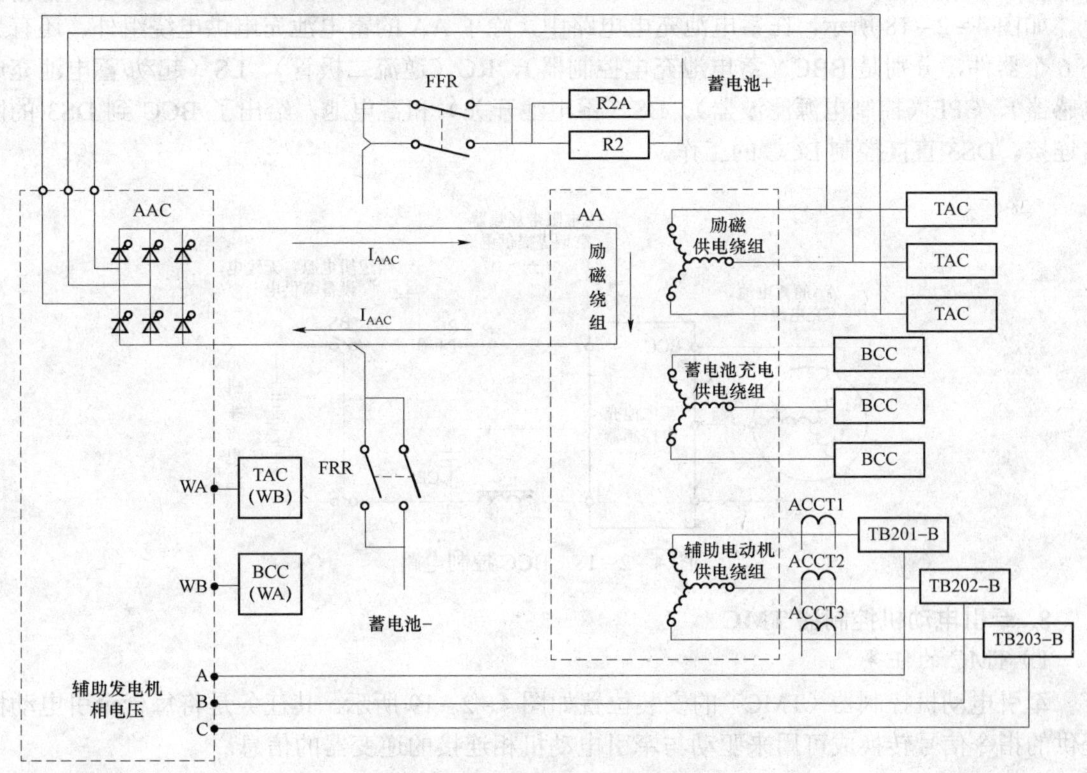

图 4－2－16　辅助发电机供电绕组

2）辅助发电机控制器 AAC

在司机控制器控制柴油机转速到第 8 位时，AA 励磁供电绕组输出其最大值 AC 67 V（线电压）。在 DS3 的控制下，该交流电被如图 4－2－17 所示的 AAC 控制电路转换为直流电并加以控制。如果由于某种原因需要停止 AA，DS3 可通过使 AAC 停止工作来实现。当 CA2、CA3、CA4、CA5 的柜门敞开或门的联锁开关断开时，DS3 也可自动完成该工作。当然关断 AAC 的工作也可由操作人员手工完成。

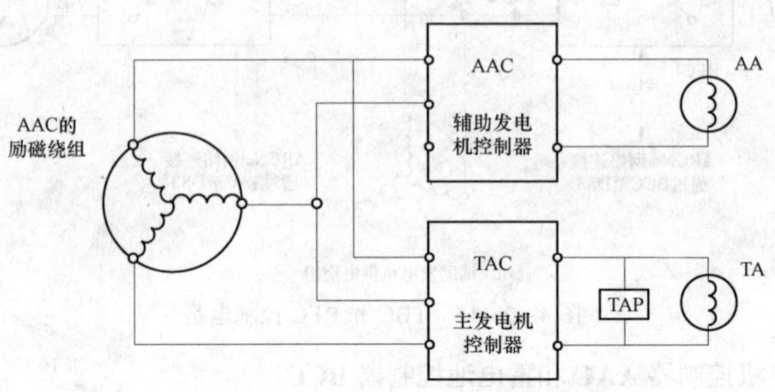

图 4－2－17　AAC 控制电路

AAC 除了接受 DS3 命令控制辅助发电机励磁电流外，还可通过读取 AA 的反馈信息对自己的工作状况进行监控。

3）蓄电池充电控制器 BBC

如图 4－2－18 所示，在蓄电池充电电路中，除了 AA 的蓄电池充电供电绕组外，还有另外 6 个器件，分别是 BBC（蓄电池充电控制器）、RC（逆流二极管）、LS（起动/蓄电池充电电感器）、CPF（控制电源滤波器）、BS（蓄电池开关）和蓄电池，给出了 BCC 到 DS3 的网络连接。DS3 直接控制 BCC 的工作。

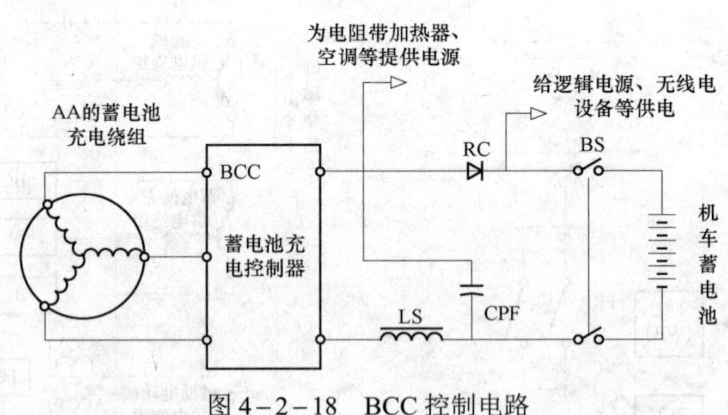

图 4－2－18　BCC 控制电路

8. 牵引电动机控制器 TMC

1）TMC 的任务

牵引电动机控制器（TMC）的安装位置如图 4－2－19 所示。其任务是将每台牵引电动机提供的指令信号转换成可用来驱动与牵引电动机相连接的逆变器的信息。

TMC 通过驱动它内部的六个 CPU－I/O 卡和两个光纤卡来实施这项工作。

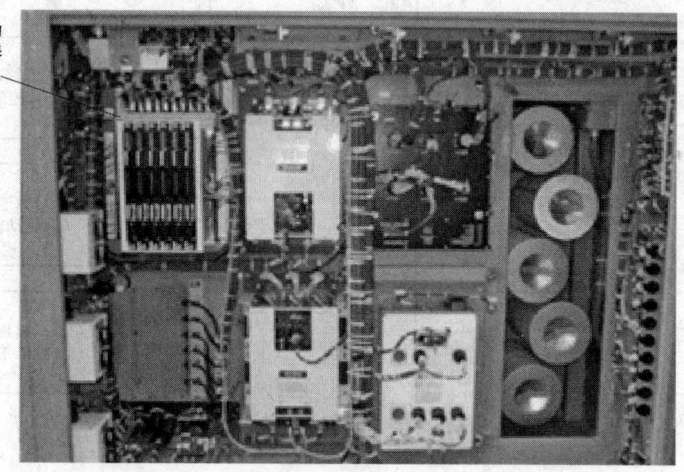

图 4－2－19　TMC 的安装位置

2）TMC 的功能

为了控制 HX_N5 型内燃机车上的六台牵引电动机（TM），智能显示器通过有线连接的 ARCNet 网络发送转矩和车轮打滑指令到 TMC。TMC 中的光纤卡被连入，充当这些指令的接收器/传送器通道。一组专门的转矩和车轮打滑的信息由通道传送至 TMC 中六个 CPU－I/O 卡中的一个卡。这个对应的 CPU－I/O 卡获取这些转矩和车轮打滑的信息，并将它们转换为一组控制信号，控制信号被传送到连接于并控制 TM 的变频器上。

该控制信号采用了通/断的光纤信号方式，其被传送到指定逆变器上的每个电子开关上。这些信号使得逆变器上的电子开关能产生一个三相交流电流波形，去供电给与逆变器相连接的 TM。在 TMC 中的每个 CPU－I/O 卡积累关于逆变器及 TM 运行的数据，并将这些信息传送到智能显示器中。智能显示器利用这些数据来优化牵引系统的运行及防止它损坏。

3）TMC 中 CPU－I/O 插卡的功用

（1）逻辑电源 LPS。

每个 TMC CPU－I/O 卡从 LPS 处接受电源电压以运行它的数字电路和模拟电路。输入的电压源包括直流+5 V、直流±15 V 和直流±24 V。从逻辑电源的隔离输出端口输出到每个卡上的电压采用了相互独立的连接方式。

（2）电压衰减模块。

四条带有电压衰减模块部分的电路提供 CPU－I/O 卡的输入。三条电路指示牵引电动机的相电压，剩下一条电路提供处于主直流母线上的电压值。

（3）电流测量装置 LEM。

两个电流测量装置输入数据给 TMC 微机卡，微机卡指示由它通过相应的逆变器进行控制的牵引电动机的 A 相和 B 相电流。CPU－I/O 卡利用基尔霍夫（Kirchoff）电流定律计算出 C 相的电流值。CPU－I/O 卡提供直流±24 V 电源给每个电流测量装置。其结构示意图见图 4－2－20。

（4）CPU－I/O 卡的通信。

CPU－I/O 卡与 CCA 中的其他设备进行通信，它采用的方式是沿着 ARCNet 网域到达离它最近的网络邻居 TBC 和 AAC。

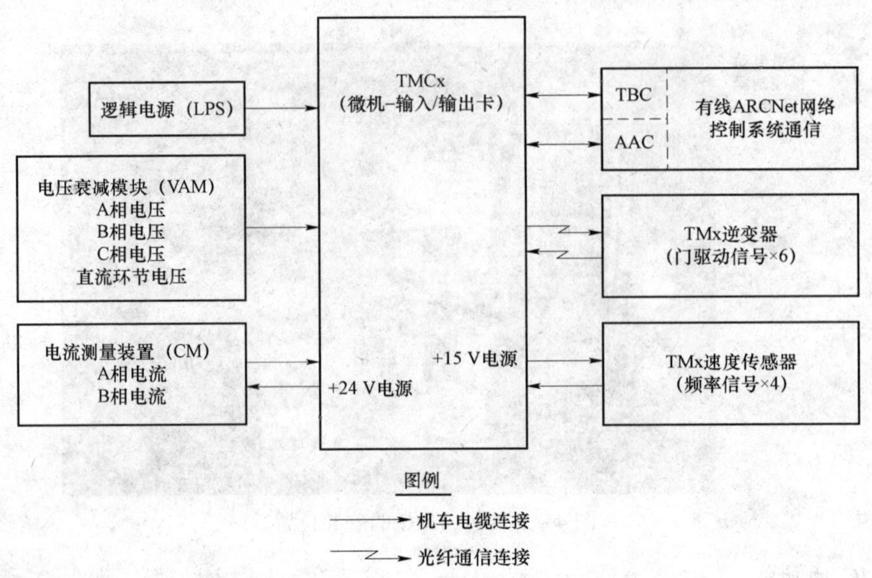

图 4－2－20　TMC 中 CPU－I/O 卡结构示意图

（5）逆变器驱动。

HX_N5 型内燃机车上的每个逆变器都需要一组六个光纤信号，每个信号分别指示逆变器上六个电子开关中的每个何时开和关。CPU－I/O 卡提供这些信号给连接于并控制 TM 的逆变器。为了保证这些开关动作正确，逆变器传送给该卡六个反馈信号，分别指示六个开关的状态。

（6）速度传感器的连接。

CPU－I/O 卡提供直流±15 V 电源给由它控制的 TM 上的速度传感器，并读取四个频率变化的反馈信号。该信号采用方波的形式。方波信号的频率指示 TM 转子的转速，信号间的相位关系指示 TM 转子的旋转方向。

思考与讨论

1. HX_N5 型内燃机车的微机网络控制系统的功能模块有哪些？
2. 简述 HX_N5 型内燃机车的 CCA 的功能及组成。
3. 智能显示器有什么作用？智能显示器通信网络 ARCNet 有哪些主要参数数据？
4. 什么是 CIO？CIO 主要有哪些接口模块？
5. 协议转换板 PTP 有何作用？HX_N5 机车上通过 PTP 转换的设备有哪些？
6. 什么是 ECU？与 ECU 连接的设备有哪几类？
7. 简述 TBC 的工作原理。
8. RFC 控制器的速度设定有哪几种？
9. BCC 控制器和其他哪两个控制器具有相同的结构？
10. 什么是 TMC？它的任务是什么？TMC 如何对逆变器进行控制？

模块 5

机车制动技术

任务 5.1　认知机车风源系统

（主）风源系统是机车空气管路系统的基础，它为机车与车辆制动机系统及全列车气动器械提供稳定和洁净的压缩空气，主要由主压缩机、安全阀、空气干燥器、微油过滤器、最小压力阀、单向阀、限流缩堵、总风缸、总风缸排水阀、塞门及连接钢管等组成。HX_N3 型内燃机车风源系统管路原理如图 5－1－1 所示，HX_N5 型内燃机车风源系统管路原理如图 5－1－2 所示。

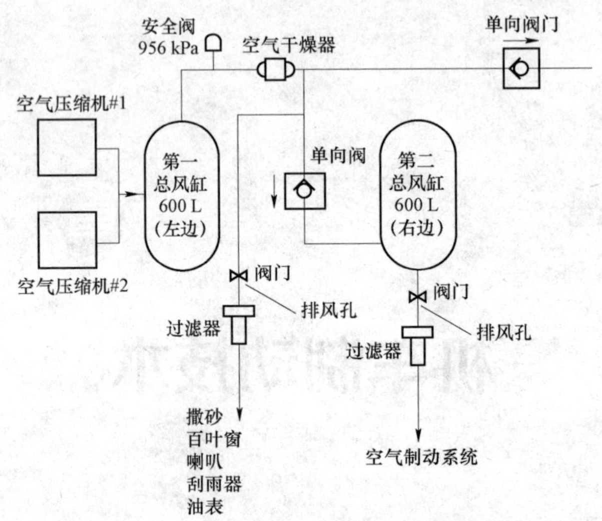

图 5－1－1　HX_N3 型内燃机车风源系统管路原理图

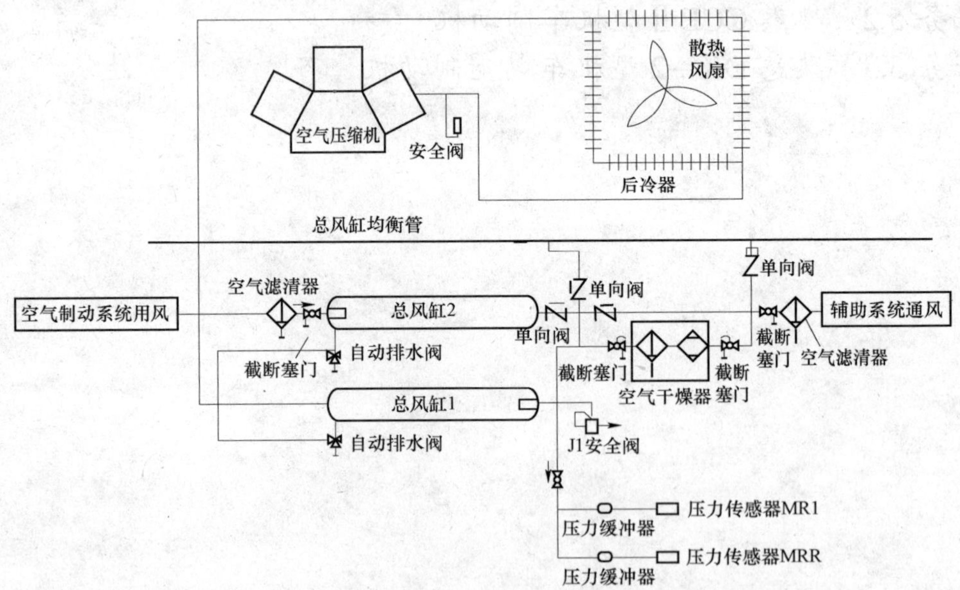

图 5－1－2　HX_N5 型内燃机车风源系统管路原理图

如果设置了总风重联环节，主要部件还应包括逆流止回阀、总风软管连接器、总风折角塞门等。

HX_N3 型内燃机车风源系统主要由螺杆式空气压缩机组、总风缸（第一总风缸称为辅助总风缸，第二总风缸称为空气制动风缸）、GW994－501M 型空气干燥器、止回阀、逆流止回阀、安全阀（956 kPa）、第一总风缸压力传感器、总风缸手动/自动排水阀以及空气过滤器等组成。

1. 机车风源系统工作环节

机车风源系统按照工作环节分为压缩空气的生产、压缩空气的净化处理、压缩空气的储存、压缩空气的压力控制、风源管路系统的保护以及总风重联等，各工作环节作用参见表 5－1－1。

表 5－1－1　机车风源系统各工作环节作用

序号	工作环节	作　用
1	压缩空气生产	空气压缩机产生压缩空气。在运行中，如果一台压缩机出现故障，可利用另一台压缩机继续维持运行
2	压缩空气净化处理	压缩空气的净化处理由干燥器、油（水）过滤器完成，使清洁、干燥、洁净的压缩空气经连接管道送入总风缸
3	压缩空气储存	经干燥净化处理后的压缩空气，进入两个串联的总风缸内储存，以供全列车气动器械及制动机所需
4	压缩空气压力控制	总风缸压缩空气的工作压力采用压力开关（组）或压力控制器，根据总风缸压力自动控制压缩机的起动/停止。 还可以通过压缩机“强泵风”开关，强迫压缩机起动生产压缩空气，提升总风缸压力
5	风源管路系统保护	通过在风源管路系统关键位置设置高压安全阀（如：压缩机出口处、总风缸入口处等），把风源系统因压缩机压力控制失效，压缩机运转造成的超高压力（大于 950±20 kPa）及时排除，保护风源系统的安全；有的机车在微油过滤器出口处设置最小压力阀，保护干燥器和油过滤器安全工作
6	总风重联	一般在第一、第二总风缸之间设置了总风联管及压力开关、逆流止回装置。正常运行时，通过总风联管均衡重联机车的总风压力，逆流止回装置能使第一、第二总风缸压力一致。当机车之间发生断钩事故时，第一总风缸内的压缩空气随拉断的总风联管直接排向大气，第二总风缸内的压缩空气只能通过逆流止回装置上的节流孔缓慢排向大气，保证断钩机车紧急停车时对压缩空气的需要

2. 机车风源系统主要部件

1）压缩空气生产工作环节主要部件

（1）HX_N3 型内燃机车压缩机。

HX_N3 型内燃机车安装的两台 TSA－2.8A 螺杆式空气压缩机，如图 5－1－3 所示，安装在柴油机冷却水系统的下方（冷却风扇的下面）、底架的上平面。设有两台空气压缩机在某种意义上提供了冗余。旋转的螺杆式空气压缩机包括一个集成、高效的压力空气后冷却器与油冷却器。

图 5－1－3　HX_N3 型内燃机车螺杆式空气压缩机

空压机组包括带有油箱、泵、过滤器和观察孔的完整的润滑油系统。在空压机运行时，油箱中的油位能通过观察孔进行观察。在运用中，为了保证润滑油在运用温度中，油位应维持在油表的中间位置。

主要技术参数：

✧ 型号	TSA－2.8A
✧ 类型	双螺杆式，交流电机驱动
✧ 额定排气压力	900 kPa
✧ 额定容积流量	≥2.4 m^3/min
✧ 额定转速	2 650 r/min
✧ 驱动电机功率	22 kW
✧ 电源	
主回路	3 AC 165 V 90 Hz，逆变器输出 PMW 供电
电加热回路	DC 74 V
电加热功率	200 W
✧ 排气含油率	≤6 mg/m^3（5 ppm）
✧ 机组噪声	≤85 dB（A）

空气压缩机电机由单独的逆变器供电，CA9 型辅助发电机给逆变器提供变电压、变频率的电源。每台空压机都有一个小的电气控制单元用于卸荷操作。

压缩机的动作主要由 EM2000 根据压力传感器的反馈进行控制。控制微机依次控制 2 个（每台压缩机 1 个）辅助电源逆变器。逆变器通过内部电路转换同步交流发电机的输出，达到规定的交流电压和频率供给压缩机的电机。当得到 EM2000 的指令后，逆变器将交流发电机的交流电整流成直流，然后产生稳定的 240 V/50 Hz 的交流电输出，使压缩机在 2 600 r/min 稳定运行。每台空压机都由单独的逆变器供电，逆变器在电气柜中。监测 MRPT 和机车电缆 T22，压缩机加载信号线。EM2000 依靠 MRPT 和 T22 的输入来控制每台压缩机的辅助电源逆变器。

① 压缩机组成。

压缩机系统包括空气系统、润滑油系统和冷却系统。

空气系统由空气滤清器、进气阀、油气筒、油细分离器、压力维持阀和后冷却器组成。

空气由空气滤清器滤去尘埃后，再由进气阀进入主压缩室压缩，并与润滑油混合。与油混合的压缩空气由压缩机排至油气筒，经油细分离器、压力维持阀及后冷却器之后送入需要使用的系统中。

润滑油系统由油细分离器、温控阀、油冷却器和油过滤器等组成。由于油气筒内存在压力，润滑油从筒内流出，经过温控阀和油冷却器，进入油过滤器，经油过滤器后分成两路，一路由机体下部喷入压缩室，冷却压缩空气，一路通到机体两端，润滑轴承组。而后汇集于压缩机室底部，随压缩空气一起又进入油气筒。

冷却系统由离心风机、蜗壳、油冷却器和后冷却器组成。冷却空气由冷却风机抽入，由蜗壳导向吹过油冷却器和后冷却器的散热翅片，同时冷却压缩空气及润滑油。

主要组成，如图 5－1－4 所示。

② 主要部件作用。

（a）空气滤清器。空气滤清器为一干式纸质过滤器，过滤纸细孔度约为 10 μm。

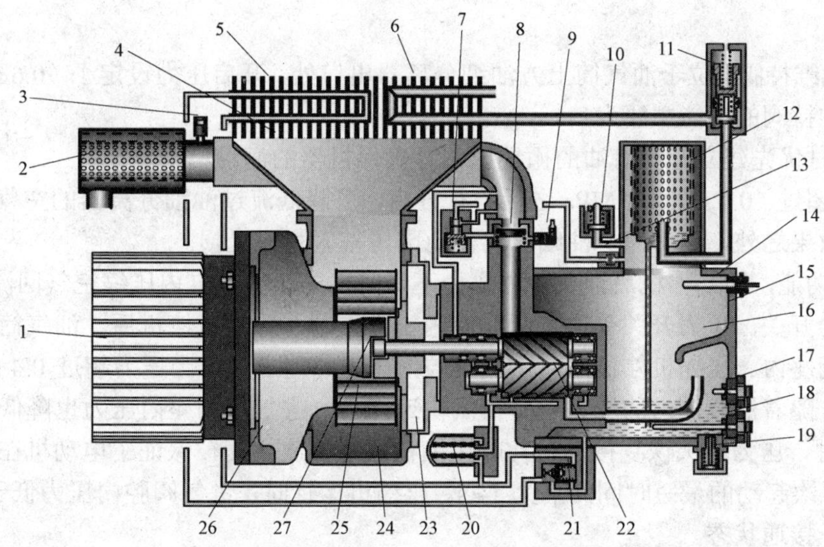

图 5-1-4　HX_N3 型内燃机车 TSA-2.8A 螺杆式空气压缩机主要组成

1—电机；2—空气滤清器；3—真空指示器；4—扩压器；5—油冷却器；6—后冷却器；7—卸压阀；8—进气止回阀；9—压力开关；10—安全阀；11—压力维持阀；12—油细分离器；13—回油过滤器；14—温度开关；15—机体油气筒组成；16—挡板；17—温控阀；18—温度调节装置；19—卸油口；20—油过滤器；21—温控阀；22—阴阳转子；23—风机后盖；24—蜗壳；25—离心风扇；26—外壳连接体；27—联轴器

(b)真空指示器。指示器显示红色或箭头指向 3.7 kPa 时应清洁滤清器和倒掉后盖内尘土。清除的办法为使用低压空气将尘埃由内向外吹出。若发现滤纸破损，则应更换。重新装上空气滤清器后，按下指示器顶端的复位按钮（PRESS TO RESET）复位。

（c）进气阀。进气阀专门用于间歇工作的螺杆式空压机，主要由两部分组成：

✧ 进气止回阀。当空压机停机时，在弹簧力的作用下，阀板被迅速推向阀座，关闭进气通道，防止从油气筒回流至进气阀的含油空气排入大气。同时也能避免因压缩空气倒流造成空压机转子反转。

✧ 卸压阀。当压缩机停机后，该阀能在很短时间（约 14 s）内将油气筒内的压力卸至 0.3 MPa 以下，以保证空压机在低负荷下再次起动，有利于电机长期地正常工作。

（d）温度开关。在失油、油量不足、冷却不良等情况下，均可能导致排气温度过高。当排气温度达到温度开关所设定的温度值时，则温度开关断开而停机。温度开关设定在 105 ℃，在出厂前即已调好，请勿随意调整。检查温度开关时，拔下温度开关上的电线护套，用电阻表测量温度开关两接线柱间的电阻，在温度没有达到 105 ℃时，该电阻应为 0。

（e）油气筒。油气筒筒侧装有视油镜，空压机停机 5 min 后观察，润滑油油位应在视油镜的上限与下限之间。油气筒下方装有泄油阀，应在机车每次出库前略微打开泄油阀以排出油气筒内的凝结水，筒上方装有加油孔可供加油用。由于油气筒截面宽大，可使压缩空气流速减小，油滴分离，此为第一段除油。

（f）安全阀。当机车上的主风缸压力开关调节不当或失灵而致使油气筒内压力比额定排气压力高出 0.2 MPa 以上时，安全阀即会自动起跳而泄压，使压力降至设定的排气压力以下。安全阀于出厂前已经过整定（设定在 1.1 MPa），请勿随意调整。检查安全阀的方法是在压缩机满载工作时（0.88～0.9 MPa），轻拉安全阀上方的拉环，若此时安全阀能向外排气，则视为正常。

(g) 压力维持阀。位于油气筒上方油细分离器出口处，开启压力设定于（0.6±0.05）MPa左右。压力维持阀的功能主要为：

✧ 起动时优先建立起润滑油的循环压力，确保机器的润滑。

✧ 压力超过（0.6±0.05）MPa之后方行开启，可降低流过油细分离器的空气流速，除确保油细分离效果之外，还可保护油细分离器免因压差太大而受损。

✧ 止回功能，即当停机后油气筒内压力下降时，防止主风缸内压缩空气回流。

(h) 压力开关。压力开关受进气阀阀座内压力控制，压缩机停机后，油气筒内压力立即传至进气阀阀座内。压缩机停机后，进气阀腔内压力急速上升，当压力超过 0.4 MPa 时，压力开关断开。随着油气筒内的压力被卸荷阀快速卸除，进气阀阀座内压力也降低。当压力降至 0.3 MPa 时，压力开关恢复接通，此时压缩机才能再次起动，保证了电动机在低负载下起动。压缩机再次起动的最短时间间隔为 14 s。压缩机运行时，进气阀腔内压力低于大气压力，压力开关处于接通状态。

压力开关在出厂前已设定好，请勿随意调整。

(i) 后冷却器。用叶轮将冷空气抽入，通过后冷却器冷却压缩空气，将排气温度控制在环境温度+15 ℃以下。

(j) 油冷却器。油冷却器的翅片易受灰尘覆盖而影响冷却效果，可能导致排气温度过高而停机。因此每隔一段时间即应对其进行清洗以确保其冷却效果。

(k) 油过滤器。油过滤器是一种纸质的过滤器，其功能为除去油中之杂质，如金属微粒、油中的劣化物等，对轴承及转子有完善的保护作用。当油过滤器的保养指示为红色时，应更换该油过滤器。

若油过滤器未及时更换则可能导致进油量不足，造成排气温度升高，以致停机，同时油量不足会影响轴承的使用寿命。在更换油过滤器时，应使用国祥公司提供的专用工具链钳或带钳，夹住黑色滤筒上方的白色金属环，按顺时针方向旋转，拆下旧的油过滤器滤筒。

在装上新的滤筒之后，油过滤指示会自动复位。

(l) 油细分离器。油细分离器滤芯是用多层细密玻璃纤维制成，压缩空气中所含雾状油气经过油细分离器几乎可被完全滤去，油颗粒大小可控制在 0.1 μm 以下，排气含油量则可低于 5 ppm。正常运转下，油细分离器可使用约 2 000～3 000 工作小时，润滑油的油品及周围环境的污染程度对其寿命影响甚大。如果环境污染甚为严重，可考虑加装前置空气过滤器。至于润滑油的选择，必须采用本公司所推荐的牌号，最忌使用假油或再制油。油细分离器出口装有安全阀、压力维持阀，压缩空气由压力维持阀引出，通至冷却器。油细分离器滤下的油集中于其中央的小圆槽内，再由一回油管回流至机体进口侧，可避免已被过滤的润滑油再随空气排出。

在更换油细分离器时，应使用国祥公司提供的专用工具链钳或带钳，夹住油细分离器的白色金属环按逆时针方向旋转，拆下旧的油细分离器，换用新油细分离器后再用专用工具以相反的方向旋紧替换的新件。

(m) 温控阀。油冷却器前装有一温控阀，其功能是维持排气温度在压力露点温度以上，避免空气中的水汽在油气筒内凝结而乳化润滑油。刚开机时，润滑油温度低，此时温控阀会自动开启通往机体的油路，油不经过油冷却器而进入机体内。若油温升高到 66 ℃以上，则温控阀逐渐打开至油冷却器的通路，至 76 ℃时全开，此时油会全部经过油冷却器再进入机体内。

（2）HX_N5 型内燃机车压缩机。

在 HX_N5 型内燃机车上采用 Gardner Denver 旋转式螺杆空气压缩机，如图 5－1－5 所示。空压机位于靠近机车后端或者说 B 端的柴油机冷却散热器的下面。空气压缩机是全列车制动系统和机车上其他气动装置的压力空气源，它的作用是把压缩空气提供给第一总风缸。

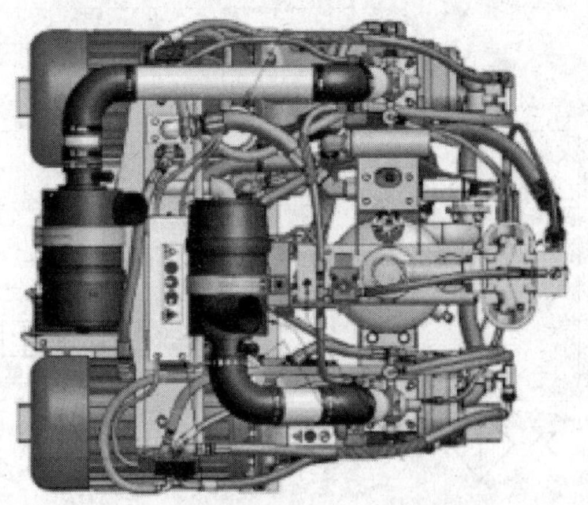

图 5－1－5　HX_N5 型内燃机车 Gardner Denver 旋转式螺杆空气压缩机

空气压缩机由一个大转矩感应电动机驱动。电动机通过接线方式的不同实现 2 极和 4 极驱动。机车辅助交流电机提供感应电机的电压和频率，保证空气压缩机能提供相应的压缩空气来满足机车空气管路系统的需求。空气压缩机和电机装配主要工作参数，参见表 5－1－2。

表 5－1－2　空气压缩机和电机装配主要工作参数

AE 电极级数	柴油机转速/（r/min）	频率/Hz	电压/V	空压机转速/（r/min）	压缩空气流量/CMN	比功率
4	335	33.5	128.3	975	0.71	13.4
4	440	44	168.5	1 293	0.94	12.8
4	800	80	306.4	2 370	1.72	12.5
4	888	88.8	340.1	2 629	1.95	12.3
4	925	92.5	354.3	2 737	2.23	11.3
4	995	99.5	381.1	2 941	2.5	10.9
4	1 050	105	402.2	3 101	2.8	10.3
2	335	33.5	128.3	1 962	1.3	13.6
2	440	44	168.5	2 576	1.91	12.3
2	580	58	222.1	3 388	3.01	10.7
4	335	33.5	128.3	975	0.71	13.4
4	440	44	168.5	1 293	0.94	12.8

① 压缩机组成。

Gardner Denver 螺杆空气压缩机是由交流电动机组、空气滤清器、油气分离器、气水分离器、单向阀、旁通阀、抽气阀、截止阀、最小压力阀（背压阀）、热机阀、油箱、机油滤清器、油冷却器、机油采样阀、后冷却器、负压节流阀、油封负压节流阀、安全阀等组成，如图 5－1－6 所示。

② 后冷却器。

在风源系统中，一个独立的后冷却系统（空气冷却）用以冷却空气压缩机产出的压缩空气，如图 5－1－7 所示。空气压缩机后冷却系统由下列主要部件组成：安全阀、4 根翅片管、

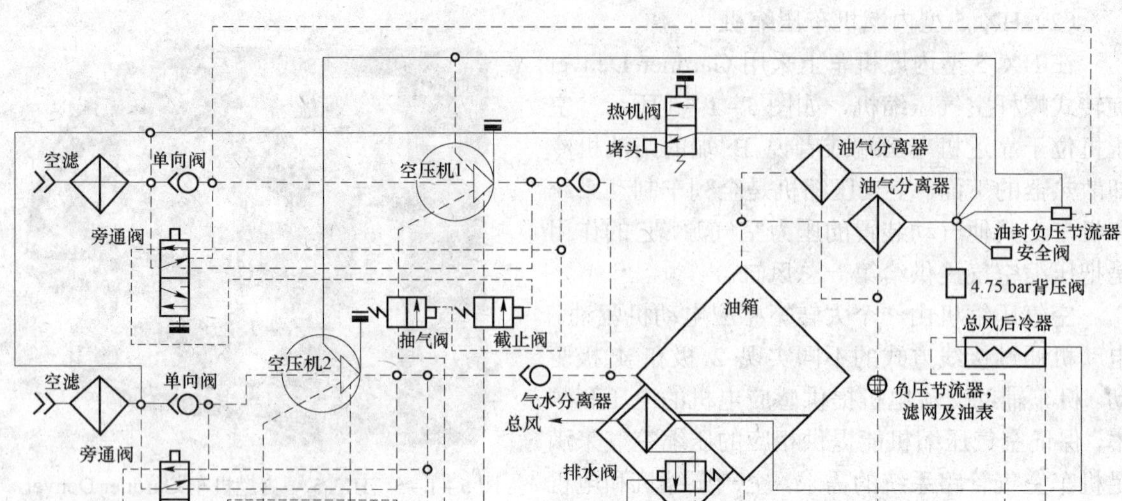

图 5-1-6　HX_N5 型内燃机车 Gardner Denver 旋转式螺杆空气压缩机原理图

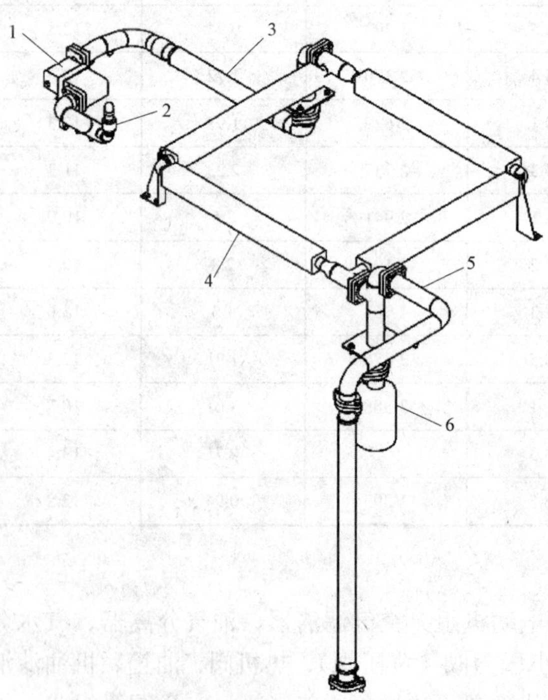

图 5-1-7　HX_N5 型内燃机车后冷却器示意图

1—后冷却器；2—低压安全阀；3—进气软管；
4—翅片管（4 根）；5—出气管；6—风缸

风缸和排污阀。4 根翅片管大约连成 1 676.4 mm×1 371.6 mm 的矩形结构，布置在机车冷却室内，冷却风扇下方，形成空气冷却。排污阀用来排除风缸中所收集的水汽。当来自排水阀电磁阀的压缩空气流经排污阀时，水汽会被排出。排水阀电磁阀由计算机控制。

（3）螺杆式压缩机工作原理。

螺杆式压缩机的螺杆组由两个互相啮合的螺旋形转子（或螺杆）组成，通常把节圆外具有凸齿的转子称为阳转子（或阳螺杆），通常把节圆内具有凹齿的转子称为阴转子（或阴螺杆）。阴、阳转子具有非对称的啮合型面，平行安装在一个铸铁壳体内作回转运动。

空气压缩机是一种双轴回转容积式压缩机，电机通过联轴器直接驱动压缩机转子，转子为两个互相啮合的螺杆，具有非对称的啮合型面，并在一个铸铁壳体内旋转。其压缩原理为吸气过程、封闭及输送过程、压缩及喷油过程和排气过程四个过程，参见表 5-1-3。

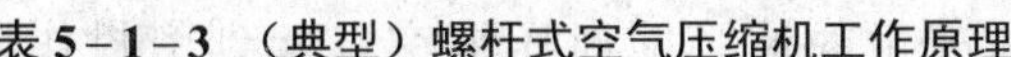

表 5-1-3　（典型）螺杆式空气压缩机工作原理

吸气过程	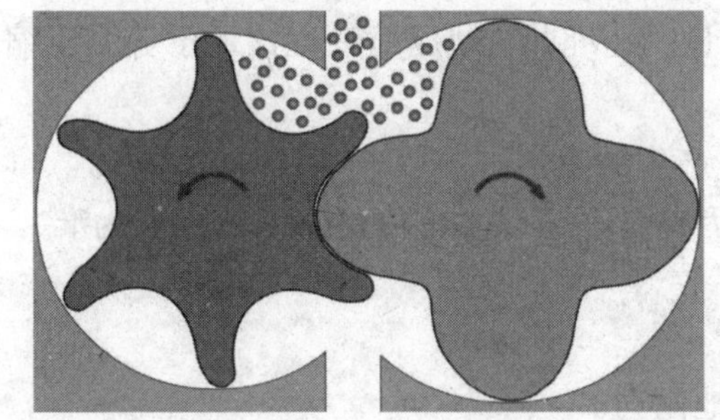	随着转子的旋转，转子齿的一端逐渐脱离啮合而形成齿间容积，这个齿间容积逐渐扩大，在其内部形成一定的真空，而此齿间容积仅与吸气口连通，空气在压差的作用下流入其中。随着转子的旋转，齿间容积达到最大之后，齿间容积不再增加，齿间容积在此位置与吸气口断开，吸气过程结束
封闭及输送过程	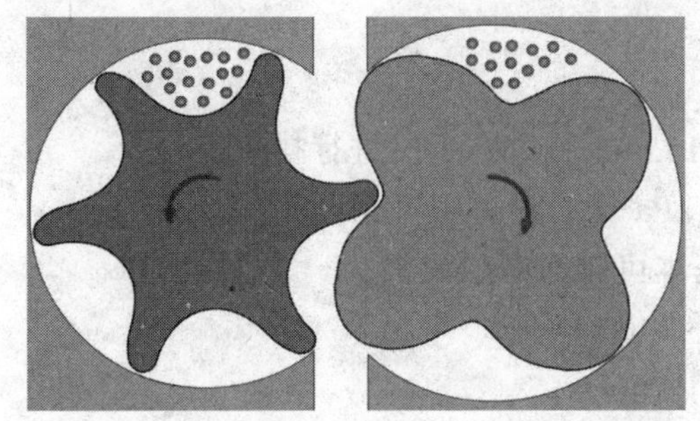	主副两转子在吸气终了时，其主副转子齿峰会与机壳闭封，此时空气在齿沟内密封不再外流，即“封闭过程”。两转子继续转动，其齿峰与齿沟在吸气端吻合而逐渐向排气端移动
压缩及喷油过程	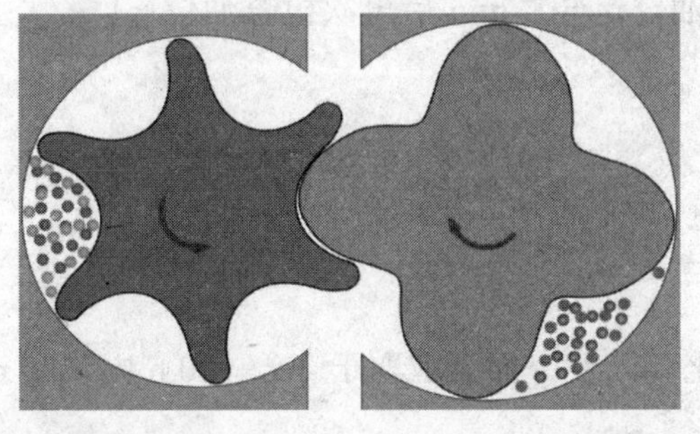	随着转子的旋转，齿间容积由于转子齿的啮合而不断减小。被密封在齿间容积的空气所占据的容积也随之减小，导致压力升高，从而实现对空气的压缩过程，压缩过程可一直持续到即将与排气孔口接通之前。同时，大量的润滑油被喷入齿间容积中，与所压缩的空气混合，起到润滑、密封、冷却和降低噪声的作用
排气过程	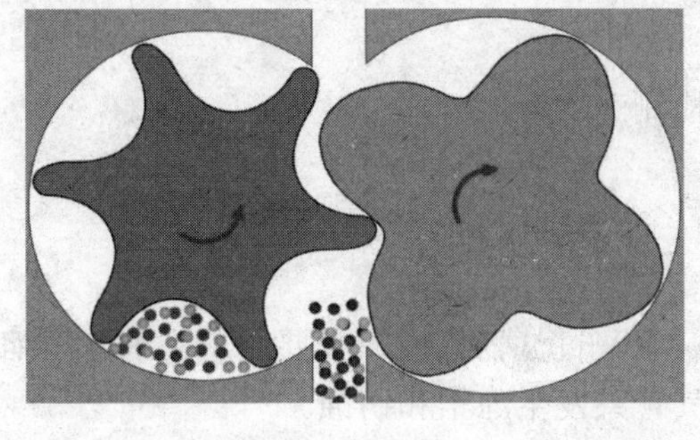	齿间容积与排气孔口连通后，即开始排气过程。随着齿间容积的不断缩小，具有排气压力的空气逐步通过排气孔口被排出，此过程一直持续到齿末端的型线完全啮合。此时齿间容积内的空气通过排气孔口被完全排出，封闭的齿间容积体积将变为零。随着转子的旋转重新开始新的工作循环

在压缩过程中，压缩机凭借其自身所产生的压力差不断向压缩室及轴承喷入润滑油。润滑油主要有以下作用。

① 润滑作用：润滑油可以在转子之间形成油膜，避免转子间的接触，减少摩擦。

② 密封作用：润滑油产生的油膜能对压缩空气起到密封作用，提高了压缩机的容积效率。

③ 冷却作用：由于润滑油吸收了大量的压缩热，使压缩过程接近于等温压缩，降低了压缩机的比功率。

④ 另外润滑油还能降低高频压缩所产生的噪声。

（4）压缩机维护作业（此内容仅作为参考，请以本单位检修工艺标准为准）。

① 空压机放油方法。

（a）利用空压机内压力。

打风 15 min，停机，断开机车蓄电池闸刀。

缓慢打开空压机放油阀，2 min 后基本可排净空压机油。

关闭空压机放油阀。

（b）利用车间内风压。

停机，断开机车蓄电池闸刀，等待 15 min 后对空压机进行排气。

自油气分离器左侧堵头以 400～620 kPa 压力对空压机充风。

缓慢打开空压机放油阀，2 min 后基本可排净空压机油。

关闭空压机放油阀。

将油气分离器堵头装回原位。

② 空压机加油方法。

将空压机内压力排放后自加油口加油，运转 2 min 后再次检查油位。

③ 不定时维护作业。

更换空气滤芯。

④ 184 天/1 年修（必须进行排气）。

（a）更换机油滤芯；

（b）化验空压机油；

（c）更换空压机油（GD 免费提供化验，首个样品应取于 40～100 h 内，50 mL 以上）；

（d）更换油气分离器；

（e）更换空气滤芯；

（f）润滑电机轴承；

（g）检查空压机安全阀（上试验台检测 3 次）；

（h）检查联轴节及底座支脚；

（i）清理油气分离器吸油管路滤网。

2）压缩空气净化环节

压缩空气的净化处理由干燥器、油（水）过滤器完成，主要作用是清除压缩空气中的水分，避免机车车辆的后续空气部件及空气管系发生冻结和锈蚀。

（1）空气干燥器。

① HX_N3 型机车采用的 GW994－501M 型空气干燥器。

如图 5－1－8 所示。GW994－501M 型空气干燥器提供第一层次的空气过滤，它能将风源系统的压缩空气的露点降低，使在干燥器之后出现液体凝结的概率降到最小。

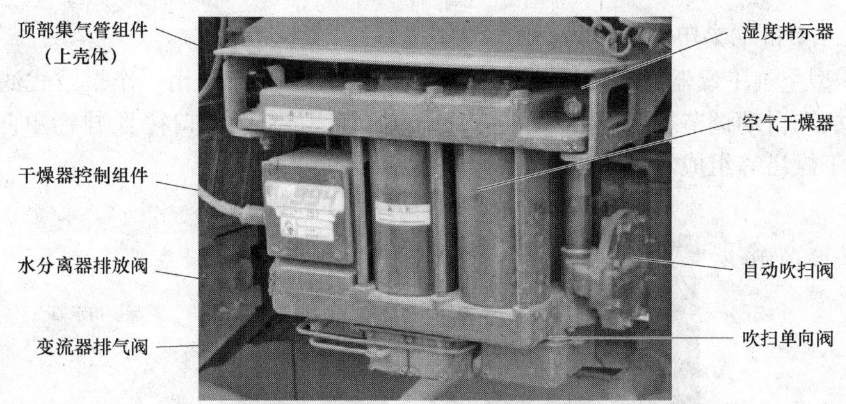

图 5－1－8　HX_N3 型机车 GW994－501M 型空气干燥器

空气过滤干燥器包括一个预先的过滤部分、两个盛放干燥剂的干燥器、一个电子控制电路（包括计时器与继电器），为空气制动设备和辅助空气设备清洁和干燥空气。其位于第一总风缸的出口处。

经过空气干燥器过滤干燥后的压力空气流入三个子系统：空气制动控制总风缸（第二总风缸）、柴油机起动风缸（第三总风缸）和其他辅助用风系统。辅助用风系统包括机车之间的总风重联（平均）、柴油机曲轴箱通风喷射器、铁轨撒砂器、鸣笛、雷达面板清洁器、风动刮雨器、柴油机冷却水系统的百叶窗、燃油箱油位监视器和其他任何被认为是辅助用风的气动装置。GW994－501M 型空气干燥器在第一总风缸之后紧接着是一个过压安全释放阀，然后将空气输送到使用干燥剂的空气过滤干燥器装置中。

空气干燥器具有一个 74 V 直流电气控制接口，它用来使干燥塔与排水阀之间循环工作。干燥器中的加热器用来防止当操纵环境温度低于 0 ℃时的冻结问题。在压力空气系统中所有的自动式排水阀均设有加热装置，用来避免在寒冷季节运用中出现冻结问题。

主要技术指标：

✧ 工作方式	吸附式
✧ 干燥剂再生方式	无热、常压
✧ 控制电压	DC 74 V
✧ 工作压力	517～1 034 kPa
✧ 环境温度	－40～71 ℃
✧ 正常进口空气温度	38 ℃
✧ 工作电流	
当加热器关闭时	0.5 AC & DC 74 V
当加热器开启时	10 AC & DC 74 V

空气过滤干燥器工作条件：空压机运转；总风缸压力大于 723.9 kPa。

空气过滤干燥器工作形式：一个干燥塔起作用，而另一个干燥塔再生（抑制收集杂质并排出干燥剂中凝结的水分）。

空气过滤干燥器转换周期：大约 1 min。

GW994－501M 型空气干燥器湿度指示器：蓝色代表干燥空气；黄色和白色代表湿的或脏的空气；浅紫色代表湿度水平在蓝色和黄/白之间。

② HX_N5 型机车采用的 GW994 型空气干燥器。

GW994 型空气干燥器采用模块化设计，如图 5－1－9 所示，由一个聚结式滤清器、一个遥控液体排放和自动调节排污阀、一个进口分流/排气阀、一个出口往复/排污单向阀、一个控制箱和一对干燥塔等组成。

图 5－1－9　HX_N5 型机车 GW994 型空气干燥器

空气干燥器还带有一个湿度指示器以了解空气干燥器的运行状况。蓝色表示干燥器工作正常。其他颜色，如淡紫色、白色、黄色或棕色，表示干燥器需要进一步检查。

性能参数：

✧ 工作压力　517～1 034 kPa（正常情况）
✧ 工作电压　DC 45～85 V
✧ 环境温度　－40～71 ℃
✧ 进口空气温度　37 ℃（正常）
✧ 牵引电流（关闭加热器时直流电 74 V）　0.5 A
✧ 牵引电流（打开加热器时直流电 74 V）　10 A
✧ 空气干燥器重量　70 kg

③ 空气干燥器工作原理。

当压缩空气经过干燥床时，水蒸气被干燥床吸收。在一个干燥周期内，进口分流阀控制空气进入两个相对的干燥室。已经吸附水汽的干燥剂可以再生，吸附的水汽被排出干燥器。压缩空气在经过分流器和出口往复阀时是和再生室隔开的。打开连接到再生室的排气阀，降低室内压力。基于出口空气流动和压力，自动调节净化阀会精确测量一定量的出口干燥空气用于再生。净化空气先通过净化阀，再通过两个位置相反的干燥室。干燥的净化空气通过干燥床带走吸附的水汽，通过开着的排污阀进入大气。

在再生循环的末尾，先接通进口分流阀（此时排污阀关闭），从自动调节净化阀出来的空气渐渐地给再生室增压。这种缓慢增压限制了干燥床的过度位移，延长了干燥床的寿命。干燥器开关由一块电路板和两个常闭电磁阀组成。

通过最初两个阶段后，过滤器已经除去了大部分的油、水和杂质。通过干燥室的压缩空

气现在只含有水蒸气。水蒸气在压缩空气通过干燥后被除去。“湿”空气通过进口分流阀直接进入 2 个干燥剂室。空气向上经过第 1 干燥室，向下经过第 2 干燥室。干燥剂装在一个布袋中，在需要时方便更换。干燥剂被紧紧地固定在一个气动活塞上，活塞装在每个干燥室顶部的一个可移动的圆盘上。从第 2 干燥室出来的干燥空气经过出口往复阀后向机车和客车空气系统提供干燥无油和洁净的压缩空气。

干燥器完整循环过程，参见表 5-1-4。

表 5-1-4　干燥器完整循环过程

阶段 1：A 塔再增压—B 塔干燥	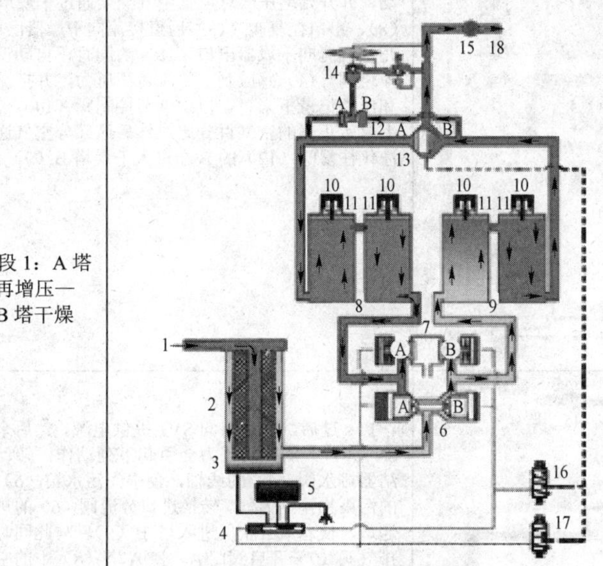	随着电源接通，SV1（17）和 SV2（16）将得电 17 s。这段时间只引导动作阀而没有产生空气控制信号。过滤器排污阀（4）的位置能使过滤槽（5）收集过滤器污染物，也能向大气排污。进口分流阀（6）的位置使主风缸的风进入干燥塔 B（9）。此时 A 和 B 两个排气阀（7）都处于关闭位置。当 A 排气阀关闭时，再生空气就在给 A 塔（8）增压。当主风缸空气进入干燥塔 B（9）时，一部分空气被吸进并通过增压器和单向阀（11）推动增压活塞（10）与干燥床接触。空气离开 B 塔（9）进入位于 A 塔上的出口往复阀（13）。这时空气流向干燥器出口（18）并提供一个压力信号给位于 B 塔上的净化往复阀（12）。当空气经过出口（18）时，自动调节净化阀（14）感应空气流量和压力。通过计算空气流量和压力，自动调节净化阀（14）计算出合适的通过 A 塔上的净化往复阀（12）和回流进干燥塔 A（8）的空气百分比
阶段 2：A 塔干燥—B 塔再生	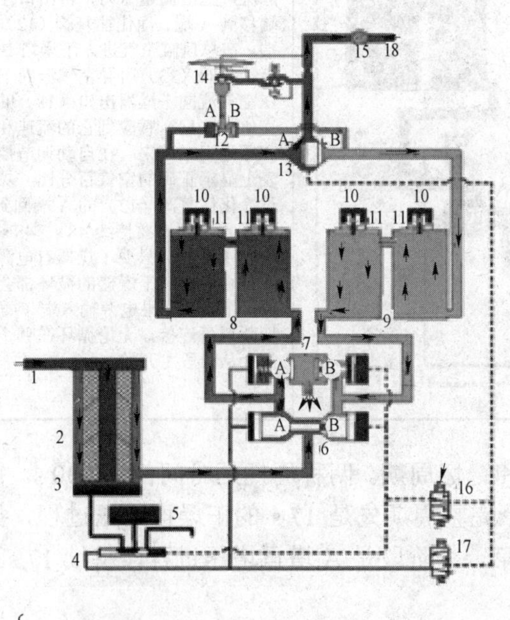	17 s 后，PCB 将会向 SV2（16）提供电源。然后来自 SV2 的控制压力会引起下列动作：转动凝结器排水阀（4）的线轴，使凝结器污水箱（3）中的污染物排到中间污水箱（5）内；转换进口分流阀（6）的进气通道，使总风缸空气进入塔 A（8）。与此同时，排气阀（7）开启阀门 B，使 B 塔（9）中的空气快速排出，从而使来自 B 塔（9）干燥剂中的稳定流动的再生空气也相继排出。B 塔（9）干燥剂除湿产生的微量压力使得出口往复阀（13）从 A 端移到 B 端。净化往复阀（12）也从 B 端移到 A 端。在总风缸空气进入干燥塔 A（8）的同时，一部分空气通过增压器管口和单向阀（11），推动增压器活塞（10）至干燥器底部。空气离开塔 A（8）后通过出口往复阀（13）直接流向干燥器出口（18）。在空气流向干燥器出口（18）的同时，自动调节净化阀（14）感应到它的流速和压力，并把流速和压力记录下来。在自动调节控制阀（14）仪表上显示正确的空气百分比。然后这部分空气通过净化往复阀（12）的 B 端进入干燥塔 B（9）

续表

阶段 3：A 塔干燥—B 塔增压	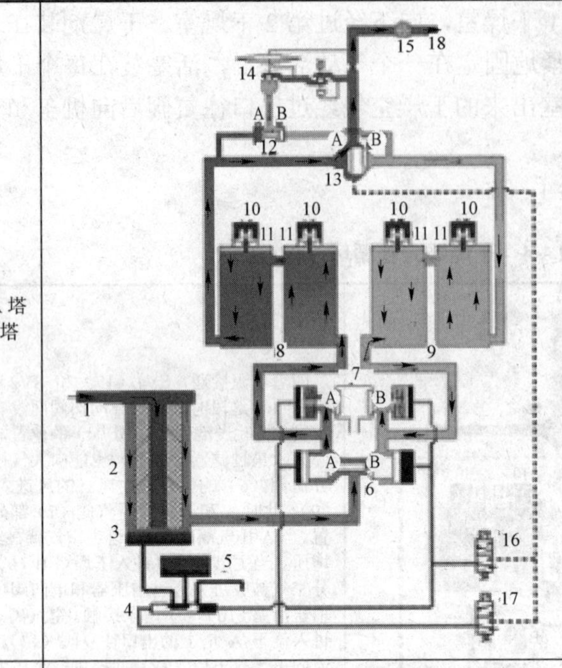	48 s 后，PCB 将会卸载 SV2（16）的动力，切断控制空气的信号引起以下动作：排水阀（7）关闭，使得干燥塔 B（9）中的再生空气停止再生活动，并开始增压。总风缸空气继续通过干燥塔 A（8）、出口往复阀（13）后直接流向干燥器出口。在空气流向干燥器出口（18）的同时，自动调节净化阀（14）感应到它的流速和压力，并把流速和压力记录下来。在自动调节控制阀（14）仪表上显示正确的空气百分比。然后这部分空气通过净化往复阀（12）的 B 端进入干燥塔 B（9）
阶段 4：A 塔再生—B 塔干燥	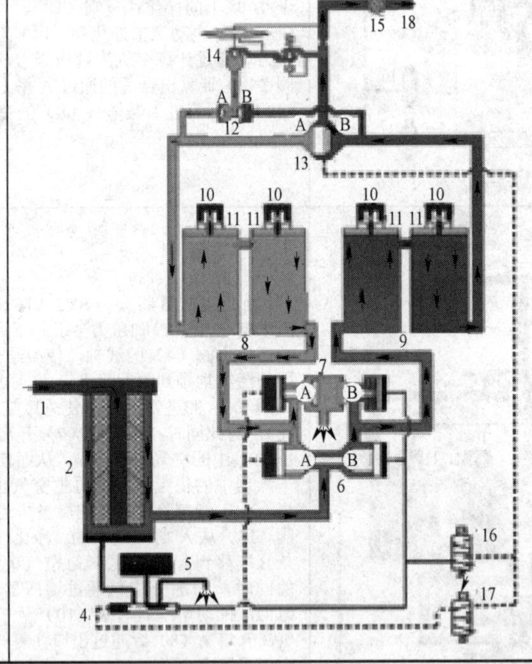	17 s 过后，PCB 将向 SV1 提供电源。然后来自 SV1（17）的控制压力会引起下列动作：转动凝结器排水阀（4）的线轴，使中间污水箱（5）中的污染物排到大气。转换进口分流阀（6）的进气通道，使总风缸空气进入塔 B（9）。与此同时，排气阀（7）开启阀门 A，使 A 塔（8）中的空气快速排出，从而使来自 A 塔（8）干燥剂中的稳定流动的再生空气也相继排出。A 塔（8）干燥剂除湿产生的微量压力使得出口往复阀（13）从 B 端移到 A 端。净化往复阀（12）也从 A 端移到 B 端。在总风缸空气进入干燥塔 B（9）的同时，出口往复阀（13）引导空气流向干燥器出口（18）。在空气流向干燥器出口（18）的同时，自动调节净化阀（14）感应到它的流速和压力，并把流速和压力记录下来。在自动调节控制阀（14）的仪表上显示正确的空气百分比。然后这部分空气通过净化往复阀（12）的 A 端回到干燥塔 A（8）。阶段 4 每周期要持续 48 s。48 s 过后，循环又从阶段 1 开始。只要干燥器有电源提供，无论空压机是否运转，干燥器的循环都会以这种方式继续进行下去。如果电源输入端（插脚 A+或 C−）被切断后再连接，无论循环在哪个阶段被终止，它都会从阶段 1 开始

干燥器有两种周期：非记忆周期和记忆周期。两种周期的时间都为 130 s。每个完整的周期有 4 个阶段，参见表 5−1−5。半个完整周期先是 17 s 的干燥再增压过程，接下来是 48 s 的干燥和再生过程。整个完整循环的第一个阶段是 A 塔再增压过程，持续 17 s。这个过程在循环时间开始通电的时候就已经完成。

表 5-1-5　干燥器完整循环周期及其时间表

循环阶段	1	2	3	4
A 塔	再增压	干燥	干燥	再生
B 塔	干燥	再生	再增压	干燥
阶段时间	17 s	48 s	17 s	48 s

当在非记忆模式下运行时，只要电源输入端在插脚 A 和 C 上，无论空压机是否运行，GW994 型干燥器都会连续运行。

当在记忆模式下运行时，只要电源输入端在插脚 A、C 和 B 上，994-500 系列干燥器就会连续运行。插脚 B 用来给干燥器显示空压机的情况。当空压机打风时，插脚 B 应该有一个 DC +74 V 信号。当空压机停止打风时，插脚 B 电压为 0。在空压机停止打风且插脚 B 的电压降为 0 时，该干燥器将会记忆哪个干燥塔处于干燥模式和干燥循环处于哪个阶段。当空压机再次打风时，插脚 B 重新得电，干燥器将会从被切断的阶段重新开始循环。理解插脚 A 和 C 完全去除输入电压将与记忆模式运行不同这一点很重要。

当提供电源后，干燥器总是从第一阶段开始运行。把通过提供和去除插脚 A 和 C 的输入电源，来控制干燥器的开启和关闭作为减少净化空气消耗的手段是不可取的。给干燥器输入电源时（插脚 A 和 C），不应该不考虑空压机运转情况或节流槽位置而独立运行。用这种方式控制干燥器，可能会导致干燥剂饱和或失效。

（2）空气滤清器。

空气滤清器主要由安装座、滤芯、底盖、座圈、适配器及排放阀组件等组成，如图 5-1-10 所示。其主要作用是去除压缩空气中的油雾、尘埃及水分。

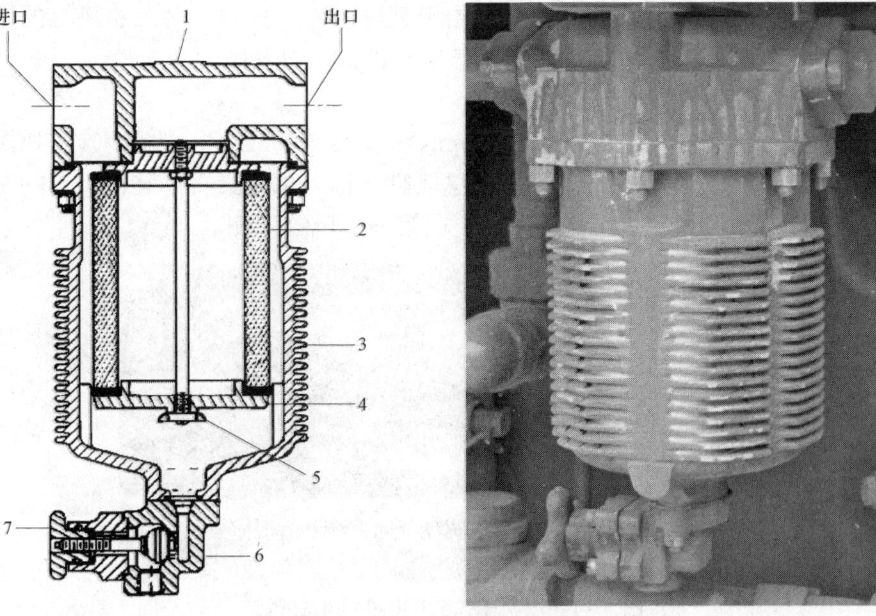

图 5-1-10　空气滤清器

1—安装座；2—滤芯；3—底盖；4—座圈；5—碟形螺母；6—适配器；7—排放阀组件

3）熟悉压缩空气储存环节

（1）HX_N3 型内燃机车总风缸。

HX_N3 型内燃机车总风缸位于车体燃油箱外部两侧，如图 5－1－11 所示。起动总风缸（第三总风缸）位于车体燃油箱外部与后台转向架间燃油箱侧。

图 5－1－11　HX_N3 型内燃机车总风缸

总风缸的缸体上均匀分布有深 2.39 mm、直径 5 mm 的盲孔，当总风缸锈蚀到一定程度时，就会从这些小孔漏气，表明总风缸已经不能再使用了。如果没有这些小孔的话，每 5 年就要将总风缸从车上拆下进行水压试验。

第一总风缸为辅助总风缸，其容积至少为 600 L。第一总风缸在系统中还起着首先把压力空气中的液态冷凝物冷凝并通过直接安装在总风缸上的自动气动排水阀排出风缸之外的作用。

第二总风缸是作为制动控制的专用风缸，其容积至少为 600 L，并且由位于风缸进口处的止回阀保护。若由于某种原因第一总风缸的空气压力流失，以此来防止第二总风缸中的压力空气逆流流失。第二总风缸的压力空气通过最后一个空气过滤器到达 CCBⅡ微处理器控制的空气制动系统。第三总风缸是柴油机起动专用风缸，其容积大约为 735 L。

第三总风缸位于车体燃油箱外部，其容积大约为 735 L。第三总风缸在其入口处也设有止回阀，用来防止当第一总风缸的压力空气由于某种原因流失时，第三总风缸的压力空气流回第一总风缸并流失。第三总风缸为两个空气驱动的起机马达提供压力空气。

（2）HX_N5 型内燃机车总风缸。

HX_N5 型内燃机车有两个直径为 406.50 mm、长度为 3 952.5 mm 的总风缸，如图 5－1－12 所示。两个总风缸总容积为 965.58 L。第一总风缸（称为总风缸 1）装在机车的左侧上方，靠近管路端。第二总风缸（称为总风缸 2）装在第一总风缸下侧。

图 5－1－12　HX_N5 型内燃机车总风缸

总风缸外表面上有预先钻好的深度为 1.60 mm 的故障警示孔，每个总风缸共有 70 个这样的故障警示孔。压缩空气冷却时湿气会冷凝在风缸内，如果总风缸锈蚀或有破裂的趋势，警示孔首先发生泄漏，防止风缸爆裂。机车总风缸安装时均稍微向自动排水阀一端倾斜，以使水汽集聚在风缸的自动排水阀端。每个风缸倾斜的角安装有一个自动排水阀，用于排出水汽。自动排水阀有加热、消声和过滤装置。

（3）总风缸排水阀。

每个总风缸都安装有一个排水阀，如图 5－1－13 所示。

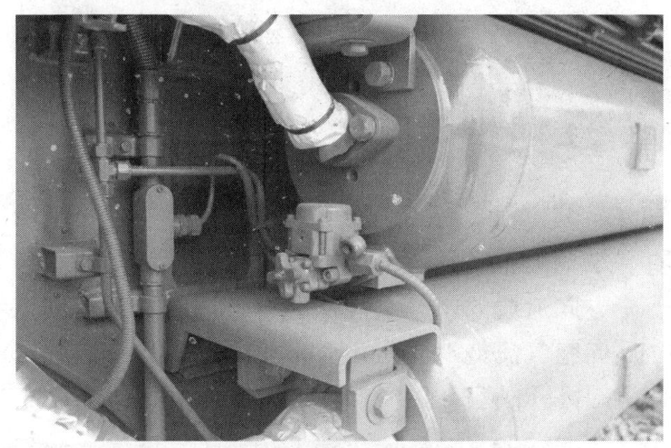

图 5－1－13　总风缸排水阀（典型）

① 手动排水阀。

用于在总风缸的底部排出冷凝物，逆时针旋转阀的手柄打开。当冷凝物从总风缸中排出后，顺时针旋转手柄直至阀关闭。

② 自动排水阀。

总风缸自动排水阀是空气操作的，也可以手动操作。在阀的表面安装有说明板，描述了如何手动打开阀，以及如何设置阀用于自动操作。

③ 自动排水阀的电子计时器（HX_N3 型内燃机车）。

在计算机 DIO 模块信号的控制下，电子吹扫计时器（EBT）控制自动排水阀每次吹扫的时间间隔。计时器由一个带金属片的温度开关、一个加热器和一个继电器组成。继电器连接到导引电磁阀的线圈上操作排水阀。当电池开关和自动排水计时电路都闭合时，继电器线圈得电。温度开关上的加热器也得电，并加热金属圆盘。当金属圆盘达到一个预先设定的温度（由 DIO 设定）的时候，开关断开，关闭加热器并关闭到电磁阀的电路。这引起了排水阀一个短暂的排水。当温度开关上的金属圆盘变凉的时候，它就闭合了到温度开关的连接，开始加热，然后给继电器得电。这样轮流给电磁阀失电。排水阀再次动作，产生了一个长时间的吹扫。

（4）单向止回阀。

① HX_N3 型内燃机车。

在总风缸管路中安装有 4 个止回阀，如图 5－1－14 所示，以控制空气流向和确保正常的充风。

在总风重联管到第一总风缸之间装有一个带有缩孔的止回阀，控制第一总风缸到机车总风重联管的空气流向。第二个止回阀控制总风重联管到第一总风缸空气的流向。第三个止回阀安装在第二总风缸的入口处。第四个止回阀安装在第三总风缸的管路中，用于空气起动系统。

图 5－1－14　HX_N3 型内燃机车止回阀

② HX_N5 型内燃机车。

在风源系统中装有三个单向止回阀，如图 5－1－15 所示。单向止回阀又称单向阀或逆止阀，是只允许空气朝一个方向流通的阀。空气从进气端进入，使滑阀克服弹簧力从而压缩弹簧，再从出口端出来，反向空气流被滑阀阻止。不论止回阀的安装位置如何，弹簧均可保证滑阀顶住入口端。要使滑阀离开阀座，进气口处的空气压力大约需要 5.2 kPa。

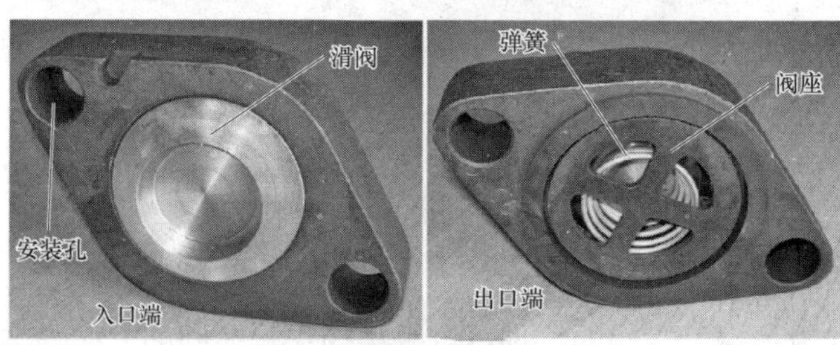

图 5－1－15　单向止回阀

第一个安装在第一总风缸出风口至机车总风均衡管的管路上；第二个安装在空气干燥器出风口至机车总风均衡管的管路上；第三个安装在第二总风缸的进风口处。三个止回阀的作用分别如下。

（a）第一个止回阀。

如果本机的空气压缩机不起作用，则列车编组中的其他机车的总风均衡管内的压缩空气可以流经该止回阀进入本机的空气系统。

（b）第二个止回阀。

通过该止回阀，本机的压缩空气向机车总风均衡管充风。止回阀安装于空气干燥器之后，可以保证压缩空气经机车总风均衡管供给其他机车之前经过干燥。

（c）第三个止回阀。

压缩空气通过该止回阀导入第二总风缸，可阻止压缩空气返回第一总风缸。因此，第一总风缸因故障排气后，第二总风缸仍可保持空气压力，为制动系统提供压缩空气。

4）熟悉压缩空气压力控制环节

总风缸压缩空气的工作压力自动控制：通过压力开关（组）或压力控制器根据总风缸压力自动控制压缩机的起动/停止。

总风缸压缩空气的工作压力自动控制：通过压缩机“强泵风”开关，强迫压缩机起动生产压缩空气，提升总风缸压力。

（1）HX_N3 型内燃机车压力传感器。

压力空气系统的压力由一个压力传感器调节，如图 5－1－16 所示。它监视第一总风缸出口到干燥器之前的压力。根据风缸压力提供给EM2000 压力反馈信号。DC 0～15 V 的输入信号（MRPS）被发送给 ADA 模块。EM2000 利用这个信号，通过发送给每台空压机辅助电源逆变器的控制指令，来决定空压机的投入和切除。压力范围：750～900 kPa。

另外一个压力传感器监视第三总风缸的空气压力，并给 EM2000 提供反馈信号。

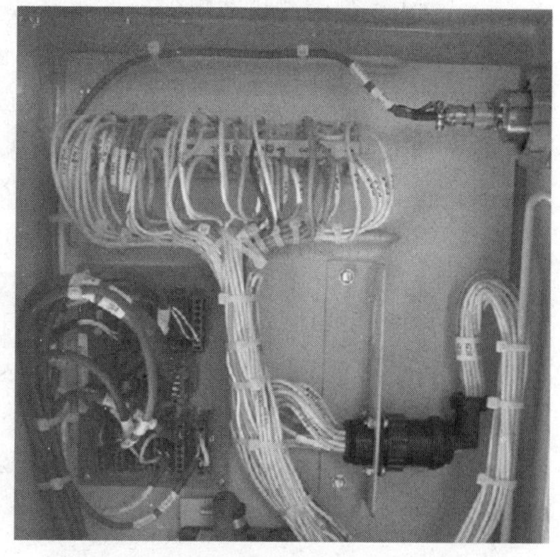

图 5－1－16　HX_N3 型内燃机车压力传感器

（2）HX_N5 型内燃机车压力传感器。

主风缸压力传感器 MR1 和 MRR（主风缸冗余传感器），如图 5－1－17 所示。用于测量第一主风缸出口处的空气压力，机车控制系统利用该压力信息来开启或关闭空气压缩机电动机，同时准备对压气机加载或卸载时进行控制。最终结果是调节系统内的空气压力。该压力信号也会出现在灵敏的显示屏上供操纵者利用。

MR1 和 MRR 位于散热器间里的 CA9 内墙上。从机车 A 端空气压缩机后面可以接近该仪表板。

5）熟悉风源管路系统保护环节

通过在风源管路系统关键位置设置高压安全阀（如压缩机出口处、总风缸入口处等），把风源系统因压缩机压力控制失效，压缩机运转造成的超高压力［大于（950±20）kPa］及时排除，保护风源系统的安全。

（1）HX_N3 型内燃机车风源管路系统安全阀。

在第一总风缸之后紧接着是一个过压安全释放阀，如图 5－1－18 所示。

图 5－1－17　HX_N5 型内燃机车压力传感器

图 5－1－18　HX_N3 型内燃机车风源管路系统安全阀

（2）HX$_N$5 型内燃机车风源管路系统安全阀。

HX$_N$5 型内燃机车风源管路系统采用 J1 安全阀，如图 5－1－19 所示。J1 安全阀安装在总风缸 1 和空气干燥器之间的管路上，是防止总风缸空气压力超压的安全装置。此安全阀监视总风缸压力，如果总风缸空气压力超过 1 034 kPa，安全阀将会开启，使空气压力降至规定压力以下。HX$_N$5 型机车 J1 安全阀的下方管路上还安装有一截止阀，当 J1 安全阀故障，不能及时排出过高的压力空气时，可以打开此截止阀排出压力空气。

图 5－1－19　HX$_N$5 型内燃机车风源管路系统 J1 安全阀

6）熟悉总风重联环节

为满足机车重联运行的要求，机车增加了总风重联环节，重联示意如图 5－1－20 所示。

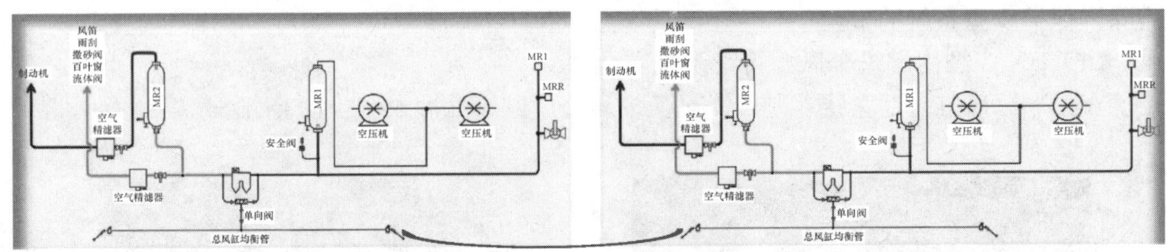

图 5－1－20　机车风源系统重联示意图（典型）

思考与讨论

对比分析 HX$_N$3 型内燃机车与 HX$_N$5 型内燃机车风源系统的异同点。

任务 5.2　熟悉 CCB Ⅱ型机车制动机

CCB Ⅱ是 NYAB（New York Air Brake）公司在 1998 年推出的第二代基于网络的、为满足干线货运和客运机车需要而设计的电子空气制动系统。CCB Ⅱ电空制动系统是一个基于微处理器的电空制动控制系统，除了紧急制动作用，其他所有逻辑都是由微机控制的。CCB Ⅱ

制动系统的设计整合了 Echelon 公司的 LonWorks 网络技术，使每个线性可替换单元（LRU）之间互相连接。这些 LRU 互相之间持续保持着通信状态，实时地对制动系统的功能进行控制。本务/重联功能以及给气阀的压力设定等都是通过机车司机室显示模块（LCDM）完成的，并通过控制台上的功能键来选取。带有机车司机室显示模块（LCDM）的 CCB Ⅱ制动系统也可以执行一些诊断功能，比如自检、校准以及故障和事件记录。

CCB Ⅱ型机车制动机特点主要如下。

（1）CCB Ⅱ制动系统有和电气操作完全一样的空气备份功能。

当电气系统发生全部或部分故障时，空气备份系统将会确保制动作用仍然有效。根据故障的严重程度，在主要电气控制部分集成有部分“跛行回家”能力。系统的操作可以继续执行，或者在最坏的情况下，被限制为补机操作。忽略这个限制，机车能够继续在有电的状态下（尽管是补机）进行维修。

（2）系统中集成有一个故障诊断和故障记录功能。

用于提醒乘务员制动系统的异常，在维修时也可以帮助维修人员。严重的故障信息将会显示在制动显示屏或机车显示屏上。虽然诊断程序是非常详细的，但程序只限定在故障信息水平上，或者是组件自身，如一套简单的 LED 指示灯。维修人员仍然需要更高的系统知识以实施有效的系统故障排除。

（3）微机控制实现了将空气制动系统与机车的控制系统集成（不是联锁）。

如司机室信号指示和远程故障监测。数据传输更加有效，并且减少了复杂性和需要的部件数量。

（4）CCB Ⅱ制动系统的操作采用两个手柄的控制方式（一个用于自动控制功能，一个用于单独控制功能），以电信号（模拟量+数字量）传递作用指令。

控制是以电的方式独立完成，减少了空气管路并精简了集成电空组件，有利于人体工学的应用，同时兼顾使用传统系统的习惯。通过编程模拟传统的制动系统的工作原理，确保了新的机车与老的机车有相似的制动方式，易于操作者熟悉和使用。

HX_N3 型内燃机车采用的是 CCB Ⅱ型微机网络控制的机车制动机，其网络控制关系示意如图 5－2－1 所示。

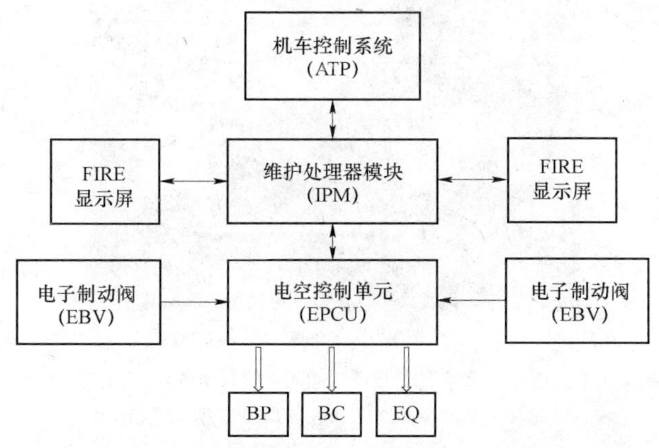

图 5－2－1　HX_N3 型内燃机车 CCB Ⅱ型微机网络控制关系示意图

HX_N5 型内燃机车采用的是 CCB Ⅱ型微机网络控制的机车制动机，其网络控制关系示意如图 5-2-2 所示，可分为控制分系统和气动分系统。控制分系统的主要任务是使用风源系统提供的压缩空气，按照列车司机或列车操作系统的指令，实施机车和车辆的制动。控制分系统实现空气制动系统与机车其他系统的电气连接，通过协议转换器发送并接收“令牌数据通信网”（ARCNet）上的指令。通过协议转换器，司机可用计算机屏幕设置控制分系统，在机车不能正常运行时，机车其他部件可通过该串口请求强迫制动。控制分系统也将状态信息包括压力值及当前配置发送给机车计算机。风动分系统包括各风动控制元件，这些风动控制元件使控制分系统可通过控制列车管和制动缸平均管的压力，从而控制制动缸的压力。列车管和制动缸平均管贯通所有重联机车，实现所有重联机车制动控制。列车管贯通整列车，通过控制列车管的压力，制动系统可对整列车实施制动和缓解。

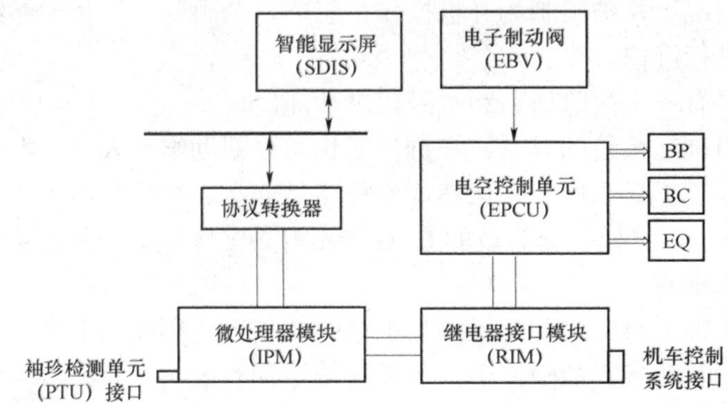

图 5-2-2　HX_N5 型内燃机车 CCBⅡ型微机网络控制关系示意图

1. CCBⅡ型机车制动机主要控制部件

1）电子制动阀（EBV）

电子制动阀（EBV）是 CCBⅡ制动系统的人机接口（MMI），如图 5-2-3 所示。采用水平安装结构，控制列车及机车的制动作用。自动制动阀手柄（大闸）和单独制动阀手柄（小闸）采用推拉式操作方式，都是向前推产生制动，并具有自动保压性能。

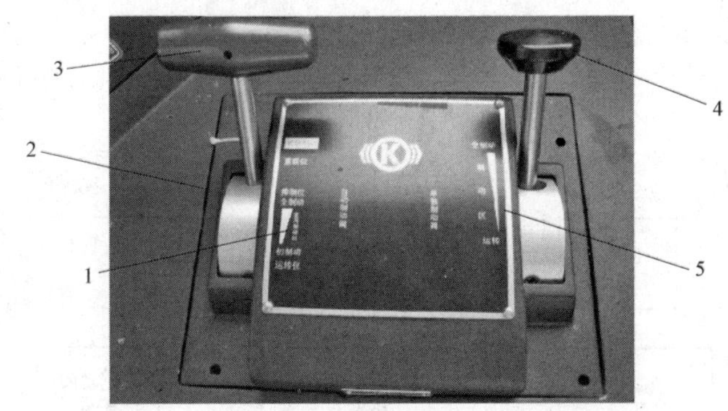

图 5-2-3　电子制动阀（EBV）

1—自动制动阀手柄位置指示牌；2—自动制动阀手柄锁闭装置；3—自动制动阀手柄；4—单独制动阀手柄；5—单独制动阀手柄位置指示牌

（1）自动制动阀手柄位置有：

① 运转位——当向列车充风或缓解自动制动时，自动制动阀手柄应置于运转位。客运模

式时，均衡风缸充风至 600 kPa。货运模式时，均衡风缸将充风至 500 kPa。

② 初制动位（最小减压位）——当实施常用制动时，将自动制动阀手柄移向初制动位。这个位置可提供 41～55 kPa 的减压量（在司机显示屏上显示制动缸压力读数 70～110 kPa，表明其已具有的压力），如果需要增大减压量，应逐渐将手柄移至常用制动区。

③ 全制动位——最小制动到最大常用制动之间的移动范围即常用制动区，常用制动区的最前端即为全制动位。当自动制动阀手柄位于常用制动区时，列车管得到与手柄位置相应的减压指令。手柄推至全制动位，即可实施常用全制动。

④ 抑制位——当手柄在抑制位或者超过抑制位时，可实施惩罚制动的复位，但该位不能改变列车管的压力，其减压量与常用全制动位相同。

⑤ 重联位——当制动系统设置为重联模式或机车“无火”回送时，自动制动阀手柄位于该位置。

⑥ 紧急制动位——在该位置，电子制动阀机械打开一根连接至 EPCU 中 21 号管线，使列车管快速排风，实施紧急制动。在操作显示屏上的空气制动报警对话框里会显示黄色的文字“司机紧急制动”或“紧急情况紧急制动”，司机可以通过将自动制动阀手柄移至运转位恢复。

在初制动位与全制动位之间是常用制动区，手柄向前移动，朝向机车前方通过制动区，空气制动力（制动管减压）增大。

自动制动阀手柄可以锁在重联位，禁止手柄所有功能。未被激活电子制动阀的自动制动阀手柄，需用销子将其锁定在重联位上，以免误动作触发紧急制动，单独制动阀手柄应放置在运转位。

自动制动阀手柄在不同位置时的均衡风缸压力值，参见表 5－2－1。

表 5－2－1　自动制动阀手柄在不同位置时的均衡风缸压力值

手柄位置	货运模式均衡风缸压力/kPa	客运模式均衡风缸压力/kPa
运转位	500±5	600±5
初制动位（注 1）	440～460	540～560
常用制动区（注 2）	450～355	550～430
全制动位	338～351	407～420
抑制位	338～351	407～420
重联位	0	0
紧急制动位	0	0

注 1：从任意设定压力减压（50±10）kPa；

注 2：最大减压位时列车管压力为均衡风缸压力±10 kPa。

自动制动阀手柄在不同位置时制动缸压力值，参见表 5－2－2。

表 5－2－2　自动制动阀手柄在不同位置时的制动缸压力值

手柄位置	货运模式制动缸压力/kPa	客运模式制动缸压力/kPa
运转位	0	0
最小减压位（注 1）	70～110	70～110

续表

手柄位置	货运模式制动缸压力/kPa	客运模式制动缸压力/kPa
常用制动区	70～375	70～440
最大减压位	360±15	428±15
重联位（注2）	360±15 或 435～465	428±15 或 435～465
紧急制动位	435～465	435～465

注1：根据最小列车管减压量，制动缸压力为70～100 kPa；

注2：列车管压力大于200 kPa，制动缸产生较小的压力。列车管压力小于200 kPa，制动缸压力增加到紧急制动时的压力。

（2）单独制动阀手柄位置有：

① 运转位——缓解机车单独制动。

② 全制动位——提供单独制动全制动。

在运转位与全制动位之间是制动区，手柄向前移动，朝向机车前方通过制动区，空气制动力增大。

当自动制动阀手柄实施列车制动时，侧压单独制动阀手柄至单独缓解位可使机车制动缓解，但列车车辆制动仍然保持。在制动区侧压单独制动阀手柄至单独缓解位，可实现“常用制动快速缓解”功能，可快速缓解常用制动，即由自动制动阀手柄（列车管减压）引起的制动缸压力缓解，而由单独制动阀手柄引起的制动缸压力将保持。除非紧急制动，常用制动快速缓解功能不可重新施加，即释放弹簧回复手柄，已缓解的制动缸压力不可恢复。

单独制动阀手柄在不同位置时的制动缸压力值，参见表5-2-3。

表5-2-3　单独制动阀手柄在不同位置时的制动缸压力值

手柄位置	制动缸压力/kPa
运转位	0
制动区	0～300
全制动位	300±15

机车设置不同的运行模式下，大小闸作用功能，参见表5-2-4。

表5-2-4　机车本务、单机、补机及无火状态下大小闸作用功能

机车设置＼大小闸	大闸	小闸	备注
本务投入	√	√	
本务切除（单机）	×	√	
重联（补机）	×	×	平均管限压450 kPa

2）智能显示屏制动信息相关显示界面

智能显示器作为机车计算机的一部分，是司机设置制动模式的接口，同时也为司机提供各制动压力反馈。智能显示器以“kPa”为单位显示总风缸、均衡风缸、列车管及制动缸的压力，以“L/min”为单位显示列车管流量，同时根据需要向司机显示制动系统提示和信息。

HX_N3 型内燃机车 FIRE 显示屏，如图 5－2－4 所示。

HX_N5 型内燃机车 SDIS 显示屏，如图 5－2－5 所示。

图 5－2－4　HX_N3 型内燃机车 FIRE 显示屏

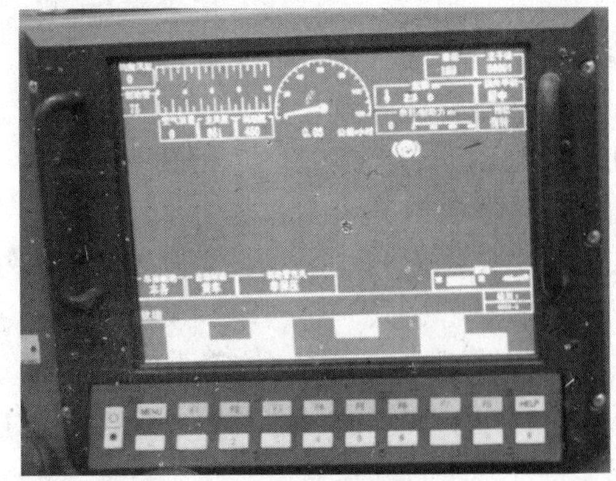

图 5－2－5　HX_N5 型内燃机车 SDIS 显示屏

（1）控制模式设置。

通过智能显示器可以实现对制动系统控制模式的设置。

① 阶段缓解、一次缓解控制。

有两种本务模式可供选择：客运（阶段缓解）模式和货运（一次缓解）模式。客运模式允许均衡风缸可以阶段充风，均衡风缸的压力由自动制动阀手柄的位置控制。货运模式则只有自动制动阀手柄在运转位时才可对均衡风缸充风。

② 均衡风缸压力设置。

在智能显示器上均衡风缸压力设置点分菜单可设置均衡风缸缓解压力，从 413～758 kPa 以 10 kPa 增量调整。

③ 列车管保压特性设置。

列车管补风/非补风特性给司机在实施常用制动列车管减压后，提供补偿或不补偿列车管泄漏的选择。当列车管补风/非补风设为补风时，列车管压力将保持在均衡风缸目标常用减压量上，列车管泄漏由总风管通过 EPCU 平板上的列车管控制部分（BPCP）内的列车管继电器进行充风补偿。这可为机车在长坡道上提供持续制动，以获得稳定速度。

如果制动系统设置为非补风，在常用制动保压时列车管切除阀闭合，隔离总风管对列车管的充风补偿。

（2）运行模式选择。

运行模式选择通过机车处理控制器（LPC）设置，其终端设置接口为智能显示器（LCDM）。有三种模式：本务切除、本务切入和重联。设置点通过 LPC 选择后，由均衡风缸响应自动制动阀手柄命令及强迫制动命令。

① 本务切除模式。

在该模式下，自动制动功能被抑制。设为本务切除模式的机车不能控制列车制动，均衡风缸压力受控于自动制动阀手柄的位置，此时列车管压力与均衡风缸压力是隔离的。但单独制动功能仍然有效。在“标准列车管泄漏试验”中测试列车管泄漏时，系统模式可设为本务切除模式。

② 本务投入模式。

当选择该模式时，均衡风缸压力必须等于或大于列车管压力。如果均衡风缸压力低于列车管压力，则均衡风缸压力在投入指令前自动充风至列车管压力，这可防止投入指令时引起列车自然紧急制动，一旦切入指令起作用，均衡风缸压力变为设定值。在该模式下，将单独制动阀手柄置单缓位，可以缓解机车制动缸压力。

在一次缓解模式下，自动制动阀手柄由制动区移至运转位（一次缓解）之前不会使均衡风缸压力升高。在该模式下，充风中断操作与手柄最终位置无关，只要将手柄由运转位移向制动区，均衡风缸充风立即中断。例如，将自动制动阀手柄由运转位移至初制动位，均衡风缸减压将中止在手柄开始回移的位置，不会引起与初制动相关的减压。

在阶段缓解模式时，自动制动阀手柄由制动区移至运转位时，均衡风缸会根据自动制动阀手柄的位置逐渐充风，当自动制动阀手柄位于运转位时，均衡风缸压力升至定压值。

本务机车紧急制动需要复位，将 EBV 自动制动阀手柄移至紧急制动位、拉紧急制动阀、断钩、拉开列车管连接软管都可引起紧急制动。为了复位，自动制动阀手柄必须放置在紧急制动位。只要自动制动阀手柄保持在紧急制动位，在检测到列车管快速减压后 60 s，制动缸压力才能缓解，机车功率切除才能复位。

③ 重联模式。

用 ILC 软件设置重联模式，此时均衡风缸压力降为 0 kPa，在电气上和机械上列车管均已切断，系统不能为制动缸平均管（BCEP）充风、放风。除将自动制动阀手柄置紧急位可引起紧急制动外，EBV 手柄移动不会产生任何相应动作。

重联机车制动缸压力响应本务机车制动缸平均管（BCEP）内的压力，常用制动时，系统按由本务机车传输过来的制动缸平均管（BCEP）压力 1:1 实施制动；紧急制动时，重联机车制动缸压力为 430±15 kPa，该压力不能被来自本务车的“缓解”指令缓解。重联模式时，自动制动阀手柄需置重联位，单独制动阀手柄置运转位。

（3）远端部分。

远端部分只能通过 ILC 实现，只有在机车制动缸压力至少为 172 kPa 时，才可通过 ILC 进入空气制动远端部分，司机选择“空气制动”，而后选择“空气制动功能”按钮，经简短暂停，屏幕显示空气制动远端部分。在远端部分具有以下按钮：“故障概要”“事件志”“流量标定”“测量标定”“控制标定”“自检”。

① 故障概要/事件志。

在远端部分，司机可以检查故障概要，查看制动系统每一操作片断。在远端部分屏幕，司机选择“故障概要”，屏幕显示制动系统组成模块或“在线更换单元”的状态，在每一个“在线更换单元”侧显示绿色“运行”，或红色“故障”。在制动系统中，故障概要监测 LRU。

除了故障概要，司机可选择“事件/故障志”查看制动系统检测到的事件和故障历史。

② 标定。

维护人员可对流量传感器、制动系统传感器和电子制动阀分别标定。比如，标定制动系统传感器，用户选择“测量标定”，输入密码，接受。而后用户可将标定过的空气压力计安装到列车管的试验配件上，回到机车显示屏，选择需标定的传感器，选择“Lo 限值”，压力计降至 0；选择“读数”，Lo 限值括号中显示一数值；而后选择“Hi 限值”，压力计指示自动升到它的高端值；选择“读数”，传感器压力将显示在屏幕上，比较屏幕传感器压力和标定过的压力计值，按“增加计数”和“降低计数”直至显示值与标定的压力计值相同，而后“接受”

并“保存”，传感器标定完成。然后既可标定其他传感器，也可“退出”回到主菜单。

③ 自检。

维护人员可通过“自检”按钮，启动制动系统自检功能。按“自检”，输入密码，操作者会看到选择检测制动系统模块的显示屏。如不选择特定模块，系统默认检测所有模块。按“运行”开始自检，系统对所有已选的模块进行详细功能检测，而后显示信息告诉操作者“自检通过”或“自检失败”。

3）制动控制单元（BCU）

CCBⅡ制动系统的主控微机是一个集中处理器模块 BIPM，如图 5－2－6 所示。BIPM 安装在机车司机室的无线电子设备柜内，作为 CCBⅡ电空制动系统的主处理器与机车进行通信，通过 LON 网络将制动和缓解命令传至电子空气控制单元（EPCU）模块。BIPM 满足机车系统集成（LSI）技术规范的机械要求（LSI 是英文 Locomotive System Integration 的缩写，机车接口工业标准，用于将标准第三方设备连接到控制系统）。BIPM 主要包括处理器、继电器驱动电路及与机车处理控制器模块（ILC）、EBV 模块及电子空气控制单元（EPCU）的接口板。

在 BIPM（集中处理器模块）前板上还有一个便携测试单元插接口，它可用于故障处理数据日志的访问及新软件的下载。

集中处理器模块的作用：

① 通过高位数据连接控制（HDLC）与制动显示屏通信，管理所有与制动显示屏接口的任务。

② 通过 LON 网络与电空控制单元（EPCU）、电子制动阀通信。

③ 在一些系统中，通过 MVB 数据连接与机车车上系统通信。

④ 提供二进制输出，也通过 RIM（继电器接口模块）与机车控制和安全装置进行通信。

前端有 13 个 LED 指示灯，提供系统状态反馈。对于正常制动操作，顶端两个绿色的灯应该是亮的，而红色的制动故障灯应该是不亮的。指示灯具体含义，参见表 5－2－5。

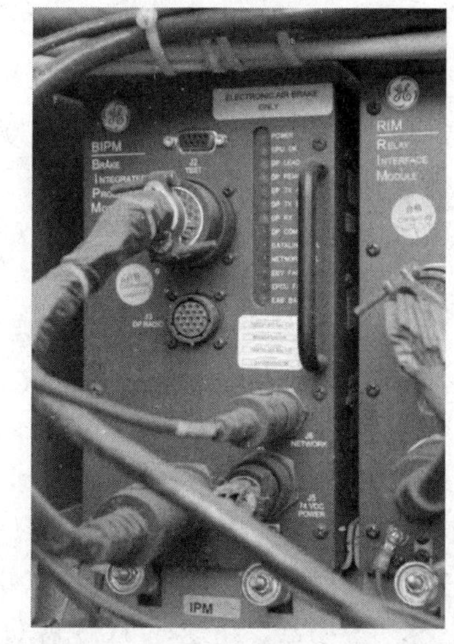

图 5－2－6　集中处理器模块（BIPM）

表 5－2－5　BIPM 指示灯具体含义

LED 指示灯名称	显示颜色	含　义
POWER	绿色	点亮 LED 表示 BIPM 已加电。如果在 BIPM 得电的情况下，指示灯熄灭，则很有可能是电源失效
CPU OK	绿色	点亮 LED 显示 BIPM CPU 的状况良好，该 LED 表示 BIPM 成功通过每 15 min 进行一次的自检
DP LEAD	绿色	点亮 LED 表示该机车处于动力分散主控机车模式
DP REMOTE	绿色	点亮 LED 表示该机车处于动力分散从控机车模式
DP TX A	黄色	点亮 LED 表示该机车电台 A 正在传输 DP 无线信息

续表

LED 指示灯名称	显示颜色	含　义
DP TX B	黄色	点亮 LED 表示该机车电台 B 正在传输 DP 无线信息
DP RX	绿色	点亮 LED 表示该机车正接收 DP 无线信息
DP COMMINT	红色	点亮 LED 表示该机车 DP 无线通信故障
DATALINK FA	红色	点亮 LED 表示该机车 BIPM 无法通过 LON Network 或 RS422 数据线与机车控制系统或 EPCU、LCDM 通信
NETWORK FA	红色	点亮 LED 表示 LOCOTROL EB 或 CCBⅡ系统内部（BIPM，EPCU and EBV）LON Network 通信有问题
EBV FAIL	红色	点亮 LED 表示 CCBⅡ系统 EBV 失效，可能是电子部分故障，或空气部分故障，或两者皆有
EPCU FAIL	红色	点亮 LED 表示 CCBⅡ系统 EPCU 失效，可能是电子部分故障，或空气部分故障，或两者皆有
EAB BACKUP	红色	点亮 LED 表示 CCBⅡ系统已工作于一项后备模式，比如第一主风缸传感器失效，系统工作于第二主风缸传感器

（1）惩罚制动（强迫制动）。

有几个可能的惩罚制动源，惩罚制动可能被抑制，也可能不被抑制。不被抑制的惩罚制动，与手柄位置及制动缸压力无关，要求时即可产生。可抑制的惩罚制动通过将自动制动阀手柄置抑制位，或制动缸压力大于或等于 172 kPa 时阻止。加电、失电和故障惩罚制动使均衡风缸压力以常用速率降至 0。对所有惩罚制动，单缓功能有效。

① 惩罚制动类型。

✧ 加电——这是不被抑制惩罚制动，一旦 EPCU 或 BIPM 加电即产生。

✧ 失电——当本务机车 EPCU 或 BIPM 失电，均衡风缸将以常用速率排风至 0。制动缸压力由 DBTV 和 ELV 中较大输出者控制。这是不被抑制惩罚制动。重联机车 EPCU 失电不会引起惩罚制动。

✧ 空气制动故障——本务机车空气制动故障，均衡风缸将以常用速率排风至 0，这是不被抑制惩罚制动。当机车设为重联机车，空气制动发生故障不会引起惩罚制动。

✧ 警惕器、超速、ITCS 惩罚——在警惕器、超速或 ITCS 引起惩罚制动时，如果自动制动阀手柄置运转位，均衡风缸得到最大常用减压，货运模式下最大减压量为 110 kPa，客运模式下最大减压量为 100 kPa。这是不被抑制惩罚制动。

② 惩罚制动的复位。

在以下所有条件为真时，惩罚制动可被复位：

✧ 惩罚制动源已被撤除；

✧ 手柄置抑制位；

✧ 惩罚计时器终止（惩罚制动复位需 1 s）。注：只有其他条件全满足后，计时器开始计时。

（2）BIPM 故障修正措施。

CCBⅡ制动系统的诊断故障，通过在机车屏幕上显示代码的方式报告给操作者。故障代码由三个阿拉伯数字组成，既可以在事件/故障日志中看到，也可作为空气制动的 Crew 信息的一部分显示。以下介绍了所有的故障代码和这些代码的修正措施。

BIPM 故障代码在 Crew 信息的末尾显示。例如下面的 Crew 信息：

```
AIR BRAKE FAULT
BACKUP MODE ENGAGED  –  REDUCED IND BRK－001
```

表示故障代码为“001”。BIPM 诊断/故障代码”，参见表 5－2－6。

注：产生多个故障时，在所给定的任意时间里只能显示一个故障。使用者可以通过电空制动/维护菜单（EAB/MAINT MENU）屏幕访问“LRU 故障摘要”列表以检查是哪些 LRU 产生了故障。

表 5－2－6　BIPM 诊断/故障代码

故障代码	故障描述	故障检测模块	故障原因	故障修正措施	如故障依旧，则尝试以下措施
001	ERCN（均衡风缸控制节点）故障	BIPM（集中处理器模块）	ERCN（均衡风缸控制节点）停止动作 4 s	可能在停机之前在备份模式下作为本务位机车使用。 保证 LON 电缆正确地安置在 ERCP 内。对 AB（空气制动）断路器进行功率循环	检查 ER 控制节点上的黄灯。如果是稳定的或闪亮的，则重新调用程序或更换 ERCP。如果在功率循环之后红灯仍亮，则更换 ERCP
002	ERCP AW4（均衡风缸控制部分模拟转换器）故障	ERCP（均衡风缸控制部分）	ER（均衡风缸）压力 > 825 kPa 或在 10 s 时间内压力不在 ±35 kPa 范围之内	可能在停机之前在备份模式下作为本务位机车使用。 运行 ER（均衡风缸）自检。如果自检通过，对 AB（空气制动）断路器进行功率循环以清除备份模式。如果没有通过，则更换 ERCP（均衡风缸控制部分）	检查歧管后面的软管和风缸
003	ERT（均衡风缸传感器）故障	ERCP（均衡风缸控制部分）	传感器输出电压> 4.5 V 或<0.5 V	可能在停机之前在备份模式下作为本务位机车使用。 对 AB（空气制动）断路器进行功率循环	更换 ERCP（均衡风缸控制部分）
004	MRT（总风缸传感器）故障	ERCP（均衡风缸控制部分）	传感器输出电压> 4.5 V 或<0.5 V 或者 BIPM 检测到传感器终止传送信号 15 s	可能在停机之前在备份模式下作为本务位机车使用。 对 AB（空气制动）断路器进行功率循环	更换 ERCP（均衡风缸控制部分）
006	MVER（均衡风缸默认电磁阀）失电关闭	ERCP（均衡风缸控制部分）	输出反馈指示失电	可能在停机之前在备份模式下作为本务位机车使用。更换 ERCP	
008	MRT（总风缸传感器）故障 2（MRT－备份）	BPCP（制动管控制部分）	传感器输出电压> 4.5 V 或<0.5 V 或者 BIPM 检测到传感器终止传送信号 15 s	可能在停机之前在备份模式下作为本务位机车使用。 在下次停机时更换 BPCP	
009	FLT（流量传感器）故障	BPCP（制动管控制部分）	传感器输出电压> 4.5 V 或<0.5 V	可能在停机之前在备份模式下作为本务位机车使用。 在下次停机时更换 BPCP	
010	BPT（制动管传感器）故障	BPCP（制动管控制部分）	传感器输出电压> 4.5 V 或<0.5 V 或者 BIPM 检测到传感器终止传送信号 15 s	系统将在备份传感器作用下运行。 如果对 AB（空气制动）断路器进行功率循环后故障依旧，则在下次停机时更换 BPCP	

续表

故障代码	故障描述	故障检测模块	故障原因	故障修正措施	如故障依旧，则尝试以下措施
014	MV53（制动管切断导向电磁阀）失电开启	BPCP（制动管控制部分）	连续性失效	将 ABCB 设为关闭并使用空气备份模式下的重联位模式	
016	BPCN（制动管控制节点）故障（BP Comm Loss）	BPCP（制动管控制部分）	BPCN（制动管控制节点）停止动作 4 s	对 AB（空气制动）断路器进行功率循环	检查 BP 控制节点上的黄灯。如果是稳定的或闪烁的，则重新调用程序或更换 BPCP。如果在功率循环之后红灯仍亮，则更换 BPCP
017	MVEM（紧急制动电磁阀）得电开启	BPCP（制动管控制部分）	输出反馈指示得电	如果系统因紧急制动卡住，将 ABCB 设为关闭并尝试使用空气备份模式下的重联位模式。更换 BPCP	
018	MVEM（紧急制动电磁阀）失电关闭	BPCP（制动管控制部分）	输出反馈指示失电	触发紧急制动的备份方法故障。机车应继续运行直至停机。更换 BPCP	
025	MV13S（13 号管进气电磁阀）得电开启	13CP（13 号管控制部分）	输出反馈指示得电	检查机车是否正处于单独缓解状态。如果处于该状态，则将 ABCB 关闭并在空气备份模式下使用重联位模式。如果未处于该状态，则应使用本务位模式，直到下次停机。更换 13CP	
026	MV13S（13 号管进气电磁阀）失电关闭	13CP（13 号管控制部分）	输出反馈指示失电	可能在停机之前在本务位或重联位模式下使用。紧急制动单独缓解和备份单独缓解失效。更换 13CP	
027	MV13E（13 号管排气电磁阀）得电关闭	13CP（13 号管控制部分）	输出反馈指示得电		
028	MV13E（13 号管排气电磁阀）失电开启	13CP（13 号管控制部分）	输出反馈指示失电		
031	13CN（13 号管控制节点）故障（13 Comm Loss）	BIPM（集中处理器模块）	13CN（13 号管控制节点）停止动作 10 s	可能在停机之前在本务位或重联位模式下使用。紧急制动单独缓解和备份单独缓解失效。更换 13CP	检查 13 号管控制节点上的黄灯。如果是稳定的或闪烁的，则重新调用程序或更换 LRU。如果在动力循环之后红灯仍亮，则更换 13CP
032	MVERBU（均衡风缸备份电磁阀）得电开启	16CP（16 号管控制部分）	输出反馈指示得电	可能在停机之前在备份模式下作为本务位机车使用。如果在功率循环后故障仍然被记录，则更换 16CP	更换 13CP。如果在更换 16CP 和 13CP 之后故障仍被记录，则检查 LON 线缆
033	MVERBU（均衡风缸备份电磁阀）失电关闭	16CP（16 号管控制部分）	输出反馈指示失电	可能在停机之前在备份模式下作为本务位机车使用。如果在功率循环后故障仍然被记录，则更换 16CP	更换 13CP。如果在更换 16CP 和 13CP 之后故障仍被记录，则检查 LON 线缆
036	16CP AW4（16 号管控制部分模拟转换器）故障（AW4－16 Fault）	16CP（16 号管控制部分）	压力＞690 kPa 或者压力超出±35 kPa 范围以外 10 s	可能在停机之前在备份模式下作为本务位机车使用。如果通过，则对 AB 断路器进行功率循环以清除备份模式。如果未通过，则更换 16CP	检查歧管背面的软管和风缸

续表

故障代码	故障描述	故障检测模块	故障原因	故障修正措施	如故障依旧，则尝试以下措施
037	16T（16号管管口传感器）故障	16CP（16号管控制部分）	传感器输出电压>4.5 V或<0.5 V，或BIPM检测到传感器停止传输信号15 s	可能在停机之前在备份模式下作为本务位机车使用。更换16CP	
038	MPV16（16号管控制部分的电磁/导向阀）得电开启	16CP（16号管控制部分）	输出反馈指示得电	可能在停机之前在备份模式下作为本务位机车使用。如果在功率循环后故障仍然被记录，则更换16CP	
039	MPV16（16号管控制部分的电磁/导向阀）失电关闭	16CP（16号管控制部分）	传感器输出电压>4.5 V或<0.5 V，或BIPM检测到传感器停止传输信号15 s	可能在停机之前在备份模式下作为本务位机车使用。 如果在功率循环后故障仍然被记录，则更换16CP	
048	BPT（制动管传感器）故障2（BPT Backup）	16CP（16号管控制部分）	输出反馈指示得电	可能在停机之前在备份模式下作为本务位机车使用。如果在功率循环后故障仍然被记录，则更换16CP	
049	BCT（制动缸传感器）故障	16CP（16号管控制部分）	传感器输出电压>4.5 V或<0.5 V	在操作者主观判断下进行备份模式，没有BC（制动缸）仪表。建议使用本务位模式直至停机。更换16CP	
052	16CN（16号控制节点）故障（16 Comm Loss）	BIPM（集中处理器模块）	16CN停止动作4 s	在操作者主观判断下进行备份模式，没有BC（制动缸）仪表。建议使用本务位模式直至停机。更换16CP。确保LON线缆正确地安置在16CP上。对AB断路器进行功率循环	检查16号管控制节点上的黄灯。如果是稳定的或闪烁的，则重新调用程序或更换16CP。如果在功率循环之后红灯仍亮，则更换16CP
055	20CP AW4（20号管控制部分模拟转换器）故障（AW-4-20 Fault）	20CP（20号管控制部分）	10 s内压力不在±35 kPa范围内	运行20CP自检。如果通过，对AB断路器进行功率循环以清除备份模式。如果未通过，则设置为重联位模式。在停机时更换20CP	检查歧管背面的软管和风缸
056	20T（20号管传感器）故障（20T/Trail Fault）	20CP（20号管控制部分）	传感器输出电压>4.5 V或<0.5 V	可能在停机之前在本务位或重联位模式下使用。BC（制动缸）压力略有减小。更换20CP	
057	MVLT（本务位–重联位电磁阀）得电开启	20CP（20号管控制部分）	输出反馈指示得电	设定为重联位模式。在停机时更换20CP	
058	MVLT（本务位–重联位电磁阀）失电关闭	20CP（20号管控制部分）	输出反馈指示失电	可能在停机之前在本务位或重联位模式下使用。BC（制动缸）压力略有减小。更换20CP	
062	20CN（20号管控制节点）故障	20CP（20号管控制部分）	20CN停止跳动4 s	确保LON线缆正确地安置在20CP上。对AB断路器进行功率循环。如果故障仍然存在，则关闭ABCB并在空气备份模式下使用重联位模式	检查20号管控制节点上的黄灯。如果是稳定的或闪烁的，则重新调用程序或更换20CP。如果在功率循环之后红灯仍亮，则更换20CP
075	MVLT（本务位–重联位电磁阀）失电关闭	EBV（电子制动阀）	电位器输出电压小于最小值	设为重联位模式。更换EBV	
076	单独制动阀手柄开启	EBV（电子制动阀）	电位器输出电压小于最小值	设为重联位模式。更换EBV	检查20号管控制节点上的黄灯。如果是稳定的或闪烁的，则重新调用程序或更换20CP。如果在功率循环之后红灯仍亮，则更换20CP

续表

故障代码	故障描述	故障检测模块	故障原因	故障修正措施	如故障依旧，则尝试以下措施
077	限位开关开启	EBV（电子制动阀）	在自动制动阀或单独制动阀手柄上的EBV限位开关故障	在发生故障的位置反复地将手柄移入并移出	更换EBV
085	EBVCN（电子制动阀控制节点）故障	BIPM（集中处理器模块）	EBVCN 停止跳动6 s	确保LON线缆正确地安置在EBV连接和PSJB上。对AB断路器进行功率循环	检查 EBV 控制节点上的黄灯。如果是稳定的或闪烁的，则重新调用程序或更换EBV。如果在功率循环之后红灯仍亮，则更换EBV
090	BIPMCN（集中处理器模块控制节点）故障（LON Comm Loss）	BIPM（集中处理器模块）	所有 LON 信息丢失1.5 s	在 EPCU（ABCB）和 BIPM（LEB，DP或者MTB断路器）上进行功率循环	检查从BIPM到RIM再到 PSJB 的线缆。如果线缆良好则更换BIPM
098	BPT（制动管传感器）和BPT2（制动管传感器2）故障	BIPM（集中处理器模块）	BPT 和 BPT 备份失败	在 EPCU（ABCB）和 BIPM（LEB，DP或MTB断路器）上进行功率循环。 如果故障仍被记录，将ABCB关闭并在空气备份模式下使用重联位模式	检查控制节点上的黄灯。如果是稳定的或闪烁的，则重新调用程序或更换LRU。检查LON线缆连接。在必要时更换BPCP和16CP
099	20TL（20号管传感器－本务位）故障（20T/Lead Fault）	20CP（20号管控制部分）	传感器输出电压＞4.5 V或＜0.5 V	对AB断路器进行功率循环。如果故障仍然存在，将 ABCB 关闭，设定为重联位模式。在停机时更换20CP	
100	ER备份，结合036，051，或052故障	16CP（16号管控制部分）	ER 备份和另一个036，037或052故障	将 AB 设为重联位模式——参照针对具体故障的步骤进行	
108	司机室不匹配（仅对双司机室机车）	BIPM（集中处理器模块）	BIPM离散司机室占用端信号输入与预期的LCDM通信不匹配	确认A端LCDM显示的车号后缀是A，B端LCDM显示的车号后缀是B	检查司机室从机车到CCB Ⅱ系统司机室钥匙离散信号输入是否正确

图5－2－7　继电器接口模块（RIM）

4）继电器接口模块（RIM）

HX_N5 型内燃机车司机室CCBⅡ制动系统采用继电器接口模块（RIM），如图5－2－7所示。

继电器接口模块（RIM）输入/输出信息包含以下几部分。

① 来自安全装置。

② 电信号监视器。

③ 其他机车专用连接的强迫制动。

④ 紧急制动。

⑤ PCS（动力切除开关）。控制机车电气控制系统中的PCR（动力切除继电器）的得电与失电。

⑥ ALR（报警器）。警告继电器激活列车管报警器。

⑦ ESR（紧急撒砂）。当ESR得电，触发紧急撒砂。

⑧ IBR（单独制动）。制动缸压力在103 kPa时，单独制动继电器得电，产生一个单独制动信号以减少动力制动的扩展范围。

⑨ SPR（监视）。当总风压力高于 414 kPa 时，监视继电器允许机车运行在电池/慢行模式。

5）CCB Ⅱ 型机车制动机电空控制单元（EPCU）

HX_N3 型内燃机车电空控制单元（EPCU）安装于机车机械间。HX_N5 型内燃机车电空控制单元（EPCU）安装于机车右侧司机室下方。

电空控制单元（EPCU），如图 5-2-8 所示。安装有多个 LRU（即线上（现场）可换式单元），每一 LRU 均包含若干气动部件。智能型 LRU 还具有一个节点，该节点包含有与其功能相关的电子器件和软件。

电空控制单元（EPCU）所有电空阀和空气阀集成在八个线路可更换模块 LRU 中。其中五个 LRU 是“智能的”，可以通过软件进行自检并通过 LON 网络与 EBV、IPM 进行通信，分别是均衡风缸控制模块（ERCP）、列车管控制模块（BPCP）、13 控制模块（13CP）、16 控制模块（16CP）、20 控制模块（20CP）；两个纯空气控制阀，分别是制动缸控制模块（BCCP）、DB 三通阀模块（DBTV）；一个电源接线盒（PSJB）。

图 5-2-8　电空控制单元（EPCU）（前面）（典型）

1—过滤器模块（MR、BP、13、20）；2—列车管控制模块（BPCP）；3—均衡风缸控制模块（ERCP）；4—DB 三通阀模块（DBTV）；5—16 控制模块（16CP）；6—电源接线盒（PSJB）；7—13 控制模块（13CP）；8—制动缸控制模块（BCCP）；9—20 控制模块（20CP）

CCB Ⅱ 型机车制动机电空控制单元各组成模块及其作用，参见表 5-2-7。

表 5-2-7　CCB Ⅱ 型机车制动机电空控制单元各组成模块及其作用

序号	名称	图　例	作　用
1	均衡风缸控制模块（ERCP）		通过电子信号准确地控制均衡风缸的压力，且具有自保压功能，向列车管提供控制压力

续表

序号	名称	图例	作用
2	列车管控制模块（BPCP）		根据均衡风缸控制模块（ERCP）提供控制压力，快速地产生与均衡风缸具有相同压力的制动管的压力，从而完成列车管充风、排风或保压；包括响应电磁阀（MV53）、紧急电磁阀（EMV）、紧急电磁阀（MVEM）等的紧急制动作用，快速排出列车管压力
3	13 控制模块（13CP）		实现机车单独缓解。 在 ER 备用情况下，与 16 控制模块（16CP）共同动作来实现均衡风缸的压力控制
4	16 控制模块（16CP）		根据列车管的减压量、平均管压力、单缓指令，来产生制动缸管的控制压力。 在均衡风缸控制模块（ERCP）发生故障时，自动代替其功能。此时由 DB 三通阀模块（DBTV）控制制动缸的控制压力。 在 20 控制模块（20CP）故障情况下，可以根据电子制动阀（EBV）单独制动阀手柄的位置产生制动缸控制压力。这种方式可以在本务机车上产生相应的制动缸压力，但是不能在本务机车上产生相应的平均管压力，并且只能作用于本机
5	20 控制模块（20CP）		根据列车管减压和小闸及单缓指令，控制制动缸的平均管（BCEP）压力

续表

序号	名称	图　例	作　用
6	制动缸控制模块（BCCP）		根据 16 号管压力变化，控制机车制动缸压力
7	DB 三通阀模块（DBTV）		根据制动管的减压量，控制制动缸管的控制压力。 空气备份模式下，自动代替 16 控制模块（16CP），控制 16 号管压力
8	电源接线盒（PSJB）		位于 EPCU 所有节点和 IPM 的连接中心，为 CCBⅡ系统供电（将 74 V 转换到 24 V），在外部具有多个接插件，允许 EPCU、EBV、IPM 和 RIM 相互连接
9	过滤器模块		在 EPCU 上安装有 4 个过滤器，分别是总风管（MR）、列车管（BP）、13 号管（13）、平均管（20）过滤器，对进入总风缸和列车管控制模块（BPCP）的空气进行过滤，而进入列车管中继阀的空气用过滤网过滤

（1）均衡风缸控制模块（ERCP）。

① 均衡风缸控制模块（ERCP）组成，如图 5－2－9 所示。

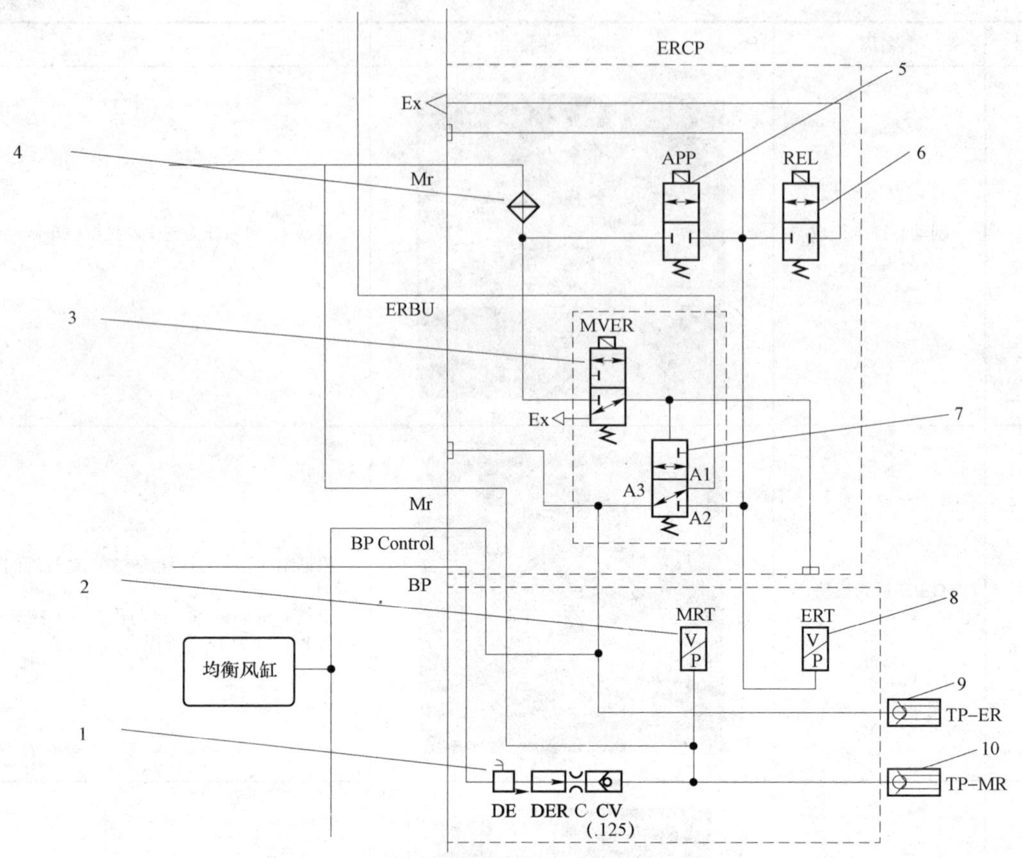

图 5－2－9　ERCP 模块组成

1—无动力回送装置（由无动力塞门（DE）、压力调整阀（DER）、充风节流孔（C2）、单向止回阀（CV）等组成）；2—总风压力传感器（MRT）；3—电磁阀（MVER）；4—过滤器；5—作用电磁阀（APP）；6—缓解电磁阀（REL）；7—气动阀；8—均衡风缸压力传感器（ERT）；9—均衡风缸压力测试点（TPER）；10—总风压力测试点（TPMR）

② 均衡风缸控制模块（ERCP）主要部件作用。

✧ 作用电磁阀（APP）：得电，控制总风向均衡风缸充风；失电，切断总风向均衡风缸充风气路。

✧ 缓解电磁阀（REL）：得电，控制均衡风缸排向大气；失电，切断均衡风缸排大气出口。

✧ 电磁阀（MVER）及其气动阀：得电，气动阀有预控压力，气动阀 A2→A3 相通；失电，气动阀预控压力排大气，沟通 A1→A3。

提示：此是 ERCP 模块的缺省电磁阀。当制动机断电、机车设置为补机或 ERCP 模块故障处于备用模式下，电磁阀（MVER）失电；其他状态下均得电。

✧ 总风压力传感器（MRT）：产生与第二总风缸压力成比例的电压信号。

提示：如果此传感器故障，会自动由 BPCP 模块中的压力传感器（MRT）产生第二总风缸压力，并在显示屏显示。

✧ 均衡风缸压力传感器（ERT）：产生与均衡风缸压力成比例的电压信号。

提示：备用模式下，其均衡风缸压力由 16CP 模块中的压力传感器（16T）通过 IPM 转换，在制动显示屏（LCDM）上显示。

✧ 均衡风缸压力测试点（TPER）：直接和均衡风缸连接，通过与系统外部的压力表连接，能够检测出任何状态下均衡风缸的实际压力。

✧ 总风压力测试点（TPMR）：直接和第二总风缸连接，通过与系统外部的压力表连接，能够检测出第二总风缸的实际压力。

✧ 无动力塞门（DE）：机车附挂时投入，列车管通第二总风缸；机车在正常运行时切除，断开列车管与第二总风缸沟通气路。

✧ 压力调整阀（DER）：当无动力塞门在投入位时，限制制动管给总风缸充风的压力到 250 kPa。

✧ 充风节流孔（C2）：当制动管给总风缸充风时限制其压缩空气的流速，使得总风缸能够获得稳定的压缩空气，同时避免制动管压力下降太快而引起机车紧急制动。

✧ 单向止回阀（CV）：防止机车在正常状态或无火回送状态时，总风缸压力空气向制动管逆流的现象发生。

（2）制动管控制模块（BPCP）。

① 制动管控制模块（BPCP）组成，如图 5-2-10 所示。

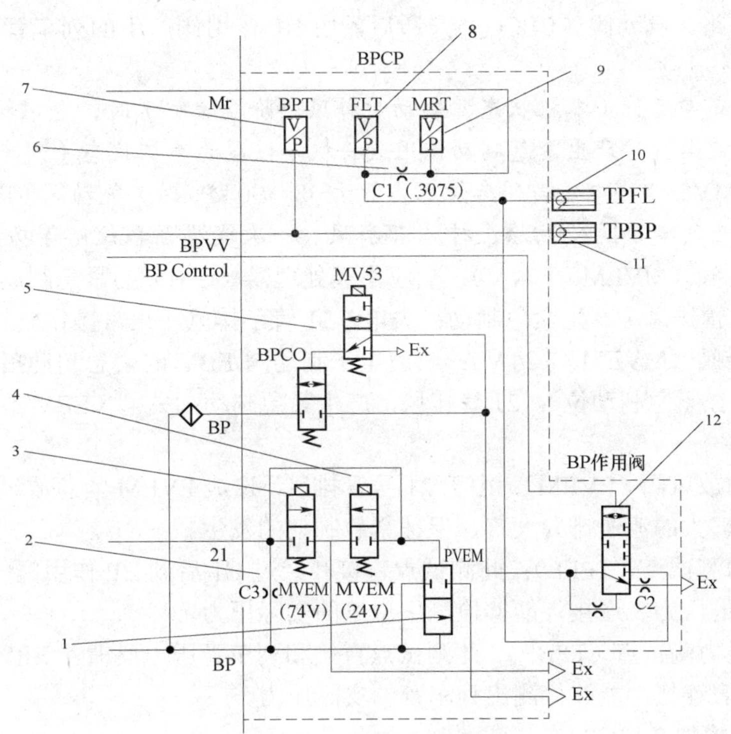

图 5-2-10　BPCP 模块组成

1—气动紧急放风阀（PVEM）；2—节流孔（C3）；3—MVEM 紧急电磁阀（74 V）；4—MVEM 紧急电磁阀（24 V）；5—电磁阀（MV53）/气动阀（BPCO）；6—充风节流孔（C1）；7—列车管压力传感器（BPT）；8—列车管流量传感器（FLT）；9—总风压力传感器（MRT）；10—总风压力测试点（TPFL）；11—列车管压力测试点（TPBP）；12—BP 作用阀

② 制动管控制模块（BPCP）主要部件作用。

✧ 总风压力传感器（MRT）：产生与第二总风缸成比例的电压信号，反馈给处理器IPM。

提示：如果ERCP中的总风压力传感器故障，将代替其功能，为显示屏提供总风压力信号。

✧ 充风节流孔（C1）：限制总风给列车管的充风速度，并且充风时可产生节流孔前后的总风压力降。

✧ 列车管流量传感器（FLT）：产生与经过充风节流孔（C1）的总风压力成比例的电压信号，并传送给集成处理器（IPM）。集成处理器（IPM）通过比较MRT和FLT的电压信号，计算出制动管的充风流速，并在显示屏显示。

✧ 列车管压力传感器（BPT）：产生与列车管压力成比例的电压信号，传送给集成处理器IPM，进行数据处理并通过制动显示屏显示压力值。

✧ BP作用阀：接受均衡风缸压力的控制，产生与之相等的列车管压力，实现对列车的制动、缓解控制功能。其排风管路（Ex）的列车管排风速度受节流孔限制，使得制动时进行常用制动功能，而不会引起紧急制动。

✧ 电磁阀（MV53）/气动阀（BPCO）：电磁阀得电，本电磁阀控制气动阀（BPCO）关闭通路，列车管和BP作用阀隔离。BP作用阀仍受均衡风缸压力的控制，但它不再控制列车管压力；电磁阀失电，允许由BP作用阀产生的列车管压力通过本电磁阀，控制气动阀（BPCO）开通通路。气动阀（BPCO）开通后，由BP作用阀产生的列车管压力经过过滤后进入列车管。

提示：机车正常运行（本机状态、制动管补风、阶段缓解）时，电磁阀（MV53）处于常失电状态。正常运行时产生紧急制动作用或将机车设置为单机状态（列车管/切除）、补机状态，电磁阀（MV53）得电。当列车管压力低于48～90 kPa时，气动阀（BPCO）自己会关闭通路，实现机车列车管投入/切除、补风/不补风、一次缓解/阶段缓解等功能。

✧ 紧急电磁阀（MVEM）（74 V）：响应集成处理器（IPM）的紧急制动指令，产生紧急作用。得电，21管排风，产生紧急制动；失电，21管不排风（正常操作模式）。

✧ 紧急电磁阀（MVEM）（24 V）：响应电子制动阀EBV的紧急制动指令，产生紧急作用。得电（EBV在紧急制动位），21管排风，产生紧急制动；失电（EBV不在紧急制动位），21管不排风。

✧ 气动紧急放风阀（PVEM）：由于21号管排风，造成PVEM紧急放风阀动作，使得列车管内空气以足够大的流速排向大气，保证紧急制动的发生。

✧ 总风压力测试点（TPFL）：此测试点直接和经过C1后到BP作用阀的总风管路连接，通过与系统外部的压力表连接，能够检测出总风的实际压力。

✧ 列车管压力测试点（TPBP）：此测试点直接和列车管压力反馈管BPVV连接，通过与系统外部的压力表连接，能够检测出列车管的实际压力。

（3）13控制模块（13CP）。

① 13控制模块（13CP）组成，如图5－2－11所示。

② 13控制模块（13CP）主要部件作用。

✧ 电磁阀（MV13S）：控制DBTV实现（机械方式的）单缓功能。单独制动手柄侧压，得电，总风缸给13管充风；单独制动手柄恢复，失电，遮断总风缸给13管充风通路。

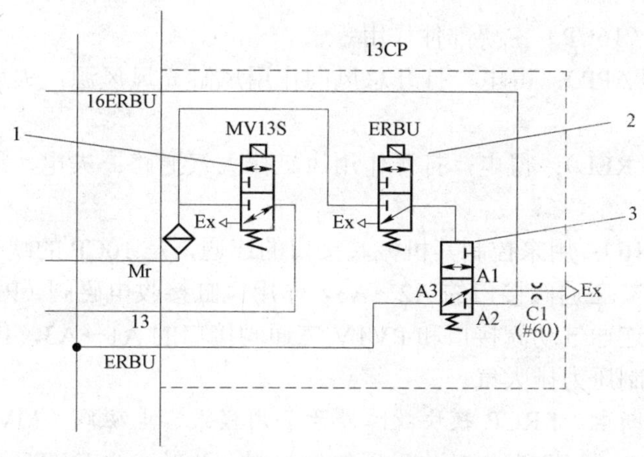

图 5－2－11　13CP 模块组成

1—电磁阀（MV13S）；2—电磁阀（ERBU）；3—气动阀

✧ 电磁阀（ERBU）、气动阀：当 ERCP 模块故障失效时，系统自动使 MVER 得电，为气动阀提供预控压力。控制 16ERBU 管经气动阀与均衡风缸备份管（ERBU）相通。利用 16CP 模块中的缓解电磁阀（REL）、作用电磁阀（APP）代替 ERCP 中缓解电磁阀（REL）、作用电磁阀（APP）的作用，实现对均衡风缸的控制。

（4）16 控制模块（16CP）。

① 16 控制模块（16CP）组成，如图 5－2－12 所示。

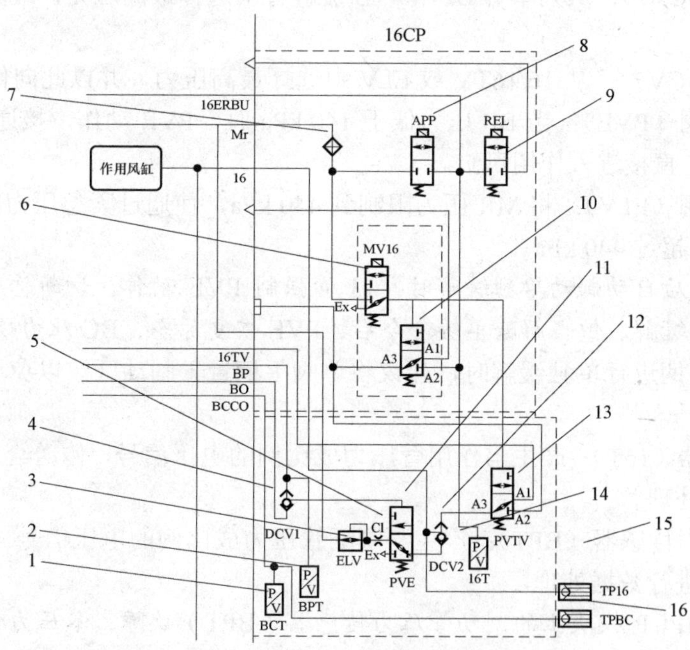

图 5－2－12　16CP 模块组成

1—制动缸压力传感器（BCT）；2—制动管压力传感器（BPT）；3—紧急限压阀（ELV）；4—变向阀（DCV1）；5—充风节流孔（C1）；6—电磁阀（MV16）；7—过滤器；8—作用电磁阀（APP）；9—缓解电磁阀（REL）；10—气动阀；11—紧急压力阀（PVE）；12—变向阀（DCV2）；13—三通阀（PVTV）；14—压力传感器（16T）；15—作用管压力测试点（TP16）；16—制动缸测试点（TPBC）

② 16 控制模块（16CP）主要部件作用。

✧ 作用电磁阀（APP）：得电，打开总风向作用风缸充风风源；失电，遮断总风向作用风缸充风风源。

✧ 缓解电磁阀（REL）：得电，打开作用风缸排大气通路；失电，遮断作用风缸排大气通路。

✧ 电磁阀（MV16）：用来控制其机械阀接口的连通，是 16CP 的缺省电磁阀。得电，连通气动阀接口和 PVTV 三通阀接口的 A2→A3，作用风缸接收电磁阀（REL、APP）指令，产生控制压力；失电，连通气动阀接口和 PVTV 三通阀接口的 A1→A3，作用风缸同 DBTV 连通，并受其控制，控制压力排大气。

提示：当制动机断电、ERCP 模块故障处于备用模式、电磁阀（MV16）失电（16CP 模块故障处于备用模式），16CP 失去对作用风缸的控制。此时，由 DBTV 模块对作用风缸进行控制，即对制动缸压力进行控制。

其他状态无论机车设置为本机/投入、本机/切除或补机，电磁阀（MV16）均得电。

✧ 三通阀（PVTV）：此阀为气动（机械）阀，受电磁阀（MV16）控制，和电磁阀（MV16）配合作用，完成 16CP 对作用风缸的控制或 DBTV 对作用风缸的控制的选择或自动转换。在正常的工作状态下，作用风缸的压力控制应由 16CP 模块产生的 16 管压力来完成，但 DBTV 也适时根据制动管的压力变化产生作用风缸的控制压力 16TV，但此控制压力在三通阀（PVTV）处被堵截。

✧ 变向阀（DCV1）：从列车管 BP 和单独缓解管中选择最高压力，最高压力控制紧急压力阀（PVE）动作。

✧ 变向阀（DCV2）：从 16/16TV 或 ELV 中选择最高压力，并以此向作用风缸充风。

✧ 紧急压力阀（PVE）：当 BP 压力低于 140 kPa 时，PVE 动作，接通 ELV 和 DCV2，允许总风通过 ELV 直接进入作用风缸。

✧ 紧急限压阀（ELV）：将 MR 压力限制到 440 kPa，使通过紧急压力阀（PVE）控制的作用风缸的压力不超过 440 kPa。

提示：在紧急后自动制动单独缓解时，13 管强制 PVE 动作，切断总风通往作用风缸的通路，可进行机车缓解。但当解除单缓命令后，PVE 恢复原态，BC 压力恢复到 440 kPa。

当使用单独手柄进行单独缓解时，建议将单阀手柄置于制动区，以免单缓后机车突然缓解溜车。

✧ 压力传感器（16T）：产生与作用管压力成比例的电压信号，传送给 IPM（集成处理器模块），进行数据处理。

✧ 制动管压力传感器（BPT）：产生与制动管压力成比例的电压信号，传送给 IPM（集成处理器模块），进行数据处理。

提示：如果 BPCP 模块上的制动管压力传感器（BPT）故障，本压力传感器将代替其功能，在显示屏显示制动管压力。

✧ 制动缸压力传感器（BCT）：产生与制动缸压力成比例的电压信号，传送给 IPM（集成处理器模块），进行数据处理，并在显示屏显示制动缸压力。

✧ 作用管压力测试点（TP16）：直接和作用风缸连接，通过与系统外部的压力表连接，能够检测出任何状态下作用风缸的实际压力。

✧ 制动缸压力测试点（TPBC）：直接和制动缸反馈管 BCCO 连接，通过与系统外部的压力表连接，能够检测出任何状态下制动缸的实际压力。

（5）20 控制模块（20CP）。

① 20 控制模块（20CP）组成，如图 5－2－13 所示。

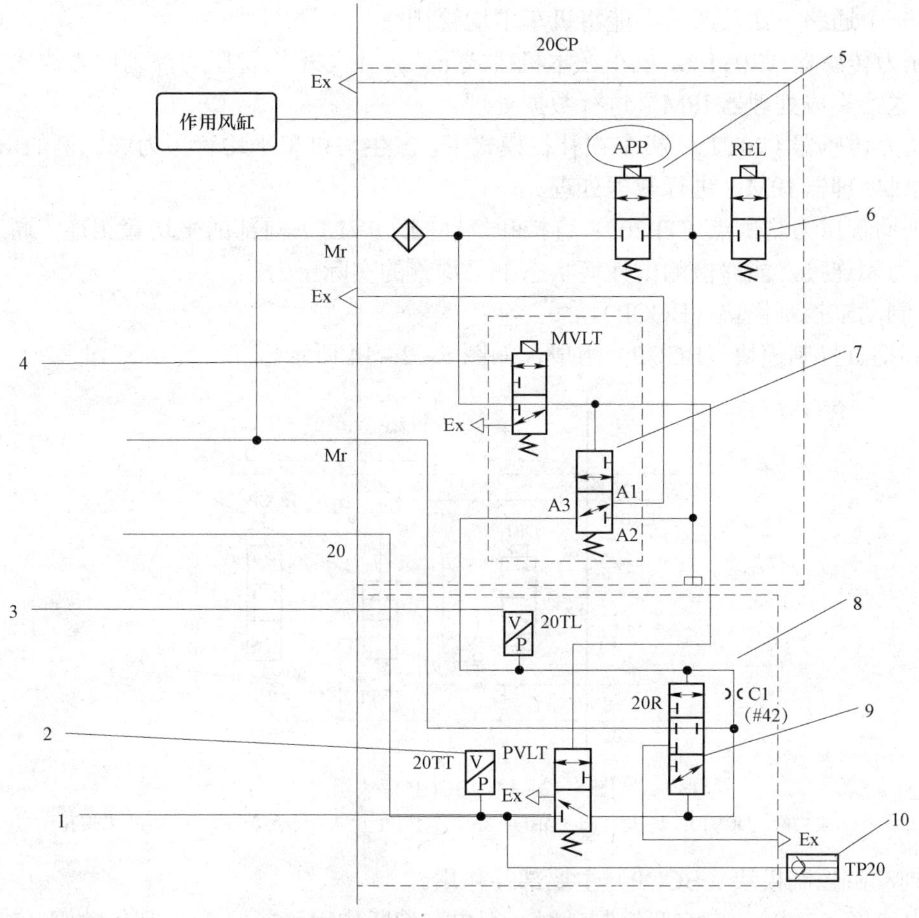

图 5－2－13　20CP 模块组成

1—气动阀（PVLT）；2—压力传感器（20TT）；3—压力传感器（20TL）；4—电磁阀（MVLT）；5—作用电磁阀（APP）；6—缓解电磁阀（REL）；7—气动阀；8—充风节流孔（C1）；9—阀（20R）；10—平均管压力测试点（TP20）

② 20 控制模块（20CP）主要部件作用。

✧ 作用电磁阀（APP）：得电，开通总风至作用风缸通路，作用风缸增压，平均管充风；失电，遮断总风至作用风缸通路，作用风缸保压，平均管停止充风。

✧ 缓解电磁阀（REL）：得电，开通作用风缸与大气通路，作用风缸减压，平均管排风；失电，遮断作用风缸与大气通路，作用风缸保压，平均管停止排风。

提示：*若将机车设置在补机位，两个电磁阀均在失电状态。*

✧ 电磁阀（MVLT）：得电，气动阀接口 A2→A3，同时开通 PVLT 阀。平均管接收 REL、APP 电磁阀控制；失电，气动阀接口 A1→A3，同时关闭 PVLT 阀，20CP 失去对平均管的控制。

提示：本电磁阀是20CP模块的缺省电磁阀。当制动机断电、20CP模块故障、机车处于补机模式时，电磁阀（MVLT）失电，气动阀（PVLT）关闭，20CP模块失去对平均管的控制能力。机车平均管管路呈自保压状态；机车设置为本机/投入、本机/切除，电磁阀（MVLT）均得电。

✧ 阀（20R）：在20CP模块对平均管控制时，提供较大的充风通道。

✧ 气动阀（PVLT）：和电磁阀（MVLT）配合使用，实现20CP模块对平均管的控制。此阀只有一个通路，在关断后不能将机车平均管排空。

✧ 压力传感器（20TL）：机车在本机模式下，产生与平均管压力控制压力成比例的电压信号，传送给集成处理器IPM，进行数据处理。

✧ 压力传感器（20TT）：机车在补机模式下，产生与机车平均管压力成比例的电压信号，传送给集成处理器IPM，进行数据处理。

✧ 平均管压力测试点（TP20）：直接和气动阀（PVLT）前部的平均管相连，通过与系统外部的压力表连接，能够检测出任何状态下平均管的实际压力。

（6）制动缸控制模块（BCCP）。

① 制动缸控制模块（BCCP）组成，如图5-2-14所示。

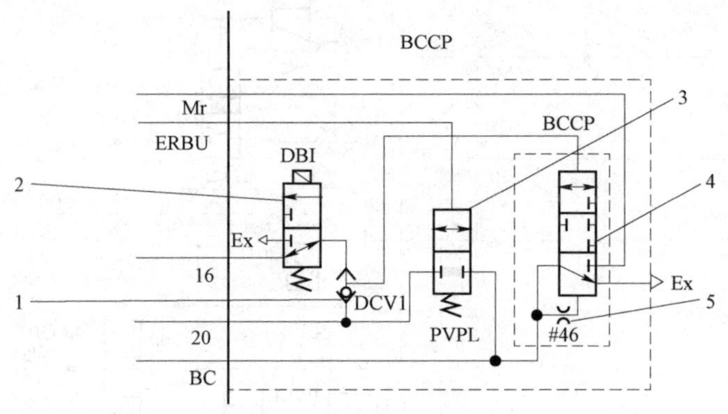

图5-2-14　BCCP模块组成

1—变向阀（DCV1）；2—电磁阀（DBI）；3—阀（PVPL）；4—气动阀（BCCP）；5—节流孔

② 制动缸控制模块（BCCP）主要部件作用。

✧ 电磁阀（DBI）：电空联锁制动时，得电，切断作用管（16管）到气动阀（BCCP）预控压力的通路；同时使气动阀（BCCP）预控压力排大气；非电空联锁制动时，失电，沟通作用管（16管）到气动阀（BCCP）预控压力的通路。

✧ 气动阀（BCCP）：BCCP是大容量的空气中继阀。BCCP按照16管控制压力或平均管压力1:1的比例提供制动缸压力。

✧ 变向阀（DCV1）：DCV1在16管和20管中选择最高压力，导通此压力作为BCCP的控制压力。

✧ 阀（PVPL）：在ERBU（均衡风缸备份）工作期间，或ERCP断电、均衡风缸排风（重联位或断电）期间，连接BC管和20管。避免20CP模块不能工作时，本机不能产生平均管的压力，导致补机没有制动缸压力。

（7）DB三通阀模块（DBTV）。

① DB三通阀模块（DBTV）组成，如图5-2-15所示。

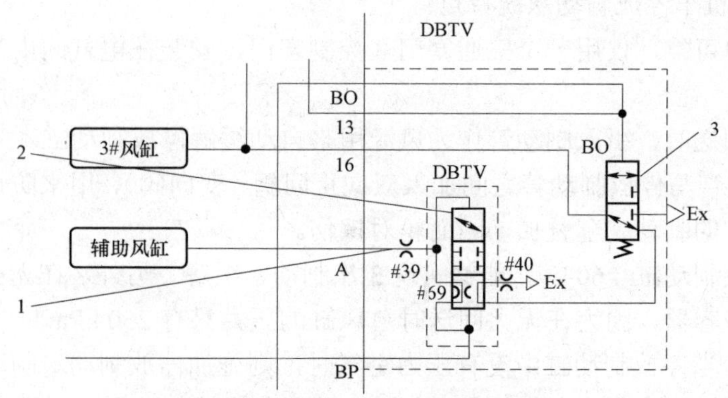

图 5-2-15　DBTV 模块组成

1—缩孔；2—阀（DBTV）；3—阀（BO）

② DB 三通阀模块（DBTV）主要部件作用。

✧ 阀（DBTV）：BP 压力增加，16TV 管排风，制动缸缓解，制动管给辅助风缸充风；BP 压力降低，辅助风缸和 16TV 管接通，16TV 充风，制动缸作用；BP 压力不变，16TV 关闭，充风、排风作用停止。

提示： 由于阀（DBTV）为纯机械结构，为使每次产生的制动缸控制压力达到目标值，在列车缓解时，辅助风缸必须完全充满。

✧ 阀（BO）：DBTV 中 13 管压力高于 140 kPa 时，将导致 16TV 管排风，自动制动作用缓解。

2. 停放制动控制系统

1）HX_N3 型内燃机车

HX_N3 型内燃机车装有空气缓解的停放制动系统，其控制管路系统如图 5-2-16 所示。

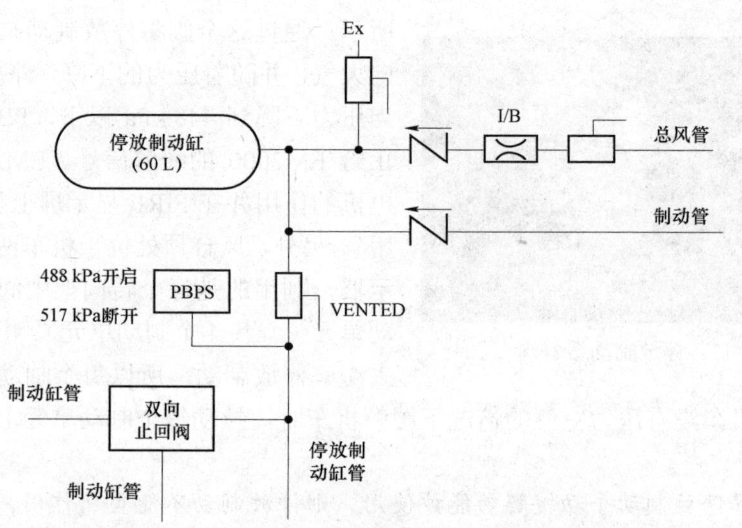

图 5-2-16　HX_N3 型内燃机车停放制动控制管路系统

HX_N3 型内燃机车停放制动系统特点：

（1）作用简单可靠，仅用一个三通塞门（控制塞门，安装在电气间内）来控制停放制动缸的制动与缓解。

（2）在无火回送时，引入制动管作为风源用来自动缓解停放制动缸。

（3）在制动缸管与停放制动管之间加入双向止回阀（变向阀），用来防止因操作失误而造成停放制动与正常的制动完全叠加，因而轮对擦伤。

（4）增加停放制动缸（60 L），能够实现 3 次制动、缓解。另外，在无火回送时，作为停放制动用风的储藏容器，因为在无火回送时总风缸的压力只有 250 kPa。

正常情况下，当停放制动缸中没有压力空气时，则施加停放制动。制动缓解靠施加最低 517 kPa 的空气压力到制动单元来完成。空气可以来自停放制动缓解风缸；停放制动缸一般由第 2 总风缸供风，或在无火状态下由制动管通过一个带排风功能的切断塞门和一个止回阀供风。

为缓解停放制动，操作者应该打开位于电气间隔墙上的停放制动缓解阀。压缩空气由停放制动缸流向制动单元，随着压力的上升，停放制动作用缓解。此空气的一部分直接流向一个压力开关 PBPRSW，它给 EM2000 提供停放制动缓解的正压信号。当缓解回路的压力上升到 517 kPa，开关闭合并且提供一个缓解信号给 EM2000，允许机车加载，并使 FIRE 显示屏上的"停放制动作用"指示消失。如果缓解信号不存在，EM2000 将不允许机车产生牵引作用。

在机车的两侧装有可视的停放制动指示器。当空气被用来缓解停放制动时，风缸收回指示器。

停放制动单元没有设计成能够阻止将停放制动和常用制动相叠加。因此，系统中有一个止回阀以允许常用制动缸的压力空气流入到停放制动缓解回路，使得当常用制动作用时缓解掉停放制动。当常用制动压力下降，停放制动将自动重新作用。

如想施加停放制动，操作者应关闭位于电气间隔墙上的停放制动缓解阀，如图 5-2-17 所示。通过这个阀将停放制动缸中的压缩空气排向大气，并随着压力的下降，停放制动开始作用。当压力下降到 448 kPa 以下，PBPRSW 打开，停止给 EM2000 的缓解信号。EM2000 将禁止牵引电机的作用并在 FIRE 显示屏上显示"停放制动作用"。另外，风缸顶处位于机车两侧的停放制动指示器，利用的是每个转向架中间轴上的克诺尔制动单元（一共 4 个制动单元）。由于系统需要空气去缓解停放制动，所以每个制动单元上安装有手动缓解环。在机车没有压力空气的情况下缓解机车时，拉动每个制动单元上的缓解环以缓解制动。

图 5-2-17　停放制动缓解阀

注意：一旦停放制动手动缓解功能被使用，则停放制动不能重新作用，直到有空气制动作用和缓解被执行。如果没有采用足够的预防措施防止机车运动将可能导致人身伤害或设备的损坏。

2）HX_N5 型内燃机车

HX_N5 型内燃机车装有空气缓解手动塞门控制停放制动的机械系统，其控制塞门位于司机室司机座位后侧墙上，如图 5－2－18 所示。

（a）实施停放制动时手柄位置

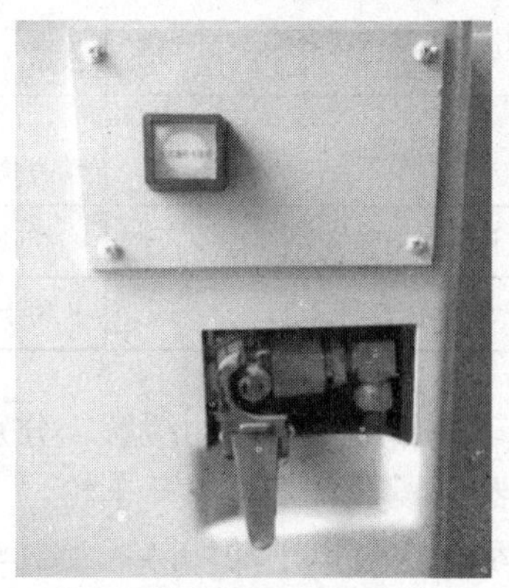

（b）缓解停放制动时手柄位置

图 5－2－18　HX_N5 型内燃机车停放制动控制塞门

总风缸达到标准压力 750～900 kPa 时，操作停车制动时手柄在实施/缓解位置，可以实现机车停放制动控制。

新 HX_N5 型内燃机车（双司机室）装有停放制动控制模块用于控制停放制动缸充排气控制，实现停放制动施加/缓解作用，其控制按钮位于司机室司机操作台左仪表盘上。

停放制动控制模块主要由停放制动调压阀、停放制动双脉冲电磁阀、截断塞门、单向止回阀、双向止回阀、停放制动压力测试口、停放风缸等组成，如图 5－2－19 所示。

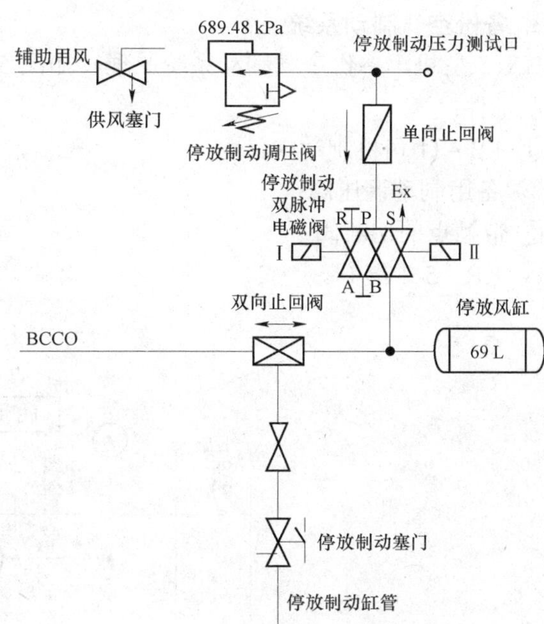

图 5－2－19　HX_N5 型内燃机车停放制动控制管路系统

停放制动控制模块的主要功能是接收停放制动施加与缓解按钮指令，实现停放制动缸排气与充气。当双脉冲电磁阀中停放施加电空阀得电时，停放制动缸的压缩空气通过双脉冲电磁阀排向大气，停放制动作用施加；当双脉冲电磁阀中停放缓解电空阀得电时，总风通过调压阀、双脉冲电磁阀向停放制动缸充风，停放制动作用缓解。

主要部件作用，参见表 5－2－8。

表 5-2-8　停放制动控制模块主要部件作用

部　件	功　能
停放制动调压阀	调节进入停放制动模块的总风压力，整定压力值 689.48 kPa
停放制动双脉冲电磁阀	控制停放缸的充风和排风，按压右侧按钮（红色）施加停放制动，按压左侧按钮（绿色）缓解停放制动
双向止回阀	输出闸缸压力和停放制动压力中较大者至停放缸，防止停放制动力和空气制动力叠加
停放制动塞门	控制停放制动管的通断，当塞门处于关闭位时会将停放缸压力空气排大气
停放制动压力测试口	用于检测停放制动调压阀输出压力

停放制动施加后可以手动缓解。分别手拉 4 个停放缸单元制动器上的手动缓解拉环，此时单元制动器可缓解，闸瓦离开车轮。

停放制动模块可以手动切除，当机车处于停放缓解状态时，手动关闭停放制动模块上的截断塞门，停放缸压力空气经该截断塞门排向大气，停放制动施加，单元制动器抱闸。且机车微机显示屏上有停放制动切除的提示信息，同时加载牵引功率无效。

当机车处于停放制动缓解状态时，断开机车总闸开关，停放制动可自动施加，即带停放缸的单元制动器抱闸。

3. 备份空气制动系统

HX_N5 型机车备份空气制动系统原理，如图 5-2-20 所示。备份空气制动系统有以下四个控制部件：

① FB-11 司机制动阀；

② 备用制动调压阀；

③ 带触点的切断阀；

④ KR-5 中继阀。

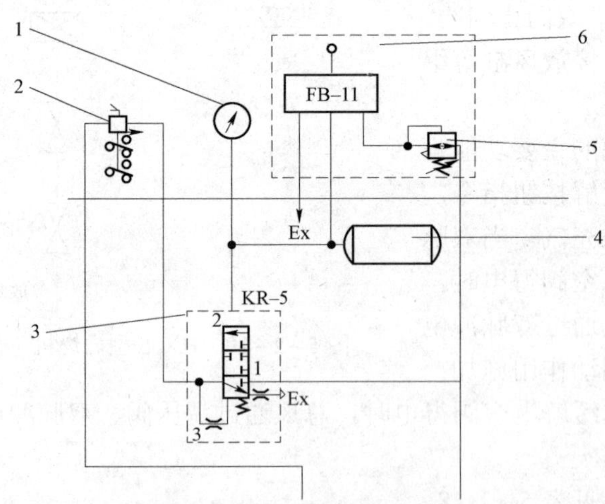

图 5-2-20　HX_N5 型机车备份空气制动系统原理图

1—压力表；2—带触点的切断阀；3—KR-5 中继阀；4—均衡风缸（3.6 L）；5—备用制动调压阀；6—FB-11 司机制动阀

这个备份制动系统仅仅提供“软操作”性能，并且只应用于电空制动系统完全不起作用的情况下。

使用备份制动系统时，司机将开启安装在司机室副操纵台前地板盖板下的一个球阀。球阀连通 KR－5 中继阀输出端口与制动管。截止阀同时操作一个转换装置，这个转换装置的作用是向机车控制系统提供信号。

切断备份制动系统操作将关闭球阀并断开与 KR－5 中继阀连接的制动管路。保留在 KR－5 中继阀与球阀之间管路的空气通过球阀旁边的 KR－5 中继阀排向大气。

通过机车总风缸向备份制动系统提供压缩空气。总风缸空气同时对司机制动阀和 KR－5 中继阀供气。司机通过司机制动阀与调节阀来调节均衡风缸的压力值。均衡风缸的压力值一般为 500～600 kPa。

司机制动阀是由阀的三个不同的工作位置决定其工作情况的。司机通过调整手柄释放阀的压力。这个动作通过总风缸的压力来调节均衡风缸压力和控制 KR－5 中继阀的端口动作。KR－5 中继阀打开供气阀，总风缸向列车管充气，直至列车管压力与均衡风缸压力相同。在释放位置时，通过调整手柄上的锁来实现手柄不能控制列车管压力的目的。

手柄移到充气位，供气阀的充气压力达到均衡风缸的压力。达到压力要求时，弹簧在压力作用下恢复到中间位置。在充气位，均衡风缸的压力通过排气阀来控制充气压力。在这个操作位，KR－5 中继阀在高于列车管压力时打开排气阀，开始排气。

弹簧在中心位置时，均衡风缸压力不受 KR－5 中继阀的控制。同时，中继阀切断总风管并停止排气。

4. CCBⅡ型电力机车制动机电空控制单元（EPCU）综合作用

1）电空控制模块（EPCU）管路关系

管路示意图如图 5－2－21 所示。

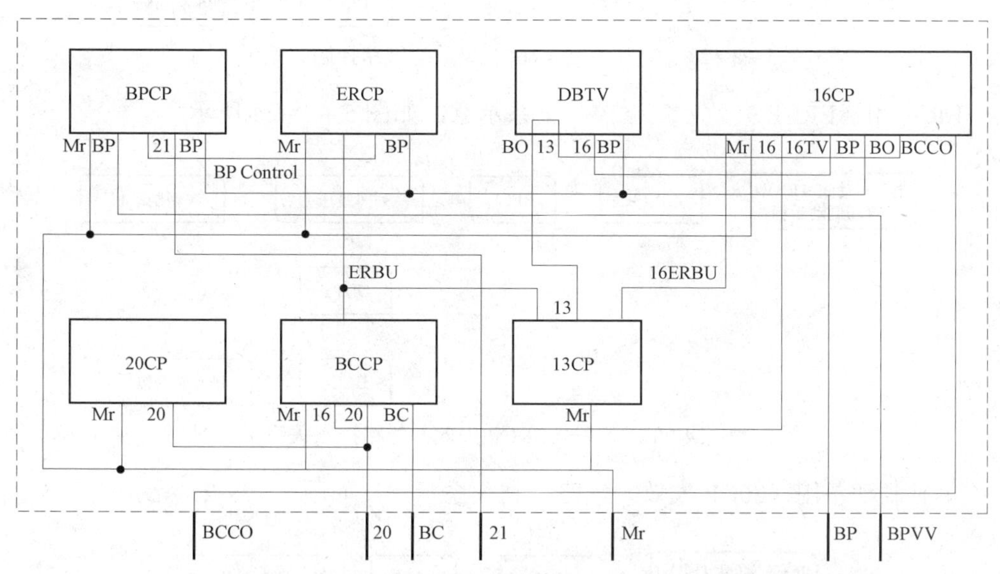

图 5－2－21　电空控制模块（EPCU）管路示意图

2）电空控制单元（EPCU）控制关系

（1）正常工况气路控制关系示意，如图 5-2-22 所示。

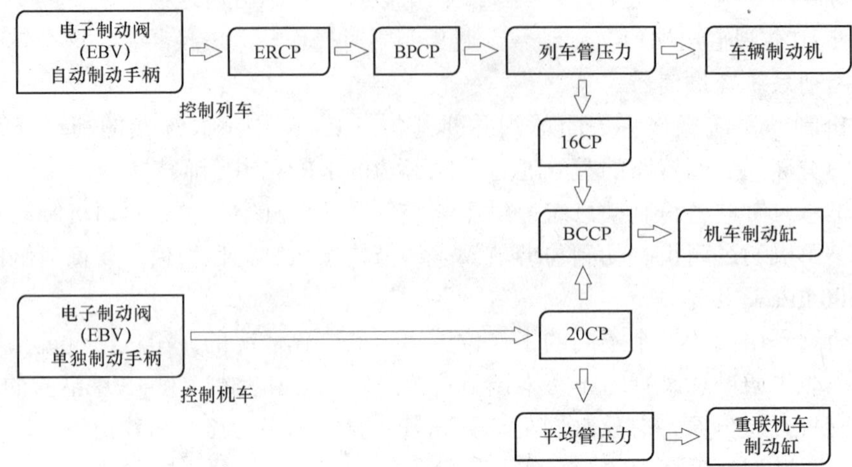

图 5-2-22　正常工况气路控制关系示意图

（2）冗余控制关系。

① 空气备用（16CP 失效）气路控制关系示意，如图 5-2-23 所示。

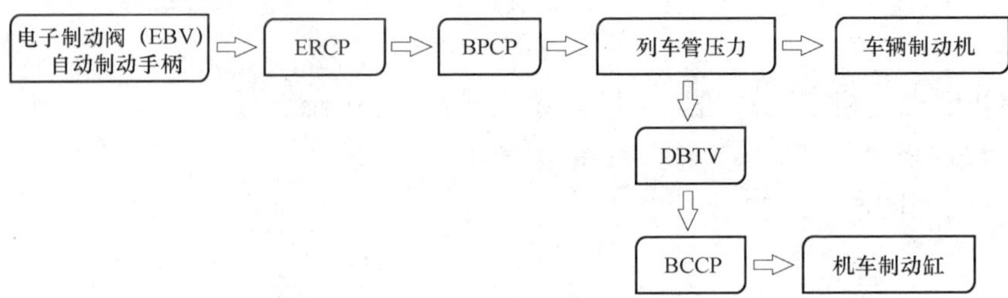

图 5-2-23　空气备用（16CP 失效）气路控制关系示意图

② ER 备用（ERCP 失效）气路控制关系示意，如图 5-2-24 所示。

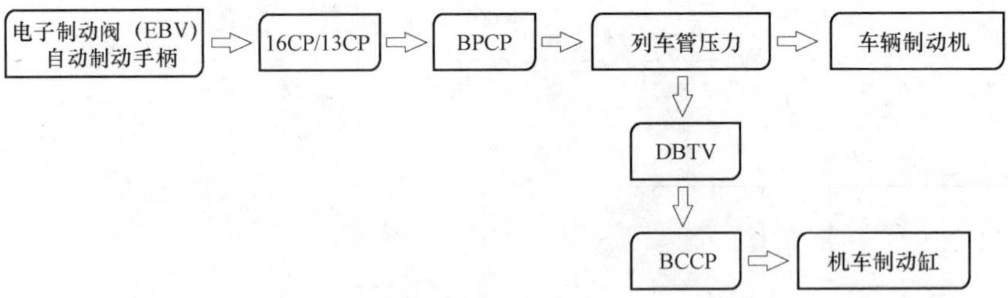

图 5-2-24　ER 备用（ERCP 失效）气路控制关系示意图

③ 单独制动备用（20CP 失效）气路控制关系示意，如图 5-2-25 所示。

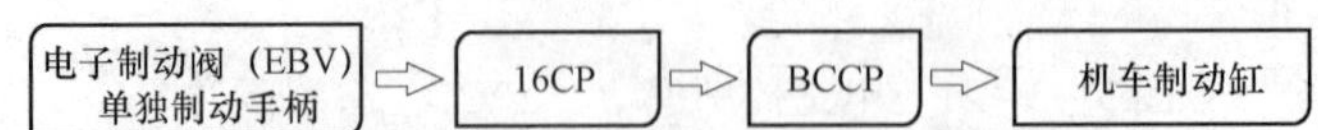

图 5-2-25　单独制动备用（20CP 失效）气路控制关系示意图

3）熟悉CCBⅡ型电力机车制动机自动制动作用

（1）本机。

① 运转位。

（a）使用时机。

该位置是列车在运行过程中，自动制动手柄常放的位置，是向全列车初充风、再充风缓解列车制动及列车正常运行所采用的位置。

（b）工作原理。

均衡风缸控制模块（ERCP）接收到电子制动阀（EBV）自动制动手柄指令，给均衡风缸充风到设定值；列车管控制模块（BPCP）响应均衡风缸压力变化，列车管充风到均衡风缸设定压力；16控制模块（16CP）/DB三通阀模块（DBTV）响应列车管压力变化，将作用管（16管/16TV管）压力排出；制动缸控制模块（BCCP）响应作用管（16管/16TV管）压力变化，机车制动缸排风缓解；同时车辆副风缸充风，车辆制动机缓解。

② 制动位。

（a）使用时机。

该位置是操纵列车常用制动，使列车正常缓慢停车或调整运行速度所使用的位置。

（b）工作原理。

均衡风缸控制模块（ERCP）接收到电子制动阀（EBV）自动制动手柄指令，给均衡风缸减压到目标值；列车管控制模块（BPCP）响应均衡风缸压力变化，列车管被减压到均衡风缸目标压力；16控制模块（16CP）/DB三通阀模块（DBTV）响应列车管减压变化，给作用管（16管/16TV管）充风；制动缸控制模块（BCCP）响应作用管压力增加，机车制动缸充风制动；同时车辆副风缸给车辆制动缸充风，车辆制动机制动。

③ 紧急位。

（a）使用时机。

该位置是列车运行过程中紧急停车所使用的位置。

（b）工作原理。

电子制动阀（EBV）自动制动手柄放置在此位置，列车管迅速减压到零，均衡风缸以常用制动速率减压到零，16控制模块（16CP）响应列车管减压变化，迅速给作用管（16管）充风到最大允许压力，制动缸控制模块（BCCP）响应作用管压力增加，给机车制动缸充风产生紧急制动作用；同时车辆副风缸给车辆制动缸充风，车辆制动机制动。

④ 自动制动的单缓。

（a）使用时机。

列车实施制动后认为有必要单独降低机车制动力时使用的位置，需要通过单独制动手柄侧压来帮助实现此功能。

（b）工作原理。

电子制动阀（EBV）单独制动手柄侧压，13控制模块（13CP）响应该指令，给单独缓解管13充风，控制DB三通阀模块（DBTV）中的16TV作用管减压；同时16控制模块（16CP）和20控制模块（20CP）也响应该指令，允许16管和平均管（20管）进行减压；制动缸控制模块（BCCP）响应由自动制动手柄动作产生的作用管压力的减少，允许机车制动缸排风缓解；车辆制动机仍制动。

（2）补机。

① 运转位。

（a）使用时机。

此位置为本机机车在运转位时，补机（重联机车）受机车间列车管软管、总风软管、平均软管压力控制，而发生作用的位置，其缓解应和本机同步。

补机（重联机车）自动制动手柄应用销子固定在重联位，单独制动手柄应放置在运转位。

（b）工作原理。

本机列车管充风，平均管压力排空，制动作用缓解。补机（重联机车）接收列车管压力增高的变化，通过 DB 三通阀模块（DBTV）将 16TV 作用管风压排空，同时给补机副风缸充风；补机接收平均管压力排空的变化，通过制动缸控制模块（BCCP）将制动缸压力排空，补机缓解。

② 制动位。

（a）使用时机。

此位置为本机机车在制动位时，补机（重联机车）受机车间列车管软管、总风软管、平均软管压力控制，而发生作用的位置，其制动应和本机同步。

（b）工作原理。

本机列车管减压，平均管、作用管增压，机车制动缸充风产生制动作用。补机接收列车管压力减少的变化，通过 DB 三通阀模块（DBTV）使列车管停止给辅助风缸充风，并将辅助风缸的风压传送到作用管（16TV）；补机接收平均管压力增高的变化，通过制动缸控制模块（BCCP）给制动缸充风，补机制动。

4）熟悉 CCBⅡ型电力机车制动机单独制动作用

（1）本机。

① 运转位。

（a）使用时机。

该位置作用为单独缓解机车。

（b）工作原理。

20 控制模块（20CP）排出 20 管的压力。制动缸控制模块（BCCP）响应 20 管的压力，允许机车制动缸排风缓解。

② 制动位。

（a）使用时机。

该位置作用为单独制动机车。

（b）工作原理。

20 控制模块（20CP）给 20 管充风，制动缸控制模块（BCCP）向制动缸充风，机车制动。

（2）补机。

（a）使用时机。

机车作为重联机车时，制动机的缓解、制动。

（b）工作原理。

重联机车自动制动手柄应用销子固定在重联位，单独制动手柄应放置在运转位。重联机车受机车间列车管软管、总风软管、平均软管压力控制而发生作用的位置，其缓解应和本机同步。

5）熟悉 CCBⅡ型电力机车制动机空气备份作用

（1）空气备用（16CP 失效）。

（a）使用时机。

当机车制动系统 EPCU 中 16 控制模块（16CP）故障时，制动系统自动转换。

（b）工作原理。

采用 DB 三通阀模块（DBTV）（纯机械控制）来代替（16CP 电子控制）产生制动缸管控制压力，使其仍可继续工作。列车管充风，缓解作用。当列车管充风时，DB 三通阀模块（DBTV）使作用管 16TV 压力排空，同时列车管给辅助风缸充风；16 控制模块（16CP）使作用风缸、16 管与 16TV 管连通，并随 16TV 管排空；制动缸控制模块（BCCP）响应 16 管压力变化，排空制动缸压力，机车缓解。列车管减压，制动作用。当列车管排风时，DB 三通阀模块（DBTV）使辅助风缸向作用管 16TV 管充风，同时列车管停止向辅助风缸充风；16 控制模块（16CP）使作用风缸、16 管与 16TV 管连通，并随 16TV 管增压；制动缸控制模块（BCCP）响应 16 管压力变化，使制动缸充风，机车制动。

（2）ER 备用（ERCP 失效）。

（a）使用时机。

如果均衡风缸控制模块（ERCP）失效，由软件控制自行进行切换。

（b）工作原理。

13 控制模块（13CP）、16 控制模块（16CP）、均衡风缸控制模块（ERCP）配合实现对均衡风缸的控制。DB 三通阀模块（DBTV）控制作用风缸，从而控制制动缸。

（3）单独制动备用（20CP 失效）。

（a）使用时机。

20 控制模块（20CP）失效时，由软件控制自行进行切换。

（b）工作原理。

系统采用 16CP 将响应单独制动手柄的指令，控制本机车制动缸的压力。对于重联车，将不存在平均管压力。

5. CCBⅡ型电力机车制动机“五步闸”试验程序、检查方法及内容

1）试验前准备工作

（1）制动显示屏初始化正常，模式设置为本机、货车、不补风、管压 500 kPa（客车 600 kPa）。

（2）确认总风缸压力 825～900 kPa，均衡风缸、制动管压力 500 kPa，制动缸压力为 0。

（3）缓解弹停装置，确认弹停指示灯熄灭，弹停指示器绿色。

（4）电子制动阀（EBV）自动制动手柄、单独制动手柄放置在“运转位”。

2）“五步闸”试验程序及检查内容

“五步闸”试验程序及检查内容，参见表 5-2-9。

表5-2-9　“五步闸”试验程序及检查内容

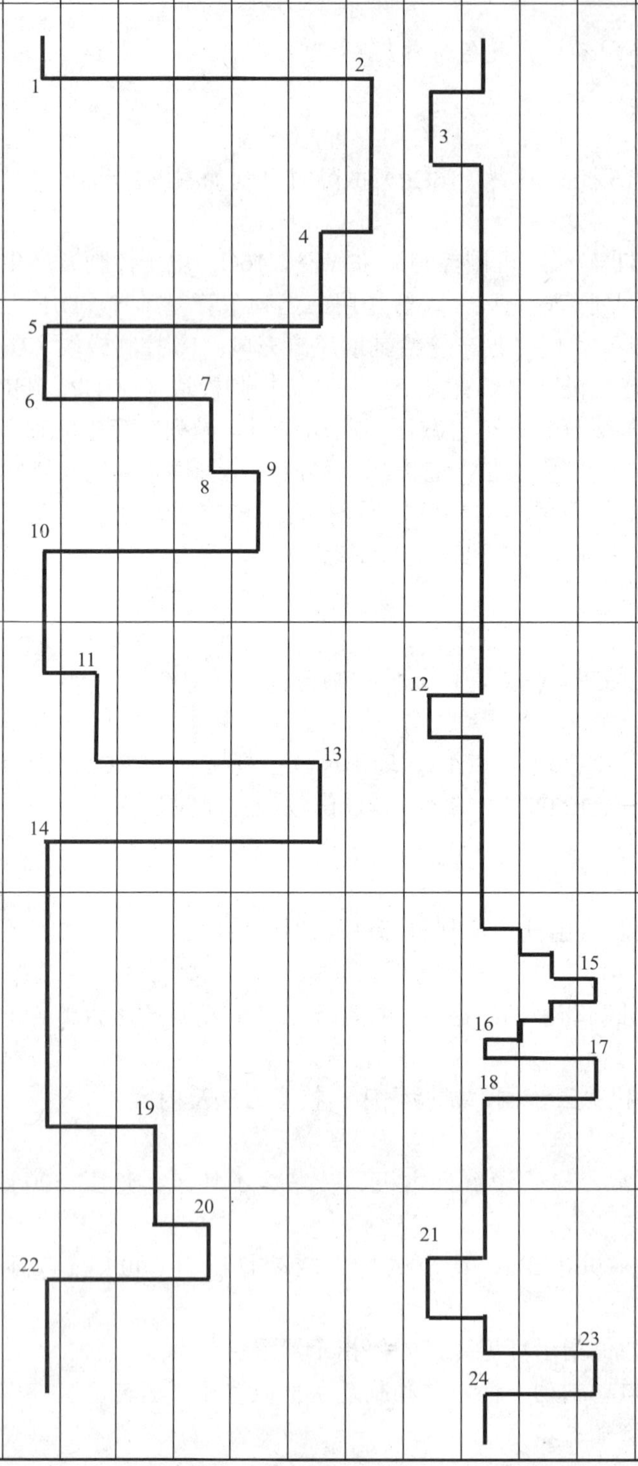

步骤	设置	自动制动手柄							单独制动手柄				检查内容
		运转	初制	制动	全制	抑制	重联	紧急	侧缓	运转	制动	全制	
1	本机/不补风	1					4	2	3				（1）总风压力750～900 kPa，制动缸压力0，均衡风缸压力500 kPa，列车管压力500 kPa； （2）列车管压力在3 s内降为0，制动缸在3～5 s内升压至200 kPa，并继续增压至450 kPa，均衡风缸压力降为0，紧急制动倒计时60 s开始； （3）制动缸压力下降为0，手柄复位后制动缸压力恢复； （4）60 s倒计时结束后操作，列车管、均衡风缸、制动缸压力不变；
2	本机/不补风	5 6 10			7 8	9							（5）均衡风缸增压至500 kPa，列车管增压至480 kPa不大于9 s，制动缸压力下降为0； （6）等60 s使系统各风缸充满风； （7）均衡风缸在5～7 s减压到360 kPa，列车管减压到均衡风缸压力±10 kPa，制动缸6～8 s增压到360 kPa； （8）保压1 min，均衡风缸压力泄漏不大于7 kPa，列车管压力泄漏不大于10 kPa，制动缸压力变化不大于25 kPa； （9）各压力无变化； （10）均衡风缸增压至500 kPa，列车管压力500 kPa，制动缸压力下降为0；
3	本机/不补风	14	11				13		12				（11）充满风后，均衡风缸减压50 kPa，列车管减压到均衡风缸压力的±10 kPa，制动缸增压到70～110 kPa； （12）制动缸压力下降为0，手柄复位后制动缸压力不恢复； （13）均衡风缸以常用制动速率降为0，列车管减压至55～85 kPa后保持，制动缸增压至450 kPa； （14）均衡风缸增压至500 kPa，列车管压力500 kPa，制动缸压力下降为0；
4	本机/不补风			19						16 18		15 17	（15）阶段制动，制动缸压力阶段上升，全制动位制动缸压力300 kPa； （16）阶段缓解，制动缸压力阶段下降，运转位制动缸压力下降为0； （17）制动缸在2～3 s上升到280 kPa，最终为300±15 kPa； （18）制动缸压力在3～5 s降到35 kPa以下； （19）均衡风缸减压100 kPa，列车管减压到均衡风缸压力的±10 kPa，制动缸增压到230～250 kPa；
5	单机	22			20				21	24		23	（20）均衡风缸减压140 kPa，列车管压力保持不变，制动缸压力保持不变； （21）制动缸压力下降为0，手柄复位后制动缸压力不恢复； （22）均衡风缸增压至500 kPa，列车管压力保持不变，制动缸压力保持不变； （23）制动缸压力在2～3 s上升到280 kPa，最终为300 kPa； （24）制动缸压力在3～5 s降到35 kPa以下

注：试验完毕，机车恢复本机/不补风状态设置。

6. CCBⅡ型电力机车电空制动机信息术语

为了能够更好地操纵 CCBⅡ型电力机车电空制动机，需熟知其信息术语，参见表 5－2－10。

表 5－2－10　CCBⅡ型电力机车电空制动机信息术语表

司乘人员信息	描　　述
空气制动故障	制动系统使用其自诊断探测到一个维护问题，在司乘人员信息末尾将有一个三位故障代码
空气制动正在上电	制动系统正在经历引导程序，如果 IPM/IHUB 已经被循环动力，系统花费大约 1 min 引导
警报器处罚	由于司乘人员没有满足司乘人员警惕系统，制动系统进行了处罚制动作用
自动不能缓解—设置 空气制动关闭—×××	存在一个空气制动维护问题，所以自动制动不能被缓解。关闭空气制动线路断路器，设置机车为另一个牵引机车后的拖车位置。“×××”将是一个三位故障代码，记录该代码并报告给维护人员
自动不能缓解—设置拖车—×××	存在一个空气制动维护问题，所以自动制动在牵引车模式不能被缓解。设置机车为拖车，并在另一个牵引车后面使用。没有必要关闭空气制动线路断路器。“×××”将是一个三位故障代码，记录该代码并报告给维护人员
EMERGENCY，自动制动紧急	一个司机发起的紧急制动在起作用（通过移动自动制动手柄到紧急位进行）
EMERGENCY，自动制动手柄在紧急位	这是一个指导信息，如果自动制动手柄在紧急位，该信息被贴在被拖动单元
备份 BC—记录—×××	制动系统有一个部分微机故障，但是它使用其备份气动系统操作为牵引车。到备份的转换是自动的。“×××”将是一个三位故障代码，记录该代码并报告给维护人员
备份模式被占用—×××	制动系统有一个部分微机故障，但是它使用其备份气动系统操作为牵引车。到备份的转换是自动的。“×××”将是一个三位故障代码，记录该代码并报告给维护人员
备份模式—无 Bail—×××	制动系统有一个部分微机故障，但是它使用其备份气动系统操作为牵引车。到备份的转换是自动的。在这个模式下，没有缓解能力。“×××”将是一个三位故障代码，记录该代码并报告给维护人员
备份模式—无 BC 表—×××	制动系统有一个部分微机故障，但是它使用其备份气动系统操作为牵引车。到备份的转换是自动的。在这个模式下，没有制动缸压力示数。“×××”将是一个三位故障代码，记录该代码并报告给维护人员
装置持续 Bail— 将 AB 设置成关闭状态—×××	空气制动故障一旦发生，会导致自动制动管的持续缓解。打开空气制动回路，使用拖车上位于其他牵引单元之后的单元。“×××”将是一个三位故障代码，记录该代码并报告给维护人员
分布式电源紧急制动	在进入分布式电源模式时，紧急制动开始
分布式电源处罚	在进入分布式电源模式时，处罚式制动开始作用
PRESENT，紧急来源仍然存在	紧急制动应用不能被缓解，因为导致紧急制动的条件仍活动（比如，分散动力）
故障紧急	制动系统使用其自诊断发现一个维护问题。为安全地停止列车，应用了紧急制动
故障处罚	制动系统使用其自诊断发现一个维护问题。为安全地停止列车，应用了处罚制动
手柄必须在紧急位来恢复	在紧急制动应用能被缓解前，自动制动手柄必须被移动到紧急位
手柄必须在抑制位来恢复	在处罚制动应用能被缓解前，自动制动手柄必须被移动到抑制位
集成机车微机暂停处罚	由于与集成机车微机（ILC）失去通信，制动系统应用了处罚制动。检查保证 ILC 有电
不兼容电子空气制动子系统	一个或多个 LRU 被安装在制动系统，它们有和其他系统不兼容的软件
单独全部或缓解—设置拖车—×××	电子制动阀（EBV）或控制器存在机械问题。单独制动可被完全应用或完全缓解。“×××”将是一个三位故障代码，记录该代码并报告给维护人员

续表

司乘人员信息	描　述
保持手柄在紧急位	当紧急来源复位，自动制动手柄必须保持在紧急位
保持手柄在紧急位××s	制动系统强迫进行紧急制动（通常90 s）。为了紧急制动被复位，这期间，自动制动手柄必须保持在紧急位
保持手柄在抑制位××s	制动系统在执行最轻处罚制动应用计时（通常8～10 s）。为了处罚制动被复位，这期间，自动制动手柄必须保持在抑制位
移动手柄到抑制位	为了从处罚制动应用恢复，操作者必须移动自动制动手柄到抑制位
没有制动缸表—记录—×××	制动系统有一个部分微机故障，但是它使用其备份气动系统操作为牵引车。到备份的转换是自动的。没有制动缸压力指示（在屏幕上）可用。“×××”将是一个三位故障代码，记录该代码并报告给维护人员
没有制动管切除—设置拖车—×××	一个阻碍制动管切除的空气制动故障发生（不能保证紧急制动应用）。设置单元为在另一个牵引车后的拖车。不要打开空气制动线路断路器。“×××”将是一个三位故障代码，记录该代码并报告给维护人员
在拖车单元没有制动—设置拖车—×××	一个阻碍制动缸均分管加压的空气制动故障发生。设置单元为在另一个牵引车后的拖车。不要打开空气制动线路断路器。“×××”将是一个三位故障代码，记录该代码并报告给维护人员
没有组成单独缓解—设置拖车—×××	一个阻碍动作管加压的空气制动故障发生。设置单元为在另一个牵引车后的拖车。不要打开空气制动线路断路器。“×××”将是一个三位故障代码，记录该代码并报告给维护人员
没有流量表—记录—×××	由于传感器故障流量指示（屏幕上）是不可操作的。机车可按操作者的判断没有流量表使用。“×××”将是一个三位故障代码，记录该代码并报告给维护人员
在拖车单元没有单独制动—设置拖车—×××	一个阻碍单独应用和缓解（IA&R）管加压的空气制动故障发生。设置单元为在另一个牵引车后的拖车。不要打开空气制动线路断路器。“×××”将是一个三位故障代码，记录该代码并报告给维护人员
非可抑制处罚	制动系统被机车微机（ILC）命令应用非可抑制处罚。处罚的来源不确定
操作者紧急	一个司机发起的紧急制动在起作用（通过移动自动制动手柄到紧急位进行）
处罚来源仍存在	进行了处罚制动应用。处罚制动不能被缓解，因为要求处罚的来源，比如司机室信号、超速等，仍在执行它
放置自动制动手柄在手柄取出位	该信息显示以提示操作者放置自动制动手柄在手柄取出位或司机室信号位，为分散动力设置做准备
放置单独制动手柄在缓解位	该信息显示以提示操作者放置单独制动手柄在缓解位，为分散动力设置做准备
上电紧急	制动系统在执行紧急制动应用，直到其完成引导次序（大约1 min）
上电处罚	制动系统在执行处罚制动应用，直到其完成引导次序（大约1 min）
PTU HAS OVERRIDDEN，便携测试单元最优先	便携测试单元（PTU）被连接到制动系统，并正控制制动命令。机车应该用手制动停住
从牵引车/接入单元恢复空气制动	该拖车单元在紧急或处罚制动应用。为了恢复制动系统，制动管必须靠缓解连接牵引车单元的制动来充风。选择性地，该单元可以被转为牵引车模式并被恢复
远程对话最优先	操作者已经进入了制动系统微机。在这一模式，不顾制动控制器是可能的。机车应该用停车制动设置停住
换向器没有居中	机车换向器没有居中。为允许空气制动模式改变为“拖车”
可抑制处罚	制动系统已经被应用可抑制处罚。处罚来源没有确定
为清除紧急制动，将手柄移至运行位	操作人员必须将自动制动手柄移至运转位以缓解紧急制动
为清除处罚，移动手柄到抑制位	为了重新设置处罚，操作者必须移动自动制动手柄到抑制位

续表

司乘人员信息	描　述
为中断，循环 IPM 动力	为清除该操作模式或故障，关闭 IPM，再打开。IPM 通常在 LECB、DPCB 或 MTB 线路断路器
列车紧急	由于列车某处制动管快速排气，紧急制动被应用
等××s	该信息在各个时期显示，通知操作者在进行下一步行动前，等待各种定时器到时间
警告—空气制动在制造测试模式	制动系统在制造测试模式，将对正常输入不响应。该信息不能在正常运行系统发生。打开空气制动线路断路器并通知维护
设置 AB 关闭—×××	因空气制动维护问题存在，所以自动制动不能缓解。关闭空气制动回路断路器。将机车设置在成牵引机车后的拖车程序。“×××”将是一个三位故障代码，记录该代码并报告给维护人员
空气制动故障， 警告—在拖车上设置空气制动	空气制动系统设置成拖车模式，此时会收到控制器已经脱离隔离模式的信号。它警告操作人员，空气制动被设置成拖车模式，而且对任何制动手柄的移动都不会做出相应的响应，除了紧急制动手柄外

7. CCBⅡ型机车制动机电子空气制动（EAB）操作有关的机车故障症状

为了能够更好地处理 CCBⅡ型机车制动机有关故障，需熟知机车故障症状及故障排除步骤，如表 5－2－11 所示。

表 5－2－11　CCBⅡ型机车制动机故障症状及故障排除步骤

故障症状	故障排除步骤
“Air Brake Fault（空气制动故障）”显示在机车显示屏	司乘人员信息故障显示器将包括一个三位故障代码（文本紧跟着）。记下这个三位故障代码并参阅 IPM 诊断/故障代码表改正措施。在“司乘人员信息术语表”中有司乘人员信息描述
系统不自检	司乘人员信息故障显示器将包括一个四位故障代码（文本紧跟着）。记下这个四位故障代码并参考 EAB 自检故障代码和改正措施
动力切除开关（PCS）不能清除或不能缓解制动	（1）放置自动制动手柄在抑制位（SUP）并等待处罚清除。如果“Penalty Source Still Present（处罚来源仍存在）”信息出现，将有必要复位处罚来源。处罚被复位后，移动自动制动手柄到运行位（RUN）。检查 ER 和 EP 两个压力是否都提高。如果 ER 提高而 BP 不提高，见症状“不能给制动管充风”。如果 ER 和 BP 确实提高，或者如果二者都不提高，到步骤 2。 （2）保证主手柄在“Isolate”位而换向器手柄在中间位。放置自动制动手柄在抑制位并监测诊断追踪信息。给集成处理器模块（IPM）加动力周期。检查在 IPM 上电过程中“PCS Negated”信息是否出现。如果在“PCS Negated”出现在追踪信息，但是机车 PCS 灯仍亮着，更换 IPM。如果问题还存在，更换继电器接口模块（RIM）并从 IPM 经 RIM 到机车 PCS 检查接线的连续性。如果“PCS Negated”没有出现在追踪信息，一个“紧急”或“处罚”来源是活动的，必须被清除
不能给制动管充风	（1）保证机车设置是“牵引车接入”。移动自动制动手柄到运行位（RUN）。保证 ER 充风到缓解设置（60～110 psi）。如果 ER 不充风，见症状“动力切除开关（PCS）不能清除”。 （2）隔离机车（关闭端角塞门）并重复步骤（1）。如果 BP 现在充风但以前不充风，检查列车泄漏或没有连接。 （3）至少 10 次“急剧地” 放置电子制动阀（EBV）自动制动手柄到或紧急位。复位紧急制动，并移动自动制动手柄到运行位（RUN）。如果 BP 压力升高，问题是 EBV 上 21 放风阀卡住。 （4）如果 BP 部分向 ER 升高，但是达不到 ER（在 EPCU 听到空气吹动），更换 BPCP（可能继电器脏）。如果 BP 根本不提高，更换 IPM（可能是二进制输出故障）

续表

症状	故障排除步骤
在机车上自动制动不能被单独缓解掉	（1）保证平均管塞门是关闭的。 （2）运行 CCB Ⅱ自检。如果自检通过，更换 EBV（可能是单独缓解开关/总线故障）。如果自检未通过，报告故障代码改正措施
当有电阻制动时，自动制动不单独缓解	把机车放在电阻制动位置 1，并保证 DBI 阀接线盒在 BC 部分有电压。测量空气制动接线盒端子 47 和 48（电缓解）的电压。如果没有电压，问题不在空气制动系统；如果有电压，更换 BCCP 部分（可能是 DBI 电磁阀故障）
不能建立制动缸压力	（1）保证机车被设置到“本机投入”。保证转向架制动缸是接入的（角塞门）。 （2）用自动制动手柄进行制动作用。注意制动管压力降低。 （3）在制动缸控制部分（BCCP）检查空气吹动，如果没有听到泄漏，从 EPCU 总管到转向架制动缸检查机车管路的完整性
不能进入空气制动远程对话（自检、标定、事件记录等）	保证主手柄位于“Isolate”（隔离）
LCDM 显示屏变黄，LED 显示管闪烁	LCDM 重新启动，如果仍然不好，更换 LCDM 显示屏

 **思考与讨论**

1. 说明 HX_N3 型内燃机车、HX_N5 型内燃机车制动系统网络控制关系。
2. 说明 CCB Ⅱ制动机电空控制单元各模块主要组成和作用。
3. 结合综合制动、“五步闸”和故障列表内容，解析制动机故障原因。

任务 5.3　熟悉 DK－2 型机车电空制动机

DK－2 型机车电空制动机是以 DK－1 型机车电空制动机为基础，结合 2004 年南车集团所研制的新型机车制动机技术，并且吸收国外先进制动技术所研发的具备完善的微机模拟控制和网络通信功能的自动式电空制动机。

DK－2 型机车电空制动机的特点如下。

（1）采用微机模拟控制技术，能实现列车自动制动与机车单独制动、空气制动与电气制动的混合（空电联合制动）、断钩保护、列车充风流量检测、无动力回送、制动重联、列车速度监控配合等制动基本功能。

（2）具备单机自检、故障诊断、数据记录与存储等智能化、信息化功能，具备 MVB、CAN 等网络通信接口，适应现代机车制动系统信息化及网络控制的发展要求。

DK－2 型机车电空制动机主要技术性能指标如下。

（1）制动机在列车管定压 500 kPa 或 600 kPa 时均能正常工作。

（2）制动机具有制动稳定性：当列车管压力从定压以每分钟小于 40 kPa 的速度下降时，机车制动缸不起制动作用。

（3）制动机具有常用制动灵敏度：当列车管压力从定压以每秒钟下降 10～40 kPa 时，在列车管减压 35 kPa 前机车制动缸产生制动作用。

（4）制动机具有紧急制动灵敏度：当列车管减压速度大于每秒 80 kPa 时，机车制动机产生紧急制动。

（5）制动机在常用全制动后使用运转位充气缓解时，机车制动缸压力从常用全制动最高压力降至 40 kPa 的时间小于 7 s（定压 500 kPa）或 8.5 s（定压 600 kPa）。

（6）列车管最小减压量为 40～50 kPa，机车制动缸压力为 90～130 kPa。

（7）列车管减压（140±5）kPa（定压 500 kPa）或（170±5）kPa（定压 600 kPa）时，机车产生常用全制动最大压力。常用全制动最大压力为 340～380 kPa（定压 500 kPa）或 400～435 kPa（定压 600 kPa）。

（8）常用全制动时机车制动缸从零升至常用全制动实际最大压力（符合最大压力规定范围）的时间为 6～8 s（定压 500 kPa）或 7～9.5 s（定压 600 kPa）。

（9）施行列车管减压 100 kPa，机车制动缸压力为 240～270 kPa。

（10）机车均衡风缸从 500 kPa 降至 360 kPa 或从 600 kPa 降至 430 kPa 的时间为 5～7 s 或 6～8 s。

（11）施行紧急制动时，机车列车管压力从定压降至零的时间小于 3 s，机车制动缸压力从零升至 400 kPa 的时间不大于 5 s，机车制动缸最高压力限制在 440～460 kPa。

（12）机车自动制动手柄手把处于运转位，操纵单独制动手柄手把，全制动时机车制动缸最高压力为 300±10 kPa，机车制动缸压力从零升至 280 kPa 的时间不大于 4 s，运转位缓解时，机车制动缸压力从 300 kPa 降至 40 kPa 的时间为不大于 5 s。

HX_N5B 机车使用的 DK－2 型机车制动系统主要由 DK－2 型机车制动控制系统（包括司机室设备、制动柜、机械间设备）和基础制动装置两部分组成。

1. DK－2 型机车电空制动机主要控制系统部件

1）电子制动阀

此为 DK－2 型机车电空制动机的人机接口（MMI），包括自动制动手柄和单独（直通）制动手柄。中间有手柄位置指示牌，指示手柄停留位置。采用水平安装结构，是一个集成在一起的制动操纵装置，发送电信号指令到制动控制单元BCU，为机车制动机提供自动制动和单独制动等指令，同时还具备紧急位机械排风功能，如图 5－3－1 所示。

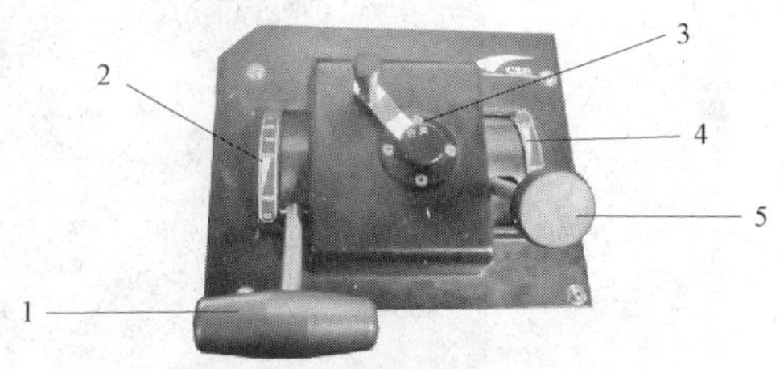

图 5－3－1　电子制动阀

1—自动制动手柄；2—自动制动手柄位置指示牌；3—制动控制阀开关（钥匙手柄）；4—单独制动手柄位置指示牌；5—单独制动手柄

自动制动手柄和单独制动手柄采用推拉式操作方式。插入钥匙手柄并逆时针转动处于“开”位，自动制动手柄和单独制动手柄可在各个位置间进行操作，这时钥匙手柄被锁在“开”位；自动制动手柄和单独制动手柄在运转位时，钥匙手柄可转到“关”位并可取出。

自动制动手柄前推最前位为紧急位，往后拉依次为重联位、抑制位、全制动位、制动区、初制动位、运转位，大闸手柄在各位置功能分别如下。

运转位：列车管按定压进行充风控制，是列车制动进行缓解和充风的位置。

制动区：控制列车管压力降低，列车产生制动作用，制动区对列车管进行连续的压力下降控制，该值随手柄在这个区域的位置而变。

抑制位：该位置是制动机开机解锁和惩罚制动解锁的工作位置。

重联位：该位置应是机车制动机非操纵端以及无火回送、重联时大闸所放位置。

紧急位：大闸此位置设有列车管排风阀，能对机车制动机或列车制动机施行紧急制动，手柄置于该位置，列车管压力以紧急速度放风到0。

小闸手柄前推最前位为全制动位，往后依次为制动区、运转位、侧压缓解位（将小闸向右侧旁推，自动复位），无论小闸在哪个位置都可投入。小闸手柄在各位置功能分别如下。

侧压缓解位：此位置用来单独缓解大闸产生的机车制动缸压力。

运转位：此位置为机车正常运行时所放位置，用来缓解小闸产生的机车制动缸压力。

制动区：机车单独制动压力随着手柄在这个区域的位置而变。

全制动位：机车最大单独制动，机车制动缸完全充风到（300±10）kPa。

2）IDU 制动信息相关界面

（1）主界面。

IDU 正常启动进入 IDU 主界面，主界面故障信息和提示信息区域增加显示制动机故障和操作提示信息的功能。其中故障信息区域显示故障内容，当故障条数大于故障信息区域的空间时，可在故障查询界面查看当前存在的所有故障。提示信息区域显示制动机操作提示信息，当多条提示信息同时存在时，显示方式按优先级处理，如图 5-3-2 所示。

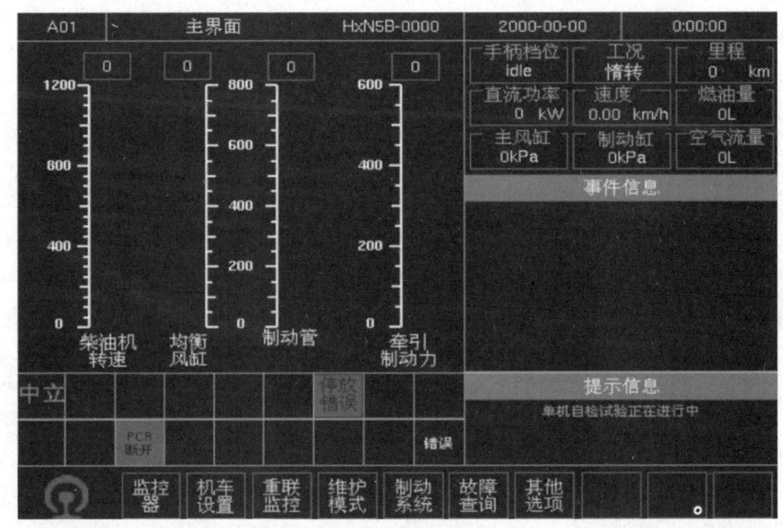

图 5-3-2　IDU 主界面

（2）电空制动界面。

在 IDU 主界面触发“制动系统”按键进入制动系统电空制动界面，该界面的主要功能是以风表形式显示均衡风缸、总风缸、列车管、制动缸，以柱状图的形式显示列车管充风流量，显示 BCU 钮子开关状态、制动机状态信息显示，提示信息和故障信息提示，同时实现维护界面和软件版本界面的连接功能。如图 5-3-3 所示。

（3）维护界面。

按下电空制动界面的“维护”按键，进入维护界面。维护界面的主要功能是显示维护菜单，说明各维护模块的功能，实现单机自检、事件记录、传感器校准功能子界面的连接功能，如图 5-3-4 所示。

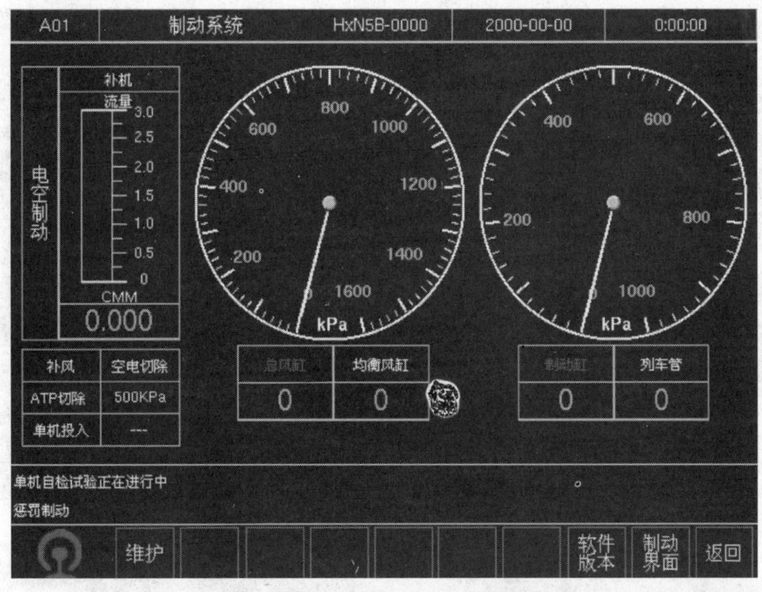

图 5－3－3　IDU 电空制动界面

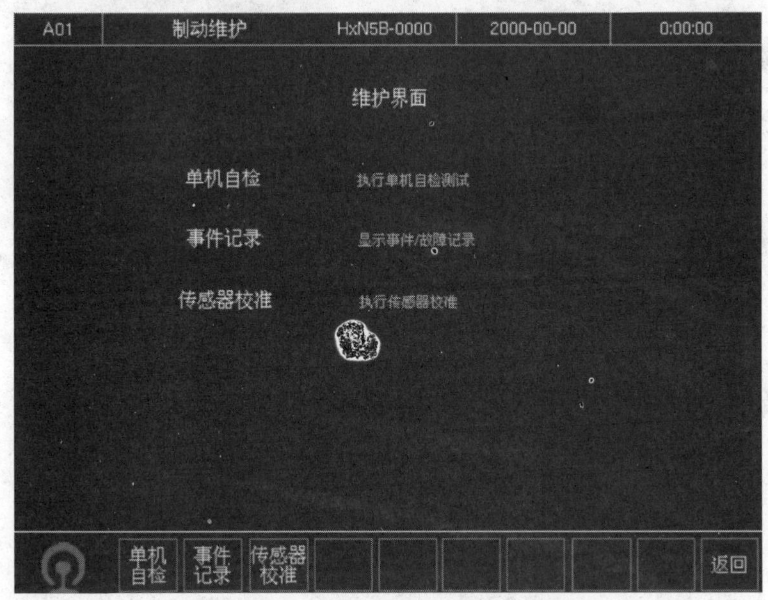

图 5－3－4　IDU 维护界面

（4）事件记录界面。

按下维护界面的“事件记录”按键，进入事件记录界面。该界面显示机车事件/故障发生的日期和时间、事件/故障类型、事件/故障描述，如图 5－3－5 所示。

3）制动柜

制动柜为机车制动控制系统的执行部件，采用模块化设计，能够实现列车管、制动缸、停放制动、平均管的压力控制，实现自动制动、单独制动、紧急制动、无火回送及制动重联、制动缸切除控制、安全联锁控制、主压缩机启停控制、辅助风源系统、升弓控制、停放制动控制、撒砂控制、I/O 控制、微处理器、继电器接口等功能。如图 5－3－6 所示。

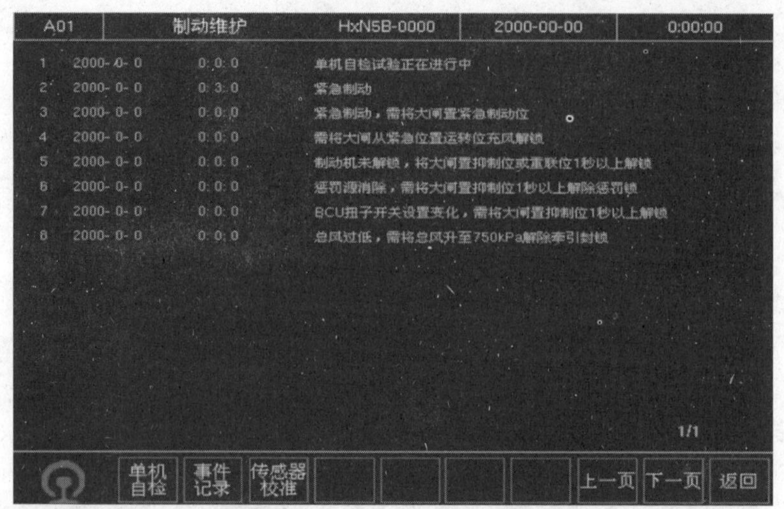

图 5-3-5　IDU 事件记录界面

图 5-3-6　制动柜图

1—骨架；2—制动控制单元；3—停放制动控制模块；4—列车/制动缸控制模块；5—均衡风缸；6—预控风缸；7—容积室风缸；8—工作风缸

（1）制动控制单元（BCU）。

制动控制单元是制动机核心控制部件，如图 5-3-7 所示，用来实时、快速处理制动机

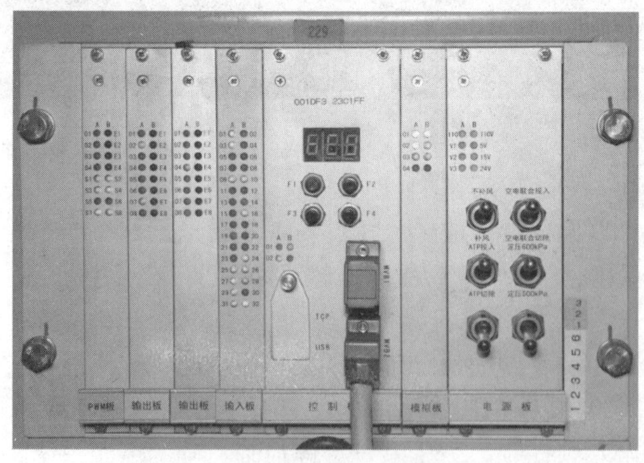

图 5-3-7　制动控制单元（BCU）

模拟量、网络通信数据及制动机信息化数据，实现机车制动机控制、状态监控及故障诊断、显示、报警、数据记录存储、网络通信等功能。为了和 CCU 交换制动系统的信号，制动控制单元与 CCU 的接口通过 MVB 连接，部分制动信号由 CCU 进行控制（例如停放制动等）。

制动控制单元采用欧式 4U 标准结构框架，由七块 4U 标准插件组成：一块 PWM 板、一块输入板、两块输出板、一块控制板、一块模拟板、一块电源板。其插件通过其面板由带防脱的紧固件与机箱固定，母线板安装在机箱后部，与 BCU 后面的专用连接器相连，这些连接器用来实现与外部电路通信。

制动控制单元电源板上有六个钮子开关，如图 5-3-8 所示。

图 5-3-8　制动控制单元（BCU）电源板

1—备用；2—控制 ATP 投入/切除；3—控制列车管的补风和不补风（正常运用时打到不补风位）；4—控制空电联合制动投入/切除；5—选择列车管定压 500 kPa/600 kPa；6—备用

（2）列车/制动缸控制模块。

列车管/均衡（风缸）控制模块包括均衡（风缸）控制模块、列车管控制模块，如图 5-3-9 所示。

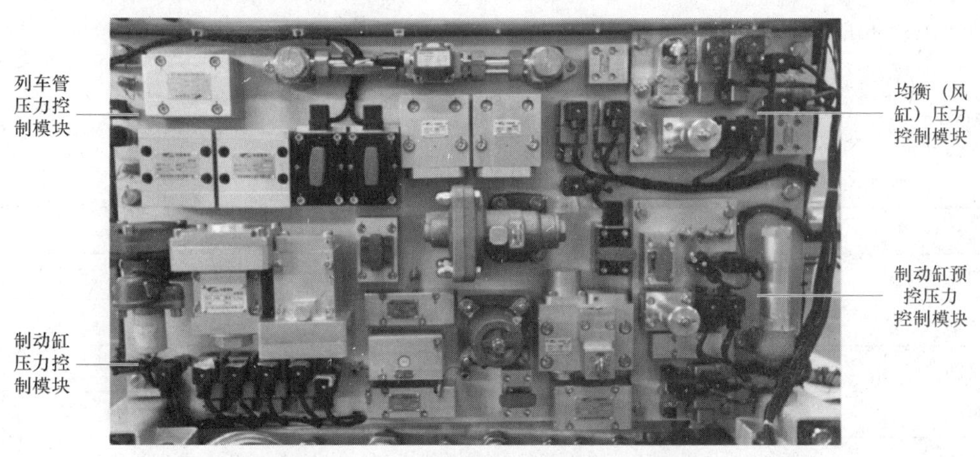

图 5-3-9　列车管/均衡（风缸）控制模块

1—列车管控制模块；2—均衡（风缸）控制模块

均衡（风缸）控制模块采用高速电空阀、压力传感器及 PWM 脉冲调制方式实现对压力精确控制的 EP 闭环模拟控制模式，均衡风缸升压、减压速度符合 TB/T 2056 相关规定。

列车管控制模块用于控制列车管的初（再）充风、常用制动排风和紧急制动排风、列车管前后遮断等。

① 均衡（风缸）控制模块。

（a）组成。均衡（风缸）控制模块主要由电空转换阀（153）、均衡风缸调压阀（55）、制动高速电空阀（257YV）、缓解高速电空阀（258YV）、保护电空阀（263YV）、重联电空阀

(259YV)、均衡模块总风压力检测口（271）、均衡风缸压力检测口（272）、均衡风缸压力传感器（205BP）及气路板等部件组成，如图 5－3－10 所示。

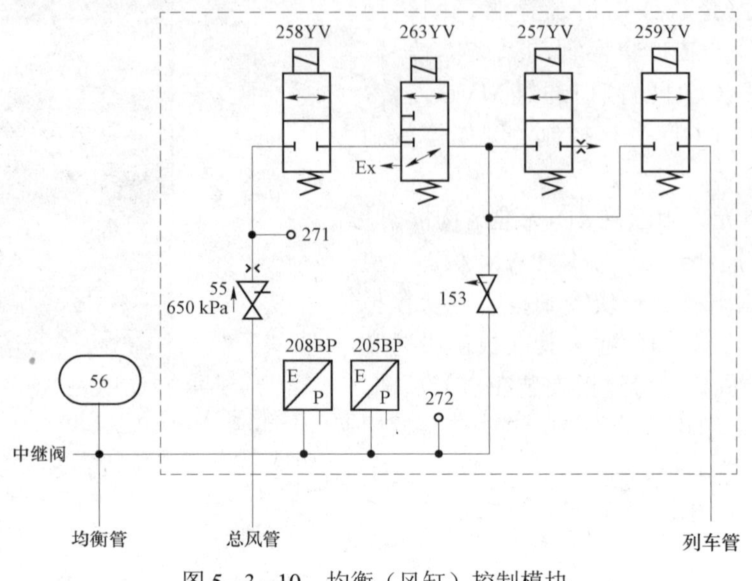

图 5－3－10　均衡（风缸）控制模块

（b）作用。在 EP 闭环模拟控制模式下，制动控制单元（BCU）接收自动制动手柄发出的均衡风缸目标值命令，比较目标值与压力传感器反馈的均衡风缸实时压力值，通过对进、排气高速电空阀的 PWM 控制，达到精确控制均衡风缸压力的目的。

保护电空阀可以确保系统故障或失电时均衡风缸的自动减压排风。各部件具体作用，参见表 5－3－1。

表 5－3－1　均衡（风缸）控制模块各部件具体作用

代号	部件	功　能
257YV	制动电空阀	控制均衡风缸的排风
258YV	缓解电空阀	控制均衡风缸的充风
263YV	保护电空阀	制动系统失电时排均衡风缸的风
259YV	重联电空阀	得电时沟通列车管和均衡管使中继阀失去控制列车管压力的能力
55	均衡风缸调压阀	调节进入均衡模块的总风的压力值（整定值为 650 kPa）
271	压力检测口	用于检测经调压阀 55 调压后的总风压力值
153	电空转换阀	实现电空位和空气位的转换
272	压力检测口	用于检测均衡风缸压力值
205BP	压力传感器	采集均衡风缸压力值

② 列车管控制模块。

列车管压力控制模块主要由中继阀、紧急阀、遮断阀、流量计、转换阀、调压阀、电空阀、传感器、塞门及气路板等部件组成。如图 5－3－11 所示。

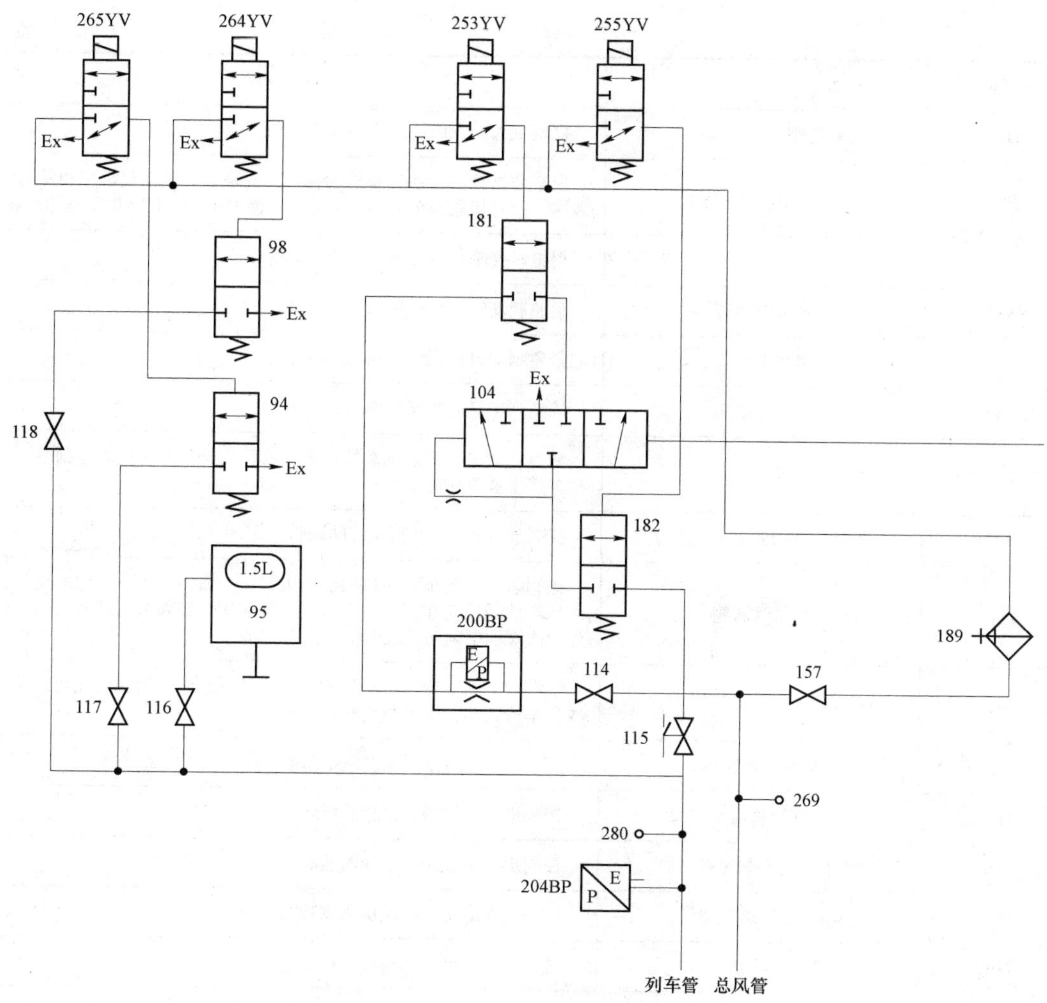

图 5－3－11　列车管控制模块

列车管的充气与排气由中继阀根据均衡风缸压力控制，中继阀能保证列车管压力在均衡风缸压力±10 kPa 范围内。流量计用于检测列车管充风流量。总风遮断阀受中立电空阀控制，用来切断常用制动与紧急制动工况下的列车管补风通路。列车管遮断阀受遮断电空阀控制，用于制动机重联工况下切断中继阀与列车管的通路。

一旦紧急电信号产生——来自自动制动手柄紧急、ATP、列车分离保护作用等，紧急制动电空阀得电，驱动电动放风阀直接将列车管压力排向大气，列车管压力迅速降为 0。

当紧急阀检测到列车分离时的列车管快速减压信号时，立刻通过电联锁向制动控制单元发出断钩信号，同时自动打开列车管排风阀口，加快列车管排风并锁定紧急制动信号约 15 s。各主要部件作用，参见表 5－3－2。

表 5－3－2　列车管控制模块主要部件作用

代号	部件	功　能
200BP	列车管充风流量计	监测列车管充风流量值
204BP	列车管压力传感器	采集列车管压力

续表

代号	部件	功　能
116	紧急阀列车管塞门	控制进入紧急阀列车管的通断
95	紧急阀	在紧急制动时加快列车管的排风，提高紧急制动灵敏度和紧急制动波速，同时接通列车分离保护电路，使列车紧急制动作用更加可靠
253YV	中立电空阀	得电时控制总风遮断阀切断列车管补风
265YV	紧急电空阀	紧急制动时控制放风阀 94 的排风
264YV	紧急电空阀	紧急制动时控制放风阀 98 的排风
255YV	遮断电空阀	控制列车管遮断阀动作
94/98	放风阀	紧急制动时，开通列车管与大气通路，使列车管压力急剧下降，全列车产生紧急制动作用
117/118	放风阀 94/98 列车管塞门	控制放风阀 94/98 列车管的通断
181	总风遮断阀	控制总风向列车管充风的一道关口，一般情况下，该阀的动作与均衡风缸的减压动作同步，即均衡风缸减压，该阀关闭遮断阀口，以确保一次缓解型制动系统的制动作用可靠
104	中继阀	中继阀依据均衡风缸的压力变化来控制列车管的压力变化，从而完成列车的制动、保压和缓解
182	列车管遮断阀	用于制动系统重联工况下切断中继阀与列车管的通路
114	中继阀总风塞门	控制进入中继阀总风管的通断
115	中继阀列车管塞门	控制进入中继阀列车管的通断
157	电空制动总风塞门	控制进入均衡控制模块总风管的通断
189	滤尘器	过滤进入均衡控制模块总风管的压缩空气
56	均衡风缸	存储均衡压力空气
188	滤尘器	过滤进入均衡风缸的均衡管压缩空气
269	总风压力检测口	用于检测总风压力值
280	列车管压力检测口	用于检测列车管压力值

③ 制动缸控制模块。

制动缸控制模块的主要功能是根据系统指令输出制动缸压力，实现预控风缸闭环控制、电子分配阀和空气分配阀切换、机车单缓等功能。

（a）组成。制动缸控制模块主要由滤尘器、分配阀、分配阀缓解塞门、无火滤尘止回阀、无火塞门、紧急增压调压阀、工作风缸、制动缸切换阀、切换电空阀、制动缸压力开关、制动缸Ⅰ压力传感器、制动缸Ⅱ压力传感器、重联阀、重联阀压力开关、制动缸预控模块及塞门等组成，如图 5－3－12 所示。

其中制动缸预控模块主要包括单独制动总风塞门、单独制动减压阀、单独制动高速电空阀、单独缓解高速电空阀、预控风缸压力传感器、切换电空阀、切换阀、强缓电空阀、作用管压力传感器等。

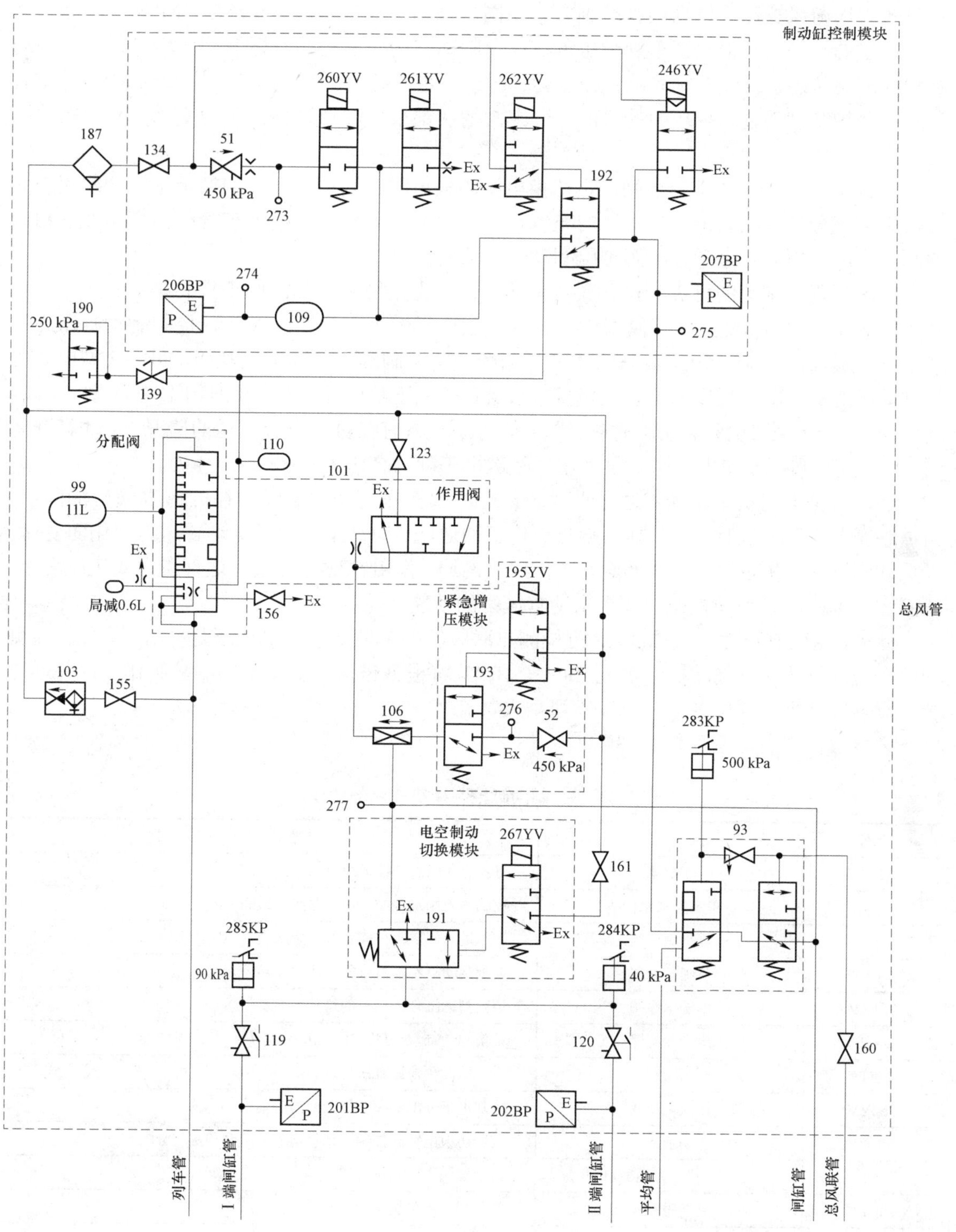

图 5－3－12　制动缸控制模块

（b）作用。电子分配阀包括分配阀均衡部、切换电空阀、制动缸预控压力的 EP 闭环模拟控制部件（高速电空阀、压力传感器）。电子分配阀中的制动缸预控压力的 EP 闭环模拟控制方式与均衡风缸 EP 闭环模拟控制方式相同，制动控制单元接收自动制动手柄、单独制动手柄发出的指令，再根据列车管减压量计算出制动缸预控压力的目标值，比较目标值与制动缸预控压力传感器反馈的制动缸预控压力实时值，通过对进、排气高速电空阀的 PWM 控制，达到精确控制制动缸预控压力的目的。分配阀均衡部根据制动缸预控压力变化，实现制动缸的充气与排气。

空气分配阀为 109 型分配阀，当切换电空阀失电时，制动缸预控切换至空气分配阀的通路，由空气分配阀控制机车制动缸的充气与排气，空气分配阀根据列车管压力变化产生相应的制动缓解作用，为电子分配阀常用制动时的热备冗余。

为确保紧急制动的可靠，机车紧急制动时，优先采用空气分配阀来控制制动缸压力，当发生紧急制动时，109 型分配阀增压阀打开，实现对容积室的快速充气，控制制动缸压力快速上升至最高压力 450 kPa。为解决 109 型分配阀紧急制动安全阀惯性故障，DK－2 型电力机车制动机对紧急制动限压从原理上进行了设计改进：正常情况下，关闭塞门 139 隔离安全阀，利用调压阀 52 来限制紧急制动时制动缸最高压力；只有在机车无火回送的情况下，才打开塞门 139，安全阀投入使用，用来限制无火回送机车制动缸压力不超过 250 kPa。

DK－2 型电力机车制动机通过重联阀、平均管、列车管实现本机与补机制动/缓解的同步。当重联阀置于本机位时，机车制动缸与平均管沟通，平均管压力跟随制动缸压力变化而变化。当重联阀置于补机位时，机车平均管与作用管沟通，作用管压力跟随平均管压力变化而变化，从而实现本机通过平均管控制补机制动缸压力的功能。

此外，重联阀压力开关 283 KP 可检测重联阀转换手柄处于本机位还是补机位，并将检测到的压力信号传送给制动控制单元 BCU，BCU 将根据该信息实施不同的控制作用，并通过制动显示屏将重联阀位置信息反馈给司乘人员。

主要部件作用，参见表 5－3－3。

表 5－3－3　制动缸控制模块主要部件作用

代号	部　件	功　能
187	滤尘器	过滤进入闸缸预控模块总风管的压缩空气
134	单制总风塞门	控制进入闸缸预控模块的总风管通断
51	单制调压阀	调节进入闸缸预控模块的总风压力，整定压力值 480 kPa
260YV	单制电空阀	控制制动缸预控风缸的充风
261YV	单缓电空阀	控制制动缸预控风缸的排风
206BP	压力传感器	采集制动缸预控风缸压力值
274TP	压力检测口	用于检测预控风缸压力
262YV	切换电空阀	控制电子分配阀和空气分配阀的切换
192	切换阀	接受切换电空阀控制，切换电子分配阀和空气分配阀
275	作用管压力测试口	用于检测作用管压力值
246YV	强缓电空阀	紧急制动后单缓机车
207BP	作用管压力传感器	采集作用管压力值
101	分配阀	输出闸缸压力
156	分配阀缓解塞门	控制分配阀容积室排大气通路

续表

代号	部　件	功　能
103	无火滤尘止回阀	无火回送时过滤列车管到总风管去的风，并有止回作用
155	无火塞门	无火回送时需开通
139	无火安全阀塞门	无火回送时需开通
190	无火安全阀	控制无火回送时制动缸最高压力，整定值 250 kPa
52	紧急增压调压阀	紧急制动时控制最大闸缸压力在 450 kPa，整定值 450 kPa
276	紧急增压通路压力测试口	用于检测紧急增压调压阀调压后总风压力值
137	紧急增压塞门	控制紧急增压通路
123	分配阀总风供给塞门	控制分配阀总风通路
99	工作风缸	为向容积室充风存储风压
277	压力检测口	用于检测闸缸压力
191	制动缸切换阀	闸缸切换命令产生时使闸缸压力排大气
267YV	制动缸切换电空阀	得电时使总风进入切换阀，控制制动缸切换阀动作
161	制动缸切换阀总风塞门	控制切换阀总风通路
285KP	制动缸压力开关	制动缸压力达 90 kPa 时传输信号到 CCU 切除电制动
284KP	制动缸压力开关	制动缸压力达 40 kPa 时传输信号到 CCU 切除牵引
119	制动缸Ⅰ塞门	控制制动缸Ⅰ的通路，关闭此塞门Ⅰ路制动缸压力空气排大气
120	制动缸Ⅱ塞门	控制制动缸Ⅱ的通路，关闭此塞门Ⅱ路制动缸压力空气排大气
201BP	制动缸Ⅰ压力传感器	采集制动缸Ⅰ压力值
202BP	制动缸Ⅱ压力传感器	采集制动缸Ⅱ压力值
93	重联阀	保证重联机车的制动和缓解作用与本务机车协调一致
283KP	压力开关	判断重联阀的工作状态，给 BCU 信号
160	总风联管塞门	控制进入重联阀的总风通路

（3）停放制动控制模块。

停放制动控制模块用于控制停放制动缸充排气控制，实现停放制动施加/缓解作用。

停放制动控制模块主要由停放制动调压阀（58）、停放制动双脉冲电磁阀（243YV）、停放制动塞门（177）、双向阀（180）、停放制动压力开关（286KP、290KP）、停放制动缸管压力测试口（270）等组成，如图 5－3－13 所示。

根据停放制动缸所需的缓解压力，停放制动调压阀整定值为 550 kPa，停放制动压力开关整定值为 480 kPa。

停放制动控制模块的主要功能是接收停放制动施加与缓解按钮指令，实现停放制动缸排气与充气。当双脉冲电磁阀中停放施加电空阀得电时，停放制动缸的压缩空气通过双脉冲电磁阀排向大气，停放制动作用施加；当双脉冲电磁阀中停放缓解电空阀得电时，总风通过调压阀、双脉冲电磁阀向停放制动缸充风，停放制动作用缓解。

双向阀的功能是取制动缸压力与停放制动缸压力两者之中的较大值，防止停放制动力与闸缸制动力同时施加，避免制动力叠加而造成制动力过大。主要部件作用，参见表 5－3－4。

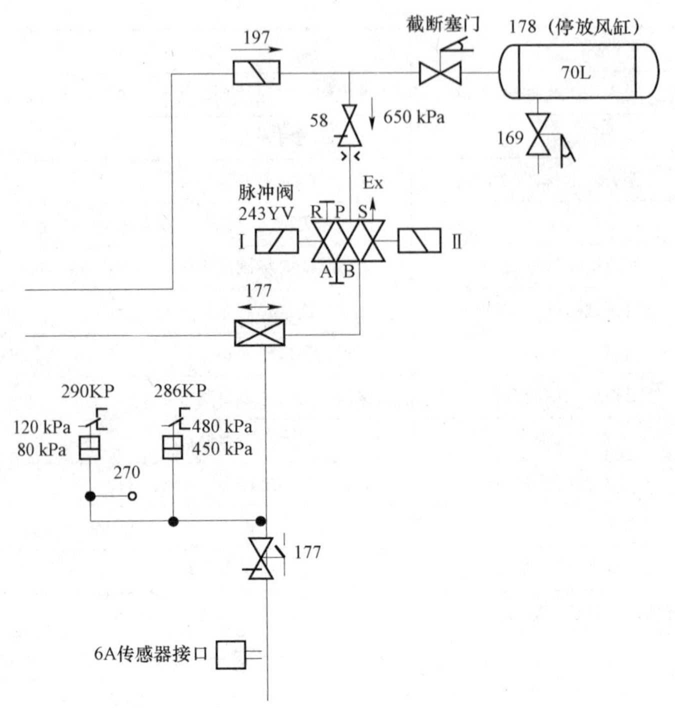

图 5－3－13　停放制动控制模块

表 5－3－4　停放制动控制模块主要部件作用

代号	部件	功　能
58	停放制动调压阀	调节进入停放制动模块的总风压力，整定压力值 550 kPa
243YV	停放制动双脉冲电磁阀	控制停放缸的充风和排风，按压右侧按钮（红色）施加停放制动，按压左侧按钮（绿色）缓解停放制动
180	双向阀	输出闸缸压力和停放制动压力中较大者至停放缸，防止停放制动力和空气制动力叠加
286KP	停放制动压力开关	停放制动管压力达到 480 kPa 后，输出高电平，传输停放完全缓解信号给 CCU
290KP	停放制动压力开关	停放制动管压力降到 120 kPa 以下，输出高电平，传输停放施加信号给 CCU
177	停放制动塞门	控制停放制动管的通断，当塞门处于关闭位时会将停放缸压力空气排大气
270	停放制动管压力检测口	用于检测停放制动管压力

停放制动施加后可以手动缓解。分别手拉 4 个停放缸单元制动器上的手动缓解拉环，此时单元制动器可缓解，闸瓦离开车轮。

停放制动模块可以手动切除，当机车处于停放缓解状态时，手动关闭停放制动模块上的截断塞门，停放缸压力空气经该截断塞门排向大气，停放制动施加，单元制动器抱闸。且机车微机显示屏上有停放制动切除的提示信息，同时加载牵引功率无效。

当机车处于停放制动缓解状态时，断开机车总闸开关，停放制动可自动施加，即带停放缸的单元制动器抱闸。

4）DK－2 型机车制动机后备系统

后备制动作用是通过操作司机台面上的后备制动阀来实现，单缓按钮用于后备制动作用时单缓机车制动缸压力。后备制动阀有三个作用位置：制动位、中立位、缓解位。如图 5－3－14 所示。

后备系统后备制动均衡风缸控制模块有总风调压阀管、均衡风缸管以及一个排大气缩孔，如图 5－3－15 所示。

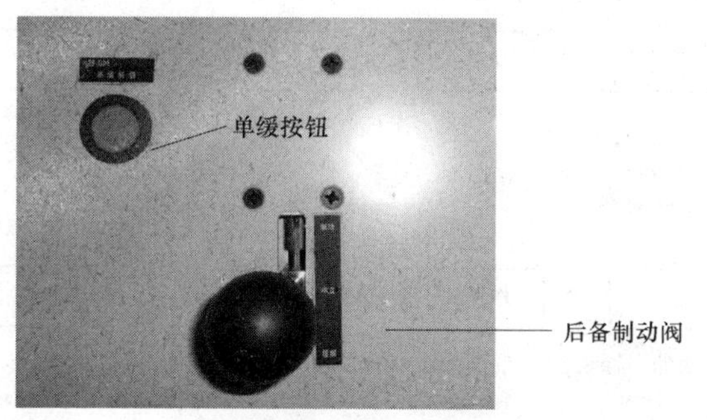

图 5－3－14　后备制动阀与单缓按钮

图 5－3－15　后备制动均衡风缸控制模块

操纵后备制动阀，能实现均衡风缸充风缓解和排风减压制动。

2. DK－2 型电力机车制动机综合作用

1）DK－2 型电力机车制动机主要模块（部件）控制关系示意图如图 5－3－16 所示。

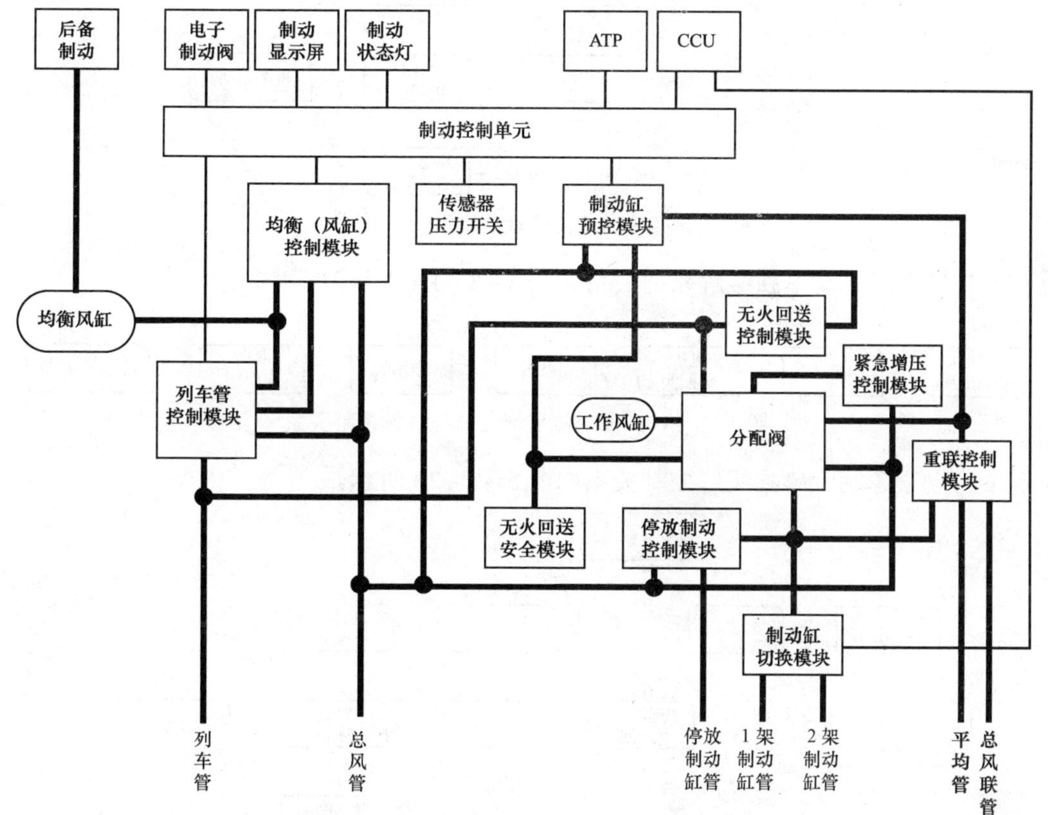

图 5－3－16　DK－2 型电力机车制动机主要模块（部件）控制关系示意图

2）DK－2 型电力机车制动机主要模块（部件）控制关系

（1）自动常用制动控制关系如图 5－3－17 所示。

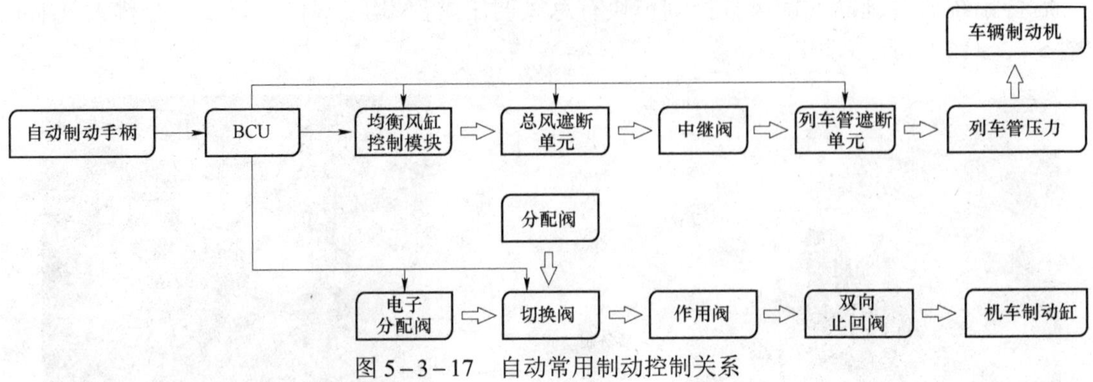

图 5－3－17　自动常用制动控制关系

（2）自动紧急制动控制关系如图 5－3－18 所示。

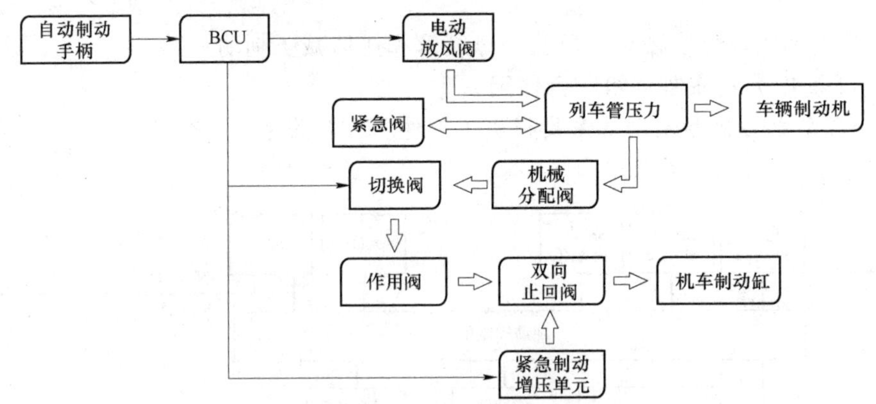

图 5－3－18　自动紧急制动控制关系

（3）自动常用制动单独缓解控制关系如图 5－3－19 所示。

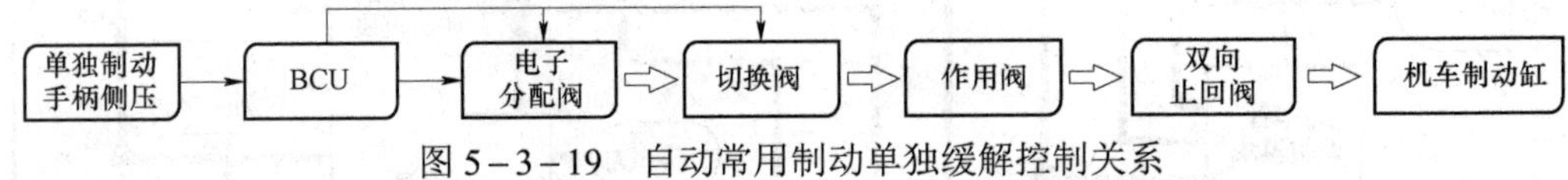

图 5－3－19　自动常用制动单独缓解控制关系

（4）自动紧急制动单独缓解控制关系如图 5－3－20 所示。

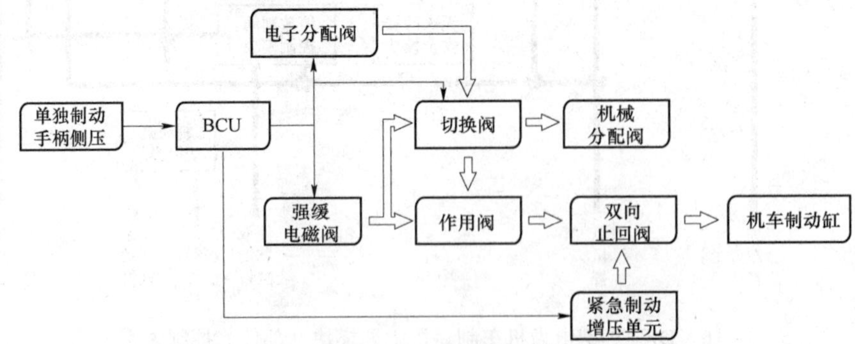

图 5－3－20　自动紧急制动单独缓解控制关系

（5）单独制动作用控制关系如图 5－3－21 所示。

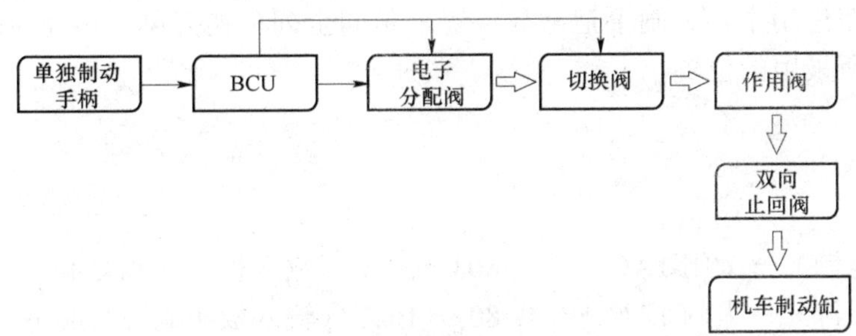

图 5－3－21　单独制动作用控制关系

（6）后备制动控制关系如图 5－3－22 所示。

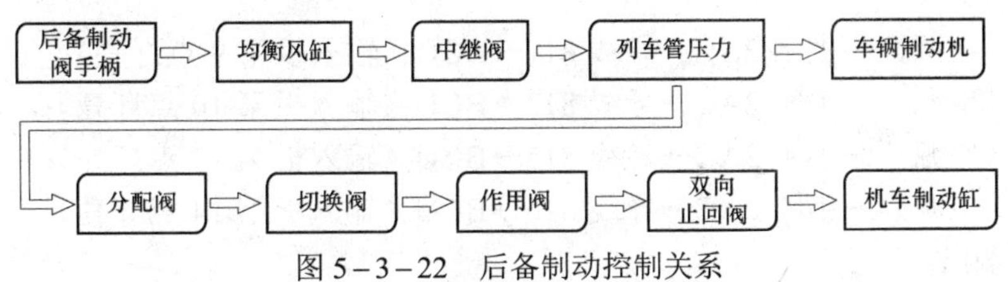

图 5－3－22　后备制动控制关系

（7）平均管制动控制关系如图 5－3－23 所示。

图 5－3－23　平均管制动控制关系

3）DK－2 型电力机车制动机综合制动作用

机车制动机的综合作用习惯上是根据大闸和小闸各手柄位置的变换（该变换是由操纵列车/机车实际运行情况而决定）而确定的机车制动机各主要部件之间的相互关系和作用规律。HX_N5B 型机车 DK－2 制动机的综合作用按自动制动作用和单独制动作用两方面逐一介绍。

第一部分：自动制动作用。

自动制动作用，即 DK－2 型机车制动机处于电空位，非操纵端大闸置重联位，小闸置运转位，操纵端小闸处于运转位，操纵大闸手柄在各位置时的综合作用。该作用用于操纵全列车的制动、保压与缓解。

自动制动作用通过操作大闸手柄在不同位置，由制动柜上的均衡模块和 BCU 响应均衡风缸压力，由中继阀输出列车管压力控制值，通过电子分配阀响应列车管的压力变化，输出制动缸目标预控压力，最后由分配阀输出制动缸压力。

在正常运用中大闸没有阶段缓解功能，只有将 BCU 上补风/不补风钮子开关打到补风位才能实现阶段缓解。

（1）大闸运转位，小闸运转位。

该位置是列车运用中，大闸手把常放位置，是向全列车初充风、再充风缓解列车制动以及列车正常运用所采用的位置。

① 电路。

（a）主要输入。

✧ Ⅰ端占用。

导线 897（电源）→大闸 1AC→导线 803→BCU（输入板第 7 点灯亮）；

导线 897（电源）→大闸 1AC→导线 805→BCU（输入板第 6 点灯亮）；

导线 897（电源）→小闸 1AC→导线 808→BCU（输入板第 3 点灯亮）；

导线 897（电源）→小闸 1AC→导线 809→BCU（输入板第 2 点灯亮）。

✧ Ⅱ端占用。

导线 897（电源）→大闸 2AC→导线 811→BCU（输入板第 9 点灯亮）；

导线 897（电源）→大闸 2AC→导线 812→BCU（输入板第 10 点灯亮）；

导线 897（电源）→小闸 2AC→导线 815→BCU（输入板第 13 点灯亮）；

导线 897（电源）→小闸 2AC→导线 816→BCU（输入板第 14 点灯亮）。

（b）主要输出。

✧ 保护电空阀 263YV 得电（BCU 输出板第 2 点灯亮）；

✧ 转换电空阀 262YV 得电（BCU 输出板第 7 点灯亮）；

✧ 缓解高速电空阀 258YV 得电（BCU PWM 板第 1 点灯亮，当均衡压力充至定压时灯灭）；

✧ 单缓高速电空阀 261YV 得电（BCU PWM 板第 4 点灯亮，当制动缸压力缓解至 0 kPa 时灯灭）。

② 气路。

（a）总风→调压阀 55（整定压力为 650 kPa）→缓解高速电空阀 258YV→保护电空阀 263YV→转换阀 153→均衡风缸（压力上升至列车管定压）。

（b）总风遮断阀 181 左侧压力空气→中立电空阀 253YV→大气。

（c）列车管遮断阀 182 左侧压力空气→遮断电空阀 255YV→大气。

（d）总风→塞门 134→转换电空阀 262YV→切换阀 192（沟通预控风缸和分配阀均衡部的通路）。

（e）分配阀均衡部压力空气→作用管→切换阀 192→预控风缸→单缓高速电空阀 261YV→大气。

（2）大闸制动区（包含初制动位），小闸运转位。

该区间是操纵列车进行常用制动的主要区间，大闸手柄在制动区移动可控制列车管减压量的大小，由后往前推减压量由小到大，列车管产生的最小减压量为 45～55 kPa，闸缸压力上升到 90～110 kPa。

① 电路。

（a）主要输入。

✧ Ⅰ端占用。

导线 897（电源）→大闸 1AC→导线 805→BCU（输入板第 6 点灯亮）；

导线 897（电源）→小闸 1AC→导线 808→BCU（输入板第 3 点灯亮）；

导线 897（电源）→小闸 1AC→导线 809→BCU（输入板第 2 点灯亮）。

✧ Ⅱ端占用。

导线 897（电源）→大闸 2AC→导线 812→BCU（输入板第 10 点灯亮）；

导线 897（电源）→大闸 2AC→导线 815→BCU（输入板第 13 点灯亮）；

导线 801（电源）→小闸 2AC→导线 816→BCU（输入板第 14 点灯亮）。

（b）主要输出。

✧ 保护电空阀 263YV 得电（BCU 输出板第 2 点灯亮）；

✧ 转换电空阀 262YV 得电（BCU 输出板第 7 点灯亮）；

✧ 中立电空阀 253YV 得电（BCU 输出板第 4 点灯亮）；

✧ 制动高速电空阀 257YV 得电（BCU PWM 板第 2 点灯亮，当列车管压力完成规定的减压量后灯灭）；

✧ 单制高速电空阀 260YV 得电（BCU PWM 板第 3 点灯亮，当制动缸压力充至规定的压力时灯灭）。

② 气路。

（a）由于缓解高速电空阀 258YV 失电，其充风阀口关闭，切断了均衡风缸的充风通路。而此时制动高速电空阀 257YV 得电，使得：均衡风缸压力空气→转换阀 153→制动高速电空阀 257YV→大气。

（b）总风→中立电空阀 253YV→总风遮断阀 181 左侧，切断总风进入中继阀的通路。

（c）列车管遮断阀 182 左侧压力空气→遮断电空阀→大气。

（d）总风→塞门 134→转换电空阀 262YV→切换阀 192（沟通预控风缸和分配阀均衡部的通路）。

（e）总风→塞门 134→调压阀 51（整定压力为 480 kPa）→单制高速电空阀 260YV→预控风缸→切换阀 192→作用管→分配阀均衡部。

（3）大闸全制动位，小闸运转位。

该区间操纵列车进行常用全制动，全制动时列车管达最大减压量（定压 600 kPa 时，最大减压量为 170～175 kPa；定压 500 kPa 时，最大减压量为 140～145 kPa）。

① 电路。

（a）主要输入。

✧ Ⅰ端占用。

导线 897（电源）→大闸 1AC→导线 805→BCU（输入板第 6 点灯亮）；

导线 897（电源）→大闸 1AC→导线 806→BCU（输入板第 5 点灯亮）；

导线 897（电源）→小闸 1AC→导线 808→BCU（输入板第 3 点灯亮）；

导线 897（电源）→小闸 1AC→导线 809→BCU（输入板第 2 点灯亮）。

✧ Ⅱ端占用。

导线 897（电源）→大闸 2AC→导线 812→BCU（输入板第 10 点灯亮）；

导线 897（电源）→大闸 2AC→导线 813→BCU（输入板第 11 点灯亮）；

导线 897（电源）→大闸 2AC→导线 815→BCU（输入板第 13 点灯亮）；

导线 801（电源）→小闸 2AC→导线 816→BCU（输入板第 14 点灯亮）。

（b）主要输出。

✧ 保护电空阀263YV得电（BCU输出板第2点灯亮）；

✧ 转换电空阀262YV得电（BCU输出板第7点灯亮）；

✧ 中立电空阀253YV得电（BCU输出板第4点灯亮）；

✧ 制动高速电空阀257YV得电（BCU PWM板第2点灯亮，当列车管压力完成规定的减压量后灯灭）；

✧ 单制高速电空阀260YV得电（BCU PWM板第3点灯亮，当制动缸压力充至规定的压力时灯灭）。

② 气路。

（a）由于缓解高速电空阀258YV失电，其充风阀口关闭，切断了均衡风缸的充风通路。而此时制动高速电空阀257YV得电，使得：均衡风缸压力空气→转换阀153→制动高速电空阀257YV→大气。

（b）总风→中立电空阀253YV→总风遮断阀181左侧，切断总风进入中继阀的通路。

（c）列车管遮断阀182左侧压力空气→遮断电空阀→大气。

（d）总风→塞门134→转换电空阀262YV→切换阀192（沟通预控风缸和分配阀均衡部的通路）。

（e）总风→塞门134→调压阀51（整定压力为480 kPa）→单制高速电空阀260YV→预控风缸→切换阀192→作用管→分配阀均衡部。

（4）大闸抑制位，小闸运转位。

该位置是制动机开机解锁和惩罚制动解锁的工作位置，同时会使列车管产生最大常用制动减压量。

① 电路。

（a）主要输入。

✧ Ⅰ端占用。

导线897（电源）→大闸1AC→导线806→BCU（输入板第5点灯亮）；

导线897（电源）→小闸1AC→导线807→BCU（输入板第4点灯亮）；

导线897（电源）→小闸1AC→导线808→BCU（输入板第3点灯亮）；

导线897（电源）→小闸1AC→导线809→BCU（输入板第2点灯亮）。

✧ Ⅱ端占用。

导线897（电源）→大闸2AC→导线813→BCU（输入板第11点灯亮）；

导线897（电源）→小闸2AC→导线814→BCU（输入板第12点灯亮）；

导线897（电源）→大闸2AC→导线815→BCU（输入板第13点灯亮）；

导线801（电源）→小闸2AC→导线816→BCU（输入板第14点灯亮）。

（b）主要输出。

✧ 保护电空阀263YV得电（BCU输出板第2点灯亮）；

✧ 转换电空阀262YV得电（BCU输出板第7点灯亮）；

✧ 中立电空阀253YV得电（BCU输出板第4点灯亮）；

✧ 制动高速电空阀257YV得电（BCU PWM板第2点灯亮，当列车管压力完成规定的减压量后灯灭）；

✧ 单制高速电空阀260YV得电（BCU PWM板第3点灯亮，当制动缸压力充至规定的压力时灯灭）。

② 气路。

（a）由于缓解高速电空阀 258YV 失电，其充风阀口关闭，切断了均衡风缸的充风通路。而此时制动高速电空阀 257YV 得电，使得：均衡风缸压力空气→转换阀 153→制动高速电空阀 257YV→大气。

（b）总风→中立电空阀 253YV→总风遮断阀 181 左侧，切断总风进入中继阀的通路。

（c）列车管遮断阀 182 左侧压力空气→遮断电空阀→大气。

（d）总风→塞门 134→转换电空阀 262YV→切换阀 192（沟通预控风缸和分配阀均衡部的通路）。

（e）总风→塞门 134→调压阀 51（整定压力为 480 kPa）→单制高速电空阀 260YV→预控风缸→切换阀 192→作用管→分配阀均衡部。

（5）大闸重联位，小闸运转位。

该位置是重联机车的运行位，也是非操纵端使用的位置，同时重联位还具有制动机开机解锁功能。制动机正常运用时，若将操纵端大闸置于重联位，均衡风缸会以常用制动减压速率减压至 0 kPa，列车管压力减为 35～85 kPa。在减压过程中当列车管达到常用制动最大减压量后，再将大闸置抑制位可保住列车管压力。当列车管压力减到 260 kPa 以下时，制动机视为紧急制动，制动缸压力上升到（450±20）kPa。

① 电路。

（a）主要输入。

✧ Ⅰ端占用。

导线 897（电源）→大闸 1AC→导线 807→BCU（输入板第 4 点灯亮）；

导线 897（电源）→小闸 1AC→导线 808→BCU（输入板第 3 点灯亮）；

导线 897（电源）→小闸 1AC→导线 809→BCU（输入板第 2 点灯亮）。

✧ Ⅱ端占用。

导线 897（电源）→大闸 2AC→导线 814→BCU（输入板第 12 点灯亮）；

导线 897（电源）→小闸 2AC→导线 815→BCU（输入板第 13 点灯亮）；

导线 897（电源）→小闸 2AC→导线 816→BCU（输入板第 14 点灯亮）。

（b）主要输出。

✧ 保护电空阀 263YV 得电（BCU 输出板第 2 点灯亮）；

✧ 转换电空阀 262YV 得电（BCU 输出板第 7 点灯亮）；

✧ 中立电空阀 253YV 得电（BCU 输出板第 4 点灯亮），当机车处于重联补机时中立电空阀失电（BCU 输出板第 4 点灯灭）；

✧ 制动高速电空阀 257YV 得电（BCU PWM 板第 2 点灯亮，当列车管压力完成规定的减压量后灯灭）；

✧ 单制高速电空阀 260YV 得电（BCU PWM 板第 3 点灯亮，当制动缸压力充至规定的压力时灯灭）；

✧ 当机车处于重联补机模式或单机模式，重联电空阀 259YV 得电（BCU 输出板第 6 点灯亮）；

✧ 当机车处于重联补机模式或单机模式，遮断电空阀 255YV 得电（BCU 输出板第 5 点灯亮，仅当机车处于补机模式或单机模式）。

② 气路。

（a）由于缓解高速电空阀 258YV 失电，其充风阀口关闭，切断了均衡风缸的充风通路。而此时制动高速电空阀 257YV 得电，使得：均衡风缸压力空气→转换阀 153→制动高速电空阀 257YV→大气。

（b）总风→中立电空阀 253YV→总风遮断阀 181 左侧，切断总风进入中继阀的通路。

（c）总风→塞门 134→转换电空阀 262YV→切换阀 192（沟通预控风缸和分配阀均衡部的通路）。

（d）总风→塞门 134→调压阀 51（整定压力为 480 kPa）→单制高速电空阀 260YV→预控风缸→切换阀 192→作用管→分配阀均衡部。

（e）重联补机模式或单机模式：列车管→重联电空阀 259YV→转换阀 153→均衡风缸。

（f）重联补机模式或单机模式：总风→遮断电空阀 255YV→列车管遮断阀 182 左侧，切断列车管进入中继阀的通路。

（6）大闸紧急位，小闸运转位。

该位置是列车运用中紧急停车所使用的位置。

① 电路。

（a）主要输入。

✧ Ⅰ端占用。

导线 897（电源）→大闸 1AC→导线 804→BCU（输入板第 8 点灯亮）；

导线 897（电源）→大闸 1AC→导线 805→BCU（输入板第 6 点灯亮）；

导线 897（电源）→大闸 1AC→导线 807→BCU（输入板第 4 点灯亮）；

导线 897（电源）→小闸 1AC→导线 808→BCU（输入板第 3 点灯亮）；

导线 897（电源）→小闸 1AC→导线 809→BCU（输入板第 2 点灯亮）。

✧ Ⅱ端占用。

导线 897（电源）→大闸 2AC→导线 804→BCU（输入板第 8 点灯亮）；

导线 897（电源）→大闸 2AC→导线 812→BCU（输入板第 10 点灯亮）；

导线 897（电源）→大闸 2AC→导线 814→BCU（输入板第 12 点灯亮）；

导线 897（电源）→小闸 2AC→导线 815→BCU（输入板第 13 点灯亮）；

导线 897（电源）→小闸 2AC→导线 816→BCU（输入板第 14 点灯亮）。

（b）主要输出。

✧ 保护电空阀 263YV 得电（BCU 输出板第 2 点灯亮）；

✧ 中立电空阀 253YV 得电（BCU 输出板第 4 点灯亮）；

✧ 重联电空阀 259YV 得电（BCU 输出板第 6 点灯亮）；

✧ 紧急电空阀 265YV 得电（BCU 输出板第 1 点灯亮）；

✧ 制动高速电空阀 257YV 得电（BCU PWM 板第 2 点灯亮，当列车管压力完成规定的减压量后灯灭）；

✧ 单制高速电空阀 260YV 得电（BCU PWM 板第 3 点灯亮，当预控风缸压力充至规定的压力时灯灭）。

② 气路。

（a）机车紧急制动时，优先采用空气分配阀以及紧急旁路部分来共同控制制动缸压力，当发生紧急制动时，切换电控阀 262 失电，从而使容积室沟通分配阀均衡部。同时紧急旁路电空阀 195 得电，使遮断阀 193 动作，沟通总风与制动缸通路，由于调压阀 52 整定压力值为 450 kPa，故控制制动缸压力上升至最高压力（450±20）kPa，双向阀 106 可以输出分配阀提供的压力与紧急旁路产生的压力中较大者给机车制动缸。

（b）总风→紧急电空阀 265YV→板式放风阀 94 膜板下方（沟通列车管排大气通路）。

（c）由于列车管压力急剧下降，紧急室压力来不及通过缩孔逆流到列车管，紧急鞲鞴失去平衡下移并压下夹心阀，开放列车管排风阀口，进一步加速列车管的排风。同时带动下部电联锁改变电路。

（d）总风→中立电空阀 253YV→总风遮断阀 181 左侧，切断总风进入中继阀的通路。

（e）均衡风缸压力空气→转换阀 153→制动高速电空阀 257YV→大气。

（f）均衡风缸→转换阀 153→重联电空阀 259YV→列车管（随列车管排入大气）。

（g）总风→塞门 134→调压阀 51（整定压力为 480 kPa）→单制高速电空阀 260YV→预控风缸。

第二部分：单独制动作用。

单独制动作用，即 DK－2 型机车电空制动机处于电空位，非操纵端大闸置重联位，小闸置运转位，操纵端大闸处于运转位，操纵小闸手把在各位置时的综合作用，它还包括大闸处于制动区或紧急位，小闸手把置于侧压缓解位时的综合作用。该作用用于单独操纵机车的制动、保压与缓解。

单独制动以空气制动为基础来实现，由本务机车的司机专门操作，单独制动主要用于调车。

操纵制动控制器单独制动手柄（小闸）仅会使机车产生单独制动而不会影响列车管压力。单独制动手柄置于制动控制器的制动区时，将引起本务机车和被重联机车的制动；单独制动手柄置于运转位时，将缓解本务机车和被重联机车。单独制动具有阶段缓解功能。

（1）大闸运转位，小闸制动区（包含全制动）。

该区间是操纵机车进行单独制动的主要区间，小闸手柄在制动区移动可控制机车制动缸压力在 0～300 kPa 之间，全制动时机车制动缸压力达到最大 300±15 kPa，在此区间小闸能阶段缓解。

① 电路。

（a）主要输入。

✧ Ⅰ端占用。

导线 897（电源）→大闸 1AC→导线 803→BCU（输入板第 7 点灯亮）；

导线 897（电源）→大闸 1AC→导线 805→BCU（输入板第 6 点灯亮）；

导线 897（电源）→小闸 1AC→导线 808→BCU（输入板第 3 点灯亮）。

✧ Ⅱ端占用。

导线 897（电源）→大闸 2AC→导线 811→BCU（输入板第 9 点灯亮）；

导线 897（电源）→大闸 2AC→导线 812→BCU（输入板第 10 点灯亮）；

导线 897（电源）→小闸 2AC→导线 815→BCU（输入板第 13 点灯亮）。

（b）主要输出。

✧ 保护电空阀 263YV 得电（BCU 输出板第 2 点灯亮）；

✧ 转换电空阀 262YV 得电（BCU 输出板第 7 点灯亮）；

✧ 单制高速电空阀 260YV 得电（BCU PWM 板第 3 点灯亮，当制动缸压力充至规定的压力时灯灭）。

② 气路。

（a）总风→塞门 134→转换电空阀 262YV→切换阀 192（沟通预控风缸和分配阀均衡部的通路）。

（b）总风→塞门 134→调压阀 51（整定压力为 480 kPa）→单制高速电空阀 260YV→预控风缸→切换阀 192→作用管→分配阀均衡部。

（2）小闸侧压缓解位。

① 常用制动后的侧压缓解不能被恢复，即常用制动后的制动缸压力不能随单独制动手柄返回而恢复。

② 紧急制动后的侧压缓解可以被恢复，即紧急制动后的制动缸压力被小闸侧压缓解后，随着小闸手柄复原，制动缸压力又升至 450 kPa。

③ 单独操作小闸制动后，操作小闸侧压缓解，制动缸压力不变。

3. DK－2 型机车制动机试验验收规则

1）实验前准备工作

（1）制动机功能选择开关设置在“不补风”“定压 600”“ATP 投入”“空电联合投入”位置。

① 重联阀转换按钮：操纵节，置于本机位；非操纵节，置于补机位（若需要转换位置，须将转换按钮向里推，然后再转动 180° 到所需要的位置后松开）。

② 分配阀缓解塞门 156：操纵节，打开；非操纵节，关闭。

③ 转换阀 153：操纵节，正常位；非操纵节，正常位。

④ 无火塞门 155、无火安全阀塞门 139 处于关闭位，其他所有塞门都应该开通。

⑤ 制动控制单元数码管将显示“BCU”。

（2）闭合电空制动电源约 40 s，待制动机状态指示灯长亮后，检查微机显示屏和制动显示屏上无制动系统故障信息显示，将制动控制器自动制动手柄置于重联位 3 s 再回运转位。

（3）总风缸压力大于或等于 750 kPa，施加停车制动。

2）试验步骤

插入制动机钥匙并置开位，自动制动手柄、单独制动手柄置运转位。

总风缸压力为 750～900 kPa，两制动缸压力为 0，均衡风缸、列车管压力为 600 kPa，其压力差不大于 10 kPa。

（1）紧急制动试验。

自动制动手柄置紧急位，列车管压力由 600 kPa 下降至 0 kPa 的时间不大于 3 s，制动缸压力由 0 kPa 升至 400 kPa 的时间不大于 5 s，制动缸最高压力限制在（450±10）kPa，均衡风缸压力逐渐降为 0 kPa。

（2）单独缓解性能试验。

① 单独制动手柄置缓解位：制动缸压力应即刻开始下降并能缓解至 0 kPa，待制动缸压力降至 0 kPa，松手后单独制动手柄自动恢复运转位，制动缸压力不应回升。待制动显示屏时

间计数回 0 kPa 后，自动制动手柄置重联位 3 s，复位紧急制动。

② 自动制动手柄置运转位：均衡风缸压力由 0 kPa 升至 580 kPa 的时间不大于 22 s，列车管压力升至 580 kPa 的时间不大于 11 s。充风 90 s 以上。

（3）阶段制动性能及过量减压性能试验。

① 自动制动手柄置制动位后即刻回中立位：列车管最小减压量为 40～50 kPa，制动缸压力为 90～130 kPa。保压 1 min：均衡风缸漏泄量不超过 5 kPa/min，列车管漏泄量不超过 10 kPa/min。

② 自动制动手柄在制动位、中立位往复两次：列车管减压 100 kPa，制动缸压力为 230～270 kPa；列车管减压 170 kPa，制动缸压力为 400～435 kPa。

③ 自动制动手柄置制动位，列车管应获得过量减压量 210～290 kPa。

④ 自动制动手柄置运转位：均衡风缸与列车管压力恢复定压。充风 90 s 以上。

（4）常用全制动性能试验。

自动制动手柄置制动位减压后回中立位：均衡风缸减压 170 kPa 的时间为 6～8 s；制动缸由 0 kPa 升至 400 kPa 的时间为 7～9.5 s。

（5）过充性能试验。

① 自动制动手柄置过充位：列车管压力应超过定压 30～40 kPa；均衡风缸压力保持为（600±10）kPa，制动缸压力不变。

② 自动制动手柄置运转位：制动缸压力下降至 40 kPa 的时间不大于 8.5 s，最终下降为 0；列车管压力在 120～180 s 内恢复定压。

（6）单独制动手柄阶段制动、缓解性能试验。

① 单独制动手柄在制动和中立位之间往复 2～3 次：阶段制动作用应稳定，最终制动位制动缸压力为（300±10）kPa。

② 单独制动手柄在运转和中立位之间往复 2～3 次：阶段缓解作用应稳定，最终运转位制动缸的压力缓解到 0 kPa。

（7）单独制动手柄全制动性能试验。

① 单独制动手柄置制动位，制动缸压力由 0 kPa 升至 280 kPa 的时间不大于 4 s，最终制动缸压力为（300±10）kPa。

② 单独制动手柄置运转位：制动缸压力由 300 kPa 降至 40 kPa 的时间不大于 5 s，最终制动缸压力缓解到 0。

（8）后备制动性能试验。

① 准备工作。

（a）打开操纵端后备制动阀处均衡风缸管路 129 塞门（制动控制系统失电）；

（b）将操纵节制动柜上的电空转换阀 153 打向空气位；

（c）断开操纵节制动机电源（28－F04、28－F06）。

后备制动阀手柄置缓解位，检查（调整）操纵端后备制动调压阀输出压力为列车管定压 600 kPa。制动显示器上显示信息“空气后备制动激活”。

② 试验步骤。

（a）将后备制动阀手柄置制动位减压后回中立位：均衡风缸减压 170 kPa 的时间为 6～8 s；制动缸压力由 0 kPa 升至 400 kPa 的时间为 7～9.5 s；制动缸最大压力为 400～435 kPa。

（b）下压单缓按钮，制动缸压力应能缓解，停止下压单缓按钮，制动缸压力停止下降。

（c）将后备制动阀手柄置缓解位，均衡风缸、列车管压力升至 600 kPa；制动缸压力下降至 40 kPa 的时间不大于 8.5 s，最终下降至 0 kPa。

（d）关闭操纵端后备制动阀处均衡风缸管路塞门 129，恢复至电空位，进行常用制动试验，确认电空位作用良好。

（9）无人警惕装置试验。

① 分别按下无人警惕装置按钮，脚踏无人警惕装置踏板，时间不小于 180 s。

② 180 s 之后，微机显示屏上显示相关信息，语音报警。

③ （180+10）s 之后，惩罚制动指示，列车管减压 80 kPa，之后恢复。

4. DK－2 型机车制动机常见故障处理方法

1）故障处理分类

由于 DK－2 型电力机车制动系统与一般机车空气制动系统在结构、性能及操作方法等方面有很大的不同，因此故障的性质与特征也不相同。造成故障的原因较为复杂，一般可以分为控制电路、阀类部件、管路及连接部分、操作不当四方面的故障。

（1）控制电路故障。

DK－2 型电力机车制动系统的操作与转换控制系统采用电控方式，因此常出现一些控制电路故障，例如：接线头、插座、插头虚接和电子元件虚焊会造成控制功能的错误；而开关接点不良，电空阀线圈断路和控制导线的短路、接地等会造成执行部件不动作。

（2）阀类部件故障。

在 DK－2 型机车制动系统中，阀类部件的故障会直接影响到气路的作用。这些故障大多发生在阀类部件内的滑动件上。例如：由于缺乏油脂润滑，各种活塞和分配阀的滑阀、节制阀会出现卡滞，造成风路不能沟通；由于动作频繁和老化等原因，弹簧件会失效，影响阀类部件正常动作，橡胶件会出现龟裂造成窜风和漏风，使阀类部件不能动作或性能下降。同样，阀类部件内的小孔堵塞也会影响阀类部件的作用。

（3）管路及连接部分故障。

这类故障现象一般比较明显，主要表现为堵塞和泄漏，也有部分阀座内部暗孔内泄引起窜风。例如：管道内部混合的机械杂质会在管道弯曲部分或变径处造成堵塞，而管接头和部件安装面则常会发生泄漏现象。

（4）操作不当造成的故障。

DK－2 型电力机车制动系统是一个比较复杂的系统，司机在使用机车前，必须全面学习并掌握DK－2型电力机车制动系统的功能与作用，并且按照制动系统的操作方法来操纵机车，如果违反操作方法或操作不当，也会使制动系统出现故障。例如：塞门开闭不对，重联装置位置不对，非操纵端自动制动手柄及单独制动手柄的位置不对，后备制动塞门位置不对，都将使制动系统不能正常工作。

2）故障处理方法

（1）必须熟悉 DK－2 型机车制动系统的控制电路和空气管路，而且要熟悉各部件的内部结构、作用原理和制动机的操作方法，以便快速、准确判断故障。

（2）对机车制动系统所出现的故障进行初步判断，按照分类方法将故障分类。例如：通过观察电空阀、压力开关动作是否正常可以把故障区分为电路或气路故障。

（3）针对每一种故障现象，可以根据经验从易发生故障的地方入手查找并处理；也可以根据分析，按照电路或气路顺序一处一处查找并处理故障。

3）常见故障处理

（1）制动机起动后，操作自动制动控制手柄、单独制动控制手柄，制动机无响应。

可能原因：

① 单独制动手柄电源开关未闭合。

② 制动机未解锁。

解决方法：

① 闭合单独制动手柄电源开关。

② 确保非操作节自动制动手柄置重联位，单独制动手柄置运转位，机械锁闭钥匙被拔出。将操作节自动制动手柄置重联位 3 s 解锁（注意制动显示屏上的提示）。

（2）制动机解锁成功后，自动制动手柄置运转位，但列车管不充风。

可能原因：

① 电空制动总风塞门 157 处于关闭位。

② 中继阀列车管塞门 115 处于关闭位。

③ 机车紧急制动按钮按下后，未手动复位。

解决方法：

① 将 157 塞门置开通位。

② 将 115 塞门置开通位。

③ 将机车紧急制动按钮复位。

（3）制动机成功解锁后，自动制动手柄置运转位，均衡风缸不充风。

可能原因：电空转换阀 153 置空气位。

解决方法：将 153 置正常位。

（4）将自动制动手柄置制动区，闸缸不上闸。

可能原因：

① 制动缸塞门 119、120 处于关闭位。

② 工作风缸初充风未充满。

解决方法：

① 将 119、120 塞门置打开位。

② 自动制动手柄置运转位 90 s 以上，再进行制动操作。

（5）紧急制动后，操作自动制动手柄置运转位，列车管不能充风（非单机模式下）。

可能原因：制动机紧急锁未解除。

解决方法：机车紧急制动而且机车速度为 0 km/h 时，制动显示屏将提示紧急解锁倒计时，倒计时 60 s 后，需要将自动制动手柄置紧急位，然后回运转位充风解锁（注意制动显示屏上的提示），由其他原因引起机车紧急制动也需要上述同样的操作来解锁。

（6）ATP 或 CCU 发出惩罚制动，制动机施加惩罚制动后，列车管无法缓解至定压。

可能原因：

① 惩罚源没有消除。

② 制动惩罚锁未解除。

解决方法：

① 确保惩罚源消除，如果惩罚源一直存在而且机车需要临时动车，可以临时将 BCU 的 ATP 钮子开关拨至“ATP 切除”切除惩罚源。

② 如果需要解除惩罚制动，首先必须消除惩罚源，同时需要将自动制动手柄置于重联位 3 s，制动机才能完成解锁。

（7）制动柜中电动放风阀 94 或电动放风阀 98 排风不止。

可能原因：

① 机车紧急制动按钮按下后，未手动复位。

② 电动放风阀 94 或者电动放风阀 98 故障。

解决方法：

① 将机车紧急制动按钮手动复位。

② 电动放风阀 94 故障可通过关闭塞门 117 隔离，电动放风阀 98 故障可通过关闭塞门 118 隔离。塞门 117 或者 118 关闭，显示屏上会有相应提示。

（8）制动显示屏提示“请确认钮子开关状态”消息。

可能原因：人为改变 BCU 钮子开关状态。

解决方法：当制动显示屏出现“请确认钮子开关状态”的消息提示时，确认钮子开关状态后，在操作端显示屏上按“确认”键。如果未按“确认”键，制动显示屏将不会出现其他消息提示，影响制动机正常操作。

思考与讨论

1. 说明 HX_N5 型内燃机车制动系统网络控制关系。
2. 说明 DK－2 型机车制动机各模块主要组成和作用。
3. 结合综合制动、“五步闸”和故障列表内容，解析制动机故障理论原因。

模块 6

和谐内燃机车检修设备、检修制度与工艺

任务 6.1　认知和谐内燃机车检修设备

任务 6.2　熟悉典型检修作业流程

任务 6.1　认知和谐内燃机车检修设备

以下为根据中国铁路总公司《关于和谐型机车 C4 及以下修程工装设备配置的指导意见》（中国铁路总公司文件铁总运〔2015〕211 号）归纳的主要内容。

1. 工装设备配置的基本原则

和谐型机车具有标准化、系列化、模块化、简统化、智能化等特点，具备较强的自检、自测、数据存储功能，各单位在配置和谐型机车检修工装设备时应遵循以下原则。

（1）以检为主。

和谐型机车检修工装设备的配置要以检测设备为主，要具备数据诊断功能，逐步实现“以检为主、以检定修”检修新模式。

（2）柔性简统。

要适应和谐型机车结构特点，具备部件（系统）检测与修理兼顾、机型兼容等柔性功能，实现同一工位高效检修。

（3）自动采集。

要采用数据工位化采集或移动终端无线采集等方式，具备检测试验数据自动采集、网络传输功能，以形成部件数据库，实现对数据的管理。

（4）互联互通。

要具备智能检测、信息互联互通功能，具有或预留统一数据接口，采集信息将统一纳入机务信息化大平台，形成大数据，实现智慧工程管理，为机车整备、检修、运用提供决策依据。

（5）数据检修。

要完善各部件地面专家分析诊断系统，充分应用车载微机、6A、LKJ、CMD 等数据，分析比对，科学确定修理范围，逐步实现数据检修。

（6）量值修车。

要完善量值化智能工装设备及配套的机具，推广应用扭矩扳手等量值化工装机具，深化量值修车理念，实现和谐型机年部件精准检修。

2. 工装设备配置的主要内容

和谐型内燃机车 C4 及以下修程工装设备配置，参见表 6－1－1。

3. 相关要求

（1）各铁路局要按本指导意见优先配备承担和谐型机车 C4 修的机务段，以适应和谐型机车修程修制改革需要。

（2）各铁路局要结合机车检修整备能力改扩建项目，统筹规划、分步实施本指导意见，要充分考虑工装设备配置的适用性、有效性、经济性，2016 年完成承担和谐型机车 C4 修机务段的工装设备配备，2019 年底前完成其他机务段必要的工装设备配备。

（3）各铁路局可根据本指导意见的配置原则，按照本局机车配属和现场实际情况，充分利用既有资源，整合附表中工装设备构成系统，减少单独工装设备数量，避免浪费。

（4）各铁路局可根据机型变化，对工装设备进行适当调整，不断丰富和完善和谐型机车检修工装设备明细，满足生产需要。

表 6－1－1　和谐型内燃机车 C4 及其以下修程工装设备明细表（参考）

序号	使用部位	所用工装设备	用　途	C4	C4 及以下修程	备注
1	走行部	机车顶轮检测设备	用于预防性检测走行部状态	√	√	
2		齿轮箱油加注设备	用于齿轮箱注油	√	√	
3		自动注油脂设备	用于牵引电机轴承、轴箱轴承补油脂	√	√	
4		轮轨润滑装置试验台	用于油脂润滑装置检测(华宝及 2 系列喷雾型)	√	√	
5		牵引装置拆装设备	用于拆解牵引座、牵引杆	√	√	
6		牵引销拆装设备	用于牵引销拆装	√	√	
7		车钩缓冲器拆装设备	用于更换缓冲器、钩尾框等	√	√	
8		单元制动器拆装设备	用于更换单元制动器	√	√	
9		排障器拆卸升降小车	用于拆装机车排障器	√	√	
10		轴承检测系统	用于检测轴承状态	√	√	
11		轴箱轴承拆装设备	用于更换轴承	√	√	
12		轴承、齿轮热装设备	用于安装轴承盒齿轮	√	√	
13		抱轴箱轴承游隙检测工装	用于不解体检测抱轴箱轴承游隙	√	√	
14		电机齿轮拆装装置	用于电机齿轮拆卸	√	√	
15		油压减振器试验台	用于油压减振器检测试验	√	√	
16		电机轮对空转磨合设备	用于电机轮对的磨合试验	√	√	
17		落轮机	用于更换单个轮对电机总成	√	√	
18		不落轮镟床	用于机车轮对镟修	√	√	
19		扭矩控制管理系统	用于解体组装作业(种类及数量由路局根据机型确定)	√	√	
20		架车机	用于机车架车	√	√	
21		车轮外形测量装置	用于测量轮径	√	√	
22		电子内窥镜	用于部件内部狭小空间检查	√	√	
23		牵车出入库设备	用于出入库牵车	√	√	
24	制动系统	制动系统分析诊断装置	用于检测、分析、诊断制动系统	√	√	
25		便携式管路泄漏检测仪	用于检测空气制动管路有无漏泄	√	√	
26		数字压力检测仪	用于检测制动机所有测试孔压力	√	√	
27		电子制动阀检测装置	用于故障预防检测	√	√	
28		制动模块状态检测装置	用于故障预防检测	√		
29		紧急继电器检测台	用于单缓控制回路紧急继电器测试	√	√	
30		压力表检测设备	用于检测机车各压力表的性能	√	√	
31		制动阀类试验台	用于试验制动各阀的状态	√		
32		空气压缩机试验台	用于试验压缩机性能	√		
33		压力开关试验台	用于检测压力开关参数	√	√	

续表

序号	使用部位	所用工装设备	用　途	C4	C4及以下修程	备注
34	制动系统	压力安全阀试验台	用于检测、校订安全阀开启性能	√	√	
35		软管水压试验台	用于列车管等水压试验	√	√	
36		空气干燥器试验台	用于空气干燥器性能试验	√	√	
37		试验用风源装置	用于试验供风	√	√	
38	电机	便携式电机综合测试仪	用于测量电机综合性能	√	√	
39		匝间耐压测试仪（TA）	用于测量电机绝缘	√		
40		绝缘测试仪（TY）	用于测试电机绝缘	√		
41		牵引电动机轴承压装设备	用于牵引电机轴承更换	√		
42		牵引电动机空转试验设备	用于牵引电机轴承更换后的试验	√		
43	柴油机	盘车装置	盘车检查柴油机	√	√	
44		动力组吊装装置	用于吊装动力组	√	√	
45		液压扭力装置	Ⅰ、Ⅱ、Ⅲ型，紧固连杆螺栓、横拉螺栓	√	√	
46		柴油机专用吊装装置	整体吊装柴油机	√		
47		缸头拉伸器	拆解、组装动力组	√	√	
48		螺栓拉伸器	拆解、组装动力组连杆	√	√	
49		主轴承螺母拆卸装置	拆解、组装曲轴	√	√	
50		连杆螺母拆卸装置	紧固连杆螺栓	√	√	
51		电子内窥镜	检查缸套及动力组内部	√	√	
52	辅助装置	吊装冷却单节专用工具	扩大修作业	√	√	
53	电气系统	机车网络控制系统分析诊断装置	用于检测、分析、诊断机车微机柜、主辅变流器	√	√	
54		中间直流环节测试装置	用于测试中间直流环节性能	√	√	
55		便携式风速测试仪	用于测试牵引通风机、复合冷却器风速	√	√	
56		便携式机车电路检测仪	用于测试机车电路	√	√	
57		通用型接地测试仪	用于测试绝缘	√	√	
58		蓄电池状态综合分析仪	用于检测蓄电池容量和状态	√	√	
59		光纤测试仪	用于检测车内各类光纤传输能力	√	√	
60		红外热成像仪	通过配件温升异常情况分析配件故障	√	√	
61		机车网络控制系统模块检测仪	用于检测微机柜模块	√	√	
62		压力组合模块试验台	用于试验压力组合模块	√		
63		充电模块单元试验台	用于试验充电模块单元	√		
64		模块通道检测装置	用于检测模块通道	√	√	
65		功率模块（IGBT）检测仪	用于模块故障检测	√		
66		电源模块检测仪	用于检测电源模块	√	√	
67		数字仪表校验台	用于仪表校验母表	√	√	

续表

序号	使用部位	所用工装设备	用　途	C4	C4 及以下修程	备注
68	电气系统	接触器试验台	用于机车接触器试验	√	√	
69		电磁阀检测试验台	用于检测电磁阀的状态	√	√	
70		压力、温度、转速、电流、电压传感器检测试验台	用于测量各传感器状态	√	√	
71		刮雨器试验台	用于刮雨器检测	√	√	
72		直供电系统测试设备	用于直供电装置试验	√	√	
73		司控器试验装置	用于检测、校订司机控制器的性能	√	√	
74		显示屏检测装置	用于微机、制动显示屏测试	√	√	
75		蓄电池充电装置	用于蓄电池充电	√	√	
76		防火装置探头测试仪	用于 6A 系统防火温感、烟感探头性能测试	√	√	
77		走行部车载安全监测装置维护器	用于轴温报警敲击试验、维护	√	√	
78		便携式走行部车载（轴温）监测装置测试仪	用于检测走行部监测装置	√	√	
79		牵引风机叶轮拆卸专用工具	用于风机故障更换	√		
80	探伤设备	超声波探伤仪	用于探伤机车轮对	√	√	
81		超声探头测试仪	用于测试探头性能	√	√	
82		磁粉检测设备	用于磁粉检测	√	√	
83		配套的标准试块、试片及实物对比试块	用于确定整体轮探伤灵敏度	√	√	
84		数显卡尺	用于测量试块	√	√	
85		特斯拉计（高斯计）	用于磁粉探伤时测量磁场强度	√	√	
86		磁粉探伤器材	用于机车车钩、齿轮、车轮、光身车轴等各部件干法或湿法探伤	√	√	
87		涡流探伤仪（电磁）	用于探伤机车整体轮轮辐	√	√	
88		渗透探伤器材	用于牵引电机吊杆等探伤	√	√	
89		烘干箱	用于干燥磁粉	√	√	
90	油脂、油化验设备	油理化分析设备（含运动黏度测定仪、凝点冷滤点倾点测定仪、全自动开口闪点测定仪、不溶物测定仪、全自动微量水分测定仪、全自动酸值测定仪、全自动介质损耗测定仪、全自动闭口闪点测定仪、全自动水溶性酸测定仪、恒温干燥箱等）	用于空压机润滑油理化分析	√	√	
91		绝缘介电强度试验设备	用于空压机润滑油化验	√	√	
92		光谱分析仪	用于检测齿轮箱油状态	√	√	
93		铁谱分析仪	用于检测齿轮箱油状态	√	√	
94	清洁清洗设备	大功率吸尘设备	用于清洁车内灰尘、复合冷却器	√	√	
95		高压清洗机	用于清洗车体、卫生间清洗设备等	√	√	
96		轴承清洗设备	用于清洗设备	√		
97		滤网及冷却系统清洗机	用于清洗辅助系统滤网	√	√	
98		制动阀类清洗机	用于清洗制动模块等油污	√	√	
99		超声波清洗机	用于清洗管路或元件	√	√	

续表

序号	使用部位	所用工装设备	用　途	C4	C4及以下修程	备注
100	信息化设备	检修作业综合管理系统	用于机车检修调度、质量、过程管理及监视			
101	其他	移动式机车检修升降装置	用于机车侧壁滤网、机车玻璃等更换			

任务 6.2　熟悉典型检修作业流程

为适应铁路运输发展形势，满足铁路运输需求，规范机车检修管理工作，保障机车质量和供应，根据中国铁路总公司运输局关于公布机车检修工作要求及检查办法的通知要求，工作中加强现代化管理意识，落实全面质量管理、环境管理、职业健康安全管理、安全风险管理体系和安全生产标准化建设的原则要求，坚持管理规范化、作业标准化，精检细修，不断提高机车检修整备水平，保证向运输一线提供质量良好、数量充足的机车。

检修作业质量影响因素是多方面的，其中，影响检修操作人员的重要因素之一是检修作业流程。

1. 检修流程“四化”

1）检修流程规范化

（1）检修工艺文件是否规范。检修工艺文件一般包括质量标准、解体、清洗、检查、检测、修理、组装、试验以及必要的解体前检测等基本方法所用的专用工具、量具、设备和材料等；质量标准不得低于段修规程的规定（特殊情况须经上级主管部门批准）。

小、辅修工艺和留在车上部件的中修工艺的主要内容应包括检修程序、项目、要求和方法，需要解体检查或测量调试的部件还应包括解体、测量、调试的要求。

（2）段要有工艺管理细则，内容应包含各级领导、部门在工艺管理中的职责、职权及编制、教育、执行、检查、分析、保管和纪律等有关规定。

（3）检修人员要熟知有关的检修工艺，并能熟练地按工艺进行作业。

（4）制定机车检修岗位作业指导书。作业指导书要从设备、工具、材料、方法、时间、数据六个维度对作业过程进行描述，应组织管理人员、技术人员和作业者共同参与的检修作业指导书修订。

（5）编制机车检修岗位作业风险提示卡。按照安全风险管理的要求，围绕人、机、料、法、环、测进行风险研判，梳理出技术要求与工艺执行中存在的风险源和风险点，确定卡控措施，制定风险提示卡。

2）检修流程程序化

（1）编制检修作业流程图。编制节拍一致的整车流程、部件流程、岗位流程图，明确每个部件的检查顺序、时间节点，实行作业时分控制，实现生产有序、效率最高。

（2）适时对检修作业流程图进行分析，针对问题制定改进措施。

（3）机车检修人员要掌握工、卡、量具和计量仪表的正确使用方法。

（4）机车及部件的检修过程中，要按量值修车，要严格执行工艺。

3）检修流程信息化

机车检修企业信息化系统主要依据互联网、先进的传感器技术和现代通信工具，使机车实时应用信息、故障诊断、信息传输与机车检修紧密结合，能够记录机车入库、检查、报活、修理、验收的全过程。该段技术科、检修车间、整备车间能够随时通过该平台追溯某台机车的检修全过程。检修人员通过设置在检修库区检修管理系统终端可实时查看机车质量信息，使检修决策有科学依据，及时消除隐患，提高机车维修质量和效率。

在资源、信息共享的前提下，建立起机车基础数据库、机车零部件寿命管理数据库、机车油水化验数据分析管理数据库等各类数据库。对它们进行有效管理，时时记录每台机车的基本技术状态及运用技术状态，为检修管理人员准确掌握机车各项技术状态，为机动科编制机车中、小、辅计划和机车的检查、修理提供准确的数据及有价值的参考，以减少机车故障的发生，提高机车的整体计划预防修能力和检修管理水平。

4）检修流程机械化

（1）各型机车的检修作业至少要具备本模块任务 6.1 中所列项目的检修工艺装备（委外修部件涉及的工艺装备除外），能满足段修规程和检修工艺的要求。

（2）推广使用技术先进、性能良好、耐久可靠的检修、检测、试验设备，设备应具有数据采集、存储、网络传输等功能。

2. 典型检修作业流程案例

1）电机轮对磨合试验台电气检修作业

（1）电机轮对磨合试验台电气检修作业流程。

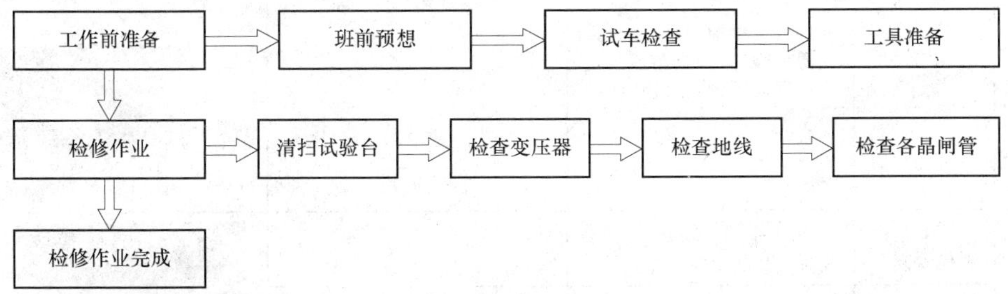

（2）电机轮对磨合试验台电气检修作业过程。

作业步骤	作业内容	作业标准	安全提示	作业图示
1. 工作前准备	（1）作业前做好班前预想	班组长对高空作业各项安全措施进行分析和布置，准备好各项作业工具和安全防护用品，布置好自控、互控、他控作业流程	① 检修作业前首先切断电源，悬挂禁动牌。 ② 做好防护，高空作业时戴好安全带。 ③ 作业工具应码放整齐，检修作业期间严禁相互抛掷工具。 ④ 检修作业过程中做好呼唤应答。 ⑤ 如当天检修作业未完成，应在设备明显位置挂警示牌，防止他人误操作	禁止合闸 有人工作

续表

作业步骤	作业内容	作业标准	安全提示	作业图示
1. 工作前准备	（2）修理前进行试车检查	了解设备的不良处所和使用情况		
	（3）工具准备	机修钳工常用工具、机修用螺丝刀（一字、十字）250 mm、撬棍、铜棒、手锤、剪刀、密封胶、錾子、游标卡尺、千分尺、油盘、手动压油枪、锉刀、移动式照明灯、水平仪、百分表及磁力表座		
2. 检查机架及密封	（1）检查机架	检查机架结构是否稳定可靠，定位销是否灵活		
	（2）检查密封	检查密封装置中气缸动作是否灵活，有无漏气现象		
3. 检查气动控制系统		检查气动控制系统阀门、气源三联件、单向节流阀是否良好，压力是否稳定		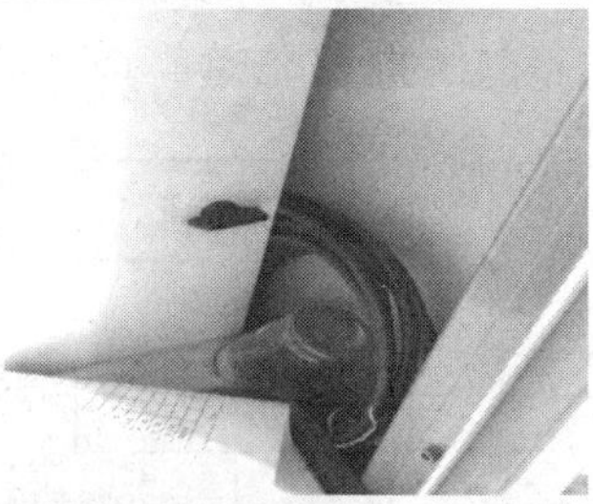
4. 检查紧固润滑	（1）检查螺栓紧固	检查各部位螺栓的坚固情况，若有松动，及时拧紧		
	（2）检查润滑	检查各部运转部位的润滑情况		
5. 检查减压阀		检查减压阀各部的接头和配管是否良好		
6. 试车		试车检查性能		

2）车钩缓冲器拆装设备作业

（1）车钩缓冲器拆装设备机械检修作业。

① 车钩缓冲器拆装设备机械检修作业流程。

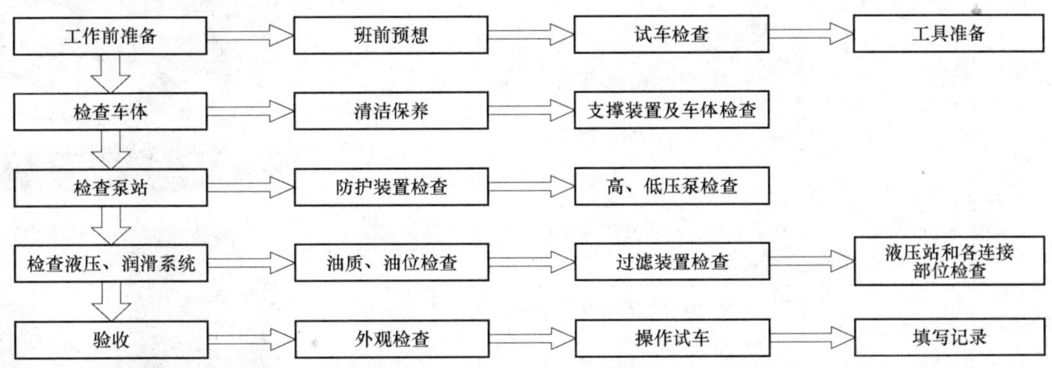

② 车钩缓冲器拆装设备机械检修作业过程。

作业步骤	作业内容	作业标准	安全提示	作业图示
1. 工作前准备	（1）班前预想	班组长对高空作业各项安全措施进行分析和布置，准备好各项作业工具和安全防护用品，布置好自控、互控、他控作业流程	作业前切断设备电源，挂好禁动牌	
	（2）试车检查	了解设备的不良处所和使用情况	结合使用者进行试车检查，注意操作安全	
	（3）工具准备	毛刷、油盆、手电筒、百分表、卡钳、钳工常用工具等	杜绝不良工具进入作业现场	
2. 检查车体	（1）清洁保养	车体无黄袍，无锈蚀。毛刷清扫，清洁外观	穿戴防护用品，保证作业安全。禁止使用易燃物品清洗	

续表

作业步骤	作业内容	作业标准	安全提示	作业图示
2. 检查车体	（2）支撑装置及车体检查	① 检查支撑应无开焊变形、无破损，有破损时应修复，无法修复时应更换。 ② 检查支撑装置螺栓应无松动，有松动时应调整紧固。 ③ 机身上各部件连接紧固可靠	正确使用工具，防止磕碰	
3. 检查泵站	（1）防护装置检查	检查低压泵、高压泵防护罩有无松动、破损		
	（2）高、低压泵检查	① 检查高、低压泵作业是否正常，有无异音。 ② 检查高、低压泵轴承是否完好，更换不良配件。 ③ 检查高、低压泵站控制开关是否灵活、正常	正确使用工具，防止磕碰	
4. 检查液压、润滑系统	（1）油质、油位检查	① 检查液压油、润滑油油质、油位，油质乳化或变质后及时换油。 ② 油位低时及时补加新油，隔次进行油池清洗，更换新油	正确使用工具，防止磕碰	
	（2）过滤装置检查	检查过滤装置，如有堵塞、杂物，清洗处理	禁止使用易燃物品清理	
	（3）液压站和各连接部位检查	检查液压站各阀、管路、油缸、压力表，无损坏、无漏泄，如有损坏或漏泄，及时处理	正确使用工具，防止磕碰	
5. 验收	（1）外观检查	① 检修作业完毕后作业场地清洁。 ② 外观检查，各部检查无异状	地沟危险，严禁跳跃，防止跌落、摔伤	
	（2）操作试车	① 呼唤应答，人员在安全地带、设备无危险情况，按照送电规范合闸送电。 ② 操作人员逐步启动程序，对各部动作和功能逐项试验运转；试验各安全保护装置应作用良好；检查液压压力、油位正常，各部无异音。 ③ 整体空载试验，良好方可收工	做好呼唤应答，保证试车安全	
	（3）填写记录	验收合格，填写记录并签字	保证数据真实	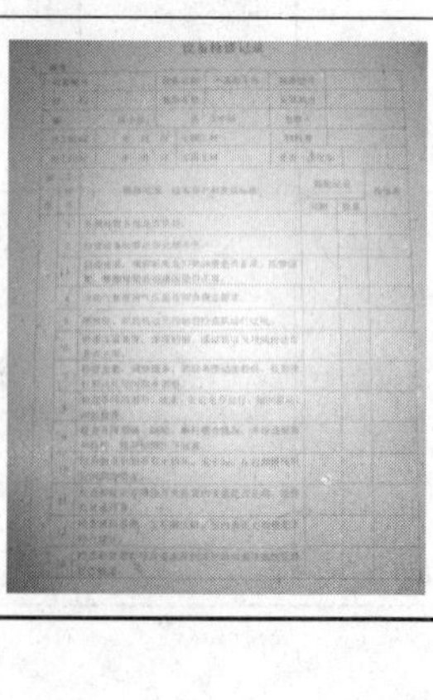

（2）车钩缓冲器拆装设备电气检修作业。

① 车钩缓冲器拆装设备电气检修作业流程。

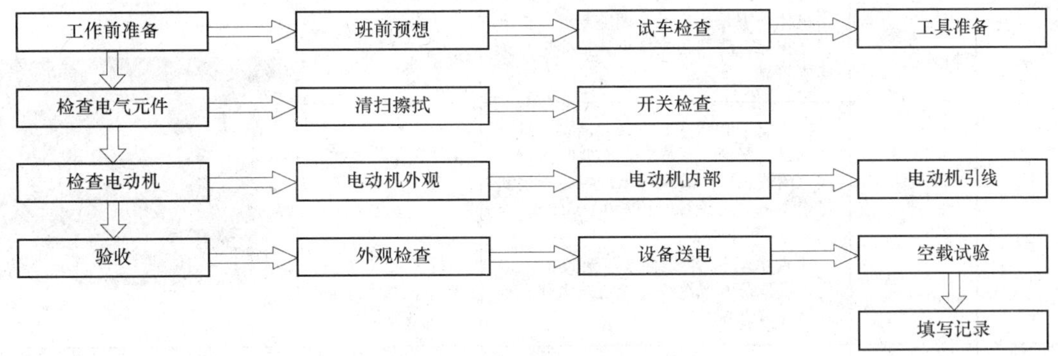

② 车钩缓冲器拆装设备电气检修作业过程。

作业步骤	作业内容	作业标准	安全提示	作业图示
1. 工作前准备	（1）班前预想	班组长对高空作业各项安全措施进行分析和布置，准备好各项作业工具和安全防护用品，布置好自控、互控、他控作业流程	作业前切断设备电源，挂好禁动牌	
	（2）试车检查	了解设备的不良处所和使用情况	结合使用者进行试车检查，确保试车安全	
	（3）工具准备	电工套装工具、摇表、万能表、电笔、禁动牌、电线等	杜绝不良工具进入作业现场	
2. 检查电气元件	（1）清扫擦拭	用干净棉布擦净污垢，用毛刷清扫各部灰尘	确认验电，工作后确认无遗留	
	（2）开关检查	检查各个开关动作是否灵活可靠，紧固各个压线螺丝，如不合格应立即更换	注意接线规范	

续表

作业步骤	作业内容	作业标准	安全提示	作业图示
3. 检查电动机	（1）电动机外观	机体外观是否良好，调整扇叶，检查有无损坏，清扫和擦拭机体，接地必须牢固可靠	注意外观良好，无锈蚀	
	（2）电动机内部	检查定子和转子状态，并清扫。轴承转动是否灵活、无异音，必要时进行补油、清洗、换油、换轴承。用兆欧表测量电动机对地绝缘阻值≥0.1 MΩ	注意润滑状态、线圈状态，有无机械磨损	
	（3）电动机引线	检查电动机引线绝缘有无破损，老化。线鼻子所包绝缘有无过热氧化，接线螺丝有无松动	注意确认线路无任何机械损伤及过热现象	
4. 验收	（1）外观检查	检查外观良好，各部件无破损，线路整齐	检查确认	
	（2）设备送电	各部检查无异状，且人员在安全地带，设备无危险情况，按照送电规范合闸送电	现场专人负责盯控	
	（3）空载试验	逐步启动程序，对各部动作和功能逐项试验运转；试验各安全保护装置应作用良好，整体空载试验正常	确认作业人员在安全位置	
	（4）填写记录	填写检修记录，使用者维修者签字	保证数据真实	

（3）车钩缓冲器拆装设备安全技术操作规程。

安全技术规程	① 设备使用人须经设备操作安全培训合格后，持设备使用操作证操作。 ② 按规定着装，正确使用劳动防护用品，操作人员必须将工作服袖口扎紧，头发压在工作帽内。 ③ 认真检查作业现场、设备、机具等，确认良好方可作业，熟知生产场所的设备、环境、危险因素、作业方法及防范措施	
禁止事项	① 严禁不戴手套、不扎领口、头发不压在工作帽内，检查车床的防护网、防护罩等防护装置良好。 ② 禁止隔着工件取东西，禁止设备运行中用手触摸缸体。 ③ 禁止在机床运行中装卸工件、紧固或测量工件擦拭机床等工作。 ④ 严禁操作人员以外的任何人私自操作设备及接触和任意扳动操作面板上的操作开关、按钮	
操作规程	操　作　步　骤	图　　示
1. 作业前检查	① 检查外观有无损伤、液压元件是否损坏。 ② 检查油箱内液压油不得低于油标中位。 ③ 接通电源、电动油泵电架，观察其转向是否与油泵规定的方向一致。 ④ 开启油泵电机，运行 5～10 min，观察、聆听有无异常。 ⑤ 扳动液压系统低压控制部分的手动换向阀，使升降平台往复运动几次，应无卡滞及其他异常现象	

续表

操作规程	操 作 步 骤	图 示
2. 具体操作步骤	拆卸作业： ① 将钩头从尾框中拆去。 ② 松下钩尾框托板螺栓，只留两条在上面。 ③ 拆下信号器横梁。 ④ 将拆装机从正面（司机室前方）吊入地沟中，推至缓冲器正下方。 ⑤ 高压油缸从钩尾框的正面放入钩尾框中，然后在钩尾销座处从上向下插入专备圆销，使缸体上的凹弧进入圆销，装上机车螺栓。 ⑥ 连接高压胶管。 ⑦ 扳动低压换向手柄缓慢升起平台，直至二者之间留有少许间隙。 ⑧ 闭合高压泵站控制开关，顺时针扳动控制阀手柄，直至缓冲器与机车脱离。 ⑨ 扳动手柄缓慢降下升降平台。 ⑩ 关断低压泵站控制开关。逆时针扳动高压控制阀手柄泄油，使高压油缸活塞复位，取出圆销、高压油缸。 ⑪ 吊走缓冲器，拆卸过程结束	
3. 维护保养及自检自修范围	① 严格遵守设备操作规程，熟悉设备构造、性能、传动原理、加工方法和范围。每班作业认真填写“设备点检、运行记录卡”。 ② 经常保持设备内外清洁，做到作业前润滑，作业后擦拭清扫，保持设备各润滑面无油垢、无碰伤、无锈蚀、无漏油现象，每次作业做到对设备实行润滑五定（定点、定时、定质、定量、定人）。每次使用前检查油箱油位位于油刻线 2/3 处以上，低于规定刻度及时补充油质并保证油路畅通。定期给轴向控制轮加润滑脂。 ③ 设备开动前，必须检查操作机构、保护装置等是否可靠，各润滑部位是否良好，确认各部正常后方可使用。 ④ 每周对设备电气线路、机械部件进行检查，若有异常及时通知设备维修人员排除	

3）柴油机升降翻转架检修作业

（1）柴油机升降翻转架机械检修作业流程。

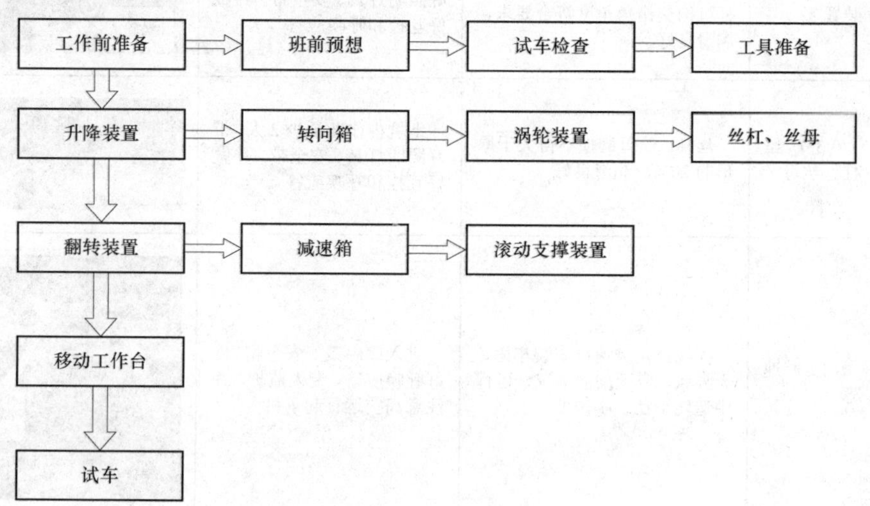

（2）柴油机升降翻转架机械检修作业过程。

作业步骤	作业内容	作业标准	安全提示	作业图示
1. 工作前准备	（1）班前预想	班组长对高空作业各项安全措施进行分析和布置，准备好各项作业工具和安全防护用品，布置好自控、互控、他控作业流程	① 检修作业前首先切断电源，悬挂禁动牌。 ② 做好防护高空作业时戴好安全带。 ③ 作业工具应码放整齐，检修作业期间严禁相互抛掷工具。 ④ 检修作业过程中做好呼唤应答。 ⑤ 如当天检修作业未完成应在设备明显位置挂警示牌，防止他人误操作	
	（2）试车检查	了解设备的不良处所和使用情况		
	（3）工具准备	机修钳工常用工具、机修用螺丝刀（一字、十字）250 mm、撬棍、铜棒、手锤、剪刀、密封胶、錾子、游标卡尺、千分尺、油盘、手动压油枪、锉刀、移动式照明灯、水平仪、百分表及磁力表座		
2. 升降装置	（1）转向箱	检查齿轮转向箱安装应牢固，主轴油封应密封良好，无漏油现象，各连接部位无磨损情况	地坑内作业至少 2 人，带好照明灯具、安全带，并做好互控和呼唤应答	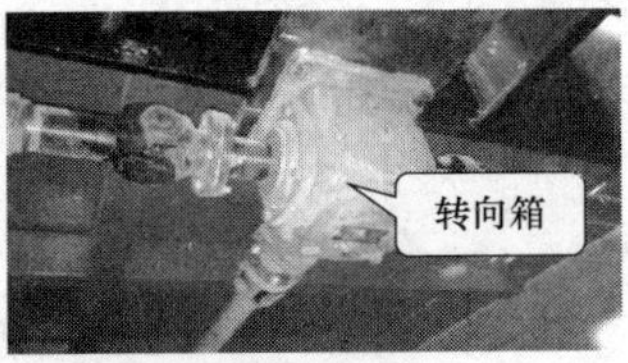
	（2）涡轮装置	涡轮、蜗杆啮合良好，磨损不大于原形的 25%，涡轮、蜗杆机构交错角角度符合要求，润滑良好	地坑内作业至少 2 人，带好照明灯具、安全带，并做好互控和呼唤应答	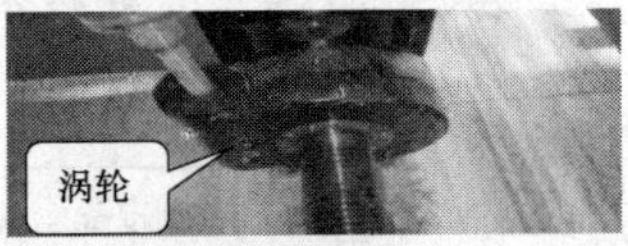
	（3）丝杠、丝母	丝杠、丝母磨损不得大于原形的 20%，润滑良好	地坑内作业至少 2 人，带好照明灯具、安全带，并做好互控和呼唤应答	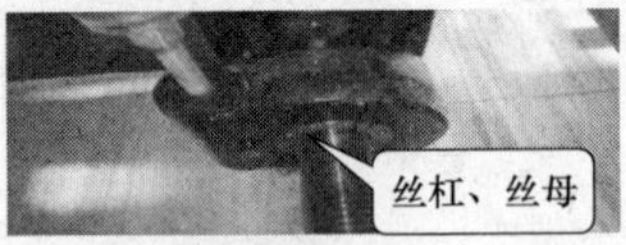
3. 翻转装置	（1）减速器	摆线针轮减速机安装牢固，无异状，应无漏油情况，运行中运转平稳、噪声低	进入库内戴好安全帽，做好呼唤应答，专人监护，并注意高空运行起重机	

续表

作业步骤	作业内容	作业标准	安全提示	作业图示
3. 翻转装置	（2）滚动支撑装置	① 两侧翻转盘、翻转面应光滑，无磨损，两侧检查无裂纹。 ② 传动销齿无磨损、无啃齿现象。 ③ 驱动轮销轴无磨损，无脱落。 ④ 各滚轮转动灵活，表面无异物	进入库内戴好安全帽，做好呼唤应答，专人监护，并注意高空运行起重机	翻转盘 滚动轮
4. 移动工作台		① 螺杆、螺母啮合、润滑良好，各部件运行是否正常。 ② 左右两侧工作台钢梁安装牢固，连接处应无松动。 ③ 工作台连接传销焊接牢固，连接轴应转动灵活。 ④ 台面应平整，无裂缝	进入库内戴好安全帽，做好呼唤应答，专人监护，并注意高空运行起重机	工作台 传动螺杆
5. 试车		① 运行时无噪声，载荷过程平稳。 ② 各移动部件无异音。 ③ 各紧固件无松动，所有润滑部位存油情况良好。 ④ 作业坑内无污水、污油		

（3）柴油机升降翻转架电气检修作业。

① 柴油机升降翻转架电气检修作业流程。

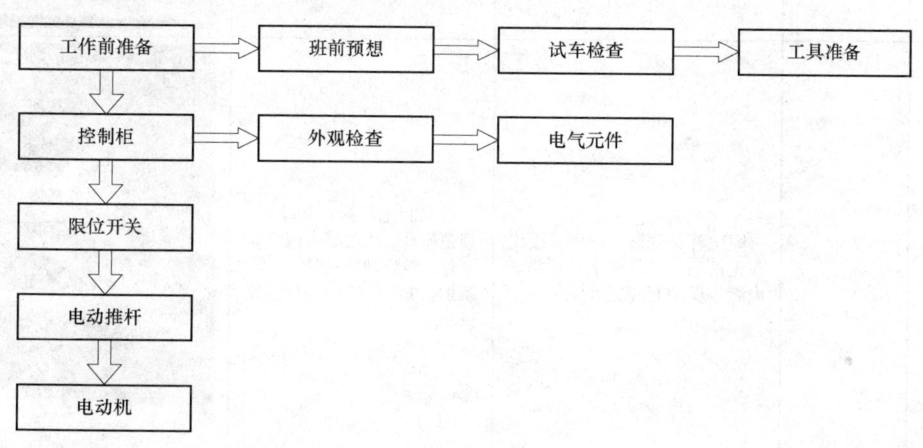

② 柴油机升降翻转架电气检修作业过程。

作业步骤	作业内容	作业标准	质量卡控	作业图示
1. 工作前准备	（1）班前预想	班组长对高空作业各项安全措施进行分析和布置，准备好各项作业工具和安全防护用品，布置好自控、互控、他控作业流程	持证作业，作业时不少于2人，同去同回	
	（2）试车检查	了解设备的不良处所和使用情况		
	（3）工具准备	电工用螺丝刀（十字、一字）150 mm 各一把、数字万用表、测电笔、电工刀、尖嘴钳、克丝钳、电动吹风机、撬棍一根、铜棒、手锤、剪刀、套筒扳手一套、移动式照明灯、梅花扳手一套、兆欧表		
2. 控制柜	（1）外观检查	安装牢固、外观整洁，门锁机构良好	拉闸断电，揭挂禁动牌，规范操作。进入库内戴好安全帽，做好呼唤应答，专人监护，并注意高空运行起重机	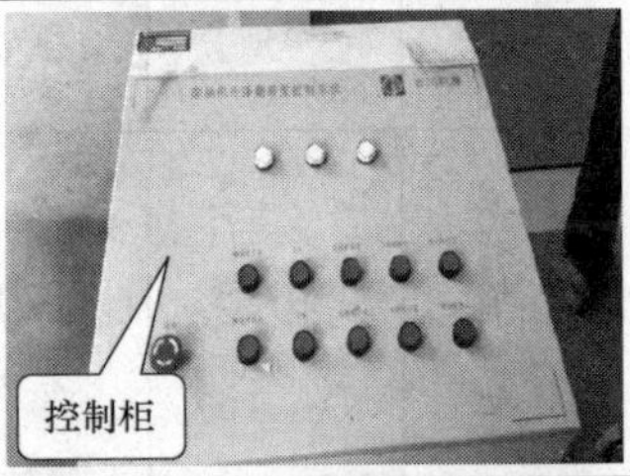
	（2）电气元件	按钮开关完整，接点正常，弹力正常，各元件安装牢固，接线端子无松、虚现象，线路无破损、绝缘值≥0.5 MΩ	拉闸断电，揭挂禁动牌，规范操作。进入库内戴好安全帽，做好呼唤应答，专人监护，并注意高空运行起重机	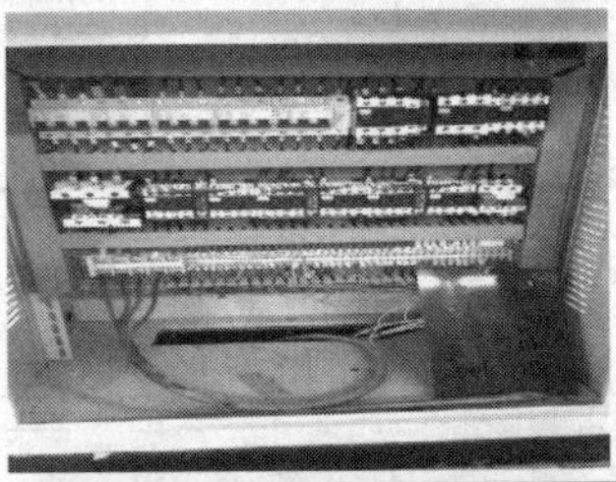
3. 限位开关		限位开关安装应牢固，接线应无松动，动作灵敏，可靠。电源线保护套应完好无损	拉闸断电，揭挂禁动牌，规范操作。进入库内戴好安全帽，做好呼唤应答，专人监护，并注意高空运行起重机	 

续表

作业步骤	作业内容	作业标准	质量卡控	作业图示
4. 电动推杆		① 检查电动推杆外观应完好无损，安装牢固，无松动。 ② 电源连接线绝缘良好，连接端子无氧化、脱落。 ③ 检查驱动电机各部应良好，部件无磨损。 ④ 检查微动控制开关接线无松动，触点无氧化、损伤	拉闸断电，揭挂禁动牌，规范操作。进入库内戴好安全帽，做好呼唤应答，专人监护，并注意高空运行起重机	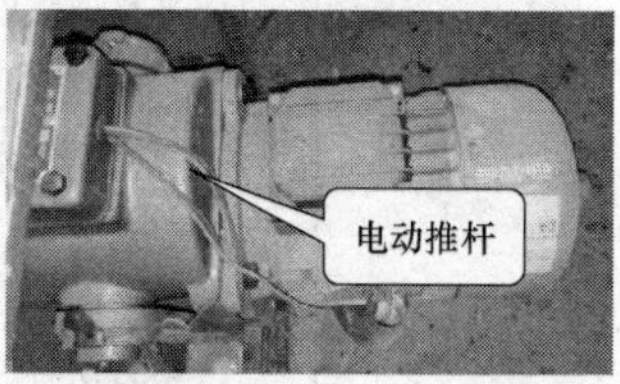 电动推杆
5. 电动机		安装牢固，接地良好；外壳及轴承套良好，风扇叶无破损，绝缘值≥0.5 MΩ	拉闸断电，揭挂禁动牌，规范操作。进入库内戴好安全帽，做好呼唤应答，专人监护，并注意高空运行起重机	 电动机

（4）柴油机升降翻转架安全技术操作规程。

安全技术规程	① 设备使用人须经设备操作安全培训合格后，持设备使用操作证操作。 ② 按规定着装，正确使用劳动防护用品。 ③ 认真检查作业现场、设备、机具等，确认良好方可作业，熟知生产场所的设备、环境、危险因素、作业方法及防范措施	
禁止事项	① 严禁无证作业。 ② 禁止带电作业。 ③ 作业过程中禁止接打手机，交头接耳	
操作规程	操 作 步 骤	图　示
作业前检查	① 工作前检查变速箱紧固螺丝是否松动，各部连接螺栓是否牢固可靠，油位是否符合要求。 ② 检查翻转架主梁有无裂纹、变形	
具体操作步骤 1	翻转架动作前必须做好呼唤应答，要有专人指挥。翻转架转动和升降前，检查两侧活动工作台是否退出翻转架转动范围	
具体操作步骤 2	两侧活动工作台前后移动时，工作台不得站人，前进方向不得有人，注意不要撞到柴油机机体和翻转架	
具体操作步骤 3	空运转翻转架（角度不可过大），观察运转是否平稳，前后四个滚轮是否接触良好，有无偏摆现象	
具体操作步骤 4	柴油机体就位后，各压紧螺栓必须全部锁紧，防止主梁受力不均	
具体操作步骤 5	带负荷运转时要点动运转，并随时注意翻转架与支座接触情况，运转时工作人员不得站在翻转架上	
具体操作步骤 6	工作后必须清扫检查设备，做好日常保养工作，并将翻转架主梁放在下极限，拉开电源开关，达到整齐、清洁、润滑、安全	

续表

操作规程	操作步骤	图示
维护保养及自检自修范围	① 严格遵守设备操作规程，熟悉设备构造、性能、传动原理、加工方法和范围。每班作业认真填写“设备点检、运行记录卡”。 ② 经常保持设备内外清洁，做到作业前润滑，作业后擦拭清扫。 ③ 启动时检查翻转架运行是否平稳、安全自锁功能是否正常。 ④ 检查所有滚轮和滚圈是否全接触、同步，转动是否灵活、平稳。 ⑤ 检查变速箱运转声音正常、无振动。 ⑥ 两联轴器间隙不大于 2 mm。 ⑦ 检查主动齿轮和主动齿圈啮合良好。 ⑧ 定期对齿轮、齿圈、滚轮、轴承等部位给油润滑。 ⑨ 电机及电器工作温度正常、无老化等异常情况。 ⑩ 设备开动前，必须检查操作机构、保护装置等是否可靠，对设备电气线路、机械部件进行检查，若有异常及时通知设备维修人员排除	

4）HX_D3 机车 C4 转向架总组装作业

（1）检修原则。

先检后修，检修顺序由上到下，由左到右，先正面后背面。

（2）保洁标准。

一级：部件经过清洗后，用不脱纤维的白布擦拭无油污和尘埃。

二级：部件经过清洁后，目视检查部件见底色。

三级：部件经过擦拭后，目视检查无油垢、污渍、积碳、尘埃。

（3）作业流程。

基础制动装置组装→踏面清扫器组装→轮对电机摆放及轴箱拉杆组装→一系圆簧组装→电机吊杆组装→构架落成→轴箱拉杆与构架组装→减振器组装→扫石器、砂管组装→轮缘润滑器组装→吊钩组装→打防缓标记。

（4）作业要求。

时间：1 440 min。

人数：8 人

部位	时间/min	检查重点及技术要求	有声检查标准	机破项点
砂箱	60	砂箱及砂管安装座不得有裂纹，砂箱盖及卡子齐全	安装座良好，砂盖及卡子齐全	
轮对	120	轮对无拉伤、剥离，制动盘无裂损，螺丝紧固	轮对无拉伤、剥离	
轴箱	240	轴箱无裂纹，各螺栓无松动；轴承润滑脂无泄漏	轴箱无裂纹，各螺栓紧固	
油压减振器	60	油压减振器安装牢固，上下支架无裂纹、无漏油，上下罩不接磨	安装牢固，无漏油	
一系圆簧	30	弹簧座无断裂，橡胶垫无老化，弹簧无断裂	弹簧及座无断裂，橡胶垫无老化	

续表

部位	时间/min	检查重点及技术要求	有声检查标准	机破项点
轴箱拉杆	120	轴箱拉杆橡胶关节不许老化、挤出，轴头接地装置良好	橡胶关节无老化、挤出，轴头接地装置良好	
转向架构架	60	构架前后牵引梁、侧梁、相互连接处焊缝无裂纹	转向架构架无裂纹	
轮缘润滑器	60	轮缘润滑器安装正确、牢固，润滑棒磨耗无超限	安装牢固，润滑棒状态良好	
二系圆簧	30	二系圆簧无裂损、断裂	二系圆簧无裂损、断裂	
基础制动装置	180	各部螺栓紧固，安装良好无裂纹，闸片卡簧良好，闸片厚度符合技术要求，基础制动装置作用良好	闸片卡簧良好，厚度符合技术要求	
横向减振器	60	减振器无漏油，安装螺母牢固无松动，上下座无裂纹，上罩与减振器体不接磨	减振器无漏油	
牵引装置	120	检查牵引杆各处焊缝无裂纹，橡胶圈无破损	焊缝无裂纹	
牵引电机装置	120	抱轴箱各部件无缺损，各安装螺栓无松动，抱轴承油脂无泄漏	油脂无泄漏	
齿轮箱	60	齿轮箱箱体无裂纹、漏油，加油口、油尺、放油堵齐全；齿轮箱合口螺栓、安装牢固，无松动，透气孔畅通	箱体无裂纹、漏油，加油口、油尺、放油堵齐全，螺栓紧固	
电机悬挂装置	120	吊杆及吊杆座无裂缝，橡胶垫片无破损和老化	无裂缝	

（5）作业工具。

电动平车、千斤顶、轮对定位卡、构架吊具、专用吊具、卡钳、电机支柱、风扳手、力矩扳手（200 N•m、300 N•m、500 N•m、1 500 N•m）、液压扳手、5 m 卷尺等。

（6）安全事项。

① 作业前穿戴好劳动保护用品。

② 确认工作正常，安全防护设置正确。

③ 作业过程中注意人身安全。

（7）作业过程。

作业步骤及标准	图　示
1. 基础制动装置组装	
① 组装前检查制动器工艺螺堵是否完好，有无脱落（检查制动单元合格后方可组装）	

续表

作业步骤及标准	图　示
② 将制动单元（弹停）组装在构架的1、6位，不带弹停的制动器组装在构架的2、3、4、5位，制动器分左右，组装时制动器管接头朝构架内测。螺栓组装方式见图示，力矩及螺栓明细见表 6-2-1（组装制动卡钳螺杆时，螺栓杆表面涂抹装配膏，型号为StaburagsNBU30PTM，每台车240 g）	
2. 踏面清扫器组装	
① HX_D3 0001～0240号机车装踏面清扫器。HX_D3 0241号机车开始取消不装（检查踏面清扫器合格后方可组装）	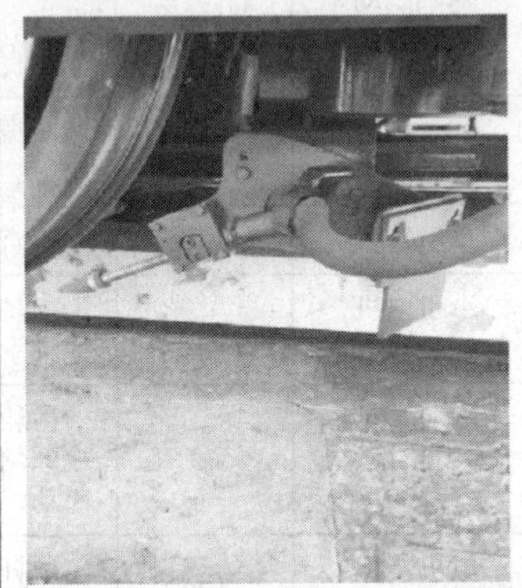
② 踏面清扫器座与构架组装。连接螺栓 M16×45，弹垫 16，平垫 16，紧固力矩196 N·m（力矩及螺栓明细见表 6-2-2）	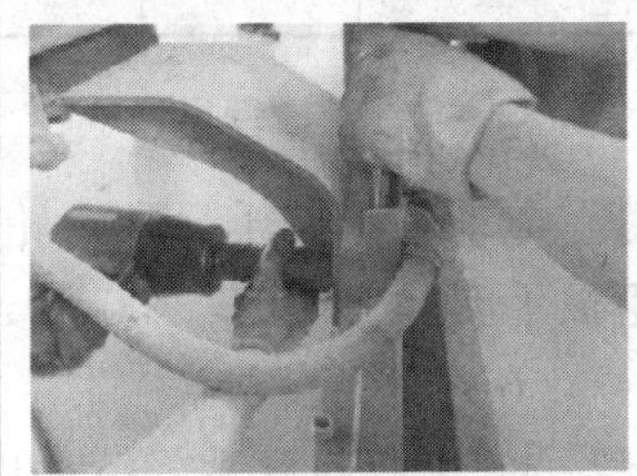
3. 轮对电机摆放及轴箱拉杆与轴箱体组装	
① 根据制动盘上的位数标识确定轮对电机的位数，2、5位轴箱横动量为（30±2）mm，1、3、4、6为0.6～1.8 mm	
② 1、2位轴距为2 250 mm，2、3位轴距为2 000 mm，用支座支稳电机，定位器卡稳车轮	

续表

作业步骤及标准	图　示
③ 轴箱拉杆与轴箱体组装（检查轴箱拉杆合格后方可组装）（力矩及螺栓明细见表 6-2-3）	
4. 一系圆簧组装	
① 用轴箱支架支稳轴箱拉杆	
② 根据解车记录在轴箱弹簧座上摆放调整垫，按原始标记的位数和厚度摆放	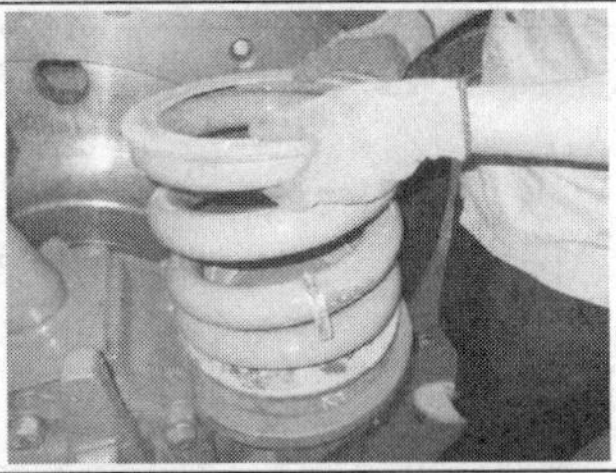
③ 按原车标识的位数组装弹簧，组装时弹簧圈上带喉箍方向朝构架正外侧	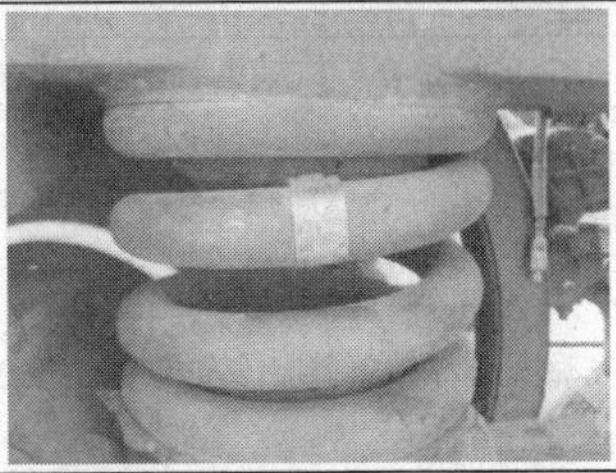
5. 电机吊杆组装	
6 位电机吊杆与构架组装，所用紧固件及力矩见表 6-2-4	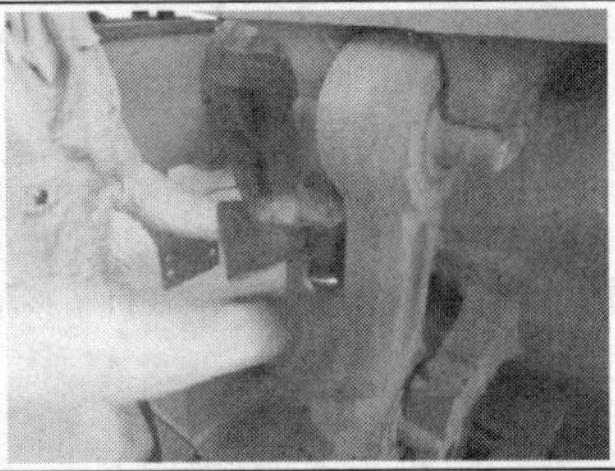
6. 构架落成	
① 确定前后构架，如车号为 HX_D3 0022 机车，查看构架铭牌，铭牌序号为 HX_D3 0022A 的为前构架，序号为 HX_D3 0022B 的为后构架，将构架吊运至轮对电机上方，把轴箱吊钩挂在构架上	

续表

作业步骤及标准	图　示
② 将构架弹簧座与轴箱弹簧对齐，缓缓放下构架，使构架弹簧座嵌入轴箱弹簧内，构架落下后取下轴箱拉杆支架	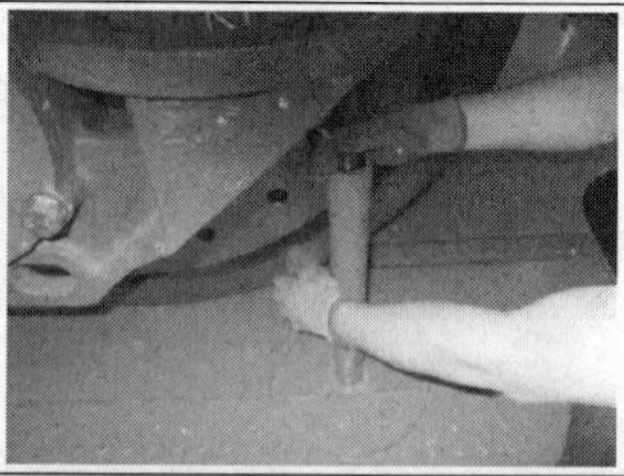
③ 1、6 位电机吊杆与构架组装，紧固件及力矩见表 6-2-4	
④ 2、3、4、5 位电机吊杆与构架组装，紧固件及力矩见表 6-2-4	
7. 轴箱拉杆与构架组装及轴箱侧挡检查	
① 待轴箱拉杆与构架拉杆座对准后穿上螺栓，紧固件及力矩见表 6-2-3，螺栓组装完后天车缓缓下落，车轮与钢轨接触后取下钢丝绳	
② 检查 2、5 轴箱侧挡间隙，间隙单边为 8～12 mm，用厚度为 28 mm、33 mm、38 mm 的轴箱侧挡块调整其间隙（机车整车称重时测量并调整）	
8. 减振器组装（检查减振器合格后方可组装）	
① 1、3、4、6 位组装减振器，下端面与轴箱前盖连接，上端面与构架连接	

续表

作业步骤及标准	图　示
② 减振器下端与轴箱前盖连接（大端朝上，铭牌朝外），连接螺栓 M16×40，平垫 16，弹垫 16，紧固力矩为 196 N·m，组装紧固件及力矩见表 6-2-5	
9. 扫石器、砂管组装	
① 垫板、吊挂与构架组装（1、6 位装有），连接六角头带孔螺栓 M16×40，弹垫 16，紧固力矩为 196 N·m。紧固后用 ϕ2.5 mm 的钢丝把螺栓捆成∞形	
② 链环与构架组装（1、6 位装有），穿上销轴 B6×32，平垫 6，最后穿上开口销 2×16，开口销角度张开应为（90±5）°	
③ 支架与吊挂组装，连接螺栓 M16×55，弹垫 16，紧固力矩为 196 N·m	
④ 定位板、支板与砂箱组装，连接螺栓 M16×55，弹垫 16，紧固力矩为 196 N·m（3、4 位装有）	
⑤ 扫石器与支架组装，组装螺栓 M12×35，弹垫 12，螺母 M12，紧固力矩 43 N·m，螺栓紧固后穿上开口销 3.2×30，开口销角度张开应为（90±5）°	

续表

作业步骤及标准	图　示
⑥ 扫石器胶皮与支板组装，紧固螺栓 M10×45，平垫 10，双螺母 M10，扫石器胶皮无变形的利旧，落大车后调整胶皮下端面距轨面距离为 25～35 mm。紧固件及力矩见表 6-2-6	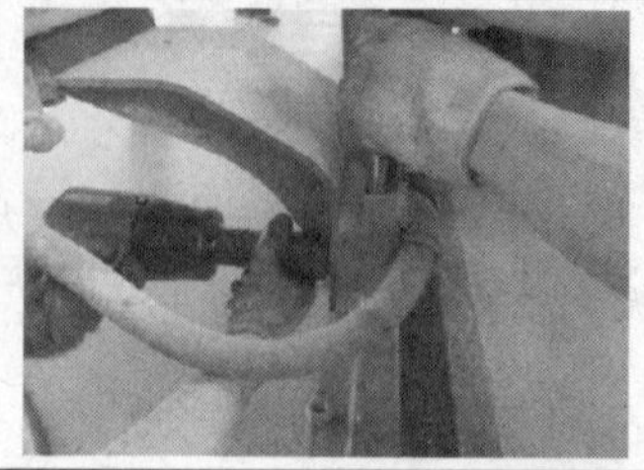
10. 轮缘润滑器组装（落大车后组装）	
① 1、2、5、6 位组装轮缘润滑器	
② 将碳棒装入轮缘润滑器内，碳棒长度不小于原长度 2/3 的可利旧，使其前端接触到轮缘上，调节润滑器，使其前端到轮缘的距离保证在 1、6 位为 20～30 mm，2、5 位为 40±5 mm。紧固件及力矩见表 6-2-7	
③ 组装完后检查螺栓端部不许与润滑器钢丝接磨，拉杆在润滑器内能滑动，无卡滞现象	
④ 一系减振垫下方调整垫允许采用开口的叉形调整垫或机车原设计的原形调整垫，一系弹簧上方调整垫必须采用原设计的原形调整垫	
11. 吊钩组装	
① 称重合格后连接吊钩与轴箱体连接螺栓 M16×35，弹垫 16，紧固件力矩为 196 N·m，紧固件及力矩见表 6-2-8	

续表

作业步骤及标准	图　示
② 试车前必须连接吊钩螺栓。 各部件限度见表 6－2－9	

表 6－2－1

组装部位	标准号	规　格	整车数量	装配部位	力矩值/（N·m）	备注
制动器组装	JIB 1180	螺栓 M16×70（10.9）	24	与构架	259	更新（同一厂家）
	SPL－CO－2004	六角凸缘螺母 M16（10）淬锌	24			更新（同一厂家）
		防松螺母 M16	12		90	更新（同一厂家）
		制动卡钳螺杆				
	润滑膏 StaburagsNBu30PTM　24 081 台					

表 6－2－2

组装部位	标准号	规　格	整车数量	装配部位	力矩值/（N·m）	备注
踏面清扫器组装	GB/T 5783	螺栓 M16×45（8.8）淬锌	48	支架与构架	196	利旧
	GB/T 7244	重型弹簧垫圈 16（65Mn）	48			利旧
	GB/T 97.1	平垫 16（镀锌）140HV	48			利旧
	GB/T 5782	螺栓 M16×60（8.8）淬锌	48	踏面清扫器与支座	196	利旧
	GB/T 7244	重型弹簧垫圈 16（65Mn）	48			利旧
	GB/T 97.1	平垫 16（镀锌）140HV	48			利旧

表 6－2－3

组装部位	标准号	规　格	整车数量	装配部位	力矩值/（N·m）	备注
轴箱拉杆与轴箱体组装	进口	螺栓 M20×150（10.9）	24	与轴箱体	内侧螺母 320 外侧螺母 200	更新（同一厂家）
	SP3T0210	锁紧螺母 M20	24			更新（同一厂家）
	4C3T3625	套管	24			利旧
	进口	螺栓 M20×160（10.9）	48	与构架	内侧螺母 320 外侧螺母 200	更新（同一厂家）
	SP3T0210	锁紧螺母 M20	48			更新（同一厂家）

表 6－2－4

组装部位	标准号	规　格	整车数量	装配部位	力矩值/（N·m）	备注
电机吊杆与构架组装	2BLM3016	螺栓 M30×150（10.9）	12	与电机支座	1 274	更新（同一厂家）
	GB/T 7244	重型弹簧垫圈 30（65Mn）	12			更新（同一厂家）
	GB/T 6170	螺母 M30（镀锌）	12			更新（同一厂家）
	2BLM3016	螺栓 M30×130（10.9）镀锌	12	与构架	1 274	更新（同一厂家）
	4C3T3650	螺栓套筒（50）	12			利旧

表 6－2－5

组装部位	标准号	规　格	整车数量	装配部位	力矩值/（N·m）	备注
减振器组装	GB/T 5783	螺栓 M16×40（8.8）镀锌	16	与轴箱体	196	利旧
	GB/T 7244	重型弹簧垫圈 16（65Mn）	16			利旧
	GB/T 97.1	平垫 16（镀锌）140HV	16			利旧
	GB/T 31.1	六角头带孔螺栓 M16×80（8.8）镀锌	16	与构架	196	利旧
	GB/T 91	销 4×30	16			利旧
	GB/T 7244	重型弹簧垫圈 16（65Mn）	16			利旧
	GB/T 6178	六角开槽螺母 M16	16			利旧

表 6－2－6

组装部位	标准号	规　格	整车数量	装配部位	力矩值/（N·m）	备注
扫石器、砂管组装		钢丝ϕ2.5×760	4	吊挂与构架	196	更新
	GB 32.1	六角头带孔螺栓 M16×40（8.8）淬锌	16			利旧
	GB/T 7244	重型弹簧垫圈 16（65Mn）	16			利旧
	GB/T 5782	螺栓 M8×55（8.8）淬锌	32	撒砂加热器与支架	22	利旧
	GB/T 7244	重型弹簧垫圈 8（65Mn）	32			利旧
	GB/T 31.1	螺栓 M12×35（8.8）淬锌	16	吊挂与扫石器	75	利旧
	GB/T 7244	重型弹簧垫圈 12（65Mn）	16			利旧
	GB/T 6178	螺母 M12	16			利旧
	GB/T 91	开口销 3.2×30	16			更新
	GB/T 31.1	螺栓 M10×30（8.8）淬锌	8	横连杆与吊挂	43	利旧
	GB/T 97.1	平垫圈 10（140HV）镀锌	8			利旧
	GB/T 6178	螺母 M10（淬兰）	8			利旧
	GB/T 91	开口销 2.2×25	8			更新

续表

组装部位	标准号	规　格	整车数量	装配部位	力矩值/（N·m）	备注
扫石器、砂管组装	GB/T 5782	螺栓 M16×55（8.8）淬锌	16	支板与砂箱	196	利旧
	GB/T 7244	重型弹簧垫圈 16（65Mn）	16			利旧
	GB/T 5782	螺栓 M20×65（8.8）淬锌	32	支板与支架	382	利旧
	GB/T 7244	重型弹簧垫圈 20（65Mn）	32			利旧
	GB/T 5783	螺栓 M10×45	8	胶皮组装	无力矩要求	利旧
	GB/T 6170	螺母 M10	8			利旧
	GB/T 6172.1	螺母 M10	8			利旧
	GB/T 97.1	平垫圈 16（140HV）镀锌	8			利旧
	TB/T 894	链环（5×22）（18 节）*L*=396	4			利旧
	GB/T 882	销轴 B6×32	8	链环与构架、横连杆组装	无力矩要求	利旧
	GB/T 91	开口销 2×16	4			
	GB/T 96	平垫圈 6	4			

表 6－2－7

组装部位	标准号	规　格	整车数量	装配部位	力矩值/（N·m）	备注
轮缘润滑器组装	GB/T 5783	螺栓 M12×48（8.8）淬锌	16	与构架	40	利旧
	GB/T 7244	重型弹簧垫圈 12（65Mn）	16			利旧
	GB 97.1	平垫 12（镀锌）140HV	16			利旧
	GB/T 6178	螺母 M12	16			利旧

表 6－2－8

组装部位	标准号	规　格	整车数量	装配部位	力矩值/（N·m）	备注
吊钩组装	GB/T 5781	螺栓 M16×35（8.8）	48	与轴箱体	196	利旧
	GB/T 7244	重型弹簧垫圈 16（65Mn）	48			利旧

表 6－2－9

序号	名　称	限度/mm
1	滚动圆直径	≥ϕ1 190
2	制动盘与制动器闸片间隙	3±1
3	轮缘润滑器前端距轮缘距离	1、6 位 20～30
4		2、5 位 40±5
5	扫石器下端面距轨面高度	25～35
6	撒砂管下端面距轨面高度	30～70
7	电机吊杆距电机距离	≥2

3. 计算机辅助制造与检修

2016 年 4 月 6 日国务院总理李克强主持召开国务院常务会议，会议通过了《装备制造业标准化和质量提升规划》，要求对接《中国制造 2025》。

《中国制造 2025》提出坚持“创新驱动、质量为先、绿色发展、结构优化、人才为本”的基本方针，坚持“市场主导、政府引导，立足当前、着眼长远，整体推进、重点突破，自主发展、开放合作”的基本原则，通过“三步走”实现制造强国的战略目标：第一步，到 2025 年迈入制造强国行列；第二步，到 2035 年中国制造业整体达到世界制造强国阵营中等水平；第三步，到新中国成立一百年时，综合实力进入世界制造强国前列。

2014 年 7 月 4 日李克强总理考察南车集团株洲电力机车股份有限公司，如图 6－2－1 所示。

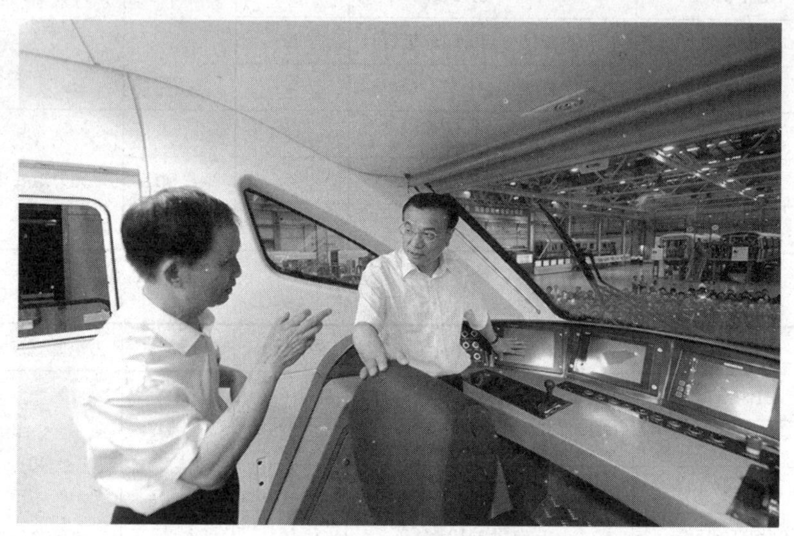

图 6－2－1　李克强总理考察南车集团株洲电力机车股份有限公司

1）推动先进轨道交通装备发展

我国轨道交通装备制造业经历 60 多年的发展，已经形成了自主研发、配套完整、设备先进、规模经营的集研发、设计、制造、试验和服务于一体的轨道交通装备制造体系，包括电力机车、内燃机车、动车组、铁道客车、铁道货车、城轨车辆、机车车辆关键部件、信号设备、牵引供电设备、轨道工程机械设备等 10 个专业制造系统，特别是近十年来在“高速”“重载”“便捷”“环保”技术路线推进下，高速动车组和大功率机车取得了举世瞩目的成就。

中国轨道交通装备制造业是创新驱动、智能转型、强化基础、绿色发展的典型代表，是我国高端装备制造领域自主创新程度最高、国际创新竞争力最强、产业带动效应最明显的行业之一。但我国轨道交通装备制造行业仍然年轻，与发达工业国家相比还有一定的提升空间。我国轨道交通装备制造业要以国家实施的“中国制造 2025”“一带一路”战略为契机，紧紧抓住技术演进和产业发展的机遇，坚持创新驱动，实现由制造大国到制造强国的升级。

（1）全球轨道交通装备制造业发展趋势。

随着社会经济的快速发展，资源紧缺、污染严重等问题突出，造成客货运力不足、道路交通拥堵、排放及噪声污染、公交便捷及安全等问题愈发被人们关注。因此，世界各国都将发展安全、高效、绿色、智能的新型轨道交通作为未来公共交通发展的主导方向，发展模式

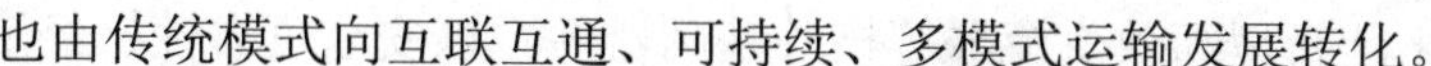

也由传统模式向互联互通、可持续、多模式运输发展转化。

当前，全球正出现以信息网络、智能制造、新能源和新材料为代表的新一轮技术创新浪潮，全球轨道交通装备领域孕育新一轮全方位的变革。轨道交通装备制造业作为高端制造的代表，全球领先的轨道交通企业已经开始实施产品数字化设计、智能化制造、信息化服务。在发展趋势和政策导向下，中国轨道交通装备制造业将迈进信息化、智能化时代，走上制造强国之路。

（2）轨道交通装备制造业发展目标和发展路径。

“中国制造 2025”战略轨道交通装备制造业的根本任务是善用轨道交通作为公共交通和大宗运输载体的巨大发展空间，以绿色智能技术为主线，以多样性产品为载体，以全球市场为目标，实现技术引领、产业辐射。

到 2025 年，我国轨道交通装备制造业要形成完善的、具有持续创新能力的创新体系，在主要领域全面推行智能制造模式，主要产品达到国际领先水平，境外业务占比达到 40%，服务业务占比超过 20%，主导国际标准修订，建成全球领先的现代化轨道交通装备产业体系，占据全球产业链的高端。

围绕轨道交通装备制造强国的战略目标，按照“推动原始创新、引领绿色智能、创新发展模式、拓展国际空间”的发展思路，以构建具有世界领先的现代轨道交通装备产业体系为指引，以体现信息技术与制造技术深度融合的数字化、智能化中国制造为主线，推进要素驱动向创新驱动转变、低成本竞争优势向质量效益竞争优势转变、传统制造向智能制造转变、生产型制造向服务型制造转变。

（3）轨道交通装备制造业发展的重点任务。

未来十年的我国轨道交通装备发展重点是依托数字化、信息化技术平台，广泛应用新材料、新技术和新工艺，重点研制安全可靠、先进成熟、节能环保的绿色智能谱系化产品，拓展“制造+服务”商业模式，开展全球化经营，建立世界领先的轨道交通装备产业创新体系。

① 实施创新驱动。

研制中国标准高速动车组等满足国内外市场需求的标准型产品，进一步打造具有国际竞争力的平台化、谱系化、智能化和绿色节能轨道交通装备产品；开发现代轨道交通装备新一代高效节能技术，实现绿色智能轨道交通装备的工程应用；研究车辆车体轻量化、高性能转向架、数字液压列车制动系统等技术，实现向低消耗、高性能、高可靠产品升级；研究基于以太网的网络控制、无线传输、故障灾害预警监测等技术，建立基于大数据、云计算的轨道交通敏捷运维保障系统。

② 推进智能转型。

推进信息化和工业化深度融合，开展数字化、智能化制造，提供数字化、网络化服务，实现轨道交通装备绿色智能化。使装备产品向安全保障、装备轻量、保质保寿和节能环保等技术方向发展。借助大数据系统和云服务技术，促进研究设计、生产制造、检测检验、运营管理等各个环节向数字化和智能化发展，支持有条件的轨道交通整车及核心部件企业建设数字化、智能化工厂/车间。

③ 强化产业基础。

以企业为主体，产学研用相结合，加强基础性、前瞻性技术研究，建立和完善国家工程实验室、国家工程研究中心等国家级研发基地。基于轨道交通装备“安全、可靠、节能、环保”技术目标，重点研究开发碳化硅新型高效变流器等核心基础器件。以安全可靠性、经济可承受性为主旨，重点开发高品质结构材料和工艺材料。以节能降耗、提质增效为目标，重点开发先进、绿色的锻压工艺、焊接工艺等特种加工工艺。开展轨道交通装备制造基础研究和绿色智能装备研制，提升轨道交通加工、检测装备国产化、自主化水平。

④ 发展制造服务业。

我国轨道交通装备制造业目前主要还是以加工、生产、装配及组装为主，而未来的发展趋势将是产品制造与增值服务相融合的产业形态，即服务型制造。我国轨道交通装备制造业应抓住经济转型升级的难得机遇，大力发展现代制造服务业，拓展在设计研发、试验验证、系统集成、认证咨询、运营调控、维修保养、工程承包等产业链前后端的增值服务业务，逐步实现由“生产型制造”向“服务型制造”转型。通过发展轨道交通装备服务业务，提升在世界轨道交通产业价值链中的地位，提高国际市场的竞争力。

（4）加速“走出去”，提升全球竞争力。

轨道交通装备产品作为我国高端装备“走出去”的代表，得到李克强总理等国家领导人的大力支持。李克强在考察南车株洲电力机车有限公司时说：“中国装备走出去，你们的机车车辆是代表作。”

近几年，全球轨道交通装备市场呈现出强劲的增长态势，根据德国 SCI Verkehr 铁路工业信息咨询公司统计，2010 年全球市场容量为 1 310 亿欧元，2014 年达 1 620 亿欧元，预计到 2018 年市场容量将突破 1 900 亿欧元，年复合增长率为 3.4%。不难看出，轨道交通装备市场需求潜力巨大。

我国政府正强有力推动“一带一路”战略实施，带动相关企业“走出去”。“一带一路”战略区域辐射东南亚、南亚、中亚和西亚等国家，并延伸至东欧、北非，这些区域都对基础设施建设和互联互通有迫切的需求。作为绿色环保、大运量交通方式，轨道交通将成为“一带一路”的先锋，“一带一路”沿线及辐射区域形成庞大的轨道交通市场需求。

海外市场是我国轨道交通装备制造业持续发展的蓝海，轨道交通装备企业要抓住国家重点实施的“一带一路”战略契机，积极开展海外业务，构建“产品+服务+技术+投资”全方位国际化经营能力。

（5）创新发展模式，争做“中国制造 2025”的排头兵。

历史经验表明，每次产业变革都会催生一批新模式和新业态。在新一轮技术和产业革命正在孕育的时代背景下，企业要在已有技术基础上容纳新的信息，用商业模式创新来创造新业态、新模式。作为“中国制造 2025”重点发展的十个领域之一，轨道交通装备制造业要率先开创发展的新模式：一是大力推进制造与服务业融合发展；二是促进科学技术与商业模式的融合创新；三是整合、组建跨国经营、全球领先的轨道交通装备企业集团，构建中国轨道交通协同出海的“联合舰队”，在国际市场竞争中形成中国力量。

实施“中国制造 2025”，加速中国轨道交通装备制造业由“中国制造”向“中国创造”转变，将有力推动中国高端装备业的产业升级，大力带动信息产业、电子工业、材料工业等相关产业链整体实力提升，有力推进中国由“制造大国”向“制造强国”迈进。

2）智能制造

智能制造，源于人工智能的研究。一般认为智能是知识和智力的总和，前者是智能的基础，后者是指获取和运用知识求解的能力。

智能制造应当包含智能制造技术和智能制造系统，智能制造系统不仅能够在实践中不断地充实知识库，而且还具有自学习功能，还有搜集与理解环境信息和自身的信息，并进行分析判断和规划自身行为的能力。

毫无疑问，智能化是制造自动化的发展方向。在制造过程的各个环节几乎都广泛应用人工智能技术。专家系统技术可以用于工程设计、工艺过程设计、生产调度、故障诊断等，也可以将神经网络和模糊控制技术等先进的计算机智能方法应用于产品配方、生产调度等，实现制造过程智能化。而人工智能技术尤其适合于解决特别复杂和不确定的问题。

（1）智能制造。

和传统的制造相比，智能制造系统具有以下特征。

① 自律能力。

即搜集与理解环境信息和自身的信息，并进行分析判断和规划自身行为的能力。具有自律能力的设备称为“智能机器”，“智能机器”在一定程度上表现出独立性、自主性和个性，甚至相互间还能协调运作与竞争。强有力的知识库和基于知识的模型是自律能力的基础。

② 人机一体化。

IMS 不单纯是“人工智能”系统，而是人机一体化智能系统，是一种混合智能。基于人工智能的智能机器只能进行机械式的推理、预测、判断，它只能具有逻辑思维（专家系统），最多做到形象思维（神经网络），完全做不到灵感（顿悟）思维，只有人类专家才真正同时具备以上三种思维能力。因此，想以人工智能全面取代制造过程中人类专家的智能，独立承担起分析、判断、决策等任务是不现实的。人机一体化一方面突出人在制造系统中的核心地位，同时在智能机器的配合下，更好地发挥出人的潜能，使人机之间表现出一种平等共事、相互“理解”、相互协作的关系，使二者在不同的层次上各显其能，相辅相成。

因此，在智能制造系统中，高素质、高智能的人将发挥更好的作用，机器智能和人的智能将真正地集成在一起，互相配合，相得益彰。

③ 虚拟现实技术。

这是实现虚拟制造的支持技术，也是实现高水平人机一体化的关键技术之一。虚拟现实技术（virtual reality）是以计算机为基础，融合信号处理、动画技术、智能推理、预测、仿真和多媒体技术为一体；借助各种音像和传感装置，虚拟展示现实生活中的各种过程、物件等，因而也能拟实制造过程和未来的产品，从感官和视觉上使人获得完全如同真实的感受。但其特点是可以按照人们的意愿任意变化，这种人机结合的新一代智能界面，是智能制造的一个显著特征。

④ 自组织超柔性。

智能制造系统中的各组成单元能够依据工作任务的需要，自行组成一种最佳结构，其柔性不仅突出在运行方式上，而且突出在结构形式上，所以称这种柔性为超柔性，如同一群人类专家组成的群体，具有生物特征。

⑤ 学习与维护。

智能制造系统能够在实践中不断地充实知识库，具有自学习功能。同时，在运行过程中自行故障诊断，并具备对故障自行排除、自行维护的能力。这种特征使智能制造系统能够自我优化并适应各种复杂的环境。

（2）智能技术。

① 新型传感技术——高传感灵敏度、精度、可靠性和环境适应性的传感技术，采用新原理、新材料、新工艺的传感技术（如量子测量、纳米聚合物传感、光纤传感等），以及微弱传感信号提取与处理技术。

② 模块化、嵌入式控制系统设计技术——不同结构的模块化硬件设计技术、微内核操作系统和开放式系统软件技术、组态语言和人机界面技术，以及实现统一数据格式、统一编程环境的工程软件平台技术。

③ 先进控制与优化技术——工业过程多层次性能评估技术、基于大量数据的建模技术、大规模高性能多目标优化技术、大型复杂装备系统仿真技术、高阶导数连续运动规划、电子传动等精密运动控制技术。

④ 系统协同技术——大型制造工程项目复杂自动化系统整体方案设计技术以及安装调试技术，统一操作界面和工程工具的设计技术，统一事件序列和报警处理技术，一体化资产管理技术。

⑤ 故障诊断与健康维护技术——在线或远程状态监测与故障诊断、自愈合调控与损伤智能识别以及健康维护技术，重大装备的寿命测试和剩余寿命预测技术，可靠性与寿命评估技术。

⑥ 高可靠实时通信网络技术——嵌入式互联网技术，高可靠无线通信网络构建技术，工业通信网络信息安全技术和异构通信网络间信息无缝交换技术。

⑦ 功能安全技术——智能装备硬件、软件的功能安全分析、设计、验证技术及方法，建立功能安全验证的测试平台，研究自动化控制系统整体功能安全评估技术。

⑧ 特种工艺与精密制造技术——多维精密加工工艺，精密成型工艺，焊接、粘接、烧结等特殊连接工艺，微机电系统（MEMS）技术，精确可控热处理技术，精密锻造技术等。

⑨ 识别技术——低成本、低功耗 RFID 芯片设计制造技术，超高频和微波天线设计技术，低温热压封装技术，超高频 RFID 核心模块设计制造技术，基于深度三位图像识别技术，物体缺陷识别技术。

（3）测控装置。

① 新型传感器及其系统——新原理、新效应传感器，新材料传感器，微型化、智能化、低功耗传感器，集成化传感器（如单传感器阵列集成和多传感器集成）和无线传感器网络。

② 智能控制系统——现场总线分散型控制系统（FCS）、大规模联合网络控制系统、高端可编程控制系统（PLC）、面向装备的嵌入式控制系统、功能安全监控系统。

③ 智能仪表——智能化温度、压力、流量、物位、热量、工业在线分析仪表、智能变频电动执行机构、智能阀门定位器和高可靠执行器。

④ 精密仪器——在线质谱/激光气体/紫外光谱/紫外荧光/近红外光谱分析系统、板材加工智能板形仪、高速自动化超声无损探伤检测仪、特种环境下蠕变疲劳性能检测设备等产品。

⑤ 工业机器人与专用机器人——焊接、涂装、搬运、装配等工业机器人及安防、危险作业、救援等专用机器人。

⑥ 精密传动装置——高速精密重载轴承，高速精密齿轮传动装置，高速精密链传动装置，高精度高可靠性制动装置，谐波减速器，大型电液动力换挡变速器，高速、高刚度、大功率电主轴，直线电机、丝杠、导轨。

⑦ 伺服控制机构——高性能变频调速装置、数位伺服控制系统、网络分布式伺服系统等产品，提升重点领域电气传动和执行的自动化水平，提高运行稳定性。

⑧ 液气密元件及系统——高压大流量液压元件和液压系统、高转速大功率液力耦合器调速装置、智能润滑系统、智能化阀岛、智能定位气动执行系统、高性能密封装置。

思考与讨论

1. 结合自己工作岗位对比解析案例流程，试提出创新性建议。

2. 思考智能制造对机车检修发展的导引作用，并结合目前机车检修技术提出创新性的改进意见。

模块 7

检修数据资料的收集与管理

任务　检修数据资料的收集与管理

任务　检修数据资料的收集与管理

近年来，我国铁路事业不断发展，铁路运输部门在保证安全的前提下，不断引进新技术、新设备，在提速和重载两方面取得了很大突破，也为铁路管理工作提出了更高的要求。作为担当铁路运输牵引工作的机务段，提高机车检修质量，保障机车供应，确保机车可靠运行，是机车检修工作的核心。为此，要从基础抓起，建立健全机车检修数据资料管理制度，并认真落实；同时，运用现代化管理手段科学管理检查数据资料，使其直观高效地服务于生产，并为领导决策提供依据，大大提升机车检修管理工作水平。

以石家庄电力机务段为例，石家庄电力机务段现配属机车 332 台，其中 SS_4 机车 124 台，HX_D2B 机车 53 台，HX_D3B 机车 32 台，HX_D3 机车 1 台，HX_D3C 机车 37 台，内燃机车 85 台。每台机车都随车带有一本履历簿。当机车投入使用后，就会产生走行公里，当机车走行一定公里数后，结合机车状态就要进行检修。检修工作按范围分为机车大修、中修、小修和辅修。大修一般机车工厂承修，中修、小修和辅修由机务段承修。而机车在实际运用过程中还会发生机破、临修、碎修等，同时针对惯性故障，还会进行技术改造等。另外，每逢月、季、年末，机务段技术科还要对大量检修数据、资料进行收集、整理，并进行统计分析，按上级有关部门规定上报月、季、年报表。参见表 7－1。

表 7－1　检修数据资料统计表

机车基本信息	机车履历簿、机车走行公里
机车大修	机车大修质量状态登记簿
机车中修	机车中修台账、各部件检修记录
机车小修、辅修	机车小、辅修台账、部件检修记录、机统－28 超范围修登记簿
机破、临修	机车破损事故登记簿、机车临修登记簿、机破临修台账
机车碎修	机统－6 碎修小票、机车碎修台账
机车技术改造	机车技术改造登记簿

1. 机车的修制和修程

加强机车检修管理，不断提高机车检修质量，为运输生产提供数量充足、质量良好的牵引动力，是机车检修工作的根本任务。

作为机车检修人员，要牢固树立“质量第一”和“修养并重，预防为主”的思想。在检修工作中，要严格作业纪律，切实加强生产组织和质量管理，做好本职工作。

各级管理人员要加强对机车检修工作的组织管理，按照“规范管理、强基达标”的要求，抓好各项基础工作，科学、有效地组织和协调基础检修各个环节的工作，不断提高基础检修的工作质量。

《机车段修规程》是铁路机务部门的基本法规之一，是机车检修工作的主要依据。《机车检修作业范围》规定机车在修程内应该对哪些部件进行检修作业，即解决“应该干什么”的问题。《机车检修工艺》规定机车或机车配件的检修作业过程及标准，即解决“应该怎么干”

的问题。《内燃、电力机车检修工作评比办法》（简称“220”文件）是联系实际、贯彻全面质量管理、搞好机车检修工作的纲领性文件。

2. 机车检修制度

1）检修修程和周期

机车根据其构造特点、运用条件、实际技术状态和一定时期的生产技术水平与经验来确定其检修修程和周期，以保证机车安全可靠地运行。

（1）修程。

机车修程分为大修、中修、小修、辅修 4 个等级，其中大修为厂修修程，中修、小修、辅修为段修修程。

大修：对机车进行恢复性全面修理。

中修：对机车进行更换主要部件为主的完善性全面修理。

小修：主要对机车制动系统、部分辅助机组、高压和低压电器、保护装置及机械部件等进行针对性修理。

辅修：对机车进行全面性检查并进行必要的修理。

（2）周期。

各级检修修程的周期，应按非经该修程不足以恢复其基本技术状态的机车零部件在两次修程间保证安全运用的最短期限确定。根据当前机车技术状态及生产技术水平，检修周期规定如下：

大修：160 万～200 万 km；

中修：40 万～50 万 km；

小修：8 万～10 万 km；

辅修：2.5 万～3 万 km。

中修周期包括新造或大修至中修、中修至中修和中修至大修的公里或期限。在日常掌握中小修公里或期限允许伸缩 20%；个别机车的中修公里或期限需要延长或缩短时，根据机车实际状态由机务段鉴定，报铁路局审批；个别机车的大修公里或期限需要延长或缩短时经机务段鉴定，由铁路局审查，报铁路总公司批准。

2）检修计划

机车检修应按计划均衡地进行。检修计划由机务段技术科负责会同检修、整备、运用车间和运用科，根据机车的实际技术状态、走行公里或期限，以及检修、整备、运用车间的生产安排进行编制。

（1）小、辅修计划。

机车小、辅修月度（或旬）计划应在月（或旬）3～5 天提出，经机务段分管领导批准执行。

（2）中修计划。

机务段在每年 7 月前编制出次年分季度的年度中修计划并报铁路局。机务段每半年向铁路局报分月的中修计划，上半年的于前一年 10 月前报出，下半年的于当年 4 月前报出。由铁路局审查、平衡批准后，于半年度开始前 30 天下达到承修段，并通知委修段。

3）检修技术管理

机务段须贯彻以总工程师为首的技术负责制，在机车检修工作中要切实加强技术管理，执行有关技术规定，严肃技术纪律。贯彻落实各项技术规章，掌握机车及主要部件状态，编制检修计划，制定技术组织措施，开展技术革新和机车技术改造，推广全面质量管理，总结、交流、推广先进经验，不断提高机车质量和生产技术水平。建立健全机车检修工作分析制度，定期对机车质量进行分析，针对机车质量存在问题开展“QC”活动攻关，提出改进措施，不断提高检修的工作质量和产品质量。

3. 机车检修工艺

1）工艺的概念

（1）工艺。

工艺从词义上讲就是人们使用工具进行生产时，将原材料或半成品加工成产品的工作方法及操作技艺。对于从事机器制造、修理来讲，工艺就是人们在零部件和产品制造或修理过程中，为保证达到其设计、修理标准所采取的技术、方法和手段。电力机车检修工艺是根据电力机车特点、技术要求而制定的，它是保证机车检修质量的重要技术文件。

（2）工艺过程的组成及定义。

从事任何一种机器的修理工作，都要经过一定的过程。在电力机车检修中，检修过程就是指经过一段时间运用或因损坏的电力机车进厂（段）后，一直到恢复其原有性能期间，各个相互关联的劳动过程的总和。它包括直接修复零部件（如拆卸、修复、装配零部件等）的修理过程以及各种有关辅助生产过程，如保管、运送器械等。在检修过程中，直接修复零部件或用拆装、检查、调整、试验等方法恢复其性能的各项工序的安排过程，称为检修工艺过程或工艺流程。

工艺过程一般都是由一系列的工序组合而成。而工序又可划分为工步，即工序是由一系列的工步所组成。电力机车修理工作复杂、庞大，它是由一系列工序、工步组成的修理工艺过程。工序、工步的定义为：

工序——在修理过程中，一组（或一个）工人在一个工作地点对一零件或一部件所施行的连续进行的工艺过程。

工步——在检修过程中，当使用的工具、仪器基本不变时，对一零件或一部件所完成的一部分连续工作。

在检修工作中，由于工作种类十分复杂，工序之间以及工序与工步之间的界限不是十分绝对的。在实际工作中工序、工步的划分一般是按其定义并考虑人员的分配、工作位置和工具设备的变更等因素进行的。

（3）工艺文件及编制要求。

根据零部件的技术要求、结合厂（段）的实际情况，并考虑各种因素，将最合理的工艺过程用图、表、文字等方式表示出来并以文件的形式加以肯定，这些技术文件就叫做工艺文件。

① 工艺文件的作用。

工艺是检修工作重要的技术文件之一，在生产中具有重要的作用。工厂（段）的生产、准备工作都要根据工艺文件进行。例如，生产操作、人员配备、材料、工具、设备、动力等的供应，生产组织，经济核算等工作都需要根据工艺文件进行，从而达到科学合理地组织检修。工作人员不得任意改变文件所规定的内容，否则就会打乱整个生产计划，降低机车检修质量。因此工艺文件是一种工艺纪律或规范，起着指导生产的作用。

工艺文件能否起到指导生产、提高检修经济效益的作用，关键在于工艺文件的合理性。在制定工艺文件时要广泛征求意见，集思广益并尽可能地采用先进的技术，从而使工艺文件真正成为符合客观实际需要的工艺规范。

工艺文件并非永远不变，随着技术的发展和进步，它必须相应地改进，但需要通过一定的审批手续。为了保证工艺文件的合理性和科学性，应建立定期审议制度对工艺文件进行审议。工艺文件作为检修标准，应该反映机车质量动态。因此，在工艺实行一段时间后，应对工艺文件中的一些内容进行必要的修改和补充，及时采用新技术、新方法，提高机车检修质量和经济效益，使检修工艺更符合机车的实际运用状态。

② 工艺文件的种类及格式。

由于现在没有统一的部颁标准（细化标准），各厂（段）在检修中使用的工艺文件种类很多，根据各厂实际情况、生产规模以及本厂（段）的使用经验，在工艺编写格式上也各有特点。简单归纳起来有以下几种。

（a）工艺方案。工艺方案是对一个部件（如电器）或组件（如机车）在投产或转产前，按设计或各项技术要求，结合本厂（段）的设备能力、人员素质等各方面条件制定出的总的生产工艺方案。工艺方案图文并茂，确定了各部件或组件的工艺过程和工艺方法、设备等，但工艺操作上只是粗线条地进行叙述。工艺方案根据其不同的适用对象，其详细程度和要求也不相同。工艺方案是各种检修生产最基本的指导性文件，它必须具有可靠的依据和严密的科学性。

（b）工艺的工序卡片。工序卡片也叫作业指南。它是根据工艺方案设计编制的，在生产中起指导生产操作的作用。生产工人将在工序卡片的指导下进行工作，从而保证检修生产操作质量。在被检修零部件数量较少时，一般不编卡片。

工序卡片要明确规定操作（即工步）的要领（即工步内容），按有关要求明确零部件的质量标准。在易损伤的零部件检修过程中，要明确指出保证检修质量的控制点。

（c）工艺的过程卡片。过程卡片亦称作业过程表。工艺过程卡片一般是和工序卡片配套使用的。它的作用是使整个检修过程一目了然，便于了解掌握整个作业过程情况。它主要是为工班长以及有关人员了解生产情况、组织生产过程、调配人员、配备工具、材料等工作而编写的。

工艺过程卡片要明确以下内容：全部检修过程所需的工序定额以及主要工步；各工序、所在班组、台位；检修设备以及主要工卡量具；完成每道工序所需的工时定额以及完成时间。

（d）工艺规程，也称工艺守则。工艺规程是设计工艺方案及编制工艺卡片的指导性文件。它对检修的工艺方法、要求及限度都作出明确的规定，也可作为检修质量的验收标准。

工艺规程中规定的方法，是在一定时期内适用的指导性方法，在实际生产中应紧跟行业和其他相关领域技术的发展而不断充实和更新，但在执行前必须经有关部门的批准。

③ 工艺文件编制的基本要求与编报程式。

编制检修工艺应符合部颁段修规程的基本技术规定以及国标、部标、图纸技术条件等有关规定。形式力求简明实用，通俗易懂，操作简便、安全。检修工艺内容一般应包括：质量标准，解体、清洗、修理、组装、试验的基本方法，所有用到的工具、量具、设备和材料等。检修人员必须熟知自己所从事作业的工艺并严格按工艺要求进行检修工作。工艺装备、工具和量具须定期校验、维修，经常保持良好状态。

要定期检查与分析工艺执行情况，注意总结推广先进经验，不断地在实践中发展和完善各项工艺，使之更加合理、科学、先进。

2）机车检修工艺的基本概念

机车检修要按照一定的程序进行，不同机型的检修程序和过程不尽相同，同一机型不同部件的检修程序也有不同，这个检修程序就是我们所说的机车检修工艺过程。

机车检修工艺的基本原则及要求具体如下。

（1）检修工艺应符合机车基本技术规定、限度以及国标、部标、图纸、技术条件等有关规定，力求简明实用，通俗易懂，操作简便、安全。检修工艺的内容一般应包括：所用的专用工具、量具、设备和材料，质量标准、工艺步骤及解体、清洗、检查、检修、组装、试验的基本方法。

（2）检修人员必须熟知自己所从事作业的工艺，并严格按照工艺要求进行检修作业。工艺装备、工具和量具须定期校验、维修，经常保持良好状态。

（3）要定期检查与分析工艺执行卡控，注意总结推广先进经验，不断地在实践中发展和完善各项工艺，使之达到合理、科学、先进的要求。

铁路局负责组织机车主要机组和部件的检修工艺，并报铁路总公司备案。机务段编制中修车作业项目及工艺、小修车检修工艺以及小部件检修和其他作业的检修工艺或工艺卡片，并报铁路总公司备案。

3）“四按三化记名修”的要求

铁路总公司为加强机车检修基础工作，提高机车检修管理水平和机车检修质量，专门下发“220”文件。“四按三化记名修”是“220”文件的核心内容。

“四按三化”是按范围、按“机统－28”及机车状态、按规定的技术要求、按工艺和程序化、文明化、机械化的简称。目前铁路局、机务段已将此内容列入标准化规范管理并定期严格检查考核。在机车段修过程中，严格执行“四按三化记名修”制度，是科学地组织机车段修工作各个环节，建立严密而协调的生产秩序，提高机车段修工作质量和产品质量的基本保证。

（1）“四按”的要求。

① 按范围。

即按照制定的中修、小修、辅修范围进行机车检修的各项作业。对机车各部分的检查项目要齐全，不漏检漏修。

② 按“机统－28”及机车状态。

“机统－28”是铁路总公司统一制定的机车检修登记簿，“机统－28”由包乘制机车乘务员或轮乘制机车保养组按电器（包括电子、微机）、机械、电机、仪表等类别顺序填写。一般应填写下列内容：机车在定修间发生过的疑难临修，主要部件如受电弓、主断路器、主变压器、整流硅机组、牵引电机、劈相机组、空气压缩机组、通风机组、两位置转换开关、牵引装置、转向架、轮对等的异常情况；不正常擦伤、烧损及损坏；机车惯性故障和季节故障；机车油脂的不正常消耗量等。在机车定检开工前 24～72 h 内将“机统－28”送交检修车间。检修时应以此为依据，认真检查，彻底处理不良情况。在检修过程中，还应根据机车状态采取必要的修复或维护措施。

③ 按规定的技术要求。

即按段修规程中提出的基本技术规定、限度表进行检修。

④ 按工艺。

为了提高机车的检修质量和效率，必须有合理先进的检修工艺。检修过程中，机车的中修、小修都应按照工艺规定步骤流程进行，不能简化或草率应付。

（2）“三化”的要求。

① 程序化。

机车检修工作，根据检修计划从扣车到交车全过程要按照规定的工作程序来进行。采用准确、合理的检修方法，做到效率高、质量好、成本低、作业安全、有条不紊地进行。为此电力机务段应编制机车检修（中修、小修）作业过程表、作业顺序和完成时间以及各个作业的工时消耗等内容。检修过程中采用平行作业和流水作业，使各班组的工序之间紧密协调、密切配合、前后衔接，以减少各道工序之间的等待时间。

② 文明化。

其意义是检修工作场所及环境应保持清洁卫生；机车部件应清扫干净；配件放置整齐，工具存放有序；在检修操作中，采用合理有效的方法，不允许野蛮修车。检修工作场所及环境的卫生状态，对检修部件的质量有直接影响，因此，要求工作场所地面清洁、光线充足、空气清新流通、布置整齐。对电子、电器、仪表、制动、轴承等检测、检修场所，要求更加严格。对某些检修工作中产生有害气体的检修间（蓄电池间、浸渍间、喷漆库）应设置强迫通风设备。对存放有汽油、煤油等易燃品的工作场所，禁止用电炉或火炉取暖。

机车检修过程中，所有的零部件应当保持在清洁状态。对拆下的部件需彻底清洗和擦拭干净，拆下、清洗、检修后的部件和机组，应放置在各种专用架或台上，有些精密的部件还需用防尘板盖好。检修人员在工作中，应防止将油污、杂物带到零部件工作表面上和配合部位内及取出部件后的各腔室（如轴承内圈、压缩机气缸内腔）中，以免造成部件的损伤。在检修各部件时，禁止使用不合理的锤击、摔打、火烤或切割等方法，而应使用规定的工具、专用工具及工艺装备，按照各部件的检修工艺进行。

③ 机械化。

机械化修车是改善劳动条件，提高修车效率，保证作业安全和检修质量的有效手段。因此，应结合实际需要，推进技术革新，制作先进的工具和工艺装备，广泛采用各种风动、电动、液压等工具设备。检修作业的拆装、清洗、探伤、测量和试验都应实现机械化。在此基础上，还应向联动线、流水线、自动线方向努力。由于机车许多部件在装车前要进行动作时间、转换位置、整定值及泄漏等项目试验，所以还应配备各种试验设备，如主断路器、电子线路、微机测试、综合电器、制动机、电机等试验设备。

为使部件和机组拆装工作方便，还应设置各种拆装架及翻转架，如牵引电机翻转架、电枢旋转支架等。用塞尺、千分表、游标卡尺、测微计以及各种电气测试仪表等测量各部件的间隙、余量、距离、电压、电流和直径等。对主要零部件应广泛采用电磁探伤、荧光探伤或超声波探伤等方法进行检验，以判断零部件的表面裂纹和内部缺陷。

（3）记名检修。

为配合检修工人实行岗位责任制，检修车间根据检修任务对各班组下达记名检修活票或记名检修工作票及记名检修记录，以便落实检修人员负责施修的内容，坚持谁施修、谁签名负责的原则。记名检修是考评工人工作态度、技术水平的重要依据。

为了严肃检修工作纪律，落实经济责任制，提高机车检修质量，检修车间制定了有关“三修”条例。所谓“三修”是指违法修、返工修及简化修，在检修工作中是不允许出现的。现将“三修”简要说明如下。

① 违法修。

有下列情况之一者为违法修：

（a）凡不按段修规程、检修工艺修机车或机车配件，而造成机车零部件损坏、烧损者。

（b）不按《机车技术改造管理办法》，未经有关部门批准私自改变机车原设计的。

（c）违章使用工具、器械造成机车零部件损坏的。

（d）凡在机车零部件上乱挖乱补的。

② 返工修。

具有下列情况之一者为返工修：

（a）凡经检修后的机车零部件及配件，提交验收后不符合技术标准和要求，需要重新修理的。

（b）凡在机车落成后提交验收时所发生的高压、低压、制动机、仪表、机械等故障或不符合技术要求需要重拆修理的。

（c）凡落车后再发现故障或因漏检漏修等原因而需要重新架车处理的。

（d）经专修组在车下检修后的机车配件，因人为的原因而不能保证一个检修周期正常使用，需要下车检修的。

③ 简化修。

具有下列情况之一者为简化修：

（a）凡不按段修规程中、小修范围，检修工艺，“机统－28”进行检修而漏修的。

（b）凡在检修机车、机车配件时，检修清扫不彻底，不符合工艺要求的。

（c）凡紧固松弛、不齐全、开口销安装不标准和接线松动者。

（d）出现“小而广”活件。

4. 机车检修指标（以石家庄机务段为例）

1）概述

为了使机车保持良好状态，除了努力提高新造机车的质量并在运用中正确操纵、细心保养，还必须进行各种定期检修。但是，铁路局各电力机务段配属的机车是有一定数量的，如果检修机车的数量过多，待修的、修理中的停留的时间过长，则运行状态的机车数量相对就会减少，可运行的时间也相对变短。这就要求提高电力机车检修的质量，延长两次检修间的走行公里数，即缩短修车时间，不致因一个时期机车过多地转入检修而影响运输任务的完成。机车检修指标是指能反映机车检修效率、质量等的具体数据，如机车检修率、机破十万公里件数、临修十万公里件数、检修停时等。

2）检修指标的相关概念

（1）检修机车。

为等待修理和修理中的机车。

（2）机车检修修程。

为大修、中修、小修、辅修。

（3）定检机车。

为按机车检修规程规定的检修周期在承修单位修理、无动力待修和无动力回送的机车，以及属于承修单位责任而发生返工修理的机车。

（4）返厂、架修机车。

经驻厂（段）验收室鉴定，属于工厂或承修责任需返工修理的机车，自发现故障时起列入返大（厂）修、中（架）修。

机车在定检中发生返大（厂）修、中（架）修，自发现时起返大（厂）修、中（架）修统计；如定检工作全部完成经验收人员签收为修竣时，可自定检修竣时起转入返大（厂）修、中（架）修。

（5）机破机车。

机车在担当牵引任务过程中，因机车本身故障等原因导致机车已不能继续担当牵引任务，被迫终止本次牵引任务，请求其他机车担当本次牵引任务的机车。

（6）临修机车。

为两次定检间进行临时修理的机车，通常为本身有故障时需返修的机车。

（7）其他检修机车。

① 加入长期备用进行整备的机车自接到批准的调度命令时起，至整备完毕时止。

② 中修机车涂漆，包括进行机车整体涂漆的时间。

③ 大修、中修机车回本段后进行整修时，自实际整修时起至实际完成交车时止（包括机车信号、机车自动停车装置、列车无线调度电话、列车运行监控记录装置等行车安全设备的安装时间）。

④ 进行整修及机务段自定的加装改造项目的机车，自实际开始时起至完成交出时止。

3）机车检修指标及计算方法

（1）机车检修率。

检修机车占支配机车的比重。

① 机车检修率=（检修机车台日/支配机车台日）×100%。

② 大修机车检修率=（大修机车台日/支配机车台日）×100%（其他修程类推）。

③ 段修机车检修率=（在段修机车台日/支配机车台日）×100%。

④ 临修机车检修率=（临修机车台日/支配机车台日）×100%。

⑤ 机车总检修率=厂修率+段修率。

（2）机车检修停时。

为各种修程的平均修车时间。

计算方法：各修程的总修车时间除以各修程的修竣台数。

计量单位：大修、中修为天，其他修程为小时，各保留 1 位小数。

（3）机车修竣、定检走行公里报表。

反映为机车定检时间及定检间的平均走行公里，是分析该机车质量，编制机车检修计划、机车检修记录，核算劳动生产率，核算机车检修费用的依据。

5. 机车检修作业及工艺流程

1）检修车间组织机构

检修车间生产组织实行三级管理机构，如图 7－1 所示。

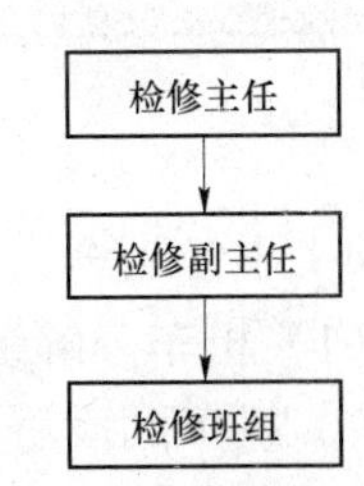

图 7－1　检修车间组织机构

2）检修车间职责范围

（1）在分管副段长的领导下，组织车间所属人员，根据检修计划对本段及外段协议修机车进行检修，保证全面完成机车检修任务，为运输生产提供数量充足、质量良好的机车。

（2）按照机车检修规程和工艺要求，落实“四按三化记名修”，提高机车质量。

（3）落实检修干部安全作业标准和机务段的相关规定，抓好机车检修工作的生产安全和人身安全。

（4）抓好班组建设，落实班组建设的各项规定，抓好职工队伍建设，总结推广先进经验。

（5）组织岗位技术练兵及业务学习，提高职工的技术业务素质。

（6）会同有关部门对机车质量问题及时进行专题分析，查找原因，制定措施并进行专项整治。

（7）监督、检查车间内各种设备、工具的使用与保养，完善各项工作制度，对危及安全的不良设备禁止使用，并提出更新、改进及维修建议。

3）检修车间生产简介

根据机车检修设备的规模，机务段分为中修段和小修段。中修段设有中修库和小修库，其任务是：按照机车中修、小修计划组织机车各项修理工作及机车零部件备品的修复工作。现以中修机车为例简介检修车间的生产过程。

以石家庄电力机务段电力机车检修为例，机车中修作业流程，如图 7-2 所示。

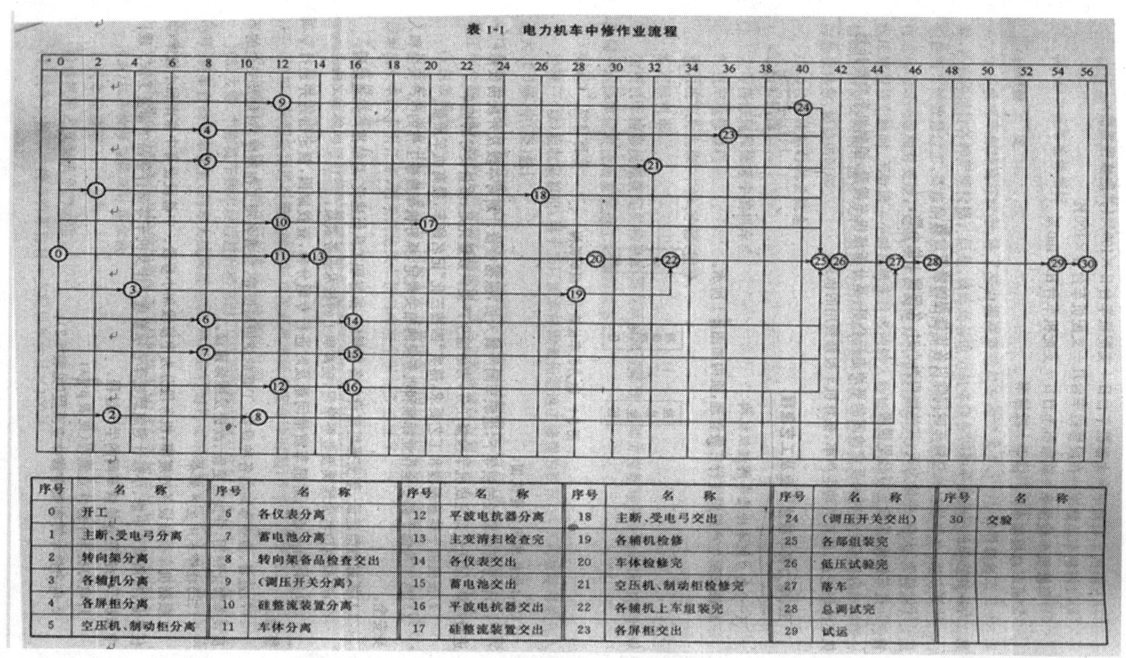

序号	名　称	序号	名　称	序号	名　称	序号	名　称	序号	名　称	序号	名　称
0	开工	6	各仪表分离	12	平波电抗器分离	18	主断、受电弓交出	24	（调压开关交出）	30	交验
1	主断、受电弓分离	7	蓄电池分离	13	主变清扫检查完	19	各辅机检修	25	各部组装完		
2	转向架分离	8	转向架备品检查交出	14	各仪表交出	20	车体检修完	26	低压试验完		
3	各辅机分离	9	（调压开关分离）	15	蓄电池交出	21	空压机、制动柜检修完	27	落车		
4	各屏柜分离	10	硅整流装置分离	16	平波电抗器交出	22	各辅机上车组装完	28	总调试完		
5	空压机、制动柜分离	11	车体分离	17	硅整流装置交出	23	各屏柜交出	29	试运		

图 7-2　石家庄电力机务段电力机车中修作业流程

4）中修机车一次作业程序

（1）机车分解组装作业制度。

① 机车到段后，由检修调度、交车工长会同机车乘务员一同检查机车配件状态，做好记录并经机车乘务员签字确认，检修调度负责联系，交车工长负责牵车上台位，并检查相关部件状态，做好记录并签字。

② 由检修调度集中宣讲作业安全注意事项，作业时要听从检修调度和交车工长指挥，由交车工长负责作业安全防护，挂好禁动牌并打好止轮器。

③ 车上吊修主变压器等大部件时由交车工长协调指挥，检修调度监督。天车必须两人作业，使用架车机由交车工长指挥操作，并负责总体指挥，检修调度监督，每个顶镐前必须有一名专业人员监控，确保同步升降，车上不得有人作业，转向架拉出后将顶镐落下，并支好 4 个支架。使用天车吊动机车车体时，主管副主任须到场监督。

④ 各班组将拆下配件做好防护，送到指定地点。

⑤ 机车落车时，交车工长总体指挥，检修调度监督，车上不得有人作业，转向架落成后，由交车工长负责打好止轮器。

⑥ 吊装主变压器由交车工长指挥，检修调度监督。

⑦ 各班组要在规定程序内完成各项生产作业，保证生产进度。

⑧ 机车组装完毕后须通知相关部门对机车进行总体复验，及时处理不良处所，确保机车静态质量良好。

⑨ 复验完毕后，由相关人员对机车进行低压试验及高压试验。

（2）检修机车试运制度。

① 检修机车试运工作由交车工长负责，参加试运人员一律听从交车工长指挥，交车工长须布置试运注意事项及安全工作。

② 开车前交车工长清点人数及车上用品，并检查机车各部情况，方能通知司机动车；试运过程中检修人员应经常巡回检查机车状态，发现问题要及时处理，机车到站停车后，要检查走行部及各轴温情况。

③ 机车回段后停放最终指定地点后，试运人员方能下车，交车工长向主管主任汇报试运情况。

④ 根据机车状态确定参加试运人员。

（3）机车交车管理制度。

① 机车交车前，各专业班组在交车车前报到，由交车工长分发“活票”，挂禁动牌并检查止轮器是否打好。

② 各专业班组将所有“活票”处理完，达到机车高压试验状态。

③ 机车工长按高压试验程序进行高压及制动机试验，使机车达到交车质量状态。

④ 办理交车手续，签字认可。

⑤ 凡未尽事宜，由主管主任、车间技术员及调度裁定解决。

6. 检修数据资料

1）数据资料管理制度

（1）目的。

为规范数据资料管理，便于日常查阅，并通过对技术资料的积累和分析，提出提高机车检修工作质量和产品质量的改进措施，以确保机车质量不断提高。

（2）范围。

适用于检修车间所有数据及资料。

（3）内容及要求。

① 数据资料包括机车检修记录、记名修、措施、制度、工艺、范围、各级文件、机统−28、

机统－6资料、职工教育资料、班组管理，以及有关技术资料、图纸等其他资料。

② 质检组专职人员要对交入资料室的资料认真审核，存在问题者应及时退回重新填写，对完整的资料应保存完好。

③ 机统－6资料应及时输入微机，以随时供有关人员调阅，为诊断机车状态提供依据。

④ 有关记录、记名修及其他资料应按要求认真填写，要求必须用钢笔或圆珠笔，严禁用铅笔填写，书写整齐，数据真实准确，不得涂改，需存入资料柜（室）的应及时上交。

⑤ 各类资料做到存放合理，排列有序，查找方便。要做到“六防”，即防盗、防火、防虫、防尘、防潮、防鼠，质检组专职人员要定期对资料室的资料进行检查，保持资料的完整性，对借阅的资料要及时追回，防止丢失。

（4）资料保管期限。

按照有关的文件要求，以下资料的保管期如下：

① 机车零件探伤记录，长期保存。

② 分配阀试验记录，半年。

③ 电流表、电压表、速度表、电测压力表检修记录，半年。

④ 其余检修记录皆为一个中修期。

⑤ 机车小、辅修台账及有关记录，三年。

⑥ 机车小、辅修工作记录本，二年。

⑦ 机统－6小票，三个月。

⑧ 机统－28，一个中修期。

⑨ 车间制度措施，五年。

⑩ 上级临时性文件，一年。

⑪ 技术资料，长期保存。

⑫ 有关制度、文件，至制度、文件废止。

⑬ 其他数据资料，根据实际情况，至少保存一年。

（5）责任划分。

① 存入资料柜（室）的资料由质检组专职人员负责。

② 其他资料按照车间分工，由主管人负责。

（6）考核。

质检组专职人员要认真履行自己的职责，按要求完成车间交给的一切任务，工作中出现疏漏，造成较大影响者，车间将对其进行经济考核。

① 上级检查发现问题视情况对责任人发红、黄、白票。

② 发生文件、记录丢失对责任人发黄票以上处理。

③ 车间检查资料发现问题，不配合整改，或现场抽查不配合检查，对班组长发黄票处理。

④ 其他数据资料问题，视情节对责任人员进行考核。

2）信息反馈制度

为保证机车质量信息畅通，及时掌握机车质量动态，将机车故障消灭在萌芽状态，避免机破、临修或机车大部件破损发生，确保机车质量相对稳定，石家庄检修车间制定机车质量反馈制度如下。

（1）质量信息的收集。

入库整备机车由抢修组按照机统－6 小票提活认真处理，填写回票。对“运行日志”（或“机车交接本”）中提报的机车动态信息及时回复。同时负责质量信息的收集工作，将收集的信息提报车间质量组。

① 抢修组负责收集的信息主要有：

（a）所有没有处理，或没有彻底处理的故障；

（b）机车动态故障，包括“有时”发生、时有时无的故障等；

（c）已处理的没有把握的疑难故障；

（d）乘务员提报的动态故障（指未处理的）；

（e）部分惯性故障，包括齿轮箱漏油、压缩机漏油等；

（f）单台机车重复提报的故障；

（g）其他需车间或技术解决的问题。

② 检测组需收集提供的信息：

（a）轴温数据丢失、不全；

（b）轴温数据不能转储；

（c）轴温转储分析时发现的异常情况；

（d）弓网检测数据分析异常；

（e）轮对检测分析异常；

（f）弓网、轮对检测设备（软件）异常。

③ 质量组提供信息：

单台机车多次（三次及以上）提报的同一故障。

（2）质量信息的上报。

① 抢修组负责收集的质量信息，由班组长负责统计，形成书面材料交碎修分析人员，并于每日上午报车间生产例会；

② 检测组收集的信息，每周汇总后交班组，并于每周五报车间质检组；

③ 质检组对上报的机车质量信息进行初步分析，需立即处理的故障应及时向质检副主任汇报，并组织相关人员讨论解决方案；其他信息每周进行汇总，报车间质检副主任；

④ 质检副主任每周组织车间质检组对收集的质量信息进行分析，并制定解决方案；

⑤ 需技术科解决的问题，或车间难以解决的问题，由质检副主任及时向技术科通报。

（3）质量问题的处理。

① 车间质检组确定解决方案后，交各作业区域负责人组织人员进行故障处理；

② 需扣车整修的，由车间联系进行扣车；

③ 需请示技术科的，或需技术指导解决的，要请技术科帮助解决；

④ 需跟车添乘的，由生产副主任给作业区域负责人安排添乘人员。

各有关人员要认真落实上述规定，确保机车故障及时消除，保证机车不带“病”上线运用，检车组对故障判断不能确定的，要及时请示技术科专业技术人员，将故障信息上报车间，以确保机车的运用安全。

3）“机统－28”管理制度

（1）目的。

为了规范机车小、辅修（季检）管理，加强机车动态故障控制，落实“四按三化记名修”

制度，确保在修程内彻底消灭机车动态故障，提高机车检修质量，制定本制度。

（2）范围。

本办法适用于石家庄检修车间承修的 SS_4、HX_D3C 型小、辅修（季检、半年检）机车。

（3）内容与要求。

① 职责与分工。

质检组专职人员负责机车机统－28 质量信息搜集、梳理、填写和日常保管。

（a）车间质量副主任负责审核承修机车的机统－28，并审批签字。

（b）车间调度负责协调部门之间的作业程序。

（c）车间调度负责收存机统－28，建立车间的交接记录，并接受验收室对机统－28 提报故障的施修情况进行监督、检查、验收。

② 填写要求。

（a）修程机车作业时质检组从车间调度处接到机统－28 后，由质检员按规定的格式和机车部件分类顺序填写，填写整齐，文字清楚，名称正确，描述要简洁准确。一般分为电机、电器、制动机、机械走行部四大部分。

（b）机统－28 要按顺序编上页码，不能缺页，保管要整洁，不得乱涂乱画及填写与小、辅修无关的事项。

③ 交接要求。

（a）机统－28 必须在修程开工前 24～72 h 填写完毕。车间副主任对机统－28 要进行审核确认并签字。于车间早 8:15 碰头会前交车间调度，车间调度做好记录。

（b）车间调度在碰头会上进行通报，质检组将机统－28 提活分发到各施修部门。班组作业者按机统－28 提活和检修范围组织对机车进行检修，按规定进行机能试验。

（c）机车复检和检修过程中发现的其他活（除自检自修范围外），质检员按机车部件分类登记在机统－28 上，并分别注明补活或超修活。

（d）质检员对施修结果进行监督，交车组人员对施修情况进行确认。

（e）作业者施修时，记录施修情况、处理处所、检查范围、更换配件等填入机统－28 并签名。

（f）机车修竣交车时质检员将机统－28 交车间调度，由质检组将签认正确的机统－28 收回，做好交接后按规定妥善保管。机统－28 日常要定点、统一保管，严禁丢失、撕页、随意涂改和外借，要时刻保持清洁。

④ 检查要求。

（a）车间每季度对机统－28 管理制度的执行情况进行分析，针对存在的问题制定改进措施。

（b）车间结合 220 自查定期对机统－28 的填写和交接情况进行检查。

⑤ 考核。

（a）机统－28 填写不规范，对相关填写人员发白牌或考核百台。

（b）施修不当造成不良后果，按后果性质对责任者进行白牌以上考核。

（c）管理过程中不能发挥监督、卡控职能，造成下一道工序失控，对失控人员进行白牌以上考核。

4）“机统－6”管理制度

（1）目的。

为了规范机车检修管理，落实“四按三化记名修”制度，提高机车碎修检修质量，制定本制度。

（2）范围。

本制度适用于检修车间机车碎修的管理。

（3）内容与要求。

① 机统－6 提票范围。

（a）机车在修程之外发生的故障及不良处所或隐患。

（b）机车信号、电台、LKJ 监控装置等其他非本段设备出现的不良状态。

② 职责与分工。

行修组作业人员要尽职尽责，认真审核行检组提出的每项机车故障。

（a）行修组负责碎修提票的处理。

（b）行修组班组长负责组织机车碎修的抢修工作。

（c）对故障处理结果有争议时，由行修组班组长负责与整备车间值班人员进行协商，决定是否扣车。

（d）质检组负责碎修分析工作。

③ 机统－6 的填写。

（a）机统－6 作为原始记录，应认真填写，字迹要求清楚，项目要齐全，以备查阅。

（b）填写内容为：日期、机车型号、入段时分、破损处所、施修情况、开始修理时分、修理完了时分、施修人、修车组班组长、机车调度员（值班员）。

④ 填写要求：日期为实际日期，而非班次日期，如夜班过零点应为第二天；机车型号为全称，如“HX_D3C”“SS_4”“DF_{4B}”等；时间为“HH：MM”；破损处所、施修情况描述详细，写明检查处理处所，便于碎修分析。

⑤ 其他要求。

（a）对不影响机车运用的待料活儿，应注明“不影响机车运用，修程处理”。相应项目填写完整。

（b）对于扣修机车，不能直接写“扣修”或“入库”，应在临、碎修台账上登记具体检查处理情况，并将机统－6 票交车间调度，待机车修复后由承修班组的相关人员填写相应项目，填写完毕后由车间调度通知行修组取票。

（c）对于委外修机车，如空调维修或需厂方维修的故障，不能直接填写“厂家处理”，应提示他们修复后及时通知行修组，在机统－6 上注明处理方式、更换配件及完成时间。相应项目填写完整。

⑥ 机统－6 的传递。

（a）有权提票人员包括检查人员，其他人员必须通过上述人员提票，提票人员对提票内容的准确性要负责。

（b）值班班组长（机车调度员）对提报的机统－6 要进行审核确认，并安排施修人员。

（c）施修完毕后由值班班组长（机车调度员）进行检查确认，对提票、施修、回票情况进行规范卡控，对施修结果进行监督。

⑦ 机统－6 的保管：机统－6 票一式三份，检修车间保存一份，作为统计分析的依据。

⑧ 机统－6 的分析：车间质检员每天对机统－6 小票进行统计、整理，并找出重点故障及多次提报故障，以便及时采取整治措施，消灭故障隐患。车间每月度对本车间机车的碎修情况进行分析一次，并针对碎修情况制定相应措施。车间每季度对机统－6 的执行情况分析一次，针对问题采取措施，以不断改进完善，使机统－6 更好发挥作用。

⑨ 机统－6 的检查：车间主任及 220 负责人员结合车间 220 自查对机统－6 填写和交接、保管等情况进行检查。

⑩ 机统－6 的考核。

（a）错提、漏提机统－6，造成质量信息丢失，对提报填写人员发白牌或考核百台。机统－6 填写不规范，对提报填写人员、施修填写人员发白牌或考核百台。

（b）机统－6 不能按时交接，保管不当，对责任班组长发白牌或考核百台；没有按要求进行机统－6 分析，对分析人员发白牌以上考核。

（c）对工作中，互相扯皮，无故拖延施修的人员（包括班组长），车间将认真追查，并从严处理，给相关责任人发黄票及以上处理，并追究班组长管理责任。

（d）对机车出库提票，造成晚出库或临时更换机车的，车间将严格追责，按路局、段相关要求考核，杜绝因人为责任原因造成机车不能正常出库的问题发生。

（e）因个人原因丢失、擅自撤票、修改、损毁机统－6 的，车间对责任人发黄票及以上处理。

（f）对于违反“待修、扣修、委外修”等填写要求的车间，视情况对责任者发牌或考核百台。

5）机破、临修管理办法

（1）总则。

为规范机破、临修机车发生后的检查、分析、施修及制定措施落实的检查工作，以便找出原因、吸取教训，并通过采取有效措施，杜绝同类问题重复发生。

（2）范围。

适用于石家庄检修车间机破、临修的管理。

（3）组织机构及职责。

① 组织机构。

组长：车间主任。

副组长：质检副主任（主持人）、生产副主任。

组员：车间技术人员、质检员、调度员（作业区域负责人）。

② 职责。

车间主任：在机破、临修发生后，做出整体安排。

质检副主任：组织质检组人员对机破、临修机车进行检查，召开机破预分析、临修分析会，并参加段机破、临修分析会。对定责的责任机破、临修组织再分析会议，制定车间预防措施。

技术人员、质检员：参加车间组织的机破、临修机车检查，机破预分析会、责任机破再分析会，以及临修分析，制定相应措施。

调度员（作业区域负责人）：安排机车台位、组织职工对机破、临修机车进行拆检、修复，并按车间制定措施抓好落实。

（4）信息传递要求。

① 车间调度室得到机破、临修发生信息后，应及时通知车间主任或质检副主任（节假日或夜间通知车间值班干部），并将机破、临修情况登记在记录本上。

② 车间主任（质检副主任），接到机破、临修信息后，通知车间生产副主任、技术人员、质检员，并组织车间相关人员与技术科一起赴现场进行检查，需救援的还需组织人员前往救援。

③ 生产副主任接机破、临修通知后，安排车间作业区域负责人或调度室组织有关人员按照技术科要求，对机车进行拆解检查，并对故障进行修复。

④ 机破故障修复后，检修人员应及时通知运用科，机车投入运用。

⑤ 段、车间制定整改措施后，车间调度室或作业区域负责人要抓好落实。

（5）分析内容及要求。

① 了解掌握机破、临修概况，调查机车检修修程、走行公里等情况。

② 检查机破、临修的故障情况。

③ 对机破、临修发生的原因进行预分析。

④ 找出机破、临修的责任人，并做出考核决定。

⑤ 对责任机破、临修进行再分析。

⑥ 制定机破、临修机车修复方案，并对故障进行修复。

⑦ 根据机破、临修发生的原因，制定整改措施，举一反三，吸取教训。

（6）责任划分（定责）。

① 机破定责率不低于 70%，重点机破（客车、制动系统、走行部、大部件重大破损）定责率要达到 100%。

② 临修定责率不低于 70%。

③ 机破责任划分按段规定：分责任者、班组长、质检员、主管（或包保）副主任四级，责任从大到小，并按机破、临修考核标准进行考核。

（7）机破、临修机车检查修复程序。

① 机破、临修机车入库后，由行修班组长及时通知车间调度室调度，并将机统－6 小票传到调度室。

② 车间调度接到通知后，必须及时通知车间主管主任，并认真做好记录，同时根据段技术科提出的具体施修方案，安排有关检修人员对机破、临修机车进行施修。

③ 行修组或承修班组根据车间调度室具体施修工作安排，负责对机破、临修机车的修复。施修完毕后，工作者必须对施修处所进行一次全面检查，然后由施修班组班组长（或代班人员）进行复查，班组长（代班人员）确认良好后，必须亲自通知车间调度室调度该机破、临修机车施修完毕。

④ 调度室调度接到机破、临修机车施修完毕通知后，根据机车具体位置，及时通知段技术科、同时安排行修组及相关班组对该机车进行一次全面检查，并做好记录；相关班组应重点对故障施修部位进行检查并全面试验，严禁漏检漏试。确认机车良好后，行修班组长及时通知车间调度该车施修、检查、试验完毕可以投入运用。

⑤ 调度接到行修组通知后，必须及时通知运用科及外勤该车施修完毕可以投入运用并做

好书面记录。

（8）有关要求。

① 车间调度室作为车间生产组织的指挥中心，在生产主管主任及调度长领导下全权负责机破、临修机车的抢修指挥，有权对车间范围内所有班组人员进行调动、安排、掌握机车台位及施修进度，负责配件调度以及施修方案的贯彻。

② 车间范围内所有班组必须无条件服从车间调度室的工作安排和指挥。

③ 正常工作日及节假日机破、临修机车的检查与试验由交车组负责。

④ 检查、施修人员将检查施修情况认真做好记录。

⑤ 所有机破、临修机车的进度、施修方案的贯彻及组织均由调度室调度负责，所有涉及该类机车施修、交验的班组有问题必须及时向调度室调度汇报。

⑥ 调度室调度必须切实负起责任，确保该类机车顺利交验。

⑦ 凡机破机车回段后，未经技术科同意任何人不准擅自上车。

⑧ 对于临修机车，按照小、辅修专业班组与抢修组职责分工界定，由抢修组按照行检组提票对运用机车进行修复处理，处理不了的再交由小、辅修专业班组处理。

7. 经验交流

树立大数据理念打造机车质量管理新平台。随着新机型的配备和机车装备水平的提升，在提高运力的同时，因模块化、数字化程序和集成配件的广泛使用，机车显性故障变得越来越少，隐性故障越来越多，使分析、判断、处理无从下手，一度成为困扰我段提升机车质量的一大难题。为攻克这一难题，相关人员转变观念，开拓思路，树立数据修车理念，用好大数据集成，探索建立了段机车质量数据分析中心，汇总和分析各类机车质量数据，搭建了一套集整备信息、修程质量信息、动态信息、微机轴报信息及惯性故障信息为一体的机车质量数据管理平台。经过半年多以来的实践，取得了初步效果。

1）成立机车质量数据分析中心，打造最强分析班组

机车质量数据分析中心自 2014 年 9 月 1 日成立以来，段领导高度重视，在工作中给予了大力支持，在技术科长、副科长的领导下积极地开展相关工作。

机车质量数据分析中心班组是我段第一个全部由本科及以上学历的大学生组成的班组，以进一步发挥一线大学生的优势，充分调动大学生的积极性和创造力，实现数据修车的理念为目的，建立段统一的机车质量数据汇总及分析，及时发现机车隐性故障，同时为机车检修提供依据，确保机车质量。机车质量数据分析中心以和谐机车为主，包括：HX_D2B 微机数据分析；HX_D3C 6A 系统数据分析；各车型的轴报数据分析；HX_D3、HX_D3B、HX_D3C 微机数据分析；惯性故障的汇总。工作流程如下。

（1）HX_D2B 微机数据分析。

① 由保定整备车间和石家庄整备车间负责入库整备机车和修程机车的微机数据转储工作，通过在各班组电脑中运行 U 盘里的自动上传程序，将数据传至机车质量信息分析中心。

② 机车质量信息分析中心员工利用办公电脑运行自动接收程序接收各车间的上传数据，并自动生成格式化文件。

③ 运行汉化软件，将格式化文件汉化后进行逐条分析，找出红色标注的故障信息，并通过该故障前后的各条数据信息判断具体故障点。

④ 生成派工单，通过段内 QQ 传至相应车间的行检组，并将格式化文件和派工单备份。

⑤ 各车间收到派工单后，提票给抢修组，待抢修组处理完毕回票后，由相应车间行检组负责填写电子版反馈单，通过段内 QQ 传至机车质量信息分析中心。

⑥ 机车质量信息分析中心员工结合故障信息和反馈信息内容，填写相应机车的“机车状态簿”，并做好电子版备份。

⑦ 遇有车间无法处理的故障，由车间负责通知大同厂服务组进行处理。

由于现阶段 HX_D2B 机车处于质保期内，主要由厂家负责故障的处理，数据分析中心负责数据分析处理并与厂家进行意见沟通及时联系扣车处理。

（2）HX_D3C 6A 系统数据分析。

① 由石家庄整备车间普速场（客车折返区域）检车组负责 6A 系统主机数据的转储工作。检车组通过装有授权证书的 U 盘插入 6A 系统主机 CPU 板卡的接口下载数据。

② 机车质量数据分析中心员工利用 6A 地面专家分析系统进行数据分析，查看报警信息，结合数据中报警发生时的运行工况信息，判断安全隐患点。

③ 填写电子版派工单，传至车间检车组，同时将派工单及故障信息备份。

④ 检车组收到派工单后，上车检查相应安全隐患点，并填写反馈信息，传至机车质量数据分析中心。

⑤ 机车质量数据分析中心员工结合故障信息和反馈信息内容，填写相应机车的“机车状态簿”，并做好电子版备份。

⑥ 遇有车间不能判断的隐患，由车间负责通知大连厂服务组。

（3）轴报数据分析。

① 机车质量数据分析中心员工通过电脑客户端获取段内轴报主机的数据信息。

② 利用专用轴报分析软件进行抽查分析，查看相应报警信息，并检查轴报日报警信息有无相应报警记录。

③ 车间遇有特殊轴报数据，无法正常分析，通知机车质量数据分析中心人员进行分析，如还未解决，由机车质量数据分析中心人员通知技术科轴报工程师进行分析。

④ 机车质量数据分析中心人员将分析结果汇总备份传至相关车间，并填写相应机车的“机车状态簿”，并做好电子版备份。

（4）HX_D3、HX_D3B、HX_D3C 微机数据分析。

① 由南新城整备车间、石家庄整备车间、检修车间，首先对修程机车和故障机车进行微机数据转储工作。利用掌上电脑连接 TCMS 下载故障数据，将数据打包并通过段内 QQ 或外网传至机车质量数据分析中心。

② 机车质量数据分析中心员工利用相应专用软件打开数据包，将微机报出的故障信息进行分析汇总，判断具体故障点，无法判断的故障信息立即通知技术科相应专业工程师或主管机车质量数据分析中心的技术科副科长。

③ 填写电子版派工单，传至各相关车间检车组，同时将派工单及故障信息备份。

④ 各车间收到派工单后，提票给抢修组，待抢修组处理完毕回票后，由相应车间检车组负责填写电子版反馈单，传至机车质量数据分析中心。

⑤ 机车质量数据分析中心员工结合故障信息和反馈信息内容，填写相应机车的“机车状态簿”，并做好电子版备份。

⑥ 遇有车间不能处理的故障，由车间负责通知大连厂服务组进行处理。

（5）工作成效。

HX_D2B 型机车数据分析情况：

质量数据分析中心一季度，共分析永壁区域及保定区域 HX_D2B 型机 1 137 车台次，发现故障机车数据 101 件，其中已处理并更换配件 40 件，观察运行 150 件（如：353 水泵 5 断路器故障，更换水泵 5 断路器；373ACU2 逆变器故障，更换辅助变流器 2 的逆变模块；360 牵引电机 1 温度高，隔离轴 1，更换牵引风机 1 等）

HX_D2B 型机车已基本完成数据重置工作，确保了数据的时效性，做到了入段整备机车台台分析。

6A 系统一季度故障信息统计，参见表 7－2。

表 7－2　6A 系统一季度故障信息统计

子系统 / 月份	制动	防火	绝缘	列供	走行	视频	合计
一月	36	67	0	0	8	24	135
二月	21	233	3	0	13	30	300
三月	28	276	3	0	5	266	578
合计	85	576	6	0	26	320	1 013

2015 年一季度共分析 6A 系统数据 937 台，发现 1 013 件报警，其中制动监测子系统 85 件，防火监测子系统 576 件，绝缘检测子系统 6 件，走行部监测子系统 26 件，视频监测子系统 320 件。

1 月份只有 HX_D3C 型机车进行 6A 数据下载、分析工作。该车型机车担当客车牵引任务，报警次数较少。进入 2 月份以后，加装 6A 系统的 HX_D3B 机车陆续开始上线，报警明显增多。通过报警数据分析发现，多为 7 号、17 号等摄像头报警，经确认为司机、整备人员抽烟造成。因为该车型担当石家庄—南仓区间货运列车牵引任务，线路较长，司机劳动强度大，抽烟较多。因此，整备车间应加强该车型的防火工作，保证防火设备质量；司机应多开窗，确保通风良好，消除火灾隐患。

另外，通过分析数据发现，摄像头离线、污染故障也明显增加。机车乘务员在使用的过程中应遵守各项规章制度，爱护设备，避免设备损坏，更不能人为破坏，保证设备可靠运行。整备车间也应该加强 6A 系统设备的日常保洁维护工作。摄像头保养上严格按照规定的工艺执行，勤保养勤擦拭，不盲干、不瞎干，保证系统质量。

同时，我们通过认真分析，对比部分机车数据，发现部分机车数据显示的故障信息时间比上传时间早很多，还有部分数据中包含前次上传时已经存在的故障信息。希望整备车间 6A 转储人员能勤转储及时上传，做到入库一台转储一台上传一台，同时，转储完毕及时清除系统中的数据。这样才能保证数据的时效性，方便 6A 数据分析人员及时了解机车状态，为机车整备人员提供及时准确的故障信息，保证机车整备质量。同时也能提高机车 6A 数据统计的准确性，正确反映机车的运行状态。

机车质量数据分析中心经过严谨的数据分析，排除了大量机车质量隐患，将机车隐性故障消除在萌芽阶段，使得机车出库质量有了明显上升。

（6）未来发展规划。

① 首先探索 HX_D3、HX_D3B、HX_D3C 微机数据利用掌上电脑下载，做到台台整备机车下载的目标。

② 逐步探索 HX_D2B、HX_D3、HX_D3B、HX_D3C 机车主变流控制单元数据的下载分析。

③ 逐步实现对弓网检测数据的分析。

④ 通过对各种惯性故障的汇总分析，为和谐车型的技术攻关和改革创新提供强大的数据支持。

⑤ 逐步巩固和提高和谐型机车质量，通过各项转储数据的分析，及早将故障隐患消除在萌芽状态。

⑥ 为我段培养和谐型机车技术人才，逐步实现我段和谐型机车自主检修技术的快速发展。

2）做实数据管理平台系统支撑，追求数据分析的实效性

搭建大数据管理平台，首先自主研发了一整套网络型数据处理系统。系统分为整备信息模块、修程质量信息模块、动态信息模块、微机数据和轴报信息模块及惯性故障信息模块五部分，以支撑数据管理平台的正常运转，实现了各型机车数据分析由采集到分类、到加工处理、到跟踪整改、闭环销号各项流程的顺畅进行。

（1）抓好大数据的收集、分类。

段和车间层面通过对修程信息、机车整备信息、惯性故障信息和运用动态信息四个渠道数据的采集、分类，形成“机车质量数据库”，进行集中性分析，由技术科制订有针对性的质量预警措施，下发车间，并在实施中跟踪补强。

（2）抓好大数据的加工处理。

① 运用数据强化整备信息分析。整备信息主要根据机车整备过程中所提出的临碎修质量信息，通过平台输入故障处所、故障现象和故障处理情况，根据处理结果和跟踪情况进行闭环销号。同时为提高碎修分析质量，段发布了《碎修日分析管理考核办法（试行）的通知》，明确了碎修日分析内容及碎修收集、分析及反馈流程，重点分析前 24 小时“四类碎修”处理、跟踪、销号等情况和出库晚点、出库临时换车、当日全段非运用机车等信息。每天 16:10 由主管段长亲自组织，技术科、检修、整备和运用车间对机车碎修进行日分析，形成技术－检修－整备－运用四点一线信息共享，对倾向性、关键性和苗头性问题当场制定整改和追踪解决措施。同时，通过碎修分析，倒逼修程和整备质量，分析出薄弱班组和薄弱作业环节。明确地勤司机提票数量、质量标准，严格机车碎修定责考核，做到“再小的问题也要考核”，现提票件数大幅提高，如图 7－3 所示。定责率也逐步提升，截至 2018 年 4 月底实现碎修定责率 13%，12 月 31 日碎修定责率要达到 20%。初步实现了“有活必提，提活必修，修后必验，验必跟踪”的目标要求。

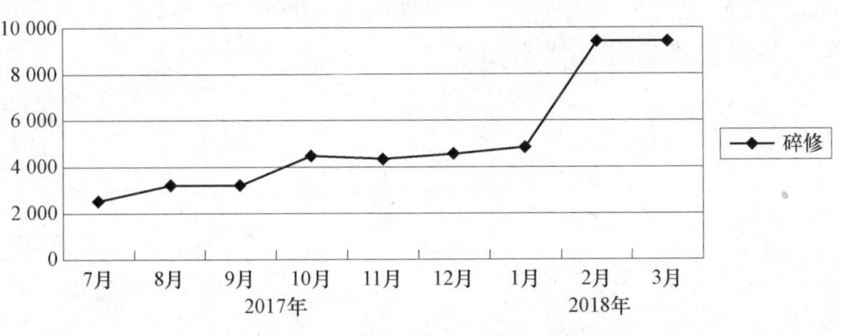

图 7－3　机车碎修定责率走势图

② 运用数据强化修程质量信息分析。修程质量信息主要为修程机车早复检、修程中和“零公里”检查发现的各类重点质量问题。着力抓好修程中复检、工艺范围写实、零公里检查发现问题的汇总分析。通过工艺写实，3 月 18 日发现修程机车 $SS_4$0491 等多台机车 B 节 X 端接地线线鼻子过热，立即向成都厂反馈，要求其对大修的 8 台机车更换线鼻子。同时，将写实发现的问题纳入修程必查必验，从根本上保证了修程车质量。

③ 运用数据强化动态质量信息分析。动态质量信息主要为临扣修、动态质量信息和机车故障信息。段成立行车应急指挥中心，对各运用车间线上的机车动态质量信息统一进行登记、反馈，技术科对动态质量信息实施系统分析，找出质量问题，纳入质量预警，保证了动态质量信息的不丢、不漏、不失控。

④ 运用数据强化微机、6A 系统、轴报信息分析。段实现了对入库整备机车和修程机车的微机数据台台转储分析，建立了“一车一档”。从 2014 年 7 月至今，全段各转储点转储机车信息 26 731 台次，车载分析更换及修理大部件 119 件。切实发挥了微机、6A 系统和轴报信息数据的巨大作用。

⑤ 运用数据强化惯性故障质量信息分析。惯性故障信息模块主要为以上 4 种信息模块的汇总分析，针对某种车型频发的故障类型或者某台机车在一定时间段内出现的惯性故障提出有依据、有针对性的解决方案和防治措施，确保机车质量稳定。通过对质量数据的分析，我们有效掌握了各种车型机车的惯性故障点，并实施立项攻关。如近年多次发生 SS_4 机车高压电压互感器爆炸的问题，段组织技术人员对高压电压互感器进行解体，咨询制造厂技术人员，之后制定了测量其原边、次边电阻值的方案，对每台互感器进行测量，有 4 台电阻值超限，解体发现绕组存在问题，及时消除了安全、质量隐患，现已将“测量互感器原边、次边电阻值”纳入修程，彻底解决了这一惯性故障隐患。

通过以上信息录入：

① 可检索查询机车的各项历史信息，根据历史数据信息判断机车当前状态。

② 可为惯性故障总结提供准确的数据支持，从而确保机车质量稳定。

③ 可根据故障发生时间和历史质量数据找出客观规律，在充分汇集机车质量大数据的背景下，逐步实现数据修车的最终目标。

思考与讨论

1. 简述机车检修数据包含的内容。
2. 机车的修程分为哪几个等级？
3. “四按三化”指的是什么？
4. 机破机车、临修机车各指的是什么？

模块 8

和谐内燃机车常见故障及处理方法

任务 8.1　熟悉 HX_N3 型内燃机车常见故障处理方法
任务 8.2　熟悉 HX_N5 型内燃机车常见故障处理方法

任务 8.1　熟悉 HX_N3 型内燃机车常见故障处理方法

1. HX_N3 型内燃机车起不来机的处理方法

1）故障现象

按压起机按钮柴油机不爆发。

2）故障原因

司机室相关开关未闭合或断路器未闭合到位，起动风缸压力不足，起动小齿轮故障或燃油压力不足；机车亏电、增压器压力传感器故障，电脑故障，FIRE 显示屏显示“燃油紧急停车动作停机”，为 EM2000 主机 DIO 模块故障。

3）故障处理措施

（1）按压“其他选择”键进入“提示信息”，检查有无相关信息提示，如有，根据信息提示进行处理。检查相关断路器，面板如图 8－1－1 所示；司机室操纵台各开关，如图 8－1－2 所示；柴油机起动切除塞门，如图 8－1－3 所示；自动起动界面，如图 8－1－4 所示。

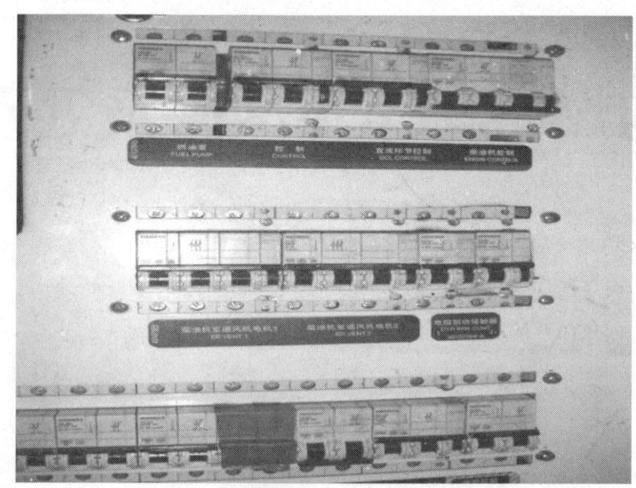

图 8－1－1　断路器面板（76 号以后的机车）

图 8－1－2　司机室操纵台各开关

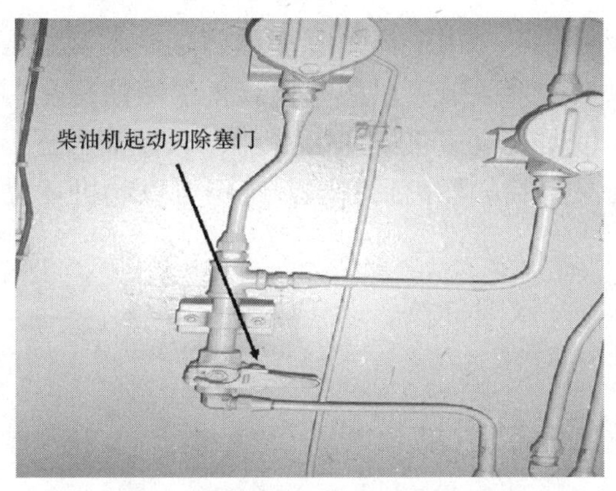

图 8-1-3　柴油机起动切除塞门

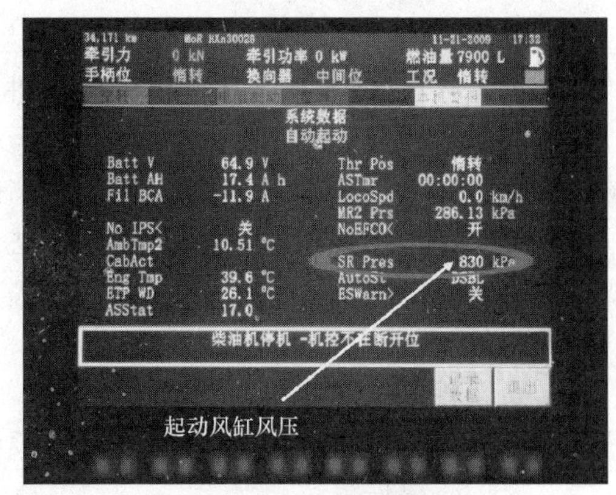

图 8-1-4　自动起动界面

（2）如显示小齿轮不到位（包括未啮合）一般为起动风压不足（冬季 750 kPa，其他季节为 620 kPa 以上），如图 8-1-5、8-1-6 所示；或由小齿轮缺油造成的（可到冷却间机油精滤器放气阀取油进行涂抹），如图 8-1-7 所示。

图 8-1-5　起动马达小齿轮

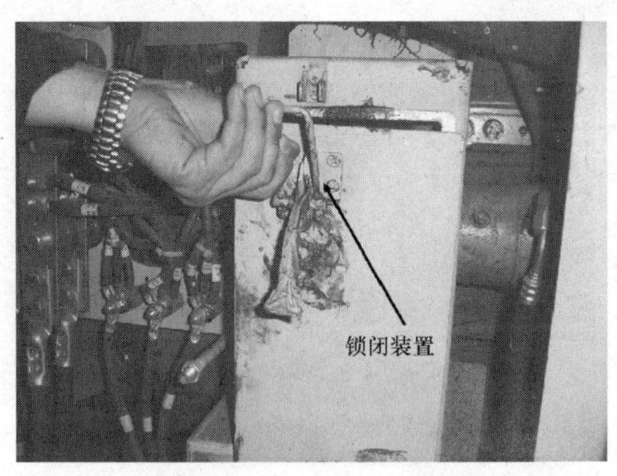

图 8-1-6　小齿轮检查孔盖

图 8-1-7　小齿轮过脏、欠油

（3）柴油机在起动时，如曲轴转动，但气缸不爆发，为燃油系统问题，按燃油压力低方法进行处理。

（4）如果按起动按钮，柴油机起动马达无反应，在 FIRE 显示屏提示信息显示机油压力低停机保护，可以按照机油压力低的步骤进行检查，乘务员可以简单检查机油回油阀是否开启，如果开启，关闭后可以复位柴油机保护。具体方法：维护模式—根据当前日期输入密码—按输入键—其他选择—起机复位。注意：柴油机保护后，不找到原因，绝不可以起机复位。

2. HX_N3 型内燃机车加不上载处理方法

1）故障现象

提手柄无牵引力及功率输出。

2）故障原因

相关开关、断路器位置不正确，励磁系统故障或系统紊乱。

3）故障处理措施

（1）FIRE 显示屏无牵引力、功率显示：按压其他选择—提示信息，根据信息提示进行处理（转向架是否同时切除；机控/隔离开关未在运行位，主发励磁、柴油机运转开关是否在断开位，如图 8－1－8 所示；停放塞门未在缓解位，如图 8－1－9 所示）；电气室门电子锁未锁闭，如图 8－1－10 所示；APC 故障，惩罚制动是否实施，牵引控制和牵引逆变器功率出 1、2 断路器是否闭合。

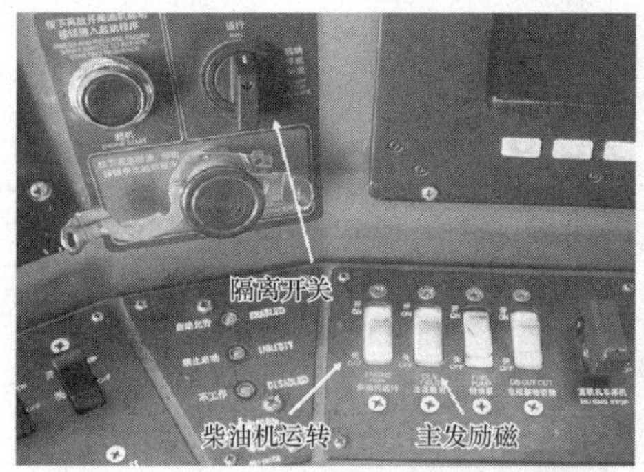

图 8－1－8　司机室各开关

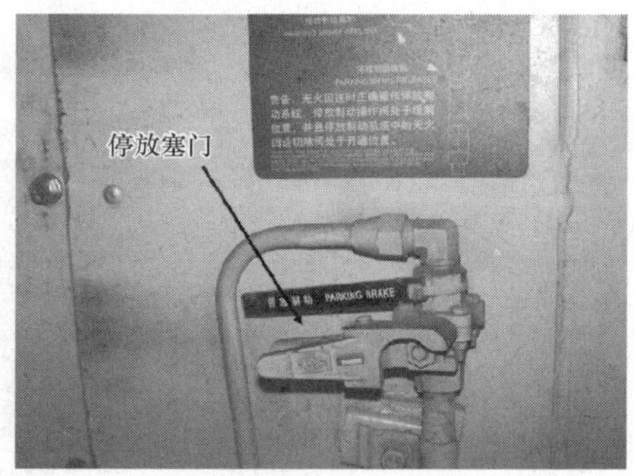

图 8－1－9　停放塞门

（2）如出现加不上载且 FIRE 显示屏无任何信息提示，则需检查主发励磁断路器开关是否闭合到位，如图 8－1－11 所示。

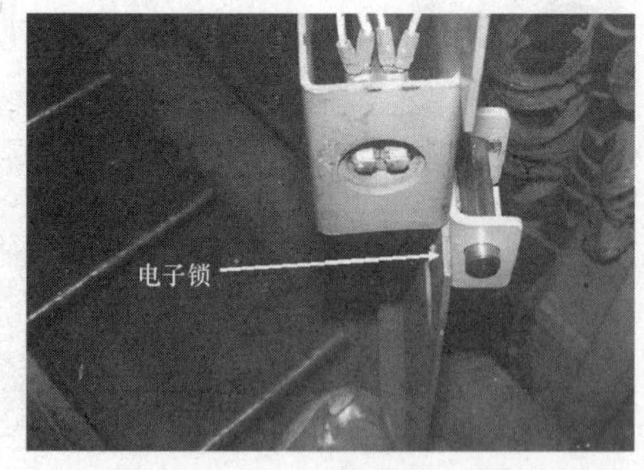

图 8－1－10　电气室门电子锁

图 8－1－11　主发励磁断路器

注：有牵引力而无功率时，为正常现象。应确认列车充风状态，充满风后起动列车。如图 8－1－12 所示。

（3）以上处理后仍不走车，可将换向手柄置于中间位，断开电脑控制断路器进行复位处理。

注：需检查主发电机时，如图 8－1－13 所示，应严格遵守安全操作规程。

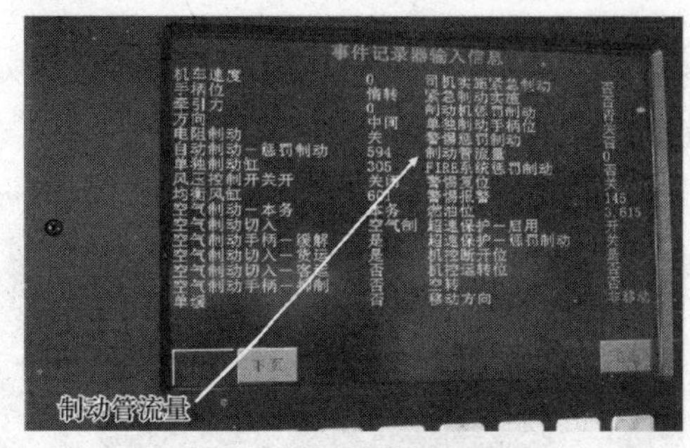

图 8－1－12　制动管流量
（通过制动管流量查询列车充风状态）

图 8－1－13　主发电机滑环、电刷

（4）主发二极管击穿。检查故障信息，存在机车加不上载故障信息。分析由于机车微机系统误保护，机车加不上载；乘务员停机后，重新起机加载正常。

（5）检查司控器故障，触头接触不良，造成机车加不上载。

（6）提示故障信息：

2 轴锁轴停车并检查该轴转动。

① 逆变器 1 警告，接口板连接器故障。

② 逆变器 1 直流缓解过压。

③ 牵引逆变器 1 内部输出过流。

④ 牵引电机 2 速度传感器有效用于锁轴检测。同时机车惩罚制动，可能是电气柜 EM2000 主机上 MPU 模块和接口之间的 PD4（CN3 至 P4 插头插针退开）缺陷，该插头与 MPU1 接口模块连接，速度传感器连接在该插头上。更换插头及线缆。

（7）提手柄加载，微机显示屏显示机车无牵引功率，可能是 DCLV3 传感器故障，造成直流环节电压无反馈，机车无法加载。

（8）微机显示屏显示牵引逆变器 1 锁定，第一转向架切除，监控故障。机车加不上载，可能是接口模块通信故障。

（9）提示信息卸载。副发电机无输出，检查 APC 控制断路器、APC 欠压锁定复位，可能是副发电机碳刷到限。

（10）机车不加载，并且显示直流中间环节 1 过流，中间直流环节 1 接触器触头烧损。可能是主发二极管烧损。

3. HX_N3 型内燃机车出现“空压机泵风延迟—油分离器压力高”处理方法

1）故障现象

空压机工作异常，主界面如图 8－1－14 所示，提示“空压机泵风延迟—油分离器压力高”。

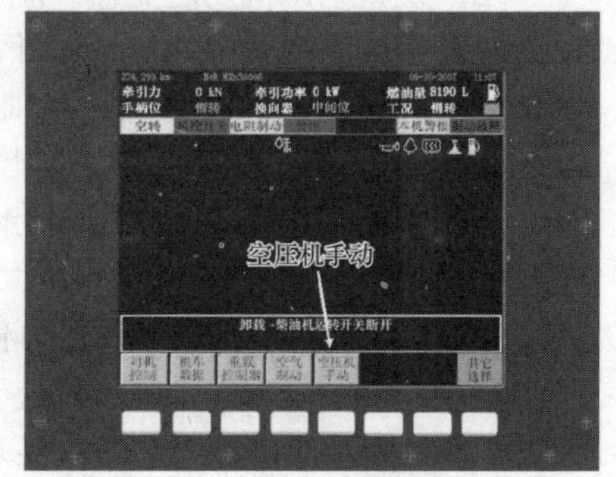

图 8－1－14　FIRE 显示屏主界面

2）故障原因

一是空压机缺油、油位高；二是系统紊乱（一般都是因为操作者起机后按压空压机手动键造成的）。

注：在柴油机起动后，严禁按压空压机手动键。

3）故障处理措施

（1）检查故障的空压机油位是否正常，如图 8-1-15 所示；工作时吸风筒是否吸风，如图 8-1-16 所示，不正常时可断开相应空压机断路器，停止该空压机工作。

图 8-1-15　空压机油位

图 8-1-16　空压机吸风口

（2）通过风表观察空压机泵风周期，如不在规定的范围内（750～900 kPa），断开电脑控制断路器进行复位操作即可。（注意：按压 FIRE 显示屏任意键对警惕功能进行复位操作。）

（3）风泵电机接线柱烧损，可以打开风泵电机接线盒检查。如果烧损，必须更换接线柱及接线端子。

4. HX_N3 型内燃机车出现"空压机逆变器锁定、传动轴故障、电机可能开路及通信故障"处理方法

1）故障现象

空压机停止工作，显示屏提示相关信息。

2）故障原因

（1）空压机本身（包括空压机逆变器）故障。

（2）系统紊乱。

3）故障处理措施

（1）一台风泵故障可维持运行，两台同时故障或一台满足不了用风需要时再进行处理。

（2）检查空压机及逆变器外观接线及油位是否正常。

（3）换向手柄置中间位，断开故障空压机断路器，然后断开电脑控制断路器，60 s 后先闭合空压机断路器再闭合电脑控制断路器，司机室显示电脑警惕功能倒计时出现时，按压 FIRE 显示屏任意键进行复位，防止惩罚制动。

（4）判断如果不是系统紊乱引起的，对空压机逆变器进行系统更新（通常也说成灌程序）。

5. HX_N3 型内燃机车燃油压力低的处理方法

1）故障现象

柴油机降功或停机（注意：显示屏无任何信息提示）。

2）故障原因

燃油箱缺油、燃油管路漏泄、机械燃油泵故障、电子燃油泵故障、燃油滤清器堵塞、燃油系统回油阀未关闭。

3）故障处理措施

（1）检查燃油箱油位（应在 1 000 L 以上）、管路有无漏泄、滤清器压差表显示压差不超 207 kPa（柴油机正常运转时），如图 8－1－17 所示。燃油系统回油阀在关闭位，如图 8－1－18 所示。

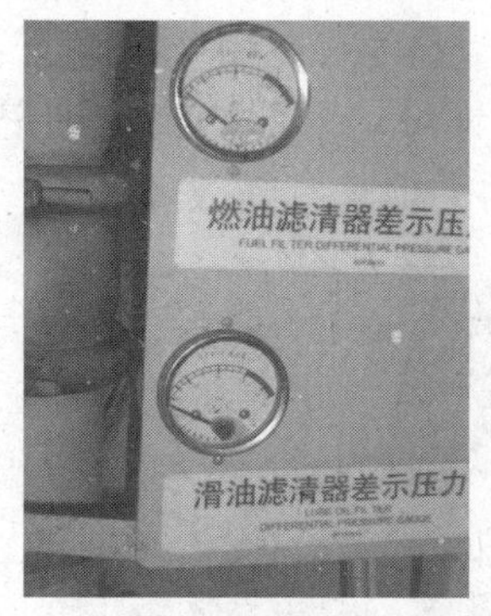

图 8－1－17　燃油滤清器压差表

图 8－1－18　燃油系统回油阀

（2）发生降功无任何提示信息时，按压机车数据—系统数据，进入电喷控制器—传感器数据选项，查看燃油压力 FPEGI 值（低于 70 kPa 时停机）再进行相应处理。如图 8－1－19 所示。

（3）如柴油机停机而无提示信息时，可按压显示屏机车数据－系统数据进入机车维护选项，进行燃油系统检查（此时显示屏显示燃油压力 FPEGI 的值，此模式不能起动柴油机），发现燃油压力低可打开燃油精滤器放气阀进行放气；无效时检查燃油管路是否漏气，进行相应处理。如图 8－1－20 所示。

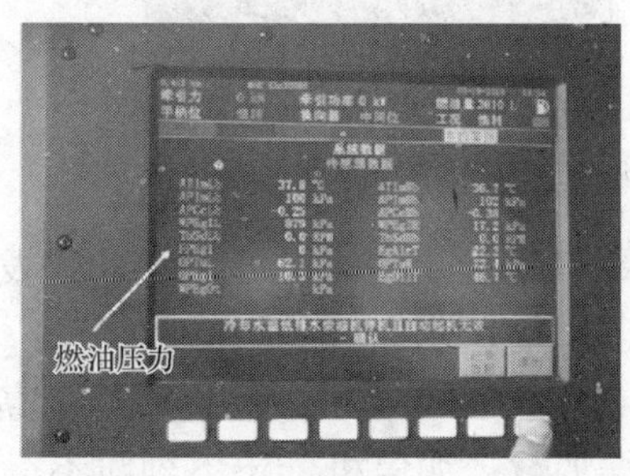

图 8－1－19　燃油压力值查询

图 8－1－20　燃油精滤器放气阀

注：燃油放气只打开燃油精滤器放气阀是不够的，在燃油系统检查时，最好将燃油分油器上面的回油管路上的排气堵打开；其次将各缸的燃油回油管松开，燃油管路里的空气很容易排出。

（4）机械燃油泵故障，检查联轴节状态。

6. HX_N3 型内燃机车机油压力低停机的处理方法

1）故障现象

柴油机停机，显示屏提示“柴油机停机—机油压力”。

2）故障原因

油底壳缺油、机油回油阀处于开放位、机油滤清器过脏、管路漏泄、传感器故障及系统紊乱等。

3）故障处理措施

（1）检查机油油位，如图 8－1－21 所示；回油阀，如图 8－1－22 所示；滤清器压差、传感器（左右增压器和主机油道进口各一个），如图 8－1－23、8－1－24 所示；管路有无漏泄。

（2）按压显示屏其他选择—事件及故障—更多详细记录，查询详细记录中 OPTUL、OPTUR、OPEGI（左右增压器及主机油道机油压力）的值来判断故障处所。

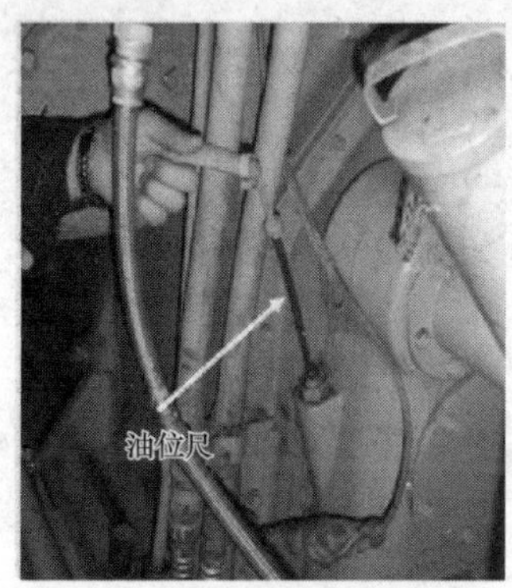

图 8－1－21　检查油底壳油位

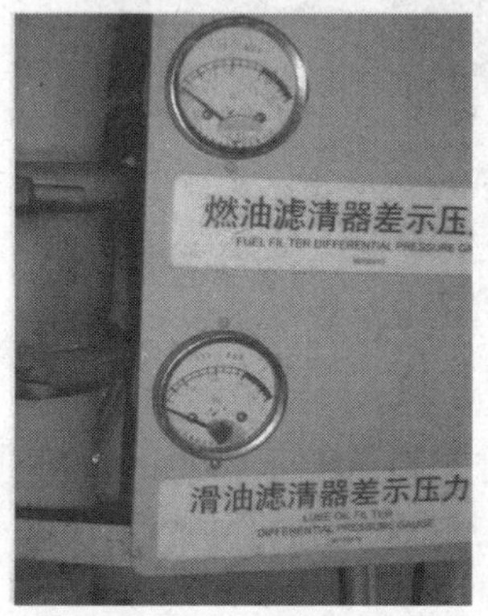

图 8－1－22　机油系统回油阀

图 8－1－23　冷却间燃油压力

图 8－1－24　增压器机油压力传感器

（3）如油位正常，管路正常无漏泄，断开断路器面板上“电脑控制”和“发动机控制”断路器 1 min 再按顺序闭合，重新起机，如图 8－1－25 所示。

（4）油位要求：停机和起机后油位均高于下刻线可正常运用；停机后油位高于下刻线，可起机，但起动后油位低于下刻线，保持惰转不得加载；如停机低于下刻线不得起机。

（5）油位等正常时，更换机油压力传感器。

7. HX_N3 型内燃机车水压低停机的处理方法

1）故障现象

柴油机停机，显示屏提示“柴油机停机—冷却水压力”。

2）故障原因

水系统缺水、水压传感器故障、冷却水泵故障、减压阀故障。

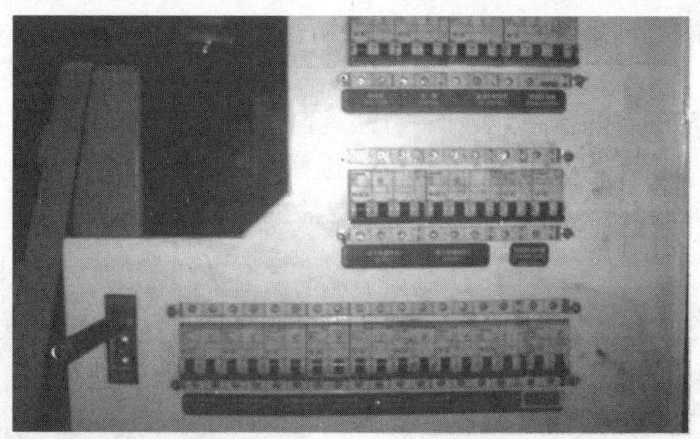

图 8-1-25　发动机控制（第一排右 1）和电脑控制（第三排右 1）

3）故障处理措施

（1）停机后检查水箱水位、管路有无漏泄，按情况进行补水；如水箱水位下降而未发现漏泄处所时则不要起动柴油机。

（2）检查冷却水压力传感器接线是否虚接、脱落。

（3）如以上检查均正常，可开关一次“电脑控制”和“发动机控制”断路器重新起动柴油机。

（4）打开缸头盖检查缸头是否漏水。

（5）以上检查均正常则更换冷却水压力传感器。

8. HX_N3 型内燃机车曲轴箱压力导致的停机处理方法

1）故障现象

柴油机停机，显示屏提示“柴油机停机—曲轴箱压力”。

2）故障原因

柴油机故障导致燃气窜入曲轴箱、油底壳油位过高、曲轴箱压力传感器故障、脱落或系统紊乱。

3）故障处理措施

（1）确认油气分离器引射管状态，如图 8-1-26 所示；柴油机外观、曲轴箱压力传感器（自由端共两个），如图 8-1-27 所示，油底壳油位以及是否有柴油味。如果有柴油味，说明各缸的燃油管漏泄进入油底壳，造成机油稀释，导致压力低，可以打开缸头盖检查燃油漏泄。

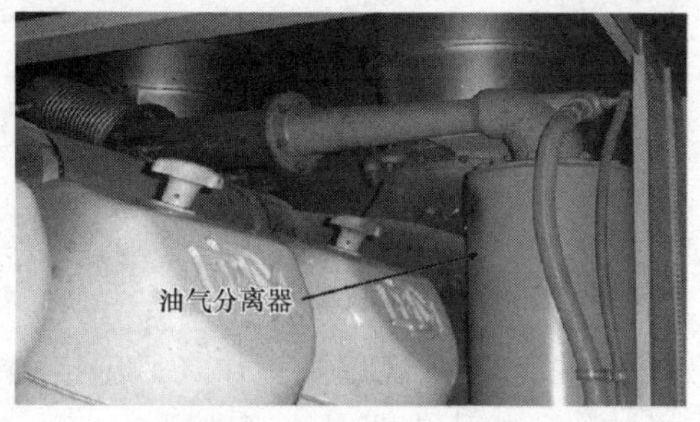

图 8-1-26　油气分离器

图 8-1-27　曲轴箱压力传感器

（2）按压显示屏其他选择键进入“事件及信息记录”，光标选择曲轴箱压力故障，进入更多详细记录，查询 APCCLB 或 APCCRB 值（只记录高的一个），压力超过 250 Pa 时，不得起动柴油机。

（3）查询曲轴箱压力正常时，按如下方法进行复位操作。显示屏复位方法：按压“其他选择—维护模式”，输入维护密码，按压“其他选择”，按压“柴油机起动复位”，再开关一次断路器面板上的“发动机控制”断路器，起动柴油机。如图 8－1－28～8－1－30 所示。

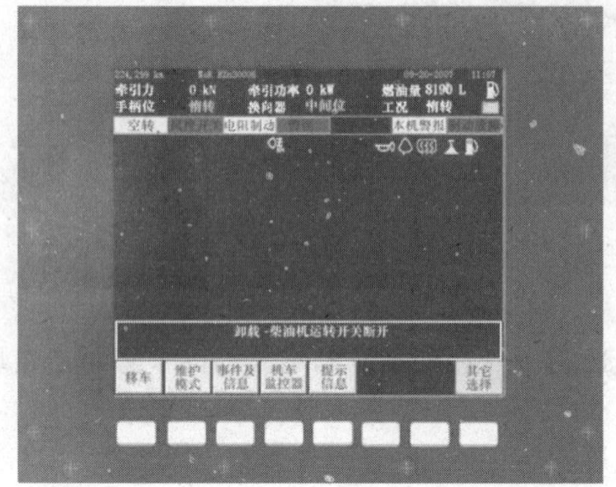

图 8－1－28　FIRE 主界面第二页

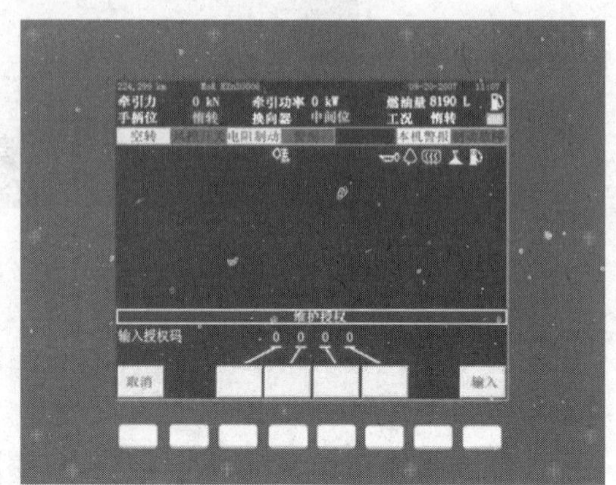

图 8－1－29　输入维护密码界面

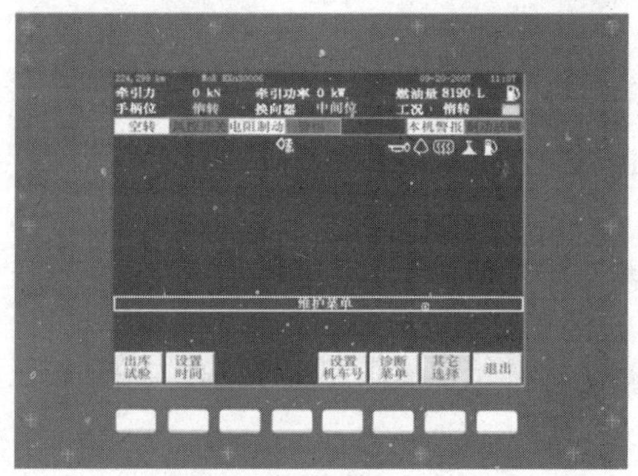

图 8－1－30　按压“其他选择”进入“柴油机起动复位”

（4）遇以下情况时，不得起动柴油机：停机检查机油油位超上刻线 30 mm 并有强烈的柴油味时；进行复位并起动柴油机后，再次出现同一个故障时。注：最多复位两次，两次间隔时间不少于 1 h。

（5）以上检查正常时，更换曲轴箱压力传感器。

9. HX_N3 型内燃机车水温高的处理方法

1）故障现象

FIRE 显示屏出现“冷却水温度高限制手柄位”提示信息。

2）故障原因

散热器过脏、冷却间百叶窗未打开、水温传感器故障、冷却风扇不工作（风扇接触器不吸合、冷却风扇保险或电机烧损等）。冷却风扇电机故障，检查电机是否变色。

3）故障处理措施

（1）百叶窗是否打开（未打开时，可将百叶窗电磁阀手动开关人为打开）。如图 8－1－31

所示。

（2）冷却风扇是否工作（断开电脑控制断路器进行复位操作，注意警惕功能）。

（3）检查接触器或电机等是否正常，如果冷却风扇断路器频繁动作，更换冷却风扇断路器。

（4）如水温 ENGTMP 忽高忽低，变化较快，检查水温度传感器 ETP1 和 ETP2。如图 8－1－32 所示。

图 8－1－31　百叶窗手动开关

图 8－1－32　水温传感器

10. HX_N3 型内燃机车辅助风泵不泵风的处理方法

1）故障现象

起机时，起动风缸压力不足，按压空压机手动功能键，辅助空压机不泵风。

2）故障原因

蓄电池电压过低、辅助空压机接触器不吸合或电气室天棚内部电器逆变器断路器跳开（在断路器面板上）。

3）故障处理措施

（1）保证蓄电池电压 60 V 以上，如电压低于 60 V 则需借电或充电（注：外电源充电将上车的连线拆除）借风起机。

（2）检查辅助空压机接触器接线是否脱落，进入电气室对面右手侧第二排最下方为辅助空压机接触器。如图 8－1－33 所示。

图 8－1－33　辅助空压机接触器

（3）检查电器逆变器断路器是否闭合（正常情况下，逆变器亮绿闪灯）。如图 8－1－34 所示。

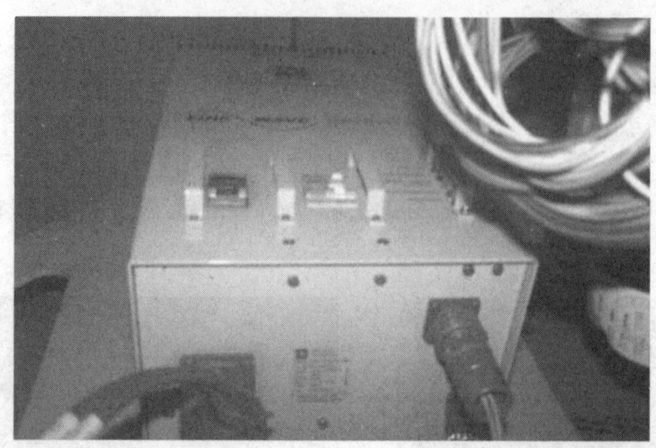

图 8-1-34　电器逆变器

11. HX_N3 型内燃机车显示屏黑屏、显示不正常时的处理方法

1）故障现象

FIRE 显示屏黑屏无任何显示或显示不正常（计算机故障时惩罚制动，显示屏本身故障不影响运用）。

2）故障原因

司机室显示电脑断路器跳开或虚接、显示屏电源模块故障或显示屏本身故障。

3）故障处理措施

（1）四块屏同时黑屏时，应检查断路器面板上的驾驶室显示电脑断路器是否跳开或虚接。

（2）主屏黑屏或定格并惩罚制动时，打开微波炉上方操纵台侧面盖板，检查显示屏电源模块是否正常（应亮两个绿灯，如图 8-1-35 所示），不亮则表示电源模块故障，更换故障电源模块（注意人身安全）。

图 8-1-35　显示屏电源模块

（3）电源模块正常时为显示屏本身故障，断开驾驶室显示电脑断路器，更换显示屏。如图 8-1-36 所示。

（4）四块屏同时显示无效数据时，检查电脑控制断路器。

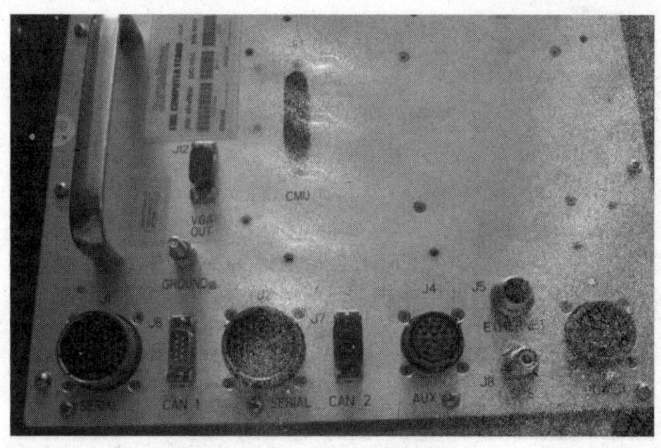

图 8－1－36　显示屏背面接口

12. HX$_N$3 型内燃机车运行中接地的处理方法

1）故障现象

机车卸载，显示屏提示接地信息（内部自动复位，发生两次后接地继电器锁定）。

2）故障原因

机车主电路有接地处所。

3）故障处理措施

（1）发生接地继电器锁定后，如 FIRE 显示屏出现切除转向架信息提示并出现“切除”功能键时，可按压“切除”键，切除故障转向架，并对接地继电器进行复位。

（2）如 FIRE 显示屏未出现切除提示时，可通过人为切除转向架进行接地处所判断（将隔离开关置于隔离位，进入机车数据中的牵引状态屏，进行转向架切除操作，每次切除一个）。

（3）转向架切除后，接地现象依然存在时，为牵引发电机或相关部件接地。

13. HX$_N$3 型内燃机车牵引通风机故障时的处理方法

1）故障现象

显示屏提示牵引通风机故障—减载（牵引通风机 1 号故障时限制手柄在 2 位，如图 8－1－37 所示；牵引通风机 2 号故障时功率自动下降 45%，如图 8－1－38 所示）。

图 8－1－37　牵引通风机 1 号

图 8-1-38　牵引通风机 2 号

2）故障原因

系统紊乱、通风机断路器跳开或虚接、通风机吸风口堵塞或通风机本身故障。

3）故障处理措施

（1）出现“牵引通风机故障”的信息后，检查相应牵引通风机断路器是否跳开、有无异味及冒烟现象。无异常现象时，仅为断路器跳开，可先断开电脑控制断路器，闭合相应断路器后再闭合电脑控制断路器，并立即检查故障的通风机转动是否正常、有无异音，发现异常立即断开相应断路器。注意：断路器跳开并复位后，再度跳开时不可再次闭合。

（2）检查无任何异常，显示屏提示“牵引通风机故障—复位”时，按压显示屏其他选择一提示信息，光标移至牵引通风机故障处，按压显示屏“复位”键进行复位操作。

（3）显示屏提示“牵引通风机故障—1 小时锁定复位”时，需将换向手柄置于中间位，断开电脑控制断路器及故障牵引风机逆变器断路器进行复位。

（4）起机检查牵引通风机是否有异音、卡死等现象，根据判断情况更换通风机电机组。

14. HX_N3 型内燃机车出现抱轮或车轴速度传感器故障的处理方法

1）故障现象

显示屏提示“某轮抱轮—停车检查车轮是否自由转动”，显示屏“空转”“本机警报”灯点亮，机车卸载。

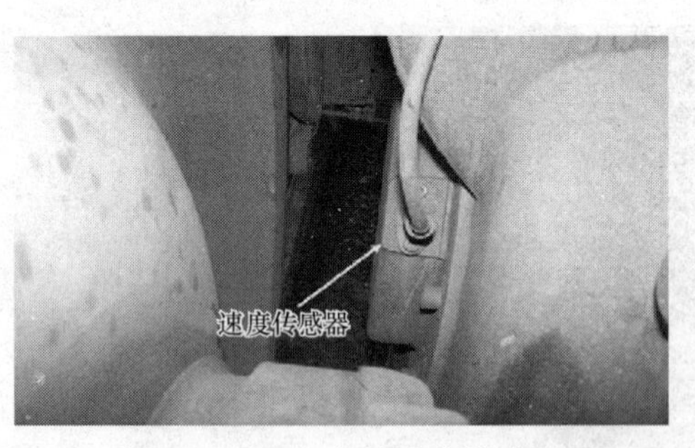

图 8-1-39　车轴速度传感器

2）故障原因

动轮抱轮或车轴速度传感器故障、脱落。如图 8-1-39 所示。

3）故障处理措施

（1）前后动车检查故障动轮是否转动，如不转动时，不得再行移动机车。

（2）如动轮转动正常，则为速度传感器故障，更换相应轴位的转速传感器。

15. HX_N3 型内燃机车通信丢失故障的处理方法

1）故障现象

微机屏显示各项数据无效，显示“？”，同时伴有机车惩罚制动现象。

2）故障原因

机车通信丢失，各微机屏、控制系统之间通信丢失。

3）故障处理措施

（1）查阅故障信息，是否有故障发生时间与当前实际时间不符且相差很多，例如，故障信息里面有部分故障的发生时间为 2008 年 1 月 1 日。

（2）检查 1、2 号微机屏后部通信线（粉红色）接头紧固状态。

（3）检查空压机逆变器通信线接头是否紧固。

（4）检查 EMDEC 通信线接头是否紧固。

（5）检查放电电阻控制器通信线接头是否紧固。

（6）检查电气间门口地板下通信线接头是否紧固。

（7）检查均良好的情况下，测量以上各通信线的通断。

根据检查结果进行故障处理。

16. HX_N3 型内燃机车不存储故障信息的处理方法

1）故障现象

（1）故障记录为空。

（2）已知机车发生的故障，但故障信息里面无显示。

（3）近 48 小时内未记录任何故障信息。

2）故障原因

机车微机屏闪存卡故障。

3）故障处理措施

更换闪存卡。

17. HX_N3 型内燃机车空压机常见故障的处理方法

1）空压机断路器未闭合

在出厂调试过程中，发现此种状况多为线路问题。如果线路连线正确，那么应当检查 DIO300、空压机断路器辅助触点和 DIP 板。

2）空压机停机——逆变器通信故障

首先确定 CAN 总线的连接是否可靠。然后检查是否有 DC 74 V 经过 PWR 输入到空压机逆变器中，以及内部跳线的接法。当上述线路正确可靠的情形下，可以确定逆变器通信板故障。值得一提的是，在以往的运用维修过程中，发现 CAN 总线混入干扰后，逆变器会被锁定。因此线路问题是主要问题。

3）空压机停机——逆变器锁定

当驱动电机反转或空压机产生保护时，此类故障可能会发生。因此检查空压机主电路和控制电路。特别指出，出厂调试时空压机第一次起机或主电路进行拆除安装后第一次起机，该故障可能是由于电机反转产生，但概率较小。此类故障的解决应当更多地关注空压机保护的动作。确定是因为控制电路的线路问题而产生的“假保护”，还是因为空压机动作不良而产生的“真保护”。

4）空压机欠流——传动轴可能故障

首先重起空压机，以排除程序问题。当排除程序问题后，则可以考虑线路问题和逆变器问题。检查逆变器侧直流输入侧和交流输出侧电路，确定空压机是否真的欠流。如果线路正常，则可以考虑是逆变器问题。在以往的运用维修过程中，此类故障多是因为机油少或变质造成。当确定机油存在问题时，应按照技术规定进行处理。

5）空压机欠电流——电机可能开路

由于空压机欠电流，可以优先考虑逆变器直流侧故障。二极管整流桥和熔断器是检查重点。当熔断器熔断或二极管击穿时，三相全波整流桥输入缺相，势必造成整流桥输出电压低。以至于无法满足逆变器输入值，造成空压机欠电流故障。如果直流侧检查无故障，那么可以检查逆变器与交流驱动电机之间的电路。这部分电路排除后，应当检查交流驱动电机。

6）空压机加载延迟——油气分离压力高

只有当 PS 检测到空压机进气压力小于 270 kPa 时，空压机才允许起动。根据之前运用维修的过程看，此类问题多为线路问题。当确定线路正确后，可以考虑电磁阀 PS 的动作情况。

7）空压机已经工作，但不向总风缸充风，且无故障记录

在确保管路连接正确的情况下，故障原因可能是空载装置的打风电磁阀故障。通过查看 FIRE 显示屏的 DIO3，确定控制逻辑已经由 EM2000 给出。然后进一步检查 DIO3 到电磁阀的线路。建议检查电磁阀。

18. HX_N3 型内燃机车柴油机空滤器脏限制 6 手柄故障处理

1）故障现象

微机提报减载—柴油机空滤器脏—6 手柄限制，故障代码为 4158。

2）故障原因

（1）空气滤清器确实过于脏，造成柴油机进气量不足，限制机车功率。

（2）控制机车柴油机进气状态的压力开关 EFS 和 FVS 故障，如图 8－1－40 所示。微机系统误认为是空气滤清器脏。

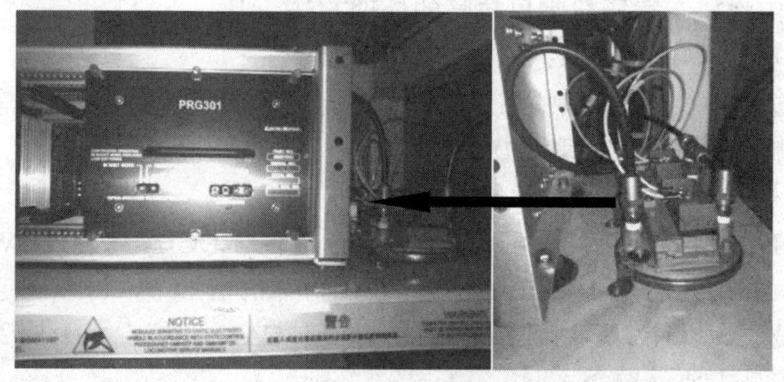

图 8－1－40　压力开关 EFS 和 FVS 示意图

压力开关 EFS 和 FVS 位于电气室内，如图 8－1－41 所示。

这两个开关都是隔膜式开关，可以感应到室外空气和涡轮增压器进气压力的差异。空气管把 EFS 和 FVS 连接在外部空气和柴油机空滤器的增压进气侧之间。随着旋风滤器和/或柴油机空滤器变脏，空滤器中的负压将加大。空滤器和室外空气之间的差压达到约 35.6 mm H_2O 时，过滤器压力开关 FVS 关闭。FVS 关闭时会为机车计算机发送信号，然后显示 ENGINE AIR FILTERS DIRTY（柴油机空气过滤器已脏）信息。出现该信息时确认检查惯性过滤器和柴油机过滤器。修正 FVS 操作后所造成的过滤器限制 30 s 后，计算机会清除 ENGINE AIR FILTERS DIRTY（柴油机空气过滤器已脏）的信息。如果差压达到 61 mm

H_2O，过滤器压力开关 EFS 将关闭。EFS 关闭时会为机车计算机发送信号，然后显示 ENGINE AIR FILTERS ARE DIRTY－THROTTLE 6 LIMIT（柴油机空气过滤器已脏－6 手柄位限制）信息并会限制柴油机速度和功率超过 6 手柄位的水平。

修正 EPS 操作后所造成的过滤器限制 30 s 后，如果 EFS 故障锁定已通过机车计算机显示复原，计算机将清除对发动机速度和功率的 6 手柄位限制，并且也会将 ENGINE AIR FILTERS ARE DIRTY－THROTTLE 6 LIMIT（柴油机空气过滤器已脏—6 手柄位限制）信息清除。

在压力开关“高”（空气）端口增大压力，或者在“低”（柴油机进气口）端口降低压力，都可以检查 EFS 和 FVS 校正。

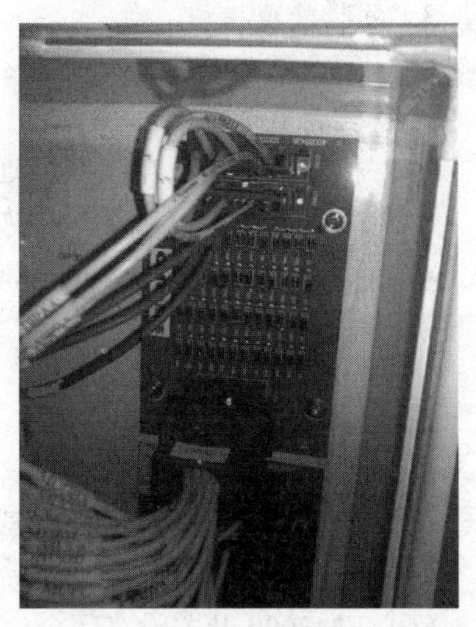

图 8－1－41　压力开关 EFS 和 FVS 控制板

3）故障处理措施

（1） 检查确认空气滤清器是否真脏（按照我段目前的更换周期，不应该出现空气滤清器过脏的现象）。

（2） 检查并校验压力开关 EFS 和 FVS 的工作状态，检查开关连接管路是否有泄漏。

（3） 检查控制板 PDI 接头及二极管是否损坏。

19. HX_N3 型内燃机车无电源故障处理办法

1）故障现象

闭合蓄电池闸刀开关，闭合机车断路器面板开关，机车各部无电。

2）故障原因

（1） 蓄电池闸刀开关接线断开。

（2） 蓄电池无电压。

（3） 蓄电池闸刀开关虚接。

（4） 蓄电池箱间连线或跨线板断裂。

3）故障处理措施

（1） 闭合蓄电池闸刀开关。

（2） 检查蓄电池、电缆及其连接情况。

（3） 用钳子将蓄电池刀夹稍微夹紧些。

（4） 更换箱间连线或跨线板。

20. HX_N3 型内燃机车 FIRE 显示屏无显示故障处理办法

1）故障现象

闭合断路器面板微机开关，FIRE 显示屏无显示。

2）故障原因

（1） 司机室显示电脑断路器断开。

（2） 蓄电池闸刀开关断开或虚接。

（3） 蓄电池无电压。

3）故障处理措施

（1）闭合断路器。

（2）闭合蓄电池闸刀开关。

（3）检查蓄电池、电缆及其连接情况。

注意：不允许他车乘务人员执行本系统的工作程序。

21. HX$_N$3 型内燃机车柴油机曲轴不转动或起不来机故障处理办法

1）故障现象

柴油机曲轴不转动或不起机。

2）故障原因

（1）发动机控制断路器断开。

（2）第三总风缸无压力空气或空气压力低。

（3）起动马达故障。

（4）EM2000 开关没有闭合。

（5）蓄电池电压不足（58 V），蓄电池电压在 55 V 以下时就不要试着起机。

3）故障处理措施

（1）闭合断路器。

（2）检查蓄电池电压不低于 62 V 时，可用辅助风泵向第三总风缸泵风以备重新起机。如蓄电池电压低于 62 V 时，在条件允许的情况下，与另一台 HX$_N$3 型机车进行重联设置，利用他车对蓄电池进行充电；如因风压低无法起机时，可利用他车的总风缸向本车充风，起动柴油机。

（3）闭合 EM2000 开关。

（4）对蓄电池进行充电或用他车蓄电池借电起机。

22. HX$_N$3 型内燃机车柴油机曲轴旋转但起不来机故障处理办法

1）故障现象

柴油机曲轴转动但柴油机不爆发。

2）故障原因

（1）燃油系统未注好油。

（2）燃油量不足。

（3）电喷系统故障。

3）故障处理措施

（1）闭合燃油泵断路器。

（2）向油箱加燃油。

（3）断开发动机控制断路器，稍作停留后再闭合。

23. HX$_N$3 型内燃机车加不上载故障处理办法

1）故障现象

FIRE 显示屏无牵引力及功率显示。

2）故障原因

（1）换向手柄未进行换向操作（司机室显示电脑提示换向手柄在中间位信息）。

（2）司机室显示电脑提示无负载信息。

（3）主发励磁开关断开、柴油机控制开关断开、燃油泵控制开关断开位（向下）。

（4）司机室显示电脑提示接地继电器被锁住信息。

（5）无负载－空气控制开关断开信息，施加惩罚制动或紧急制动。

（6）高压电气间门没有锁闭。

3）故障处理措施

（1）把换向器手柄置于向前或向后位。

（2）如果两个逆变器均切除，试着将一个逆变器接通（如有其他信息，应根据信息进行相应的处理）。

（3）将主发励磁开关、柴油机控制开关、燃油泵控制开关接通（向上）。

（4）当接地发生后 15 s，EM2000 自动将接地继电器复位。在 10 min 时间内，EM2000 对接地继电器复位 2 次以上，就会将其锁住。一旦接地继电器锁住，必须通过 FIRE 系统复位“机车数据”功能。

（5）将主手柄置于惰转位，单独制动阀置于全制动位，根据司机室显示电脑的提示选择自阀的位置，如提示置于紧急制动位时，应及时将自阀置于紧急制动位，否则应置于抑制位进行惩罚制动的消除操作；如无效时，可将断路器面板上的空气制动断路器断开，并稍作停留后，闭合空气制动断路器，重复惩罚制动消除操作即可。

（6）检查高压电气间门并将该门锁闭。

24. HX_N3 型内燃机车不能加满载故障处理办法

1）故障现象

主手柄 8 位时功率不能达到满功率。

2）故障原因

（1）减载－6 挡位限制信息：空气滤清器阻塞或柴油机过热。

（2）电阻制动工况时，电阻制动减小—电阻带过流信息。

3）故障处理措施

（1）将主手柄回到惰转位，重新提手柄加载。

（2）电阻制动设定值立刻减小。通过 FIRE 系统将故障复位。如果故障再次发生，则用位于柴油机控制面板上的电阻制动开关来切除电阻制动。

25. HX_N3 型内燃机车柴油机停机故障处理办法

1）故障现象

柴油机运行中突然停机。

2）故障原因

（1）柴油机停机—柴油机滑油压力低。

（2）无负载—柴油机保护性停机。

（3）柴油机停机—油温高。

（4）柴油机停机—曲轴箱压力高。

（5）柴油机停机—冷却水压力低。

3）故障处理措施

（1）检查柴油机油位。如果油位太高，不要试图重新起机。如果油位符合要求，并没有闻到浓烈的柴油味，则开关一次发动机控制断路器，然后试着重新起机。

如果闻到浓烈的柴油味，则不要试图重新起机。如果柴油机由于同样的问题再次停机，则不要试图再次起机。如果油位低于柴油机运转所需的最低油位，在起动柴油机前要加油。

（2）开关一次发动机控制断路器，然后试着重起柴油机。

（3）处理要求，在有资格人员对柴油机进行检查后方可复位。

（4）检查冷却水位，开关一次发动机控制断路器，然后试着重起柴油机。观察水箱玻璃水表上的冷却水位是否高出所标的标记。如果水位低于该标记，在重起柴油机之前要加水。

26. HX_N3 型内燃机车落轮作业

HX_N3 型内燃机车落轮作业程序，参见表 8－1－1。

表 8－1－1　HX_N3 型内燃机车落轮作业程序表

程序	序号	作业过程	工卡量具	标准
工前准备	1	按规定穿戴好劳动保护用品		
	2	熟悉作业指导书的技术及安全要求，按照技术规定准备好所需的工具		
	3	在工作前两个转向架必须打上铁鞋		
分解	1	把落轮所在转向架的制动开关关闭，便于闸瓦拆下	46 mm 的扳手，钳子	
	2	将撒砂器（1、3、4、6 轮上）、扫石器（1、6 轮上）和轮缘润滑器（1、6 轮上）的紧固螺栓卸下，将它们移开，防止阻碍落轮	30 mm 的扳手	落轮时不会阻碍轮对的下落
	3	将轴箱底盖的螺栓松开并拆下，将底盖取下，把螺栓放在工具盒内	30 mm 的扳手	
	4	将电机上的传感器的连接线、接地线、三根电源主线拆除，以及电机和通风接口上的螺栓拧下	14 mm 的扳手，13 mm 套筒，6 mm 的六角扳手	
	5	在电机下面用千斤顶顶上，将安全托上的螺栓、电机吊杆和转向架连接的螺栓拧下，放在工具盒内，将吊杆电机连接的螺栓松动不必拆下	风扳子或 46 mm 的梅花扳手	按要求 1 250 N·m 力矩以上的风扳子
	6	在所要落的轮两侧打上木鞋，在木鞋后面画好标记线。开始落轮：落 1、6 轮时，所在机车下端必须有支撑杆；落其他轮时则不需要	支撑架	上轮时，以标记线为标准
	7	将电机吊杆的螺栓拆下	风扳手	
安装	1	用天车将要上的轮落在标准线的范围内，电机前端以千斤顶顶住，将电机吊杆安装上，开始上轮	30 mm 的扳手	
	2	将接地线、传感器接线、电源线及电机与通风口的连接按照原位连接	14 mm 的扳手，13 mm 套筒，6 mm 的六角扳手	电源线必须以对应字母连接在一起（U、V、W 对应连接）
	3	将闸瓦按上，撒砂器、扫石器和轮缘润滑器按照原位固定		
	4	将轴箱底盖安装上并紧固螺栓	30 mm 的扳手	用 30 N·m 力矩扳手进行校核
	5	将安全托和电机吊杆安装上	风扳子	按 1 250 N·m 的力矩进行校核
	6	将所有重新连接的螺栓画上迟缓标记	彩笔	所画的线在两个零上且在一条直线上
	7	将转向架的制动开关打开		

续表

程序	序号	作业过程	工卡量具	标准
完成后的其他工作	1	组装完毕后，工作者按组装的技术标准对工作范围进行自检，发现有不良之处，应及时更正		
	2	擦拭各工具上的污渍放回工具箱内，将使用完毕的吊具保养整理好，放回原位		
	3	起机实验检查所更换轮对的转向。如果正常，机车运行进行监控一段时间		

27. HX_N3 型内燃机车主发滑环更换作业

HX_N3 型内燃机车主发滑环更换作业程序，参见表 8－1－2。

表 8－1－2　HX_N3 型机车主发滑环更换作业程序表

序号	部位	作业过程	工卡量具	标准
1	主发间	（1）打开刷握/集电环维修孔盖		手动
		（2）卸下 1～4 号集电环上的碳刷		手动，确保碳刷无损坏
		（3）用开口扳手将 4 个双头螺栓松开，卸下上面连接的四根接线	开口扳手	
		（4）使用套头卸下 4 个挡板的固定螺栓，取下挡板	套头	
		（5）使用专用工具将 4 根线保护起来，配合拔轴器轻轻地将滑环卸下	专用工具、拔轴器	拔轴器作用在第 4 号滑环上
		（6）将新滑环装在滑环固定支架上		
		（7）装上挡板，紧固 4 个挡板固定螺栓	套头	
		（8）连接 4 跟连线，并紧固 4 个双头螺栓	开口扳手	
		（9）依次将碳刷安装到位		手动
		（10）检查各碳刷及刷握、集电环状态是否良好	手电筒	
		（11）安装刷握/集电环维修孔盖		手动

28. HX_N3 型内燃机车焊修作业

1）基本保护

（1）确保中间直流环节开关调至短路位置（指针指向位置 2，开关组触点指向前）。

（2）依照规定，正确断开司机室、电气间、走廊内所有断路器。

（3）断开蓄电池闸刀开关。

2）车下部位

（1）将电缆 BTP20 及 BTN 从蓄电池上拆离。

（2）将电气连接器从雷达收发装置上拆离。

（3）将电气连接器从空气干燥器上拆离。

（4）拆卸 3、4 轴光电速度传感器插头。

（5）如需在拆解的情况下移车，断开所有牵引电机引出线，并对引出线接头进行绝缘保护。

3）Ⅰ端司机室

（1）从司控台移除主显示屏（1 屏和 2 屏），将主显示屏后的所有电缆全部断开。

（2）拔出主显示屏供电模块。

（3）断开所有行车监控系统面板接线。

（4）断开电控制动器（CHU）上的所有电缆。

（5）断开制动装置集成处理模块（BIPM）的所有电缆。

（6）断开空调单元上的所有电缆。

（7）从语音箱后断开电源、天线、听筒电缆。

（8）断开主司控器插头。

（9）断开 8 灯显示器插头。

4）Ⅱ端司机室

（1）从司控台移除主显示屏（3 屏和 4 屏），将主显示屏后的所有电缆全部断开。

（2）拔出主显示屏供电模块。

（3）断开所有行车监控系统面板接线。

（4）断开电控制动器（CHU）上的所有电缆。

（5）断开制动装置集成处理模块（BIPM）的所有电缆。

（6）断开空调单元上的所有电缆。

（7）从语音箱后断开电源、天线、听筒电缆。

（8）断开主司控器插头。

（9）断开 8 灯显示器插头。

5）电气间

（1）EM2000。

① 断开微机控制断路器。

② 注意防静电，拔出模块并确保模块与其插槽之间离开至少 5 mm 以上。

（2）微机电源箱。

注意防静电，拔出模块并确保模块与其插槽之间离开至少 5 mm 以上。

（3）面板安装模块。

根据防静电工艺拔出安装在面板模块（ASC1、2 和 TLF）上的插头。

（4）相模块。

在焊接作业前，断开所有相模块上的混合多功能插头。在相模块混合多功能插座和电缆组混合插头上安装防尘罩。

（5）相模块电流传感器。

断开所有相模块电流传感器插头。

（6）过流抑制器 1、2（OVCRF1、2）。

断开混合多功能插头。

（7）接地继电器电容器（GR CAPACITOR）。

① 从继电器/整流器板接地座上移除导线（GRDSC1 或 GRDSC2）。

② 跳线短接电阻板上的电容器 CA GR1 至 CA GR7 两端及继电器/整流器板电容器 CA GRX1 至 CA GRX7 两端以免接触电容时触电。

（8）辅助电源变流器。

断开辅助电源变流器相控制器插头。

（9）主发励磁斩波器。

断开斩波器控制相模块上的插头。

（10）柴油机电喷控制装置。

① 从柴油机电喷控制装置电源上断开 P、L 及 S2 插头。

② 从柴油机电喷控制装置电源上断开 P1 及 P0 插头。

（11）监控设备。

从电气间中监控设备上断开所有插头。

（12）空气制动支架。

① 断开并绝缘保护所有系统互连电缆。

② 断开并保护所有供电电源接线盒电缆。

注：以上两措施需按先后顺序执行，重新连接制动支架插头时反向进行。

（13）电子燃油表。

① 断开左右电子燃油表。

② 断开燃油表控制盒的所有插头。

29. HX_N3 型内燃机车更换闸瓦作业

（1）关闭需要换闸瓦的转向架的塞门（图 8－1－42 为转向架塞门位置示意，不代表塞门开关状态）。

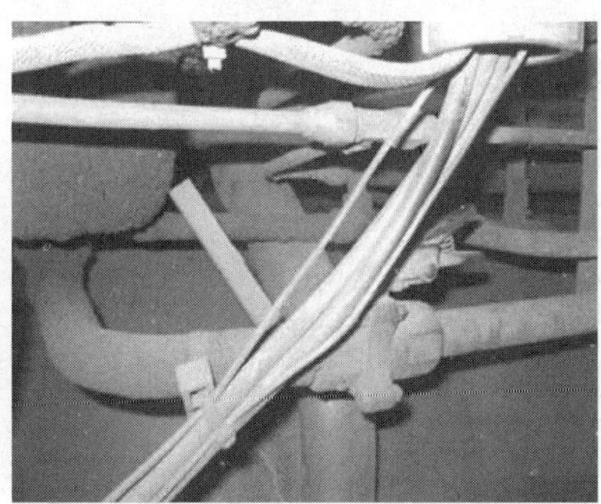

图 8－1－42　转向架塞门位置示意图

（2）使用工具调整闸瓦间隙调整螺母。

① 更换 2、5 轮闸瓦时，因有弹停装置，先使弹停装置处于缓解状态，使用专用工具调整闸瓦间隙调整螺母，至间隙可去除旧闸瓦、安装新闸瓦即可。如图 8－1－43 所示。

② 更换 1、3、4、6 轮闸瓦时，闸瓦更换使用 46 开口扳手调节闸瓦间隙调整螺母，至间隙可去除旧闸瓦、安装新闸瓦即可。如图 8－1－44 所示。

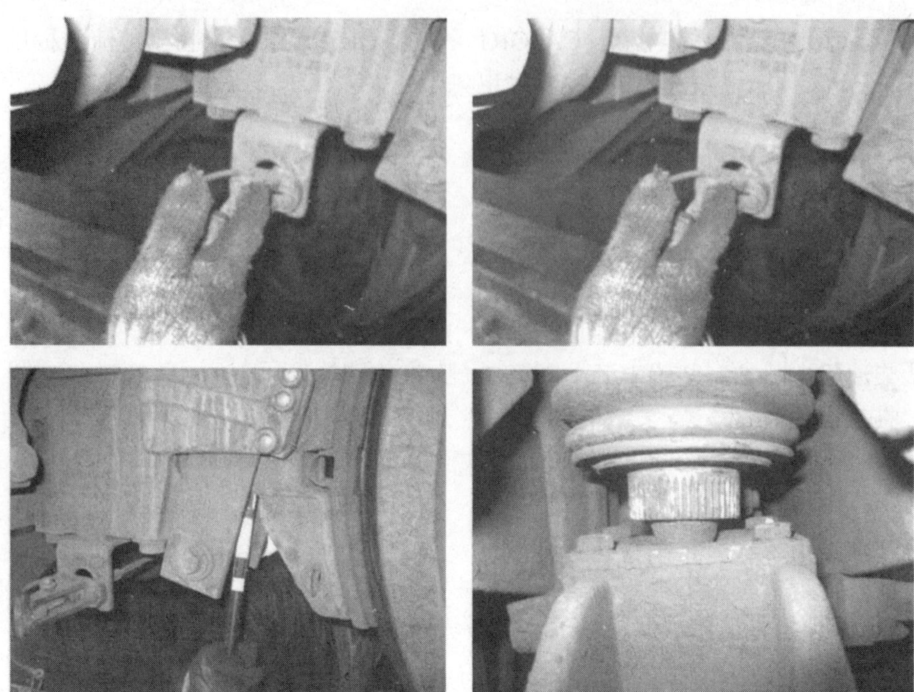

图 8-1-43　调整闸瓦间隙调整螺母 1

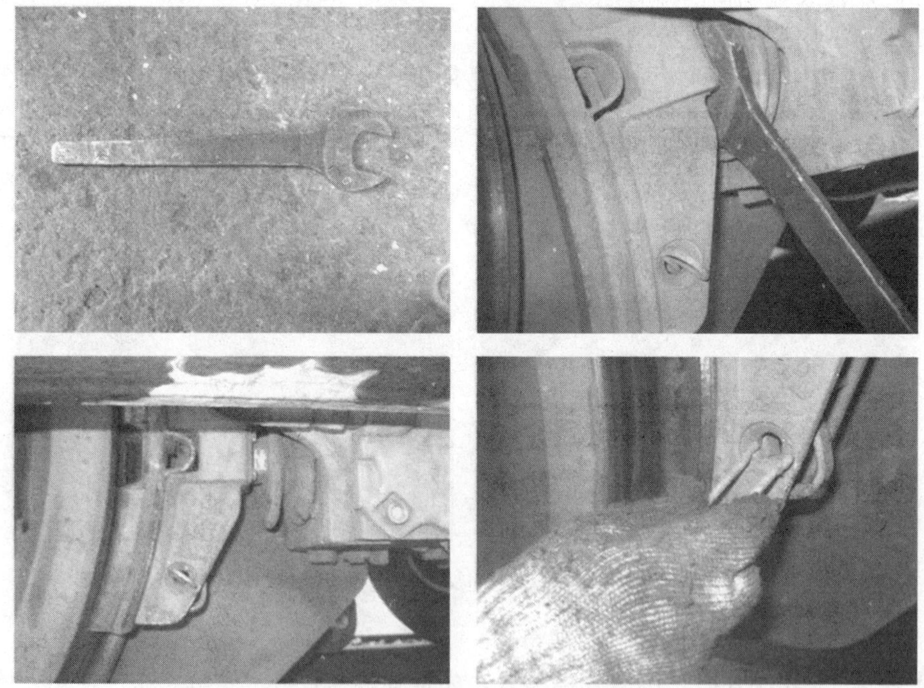

图 8-1-44　调整闸瓦间隙调整螺母 2

③ 拔出闸瓦钎子固定销。

④ 使用钢钎拔出闸瓦钎子。如图 8-1-45 所示。

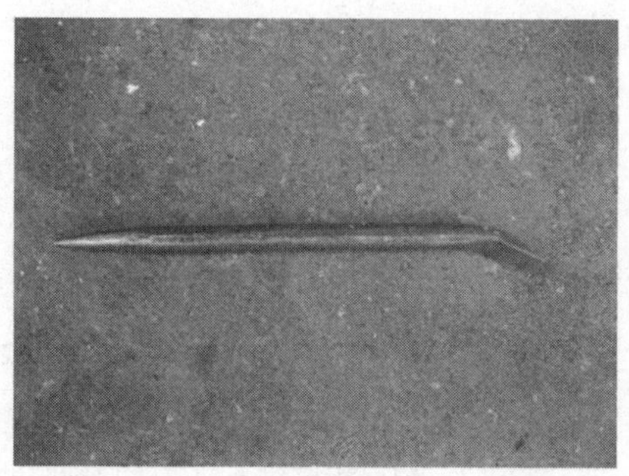
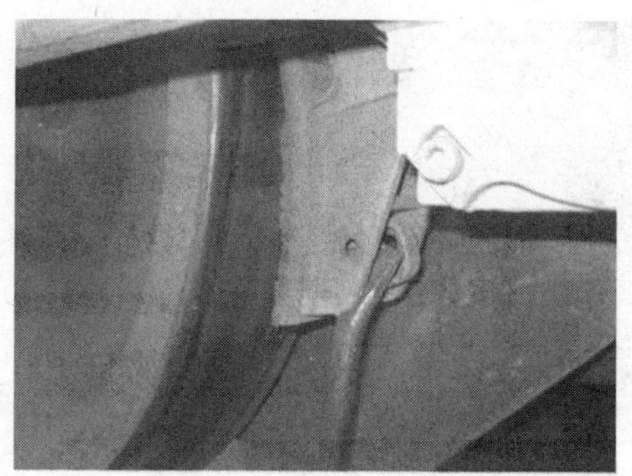

图 8-1-45　拔出闸瓦钎子

⑤ 取出旧闸瓦，更换为新闸瓦。

⑥ 装入闸瓦钎子。

⑦ 插入闸瓦钎子固定销。

⑧ 恢复转向架塞门。

使用制动机进行试验，使闸瓦制动、缓解 3～5 次，确认闸瓦间隙符合要求。

30. HX_N3 型内燃机车连杆螺栓拆装作业

HX_N3 型内燃机车连杆螺栓拆装作业程序，参见表 8-1-3。

表 8-1-3　HX_N3 型内燃机车连杆螺栓拆装作业程序表

序号	程序	作业过程	工量卡具	标准
1	连杆螺栓拆卸	打开对应缸的曲轴箱观察孔盖	17～24 mm 套头，力矩扳手	
		盘车至便于拆卸的位置	盘车机构	
		松开连杆螺栓紧固螺母	连杆螺栓拆装专用液压工具	重复打压 6 000 psi（41.37 MPa）至螺母松开
		将连杆螺栓拔出		
2	连杆螺栓安装	将连杆螺栓放入安装孔		螺纹以及螺母和垫圈的摩擦面上涂抹抗咬住润滑脂，确认连杆螺栓螺帽方向与原螺栓相同
		把紧连杆螺母	连杆螺栓拆装专用液压工具	打压 6 000 psi
		安装曲轴箱观察孔盖	17～24 mm 套头，力矩扳手	紧固力矩 101 N・m

31. HX_N3 型内燃机车更换相模块作业

（1）隔离机车并停机，对直流回路进行放电。

（2）拆掉电气室顶盖面板。请勿站在相模块上。

（3）在确认相模块完全放电之前，不要触碰端子，如图 8-1-46 所示。使用电压表和高压探头（EMD 零件号 40054122）仔细测量 G、N、AC 和 P 端子电压，确定是否完成放电。将高压探头夹钳连接到车体接地，用高压探头触碰每个端子。所有读数应为零。

（4）拆卸相模块空气进口橡胶波纹管（管套），如图 8-1-47 所示。这包括拆卸用于固定波纹管的管夹和胶带。需要适当的线束。

图 8-1-46 相模块上端子（连接）

图 8-1-47 相模块上空气进口橡胶波纹管

（5）从相模块左前侧断开 PM-CN 连接器，如图 8-1-48 所示。

（6）断开在 G 端子上下部的接地电缆的连接，拆除连接到 N、AC 和 P 端子的母线排（17 mm 插座），如图 8-1-49 所示。

图 8-1-48 PM-CN 连接器

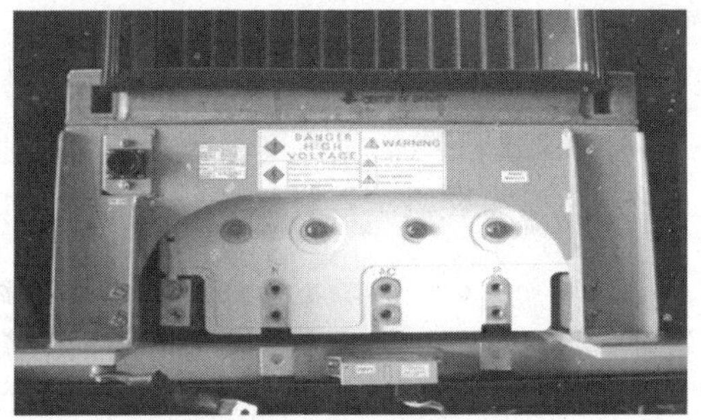

图 8-1-49 相模块上端子（断开）

（7）拆卸安装坐上的两个螺栓（9/16 英寸孔）。

（8）拆卸附在相模块与构架后板上的四个螺栓（9/16 英寸孔）。

（9）确保左右的线缆没有潜在的干扰。

（10）将 M10×1.5 螺纹的吊环螺栓安装到相模块，便于吊车起吊。注意这是公制螺纹。

（11）逆序操作安装替换的相模块。

注意：安装新的相模块时，请确保粘在冷却装配外边的黑色垫片已经拆卸。当把相模块安装在相模块装配架时，风道橡胶波纹管须与四周框架相配。相模块母线排上的公制螺栓按 40 N · m 紧固，3/8 英寸螺栓（相模块安装及母排）按 34 N · m 紧固。

思考与讨论

结合自己工作岗位实际问题，交流处理故障经验。

任务 8.2 熟悉 HX_N5 型内燃机车常见故障处理方法

1. HX_N5 型内燃机车电阻制动故障处理方法

1）故障现象

（1）机车运行中显示器屏幕下部信息栏提示“电阻制动无效”。

（2）故障代码分析时，频繁出现以下提示：

20－0507 1 号制动通风机速度信号无效；

20－0508 2 号制动通风机速度信号无效；

20－0509 3 号制动通风机速度信号无效；

20－0373 DB1A 卡滞（第一电阻制动电阻故障为例）；

20－1580 电阻制动栅失效。

2）故障判断方法

（1）自负荷试验，显示器登录二级界面，按顺序按显示器按钮→更多菜单→机车监控器→辅助设备电气→励磁监控→检查通风机转数。

（2）查看 1 号制动通风机、2 号制动通风机、3 号制动通风机转数，一个风机没有转数或多个风机没有转数。

（3）检查风机传感器、风机电机，校验传感器线路。

（4）检查电阻制动接触器 DB1A+、DB2A+、DB3A+是否卡滞或烧损。

（5）检查 VMBTB1、VMBTB2、VMBTB3、VMBTB4、VMBTB5、VMBTB6 接线端子及连线是否状态良好。

（6）校验 DB1A 及 VMBTB 线路。

（7）开盖检查电阻制动栅状态是否有烧损的电阻制动栅。

（8）检查电阻制动传感器及连线状态。

3）故障处理措施

（1）根据检查结果，更换相应的风机传感器、风机电机、接触器、连线、接线端子等相应的电器部件，处理传感器线路。

（2）以上没有故障，更换集成输入输出 CIO 或 CIO20 号、CIO18 号插卡，更换 CIO 或 CIO 插卡要进行“重置”。

（3）重新起机自负荷试验，显示器登录二级界面，按顺序按显示器按钮→更多菜单→机车监控器→辅助设备电气→励磁监控→查看显示器 1 号制动通风机、2 号制动通风机、3 号制动通风机转数正常，走车试验电阻制动状态良好。

2. HX_N5 型内燃机车 IGBT 故障处理方法

1）故障现象

（1）运行中电机自动切除。

（2）故障代码分析时，频繁出现以下提示（以第二电机 A 相为例）：

22－1901PM2A（逆变器 2A 相正极相模块没有断开）；

22－1902PM2A（逆变器 2A 相下降反馈没有断开）。

2）故障判断方法

（1）拔下相应故障提示电机的 IGBT 光纤插头，查看光纤指示灯，检查 IGBT 状态、光纤插头及连线状态。

（2）检查测量 IGBT 保险状态。

（3）检查牵引电机汇流排状态。

（4）检查 IGBT 电容状态。

（5）检查相应牵引电机控制器 TMC 插卡。

（6）如果一个电机六个光纤指示灯都不亮，检查 IGBT 电源 GP 脱扣开关状态，测量 GP 输出电压是否标准（～100 V）。

3）故障处理措施

（1）根据检查结果，更换相应的电器部件。

（2）以上没有故障，根据故障记录进行分析查找。

3. HX_N5 型内燃机车柴油机转数不升故障处理方法

1）故障现象

机车显示器屏幕下部信息栏提示“柴油机转数故障”。

2）故障判断方法

检查开关及操纵台设置是否正确，如果正确进行查找：

（1）显示器登录二级界面，按顺序按显示器按钮→更多菜单→机车监控器→柴油机功能→柴油机监控→检查柴油机水压、机油、水温度是否正常。

（2）显示器登录二级界面，按顺序按显示器按钮→更多菜单→机车监控器→详细→向下翻页，检查 CDC12、CDC13 或 CDC22、CDC23 接触器是否吸合（0 表示断开，1 表示吸合），风泵高速打风限制柴油机转速 580 r/min。

（3）换端操纵，检查司机控制器是否故障。

（4）显示器登录二级界面，按顺序按显示器按钮→更多菜单→机车监控器→详细→向下翻页，检查风泵排气温度是否过低，风泵正在运转预热。

3）故障处理措施

（1）根据检查结果，更换相应的电器部件，自负荷试验司机控制器手柄 8 挡位试验，柴油机转数 1 050 r/min，功率正常。

（2）以上没有故障，根据故障记录进行分析查找。

4. HX_N5 型内燃机车牵引电机切除故障处理方法

1）故障现象

故障代码分析时，频繁出现以下提示：（以第五电机为例）

25－2301VAM5（逆变器 5A 相电压传感器失效）。

2）故障判断方法

显示器登录二级界面，按顺序按显示器按钮→开关→电机切除→查看第五电机切除。

（1）检查 VAM 电压传感器状态。

（2）校验 VAM 电压传感器线路。

（3）根据故障记录，检查相关牵引电机大线是否有接磨处所。

（4）根据故障记录，拆下相关牵引电机连线，测量牵引电机绝缘及三相阻值。

3）故障处理措施

（1）根据检查结果，更换相应的电器部件。

（2）以上没有故障，根据故障记录进行分析查找。

5. HX_N5 型内燃机车动力系统断开故障处理方法

1）故障现象

（1）机车运行中显示器屏幕左上部信息栏提示“动力系统断开”。

（2）牵引、电阻制动无效。

2）故障判断方法

（1）检查操作台设置是否正确。

检查主副操作台控制、主发励磁、控制脱扣开关是否正确，检查主副操作台大闸、司机控制器手柄位置是否正确。如果不正确，恢复后故障即可消除。

（2）检查 PCR 继电器是否吸合，如果不吸合进行查找：

① 检查 PCR 继电器线圈、抑制器及接线端子→检查 PCR 继电器联锁、接线及接线端子。

② 测量 PCR 继电器线圈电压→没有负电→检查 BIPM 插头状态或更换 BIPM。

③ 测量 PCR 继电器线圈电压→没有正电→检查主副操作台司机控制器手柄位置是否在零位或司机控制器零位联锁是否故障。

3）故障处理措施

（1）根据检查结果，更换相应的制动系统主机 BIPM、司机控制器、PCR 继电器。

（2）以上没有故障，检查网络状态、总风缸风压是否符合要求，校验线路。

（3）起机试验，没有“动力系统断开”现象发生。

6. HX_N5 型内燃机车风泵不打风故障处理方法

1）故障现象

机车运行中显示器屏幕下部信息栏提示“空压机无效”。

2）故障判断方法

（1）显示器登录二级界面，按顺序按显示器按钮→更多菜单→机车监控器→辅助设备电气→蓄电池系统→检查是否发电。

（2）显示器登录二级界面，按顺序按显示器按钮→更多菜单→机车监控器→详细→向下翻页检查风泵温度和压力显示是否显示正常。

（3）检查风泵接触器触头是否粘连、接触器是否卡滞或接触器是否存在不吸合。

（4）检查风泵电机状态是否良好，校验风泵电机线路。

3）故障处理措施

（1）根据检查结果，更换相应的传感器、接触器及相关的电器部件，校验传感器线路。

起机试验，显示器登录二级界面，按顺序按显示器按钮→更多菜单→机车监控器→详细→向下翻页检查风泵温度和压力显示及接触器吸合状态是否正常。

（2）以上没有故障，根据故障记录进行分析查找或检查制动系统部件。

7. HX_N5 型内燃机车辅助不发电故障处理方法

1）故障现象

（1）机车运行中显示器屏幕下部信息栏提示“辅助不发电、牵引、电阻制动无效”。

（2）故障代码分析时，频繁出现以下提示：

04－0011 辅助发电机三相输出电流不均衡－负序电流。

2）故障判断方法

（1）显示器登录二级界面，按顺序按显示器按钮→更多菜单→机车监控器→辅助设备电气→蓄电池系统→检查蓄电池电压。

① 检查辅助发电上电继电器是否吸合，联锁触指状态是否良好。

② 检查门联锁开关、转轴、联锁接触状态是否良好。

③ 检查风泵接触器触头是否粘连或接触器是否卡滞。

④ 检查辅助发电控制器 AAC 状态是否良好。

⑤ 显示器登录二级界面，按顺序按显示器按钮→开关→检查辅助发电开关是否闭合。

（2）检查辅助发电机 AA 状态是否良好，校验辅助发电线路。

3）故障处理措施

（1）根据检查结果，更换相应的电器部件。

起机试验，显示器登录二级界面，按顺序按显示器按钮→更多菜单→机车监控器→辅助设备电气→蓄电池系统→检查蓄电池电压正常。

（2）以上没有故障，根据故障记录进行分析查找。

8. HX_N5 型内燃机车功率不足故障处理方法

1）故障现象

机车运行中显示器屏幕下部信息栏提示“牵引受限”。

2）故障判断方法

（1）显示器登录二级界面，按顺序按显示器按钮→开关→闭合自负荷开关。

（2）自负荷试验，司机控制器手柄 8 挡位：

① 显示器登录二级界面，按顺序按显示器按钮→更多菜单→机车监控器→柴油机功能→柴油机监控→检查柴油机水压、油、水温度、进气压力是否正常。

② 显示器登录二级界面，按顺序按显示器按钮→开关→电机切除→检查牵引电机是否切除。

3）故障处理措施

（1）根据检查结果，更换相应的电器部件，自负荷试验司机控制器手柄 8 挡位试验，功率正常。

（2）以上没有故障，根据故障记录进行分析查找。

9. HX_N5 型内燃机车机油压力低故障处理方法

1）故障现象

（1）机车运行中显示器屏幕下部信息栏提示“停机、请勿尝试起机”。

（2）故障代码分析时，频繁出现以下提示：

01－6062 润滑油压力＜起动压力（起动压力是柴油机转速的）；

01－6034 润滑油压力＜开启压力（开启压力是柴油机转速的）；

01－8111 柴油机润滑油压力低于下限；

01－0066 柴油机不运转。

2）故障判断方法

（1）电器部。

① 显示器登录二级界面，按顺序按显示器按钮→更多菜单→机车监控器→柴油机功能→柴油机监控→检查机油压力是否正常。

② 标准：机油压力在转速 440 r/min 时应大于 200 kPa，在转速 1 050 r/min 时应大于 650 kPa（油温 82 ℃时），如果不符合标准则检查机油压力传感器等相关部件。

③ 检查机油压力传感器及连接器→校验传感器线路及插头→测量机油压力传感器线路阻值（大于 2 Ω 应更换线路）→检查 ECU 及插头状态。

（2）柴油机部。

① 检查油底壳机油量是否符合要求。

② 接取机油样，化验机油，如黏度低于 12.50，则稀释。

③ 检查机油粗滤器滤芯，是否有破损堵塞现象。

④ 检查主机油泵，是否破损故障。

3）故障处理措施

（1） 电器部。

① 根据检查结果，更换故障的机油压力传感器或连接器，处理或更换传感器线路及插头。

② 更换 ECU 或插头，更换 ECU 要进行“重载”。

③ 解锁柴油机，重新进行自负荷试验，显示器登录二级界面，按顺序按显示器按钮→更多菜单→机车监控器→柴油机功能→柴油机监控→检查机油压力，油温 82 ℃时，显示器机油压力在转速 440 r/min 时应大于 200 kPa，在转速 1 050 r/min 时应大于 650 kPa，没有机油压力低停机现象。

（2） 柴油机部。

根据检查结果，更换不良部件。

10. HX_N5 型内燃机车监控转数故障处理方法

1）故障现象

机车监控显示器柴油机转数无，或转数不准确。

2）故障判断方法

（1） 测量 V/F 变换器输入电压应为 10 V 左右，如果无电压或电压不符合要求，检查集成输入输出 CIO18 号插卡。

（2） 检查 V/F 变换器及校验 V/F 变换器线路。

3）故障处理措施

（1） 根据检查结果，更换 V/F 变换器、集成输入输出 CIO18 号插卡。

（2） 以上没有故障，检查监控相关部件。

（3） 起机试验，监控显示器柴油机转数显示正常。

11. HX_N5 型内燃机车进气压力低故障处理方法

1）故障现象

（1） 机车运行中显示器屏幕下部信息栏提示“进气压力低、牵引受限”。

（2） 故障代码分析时，频繁出现以下提示：

01－0030 进气压力低。

2）故障判断方法

（1） 显示器登录二级界面，按顺序按显示器按钮→开关→闭合自负荷开关。

（2） 自负荷试验，司机控制器手柄 8 挡位。自负荷试验数据，参见表 8－2－1。

表 8－2－1　自负荷试验数据表

柴油机转速/（r/min）	进气压力限值/kPa
335	不动作
440	138
580	138
888	207

续表

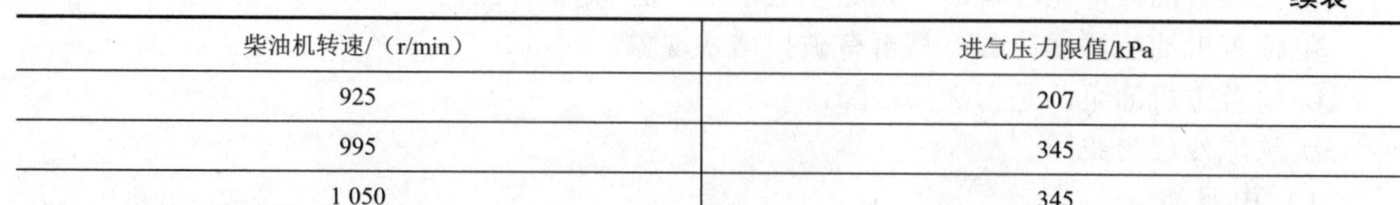

柴油机转速/（r/min）	进气压力限值/kPa
925	207
995	345
1 050	345

① 显示器登录二级界面，按顺序按显示器按钮→更多菜单→机车监控器→柴油机监控→查看进气压力。

② 查看进气压力如果小于 345 kPa，检查进气压力传感器相关部件。

③ 检查进气压力传感器及连接器，校验传感器线路，测量进气压力传感器线路阻值（大于 2 Ω 进行更换线路），检查 ECU 及插头状态。

3）故障处理措施

（1） 根据检查结果，更换相应的进气压力传感器或连接器，处理或更换传感器线路。

（2） 更换 ECU 或插头，更换 ECU 要进行“重载”。

（3） 重新起机自负荷试验 8 挡，查看显示器进气压力应大于 345 kPa，走车试验良好。

（4） 以上没有故障，检查柴油机系统部件。

12. HX_N5 型内燃机车风泵接触器故障处理方法

1）故障现象

风泵不打风或辅助不发电故障等。

2）故障处理方法

首先应切除辅助发电，打开故障的空压机接触器灭弧罩，检查风泵接触器和触头状态，具体操作如下。

（1） 在对空压机接触器故障进行处理前，应采用以下两种方法对辅助发电进行切除，防止造成人身伤害。

方法 1：打开机车 A 侧或 B 侧的电器主柜门，即可切除辅助发电。

方法 2：显示器登录二级界面，按顺序按显示器按钮→开关→辅助发电机→切除辅助发电机→是→微机显示不能加载，辅助发电机手动切除。

（2） 确认接触器状态。

① 空压机接触器断开状态。

空压机不工作状态下，检查空压机接触器复原按钮或指示杆是否在断开位（GE 空压机接触器复原按钮高出壳体平面 2～3 mm 为断开位，沙尔特宝空压机接触器指示杆不出头为断开位）。

② 空压机接触器触头粘连时复原按钮或指示杆状态。

（a）GE 空压机接触器。

GE 空压机接触器吸合或粘连时，复原按钮被吸入壳体内，如图 8－2－1 所示。

（b）沙尔特宝空压机接触器。

沙尔特宝空压机接触器吸合或粘连状态时，指示杆弹出，如图 8－2－2 所示。

（3） 空压机接触器灭弧罩拆卸方法。

由于空压机接触器灭弧罩安装螺丝的不同和安装空间的限制（CDC12 与 CA9 门框间隙小，大螺丝刀无法进行拆卸），在拆装灭弧罩螺丝时，需配备一字和十字两种短把螺丝刀。

图 8－2－1　GE 空压机接触器复原按钮

图 8－2－2　沙尔特宝空压机接触器复原按钮

① GE 空压机接触器灭弧罩的拆卸方法：

用十字螺丝刀逆时针方向拧动，即可拆下螺丝。

② 沙尔特宝空压机接触器灭弧罩的拆卸方法：

用一字螺丝刀向内推入螺丝，再向左或向右拧动 90°，安装螺丝即可弹出。

3）故障处理措施

根据检查结果，更换相应的接触器或触头。

（1）显示器登录二级界面，按顺序按显示器按钮→开关→切入辅助发电机→是→辅助发电已投入。

（2）起机试验，显示器登录二级界面，按顺序按显示器按钮→更多菜单→机车监控器→辅助设备电气→蓄电池系统→检查蓄电池电压正常。

（3）显示器登录二级界面，按顺序按显示器按钮→更多菜单→机车监控器→详细→向下翻页检查风泵接触器吸合正常。

以上没有故障，根据故障记录进行分析查找。

13. HX_N5 型内燃机车冷却风扇故障处理方法

1）故障现象

故障代码分析时，频繁出现以下提示：

02－6006 冷却风扇伏特赫兹超出规定；

02－6006 冷却风扇控制器输出不平衡；

02－6029 由于瞬间过流导致冷却风扇断开。

2）故障判断方法

（1）显示器登录二级界面，按顺序按显示器按钮→开关→闭合自负荷开关→司机控制器手柄提 8 挡。

（2）显示器登录二级界面，按顺序按显示器按钮→更多菜单→机车监控器→辅助设备电气→跳波器→查看冷却风扇控制器三相输出电流是否均衡。

检查冷却风扇控制器 RFC 状态是否良好；检查冷却风扇电机接线端子；检查冷却风扇电机状态是否良好，测量冷却风扇电机三相阻值及绝缘电阻，校验冷却风扇电机线路。

3）故障处理措施

根据检查结果，更换相应的电器部件。

起机自负荷试验，显示器登录二级界面，按顺序按显示器按钮→更多菜单→机车监控器→辅助设备电气→跳波器→查看冷却风扇电机控制器三相输出电流良好。

以上没有故障，根据故障记录进行分析查找。

14. HX_N5 型内燃机车牵引电机通风机故障处理方法

1）故障现象

故障代码分析时，频繁出现以下提示：

06－5013 牵引电机通风机控制器输出电流不均衡。

2）故障判断方法

（1） 显示器登录二级界面，按顺序按显示器按钮→开关→闭合自负荷开关→司机控制器手柄提 8 挡。

（2） 显示器登录二级界面，按顺序按显示器按钮→更多菜单→机车监控器→辅助设备电气→跳波器→查看牵引电机通风机控制器三相输出电流是否均衡。

① 牵引电机通风机控制器 TBC 状态是否良好。

② 检查牵引电机通风机 TMB 接线端子。

③ 检查牵引电机通风机 TMB 状态是否良好，测量牵引电机通风机 TMB 三相阻值及绝缘电阻，校验牵引电机通风机 TMB 线路。

3）故障处理措施

根据检查结果，更换相应的电器部件。

起机试验，显示器登录二级界面，按顺序按显示器按钮→更多菜单→机车监控器→辅助设备电气→跳波器→查看牵引电机通风机控制器三相输出电流良好。

以上没有故障，根据故障记录进行分析查找。

15. HX_N5 型内燃机车曲轴箱压力高故障处理方法

1）故障现象

（1） 机车运行中显示器屏幕下部信息栏提示“停机、请勿尝试起机”。

（2） 故障代码分析时，频繁出现以下提示：

01－0066 柴油机不运转；

01－6063 曲轴箱空气压力太高不能重起柴油机。

2）故障判断方法

（1） 电器部。

① 显示器登录二级界面，按顺序按显示器按钮→开关→闭合自负荷开关→司机控制器手柄提 8 挡；显示器登录二级界面，按顺序按显示器按钮→更多菜单→机车监控器→柴油机功能→柴油机监控→查看曲轴箱压力。

② 标准：曲轴箱压力保护值大于 498 Pa 0.5 s 停机，解锁柴油机，重新起机自负荷试验，1～8 挡试验查看曲轴箱空气压力应小于 498 Pa。

③ 检查曲轴箱压力传感器及连接器→校验传感器线路及插头→测量机油压力传感器线路阻值（大于 2 Ω 进行更换线路）→检查 ECU 及插头状态。

（2） 柴油机部。

① 检查柴油机摇臂箱盖有无破损漏泄，油底壳注油孔盖是否脱落，曲轴箱孔盖有无漏泄，柴油机呼吸管有无破损，引射管及接头有无脱落，打开增压器压气机进气蜗壳检查增压器转子有无扫膛、油封有无漏油现象，打开曲轴箱孔盖检查有无碾瓦、各动力组有无破损现象。

② 更换油气分离器后进行试验。

③ 化验机油指标是否符合要求，有无乳化和稀释现象。

④ 测量柴油机惰转状态的爆发压力，爆发压力偏低，并且喷油器、喷油泵、配气机构（包括凸轮轴）状态良好、气门间隙符合要求时，为该缸活塞环磨损。

3）故障处理措施

（1）电器部。

① 根据检查结果，更换故障的曲轴箱压力传感器或连接器，处理或更换传感器线路及插头。

② 更换 ECU 或插头，更换 ECU 要进行“重载”。

③ 解锁柴油机，显示器登录二级界面，按顺序按显示器按钮→开关→闭合自负荷开关→司机控制器手柄提 8 挡；显示器登录二级界面，按顺序按显示器按钮→更多菜单→机车监控器→柴油机功能→柴油机监控→查看曲轴箱压力→查看曲轴箱压力保护值应小于 498 Pa，没有曲轴箱空气压力高停机现象。

（2）柴油机部。

根据检查结果，更换不良部件。

16. HX_N5 型内燃机车水压低故障处理方法

1）故障现象

（1）机车运行中显示器屏幕下部信息栏提示“水压低、牵引受限”。

（2）故障代码分析时，频繁出现以下提示：

01－0172 冷却水压＜下限（柴油机转速的函数）。

2）故障判断方法

（1）电器部。

① 显示器登录二级界面，按顺序按显示器按钮→开关→闭合自负荷开关→司机控制器手柄提 8 挡；显示器登录二级界面，按顺序按显示器按钮→更多菜单→机车监控器→柴油机功能→柴油机监控→查看柴油机水压，参见表 8－2－2。

表 8－2－2　柴油机转速、水压极限值数据表

柴油机转速/（r/min）	水压极限值/kPa
335	不动作
440	25.72
580	37.09
888	62.05
925	65.08
995	70.74
1 050	75.22

② 查看冷却水压力，如果小于 75.22 kPa，检查水压传感器相关部件。

③ 检查水压传感器及连接器，校验传感器线路，测量水压传感器线路阻值（大于 2 Ω 进行线路更换），检查 ECU 及插头状态。

（2） 柴油机部。

① 检查水表水位是否正常，如缺水，检查水管路是否漏泄，水系统自动排水阀是否漏水。

② 检查冷却水泵是否故障。

3）故障处理措施

（1） 电器部。

① 根据检查结果，更换相应的水压传感器或连接器，处理或更换传感器线路。

② 更换 ECU 或插头，更换 ECU 要进行"重载"。

③ 重新起机自负荷试验 8 挡，显示器登录二级界面，按顺序按显示器按钮→更多菜单→机车监控器→柴油机功能→柴油机监控→查看柴油机水压应大于 75.22 kPa 以上，走车试验良好。

（2） 柴油机部。

根据检查结果，更换不良部件。

17. HX_N5 型内燃机车油水温度高的处理方法

1）故障现象

显示器提示机车油温或水温高，机车功率不足或受限。

2）故障判断方法

（1） 散热器百叶窗电磁阀故障或塞门关闭，百叶窗不能开放。

（2） 传感器故障。

（3） 机油热交换器冷却效果差或热交换器内有空气。

（4） 冷却水泵故障。

（5） 散热器冷却效果差。

（6） 柴油机控制单元 ECU 故障。

3）故障处理措施

根据检查结果，更换不良部件。

18. HX_N5 型内燃机车锁轴故障处理方法

1）故障现象

（1） 机车运行中显示器屏幕下部信息栏提示"锁轴不能运行"。

（2） 故障代码分析时，频繁出现以下提示（以第四轴为例）：

20 – 0604 4 号轴锁轴或 TMC – 34/TIC4 – 2 不能通信；

20 – 0654 4 号轴速度信号无效；

20 – 0664 速度传感器 4（TMSS）电路需要修理。

2）故障判断方法

（1） 显示器登录二级界面，按顺序按显示器按钮→开关→电机切除。

（2） 查看 TM4 电机和传感器是否切除。

（3） 检查电机转数传感器→连接器→TMC 卡→检查电机转数传感器线路及插头状态。

3）故障处理措施

（1） 根据检查结果，更换相应的电机转数传感器、TMC 卡，处理电机转数传感器线路、插头、连接器，更换 TMC 卡时要检查配置后进行"重载"。

（2） 以上没有故障，更换牵引电机控制器 TMC 或检查电机转数传感器，更换 TMC 时要检查配置后进行"重载"。

（3）重新起机试验，操作显示器按钮→开关→电机切除→恢复电机传感器；显示器登录二级界面，按顺序按显示器按钮→更多菜单→机车监控器→传动系统→检查电机转数传感器健康度，走车试验。

19. HX_N5 型内燃机车微机报警警惕键故障处理方法

1）故障现象

机车微机报警警惕键不能解除。

2）故障判断方法

（1）检查警惕键按钮及校验警惕键按钮线路。

（2）检查集成输入输出 CIO11 号插卡。

3）故障处理措施

（1）根据检查试验结果，更换警惕键按钮、集成输入输出 CIO11 号插卡。

（2）以上没有故障，检查监控相关部件。

20. HX_N5 型内燃机车显示器故障处理方法

1）故障现象

（1）机车运行中显示器屏幕左上部信息栏提示“请重新闭合 BCCB 断路器”，显示器显示英文字母。

（2）故障代码分析时，频繁出现以下提示（以第三显示器故障为例）：

11－5506 SDIS1 与 SDIS3 的数据网通信丢失；

11－5510 SDIS2 与 SDIS3 的数据网通信丢失。

2）故障判断方法

（1）机车停机大复位，断开蓄电池闸刀，断开维护闸刀，上电试验故障是否消除。

（2）检查显示器、脱扣开关、维护闸刀，校验显示器、脱扣开关、维护闸刀线路。

3）故障处理措施

（1）根据检查结果，更换相应的显示器 DS→更改车号→重载。

（2）以上没有故障，检查网络状态及故障记录进行查找。

（3）起机试验，显示器显示正常。

21. HX_N5 型内燃机车蓄电池充电故障处理方法

1）故障现象

故障代码分析时，频繁出现以下提示：

05－5011 蓄电池充电控制系统电源电压超差；

05－5039 蓄电池充电控制系统输入相电流不均衡。

2）故障判断方法

显示器登录二级界面，按顺序按显示器按钮→更多菜单→机车监控器→辅助设备电气→蓄电池监控→检查蓄电池电压。

（1）检查蓄电池充电控制器 BCC 状态是否良好。

（2）校验蓄电池充电控制器 BCC 连线。

（3）测量蓄电池单节电压。

3）故障处理措施

根据检查结果，更换相应的电器部件，显示器登录二级界面，按顺序按显示器按钮→更多菜单→机车监控器→辅助设备电气→蓄电池监控→检查蓄电池电压。

以上没有故障，根据故障记录进行分析查找。

22. HX_N5 型内燃机车增压器转速低故障处理方法

1）故障现象

故障代码分析时，频繁出现以下提示：

01－8173 增压器转速低于下限。

2）故障判断方法

（1）显示器登录二级界面，按顺序按显示器按钮→开关→闭合自负荷开关→手柄提 8 挡。

（2）显示器登录二级界面，按顺序按显示器按钮→更多菜单→机车监控器→柴油机功能→柴油机监控→检查增压器转速。

① 检查增压器转速传感器、插头及连线状态。

② 检查柴油机控制单元 ECU 插头及连线状态。

③ 校验增压器转速传感器连线。

3）故障处理措施

根据检查结果，更换相应的电器部件，显示器登录二级界面，按顺序按显示器按钮→更多菜单→机车监控器→柴油机功能→柴油机监控→检查增压器转速良好。

以上没有故障，根据故障记录进行分析查找，检查增压器状态。

23. HX_N5 型内燃机车网络故障判断及处理方法

1）故障现象

（1）机车运行中显示器电空制动参数变为“***”，屏幕下部信息栏提示“电阻制动、牵引或蓄电池充电无效、电阻制动或牵引无效”。

（2）故障代码分析时，频繁出现以下提示：

11－5019 PT4 网络状态已经改变；

11－5010 协议编译 3 的网络状态改变；

11－5009 协议编译 2 的网络状态改变；

11－5008 协议编译 1 的网络状态改变。

2）故障判断方法

（1）显示器登录二级界面，按顺序按显示器按钮→更多菜单→机车监控器→网络监控→网络监控器。

（2）在网络监控器界面上观察，协议转换器 PT1、PT2、PT3、PT4 所对应的“网络 0”和“网络 1”是否显示“开”或“关”。如显示“开”符号，说明 PTP“网络 0”和“网络 1”工作正常。如显示“关”，说明 PTP“网络 0”和“网络 1”存在故障。

（3）检查第三方设备柜中协议转换器 PTP 上所有插头和接地线安装状态。

3）故障处理措施

（1）正常关闭显示器，断开蓄电池闸刀和维修闸刀（CA2 中）。

（2）恢复第三方设备柜中协议转换器 PTP 上安装不良的插头或接地线，并做好防缓标记。

（3）如协议转换器 PTP 插头和接地线安装状态良好，应更换第三方设备柜中的协议转换器 PTP，更换协议转换器 PTP 时要检查配置后进行“重载”。

（4）重新启动显示器，显示器信息提示栏内故障提示信息消失，然后按以上方法检查网络监控器中协议转换器 PT1、PT2、PT3、PT4 所对应的“网络 0”或“网络 1”的状态应良好。

（5）更换协议转换器 PTP 后，PT1、PT2、PT3、PT4 所对应的“网络 0”或“网络 1”的状态不好，则使用终端电缆分段查找，找出故障的电器部件后进行更换，查看网络状态。

24. HX_N5 型内燃机车更改机车号方法

1）机车车号不正确

（1）机车车号错误。

（2）机车新换显示器。

2）机车更改车号操作方法

（1）显示器登录二级界面，按顺序按显示器按钮→更多菜单→机车配置→更新恢复→更新机车路号和路局号→执行→使用上下键选择主干线→接受→退格→输入车号→接受→是→退出。

（2）关闭蓄电池充电及微机断路器 BCCB，显示器断电灯熄灭后等待 2～3 min，重新闭合蓄电池充电及微机断路器 BCCB，检查机车号是否正确。

25. HX_N5 型内燃机车更换电器部件“重载”方法

1）检查新换电器部件配置

（1）显示器登录二级界面，按顺序按显示器按钮→更多菜单→机车配置。

（2）检查新换电器部件软件版本是否与机车微机版本匹配，如果软件版本不匹配进行“重载”操作。

2）机车“重载”操作方法

（1）显示器登录二级界面，按顺序按显示器按钮→更多菜单→机车配置，等待显示器界面出现“选定部件重载”或“全部重载”，进行“选定部件重载”或“全部重载”操纵。

（2）重载操作完毕后，关闭蓄电池充电及微机断路器 BCCB，显示器断电灯熄灭后等待 2～3 min，重新闭合蓄电池充电及微机断路器 BCCB，显示器登录二级界面，按顺序按显示器按钮→更多菜单→机车配置→检查电器部件软件版本完全匹配。

3）电器部件更换后需要“重载”的部件

显示器 DS1～3、集成输入输出 CIO 及 22 号插卡、主发电机控制器 TAC、牵引电机通风机控制器 TBC、柴油机控制单元 ECU、牵引电机控制器 TMC 及插卡、辅助发电控制器 AAC、蓄电池充电控制器 BCC、冷却风扇控制器 RFC1、RFC2、协议转换器 PTP。

26. HX_N5 型内燃机车空压机不可用的处理方法

1）故障现象

进入 2 级菜单调阅事件日志，检查故障代码，有空压机不可用的故障信息。

2）故障原因

（1）空压机缺油。

（2）空压机压力传感器故障或插头插接不良。

（3）空压机出风口压力高。

3）故障处理措施

（1）检查空压机油位，如果无油，检查处理漏油处所。

（2）检查空压机压力传感器及插头插接状态。进入 2 级菜单调阅事件日志，检查故障代码，发现温度或压力低于下限，更换传感器。

（3）进入2级菜单调阅事件日志，检查故障代码。如果有“30－0099、0098、0094、0095”的故障信息，依次点击显示屏上的机车测试、自测试按钮，进入自测试菜单。

① 从自测试组中用向下的箭头移动光标到“辅助交流发电机”上，从右侧的测试菜单栏中用向下的箭头移动光标到“423 空压机旁路阀”上，点击显示屏上的“开始测试”进入测试菜单，点击“断开”按钮，排出空压机A的泵头压力。

② 排出空压机A的泵头压力后，点击“退出”按钮，退到自测试菜单中，从右侧的测试菜单栏中用向下的箭头移动光标到“424 空压机旁路阀”上，点击显示屏上的“开始测试”进入测试菜单，点击“断开”按钮，排出空压机B的泵头压力。

③ 排出空压机A和B的泵头压力后，空压机可以正常泵风，如果空压机泵头内还有超过124 kPa的压力，仍然按照之前的方法排出压力。

27. HX_N5型内燃机车总风缸安全阀排风不止的处理方法

1）故障现象

总风缸安全阀排风不止。

2）故障原因

（1）总风缸安全阀排风口被异物、冰霜等垫住而关闭不严。

（2）安全阀弹簧与阀体接磨。

（3）风泵到总风缸间总风管路冻结。

（4）总风缸压力传感器故障或其管路堵塞。

3）故障处理措施

（1）漏泄轻时，可根据总风缸压力情况维持运用，到段后处理；漏泄严重时请求救援。

（2）春夏秋季途中停车时，关闭总风缸压力传感器管路塞门。塞门位置在CA9背面A空压机电机上部墙壁上，如图8－2－3所示。手柄水平位置是开放位，垂直位置是关闭位。操纵手柄可强制空压机泵风，利用空压机排气压力将异物吹出。冬季可用热水浇安全阀。

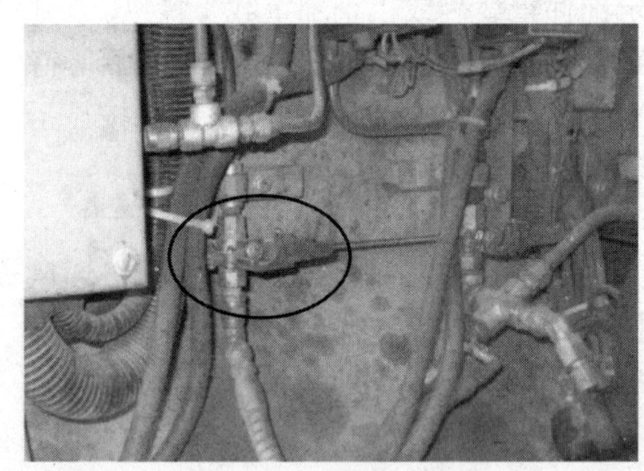

图8－2－3　总风缸压力传感器管路塞门

28. HX_N5型内燃机车起紧急制动的处理方法

1）故障现象

（1）非常制动后，自阀（EBV）手柄置运转位，重联自阀（EBV）的21号管排风不止（感觉司机室地板下排风）。

（2）非常制动后，自阀（EBV）手柄置运转位，紧急放风阀（8号阀）排风不止。

2）故障原因

（1）自阀（EBV）紧急放风阀卡滞，关闭不严。

（2）紧急放风阀（8号阀）故障。

3）故障处理措施

（1）运转位、重联自阀（EBV）的21号管排风不止时，请求救援。回段更换自阀（EBV）。

（2）检查车下两个紧急放风阀（8号阀）排风口有无漏风现象。如有漏风，卸下排风喇

叭头，用丝堵堵住，回段更换。如图 8－2－4 所示，该阀位于车下，前后端各一个。

29. HX_N5 型内燃机车停车制动故障的处理方法

1）故障现象

起机后，总风缸达到标准压力 750～900 kPa 时，缓解停车制动，或实施停车制动时，机车 4 个带有停放制动装置的单元制动器不缓解或不制动，但是停放制动指示灯显示正常。如图 8－2－5 所示。

图 8－2－4　紧急放风阀（8 号阀）

图 8－2－5　缓解停车制动时单元制动器不缓解

2）故障原因

弹簧停车调压阀调压低。

3）故障处理措施

（1）打开机车 A 侧（副司机座下方）外侧门，向左或向右微调图 8－2－6 方框中的调压阀手轮，直至停车制动动作正常。

（2）调整后，使用扳手将固定螺母锁紧。如图 8－2－7 所示。

图 8－2－6　调压阀手轮

图 8－2－7　调压阀手轮锁紧螺母

等各地配备压力表后，使用压力表测量调压阀压力值，应该在（695±10）kPa，如图 8－2－8 所示。

图 8－2－8　调压阀手轮压力测试点

30. HX_N5 型内燃机车停车制动指示灯不熄灭的处理方法

1）故障现象

总风缸达到标准压力 750～900 kPa 时，操作手柄（手柄位置如图 8－2－9 所示）缓解停车制动，停车制动指示灯不熄灭。

（a）实施停车制动时手柄水平位置

（b）缓解停车制动时手柄垂直位置

图 8－2－9　手柄位置

2）故障原因

弹簧停车风压调整低。

3）故障处理措施

打开机车 A 侧（副司机座下方）外侧门，向左或向右微调图 8－2－10 方框中的手轮，直至停车制动指示灯熄灭。

31. HX_N5 型内燃机车总风缸自动排水阀排风不止应急处理方法

1）故障现象

总风缸自动排水阀排风不止，风泵泵风不止。

2）故障原因

（1） 总风缸自动排水阀冻结在开放位。

图 8－2－10　调压阀手轮

（2）总风缸自动排水阀被异物或冰霜卡在开放位。

（3）电磁阀故障。

3）故障处理措施

（1）冬季可用热水浇自动排水阀。

（2）顺时针扭动总风缸自动排水阀手轮，拧关闭为止。即将总风缸自动排水阀从“自动”位（位置如图 8－2－11 所示）打至“关闭”位（位置如图 8－2－12 所示）。注：此方法限于在线故障，处理后回段提票更换。

图 8－2－11　总风缸自动排水阀“自动”位

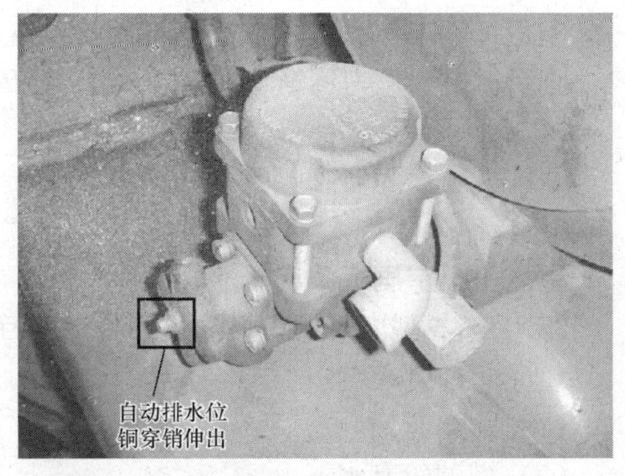

图 8－2－12　总风缸自动排水阀“关闭”位

32. HX_N5 型内燃机车空压机不打风处理方法

1）故障现象

（1）显示器提示“总风缸压力低”；

（2）总风缸 1 的压力低于 750 kPa，空压机仍不打风；

（3）机车自动实施停车制动，从显示屏观察总风缸 2 压力高于 750 kPa，显示屏提示实施停车制动。

2）故障原因

（1）两个空压机全部故障或油缸无油。

（2）两个空压机压力或温度传感器故障。

（3）总风缸压力传感器故障。

（4）空压机接触器故障。

3）故障处理措施

（1）在主显示屏“诊断功能”菜单里按重置按钮，进行重置；故障仍存在则进行复位。

（2）检查空压机油位，无油或漏泄严重应请求救援。

（3）检查空压机是否工作。如空压机不工作，检查空压机接触器触头是否粘连，如粘连则撬开触头，回段后更换。

（4）检查压力传感器和温度传感器插头，如有插接不良应重新插接。

33. HX_N5 型内燃机车空压机散热器及前后冷却水管路冻结处理方法

1）故障现象

空压机散热器及前后冷却水管路冻结。

2）故障原因

空压机散热器内有空气。

3）故障处理措施

冬季检查空压机散热器及两端冷却水管不热。入暖库排净冷却水，解冻后重新补水，起机后检查管路热即可。注意：换水时要将冷却水排净后再上水；水位低需补水时，先将地面上水管充满水后再与机车补水管连接，防止管路中的空气进入水循环系统。

34. HX_N5 型内燃机车空压机停止工作后出口压力逐渐上升处理方法

1）故障现象

空压机不工作，进入 2 级菜单调阅事件日志，有“0094、0095”的故障信息。空压机打风停止后，出口压力逐渐上升。

2）故障原因

原因为二次断油阀关闭不严。

3）故障处理措施

更换相应空压机二次断油阀。

35. HX_N5 型内燃机车燃油机油冷却水互窜的处理方法

1）故障现象

（1）水箱有油。

（2）燃油箱有水。

（3）油底壳内有水。

2）故障判断方法

（1）检查气缸盖喷油器水腔套密封胶圈是否破损，压块螺丝是否松动。

（2）打压检查燃油预热器是否裂漏。

（3）打压检查机油热交换器是否损坏。

3）故障处理措施

（1）如发现喷油器压块螺丝松动，将喷油器水腔套拆下，更换水腔套密封胶圈。

（2）如打压检查发现燃油预热器裂漏，则更换。

（3）如打压检查机油热交换器损坏，则更换。

36. HX_N5 型内燃机车气缸盖垫处漏水、漏机油及燃油的处理方法

1）故障现象

气缸盖垫片处漏水、漏油。

2）故障判断方法

（1）气缸盖与加强套间密封垫处漏水或燃油时，应为喷油器或套管铜垫烧损，造成高温燃气上窜，将喷油器及套筒密封圈滋坏，冷却水自喷油器回油管进入燃油箱，自喷油器端部经燃烧室进入油底壳。同时，当气缸盖垫燃油回油孔胶圈滋坏，冷却水、燃油通过气缸盖垫处泄漏。

（2）气缸盖处漏机油或燃油时，应为气缸盖垫机油进油管胶圈或挺杆腔胶圈破损，造成机油外漏。

3）故障处理措施

将气缸盖分解，更换气缸盖与加强套件密封垫片。

37. HX_N5 型内燃机车柴油机敲缸的处理方法

1）故障现象

柴油机发出异常声响。

2）故障判断方法

通过拆下喷油泵电磁阀接线的甩缸方法，确认某缸发生敲缸故障。喷油器压块螺丝松动或折损时一般伴随发生气缸盖垫处漏油现象，波纹管裂时通过外观检查即可发现。示功堵松动将会有燃气喷出。气门或配气机构发生故障时一般同时会发生摇臂箱盖破损漏油现象。

3）故障处理措施

根据检查结果，更换相应部件。

38. HX_N5 型内燃机车燃油箱通气孔冒燃气的处理方法

1）故障现象

燃油箱通气孔冒燃气。

2）故障判断方法

燃油箱通气孔冒燃气的原因为喷油器座孔密封铜垫滋坏，造成燃气通过燃油回油管进入燃油箱，从通气孔冒出。机车左侧燃油箱通气孔冒燃气为柴油机左侧某缸喷油器密封铜垫破损，逐个缸拆开喷油器回油管接头，发现有燃气排出时，为该缸故障。或用点温仪测量喷油器回油管空心螺钉，如某缸温度较其他缸明显超高，则为该缸故障。

3）故障处理措施

根据检查结果，将故障喷油器拆下后更换密封铜垫。

39. HX_N5 型内燃机车燃油压力低的处理方法

1）故障现象

燃油压力低时机车会发生功率受限或停机。

2）故障判断方法

检查燃油泵是否转动；检查燃油管路有无漏泄处所；开放燃油精滤器放气阀，检查有无空气排出；调整燃油压力调节阀，看能否调整至 620 kPa；拆解燃油粗、精滤清器检查，看滤芯是否破损和堵塞；拆解 AMOT 阀，检查阀杆焊点是否开焊。

3）故障处理措施

根据检查结果，更换不良部件。

40. HX_N5 型内燃机车燃油箱燃油温度低的处理方法

1）故障现象

冬季燃油低烧，测量油箱温度，如低于 10 ℃，则视为油箱温度低。

2）故障判断方法

（1）检查燃油系统冬夏季转换阀位置是否正确，冬季应打在夏季位。

（2）拆下燃油加热器，检查是否堵塞，导致燃油回油温度低。

（3）检查燃油温度调节阀是否故障。

（4）调查机车是否长时间惰转运行，燃油回油量偏少。

3）故障处理措施

根据检查结果，更换不良部件。

41. HX_N5 型内燃机车膨胀水箱水表水位起机和停机时水位不变化的处理方法

1）故障现象

膨胀水箱水表水位起机和停机时水位不变化。

2）故障判断方法

膨胀水箱水位起机后应下降到惰转位满水位和最低水位之间，如果水位不发生变化，原因为水表下部的进水孔被水垢或悬浮物堵塞。

3）故障处理措施

放水后将水表拆下清洗水表和进水孔，不得盲目认为水多而放水，导致水系统缺水造成低水压报警。

42. HX_N5 型内燃机车发生机油稀释的处理方法

1）故障现象

机油黏度低于 12.50。

2）故障判断方法

（1）喷油器掉块，燃油从气缸壁流入油底壳。

（2）喷油泵密封胶圈破损，燃油流入油底壳。

3）故障处理措施

（1）逐缸拆解喷油器检查，如发现掉块的应更换。

（2）逐缸拆解喷油泵，更换破损密封胶圈。

43. HX_N5 型内燃机车柴油机水系统缺水的处理方法

1）故障现象

机车到站后，每次都进行补水。

2）故障判断方法

（1）检查柴油机机体稳压箱下方工艺堵是否漏泄。

（2）检查水泵水封是否漏泄。

（3）检查散热器或散热器水管法兰是否漏水。

（4）检查水系统自动排水阀是否漏水。

3）故障处理措施

根据检查结果，更换不良部件。

44. HX_N5 型内燃机车柴油机单侧增压器窜火的处理方法

1）故障现象

柴油机加载 6 挡以上，单侧增压器窜火。

2）故障判断方法

（1）逐缸甩缸查找是否某缸喷油器雾化不良。

（2）将喷油泵电磁阀接线拆下，手触高压油管检查各缸，如发现有脉冲，则为喷油泵故障。

3）故障处理措施

根据检查结果，更换不良部件。

45. HX_N5 型内燃机车增压器故障检查处理方法

1）故障现象

（1）COP（曲轴箱压力）超高造成报警。

（2）发生任何与增压器有关的故障报警（如：增压器温度/压力/转速等）。

（3）出现润滑油低油压报警。

（4）发现润滑油中混入水或柴油时。

（5）润滑油中金属含量超出允许范围。

2）故障判断方法

（1）将柴油机进气滤清器门打开，如图 8－2－13 所示。

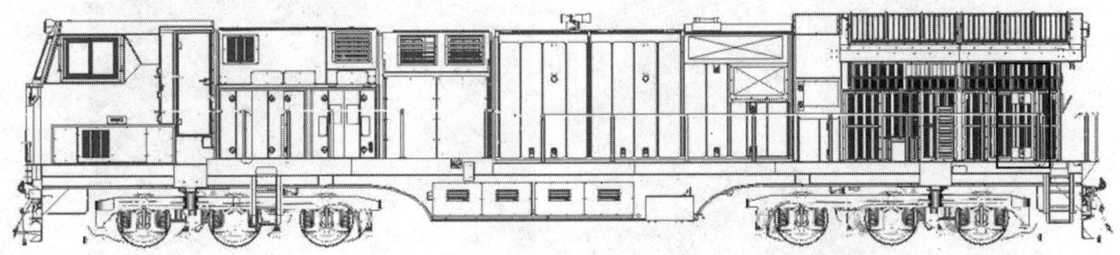

图 8－2－13　柴油机进气滤清器门

（2）抽出第 2 及第 5 位的袋式滤清器，如图 8－2－14 所示。

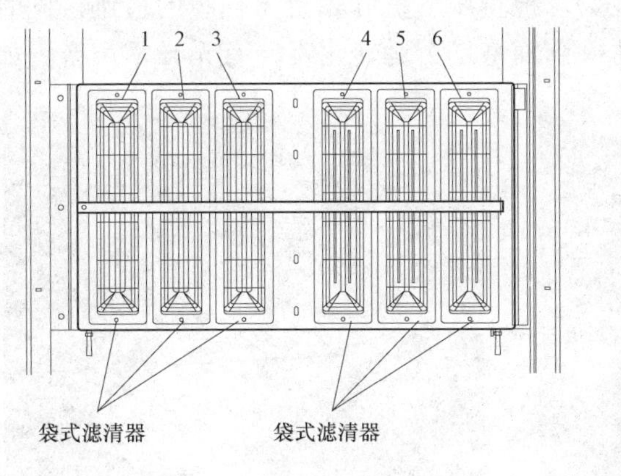

图 8－2－14　第 2 及第 5 位的袋式滤清器

（3）用强光手电从下部向里侧观看，可以清晰地看到大部分压气机轮，即可判断压气端是否异常。如图 8－2－15 所示。

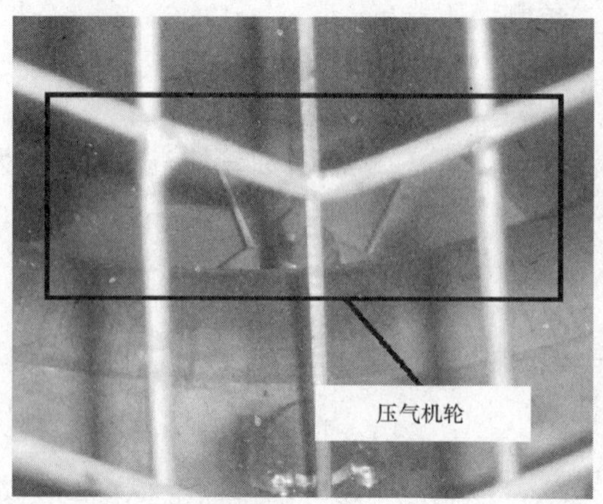

图 8－2－15　压气机轮

（4）故障判断。

正常情况，如图 8－2－16 所示。

图 8－2－16　正常情况

如发现增压器扫膛，或轻微扫膛无法判断时，如图 8－2－17 所示，拆掉该机车上增压器空气进气端橡胶管（如图 8－2－18 所示），检查压气机叶轮有无扫膛的痕迹，同时检查所有叶片是否完好无损。用手转动转子轴并检查轴系是否运转正常，有无异常声音。如果转动不

图 8－2－17　扫膛时现象

灵活，或有异常响声，需更换新的增压器。同时对整个进气道进行检查，确保没有任何异物停留在进气道内。

3）故障处理措施

（1）当怀疑或确认机车上其中一台增压器是压气机端外物撞击所致的损坏，需立即检查该机车上的另外一台增压器的压气机叶轮是否完好，并手动转动转子系统检查转子系统是否运转良好，有无异常响声。如果有，需更换新的增压器；同时检查进气道和空气过滤器有无损坏、有无异物和损坏后的增压器零件碎片。如果有，需彻底清理整个进气道和空气过滤器。

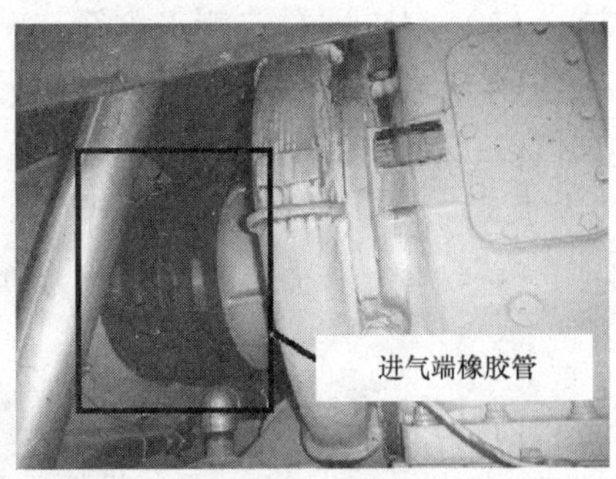

图 8-2-18　增压器进气端橡胶管

（2）任何原因造成的严重的增压器压气机叶轮或壳体的损坏，需同时检查同机车上的另外一台增压器是否损坏，并检查和清理整个进气道（包括空气滤清器），同时检查废气总管是否有异物痕迹，清理增压器零件碎片，防止碎片停留在进气道内造成新的增压器损坏。

（3）因任何原因更换空气滤清器时，应彻底检查整个进气道有无异物进入或撞击，焊接连接是否完好，螺栓连接是否完好。如有外物进入或焊接及螺栓连接问题，应及时清理解决并检查增压器。

（4）检查增压器和更换空气过滤器时，防止任何外物进入或留在进气道内。

（5）柴油机发生过任何与动力总成、进排气阀、排气管有关的零件损坏时，进行压气机叶轮和转轴检查的同时，还需检查柴油机所有排气管路和两台增压器的废气进气端有无损坏和被撞击的痕迹。

46. HX_N5 型内燃机车散热器百叶窗不关闭的处理方法

1）故障现象

机车起机状态下总风缸风压在 800 kPa 以上，观察冷却单节上部百叶窗是否关闭，正常起机状态下且冷却风扇未起动时，百叶窗应关闭。

2）故障判断方法

进行百叶窗自测试，检查百叶窗动作是否正常。步骤如下：

（1）显示器进入二级界面，进入“更多菜单”界面，然后再进入“机车测试”界面。如图 8-2-19 所示。

（2）进入“自测试”界面。如图 8-2-20 所示。

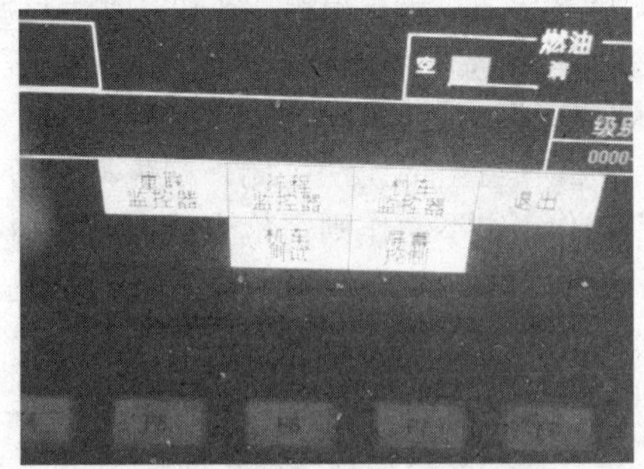

图 8-2-19　“机车测试”界面

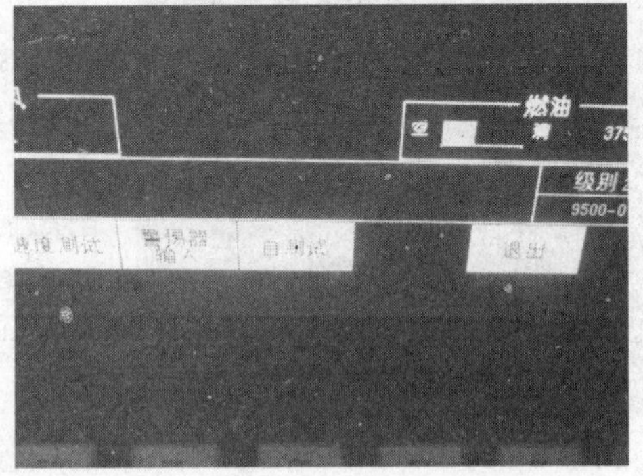

图 8-2-20　“自测试”界面

（3）点击屏幕左侧下部箭头，将屏幕光标移至“柴油机”栏。

（4）点击屏幕右侧下部箭头，将屏幕光标移至“散热器百叶窗（SMV1，SMV2）”栏。如图 8－2－21 所示。

（5）点击“开始测试”按钮。如图 8－2－22 所示。

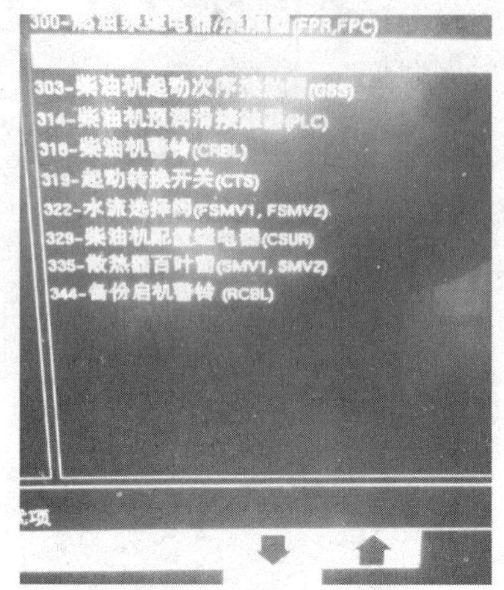

图 8－2－21　光标移至“散热器百叶窗（SMV1，SMV2）”栏

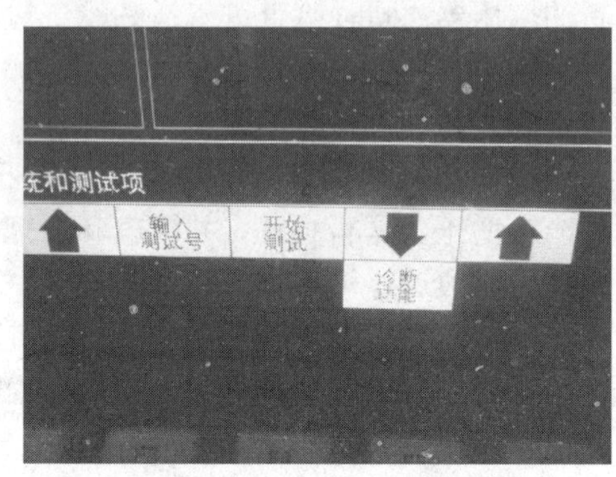

图 8－2－22　“开始测试”按钮

（6）点击“打开”和“关闭”按钮，查看百叶窗是否随着动作。如图 8－2－23 所示。

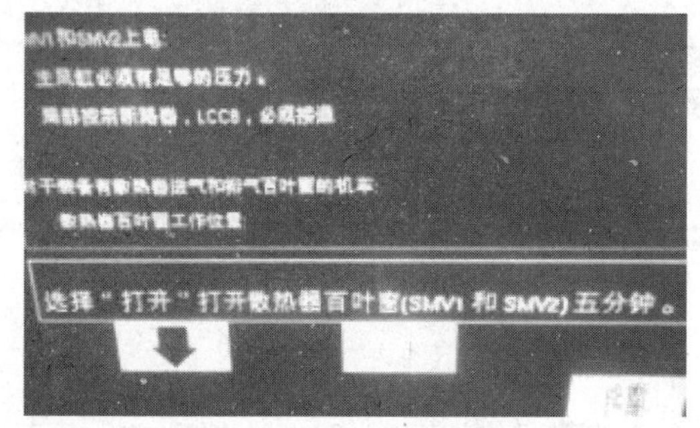

（a）“打开”按钮

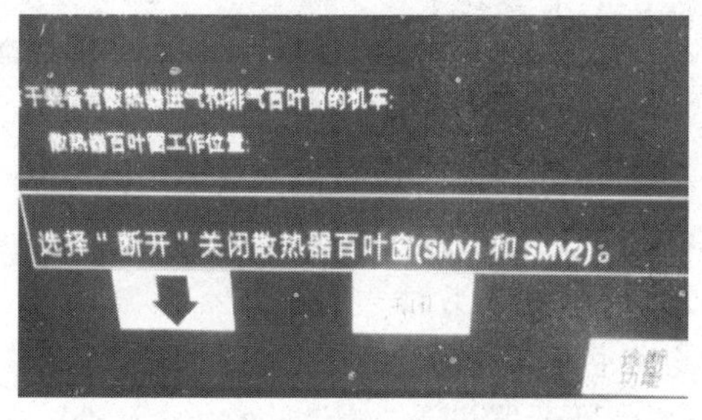

（b）“关闭”按钮

图 8－2－23　“打开”和“关闭”按钮

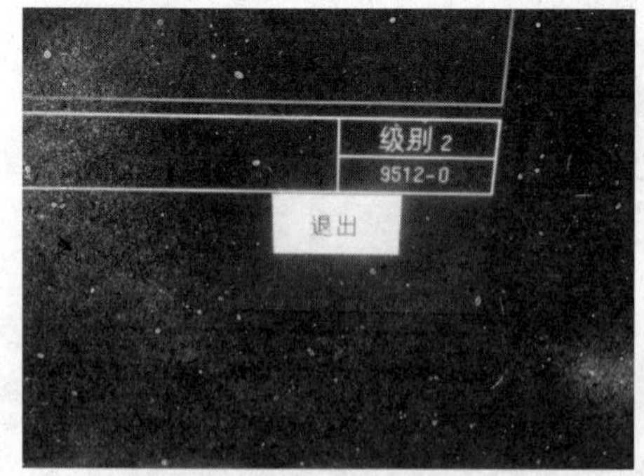

图 8－2－24　“退出”按钮

（7）测试完毕后点击“退出”按钮，退出自测试。如图 8－2－24 所示。

3）故障处理措施

（1）4 个百叶窗全部无法关闭，则先检查百叶窗电磁阀是否动作，如不动作则需检查线路及电磁阀是否不良。如动作正常，检查百叶窗风管及风缸是否有漏风现象。

（2）如果有部分百叶窗无法关闭，检查与之相连的风管路、百叶窗风缸及拉杆连接穿销。

47. HX_N5 型内燃机车滑油压力低于下限的处理方法

1）故障现象

微机显示滑油压力低于下限（柴油机转速函数），故障代码为 01－0080。

2）故障处理措施

（1）检查滑油油位及滑油系统是否存在漏泄。

（2）检查机油滤清器是否漏泄。

（3）检查柴油机是否碾瓦。

（4）检查机油是否稀释、进水。

（5）检查润滑油压力传感器及 ECB 线束。

（6）检查机油滤芯。

（7）检查滑油滤清器放油阀、预润滑油泵止回阀、主机油泵安全阀是否存在非正常开启。

48. HX_N5 型内燃机车检测到增压器故障的处理办法

1）故障现象

微机提报检测到增压器故障，故障代码为 01－0121。

2）故障处理措施

（1）检查增压器。

（2）检查增压器速度传感器及温度传感器。

（3）检查柴油机各缸支管是否变色，有可能为缸头气门掉块导致增压器故障。

49. HX_N5 型内燃机车冷却水压低于下限的处理办法

1）故障现象

微机显示"冷却水压＜下限（柴油机转速的函数）"，故障代码为 01－0171 或者 01－0172。

2）故障处理措施

（1）检查水位（柴油机水位低时，手柄移动过快会发生水压低故障），检查水系统是否存在漏泄现象。

（2）检查水压传感器。

（3）检查传感器线路。

（4）检查水泵是否工作正常。

（5）检查 ECU 及 ECA/ECB 线束。

50. HX_N5 型内燃机车不能进行预润滑的处理办法

1）故障现象

微机显示"预润滑断路开关跳闸或断路"，故障代码为 01－3040。

2）故障处理措施

（1）检查 PLCB 相关线路和接线。

（2）检查 PLCB 到预润滑油泵线路是否短路。

（3）检查预润滑油泵。

（4）检查预润滑油泵是否过载。

（5）检查 CIO 控制板。

51. HX_N5 型内燃机车燃油压力低处理办法

1）故障现象

微机显示柴油机燃油压力低于下限，故障代码为 01－8151。

2）故障处理措施

（1） 检查燃油泵是否正常工作。

（2） 检查 EFP。

（3） 检查 EFP 到 ECU 线路。

（4） 检查 ECU。

（5） 检查燃油冬夏季阀及 AMOT 阀状态。

（6） 冬季检查燃油是否过稀。

52. HX_N5 型内燃机车主发电机控制器过流的处理办法

1）故障现象

微机显示 TAC 过流，故障代码为 03－5037。

2）故障处理措施

（1） 检查辅发励磁接线端子、辅发滑环。

（2） 检查辅发输出相关接线、电刷。

（3） 检查 AAC 面板、TAC 面板。

53. HX_N5 型内燃机车辅发控制器输入电流不平衡

1）故障现象

微机显示“辅发控制器输入电流不平衡”，故障代码为 04－5039。

2）故障处理措施

（1） 检查辅发励磁接线及接线柱 F11、F12。

（2） 检查辅发滑环及电刷。

（3） 检查辅发励磁供电绕组。

（4） 检查 AAC。

注：根据当时数据，查看具体哪相和其他相电流不均衡，先行测量实际值。

思考与讨论

结合自己工作岗位实际问题，交流处理故障经验。

模块 9

6A 系统、机车远程视频监控系统

任务 9.1　熟悉 6A 系统

近年来随着机车交路的不断延长、运行速度的不断提高及牵引重量的不断加大，机车在运用现场的安全事故也时有发生，直接和间接损失巨大，严重影响了运用安全和运营秩序。

安全事故主要包括：

走行部轴箱轴承、电机轴承等故障；

列车在运行中发生折角塞门非正常关闭引发的冒进、冲撞事故；

机车高压绝缘破坏，引起接触网烧损，造成大面积停电；

机车内部电线电缆短路、过热及其他原因而引起的机车火灾；

列车供电故障，造成列车不能正常出库、发车等。

基于上述安全问题，如何运用技术手段体系化地解决机车安全管控问题，已经成为机车运用部门的关注重点。

2013 年 5 月，下发运机技验函〔2013〕179 号文《机车车载安全防护系统（6A 系统）运用维护管理规则（试行）》，自 2013 年 7 月 1 日起施行。

2014 年 9 月，下发铁总运〔2014〕208 号文《机车车载安全防护系统（6A 系统）中央处理平台及各子系统技术条件》，自 2014 年 9 月 1 日起施行。

6A 系统主要由车载主机系统和地面专家系统构成。6A 系统车载主机完成六个子系统数据采集、传输、存储，通过音视频显示终端实时显示故障和报警，提示乘务员及时处理。

6A 系统数据下载和转储，通过地面专家系统回放 6A 系统监测过程数据，分析事故发生原因，对比历史数据，对指导机车故障判定和检修有重要意义。

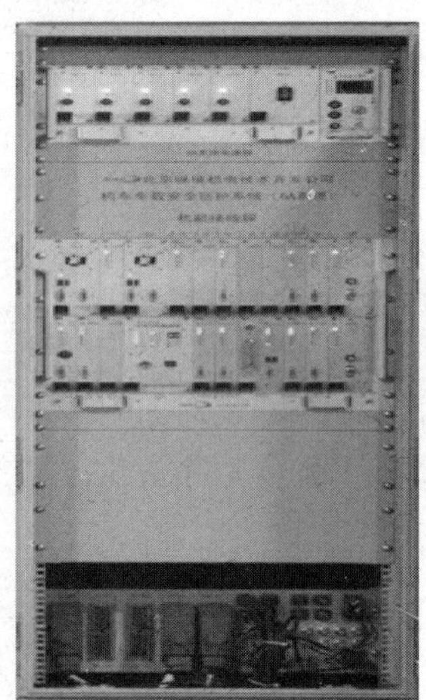

图 9－1－1　6A 系统柜

6A 系统检修规范主要如下：

① 日常维护——整备作业（外观检查、设备自检）。

② 定期检查——月检、季检。

③ 定期测试——半年检、年检。

④ 定期修理——二年检。

⑤ 系统更新——六年检。

1. 6A 系统构成

6A 系统主要由中央处理平台和六个子系统构成，如图 9－1－1 所示。

① CPP——中央处理平台；

② ABDR——机车空气制动安全监测子系统；

③ AFDR——机车防火监控子系统；

④ AGDR——机车车顶设备绝缘检测子系统；

⑤ APDR——机车列车供电监测子系统；

⑥ ATDR——机车走行部故障监测子系统；

⑦ AVDR——机车自动视频监控及记录子系统。

6A 系统与车载微机系统、LKJ 监控系统共同构成机车数据源，如图 9－1－2 所示。

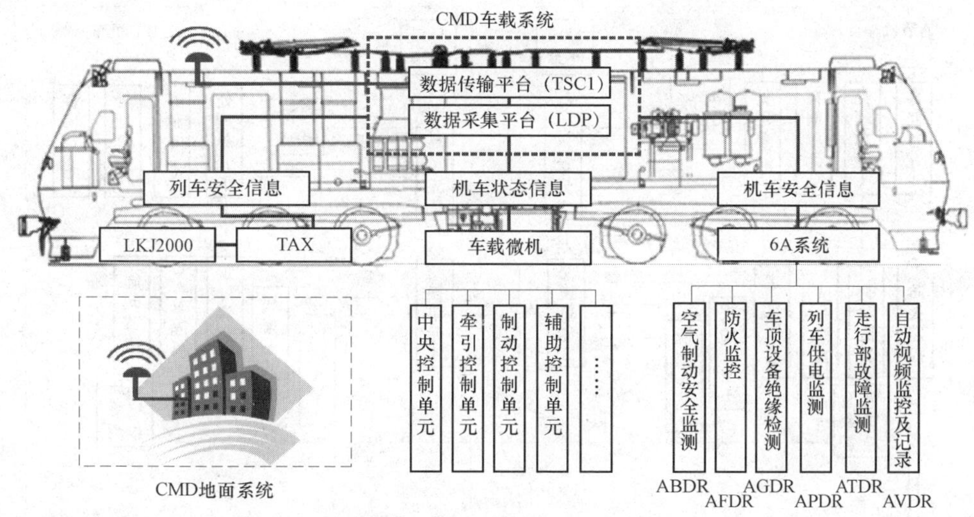

图 9－1－2　机车数据源分配

6A 系统安装在 6 轴机车上的总体布局，如图 9－1－3 所示。

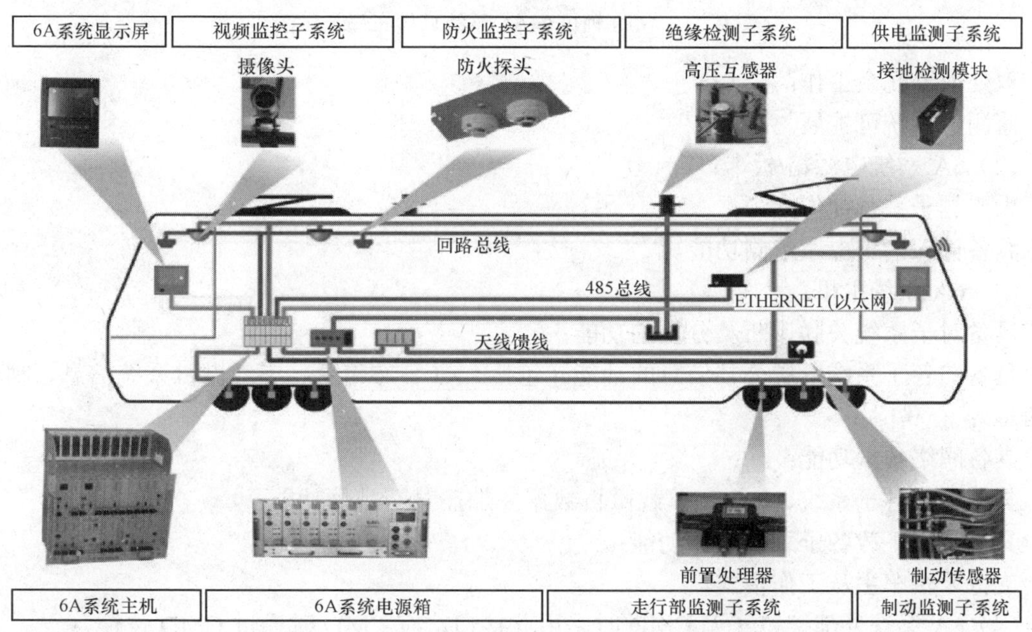

图 9－1－3　6 轴机车 6A 系统总体布局示意图

6A 系统安装在 8 轴机车上的总体布局，如图 9－1－4 所示。

1）中央处理平台（CPP）

（1）主要功能：

综合处理报警；

安全信息存储；

人机交互界面；

平台统一供电；

实时网络传输；

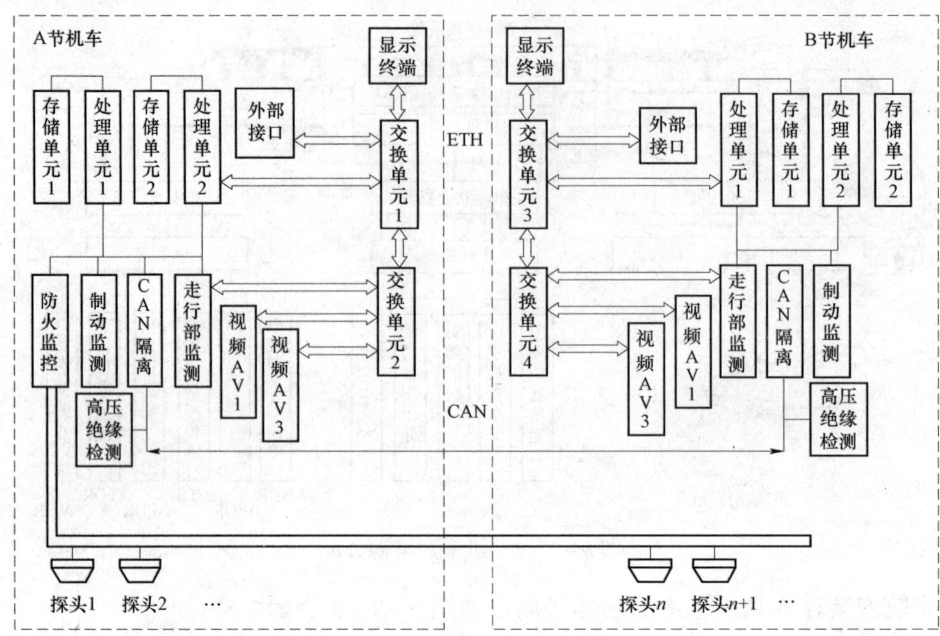

图 9－1－4　8 轴机车 6A 系统总体布局示意图

双处理器冗余工作；

监测子系统可扩展。

（2）6A 系统电源箱/板卡：

为监测子系统提供电源；

具备输入输出电压监测功能。

（3）6A 系统主机：

具备对子系统关联诊断及分析的功能；

具备向各子系统发送公共信息的功能（包括 LKJ 公布信息、车载微机系统信息、制动系统信息）；

具备网络传输功能；

具备存储各子系统、LKJ、车载微机数据并加盖时间戳的功能；

具备统一下载各子系统数据功能；

支持 8 轴车主从工作模式。

（4）6A 系统外部接口（无 CMD 时采用此接口，有 CMD 时通过 CMD 传输）：

具备获取机车监控数据的通信接口；

具备获取车载微机数据的通信接口，并能对车载微机授时；

具备获取电能表/油量仪数据的 RS485 接口（可扩展项，含 6A 系统与电能表/油量仪的通信线缆）。

（5）其他功能：

6A 系统地面数据处理系统具备对各子系统数据及机车用电量/油耗的统计功能。

主机箱外形尺寸为（483±1）mm×（538±1）mm×（296±1）mm（宽×高×深），如图 9－1－5 所示。

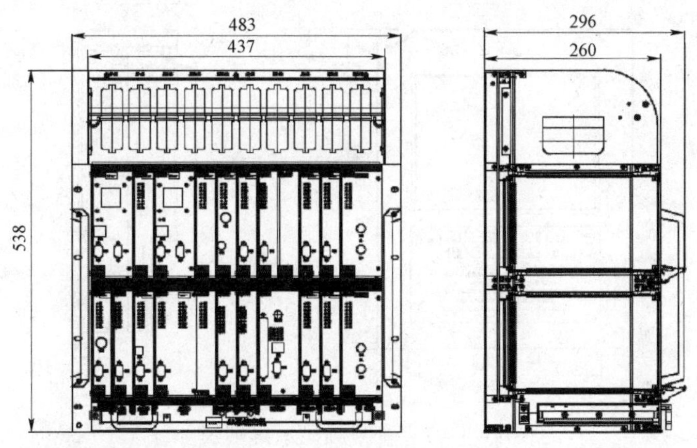

图 9－1－5　主机箱外形尺寸

中央处理平台电源箱尺寸（484±1）mm×（175±1）mm×（395±1）mm（长×高×深，含绝缘箱转接盒），如图 9－1－6 所示。

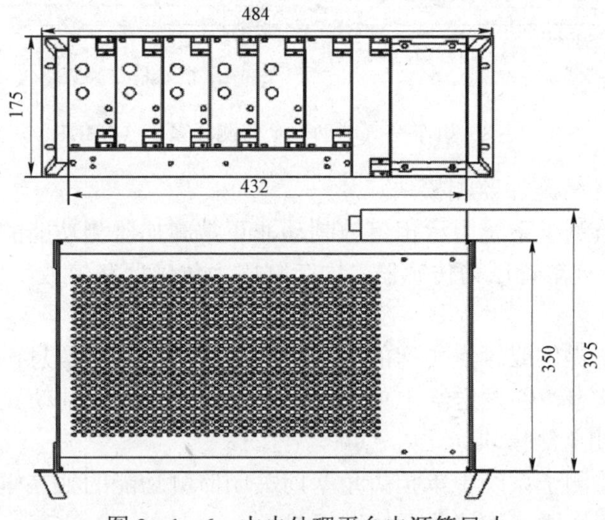

图 9－1－6　中央处理平台电源箱尺寸

音视频显示终端尺寸为（190±1）mm×（240±1）mm×（90±1）mm（宽×高×深），特殊车型尺寸可做相应调整。音视频显示终端仅作为 6A 系统的人机界面和语音播放设备，如图 9－1－7 所示。

2）机车空气制动安全监测子系统（ABDR）

机车空气制动安全监测子系统（ABDR），如图 9－1－8 所示。作用是预防列车因折角塞门关闭、制动失灵引起行车事故，预防机车意外带闸行车事故。

（1）系统组成。

空气制动安全监测子系统由制动监测板卡、列车管压力变送器、停放缸压力变送器、均衡缸压力变送器、流量变送器、连接器和线缆组成，分为停放制动非正常施加监测模块和折角塞门关闭监测模块两部分。

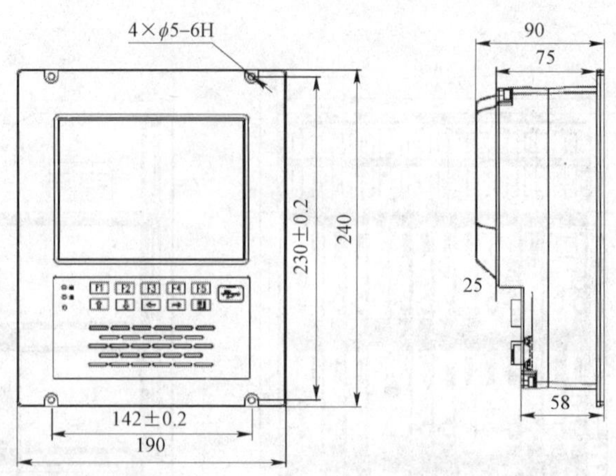

图 9－1－7　音视频显示终端尺寸

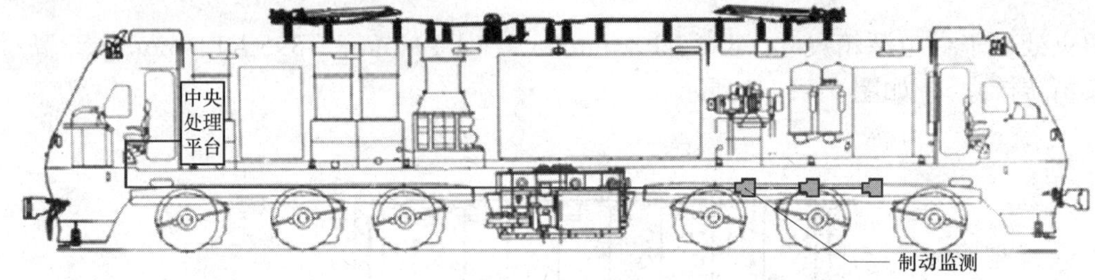

图 9－1－8　机车空气制动安全监测子系统（ABDR）

（2）停放制动非正常施加监测模块。

在空气制动安全监测子系统中承担停放制动非正常施加监测功能的独立模块，由制动监测主板、压力变送器（列车管压力传感器、均衡缸压力传感器和停放缸压力传感器）、连接器和线缆组成。

结合车载微机系统提供或触点传递的“弹停制动阀被隔离”信息，监测机车运行过程中停放制动非正常施加状态，并发送给中央处理平台，报警“停放制动异常施加”。

（3）折角塞门关闭监测模块。

在空气制动安全监测子系统中承担折角塞门关闭监测功能的独立模块，由制动折角塞门关闭监测子板、流量变送器、连接器和线缆组成。

充排风结束后，检测列车贯通辆数（列车制动管空气压力管路顺通的车辆辆数），发现折角塞门关闭后，将报警信息发送给中央处理平台，应符合以下标准：

① 发生折角塞门关闭的车辆顺位在 20 辆（含）以下时，误差不超过 5 辆；

② 发生折角塞门关闭的车辆顺位在 20 辆以上时，提供列车贯通信息。

（4）贯通辆数语音提示报警。

列车编组在 5 辆（含）以上，机后贯通辆数小于全列编组的 1/2 时，音视频显示终端语音提示“注意贯通辆数”。

（5）流量变送器总成。

由流量变送器、安装底座、O 形圈、紧固螺丝等零部件按组装工序集成后的组合体。

3）机车防火监控子系统（AFDR）

机车防火监控子系统（AFDR），如图 9－1－9 所示。作用是根据车型不同分别在司机室、机械间等处布设烟温复合探头、高温探头及火焰探头，在地板线槽内布设感温电缆，监测车内司机室、机械间等处温度、烟雾变化，预防机车电气、油气起火事故的发生。

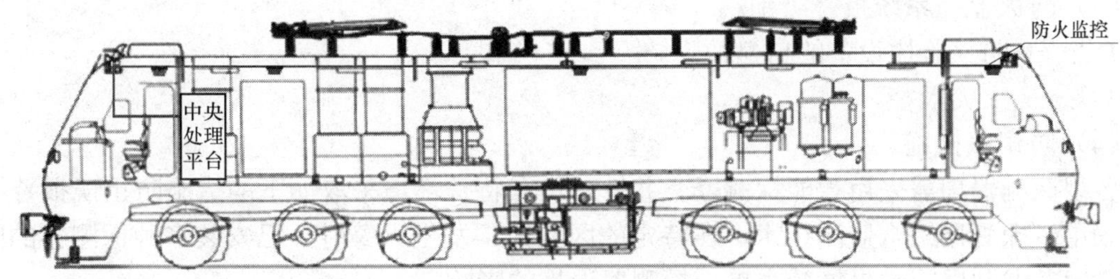

图9-1-9　机车防火监控子系统（AFDR）

（1）系统组成。

防火监控子系统由防火监控板卡、前端探测设备、连接器和线缆组成。其中，前端探测设备，包括烟温复合探测器、点型感温探测器、火焰探测器、感温线缆等类型的设备。如图9-1-10、9-1-11所示。

图9-1-10　烟温复合探测器

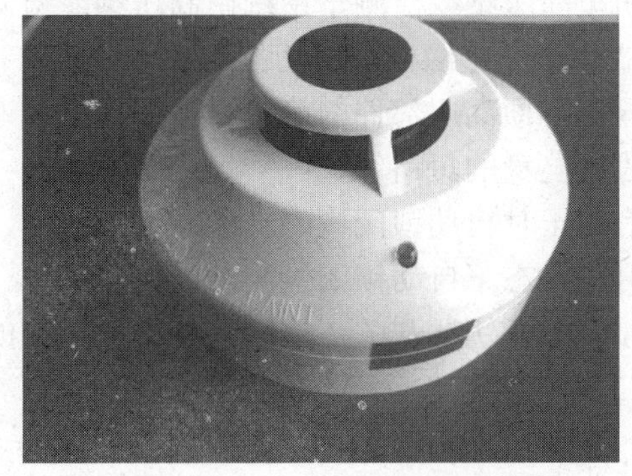

图9-1-11　高温探测器

（2）主要功能。

① 火情探测是防火监控子系统的基本功能，通过感应烟雾、温度、光等物理量，检测是否发生火情，及时发出报警。所有探测与报警装置应均可通过本地指示灯发出报警或故障信号。

② 具备智能判断、关联报警功能，可将报警、故障及系统状态信息通过CAN总线上传给中央处理平台。

③ 具备司机室占用端智能烟雾判别功能。

④ 实时采集前端探测设备状态信息，并能将状态信息实时分析处理，判断设备的正常、火警、故障状态。

⑤ 探测器应能实时采集烟雾浓度数值、温度曲线值，并通过防火板卡进行逻辑判断及诊断，将判定结果实时上传中央处理平台。所有烟、温数据通过专用设备应能直观地显示出来。

⑥ 探测器具备环境补充、污染自动识别和报警功能。

⑦ 探测器外观具有明显标识，内部具有编码设置说明。

⑧ 应具备自动扫描探测器功能，并能自动识别探测器的类型。

⑨ 具备依据机车提供的火警开关量信息进行报警的功能（可扩展）。

⑩ 具备自检、复位功能，可实时监测前端探测设备及线路问题，并可手动复位。

⑪ 须向中央处理平台发送探测器类型代码、厂商代码和软件版本号（×.××格式）。

（3）防火监控系统报警级别。

1 级——防火监控设备的自身故障。

3 级——火灾报警。

（4）防误报措施。

各型探测器均需采用智能探测器，并针对机车特殊环境采取如下的措施防止误报警：

采用多探测器综合监测技术，在特定的区域内，发生火警时，已安装多种探测器的防护区域，应考虑利用同时报警减小单一探测器误报的影响；

采用温度变化率和温差的智能处理，克服柴油机间高温环境对火灾探测器的影响；

采用数字滤波、延时处理等措施实现触点拉弧与火灾的特征区分；

采用数字滤波、延时处理等措施实现防日光、雷电光等干扰。

4）机车车顶设备绝缘检测子系统（AGDR）

（1）系统组成。

机车高压绝缘检测子系统由高压绝缘检测箱、连接器和线缆组成。

（2）车顶绝缘检测的功能。

检测车顶高压部件的绝缘状态；

设备自身的短路保护；

有网压时自动锁闭检测功能；

升弓状态下自动锁闭检测功能；

系统配备钥匙开关，控制系统检测功能的启动。

（3）车顶绝缘检测设备报警级别。

1 级——车顶绝缘检测设备的自身故障；

3 级——车顶绝缘状态报警。

绝缘报警门限值：机车出库时检测电压≥19 kV；线路运行时检测电压为 15 kV，具体的门限值由各铁路局根据机车运行区段、气候条件、使用经验自行确定。

重要提示：升弓前对机车高压绝缘状态进行确认，记录高压绝缘测试数据，防止盲目升弓而引起接触网烧损。

5）机车列车供电监测子系统（APDR）

（1）系统组成。

列车供电监测子系统由列车供电监测板卡、漏电流检测模块、连接器和线缆组成。

可在机车出库、挂车、运行过程中对列车供电状态进行实时监测，实现列车供电系统故障分析。

（2）功能要求。

监测列车供电系统的运行状态和测量供电线路对地漏电流；

AP 板卡应能向中央处理平台提供 1 路和 2 路的“供电申请”“供电允许”“集控隔离开关闭合”信号，用于中央处理平台判断自动挂车；

列车监测供电子系统须向中央处理平台发送类型代码、厂商代码和软件版本号（×.××格式）。

供电统计；

定时保存列供柜的运行状态信息；

输出电压波动时列供柜运行状态信息保存；

列供监测只记录不报警。

6）机车走行部故障监测子系统（ATDR）

通过振动谱分析，检测走行部轴箱轴承、电机轴承和踏面的早期故障，以降低走行部事故的发生。

机车走行部故障监测子系统（ATDR），如图 9－1－12 所示。

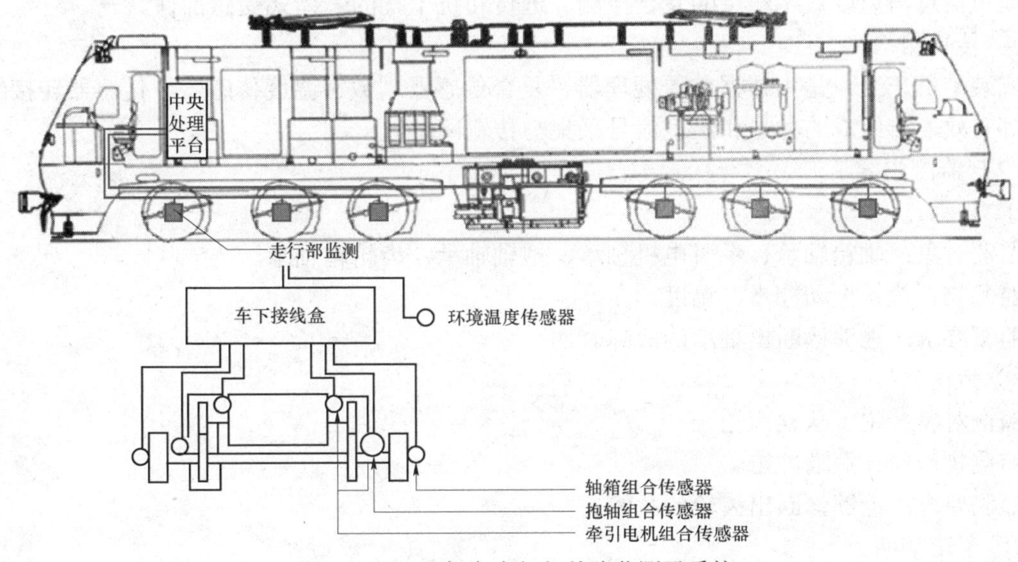

图 9－1－12　机车走行部故障监测子系统

（1）系统组成。

走行部故障监测子系统主要由子系统主机模块（走行部监测板卡 1）、数据前置处理器、复合传感器或（和）数字温度传感器及连接线组成（以六轴车为例），如图 9－1－13 所示。

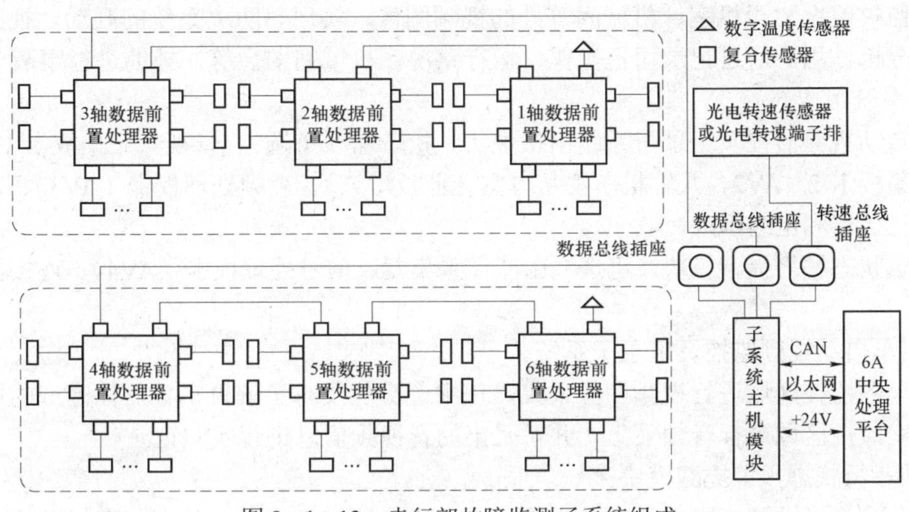

图 9－1－13　走行部故障监测子系统组成

① 子系统主机模块。

机车走行部故障监测子系统的主要部件，安装于机车 6A 机柜中，是能够实时采集被监测对象的状态数据，进行在线监测诊断，集中显示、报警和数据记录的智能化诊断功能部件。

② 数据前置处理器。

安装于机车转向架上，介于子系统主机模块与传感器之间，是完成信息的预处理及总线传输的部件。

③ 复合传感器。

安装于检测对象上，由受感部和信号处理器构成，是实现故障冲击、温度两个物理量的冲击模拟信息与温度数字信息的复合检测、远传和抗干扰的一体式受感部件。

④ 传感网络。

安装于机车上，是由数据前置处理器、复合传感器、数字温度传感器、传感器转接线、总线等有效连接组成的冲击和温度信号采集与传输网络。

（2）监测内容。

① 轴承。

监测对象：轴箱轴承、牵引电机轴承、抱轴轴承、齿轮箱轴承。

监测物理量：振动冲击、温度。

监测要求：能够诊断出轴承的故障。

② 齿轮。

监测对象：主、从动齿轮。

监测物理量：振动冲击。

监测要求：能够诊断出齿轮的故障。

③ 车轮踏面。

监测对象：车轮踏面。

监测物理量：振动冲击。

监测要求：能够诊断剥离、擦伤、不圆度。

7）机车自动视频监控及记录子系统（AVDR）

具有监控路况、司机室、机械间等处的视频图像，实现与防火系统的联动，视频图像存储和调用分析作用。通过记录司机操作、运行路况、机械间图像等，辅助进行事故分析。

（1）系统组成。

机车自动视频监控及记录子系统由摄像头、拾音器（可选）、音视频采集板卡 1（AV1）、音视频采集板卡 2（AV2，八轴机车主从方案无此板卡）、音视频处理板卡（AV3）、音视频存储硬盘、连接器和电缆组成。

乘务员状态预警提醒模块（可选）由图像采集器、信号处理板卡（AV4）、连接器和电缆组成。

① 机车自动视频监控及记录子系统。

对机车各监控区域进行视频图像采集，使乘务员能及时了解机车各监控区域的情况，同时对司机室监控区域进行音频采集，并对采集的音视频信息进行实时记录。

② 乘务员状态预警提醒模块。

对机车乘务员面部、眼部特征进行采集，实时监测机车乘务员状态，在机车运行中辅助提醒机车乘务员。

③ 客户端。

包括可与机车自动视频监控及记录子系统、乘务员状态预警提醒模块进行数据通信的设备、终端、板卡等。

（2）功能要求。

实时采集相关监控区域的视频图像，并通过以太网方式传输。

图像可叠加监控区域、车次、机车号、时间、公里标、速度和火灾报警信息。

当接收到火灾报警数据时，视频图像叠加防区名称，并可对相应报警区域的视频图像进行抓图并通过以太网发送给中央处理平台。

具备司机室视频摄像头遮挡报警功能。

实时采集司机室监控区域的音频数据（用户可选装），且音频固定叠加于第 2 通道视频上。

（3）视频存储要求。

对不同监控区域的视频支持不同的帧率、不同的分辨率进行存储。操纵端的路况监控视频帧率不低于 25 帧/s，分辨率不低于 4CIF 格式存储；操纵端司机室监控视频帧率不低于 8 帧/s，分辨率不低于 CIF 格式存储；其余通道视频监控帧率不低于 4 帧/s，分辨率不低于 CIF 格式存储。

实时存储监控区域音视频数据，存储时间不少于 15 天。

音视频存储应采用滚动方式，当占用的存储介质空间达到上限时，自动覆盖早期的音视频数据。

具备外挂 USB 存储器同步存储功能（仅限操纵端司机室摄像头），插入授权的 USB 存储器后 1 min 内须开始同步存储，采用滚动存储方式。

2. 音视频显示终端操作使用

6A 系统音视频显示终端位于机车司机操作台上，是 6A 系统的人机交互装置，可以查询各子系统设备状态、监测数据、提示信息和报警信息。如图 9－1－14 所示。

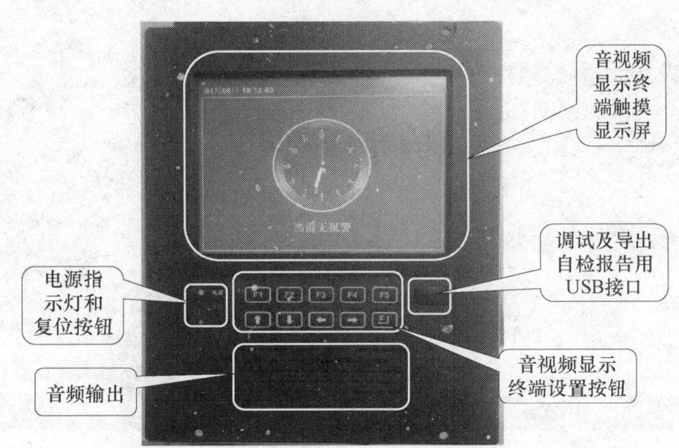

图 9－1－14　6A 系统音视频显示终端

如果有故障报警，显示终端会在主界面自动显示相应的信息。

（1）制动系统。

在开机界面点击一下 6A 显示终端的屏幕，显示终端会进入主界面，进入主界面后，点击【监控数据】【制动】，进入机车空气制动监测界面。如图 9－1－15 所示。

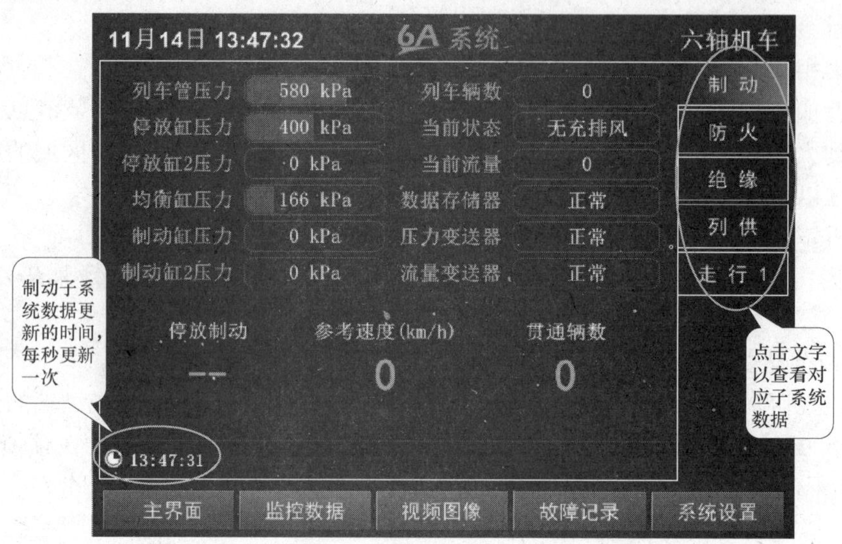

图 9－1－15　机车空气制动监测界面

（2）防火系统。

点击【监控数据】【防火】按钮，进入机车防火监控界面。如图 9－1－16 所示。

防火系统在火灾报警解除后，要进行防火复位。

第一种方式，板卡复位，如图 9－1－17 所示。

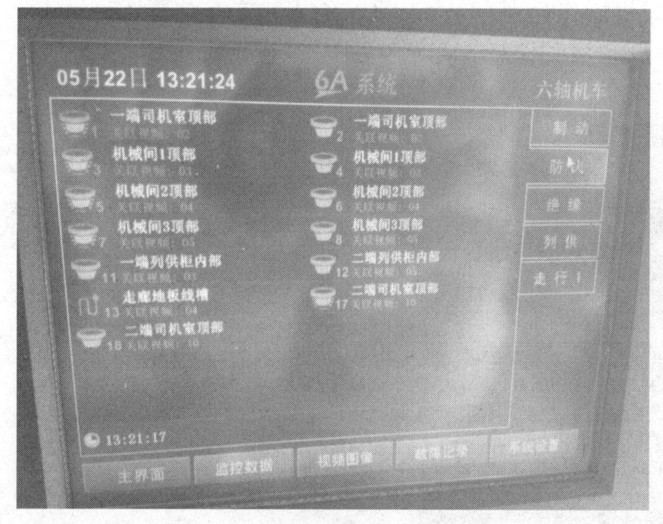

图 9－1－16　机车防火监控界面

图 9－1－17　板卡复位

第二种方式，软件复位，如图 9－1－18 所示。

图9-1-18　软件复位

复位成功后，探头指示灯由常亮红灯，变成秒闪。

（3）高压绝缘检测系统。

无论何时何地，在测试前必须确认机车车顶无人作业且处于降弓状态。首先从制动系统柜总风管道的机车蓝色锁芯上，拔下蓝钥匙。再将蓝钥匙插到6A系统的绝缘测试窗口打开的绝缘检测箱上的钥匙开关处，顺时针右旋45°，将蓝钥匙打到开位，设备加电开始自检，进入自检状态，自检灯闪烁。若此时机车电钥匙打开或未降受电弓，该装置电联锁将启动，相应故障指示灯常亮，向6A系统发送故障信息，并有蜂鸣器报警。同时检测装置不能进入测试状态，遇到这种情况应降下受电弓，检查机车电钥匙状态，将其打到关闭位。

（4）列车供电监测系统。

① 点击【监控数据】【列供】按钮，进入机车供电监测界面。如图9-1-19～9-1-21所示。

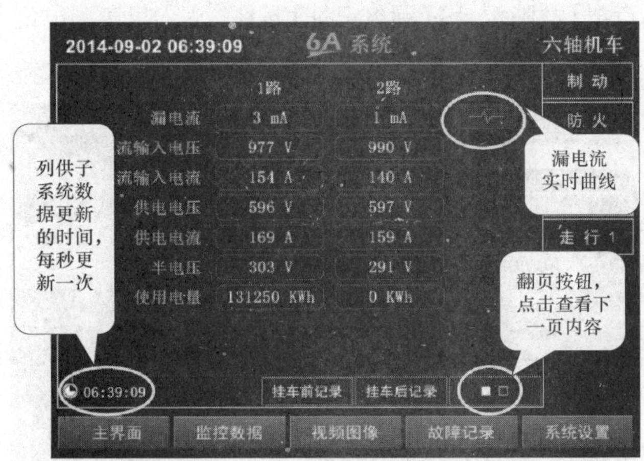

图9-1-19　机车供电监测界面

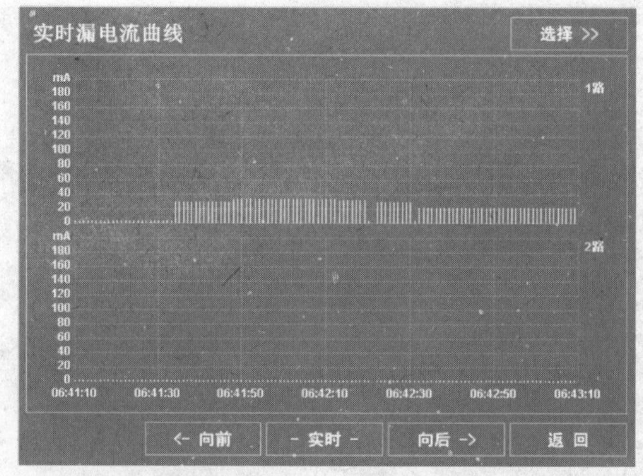

图 9-1-20　实时漏电流曲线界面

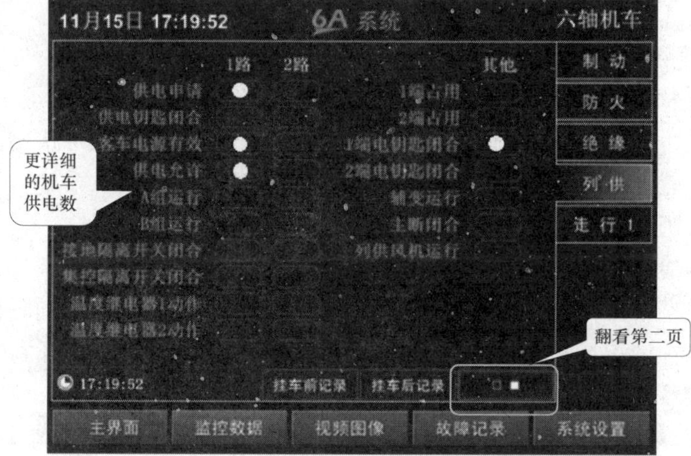

图 9-1-21　列车供电监测界面第二页内容

② 查看漏电流，点击【故障记录】【漏电记录】按钮，进入机车漏电记录界面。如图 9-1-22 所示。

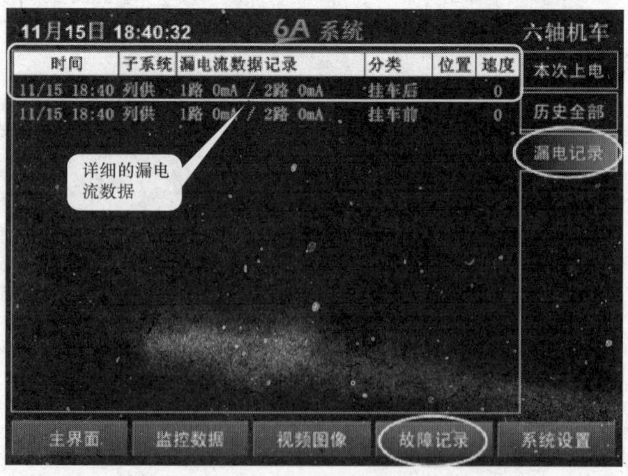

图 9-1-22　机车漏电记录界面

（5）走行部监测系统一。

点击【监控数据】【走行 1】按钮，进入机车走行部监测子系统一监测界面。如图 9－1－23 所示。

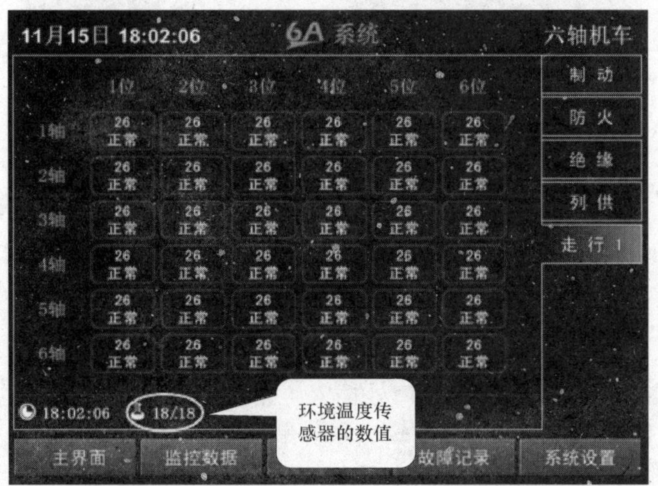

图 9－1－23　机车走行部监测子系统一监测界面

发生报警时，机车走行部监测子系统一监测界面显示。如图 9－1－24 所示。

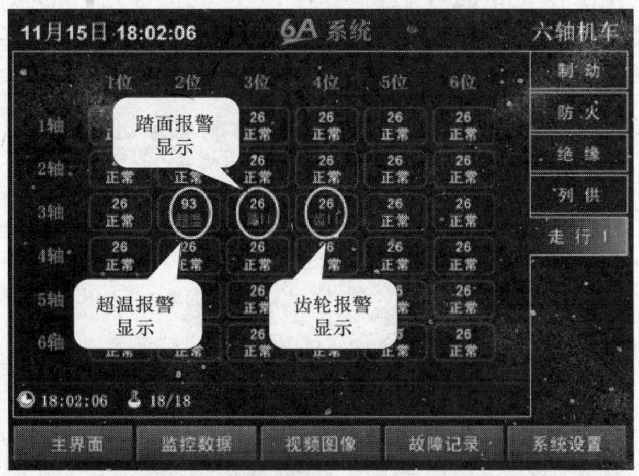

图 9－1－24　机车走行部监测子系统一监测界面（报警）

（6）视频监测系统。

点击【视频监控】按钮，可以查看实时的视频监控图像。如图 9－1－25 所示。

查看故障记录，点击【故障记录】【本次上电】或【历史全部】，可以查看本次上电后或历史曾经发生的故障信息。

（7）系统自检。

第一步：在 6A 系统音视频显示终端上点击【系统设置】【自检报告】图标。

第二步：系统会自动进入自检界面，此时不需要做任何操作，根据屏幕上方的文字提示可以得知自检进展程度，整个自检过程约 30 s。

图 9-1-25　机车走行部监测子系统一实时视频监控图像

第三步：在音视频显示终端的USB口处插入一个带有数字授权证书的U盘（小于16 GB），点击屏幕右下侧的【导出】按钮，音视频显示终端会弹出对话框“正在查找授权的移动存储设备…”，找到后会将选择的自检报告导入到U盘中。

3. 报警与故障处理（司乘人员必须掌握）

1）报警的定义

6A系统的报警是指工作正常的各子系统对所监测的对象进行的状态诊断。

2）故障的定义

6A系统的故障是指6A主机及各子系统自检时所发现的板卡、传感器及线缆接头自身是否处于正常状态，出现自检故障时各子系统不再对监测对象进行报警。

3）视频子系统

视频子系统属于辅助监测系统，不报警，只显示自检故障。

特别说明，现有的音视频显示终端有两种型号。

（1）第一种是集成了原语音箱功能，但在显示终端内部硬件上是物理隔离的。

① 6A显示终端和语音箱在功能上分开，互不影响。

② 6A显示终端具有自己单独的语音设备。

③ 语音箱功能、对外接口和原有语音箱保持一致。

④ 结构上所有电路集中在一个机壳内，但物理隔离。

⑤ 只共用同一个DC 110 V电源输入。

6A系统监测的报警信息和数据，只保存在6A系统中央处理平台的存储板卡中，并通过6A系统音视频显示终端发出报警和故障提示信息，不向机车上其他任何设备输出监测信息。

语音箱仍然报原语音箱的报警和监测信息，不播报任何6A系统的监测信息。听到的6A显示终端的报警声音后应与显示终端的文字报警提示对照，如果一致则是6A系统报警，否则为语音箱报警声音。

（重点关注）6A系统报警为男声，语音箱报警为女声。

（2）第二种是非集成原语音箱功能的音视频显示终端，两者完全物理隔离。

6A系统音视频显示终端安装在机车司机室左侧，机车语音箱安装在司机室顶部，二者无任何物理连接。

6A 系统监测的中的所有报警信息和数据，只保存在 6A 系统中央处理平台的存储板卡中，并通过 6A 系统音视频显示终端发出报警和故障提示信息，未向机车上其他任何设备传输监测信息。当听到报警声音后与显示终端上的文字报警提示对照，若一致则为 6A 系统报警。

语音箱不播报任何 6A 系统的监测信息。

4）主要报警处理方法（重要必须掌握）

6A 系统的故障是指 6A 主机及各子系统自检时所发现的板卡、传感器及线缆接头自身处于非正常状态，出现自检故障时各子系统不再对监测对象进行报警。

（1）空气制动监测子系统。

① 停放制动意外施加报警处理办法。

机车处于运行过程中，6A 系统出现停放制动异常施加报警时，两种情况下的处理办法如下。

（a）停放缸切断阀门（如 CCB 制动机的 B40.06）已经切除（手柄位置垂直状态）。若能确认所有停放缸已手动缓解，则可忽略 6A 报警；若不能确认所有停放缸已手动缓解，需停车检查，确认已经手动缓解所有停放缸后，可忽略 6A 报警。

（b）停放缸切断阀门（如 CCB 制动机的 B40.06）未切除（手柄位置水平状态）。若停放缸压力小于 370 kPa，则再次按停放缓解按钮，停放缸压力高于 370 kPa，6A 报警应消失；若停放缸压力仍小于 370 kPa，6A 系统继续报警，则应停车，切除停放缸切断阀门（如 CCB 制动机的 B40.06），手动缓解所有停放缸。开车后 6A 系统会继续报警，可忽略报警，回段后检查停放缸及控制模块。

② 防折关监测模块报警（注意贯通辆数）处理办法。

重复充排风操作，确认测试结果。如果确认列车管折关，应停车检查处理。列车编组在 5 辆（含）以上，机后贯通辆数小于全列编组的 1/2 时，音视频显示终端语音提示“注意贯通辆数”。

（2）防火监控子系统。

防火探头报警处理办法如下。

① 根据报警位置，将显示终端界面转入和报火警位置相对应的视频画面，查看报火警位置。

② 乘务员到报警位置查看情况。

③ 如果通过画面或人为观察确认有火灾发生，要马上使用灭火设施进行灭火。

④ 如果通过视频画面和现场查看确认为误报火警，按显示终端或火灾监控板卡上的复位按钮，退出火灾报警状态。

（3）高压绝缘检测子系统。

绝缘报警处理办法如下。

① 首先确定前面的检测方法是否正确，然后再检测一次，将蓝钥匙打到“关”位 5 s 以上后重新打至“开”位，重新测试一次，以便确认测试结果。

② 如最终确认绝缘低于报警阈值，绝缘检测装置处于报警状态，此时不得升弓，应检查高压部分是否有污物树枝等并用摇表确认车顶高压部分的绝缘状态。如果确认绝缘能力降低，不得升弓直到故障排除。

说明：由于不同的车型运用于不同的温度湿度环境，随着运用的深入可从经验值中提取适合某一区段和气候环境中的绝缘报警阈值，并根据实际运用情况可通过 6A 主机平台调整报警阈值以适应不同的机车及运用环境。

4. 6A 系统数据下载

1）CPU 数据下载（以六轴车为例）

6A 系统平台数据机车每次回段整备时完整使用专用工具（USB2.0，容量小于 16 GB）下载，并导入到“6A 地面专家系统”进行数据查看分析，指导检修。

（1）确认 USB 设备中根目录下有中央处理平台数据下载数字证书 license 文件。如图 9－1－26 所示。

确认下载的时间天数，如果所下载天数和上次下载的时间有重叠，系统会自动从上次数据下载结束时间开始进行下载。

（2）将六轴机车的 6A 系统上电，待 CPU 板卡显示出版本信息和时间信息后表示系统启动完毕。如图 9－1－27 所示。

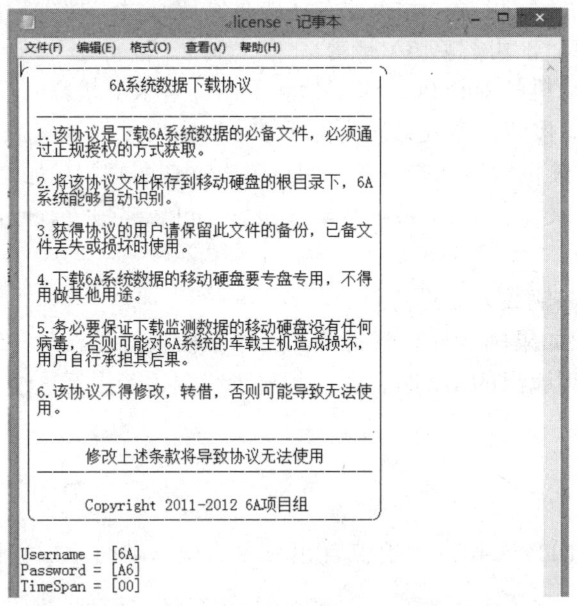

license - 记事本

文件(F) 编辑(E) 格式(O) 查看(V) 帮助(H)

6A系统数据下载协议

1.该协议是下载6A系统数据的必备文件，必须通过正规授权的方式获取。

2.将该协议文件保存到移动硬盘的根目录下，6A系统能够自动识别。

3.获得协议的用户请保留此文件的备份，已备文件丢失或损坏时使用。

4.下载6A系统数据的移动硬盘要专盘专用，不得用做其他用途。

5.务必要保证下载监测数据的移动硬盘没有任何病毒，否则可能对6A系统的车载主机造成损坏，用户自行承担其后果。

6.该协议不得修改，转借，否则可能导致无法使用。

修改上述条款将导致协议无法使用

Copyright 2011-2012 6A项目组

Username = [6A]
Password = [A6]
TimeSpan = [00]

图 9－1－26　中央处理平台数据下载数字证书界面

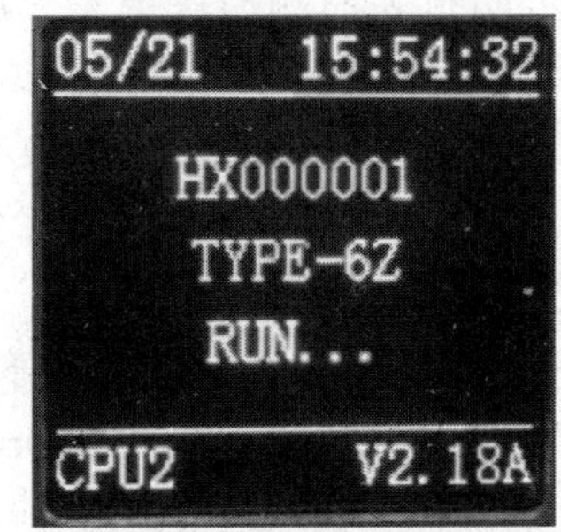

图 9－1－27　CPU 板卡显示出版本信息和时间信息界面

（3）将授权的 USB 设备插入 6A 系统任意一 CPU 板卡前面板的 USB 插口中，如图 9－1－28 所示。经过约 10 s 的 U 盘确认时间后会显示下载开始的时间，然后会自动显示下载数据，液晶屏上的时间显示停止跳动。如图 9－1－29 所示。

CPU 数据下载完成后会直接进行走行部一（AT1）的数据下载，当 CPU 板卡液晶屏显示“DOWNLOAD...OK”时，即可拔出 USB 设备，液晶屏显示的时间会更新为最新时间，并开始跳动，下载完毕。

2）视频数据转储

（1）确认 USB 设备中根目录下有视频下载数字证书 license 文件。

（2）确认下载的时间和视频通道。数字证书界面如图 9－1－30 所示。

图 9－1－28　CPU 板卡前面板　　　图 9－1－29　CPU 板卡显示出版本信息和时间信息界面

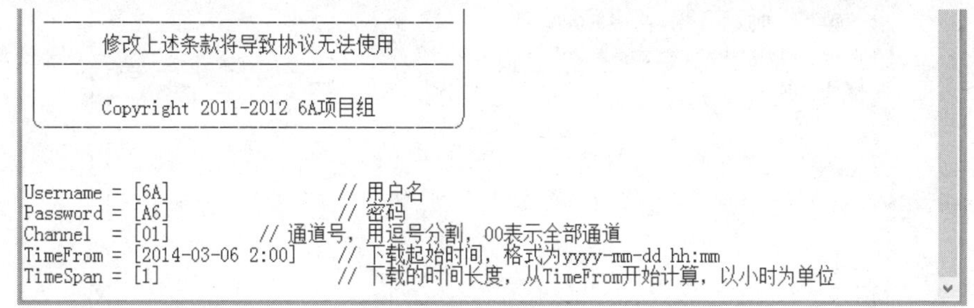

修改上述条款将导致协议无法使用

Copyright 2011-2012 6A项目组

```
Username = [6A]                // 用户名
Password = [A6]                // 密码
Channel  = [01]        // 通道号，用逗号分割，00表示全部通道
TimeFrom = [2014-03-06 2:00]   // 下载起始时间，格式为yyyy-mm-dd hh:mm
TimeSpan = [1]                 // 下载的时间长度，从TimeFrom开始计算，以小时为单位
```

图 9－1－30　中央处理平台数据下载数字证书界面

（3）将授权的 USB 设备插入 AV3 板卡的 USB 接口下载视频文件。当 CPU 板卡液晶屏显示“下载完成”，即可拔出 USB 设备，下载完毕。

5. 地面专家系统操作使用

6A 系统地面数据中心由车地通信设备、数据库服务器、Web 服务器、地面专家系统组成。

服务器硬件要求：

✧ 外观：2U 机架式。

✧ 网络控制器：2 个双端口千兆网卡。

✧ CPU 型号：4 核，Xeon 系列，主频不低于 2.4 GHz。

✧ 内存容量：不小于 16 GB。

✧ 硬盘容量：不低于 5 TB。

✧ USB 接口：不低于 4 个。

✧ 操作系统：Windows 2012 Server。

硬盘分区：

✧ C 盘存放操作系统，容量不小于 100 GB。

✧ D 盘存放原始数据，容量不小于 2 TB。

✧ E 盘存放数据库，容量不小于 2 TB。

1）主要功能

6A 地面专家系统是 6A 系统的地面部分，对 6A 系统数据进行分析和处理操作，主要功能如下。

今日到达：查看今日导入的数据信息，可以通过切换时间查看数据信息。

今日报表：查看今日导入的报警信息，可以通过切换时间查看报警信息。

报警查询：通过机车车号、报警类型、子系统、报警码、起始日期、终止日期查询报警信息。

报警统计：查看子系统、故障类型、铁路局报警统计信息。

系统管理：管理数据，包括编辑、查询、删除数据、SQL 语句操作等。

冲击曲线：待扩展功能。

退出系统：退出系统。

2）数据导入步骤

进入数据上传软件界面。如图 9－1－31 所示。

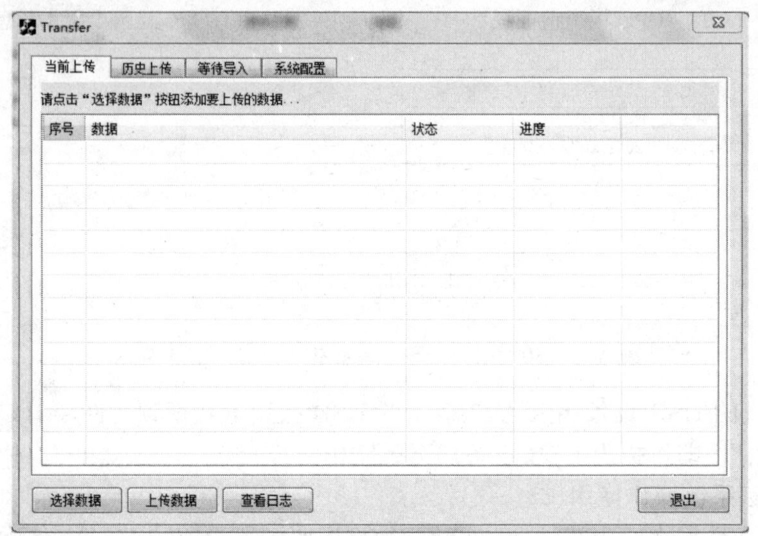

图 9－1－31　数据上传软件界面

第一步：选择上传数据。如图 9－1－32 所示。

图 9－1－32　选择上传数据界面

第二步：点击“上传数据”。如图 9－1－33 所示。

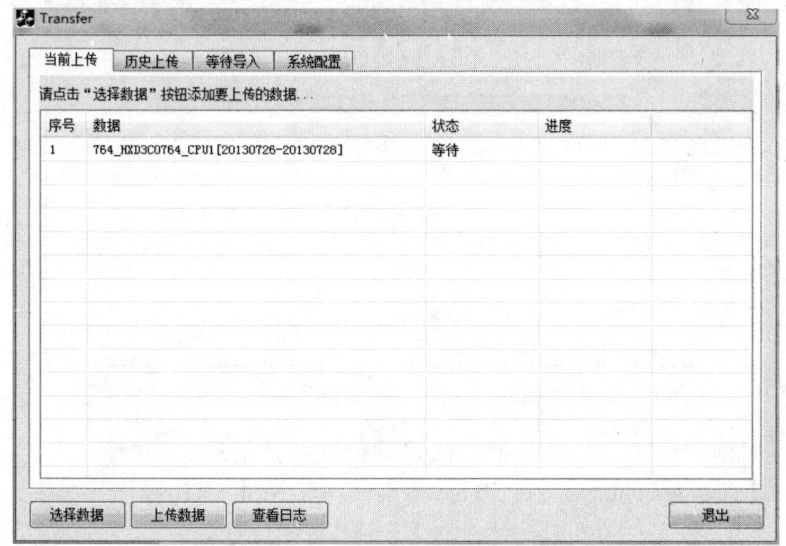

图 9－1－33　上传数据界面

软件会自动将数据打包并上传至服务器。所有上传过的车会自动记录到“历史上传”列表中。

软件发现上传完成的数据后，会自动启动数据导入，不需要人为干预。

3）系统功能说明

今日到达界面，如图 9－1－34 所示。

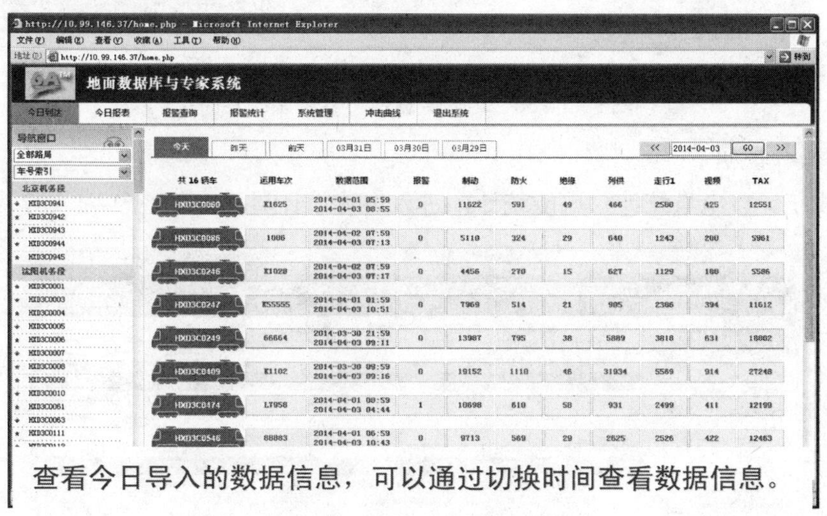

图 9－1－34　今日到达界面

今日报表：查看今日导入的报警信息，可以通过切换时间查看报警信息。如图 9－1－35 所示。

报警查询：通过机车车号、报警类型、子系统、报警码、起始日期、终止日期查询报警信息。

图 9-1-35　今日报表界面

报警统计：根据子系统、故障类型、铁路局报警统计信息。

系统管理：管理数据，包括编辑、查询、删除数据、SQL 语句操作等界面。如图 9-1-36 所示。

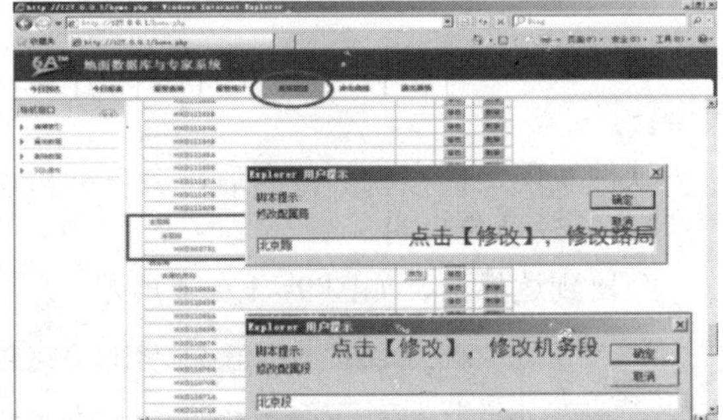

图 9-1-36　地面数据库与专家系统界面

4）系统操作说明

点击在线统计、电量统计、电能统计，进入电能统计界面，如图 9-1-37 所示。

图 9-1-37　地面数据库与专家系统电能统计界面

查看在线统计，界面如图 9－1－38 所示。

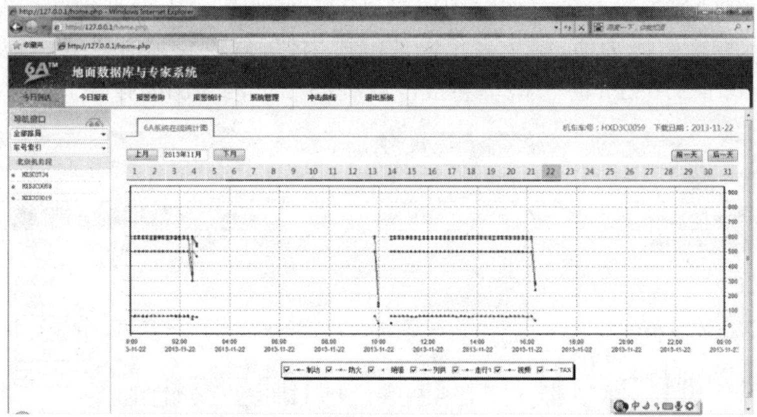

图 9－1－38　地面数据库与专家系统在线统计界面

获取状态或数据，界面如图 9－1－39 所示。

图 9－1－39　状态或数据界面

5）数据分析

（1）走行检测数据。

进入曲线界面。如图 9－1－40 所示。

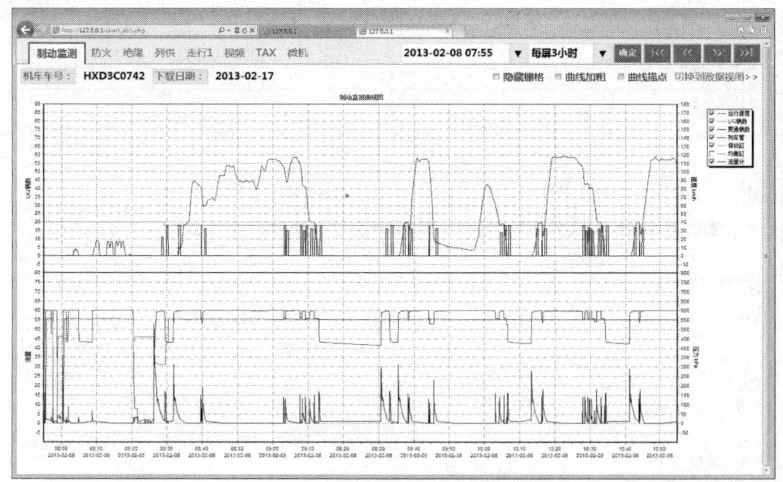

图 9－1－40　曲线界面

如图 9-1-41 所示。上半部分图，红色（原系统界面颜色，余同）表示机车运行速度，绿色表示机车牵引辆数，黑色表示运行中检测到的贯通辆数。下半部分图，红色表示列车管压力值，紫色表示均衡缸压力值，绿色表示停放缸压力值，蓝色表示流量值。当速度大于 5 km/h 且停放缸压力值低于 370 kPa 时，机车会报停放制动非正常施加的报警。

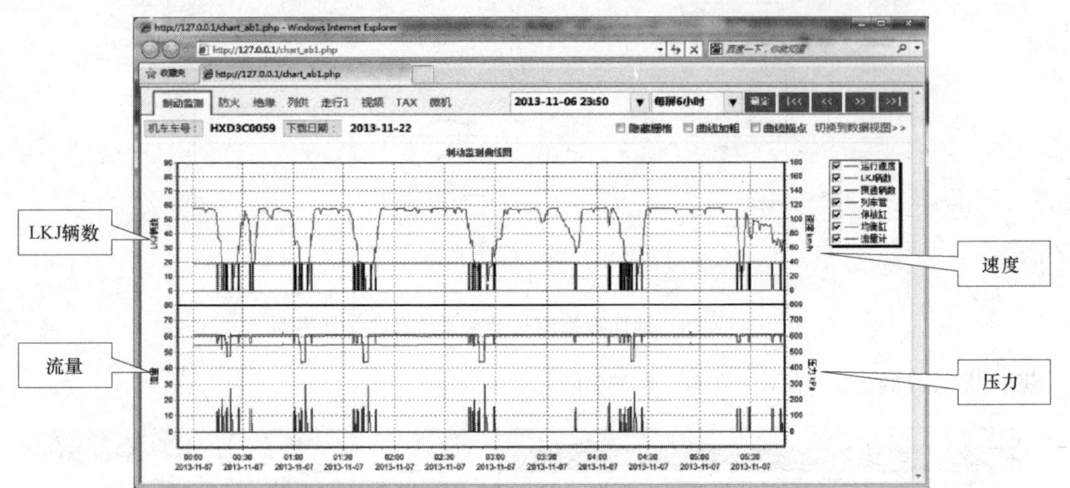

图 9-1-41　曲线界面

（2）数据分析—防火子系统。

防火子系统界面，如图 9-1-42 所示。

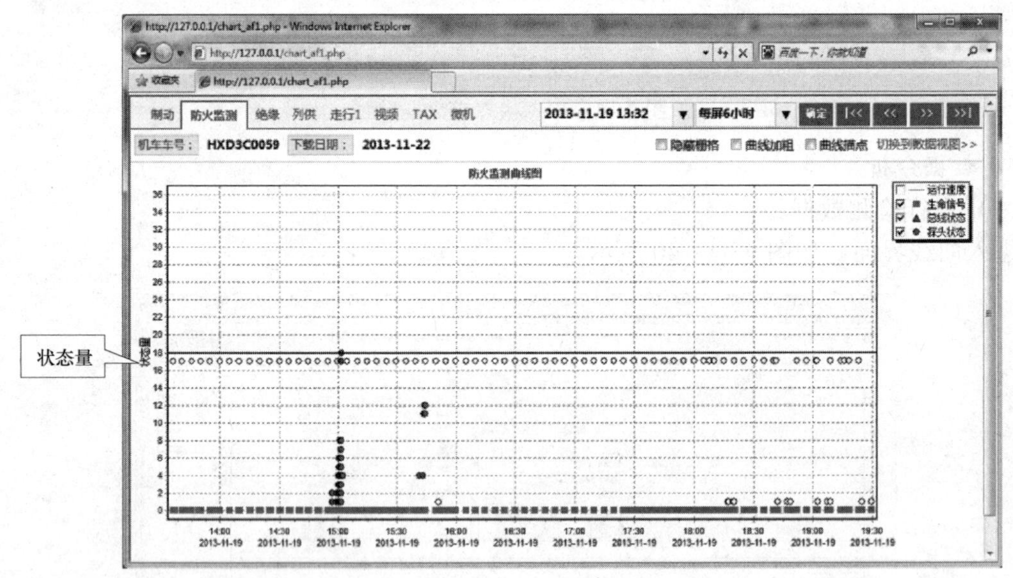

图 9-1-42　防火子系统界面

界面中图符含义：

✧ 红色圆形表示报警。

✧ 蓝色圆形表示污染。

✧ 黄色圆形表示故障。

✧ 灰色圆形表示离线。

✧ 白色圆形表示隔离。

✧ 黄色三角表示总线开路。

✧ 红色三角表示总线短路。

防火监控子系统记录的数据界面，如图 9－1－43 所示。

http://127.0.0.1/grids_af1.php - Windows Internet Explorer

制动　防火监测　绝缘　列供　走行1　视频　TAX　微机　2013-11-19 14:59　每屏6小时

机车车号：HXD3C0059　下载日期：2013-11-22　切换到曲线视图>>

运行时间	运行速度	公里标	车次	车号	总线	01	02	03	04	05	06	07	08	09	10	11	12	13	14	15	16	17	18	19	20	21	22	23	24	25
2013-11-19 15:00:56	0	0	52001	59	0	4	4	4	4	4	4	1	1	0	0	1	1	1	0	0	0	1	1	0	0	0	0	0	0	0
2013-11-19 15:00:57	0	0	52001	59	0	4	4	4	4	4	4	1	4	0	0	1	1	1	0	0	0	1	1	0	0	0	0	0	0	0
2013-11-19 15:01:13	0	0	52001	59	0	4	4	4	4	4	4	1	4	0	0	1	1	1	0	0	0	1	1	0	0	0	0	0	0	0
2013-11-19 15:01:14	0	0	52001	59	0	4	4	4	4	4	4	4	4	0	0	1	1	1	0	0	0	1	1	0	0	0	0	0	0	0
2013-11-19 15:01:25	0	0	52001	59	0	4	4	4	4	4	4	4	4	0	0	1	1	1	0	0	0	1	1	0	0	0	0	0	0	0
2013-11-19 15:01:26	0	0	52001	59	0	4	4	4	4	4	4	4	4	0	0	1	1	1	0	0	0	4	1	0	0	0	0	0	0	0
2013-11-19 15:01:37	0	0	52001	59	0	4	4	4	4	4	4	4	4	0	0	1	1	1	0	0	0	4	1	0	0	0	0	0	0	0
2013-11-19 15:01:38	0	0	52001	59	0	4	4	4	4	4	4	4	4	0	0	1	1	1	0	0	0	4	4	0	0	0	0	0	0	0
2013-11-19 15:01:48	0	0	52001	59	0	4	4	4	4	4	4	4	4	0	0	1	1	1	0	0	0	4	4	0	0	0	0	0	0	0
2013-11-19 15:02:02	0	0	52001	59	0	1	1	1	1	1	1	1	1	0	0	1	1	1	0	0	0	1	1	0	0	0	0	0	0	0
2013-11-19 15:02:09	0	0	52001	59	0	1	1	1	4	1	1	1	1	0	0	1	1	1	0	0	0	1	1	0	0	0	0	0	0	0
2013-11-19 15:02:37	0	0	52001	59	0	1	1	1	4	1	1	1	1	0	0	1	1	1	0	0	0	1	1	0	0	0	0	0	0	0
2013-11-19 15:02:51	0	0	52001	59	0	1	1	1	1	1	1	1	1	0	0	1	1	1	0	0	0	1	1	0	0	0	0	0	0	0
2013-11-19 15:04:47	87	435511	K819	27	0	1	1	1	1	1	1	1	1	0	0	1	1	1	0	0	0	5	1	0	0	0	0	0	0	0

图 9－1－43　防火监控子系统记录的数据界面

其中，探头状态 0 表示离线；1 表示正常；2 表示故障；3 表示污染；4 表示报警；5 表示隔离。总线状态：1 表示开路；2 表示短路。

（3）数据分析—绝缘子系统。

绝缘子系统界面，如图 9－1－44 所示。

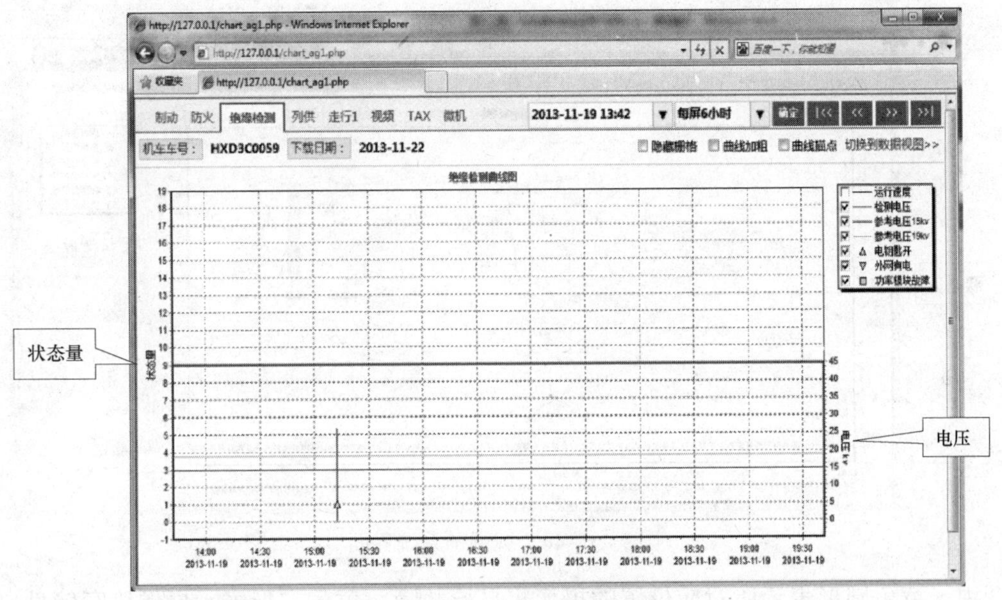

图 9－1－44　绝缘子系统界面

图中，黄色上三角表示电钥匙开，黄色下三角表示外网有电，黄色矩形表示功率模块故障。

（4）数据分析—列供子系统。

列供子系统界面，如图 9－1－45 所示。

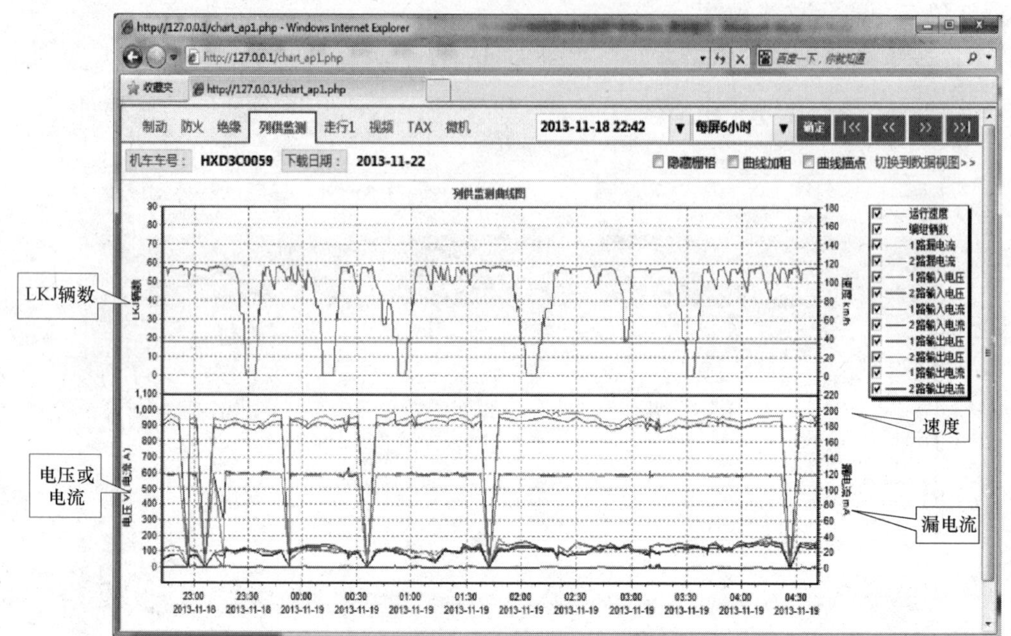

图 9－1－45　列供子系统界面

（5）数据分析—视频子系统。

视频子系统界面，如图 9－1－46 所示。

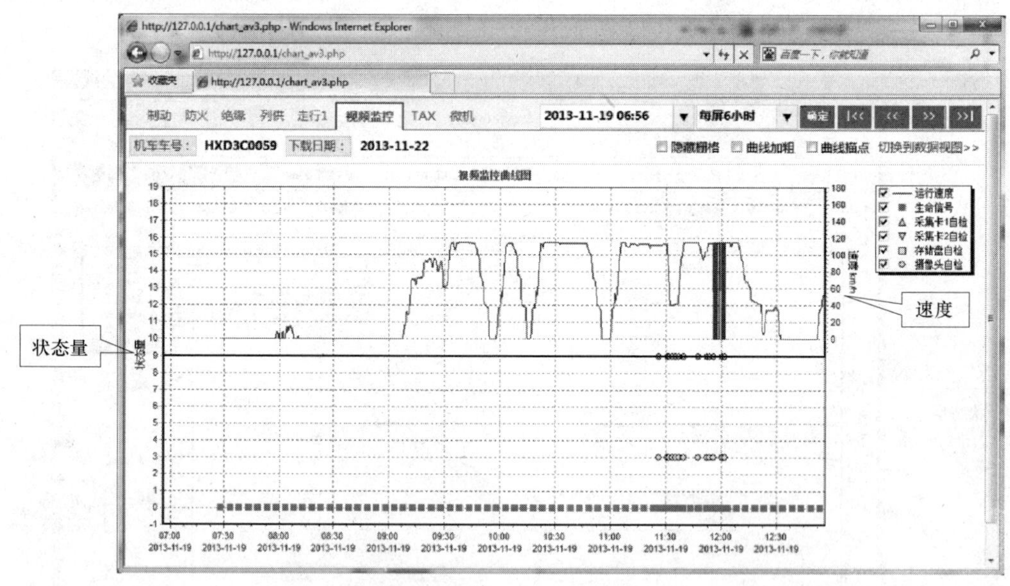

图 9－1－46　视频子系统界面

图中，黄色圆形表示所对应位置的摄像头自检故障，黄色方形表示摄像头存储盘自检故障，黄色上三角形表示采集卡1自检故障，黄色下三角形表示采集卡2自检故障。

6. 掌握6A系统检修与维护

1）日常维护

日常维护是对应机车整备作业（外观检）。主要包括：

（1）外观检查：依次对音视频显示终端、主机箱、电源箱、机柜、防火探测器、视频摄像头进行外观检查，外观不许有损伤，连接器、线缆不许有松动脱落。

（2）音视频显示终端通电自检：音视频显示终端显示正常，各子系统数据、机车信息显示正确，不许有故障信息显示。

（3）主机通电自检：主机箱内各插件面板上的电源指示灯绿色常亮，不许有黄色和红色指示灯亮起；CPU插件面板显示屏显示正常。CPU、ST1、CAN、SWT、PW、EXT板卡指示灯显示正确。参见表9-1-1～9-1-4。

表9-1-1　CPU1和ST1（存储板卡）

板卡代号	板卡名称	指示灯	颜色	定义	含义	工作状态
CPU1	处理板卡1	D1	绿	电源	DC 24 V供电	常亮
ST1	存储板卡1	D1	绿	电源	DC 5 V供电	常亮
		D2	绿	读写	读写电子盘	常灭，读写时闪烁
		D3～D8	绿	预留		

表9-1-2　CAN（隔离）板卡

板卡代号	板卡名称	指示灯	颜色	定义	含义	工作状态
CAN	隔离板卡	D1	绿	电源	DC 24 V供电	常亮
		D2	绿	运行	运行指示	秒闪
		D3	绿	内部通信	指示板卡与CPP通信	闪烁
		D4	绿	外部通信	指示板卡与主机箱外的CAN通信	闪烁
		D5～D6	绿	预留		
		D7	绿	外部通信	与电能表通信	闪烁
		D8	绿	预留		

表9-1-3　SWT1（交换）板卡和PW1（电源）板卡

板卡代号	板卡名称	指示灯	颜色	定义	含义	工作状态
SWT1	交换板卡1	D1	绿	电源	DC 24 V供电	常亮
		D2～D8	绿	预留		
PW1	电源板卡1（电力车）	D1	绿	输入	电源输入	常亮
		D2～D8	绿	预留		

续表

板卡代号	板卡名称	指示灯	颜色	定义	含义	工作状态
PW1	电源板卡 1（内燃车）	SWT1（交换）板卡和 PW1（电源）板卡 D1	绿色	电源	24 V 电源输入	常亮
		D2	红色	故障指示	24 V 电源故障	常灭
		D3	绿色	电源	12 V 电源输入	常亮
		D4	红色	故障指示	12 V 电源故障	常灭

表 9－1－4　EXT（外部设备接口）板卡

板卡代号	板卡名称	指示灯	颜色	定义	含义	工作状态
EXT	外部设备接口卡	D1	绿色	电源	DC 24 V 供电	常亮
		D2	绿色	运行	运行指示	秒闪
		D3	绿色	LKJ 通信	通信指示	常灭，收发数据时闪烁
		D4	绿色	车载微机通信	通信指示	常灭，收发数据时闪烁
		D5～D8	绿色	预留		

（4）电源箱通电检查：各指示灯显示为电源箱面板绿色指示灯全亮，其余指示灯全灭。

（5）入库数据下载：机车入库后，音视频显示终端自检报告和 CPU 数据下载正常。

2）定期检查（状态检、板卡指示灯检查）

定期检查对应机车月检、季检修程。定期检查包含日常维护的全部内容，并增加以下要求。

（1）系统主机：机柜、主机箱、接线屏、接插件及线缆外观良好，安装紧固件齐全，电源开关动作可靠。

（2）电源箱及电源插件：电源箱、电源插件外观良好，安装紧固件齐全，不许有松动。

（3）外部设备接口插件。

① 插件完整、紧固；接插件及线缆外观良好，紧固件齐全，不许有松动。

② 6A 系统音视频显示终端系统设置、机车信息界面上的“机车车号”“运用车次”“辆数”“计长”信息与 LKJ 显示屏一致；EXT 插件工作状态指示灯显示正常。

（4）音视频显示终端。

① 音视频显示终端外观良好，安装紧固件齐全，不许有松动。

② 屏幕亮度上下一致，字符、图形显示正确清晰；按键触摸灵敏；背光调节、音量调节、触摸屏、复位按键功能正常；6A 显示终端与 6A 主机通信正常；语音提示、报警音正确清晰。

（5）制动子系统。

① 制动子系统插件（AB）、连接器及线缆外观良好，紧固件齐全，不许有松动。

② 音视频显示终端显示各传感器状态良好；插件工作状态指示灯显示正常。

③ 制动子系统插件面板指示灯 D8 正常秒闪；音视频显示终端上监控数据、制动界面的“数据存储器”“压力变送器”“流量变送器”均显示“正常”；保持机车无充、排风操作，

稳定 30 s 后，在音视频显示终端监控数据、制动界面，当前状态为“无充排风”，当前流量为 0～5。

（6）防火子系统。

① 防火探测器、连接器及线缆外观良好，紧固件齐全，不许有松动。

② 感温线缆、中间盒、终端盒、智能监视模块外观良好，连接牢靠，安装牢固。

③ 音视频显示终端监控数据、防火界面显示各防火探测器和感温线缆状态良好。

④ 清洗烟温复合探测器、感烟探测器。

用吹风机（开至冷风挡）或吸尘器清除防虫网上的灰尘杂质。如图 9－1－47 所示。用超声波清洗机清洗光电室上的灰尘杂质，清洗 10 min 后检查光电室两个发光二极管的表面是否清洁。

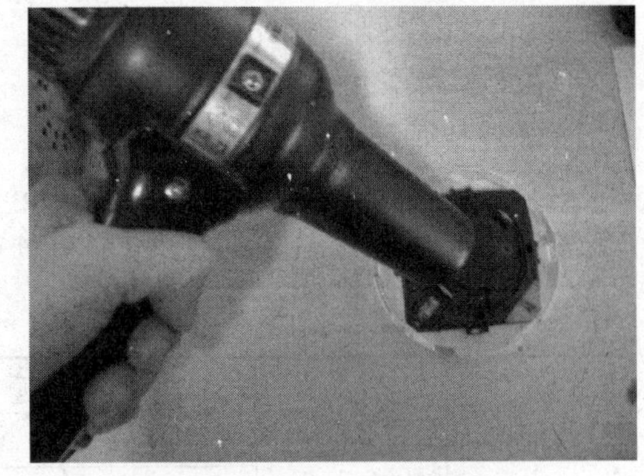

图 9－1－47　吹风机

（7）高压绝缘检测子系统。

① 绝缘检测箱完整、紧固，面板上的显示屏不许有破损；连接器及线缆外观良好，安装紧固件齐全、紧固；电钥匙开关动作可靠。

② 自检过程和进入工作状态各指示灯显示正常，电源灯亮，运行灯秒闪，通信灯闪烁；音视频显示终端显示“自检正常”；高压绝缘检测箱前面板上的显示屏能正常显示检测箱工作状态及检测数据。

（8）走行部故障监测子系统。

① 走行部故障监测子系统插件（AT1）外观良好，安装紧固；电源复位开关动作可靠；连接器及线缆外观良好，安装紧固。

② 自检过程和进入工作状态各指示灯显示正常，音视频显示终端监控数据、走行 1 界面显示各测点温度信息和状态信息正常。

（9）视频监控子系统。

① 视频监控子系统插件（AV）外观良好，安装紧固；连接器及线缆外观良好，安装紧固；摄像头外部清洁，安装固定良好。

② 进入工作状态各指示灯显示状态为：D1 常亮，D2 秒闪，D3 闪烁，D4、D5、D6、D7 常灭，AV1、AV2 的 D8 常灭，AV3 的 D8 常亮。

③ 音视频显示终端不许有故障信息显示；所有摄像头显示画面正常、清晰；音视频显示终端视频字幕时间、速度、公里标、车次、机车号、监控区域等信息正确。

3）定期测试（状态检、功能试验）

定期测试对应机车半年检、年检修程。定期测试包含定期检查的全部内容，并增加以下要求。

（1）系统主机。

机箱表面、各插件面板进行清扫；主机电源保险管型号、规格符合设计要求，紧固状态良好。风扇盘进行清扫，风扇工作中不许有异音及异常振动，通风正常。

（2）电源箱及电源插件。

机箱表面、各插件面板进行清扫；电源开关动作可靠。风扇盘进行清扫，风扇工作中不许有异音及异常振动，通风正常。

（3）音视频显示终端。

机壳表面清洁。

（4）制动子系统。

① 停放制动非正常施加功能测试。

测试条件：机车制动交闸试验完成，LKJ2000 调试通过，并能够与 6A 系统正常通信。

测试要求：AB 插件的指示灯显示符合表 9－1－5 的要求。

表 9－1－5　6A 系统主机指示灯状态表

板卡代号	板卡名称	指示灯	颜色	定义	含义	工作状态
AB	制动监测板卡	D1	绿	电源	常亮	指示板卡有电
		D2	绿	运行	秒闪	指示板卡正常运行
		D3	绿	通信	闪烁	指示板卡与 CPP 通信正常
		D4	红	报警	常灭	指示被监测对象无报警
		D5	黄	自检 1	常灭	指示列车管压力传感器工作正常
		D6	黄	自检 2	常灭	指示停放缸压力传感器工作正常
		D7	黄	自检 3	常灭	指示均衡缸压力传感器工作正常
		D8	绿	防折关	闪烁	安装防折关闪烁，不安装熄灭

（a）音视频显示终端监控数据、制动界面有时间更新，不许有制动监测子系统的传感器故障信息。

（b）音视频显示终端监控数据、制动界面显示的列车管压力、均衡缸压力与机车上各压力表数值相差在±5 kPa 以内。

（c）机车处于静止状态，音视频显示终端不许有停放制动非正常施加故障报警。

（d）调整停放缸压力小于 370 kPa，音视频显示终端不许有停放非正常意外施加报警。

（e）调整 LKJ 模拟机车速度大于 5 km/h，音视频显示终端须在 10 s 内报停放制动非正常施加。

（f）调整停放缸压力大于 370 kPa，音视频显示终端报警须在 10 s 内解除。

（g）调整停放缸压力小于 37 kPa，音视频显示终端须在 10 s 内报停放制动非正常施加。

（h）LKJ 速度调整为 0 km/h，音视频显示终端报警须在 10 s 内解除。

② 防折关模块。

定压状态下，流量变送器总成及结合部不许有泄漏。

单机折关试验测试条件：机车制动交闸试验完成，LKJ2000 调试通过，并能够与 6A 系统正常通信。

单机折关试验测试要求：

（a）6A 系统主机上 AB 插件的 D8 指示灯秒闪。

（b）音视频显示终端监控数据、制动界面显示的“当前流量”数值显示正常。

（c）单机时须在 LKJ 上输入编组信息（车次、辆数、计长、总重、客本或货本模式、非调车工况）。

（d）机车自动制动手柄移至运转位，列车制动管充至定压（500 kPa 或 600 kPa），稳定后自动制动手柄减压 140 kPa 或 170 kPa，音视频显示终端监控数据、制动界面显示的贯通辆数为 0～5。

（e）显示贯通辆数 10 s 后，再充风至定压，稳定后音视频显示终端监控数据、制动界面显示的贯通辆数为 0～5。

（5）高压绝缘检测箱。

① 高压绝缘检测箱功能测试条件：

（a）机车高压试验完成且试验合格。

（b）确认机车处于降弓停车、主断路器断开、高压连接器连接状态，确认机车车顶无人操作并锁闭车顶门。

② 高压绝缘检测箱功能测试要求：

（a）高压绝缘检测箱的指示灯显示符合“6A 系统主机指示灯状态表”的要求。

（b）使用机车蓝钥匙，打开绝缘检测箱的电源，系统进入自检状态，1 min 内自检完成，系统不许有自检故障。

（c）绝缘试验：点击【出库检测】或【运行检测】按钮，绝缘箱检测正常，检测数值大于设置的绝缘门限值，与司机室网压表数值相对应。

（d）年检时进行短路试验，用机车蓝钥匙断开高压绝缘检测箱电源，机车高压接地开关打到接地位，用机车蓝钥匙打开绝缘检测箱电源，绝缘检测箱自检通过，显示自检正常，按下【出库检测】或【运行检测】按钮，装置开始检测，测试结果为 3 kV 以下。

（e）关闭绝缘箱，须能顺利拔出蓝钥匙。

（6）防火子系统功能测试。

① AF 插件的指示灯显示符合表 9－1－6 的要求。

表 9－1－6　6A 系统主机指示灯状态表

指示灯	名称	颜色	含义	工作状态
D1	电源	绿色	DC 24 V 供电	常亮
D2	运行	绿色	运行指示	秒闪
D3	通信	绿色	与 CPP 通信指示	常灭，收发数据时闪烁
D4	自检	黄色	自检指示	常灭，故障时常亮
D5	报警	红色	报警指示	常灭，报警时常亮
D6	RX	绿色	探测器网络数据接收	常灭，接收数据时闪烁
D7	TX	绿色	探测器网络数据发送	常灭，发送数据时闪烁
D8	预留	绿色		

② 音视频显示终端监控数据、防火界面有时间更新，检查配置中防火探头的类型、位置应与防火探头配置表一致。

③ 音视频显示终端不许有防火探测器故障和防火报警。

④ 使用专用的测试工具，依次测试所有防火探测器，均能正确报警，音视频显示终端主界面显示报警信息，随后自动切换到火情发生部位的视频图像，确认测试点与音视频显示终

端的报警点一致。

⑤ 长按 10 s 感温线缆的终端盒上的测试按钮，音视频显示终端须有相应感温线缆报警。

⑥ 按动 AF 插件面板上的【复位】按钮或音视频显示终端【系统设置】【防火复位】按钮，所有报警解除，音视频显示终端主界面的报警信息消失。

（7）列车供电子系统功能测试。

① AP 插件的指示灯显示符合表 9－1－7 的要求。

表 9－1－7　6A 系统主机指示灯状态表

指示灯	名称	颜色	含义	工作状态
D1	电源	绿色	DC 24 V 供电	常亮
D2	运行	绿色	运行状态	秒闪
D3	通信	绿色	与 CPP 通信状态	收发数据时闪烁
D4	列供柜 1 通信	绿色	与列供柜 1 的通信状态	收发数据时闪烁
D5	列供柜 2 通信	绿色	与列供柜 2 的通信状态	收发数据时闪烁
D6	漏电流模块 1 通信	绿色	与漏电流模块 1 通信状态	收发数据时闪烁
D7	漏电流模块 2 通信	绿色	与漏电流模块 2 通信状态	收发数据时闪烁
D8	预留	绿色		

② 音视频显示终端监控数据、列供界面有时间更新，输入输出电压与微机上列供柜显示数值一致。

③ 将接地电阻（2 kΩ、30 W 功率电阻）接入列供柜+600 V 与地之间，给列供控制电，合主断，列供钥匙给电操作。

④ 音视频显示终端列供界面显示的数值和万用表测量的数值一致，漏电流为 100 mA 左右。

⑤ 将接地电阻更换为 800 Ω（30 W）功率电阻，列供柜接地隔离开关打到隔离位；同步骤 3，音视频显示终端列供界面显示的数值和万用表测量的数值一致，漏电流为 160 mA 左右。

⑥ 音视频显示终端主界面不许有列供系统的通信故障、自检故障。

（8）走行部子系统功能测试。

① AT1 插件的指示灯显示符合表 9－1－8 的要求。

表 9－1－8　6A 系统主机指示灯状态表

指示灯定义	颜色	规格	功能描述
24 V	绿	$\phi3$	24 V 正常时常亮
+12 V	绿	$\phi3$	+12 V 正常时常亮
－12 V	绿	$\phi3$	－12 V 正常时常亮
+5 V	绿	$\phi3$	+5 V 正常时常亮
转速	绿	$\phi3$	有转速脉冲时闪烁，无转速脉冲时灭
前置	绿	$\phi3$	与传感网络通信时闪烁，无通信时灭

续表

指示灯定义	颜色	规格	功能描述
运行	绿	$\phi3$	心跳指示，运行时闪烁，当 CPU 异常时灭
自检	绿	$\phi3$	设备处于自检状态时亮
采集	绿	$\phi3$	装置主机采集冲击信号或温度时灯亮
诊断	绿	$\phi3$	装置主机处于诊断分析时灯亮
CAN	绿	$\phi3$	与系统信息交互时闪烁
维护	绿	$\phi3$	维护调试状态时亮
Ⅰ级报警	黄	$\phi3$	Ⅰ级报警时闪烁，无报警时灭
Ⅱ级报警	红	$\phi3$	Ⅱ级报警时闪烁，无报警时灭
故障部件	红	$\phi3$	装置自身工况指示，故障时闪烁，正常灭
备用	红	$\phi3$	备用
两位数码管			用于显示报警或故障部件的位置信息

② 音视频显示终端监控数据、走行 1 界面有时间更新，复合传感器的温度数值与外温数据误差为±4 ℃，外温传感器数值与当时的外温误差为±4 ℃。

③ 拆下任意一个走行 1 的复合传感器接线线缆，音视频显示终端的走行 1 界面，须报相应的传感器自检故障；确认拆下位置与所报的传感器位置一致。线缆重新安装后自检故障消除，每轴至少测试一个传感器。

④ 利用走行部 1 维护器对所有测点逐一进行冲击检测。检测要求：将维护器连接至主机 AT1 插件上，确认和主机连接正常后，开始检测；选择“传感器冲击检测”，敲击检查所有位置的传感器，对应位置传感器须有冲击响应。

（9）视频子系统功能测试。

① AV1、AV2、AV3 插件的指示灯显示符合表 9－1－9 的要求。

表 9－1－9　6A 系统主机指示灯状态表

板卡名称	指示灯	名称	颜色	含义	工作状态
音视频采集卡 1	D1	电源	绿色	DC 24 V 供电	常亮
	D2	运行	绿色	运行指示	秒闪
	D3	通信	绿色	以太网通信	常亮，通信时闪烁
	D4	自检	黄色	自检	常灭，故障时常亮
	D5	CAN	绿色	内部通信	
	D6～D8	预留	绿色		

② 音视频显示终端视频图像界面，列表中的视频摄像头安装位置与视频摄像头实际安装位置一致。

③ 音视频显示终端主界面不许有摄像头故障。

④ 音视频显示终端视频图像界面能够看到各摄像头监控区域的视频图像，机械间摄像头

监控角度须监控到设备的上部。

⑤ 在视频图像界面点击【单画面】，依次查看各通道视频信号，清晰稳定不许有闪烁。

⑥ 在视频图像界面点击【四画面】，查看各通道的视频信号，清晰稳定不许有闪烁。

⑦ 检查视频字幕叠加情况，时间、速度、公里标、车次、机车号、通道名称等信息须叠加正确。

⑧ 在 AV3 插件的 USB 口上，插入带授权证书的 USB 存储设备，须能下载视频数据文件，播放正常。

（10）6A 系统内重联功能测试。

针对安装在八轴机车的 6A 系统进行此项测试，测试要求：6A 系统内重联检测即在任意一节音视频显示终端上（A 或 B），均能查看另外一节的各子系统数据，显示正常。

4）系统升级与改进工作

随着 6A 系统运用的增加，对 6A 系统的要求也不断提高，因此应对 6A 系统进行不断的升级改进，以便更贴合实际运用。

近期主要进行走行部数据统一下载、查询和分析，防火子系统改进，减少误报，6A 系统大版本升级等工作。

其中防火子系统改进，减少误报警，以及消除烟温复合探测器 57.2 ℃发生报警影响感烟类探测器的防尘罩进展明显。目前防尘罩已经完成 3D 打印，在实验室进行灰尘测试，防尘效果较明显。正在开模具，预计 9 月中旬可开始生产。

6A 系统数据与走行部数据统一下载及服务器对接，走行部 1 子系统在完成车载设备及配套服务器的升级工作后，可实现通过 6A 系统的授权下载 U 盘进行 6A 系统数据与走行部 1 数据的统一下载，下载完成后分别上传至 6A 系统及机务段原有走行部监测的数据分析服务器，在数据上传完成后可通过 6A 地面专家系统进行原有走行部监测的数据分析。

6A 系统大版本升级，支持 CMD 大报文通信接口；支持视频统型和外挂存储；支持能耗传输和存储；支持对车载微机统一授时；支持防折关报警语音提示；支持司机室拾音器；支持地面系统压缩上传和自动导入。

思考与讨论

1. 简述 6A 系统构成。
2. 说明音视频显示终端操作使用方法。
3. 熟悉报警与故障处理方法。
4. 掌握 6A 系统数据下载方法。
5. 掌握地面专家系统操作使用方法。
6. 掌握系统检修与维护方法。

任务 9.2　熟悉机车远程视频监控系统

YDVS 型机车运用安全监视系统是成都运达创新科技有限公司专门为铁路机车研制的机车运用安全监视设备，该系统包括车载视频记录、图像信息地面处理和远程视频监视三大部分。

车载视频记录包括机车上的视频采集、实时压缩、实时录像、下载接口和无线传输等功能，即车载视频记录同时具备数字视频录像机（DVR）和数字视频服务器（DVS）的特性。完成车载视频记录功能的装置称为“YDVS型机车运用安全监视装置”（简称装置）。

图像信息地面处理完成装置传输到地面的图像数据的存储、数据库管理、用户管理、接口管理等。完成图像信息地面处理的装置称为“图像信息地面处理系统”（简称中心服务器）。

远程视频监视完成远程图像查看、控制、语音对讲等功能。完成远程视频监视功能的装置称为“远程视频信息监控终端”（简称终端）。

YDVS机车运用安全监视装置主要用于监视运用中机车操纵、线路状况。装置主机将所需要的信息通过CDMA无线数据传输网络平台传输到地面图像处理系统，机务管理人员通过地面图像处理系统，观察和掌握机车运用状况，包括机车运行安全、前后方线路状况等，并可远程提醒机车乘务员。报警与对讲单元是YDVS机车运用安全监视装置的人机交互终端。地面管理人员可远程控制此终端声光报警，提醒机车乘务员；同时可通过此终端与机车乘务员进行语音对话等。

视频输入设备（摄像机）将监视区域（如机车司机室和前后方线路状况等）的实时情况传输到装置主机中，主机经过处理后，除了进行硬盘录像存储外，还根据地面系统的控制，将需要的视频信息通过CDMA无线数据传输网络平台传输到地面图像处理系统。

装置采集并记录运用中的视频信息，同时，将所需要的视频及其相关信息通过CDMA无线数据传输网络平台传输到中心服务器。机务管理人员通过终端登录中心服务器，实施监视运用机车的有关视频信息，并可远程提示机车乘务员或与其对话。

1. 机车运用安全监视系统组成

包括主机、报警与对讲单元、视频输入（摄像机）、电源分配器等设备，主要完成车载视频信息的采集、实时压缩、实时录像和无线传输等功能。如图9-2-1所示。

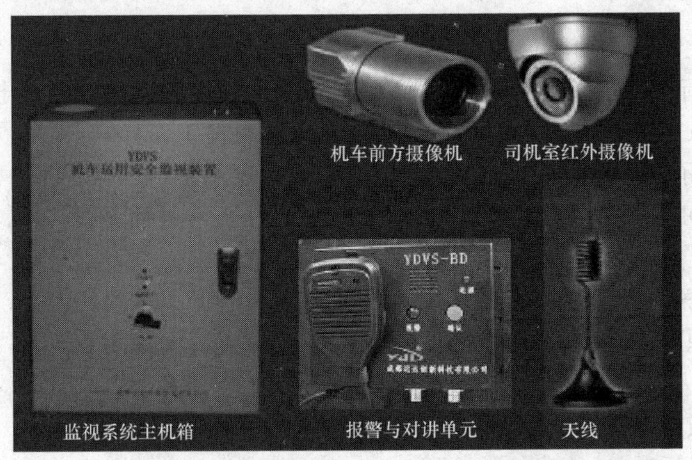

图9-2-1 YDVS型机车运用安全监视装置设备外形图

1）主机

主要包括机箱、DVR硬盘录像机组件、系统控制板组件、视频选择板组件、视频转接板组件、LED面板组件、电源转接板组件、DC 12 V电源组件、CDMA无线数据传输单元等部分。主机机箱采用 Q235 钢板材料制成，用于防尘和 EMC 防护，机械结构上实现各组件及对外连接器等的安装。如图 9－2－2 所示。

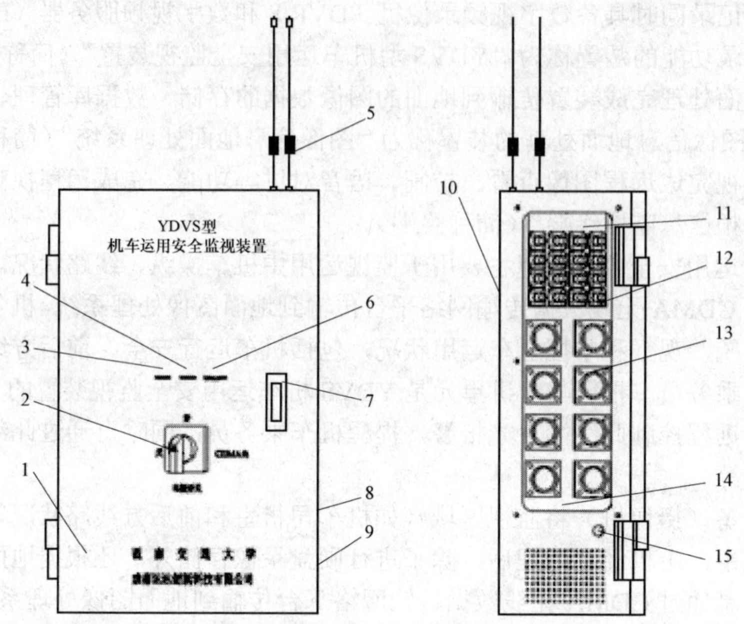

图 9－2－2　YDVS 型机车运用安全监视装置主机前、后视图

1—机箱面板；2—控制开关；3—电源指示灯；4—工作指示灯；5—CDMA 天线；6—CDMA 指示灯；7—锁；8—产品铭牌；9—机箱箱体；10—机箱挂件；11—BNC 插座安装板；12—BNC－75KF 插座；13—Y28M 航空插座；14—接口面板；15—保险管

装置主机正面板为控制面板，在控制面板上有状态指示灯和控制开关。指示灯从左至右依次为“电源指示灯”“工作指示灯”“CDMA 指示灯”。控制开关可控制电源开关、CDMA 组件工作/不工作。

各指示灯和控制开关功能说明如下：

（1）“电源指示灯”点亮表示设备输入电源（DC 110 V）正常且内部电源组件工作正常，熄灭表示设备输入电源（DC 110 V）异常或内部电源组件工作异常；

（2）“工作指示灯”点亮闪烁（频率约为 10 Hz）表示主机工作正常，熄灭或常亮表示主机工作异常；“CDMA 指示灯”点亮表示 CDMA 组件正常进行无线传输，熄灭表示 CDMA 组件停止工作。

（3）“控制开关”置于“开”位置，接通设备输入电源（DC 110 V）；置于“关”位置，断开设备输入电源（DC 110 V）；置于“CDMA 关”位置，仅关闭 CDMA 组件，停止视频图像无线传输。

主机接口定义，参见表 9－2－1。

表 9－2－1　主机接口定义表

插座编号	插座型号	插针编号	接口定义	线号	备注
D1	BNC－75KF（Q9）	正	Ⅰ端司机室半球形摄像机视频输入正	D1	
		屏蔽	Ⅰ端司机室半球形摄像机视频输入负		

续表

插座编号	插座型号	插针编号	接口定义	线号	备注
D2	BNC－75KF（Q9）	正	Ⅱ端司机室半球形摄像机视频输入正	D2	
		屏蔽	Ⅱ端司机室半球形摄像机视频输入负		
D3	BNC－75KF（Q9）	正	Ⅰ端司机室枪式摄像机视频输入正	D3	
		屏蔽	Ⅰ端司机室枪式摄像机视频输入负		
D4	BNC－75KF（Q9）	正	Ⅱ端司机室枪式摄像机视频输入正	D4	
		屏蔽	Ⅱ端司机室枪式摄像机视频输入负		
C1	BNC－75KF（Q9）	正	输入预留		
		屏蔽	输入预留		
C2	BNC－75KF（Q9）	正	输入预留		
		屏蔽	输入预留		
C3	BNC－75KF（Q9）	正	输入预留		
		屏蔽	输入预留		
C4	BNC－75KF（Q9）	正	输入预留		
		屏蔽	输入预留		
B1	BNC－75KF（Q9）	正	输入预留		
		屏蔽	输入预留		
B2	BNC－75KF（Q9）	正	输出预留		
		屏蔽	输出预留		
B3	BNC－75KF（Q9）	正	输出预留		
		屏蔽	输出预留		
B4	BNC－75KF（Q9）	正	输出预留		
		屏蔽	输出预留		
A1	BNC－75KF（Q9）	正	输出预留		
		屏蔽	输出预留		
A2	BNC－75KF（Q9）	正	输入预留		
		屏蔽	输入预留		
A3	BNC－75KF（Q9）	正	输入预留		
		屏蔽	输入预留		
A4	BNC－75KF（Q9）	正	输出预留		
		屏蔽	输出预留		
J1	Y28M－10ZJ（Ⅰ端司机室接口）	1	Ⅰ端司机室送话 CDMA	1YPOUTC	
		2	Ⅰ端司机室受话	1YPIN	
		3			
		4	音频地	1YPGND	
		5			

续表

插座编号	插座型号	插针编号	接口定义	线号	备注
J1	Y28M－10ZJ（Ⅰ端司机室接口）	6			
		7	Ⅰ端司机室报警确认	1BJQR	
		8	Ⅰ端司机室报警	1BJ	
		9	Ⅰ端司机室报警确认公共端	1BJQRCOM	
		10	Ⅰ端司机室报警公共端	1BJCOM	
J2	预留				
J3	Y28M－14ZJ（Ⅱ端司机室接口）	1	Ⅱ端司机室送话 CDMA	2YPOUTC	
		2	Ⅱ端司机室受话	2YPIN	
		3			
		4	音频地	2YPGND	
		5			
		6			
		7			
		8			
		9			
		10			
		11	Ⅱ端司机室报警确认	2BJQR	
		12	Ⅱ端司机室报警	2BJ	
		13	Ⅱ端司机室报警确认公共端	2BJQRCOM	
		14	Ⅱ端司机室报警公共端	2BJCOM	
J4	Y28M－7ZJ（TAX 箱信号）	1	信号地	RS485TG	
		2	RS485 信号正输入	RS485TA	
		3	RS485 信号负输入	RS485TB	
		4			
		5			
		6			
		7			
J5	Y28M－12ZJ（DC12V 电源输出）	1	DC12 V 电源输出正	+12 V	
		2	DC12 V 电源输出正		
		3	DC12 V 电源输出正		
		4	DC12 V 电源输出正		
		5	DC12 V 电源输出正		
		6	DC12 V 电源输出正		
		7	DC12 V 电源输出负	GND 12 V	
		8	DC12 V 电源输出负		

续表

插座编号	插座型号	插针编号	接口定义	线号	备注
J5	Y28M－12ZJ（DC12 V 电源输出）	9	DC12 V 电源输出负		
		10	DC12 V 电源输出负		
		11	DC12 V 电源输出负		
		12	DC12 V 电源输出负		
J6	预留				
J7	Y28M－8ZJ（前向判断信号）	1	电钥匙信号/燃油泵信号	YSXH	
		2			
		3			
		4			
		5			
		6			
		7			
		8			
J8	Y28M－4ZJ DC110 V 电源输入	1	DC110 V 电源正输入	+110 V	
		2			
		3			
		4	DC110 V 电源负输入	GND 110 V	

2）报警与对讲单元

主要包括机箱、报警板组件、对讲机手咪等几部分。报警与对讲单元机箱采用 Q235 钢板材料制成，用于防尘和 EMC 防护，机械结构上实现各组件及对外连接器等的安装。如图 9－2－3 所示。

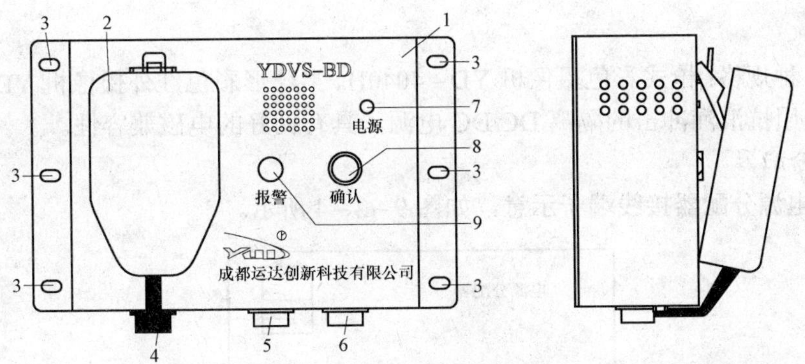

图 9－2－3　YDVS 型机车运用安全监视装置报警与对讲单元前、左视图

1—机箱；2—手咪；3—安装孔；4—音频插座；5—X1 航空插座；6—X2 航空插座；7—电源指示灯；8—报警确认按键；9—报警指示灯

装置报警与对讲单元正面为控制面板。在控制面板上有状态指示灯、控制按键和手咪。各指示灯、控制按键和手咪功能说明如下：

“电源指示灯”点亮表示设备输入电源（DC12 V）正常且内部电源工作正常，熄灭表示设备输入电源（DC12 V）异常或内部电源工作异常；“报警指示灯”闪亮（约 1 Hz）表示报警激活，闪亮（约 0.5 Hz）表示自检激活，熄灭表示正常状态。

在正常状态，长按约 5 s“确认”按键，报警灯开始闪亮，报警声响起，设备自检。当报警声响起后，按压“确认”按键，则报警声消除。

当地面终端控制的报警声响起后，取下手咪，接听地面通话（受话状态）；按压手咪侧面按键，对地面终端进行讲话（送话状态）。将手咪挂上报警与对讲单元挂钩后，手咪状态为监听状态。

报警与对讲单元接口定义，参见表 9－2－2。

表 9－2－2　报警与对讲单元接口定义表

插座代号	插座型号	接口功能	插针号	插针定义	说明
X1	X12K4P	音频输入输出	1	AIN_C	送话 CDMA
			2		
			3	A_GND	音频地
			4	AOUT	受话
X2	X12K7P	DC+12 V 电源输入 开关量输入输出	1	DC 12 V	DC 12 V 电源正
			2	GND 12 V	DC 12 V 电源负
			3	KOUT	报警
			4		
			5	KIN	报警确认
			6	KOUT_COM	报警公共端
			7	KIN_COM	报警确认公共端
MIC	2.5 mm 音频插座	送话			
SPK	3.5 mm 音频插座	受话			

3）摄像机

共包含 2 种规格：枪式彩色摄像机 YD－4040H、半球形彩色红外摄像机 YD－900－28IR。装置的电源采用抗浪涌冲击的隔离 DC/DC 电源，具有良好的电磁兼容性。

4）电源分配器

DC12 V 电源分配器接线端子示意，如图 9－2－4 所示。

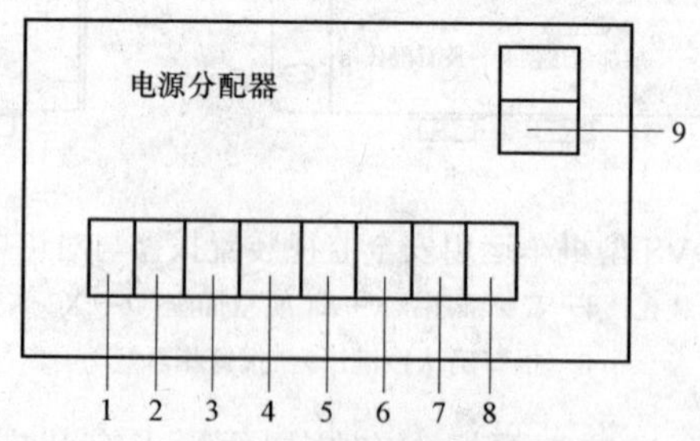

图 9－2－4　DC12 V 电源分配器接线端子示意图

1—12 V－（输入）；2—12 V+（输入）；3—12 V－（输出）；4—12 V+（输出）；5—12 V－（输出）；6—12 V+（输出）；7—12 V－（输出）；8—12 V+（输出）；9—YWBJ+

2. 装置数据转储操作

数据转储的载体为 SATA 硬盘，型号为 SATA－160 GB，转储操作方法如下。

首先关闭 YDVS 型机车运用安全监视装置总电源，打开主机机箱，然后松开硬盘盒组件锁紧螺钉，握住提手，平行向外拉出硬盘盒组件，拔掉电源连接电缆和数据连接电缆；将电源连接电缆和数据电缆正确连接到另一硬盘盒组件，握住提手，平行推入导轨，最后缩紧硬盘盒组件锁紧螺钉，关闭主机机箱。如图 9－2－5 所示。

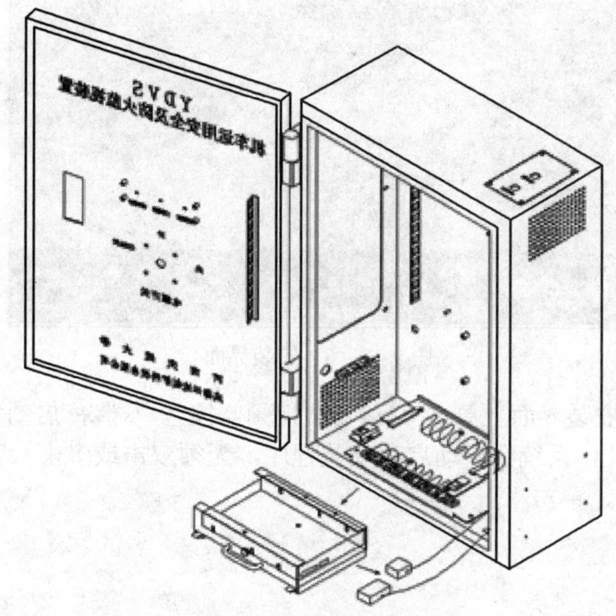

图 9－2－5　转储操作示意图

3. 终端

终端由通用个人计算机安装 YDVS 型机车运用安全监视系统客户端监控软件构成，主要完成远程实时监控、配置管理、安全设置、录像及回放、语音对讲等功能。

终端主要技术参数：

✧ 工作电压　AC 220 V±10%
✧ 工作环境温度　0～50 ℃
✧ 最低存放温度　－20 ℃
✧ 工作海拔高度　不高于 2 500 m
✧ 工作相对湿度　最湿月月平均最大相对湿度不大于 90%（该月月平均最低温度为 25 ℃）
✧ 视频压缩标准　H.264
✧ 本地监视图像分辨率　1 024×768 以上
✧ 操作系统　Windows 2000/XP
✧ 网络连接　支持 TCP/IP、HTTP 通信协议的局域网、互联网
✧ 终端主机硬件配置　P4 1.6 GHz/256 MB/64 MB 独立显卡/40 GB 硬盘以上

客户端监控软件主要使用如下。

① 将安装光盘放入光驱中，双击 Setup.exe（或程序自动运行），弹出安装界面，如图 9-2-6 所示。

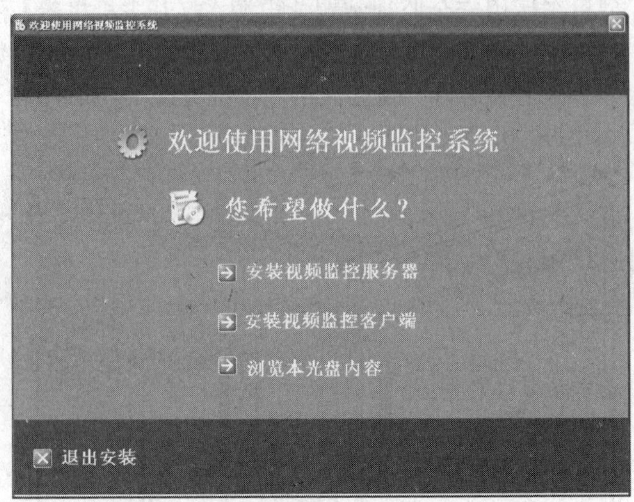

图 9-2-6　安装界面

② 在图 9-2-6 安装界面上单击“安装视频监控客户端”，启动安装程序（提示：单击后可能需要等一会儿，系统会自动启动安装程序，无须双击或多击）。

③ 出现欢迎界面，单击“下一步”。

模块 10

工卡量具的使用

任务 10.1　常用量具的使用方法
任务 10.2　钳工技术基础知识

任务 10.1　常用量具的使用方法

1. 游标读数量具

应用游标读数原理制成的量具有游标卡尺、高度游标卡尺、深度游标卡尺、游标量角尺（如万能量角尺）和齿厚游标卡尺等，用以测量零件的外径、内径、长度、宽度、厚度、高度、深度、角度以及齿轮的齿厚等，应用范围非常广泛。

1）游标卡尺

游标卡尺，是一种测量长度、内外径、深度的量具。

游标卡尺有 0～125、0～160、0～180、0～250、0～300 mm 等多种规格，测量精度根据游标读数值有 0.1、0.05、0.02 mm 三种。

游标卡尺由主尺和附在主尺上能滑动的游标两部分构成。主尺一般以 mm 为单位，而游标上则有 10、20 或 50 个分格，根据分格的不同，游标卡尺可分为十分度游标卡尺、二十分度游标卡尺、五十分度格游标卡尺等，游标为 10 分度的有 9 mm，20 分度的有 19 mm，50 分度的有 49 mm。游标卡尺的主尺和游标上有两副活动量爪，分别是内测量爪和外测量爪，内测量爪通常用来测量内径，外测量爪通常用来测量长度和外径。

（1）游标卡尺种类。

① 按数值显示方式主要有游标卡尺、带表游标卡尺及数显游标卡尺三种类型。如图 10-1-1 所示。

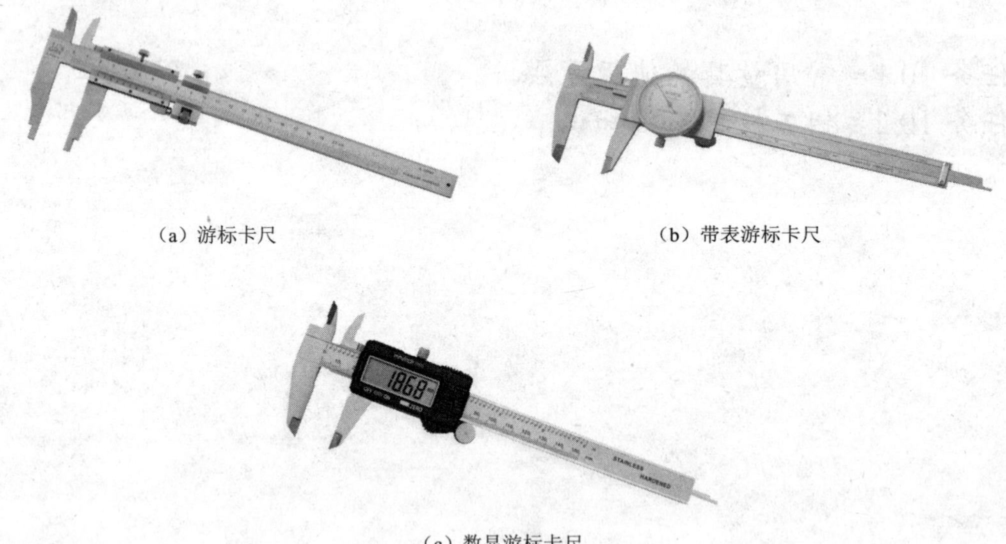

（a）游标卡尺　（b）带表游标卡尺

（c）数显游标卡尺

图 10-1-1　游标卡尺

（a）游标卡尺优点：重量轻，测量简单，使用方便，能够方便地测量内径及深度，如轴承内沟。缺点：测量数据不直观，容易看错。

（b）带表游标卡尺优点：数据精准，耐油污。缺点：使用过程振动容易导致指针偏移、齿轮损坏，精度受灰尘及动作的影响较大。通过机械传动系统，将两测量爪相对移动转变为指示表指针的回转运动，并借助尺身刻度和指示表，对两测量爪相对移动所分隔的距离进行读数的一种通用长度测量工具。带表卡尺，也叫附表卡尺。它是运用齿条传动齿轮带动指针显示数值，主尺上有大致的刻度，结合指示表读数，比游标卡尺读数更为快捷准确。

（c）数显游标卡尺优点：数据显示直观，无须进行计算。缺点：每次测量前需重新校正0，使用起来较为麻烦。数显游标卡尺，是一种测量长度、内外径、深度的量具，具有读数直观、使用方便、功能多样的特点。数显游标卡尺主要由尺体、传感器、控制运算部分和数字显示部分组成。按照传感器的不同形式划分，目前分为磁栅式数显游标卡尺和容栅式数显游标卡尺两大类。

② 按适用范围主要有通用游标卡尺（如图 10－1－2 所示）、高度游标卡尺（如图 10－1－3 所示）、内沟槽游标卡尺（如图 10－1－4 所示）、深度游标卡尺（如图 10－1－5 所示）、奇数沟游标卡尺（如图 10－1－6 所示）等。

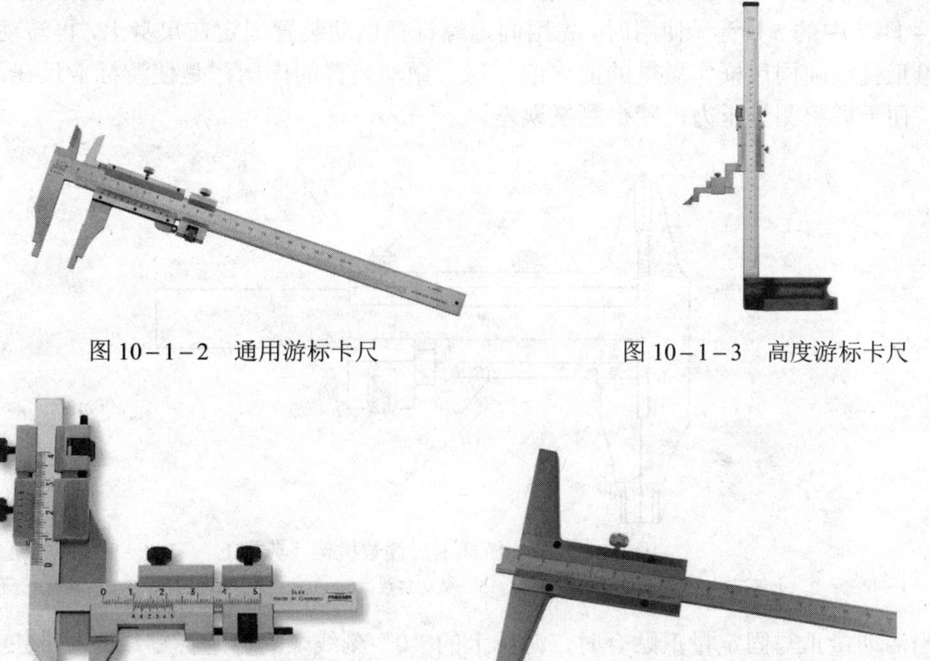

图 10－1－2　通用游标卡尺

图 10－1－3　高度游标卡尺

图 10－1－4　内沟槽游标卡尺

图 10－1－5　深度游标卡尺

（a）高度游标卡尺：简称高度尺。顾名思义，它的主要用途是测量工件的高度，另外还经常用于测量形状和位置公差尺寸，有时也用于划线。根据读数形式的不同，高度游标卡尺可分为普通游标式和电子数显式两大类。

（b）内沟槽游标卡尺：用于测量孔用挡槽直径等内尺寸。

（c）深度游标卡尺：是一种用游标读数的深度量尺，用于测量凹槽或孔的深度、梯形工件的梯层高度、

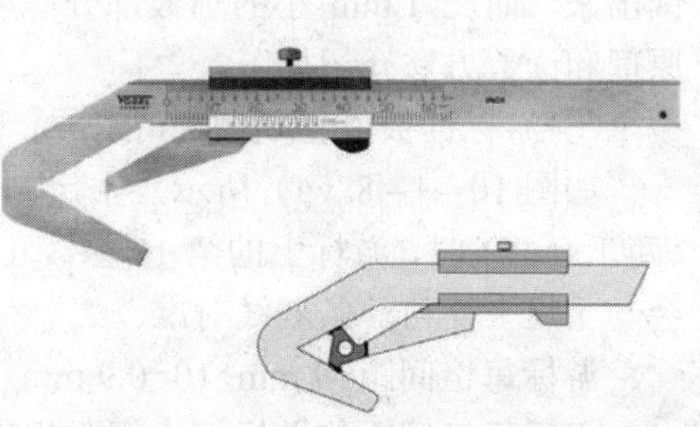

图 10－1－6　奇数沟游标卡尺

长度等尺寸，平常被简称为“深度尺”。

（d）数显深度卡尺：精确度高、读数直观，具有公英制转换、任意位置清零、数据输出等功能，可进行深度、台阶的绝对测量和相对测量。

（e）奇数沟游标卡尺：用于测量带有奇数沟槽的丝锥、铰刀、铣刀、键槽和齿轮等的直径尺寸。

（2）游标卡尺的读数原理和读数方法。

游标卡尺的读数机构，是由主尺和游标（如图 10－1－7 中的 6 和 8 所示）两部分组成。主尺上的刻线间距为 1 mm。主尺的长度决定了游标卡尺的测量范围。具有活动量爪的尺框，如图 10－1－7 中的 3 所示。尺框上有游标，如图 10－1－7 中的 8 所示。游标卡尺的游标读数值可制成为 0.1、0.05 和 0.02 mm 的三种。游标读数值，就是指使用这种游标卡尺测量零件尺寸时，卡尺上能够读出的最小数值。

测量范围等于和大于 200 mm 的游标卡尺，带有随尺框作微动调整的微动装置，如图 10－1－7 中的 5 所示。使用时，先用固定螺钉把微动装置固定在尺身上，再转动微动螺母，活动量爪就能随同尺框作微量的前进或后退。微动装置的作用，是使游标卡尺在测量时受力均匀，便于调整测量压力，减少测量误差。

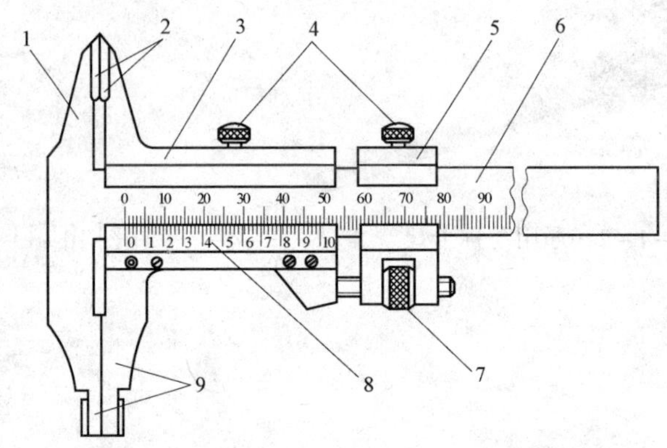

图 10－1－7　游标卡尺读数机构（典型）

1—尺身；2—上量爪；3—尺框；4—固定螺钉；5—微动装置；6—主尺；7—微动螺母；8—游标；9—下量爪

当活动量爪与固定量爪贴合时，游标上的“0”刻线（简称游标零线）对准主尺上的“0”刻线，此时量爪间的距离为“0”。当尺框向右移动到某一位置时，固定量爪与活动量爪之间的距离，就是零件的测量尺寸。此时零件尺寸的整数部分，可在游标零线左边的主尺刻线上读出来，而比 1 mm 小的小数部分，可借助游标读数机构来读出，现把三种游标卡尺的读数原理和读数方法介绍如下。

① 游标读数值为 0.1 mm 的游标卡尺。

如图 10－1－8（a）所示，主尺刻线间距（每格）为 1 mm，当游标零线与主尺零线对准（两爪合并）时，游标上的第 10 刻线正好指向等于主尺上的 9 mm，而游标上的其他刻线都不会与主尺上任何一条刻线对准。

游标每格间距=9 mm÷10=0.9 mm。

主尺每格间距与游标每格间距相差=1 mm－0.9 mm=0.1 mm。

0.1 mm 即为此游标卡尺上游标所读出的最小数值，再也不能读出比 0.1 mm 小的数值。

当游标向右移动 0.1 mm 时，则游标零线后的第 1 根刻线与主尺刻线对准。当游标向右移动 0.2 mm 时，则游标零线后的第 2 根刻线与主尺刻线对准，依次类推。若游标向右移动 0.5 mm，见图 10－1－8（b），则游标上的第 5 根刻线与主尺刻线对准。由此可知，游标向右移动不足 1 mm 的距离，虽不能直接从主尺读出，但可以由游标的某一根刻线与主尺刻线对准时，该游标刻线的次序数乘其读数值而读出其小数值。例如，图 10－1－8（b）的尺寸即为：5×0.1 mm=0.5 mm。

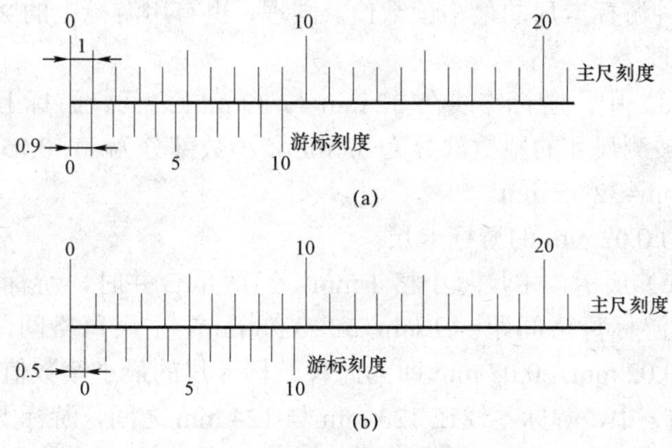

图 10－1－8　游标读数原理

另有一种读数值为 0.1 mm 的游标卡尺，如图 10－1－9（a）所示，是将游标上的 10 格对准主尺的 19 mm，则游标每格=19 mm÷10=1.9 mm，使主尺 2 格与游标 1 格相差=2 mm－1.9 mm=0.1 mm。这种增大游标间距的方法，其读数原理并未改变，但使游标线条清晰，更容易看准读数。在游标卡尺上读数时，首先要看游标零线的左边，读出主尺上尺寸的整数是多少毫米，其次是找出游标上第几根刻线与主尺刻线对准，该游标刻线的次序数乘其游标读数值，读出尺寸的小数，整数和小数相加的总值，就是被测零件尺寸的数值。

在图 10－1－9（b）中，游标零线在 2 与 3 mm 之间，其左边的主尺刻线是 2 mm，所以被测尺寸的整数部分是 2 mm，再观察游标刻线，这时游标上的第 3 根刻线与主尺刻线对准。所以，被测尺寸的小数部分为 3×0.1 mm=0.3 mm，被测尺寸即为 2 mm+0.3 mm=2.3 mm。

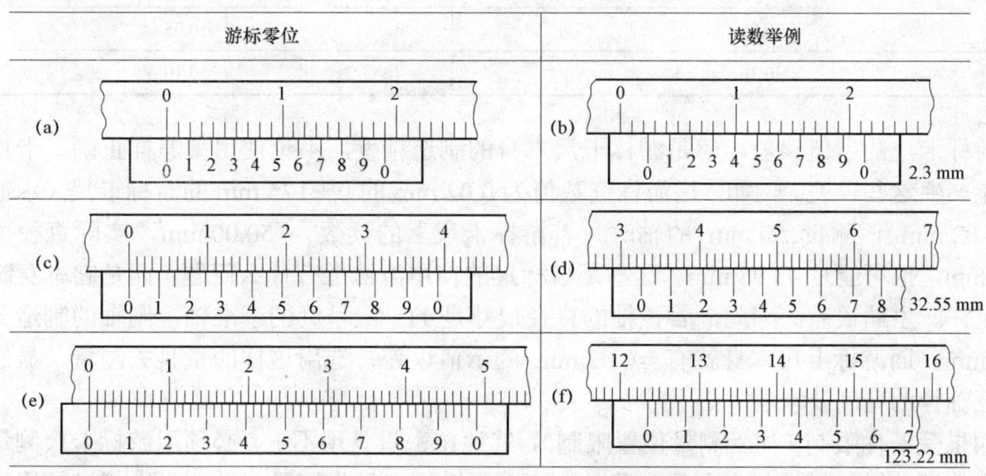

图 10－1－9　游标零位和读数举例

② 游标读数值为 0.05 mm 的游标卡尺。

如图 10－1－9（c）所示，主尺每小格 1 mm，当两爪合并时，游标上的 20 格刚好等于主尺的 39 mm，则：

游标每格间距=39 mm÷20=1.95 mm。

主尺 2 格间距与游标 1 格间距相差=2 mm−1.95 mm=0.05 mm。

0.05 mm 即为此种游标卡尺的最小读数值。同理，也有用游标上的 20 格刚好等于主尺上的 19 mm，其读数原理不变。

在图 10－1－9（d）中，游标零线在 32 mm 与 33 mm 之间，游标上的第 11 格刻线与主尺刻线对准。所以，被测尺寸的整数部分为 32 mm，小数部分为 11×0.05 mm=0.55 mm，被测尺寸为 32 mm+0.55 mm=32.55 mm。

③ 游标读数值为 0.02 mm 的游标卡尺。

如图 10－1－9（e）所示，主尺每小格 1 mm，当两爪合并时，游标上的 50 格刚好等于主尺上的 49 mm，则游标每格间距=49 mm÷50=0.98 mm，主尺每格间距与游标每格间距相差=1 mm－0.98 mm=0.02 mm，0.02 mm 即为此种游标卡尺的最小读数值。

如图 10－1－9（f）中，游标零线在 123 mm 与 124 mm 之间，游标上的 11 格刻线与主尺刻线对准。所以，被测尺寸的整数部分为 123 mm，小数部分为 11×0.02 mm=0.22 mm，被测尺寸为 123 mm+0.22 mm=123.22 mm。

（3）游标卡尺的测量精度。

测量或检验零件尺寸时，要按照零件尺寸的精度要求，选用相适应的量具。游标卡尺是一种中等精度的量具，它只适用于中等精度尺寸的测量和检验。用游标卡尺去测量锻铸件毛坯或精度要求很高的尺寸，都是不合理的。前者容易损坏量具，后者测量精度达不到要求，因为量具都有一定的示值误差，游标卡尺的示值误差见表 10－1－1。

表 10－1－1　游标卡尺的示值误差

游标读数值/mm	示值总误差/mm
0.02	±0.02
0.05	±0.05
0.10	±0.10

游标卡尺的示值误差，就是游标卡尺本身的制造精度，不论使用得怎样正确，卡尺本身就可能产生这些误差。例如，用游标读数值为 0.02 mm 的 0～125 mm 的游标卡尺（示值误差为±0.02 mm），测量 50 mm 的轴时，若游标卡尺上的读数为 50.00 mm，实际直径可能是 50.02 mm，也可能是 49.98 mm。这不是游标尺的使用方法上有什么问题，而是它本身制造精度所允许产生的误差。因此，若该轴的直径尺寸是 IT5 级精度的基准轴，则轴的制造公差为 0.025 mm，而游标卡尺本身就有±0.02 mm 的示值误差，选用这样的量具去测量，显然是无法保证轴径的精度要求的。

如果受条件限制（如受测量位置限制），其他精密量具用不上，必须用游标卡尺测量较精密的零件尺寸时，又该怎么办呢？此时，可以用游标卡尺先测量与被测尺寸相当的块规，消除游标卡尺的示值误差（称为用块规校对游标卡尺）。例如，要测量上述 50 mm 的轴时，先测量 50 mm 的块规，看游标卡尺上的读数是不是正好 50 mm。如果不是正好 50 mm，则比 50 mm 大的或小的数值，就是游标卡尺的实际示值误差，测量零件时，应把此误差作为修正值考虑进去。例如，测量 50 mm 块规时，游标卡尺上的读数为 49.98 mm，即游标卡尺的读数比实际尺寸小 0.02 mm，则测量轴时，应在游标卡尺的读数上加上 0.02 mm，才是轴的实际直径尺寸；若测量 50 mm 块规时的读数是 50.01 mm，则在测量轴时，应在读数上减去 0.01 mm，才是轴的实际直径尺寸。另外，游标卡尺测量时的松紧程度（即测量压力的大小）和读数误差（即看准是那一根刻线对准），对测量精度影响亦很大。所以，当必须用游标卡尺测量精度要求较高的尺寸时，最好采用和测量相等尺寸的块规相比较的办法。

（4）游标卡尺使用方法。

用软布将量爪擦干净，使其并拢，查看游标和主尺身的零刻度线是否对齐。如果对齐就可以进行测量，如没有对齐则要记取零误差。游标的零刻度线在尺身零刻度线右侧的叫正零误差，在尺身零刻度线左侧的叫负零误差（这件规定方法与数轴的规定一致，原点以右为正，原点以左为负）。

使用游标卡尺测量零件尺寸时，必须注意下列几点：

① 测量前应把卡尺擦干净，检查卡尺的两个测量面和测量刃口是否平直无损，把两个量爪紧密贴合时，应无明显的间隙，同时游标和主尺的零位刻线要相互对准。这个过程称为校对游标卡尺的零位。

② 移动尺框时，活动要自如，不应过松或过紧，更不能有晃动现象。用固定螺钉固定尺框时，卡尺的读数不应有所改变。在移动尺框时，不要忘记松开固定螺钉，亦不宜过松以免掉了。

③ 当测量零件的外尺寸时，卡尺两测量面的连线应垂直于被测量表面，不能歪斜。

（a）测量时，可以轻轻摇动卡尺，放正垂直位置。否则，量爪若在如图 10－1－10 所示的错误位置上，将使测量结果 a 比实际尺寸 b 要大。先把卡尺的活动量爪张开，使量爪能自由地卡进工件，把零件贴靠在固定量爪上，然后移动尺框，用轻微的压力使活动量爪接触零件。如卡尺带有微动装置，此时可拧紧微动装置上的固定螺钉，再转动调节螺母，使量爪接触零件并读取尺寸。决不可把卡尺的两个量爪调节到接近甚至小于所测尺寸，或把卡尺强制卡到零件上去。这样做会使量爪变形，或使测量面过早磨损，使卡尺失去应有的精度。

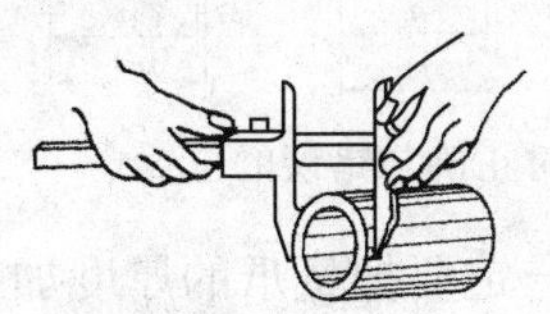

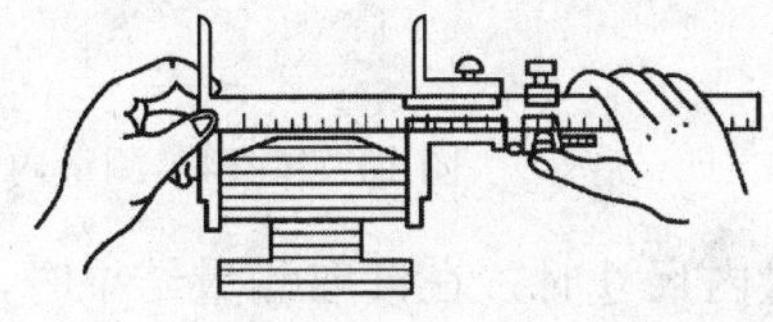

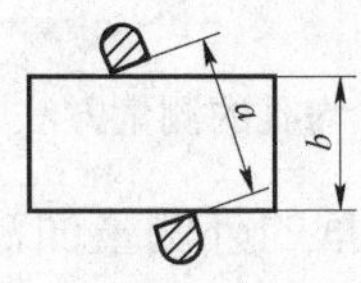

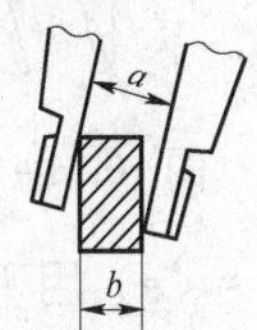

图 10－1－10　测量外尺寸时正确与错误的位置

（b）测量沟槽时，应当用量爪的平面测量刃进行测量，尽量避免用端部测量刃和刃口形量爪去测量外尺寸。而对于圆弧形沟槽尺寸，则应当用刃口形量爪进行测量，不应当用平面形测量刃进行测量，如图 10－1－11 所示。

（c）测量沟槽宽度时，也要放正游标卡尺的位置，应使卡尺两测量刃的连线垂直于沟槽，不能歪斜。否则，量爪若在如图 10－1－12 所示的错误的位置上，也将使测量结果不准确（可能大也可能小）。

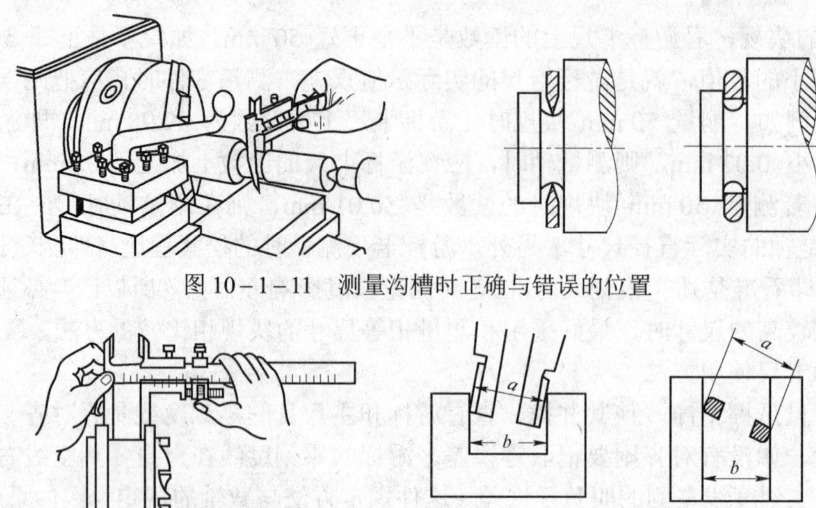

图 10－1－11　测量沟槽时正确与错误的位置

图 10－1－12　测量沟糟宽度时正确与错误的位置

（d）当测量零件的内尺寸时，如图 10－1－13 所示，要使量爪分开的距离小于所测内尺寸，进入零件内孔后，再慢慢张开并轻轻接触零件内表面，用固定螺钉固定尺框后，轻轻取出卡尺来读数。取出量爪时，用力要均匀，并使卡尺沿着孔的中心线方向滑出，不可歪斜，避免使量爪扭伤、变形和受到不必要的磨损，避免使尺框走动，影响测量精度。卡尺两测量刃应在孔的直径上，不能偏歪。图 10－1－14 为带有刃口形量爪和带有圆柱面形量爪的游标卡尺，在测量内孔时正确的和错误的位置。当量爪在错误位置时，其测量结果，将比实际孔径 D 要小。

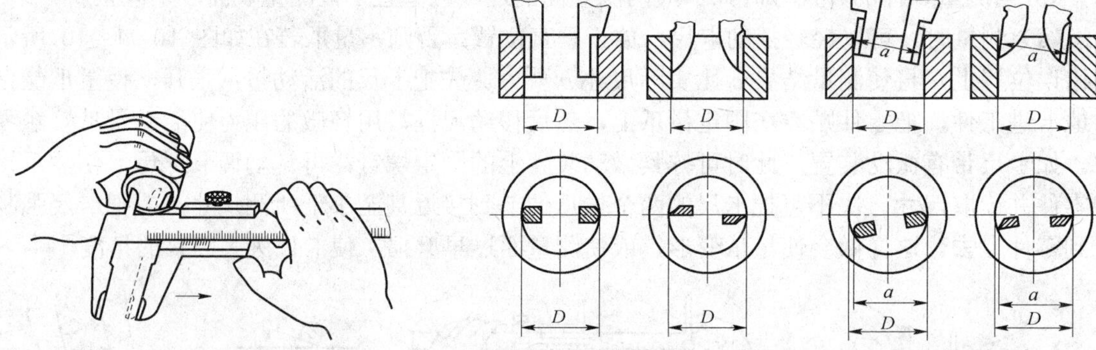

图 10－1－13　内孔的测量方法　　图 10－1－14　测量内孔时正确与错误的位置

（e）用下量爪的外测量面测量内尺寸时，在读取测量结果时，一定要把量爪的厚度加上去。即游标卡尺上的读数，加上量爪的厚度，才是被测零件的内尺寸。测量范围在 500 mm 以下的游标卡尺，量爪厚度一般为 10 mm。但当量爪磨损和修理后，量爪厚度就要小于 10 mm，读数时这个修正值也要考虑进去。

为了使读者便于记忆，更好地掌握游标卡尺的使用方法，把上述提到的几个主要问题，整理成顺口溜，供读者参考。

量爪贴合无间隙，主尺游标两对零。

尺框活动能自如，不松不紧不摇晃。

测力松紧细调整，不当卡规用力卡。

量轴防歪斜，量孔防偏歪。

测量内尺寸，爪厚勿忘加。

面对光亮处，读数垂直看。

2）高度游标卡尺

高度游标卡尺，如图 10－1－15 所示。用于测量零件的高度和精密划线。它的结构特点是用质量较大的基座代替游标卡尺的固定量爪，而动的尺框则通过横臂装有测量高度和划线用的量爪，量爪的测量面上镶有硬质合金，可提高量爪使用寿命。

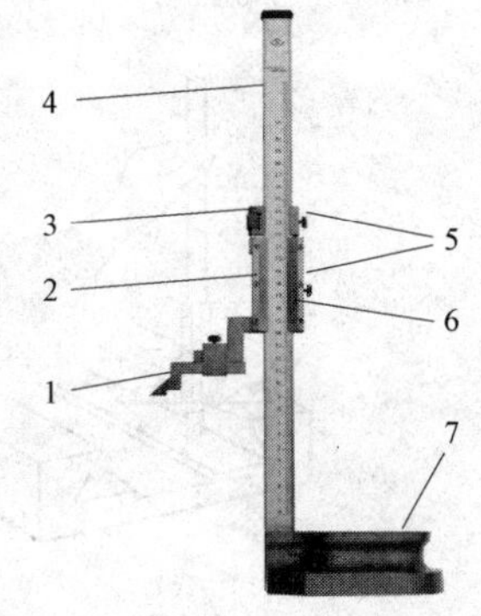

图 10－1－15 高度游标卡尺

1—量爪；2—尺框；3—微调装置；4—主尺；5—紧固螺钉；6—游标；7—基座

高度游标卡尺的测量工作，应在平台上进行。当量爪的测量面与基座的底平面位于同一平面时，如在同一平台平面上，主尺与游标的零线相互对准。所以在测量高度时，量爪测量面的高度，就是被测量零件的高度尺寸，它的具体数值，可在主尺（整数部分）和游标（小数部分）上读出。应用高度游标卡尺划线时，调好划线高度，用紧固螺钉把尺框锁紧后，也应在平台上进行先调整再进行划线。

3）深度游标卡尺

深度游标卡尺，如图 10－1－16 所示。用于测量零件的深度尺寸或台阶高低和槽的深度。它的结构特点是尺框的两个量爪连成一起成为一个带游标的测量基座，基座的端面和尺身的端面就是它的两个测量面。如测量内孔深度时应把基座的端面紧靠在被测孔的端面上，使尺身与被测孔的中心线平行，伸入尺身，则尺身端面至基座端面之间的距离，就是被测零件的深度尺寸。它的读数方法和游标卡尺完全一样。

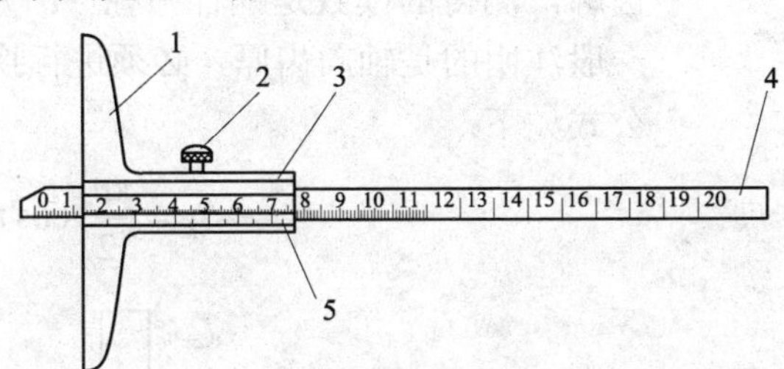

图 10－1－16 深度游标卡尺

1—测量基座；2—紧固螺钉；3—尺框；4—尺身；5—游标

测量时，先把测量基座轻轻压在工件的基准面上，两个端面必须接触工件的基准面，如图 10－1－17（a）所示。测量轴类等台阶时，测量基座的端面一定要压紧在基准面，如图 10－1－17（b）、（c）所示，再移动尺身，直到尺身的端面接触到工件的量面（台阶面）上，然后用紧固螺钉固定尺框，提起卡尺，读出深度尺寸。多台阶小直径的内孔深度测量，要注意尺身的端面是否在要测量的台阶上，如图 10－1－17（d）所示。当基准面是曲线时，如图 10－1－17（e）所示，测量基座的端面必须放在曲线的最高点上，测量出的深度尺寸才是工件的实际尺寸，否则会出现测量误差。

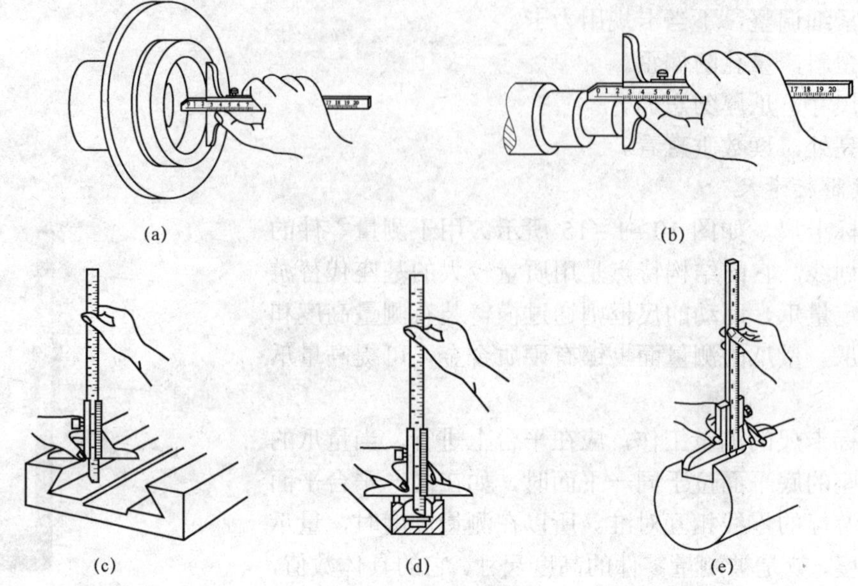

图 10-1-17　深度游标卡尺的使用方法

4）齿厚游标卡尺

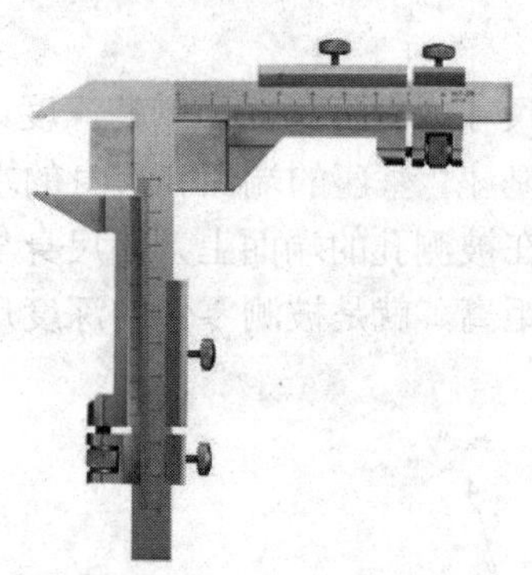

图 10-1-18　齿厚游标卡尺

齿厚游标卡尺，如图 10-1-18 所示，用来测量齿轮（或蜗杆）的弦齿厚和弦齿顶。这种游标卡尺由两互相垂直的主尺组成，因此它就有两个游标。刻线原理和读法与一般游标卡尺相同。

如图 10-1-19 所示，测量蜗杆时，把齿厚游标卡尺读数调整到等于齿顶高（蜗杆齿顶高等于模数 m_s），法向卡入齿廓，测得的读数是蜗杆中径（d_2）的法向齿厚。但图纸上一般注明的是轴向齿厚，必须进行换算。法向齿厚 S_n 的换算公式如下：

$$S_n = \frac{\pi n_s}{2}\cos\tau$$

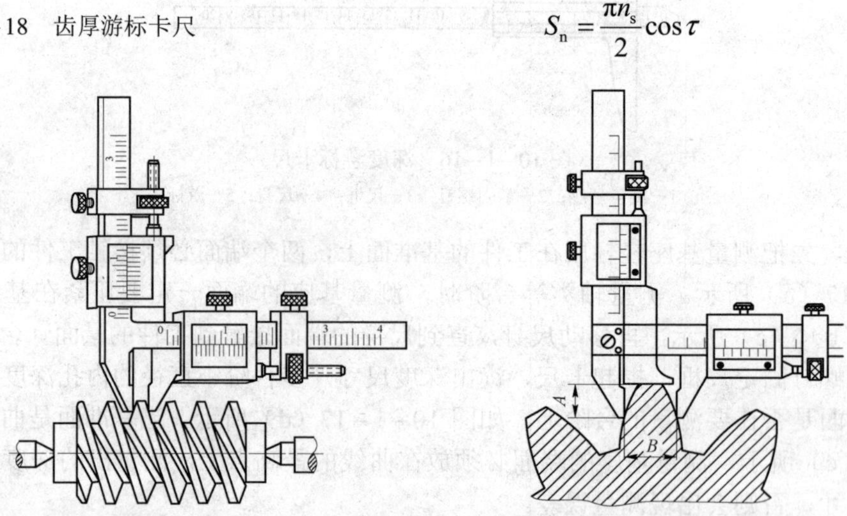

图 10-1-19　齿厚游标卡尺测量齿轮与蜗杆

2. 螺旋测微量具

应用螺旋测微原理制成的量具，称为螺旋测微量具。它们的测量精度比游标卡尺高，并且测量比较灵活，因此，当加工精度要求较高时多被应用。常用的螺旋读数量具有百分尺和千分尺。百分尺的读数值为 0.01 mm，千分尺的读数值为 0.001 mm。工厂习惯上把百分尺和千分尺统称为百分尺或分厘卡。目前车间里大量用的是读数值为 0.01 mm 的百分尺，现以介绍这种百分尺为主，并适当介绍千分尺的使用知识。百分尺的种类很多，机械加工车间常用的有外径百分尺、内径百分尺、深度百分尺以及螺纹百分尺和公法线百分尺等，分别用来测量或检验零件的外径、内径、深度、厚度以及螺纹的中径和齿轮的公法线长度等。

1）外径百分尺

各种百分尺的结构大同小异，常用外径百分尺用以测量或检验零件的外径、凸肩厚度以及板厚或壁厚等（测量孔壁厚度的百分尺，其测量面呈球弧形）。百分尺由尺架、测微头、测力装置和制动器等组成。图 10－1－20 所示的是测量范围为 0～25 mm 的外径百分尺。尺架的一端装着固定测砧，另一端装着测微头。固定测砧和测微螺杆的测量面上都镶有硬质合金，以提高测量面的使用寿命。尺架的两侧面覆盖着绝热板，使用百分尺时，手拿在绝热板上，防止人体的热量影响百分尺的测量精度。

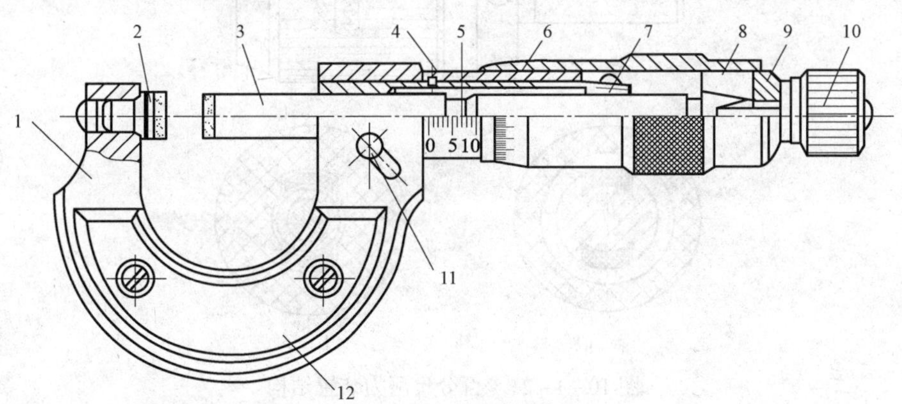

图 10－1－20　0～25 mm 外径百分尺

1—尺架；2—固定测砧；3—测微螺杆；4—螺纹轴套；5—固定套筒；6—微分筒；7—调节螺母；8—接头；9—垫片；10—测力装置；11—锁紧螺钉；12—绝热板

（1）百分尺的测微头。

图 10－1－20 中的 3～9 是百分尺的测微头部分。带有刻度的固定套筒用螺钉固定在螺纹轴套上，而螺纹轴套又与尺架紧配结合成一体。在固定套筒的外面有一带刻度的活动微分筒，它用锥孔通过接头的外圆锥面再与测微螺杆相连。测微螺杆的一端是测量杆，并与螺纹轴套上的内孔定心间隙配合；中间是精度很高的外螺纹，与螺纹轴套上的内螺纹精密配合，可使测微螺杆自如旋转而其间隙极小；测微螺杆另一端的外圆锥与内圆锥接头的内圆锥相配，并通过顶端的内螺纹与测力装置连接。当测力装置的外螺纹旋紧在测微螺杆的内螺纹上时，测力装置就通过垫片紧压接头，而接头上开有轴向槽，有一定的胀缩弹性，能沿着测微螺杆上的外圆锥胀大，从而使微分筒与测微螺杆和测力装置结合成一体。当用手旋转测力装置时，就带动测微螺杆和微分筒一起旋转，并沿着精密螺纹的螺旋线方向运动，使百分尺两个测量面之间的距离发生变化。

(2) 百分尺的测力装置。

百分尺测力装置的结构见图 10－1－21，主要依靠一对棘轮（3 和 4）的作用。棘轮（4）与转帽连接成一体，而棘轮（3）可压缩弹簧在轮轴的轴线方向移动，但不能转动。弹簧的弹力是控制测量压力的，螺钉使弹簧压缩到百分尺所规定的测量压力。当手握转帽顺时针旋转测力装置时，若测量压力小于弹簧的弹力，转帽的运动就通过棘轮传给轮轴（带动测微螺杆旋转），使百分尺两测量面之间的距离继续缩短，即继续卡紧零件；当测量压力达到或略微超过弹簧的弹力时，棘轮（3 与 4）在其啮合斜面的作用下，压缩弹簧，使棘轮（4）沿着棘轮（3）的啮合斜面滑动，转帽的转动就不能带动测微螺杆旋转，同时发出嘎嘎的棘轮跳动声，表示已达到了额定测量压力，从而达到控制测量压力的目的。当转帽逆时针旋转时，棘轮（4）是用垂直面带动棘轮（3），不会产生压缩弹簧的压力，始终能带动测微螺杆退出被测零件。

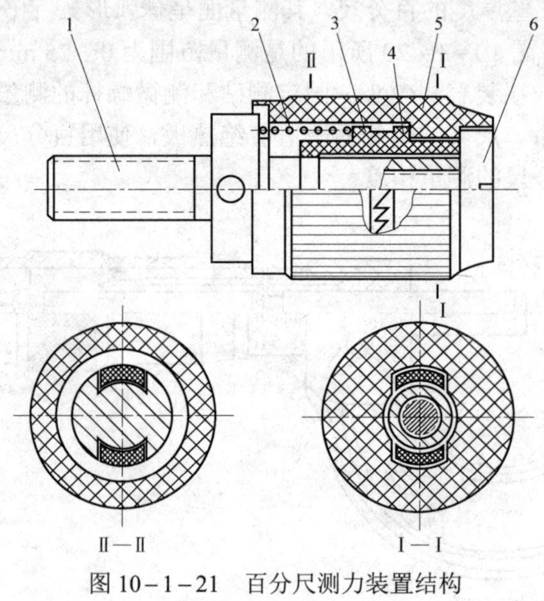

图 10－1－21　百分尺测力装置结构

1—轮轴；2—弹簧；3，4—棘轮；5—转帽；6—螺钉

(3) 百分尺的制动器。

百分尺的制动器，就是测微螺杆的锁紧装置，其结构如图 10－1－22 所示。制动轴的圆周上，有一个开着深浅不均的偏心缺口，对着测微螺杆。当制动轴以缺口的较深部分对着测微螺杆时，测微螺杆就能在轴套内自由活动。当制动轴转过一个角度，以缺口的较浅部分对着测微螺杆时，测微螺杆就被制动轴压紧在轴套内不能运动，达到制动的目的。

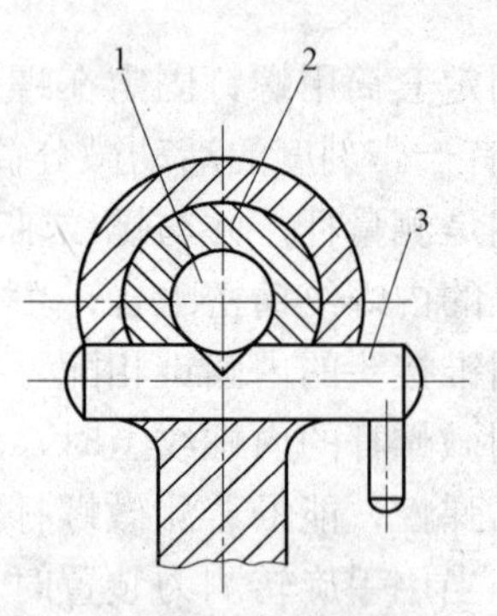

图 10－1－22　百分尺的制动器

1—测微螺杆；2—轴套；3—制动轴

(4) 百分尺的工作原理和读数方法。

① 百分尺的工作原理。

如外径百分尺的工作原理就是应用螺旋读数机构，它包括一对精密的螺纹——测微螺杆与螺纹轴套，如图 10－1－20 中的 3 和 4，和一对读数套筒——固定套筒与微分筒，如图 10－1－20 中的 5 和 6。

用百分尺测量零件的尺寸，就是把被测零件置于百分尺的两个测量面之间。所以两测砧面之间的距离，就是零件的测量尺寸。当测微螺杆在螺纹轴套中旋转时，由于螺旋线的作用，测微螺杆就有轴向移动，使两测砧面之间的距离发生变化。如测微螺杆按顺时针的方向旋转一周，两测砧面之间的距离就缩小一个螺距。同理，若按逆时针方向旋转一周，则两砧面的距离就增大一个螺距。常用百分尺测微螺杆的螺距为 0.5 mm。因此，当测微螺杆顺时针旋转一周时，两测砧面之间的距离就缩小 0.5 mm。当测微螺杆顺时针旋转不到一周时，缩小的距离就小于一个螺距，它的具体数值，可从与测微螺杆结成一体的微分筒的圆周刻度上读出。微分筒的圆周上刻有 50 个等分线，当微分筒转一周时，测微螺杆就推进或后退 0.5 mm，微分筒转过它本身圆周刻度的一小格时，两测砧面之间转动的距离为：

$$0.5 \div 50 = 0.01\ (\text{mm})$$

由此可知：百分尺上的螺旋读数机构，可以正确地读出 0.01 mm，也就是百分尺的读数值为 0.01 mm。

② 百分尺的读数方法。

在百分尺的固定套筒上刻有轴向中线，作为微分筒读数的基准线。另外，为了计算测微螺杆旋转的整数转，在固定套筒中线的两侧，刻有两排刻线，刻线间距均为 1 mm，上下两排相互错开 0.5 mm。

图 10－1－23（a）中，在固定套筒上读出的尺寸为 8 mm，微分筒上读出的尺寸为 27（格）×0.01 mm=0.27 mm，上两数相加即得被测零件的尺寸为 8.27 mm；图 10－1－23（b）中，在固定套筒上读出的尺寸为 8.5 mm，在微分筒上读出的尺寸为 27（格）×0.01 mm=0.27 mm，上两数相加即得被测零件的尺寸为 8.77 mm。

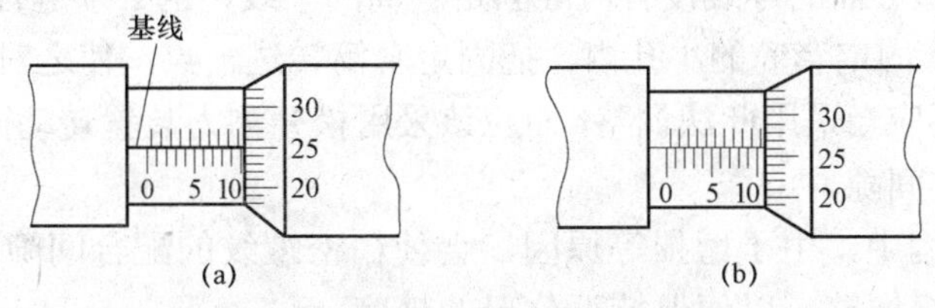

图 10－1－23　百分尺的读数

百分尺的具体读数方法可分为三步：

① 读出固定套筒上露出的刻线尺寸，一定要注意不能遗漏应读出的 0.5 mm 的刻线值。

② 读出微分筒上的尺寸，要看清微分筒圆周上哪一格与固定套筒的中线基准对齐，将格数乘 0.01 mm 即得微分筒上的尺寸。

③ 将上面两个数相加，即为百分尺上测得尺寸。

（5）百分尺的精度及其调整。

百分尺是一种应用很广的精密量具，按它的制造精度，可分 0 级和 1 级两种，0 级精度较高，1 级次之。百分尺的制造精度，主要由它的示值误差和测砧面的平面平行度公差的大小来决定，百分尺的精度要求，参见表 10－1－2。从百分尺的精度要求可知，用百分尺测量 IT6～IT10 级精度的零件尺寸较为合适。

表 10－1－2　百分尺的精度要求　　单位：mm

测量上限	示值误差		两测量面平行度	
	0 级	1 级	0 级	1 级
15/25	±0.002	±0.004	0.001	0.002
50	±0.002	±0.004	0.001 2	0.002 5
75/100	±0.002	±0.004	0.001 5	0.003

（6）百分尺调整。

百分尺在使用过程中，由于磨损，特别是使用不当时，会使百分尺的示值误差超差，所以应定期进行检查，进行必要的拆洗或调整，以便保持百分尺的测量精度。

① 校正百分尺的零位。

百分尺如果使用不妥，零位就要走动，使测量结果不正确，容易造成产品质量事故。所以，在使用百分尺的过程中，应当校对百分尺的零位。所谓校对百分尺的零位，就是把百分尺的两个测砧面擦干净，转动测微螺杆使它们贴合在一起（这是指 0～25 mm 的百分尺而言，若测量范围大于 0～25 mm 时，应该在两测砧面间放上校对样棒），检查微分筒圆周上的“0”刻线，是否对准固定套筒的中线，微分筒的端面是否正好使固定套筒上的“0”刻线露出来。如果两者位置都是正确的，就认为百分尺的零位是对的，否则就要进行校正，使之对准零位。

如果零位是由于微分筒的轴向位置不对，如微分筒的端部盖住固定套筒上的“0”刻线，或“0”刻线露出太多，0.5 的刻线搞错，必须进行校正。此时，可用制动器把测微螺杆锁住，再用百分尺的专用扳手，插入测力装置轮轴的小孔内，把测力装置松开（逆时针旋转），微分筒就能进行调整，即轴向移动一点。使固定套筒上的“0”刻线正好露出来，同时使微分筒的零线对准固定套筒的中线，然后把测力装置旋紧。

如果零位是由于微分筒的零线没有对准固定套筒的中线，也必须进行校正。此时，可用百分尺的专用扳手，插入固定套筒的小孔内，把固定套筒转过一点，使之对准零线。但当微分筒的零线相差较大时，不应当采用此法调整，而应该采用松开测力装置转动微分筒的方法来校正。

② 调整百分尺的间隙。

百分尺在使用过程中，由于磨损等原因，会使精密螺纹的配合间隙增大，从而使示值误差超差，必须及时进行调整，以便保持百分尺的精度。

要调整精密螺纹的配合间隙，应先用制动器把测微螺杆锁住，再用专用扳手把测力装置松开，拉出微分筒后再进行调整。在螺纹轴套上，接近精密螺纹一段的壁厚比较薄，且连同螺纹部分一起开有轴向直槽，使螺纹部分具有一定的胀缩弹性。同时，螺纹轴套的圆锥外螺纹上，旋着调节螺母。当调节螺母往里旋入时，因螺母直径保持不变，就迫使外圆锥螺纹的直径缩小，于是精密螺纹的配合间隙就减小了。然后，松开制动器进行试转，看螺纹间隙是否合适。间隙过小会使测微螺杆活动不灵活，可把调节螺母松出一点，间隙过大则使测微螺杆有松动，可把调节螺母再旋进一点。直至间隙调整好后，再把微分筒装上，对准零位后把测力装置旋紧。

经过上述调整的百分尺，除必须校对零位外，还应当检验百分尺的五个尺寸的测量精度，确定百分尺的精度等级后，才能移交使用。例如，用 5.12、10.24、15.36、21.5、25 mm 等五个块规尺寸检定 0～25 mm 的百分尺，它的示值误差应符合要求，否则应继续修理。

（7）百分尺测量零件尺寸必须注意事项。

① 使用前，应把百分尺的两个测砧面擦干净，转动测力装置，使两测砧面接触（若测量上限大于 25 mm 时，在两测砧面之间放入校对量杆或相应尺寸的量块），接触面上应没有间隙和漏光现象，同时微分筒和固定套筒要对准零位。

② 转动测力装置时，微分筒应能自由灵活地沿着固定套筒活动，没有任何卡滞和不灵活的现象。如有活动不灵活的现象，应送计量站及时检修。

③ 测量前，应把零件的被测量表面擦干净，以免有脏物存在时影响测量精度。绝对不允许用百分尺测量带有研磨剂的表面，以免损伤测量面的精度。用百分尺测量表面粗糙的零件亦是错误的，这样易使测砧面过早磨损。

④ 用百分尺测量零件时，应当手握测力装置的转帽来转动测微螺杆，使测砧表面保持标准的测量压力，即听到嘎嘎的声音，表示压力合适，并可开始读数。要避免因测量压力不等而产生测量误差。

绝对不允许用力旋转微分筒来增加测量压力，使测微螺杆过分压紧零件表面，致使精密螺纹因受力过大而发生变形，损坏百分尺的精度。有时用力旋转微分筒后，虽因微分筒与测微螺杆间的连接不牢固，对精密螺纹的损坏不严重，但是微分筒打滑后，百分尺的零位走动了，就会造成质量事故。

⑤ 使用百分尺测量零件时，要使测微螺杆与零件被测量的尺寸方向一致。如测量外径时，测微螺杆要与零件的轴线垂直，不要歪斜。测量时，可在旋转测力装置的同时，轻轻地晃动尺架，使测砧面与零件表面接触良好。如图 10－1－24 所示。

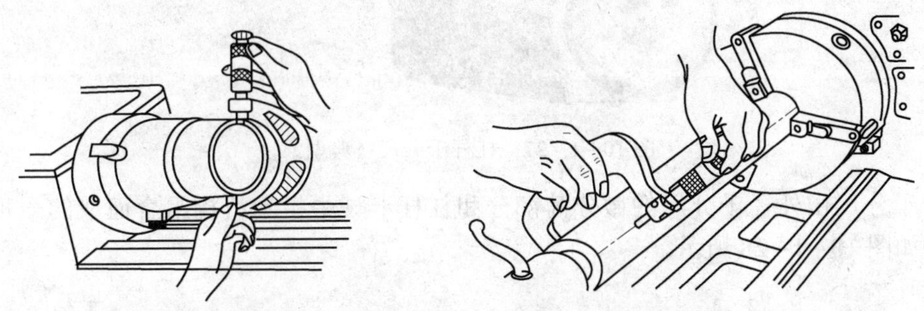

图 10－1－24　在车床上使用外径百分尺的方法

⑥ 用百分尺测量零件时，最好在零件上进行读数，放松后取出百分尺，这样可减少测砧面的磨损。如果必须取下读数时，应用制动器锁紧测微螺杆后，再轻轻滑出零件。把百分尺当卡规使用是错误的，因这样做不但易使测量面过早磨损，甚至会使测微螺杆或尺架发生变形而失去精度。

⑦ 在读取百分尺上的测量数值时，要特别留心不要读错 0.5 mm。

⑧ 为了获得正确的测量结果，可在同一位置上再测量一次。尤其是测量圆柱形零件时，应在同一圆周的不同方向测量几次，检查零件外圆有没有圆度误差，再在全长的各个部位测量几次，检查零件外圆有没有圆柱度误差等。

⑨ 对于超常温的工件，不要进行测量，以免产生读数误差。

⑩ 用单手使用外径百分尺时，如图 10－1－25（a）所示，可用大拇指和食指或中指捏住活动套筒，小指勾住尺架并压向手掌上，大拇指和食指转动测力装置就可测量。

用双手测量时，可按图 10－1－25（b）所示的方法进行。

值得提出的是几种使用外径百分尺的错误方法，如用百分尺测量旋转运动中的工件，很容易使百分尺磨损，而且测量也不准确；又如贪图快一点得出读数，握着微分筒来挥转（图 10-1-26）等，也会破坏百分尺的内部结构。

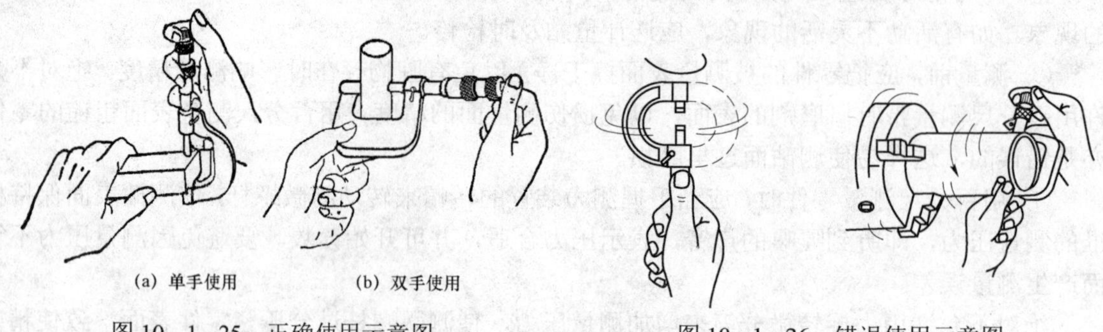

图 10-1-25　正确使用示意图　　图 10-1-26　错误使用示意图

2）杠杆千分尺

又称指示千分尺，如图 10-1-27 所示。

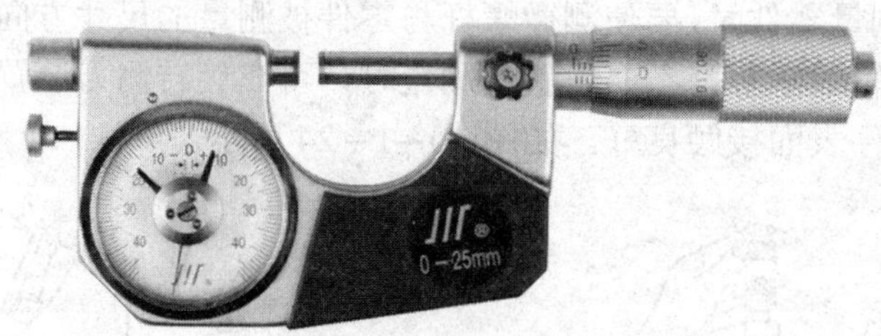

图 10-1-27　杠杆千分尺（典型）

杠杆千分尺由外径千分尺的微分筒部分和杠杆卡规中指示机构组合而成的一种精密量具，结构如图 10-1-28 所示。

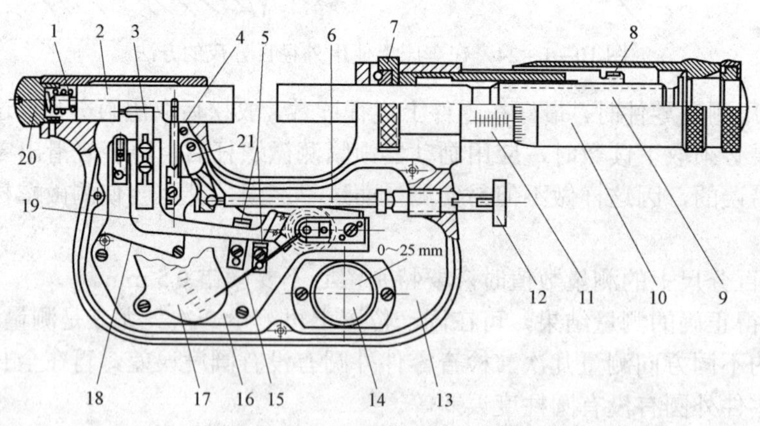

图 10-1-28　杠杆千分尺结构图

1—螺旋弹簧；2—测砧；3—杠杆；4—球形端面销子；5—限制块；6—拨动杆；7—制动器；8—调节螺母；9—侧微螺杆；10—微分筒；11—固定套筒；12—拨叉；13—尺架；14—表牌；15—指针；16—盖板；17—刻度盘；18—弹簧；19—杠杆；20—盖帽；21—压杆

杠杆千分尺既可以进行相对测量，也可以像千分尺那样用作绝对测量。其分度值有 0.001 mm 和 0.002 mm 两种。杠杆千分尺不仅读数精度较高，而且因弓形架的刚度较大，测量力由小弹簧产生，比普通千分尺的棘轮装置所产生的测量力稳定，因此，它的实际测量精度也较高。

使用注意事项：

用杠杆卡规或杠杆千分尺作相对测量前，应按被测工件的尺寸，用量块调整好零位。测量时，按动退让按钮，让测量杆面轻轻接触工件，不可硬卡，以免测量面磨损而影响精度。测量工件直径时，应摆动量具，以指针的转折点读数为正确测量值。

3）内径百分尺

内径百分尺基本结构，如图 10－1－29 所示。内径百分尺主要用于测量大孔径，内径百分尺读数方法与外径百分尺相同。

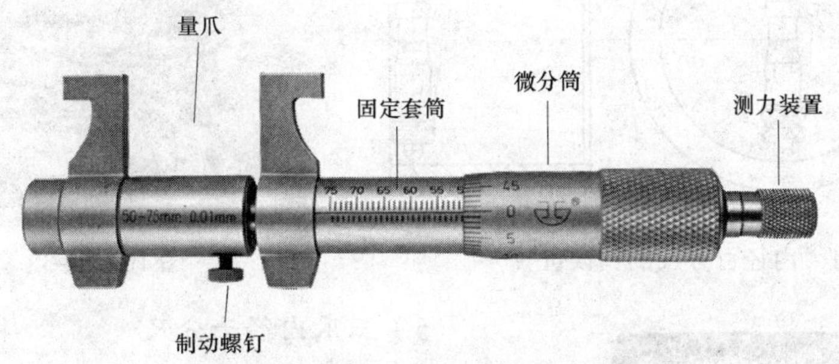

图 10－1－29 内径百分尺基本结构

内径百分尺上没有测力装置，测量压力的大小完全靠手中的感觉。测量时，是把它调整到所测量的尺寸后，如图 10－1－30 所示，轻轻放入孔内试测其接触的松紧程度是否合适。一端不动，另一端作左、右、前、后摆动。左右摆动，必须细心地放在被测孔的直径方向，以点接触，即测量孔径的最大尺寸处（最大读数处），要防止如图 10－1－31 所示的错误位置。前后摆动应在测量孔径的最小尺寸处（即最小读数处）。按照这两个要求与孔壁轻轻接触，才能读出直径的正确数值。测量时，用力把内径百分尺压过孔径是错误的。这样做不但使测量面过早磨损，且由于细长的测量杆弯曲变形后，既损伤量具精度，又使测量结果不准确。

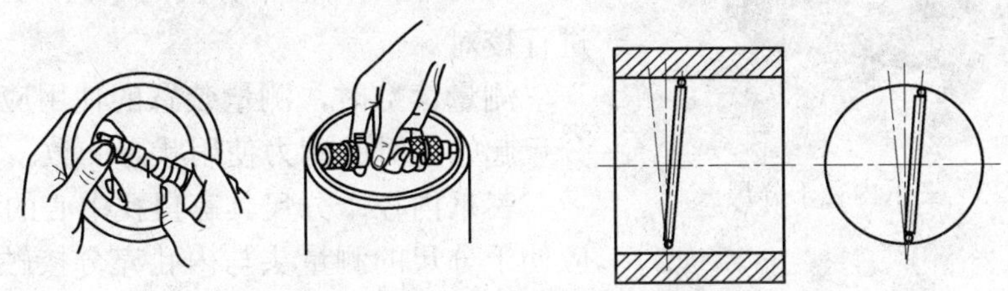

图 10－1－30 内径百分尺的使用

内径百分尺的示值误差比较大，如测 0～600 mm 的内径百分尺，示值误差就有±0.01～0.02 mm。因此，在测量精度较高的内径时，应把内径百分尺调整到测量尺寸后，放在由量块组成的相等尺寸上进行校准，或把测量内尺寸时的松紧程度与测量量块组尺寸时的松紧程度进行比较，克服其示值误差较大的缺点。

内径百分尺，除可用来测量内径外，也可用来测量槽宽和机体两个内端面之间的距离等内尺寸。但 50 mm 以下的尺寸不能测量，需用内测百分尺。

4）内测百分尺

内测百分尺，如图 10－1－32 所示，用于测量小尺寸内径和内侧面槽的宽度。其特点是容易找正内孔直径，测量方便。国产内测百分尺的读数值为 0.01 mm，测量范围有 5～30 mm 和 25～50 mm 的两种，图 10－1－32 所示的是 5～30 mm 的内测百分尺。内测百分尺的读数方法与外径百分尺相同，只是套筒上的刻线尺寸与外径百分尺相反。另外，它的测量方向和读数方向也都与外径百分尺相反。

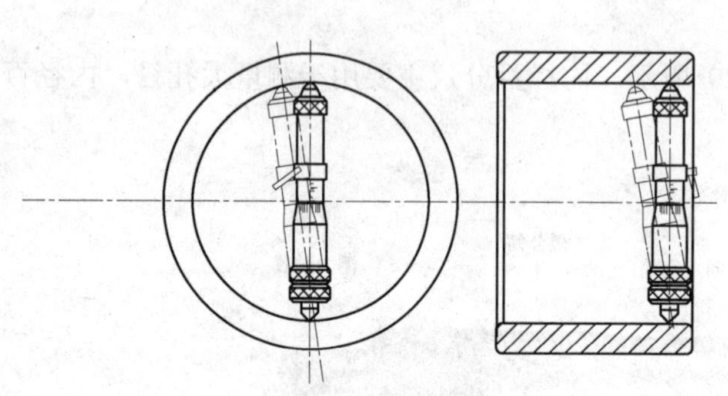

图 10－1－31　内径百分尺的错误位置

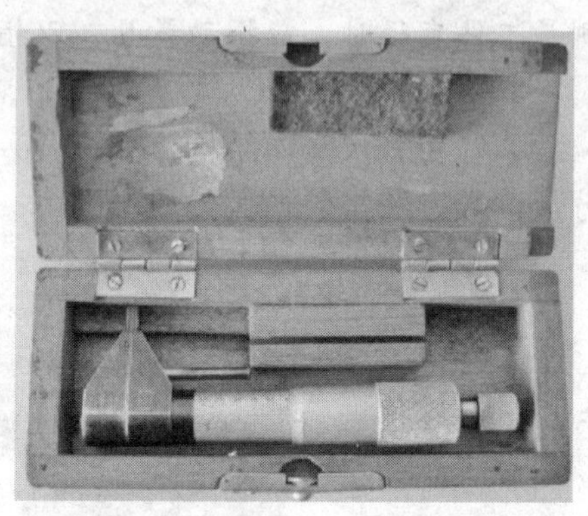

图 10－1－32　内测百分尺

5）三爪内径千分尺

三爪内径千分尺，如图 10－1－33 所示。利用螺旋副原理，通过旋转塔形阿基米德螺旋体或移动锥体使三个测量爪作径向位移，使其与被测内孔接触。对内孔尺寸进行读数的内径千分尺，适用于测量中小直径的精密内孔，尤其适于测量深孔的直径。测量范围（mm）：6～8，8～10，10～12，11～14，14～17，17～20，20～25，25～30，30～35，35～40，40～50，50～60，60～70，70～80，80～90，90～100。三爪内径千分尺的零位，必须在标准孔内进行校对。

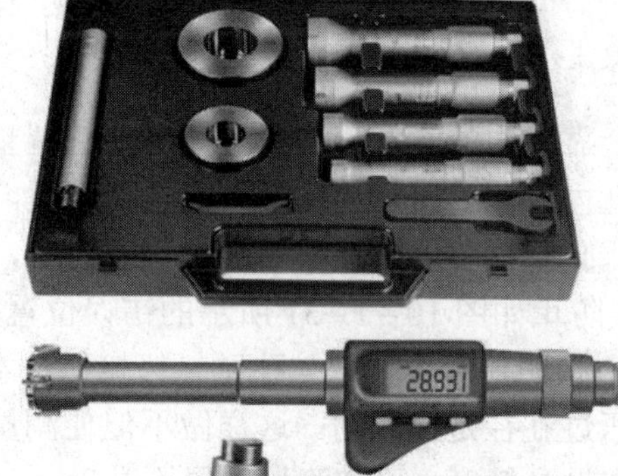

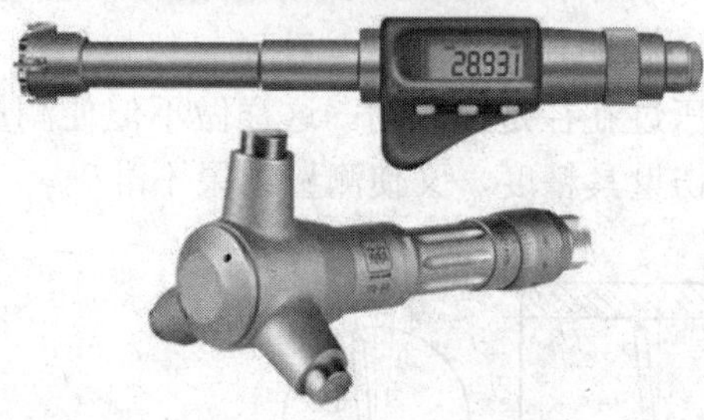

图 10－1－33　三爪内径千分尺

测量读数时，测量装置的使用应保持与校对千分尺起始值时的测力使用状态一致。

三爪内径千分尺具有自找中心的特点。测量时，应使千分尺的测量头与内孔充分接触，即千分尺相对于内孔应无明显摆动，此时测得的最大值，即为内孔尺寸。使用三爪内径千分尺对盲孔进行测量时，应保证被测盲孔的深度尺寸 b 不小于三爪内径千分尺测量爪长度的 1/2。

6）公法线长度千分尺

公法线长度千分尺，如图 10－1－34 所示，主要用于测量外啮合圆柱齿轮的两个不同齿面公法线长度，也可以在检验切齿机床精度时，按被切齿轮的公法线检查其原始外形尺寸。

公法线长度千分尺的结构与外径百分尺相同，所不同的是在测量面上装有两个带精确平

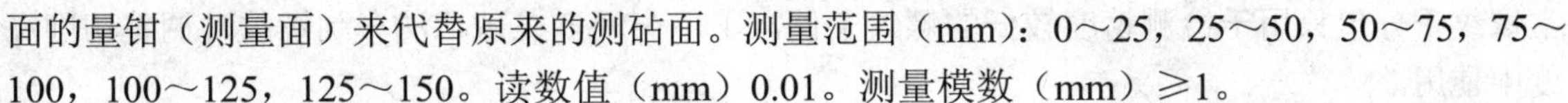

面的量钳（测量面）来代替原来的测砧面。测量范围（mm）：0～25，25～50，50～75，75～100，100～125，125～150。读数值（mm）0.01。测量模数（mm）≥1。

7）壁厚千分尺

壁厚千分尺，如图 10－1－35 所示，主要用于测量精密管形零件的壁厚。壁厚千分尺的测量面镶有硬质合金，以提高使用寿命。测量范围（mm）：0～10，0～15，0～25，25～50，50～75，75～100。读数值（mm）0.01。

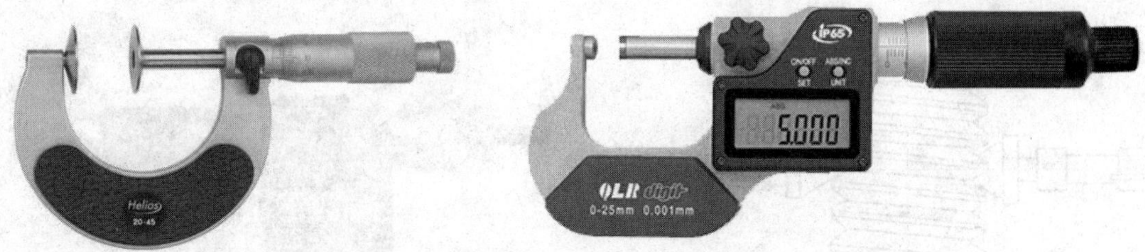

图 10－1－34　公法线长度千分尺　　图 10－1－35　壁厚千分尺

8）螺纹千分尺

螺纹千分尺，如图 10－1－36 所示，主要用于测量普通螺纹的中径。螺纹千分尺的结构与外径百分尺相似，所不同的是它有两个特殊的可调换的量头 1 和 2，其角度与螺纹牙型角相同。

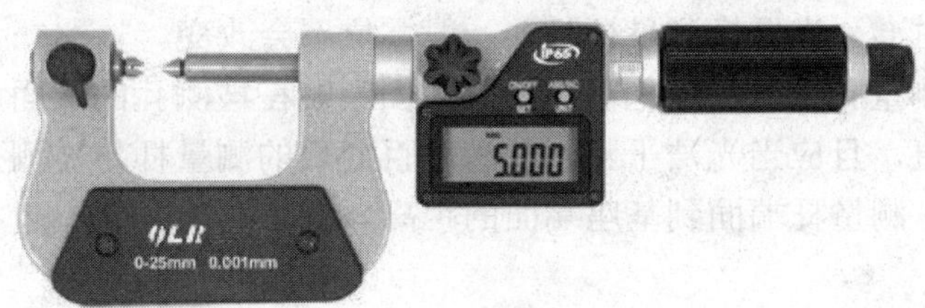

图 10－1－36　螺纹千分尺

螺纹千分尺是在车间用于测量低精度外螺纹实际中径的一种常用测量器具。用螺纹千分尺测量螺纹中径属于机械接触测量法。它是将一对 V 形和锥形测量头分别插入测砧和测微螺杆孔中。测量时，螺纹千分尺应放平，使两个测头卡入被测螺纹的两个牙槽中，且测头的中心线和被测螺纹的中心线垂直，V 形测头与被测螺纹的齿廓凸起部分相接触，锥形测头与被测螺纹直径方向上相邻齿廓凹槽部分相接触，如图 10－1－37 所示。测量螺距越小的螺纹，测头与螺纹啮合越容易发生误差，所以要特别注意。

测头和螺纹接触好后，即可用螺纹千分尺测出一个牙同对边一个牙槽沿螺纹轴线垂直方向的距离。测量头与螺纹牙侧成线接触。为了减小由于螺纹牙型角和测量头角度不相等而带来的误差，可将测量头牙型截短。

由于螺纹千分尺受被测螺纹牙型半角偏差和局部螺距偏差的影响，以及螺纹牙厚和槽宽的变化、可换测头的角度偏差、锥形测头的轴线与 V 形槽测头对称中心面之间的偏移等的影响，找到通过螺纹横截面上的中径的操作比较困难，加上测头易磨损，因而用螺纹千分尺测量螺纹中径误差较大，一般为 0.02～0.025 mm，且只能用于测量奇数头对称牙型的螺纹。通常螺纹千分尺只用于检测精度较低的螺纹工件，工厂车间多在试切法车制螺纹时调整切削深度中使用。

9）深度百分尺

深度百分尺，如图 10－1－38 所示，用以测量孔深、槽深和台阶高度等。它的结构，除用基座代替尺架和测砧外，与外径百分尺没有什么区别。

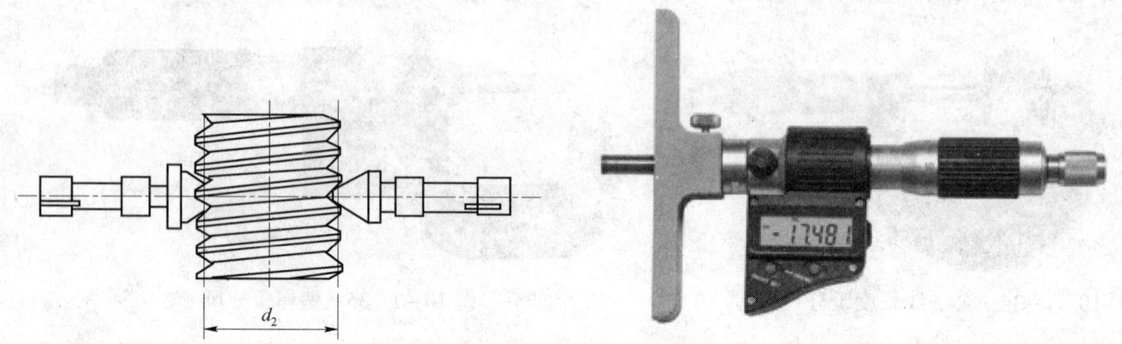

图 10－1－37　螺纹千分尺测量螺纹中径　　　　图 10－1－38　深度百分尺

深度百分尺的读数范围（mm）：0～25，25～100，100～150。读数值（mm）为 0.01。它的测量杆制成可更换的形式，更换后应用锁紧装置锁紧。

深度百分尺校对零位可在精密平面上进行。即当基座端面与测量杆端面位于同一平面时，微分筒的零线正好对准。当更换测量杆时，一般零位不会改变。

用深度百分尺测量孔深时，应把基座的测量面紧贴在被测孔的端面上。零件的这一端面应与孔的中心线垂直，且应当光洁平整，使深度百分尺的测量杆与被测孔的中心线平行，保证测量精度。此时，测量杆端面到基座端面的距离，就是孔的深度。

3. 指示式量具

指示式量具是以指针指示出测量结果的量具。车间常用的指示式量具有百分表、千分表、杠杆百分表和内径百分表等。主要用于校正零件的安装位置，检验零件的形状精度和相互位置精度，以及测量零件的内径等。

图 10－1－39　百分表

1）百分表

百分表（如图 10－1－39 所示）和千分表，都是用来校正零件或夹具的安装位置，检验零件的形状精度或相互位置精度的。它们的结构原理没有什么大的不同，都是利用精密齿条齿轮机构制成的表式通用长度测量工具。

（1）百分表结构。

百分表的圆表盘上印制有 100 个等分刻度，即每一分度值相当于测量杆移动 0.01 mm。若在圆表盘上印制有 200 个或 100 个等分刻度，则每一分度值为 0.001 mm 或 0.002 mm，这种测量工具即称为千分表。改变测头形状并配以相应的支架，可制成百分表的变形品种，如厚度百分表、深度百分表和内径百分表等。如用杠杆代替齿条可制成杠杆百分表和杠杆千分表，其示值范围较小，但灵敏度较高。此外，它们

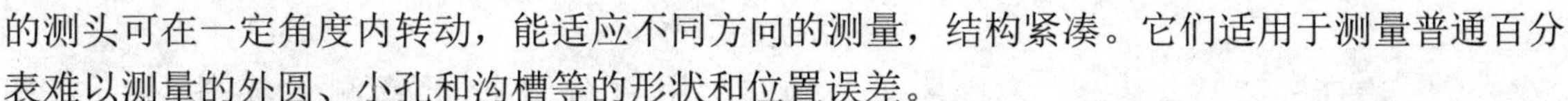

的测头可在一定角度内转动，能适应不同方向的测量，结构紧凑。它们适用于测量普通百分表难以测量的外圆、小孔和沟槽等的形状和位置误差。

（2）百分表的读数方法。

百分表的读数方法为：先读小指针转过的刻度线（即毫米整数），再读大指针转过的刻度线（即小数部分），并乘以 0.01，然后两者相加，即得到所测量的数值。它的原理是：当测量杆向上或向下移动 1 mm 时，通过齿轮传动系统带动大指针转一圈，小指针转一格。刻度盘在圆周上有 100 个等分格，各格的读数值为 0.01 mm。小指针每格读数为 1 mm。测量时指针读数的变动量即为尺寸变化量。刻度盘可以转动，以便测量时大指针对准零刻线。

（3）百分表工作原理。

百分表的工作原理，是将被测尺寸引起的测量杆微小直线移动，经过齿轮传动放大，变为指针在刻度盘上的转动，从而读出被测尺寸的大小。百分表是利用齿条齿轮或杠杆齿轮传动，将测杆的直线位移变为指针的角位移的计量器具。

（4）百分表和千分表使用注意事项。

由于千分表的读数精度比百分表高，所以百分表适用于尺寸精度为 IT6～IT8 级零件的校正和检验；千分表则适用于尺寸精度为 IT5～IT7 级零件的校正和检验。百分表和千分表按其制造精度，可分为 0 级、1 级、2 级三种，0 级精度较高。使用时，应按照零件的形状和精度要求，选用合适的百分表或千分表的精度等级和测量范围。使用百分表和千分表时，必须注意以下几点。

① 使用前，应检查测量杆活动的灵活性。即轻轻推动测量杆时，测量杆在套筒内的移动要灵活，没有任何卡滞现象，且每次放松后，指针能回复到原来的刻度位置。

② 使用百分表或千分表时，必须把它固定在可靠的夹持架上（如固定在万能表架或磁性表座上），如图 10－1－40 所示。夹持架要安放平稳，免使测量结果不准确或摔坏百分表。

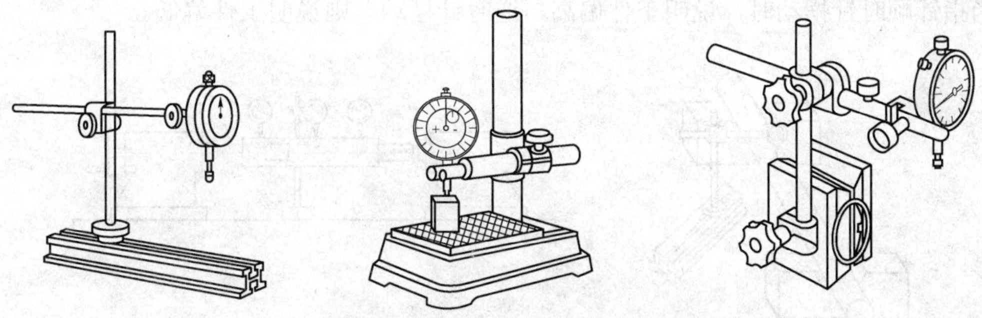

图 10－1－40　安装在专用夹持架上的百分表

用夹持百分表的套筒来固定百分表时，夹紧力不要过大，以免因套筒变形而使测量杆活动不灵活。

③ 用百分表或千分表测量零件时，测量杆必须垂直于被测量表面，如图 10－1－41 所示。即使测量杆的轴线与被测量尺寸的方向一致，否则将使测量杆活动不灵活或使测量结果不准确。

④ 测量时，不要使测量杆的行程超过它的测量范围；不要使测量头突然撞在零件上；不要使百分表和千分表受到剧烈的振动和撞击，亦不要把零件强迫推入测量头下，免得损坏百分表和千分表的机件而失去精度。因此，用百分表测量表面粗糙或有显著凹凸不平的零件是

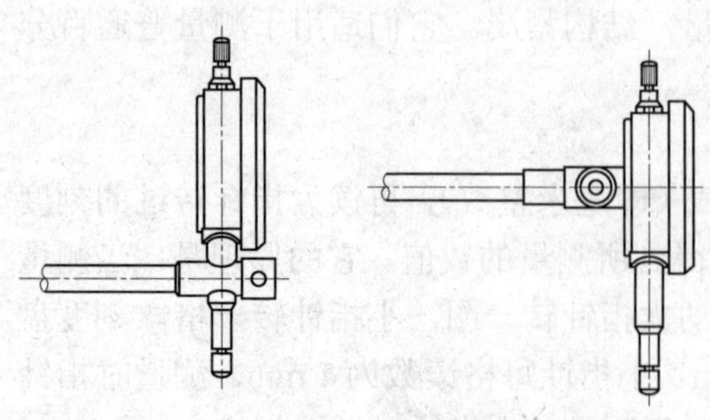

图 10-1-41　百分表安装方法

错误的。

⑤ 用百分表校正或测量零件时，如图 10-1-42 所示，应当使测量杆有一定的初始测力。即在测量头与零件表面接触时，测量杆应有 0.3～1 mm 的压缩量（千分表可小一点，有 0.1 mm 即可），使指针转过半圈左右，然后转动表圈，使表盘的零位刻线对准指针。轻轻地拉动测量杆的圆头，拉起和放松几次，检查指针所指的零位有无改变。当指针的零位稳定后，再开始测量或校正零件的工作。如果是校正零件，此时开始改变零件的相对位置，读出指针的偏摆值，就是零件安装的偏差数值。

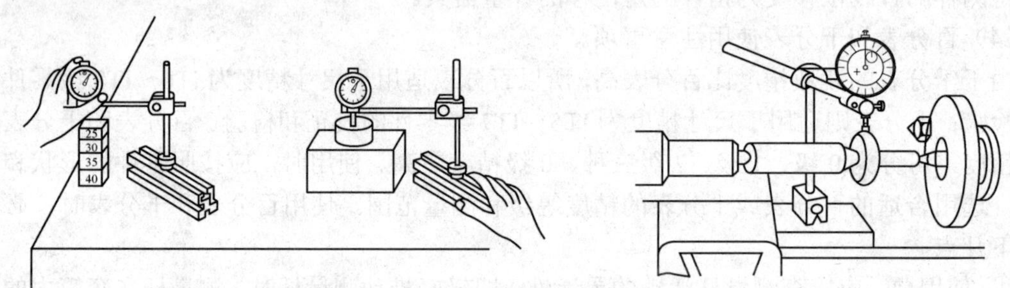

图 10-1-42　百分表校正或测量零件

⑥ 检查工件平整度或平行度时，如图 10-1-43 所示，将工件放在平台上，使测量头与工件表面接触，调整指针使其摆动，然后把刻度盘零位对准指针，跟着慢慢地移动表座或工件，当指针顺时针摆动时，说明工件偏高，逆时针摆动，则说明工件偏低。

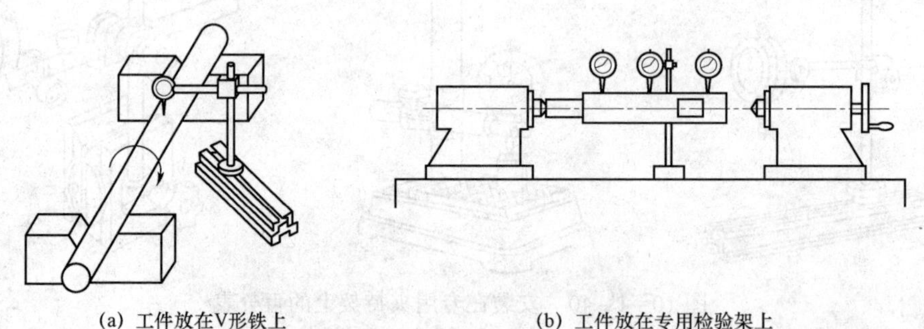

(a) 工件放在V形铁上　　(b) 工件放在专用检验架上

图 10-1-43　检查工件平整度或平行度

当进行轴测的时候，就是以指针摆动最大数字为读数（最高点），测量孔的时候，就是以指针摆动最小数字（最低点）为读数。

检验工件的偏心度时，如果偏心距较小，可按图 10-1-44 所示方法测量偏心距，把被测轴装在两顶尖之间，使百分表的测量头接触在偏心部位上（最高点），用手转动轴，百分表上指示出的最大数字和最小数字（最低点）之差就等于偏心距的实际尺寸。偏心套的偏心距也可用上述方法来测量，但必须将偏心套装在心轴上进行测量。

偏心距较大的工件，因受到百分表测量范围的限制，就不能用上述方法测量。可用间接测量偏心距的方法。测量时，把 V 形铁放在平板上，并把工件放在 V 形铁中，转动偏心轴，用百分表测量出偏心轴的最高点。找出最高点后，工件固定不动，再用百分表水平移动，测出偏心轴外圆到基准外圆之间的距离 a，然后用下式计算出偏心距 e：

$$e=\frac{D}{2}-\frac{d}{2}-a$$

图 10－1－44　在两顶尖上测量偏心距的方法

式中：e——偏心距（mm）；

D——基准轴外径（mm）；

d——偏心轴直径（mm）；

a——基准轴外圆到偏心轴外圆之间最小距离（mm）。

用上述方法，必须把基准轴直径和偏心轴直径用百分尺测量出正确的实际尺寸，否则计算时会产生误差。

⑦ 检验车床主轴轴线对刀架移动平行度时，在主轴锥孔中插入一检验棒，把百分表固定在刀架上，使百分表测头触及检验棒表面，如图 10－1－45 所示。移动刀架，分别对侧母线和上母线进行检验，记录百分表读数的最大差值。为消除检验棒轴线与旋转轴线不重合对测量的影响，必须旋转主轴 180°，再同样检验一次母线的误差分别计算，两次测量结果的代数和之半就是主轴轴线对刀架移动的平行度误差。要求水平面内的平行度允差只许向前偏，即检验棒前端偏向操作者；垂直平面内的平行度允差只许向上偏。

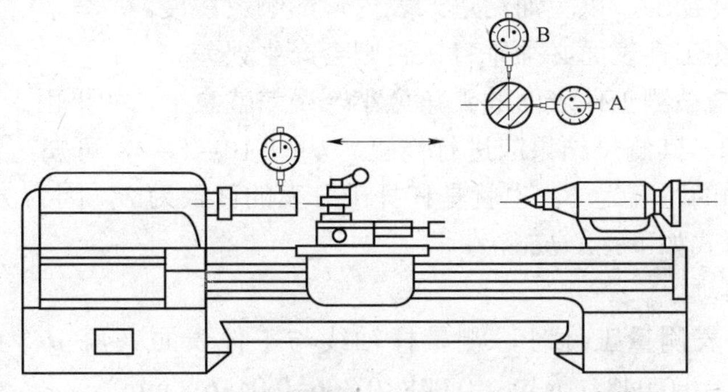

图 10－1－45　主轴轴线对刀架移动的平行度检验

A—侧母线位置；B—上母线位置

⑧ 检验刀架移动在水平面内直线度时，将百分表固定在刀架上，使其测头顶在主轴和尾座顶尖间的检验棒侧母线上，如图 10－1－46 所示位置 A。调整尾座，使百分表在检验棒两端的读数相等。然后移动刀架，在全行程上检验。百分表在全行程上读数的最大代数差值，就是水平面内的直线度误差。

⑨ 在使用百分表和千分表的过程中，要严格防止水、油和灰尘渗入表内，测量杆上也不要加油，免得粘有灰尘的油污进入表内，影响表的灵活性。

⑩ 百分表和千分表不使用时，应使测量杆处于自由状态，以免使表内的弹簧失效。

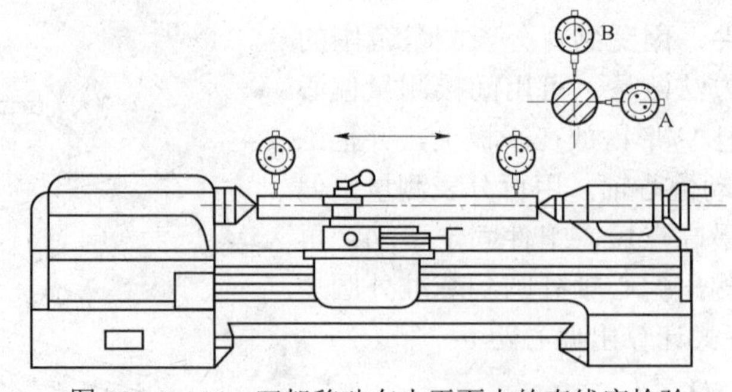

图 10－1－46　刀架移动在水平面内的直线度检验

2）杠杆百分表

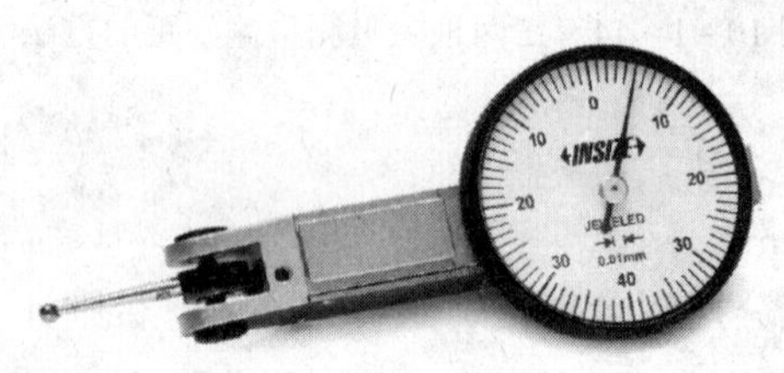

图 10－1－47　杠杆千分表

杠杆百分表又被称为杠杆表或靠表，是利用杠杆齿轮传动机构或者杠杆螺旋传动机构，将尺寸转化为指针角位移，并指示出长度尺寸数值的计量器具，用于测量工件几何形状误差和相互位置正确性，并可用比较法测量长度。

（1）杠杆百分表和杠杆千分表的使用方法。

① 杠杆千分表（见图 10–1–47）应固定在可靠的表架上，测量前必须检查表身是否夹牢，并多次提拉测量杆与工件接触，观察其重复指示值是否相同。

② 测量时，不准用工件撞击测头，以免影响测量精度或撞坏杠杆千分表。为保持一定的起始测量力，测头与工件接触时，测量杆应有 0.3～0.5 mm 的压缩量。

③ 测量杆上不要加油，以免油污进入表内，影响灵敏度。

④ 测量杆与被测工件表面必须垂直，否则会产生误差。

⑤ 测量杆轴线与被测工件表面的夹角愈小，误差就愈小。如果由于测量需要，α 角无法调小时（当 $\alpha>15°$），其测量结果应进行修正。从图 10－1－48 可知，当平面上升距离为 a 时，杠杆千分表摆动的距离为 b，也就是杠杆千分表的读数为 b，因为 $b>a$，所以指示读数增大。具体修正计算式如下：$a=b\cos\alpha$。

（2）使用注意事项。

① 用杠杆千分表测量工件时，测量杆轴线与工件表面夹角 α 为 30°，测量读数为 0.048 mm，则 $a=b\cos\alpha=0.048\times\cos30°=0.048\times0.866=0.0416$（mm）。

② 杠杆百分表体积较小，适合于零件上孔的轴心线与底平面的平行度的检查，如图 10－1－49 所示。将工件底平面放在平台上，使测量头与 A 端孔表面接触，左右慢慢移动表座，找出工件孔径最低点，调整指针至零位，将表座慢慢向 B 端推进。也可以将工件转换方向，再使测量头与 B 端孔表面接触，A、B 两端指针最低点和最高点在全程上读数的最大差值，就是全部长度上的平行度误差。

③ 用杠杆百分表检验键槽的直线度时，如图 10－1－50 所示。在键槽上插入检验块，将工件放在 V 形铁上，杠杆百分表的测头触及检验块表面进行调整，使检验块表面与轴心线平行。调整好平行度后，将测头接触 A 端平面，调整指针至零位，将表座慢慢向 B 端移动，在全程上检验。杠杆百分表在全程上读数的最大代数差值，就是水平面内的直线度误差。

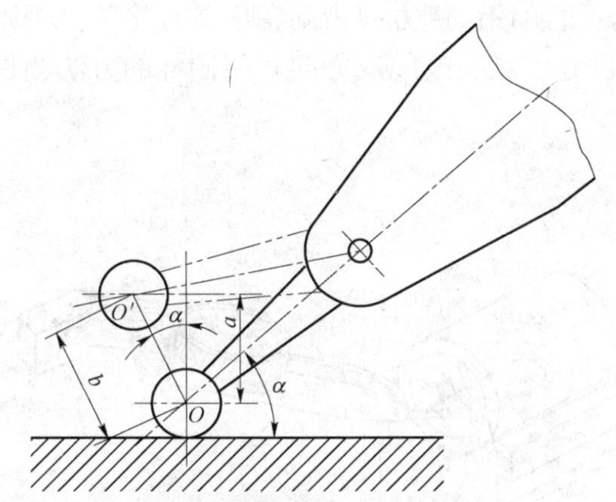

图 10-1-48 杠杆千分表测量杆轴线位置引起的测量误差

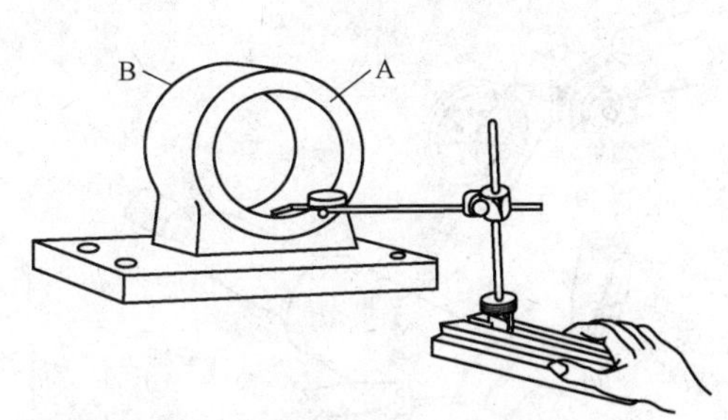

图 10-1-49 孔的轴心线与底平面的平行度检验方法

④ 检验车床主轴轴向窜动量时，在主轴锥孔内插入一根短锥检验棒，在检验棒中心孔放一颗钢珠，将杠杆千分表固定在车床上，使平测头顶在钢珠上（图 10-1-51 所示的位置 A），沿主轴轴线加一力 F，旋转主轴进行检验，千分表读数的最大差值，就是主轴轴向窜动的误差。

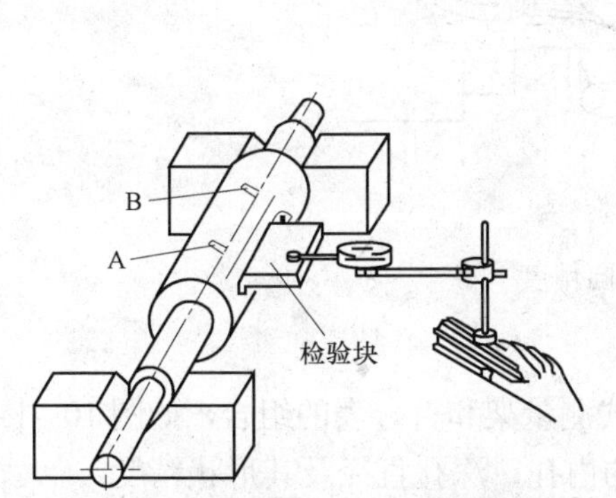

图 10-1-50 键槽直线度的检验方法

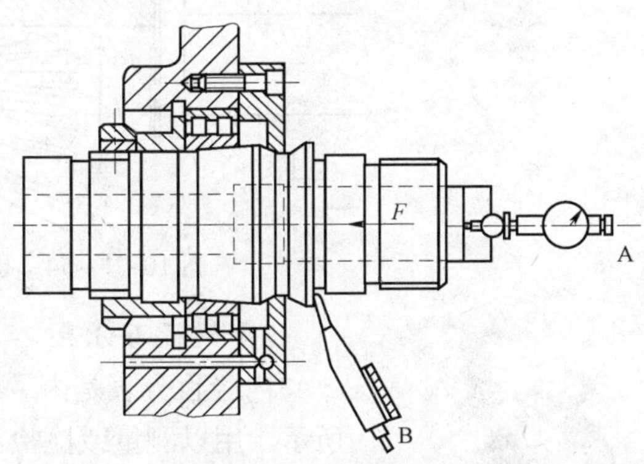

图 10-1-51 主轴轴向窜动和轴肩支承面跳动检验

⑤ 车床主轴轴肩支承面跳动检验时，将杠杆千分表固定在车床上，使其测头顶在主轴轴肩支承面靠近边缘处（图 10-1-51 所示的位置 B），沿主轴轴线加一力 F，旋转主轴检验。杠杆千分表的最大读数差值，就是主轴轴肩支承面的跳动误差。

⑥ 内外圆同轴度的检验，在排除内外圆本身的形状误差时，可用圆跳动量来计算。以内孔为基准时，可把工件装在两顶尖的心轴上，用百分表或杠杆表检验，如图 10-1-52 所示。百分表（杠杆表）在工件转一周的读数，就是工件的圆跳动。以外圆为基准时，把工件放在 V 形铁上，如图 10-1-53 所示，用杠杆表检验。这种方法可测量不能安装在心轴上的工件。

⑦ 齿向精度检验，如图 10-1-54 所示。将锥齿轮套入测量心轴，心轴装夹于分度头上，校正分度头主轴使其处于准确的水平位置，然后在游标高度尺上装一杠杆百分表，用杠杆百分表找出测量心轴上母线的最高点，并调整零位，将游标高度尺连同杠杆百分表降下一个心轴半径尺寸，此时杠杆百分表的测头零位正好处在锥齿轮的中心位置上。再用调好零位的杠杆百分表去测量齿轮处于水平方向的某一个齿面，使该齿大小端的齿面最高点都处在杠杆百分表的零位上。此时，该齿面的延伸线与齿轮轴线重合。以后，只须摇动分度盘依次进行分

齿，并测量大小端读数是否一致。若读数一致，说明该齿侧方向齿向精度是合格的；否则，该向精度有误差。一侧齿测量完毕后，将杠杆百分表测头改成反方向，用同样的方法测量另一侧的齿向精度。

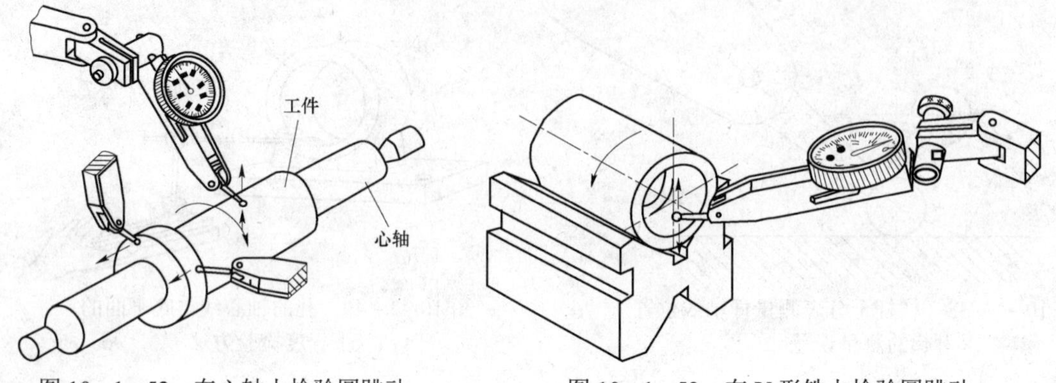

图 10－1－52　在心轴上检验圆跳动　　图 10－1－53　在 V 形铁上检验圆跳动

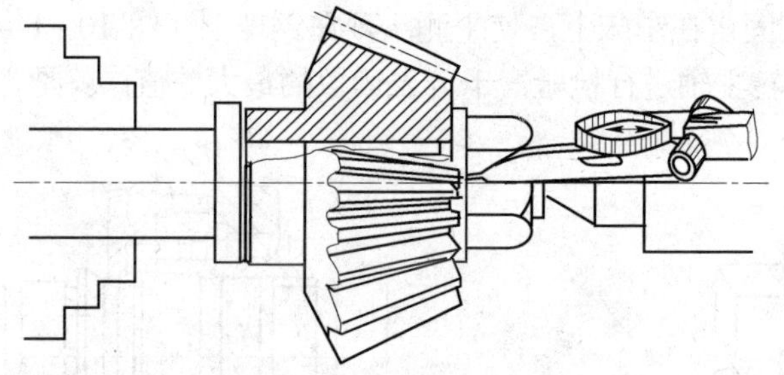

图 10－1－54　检查齿向精度

3）内径百分表

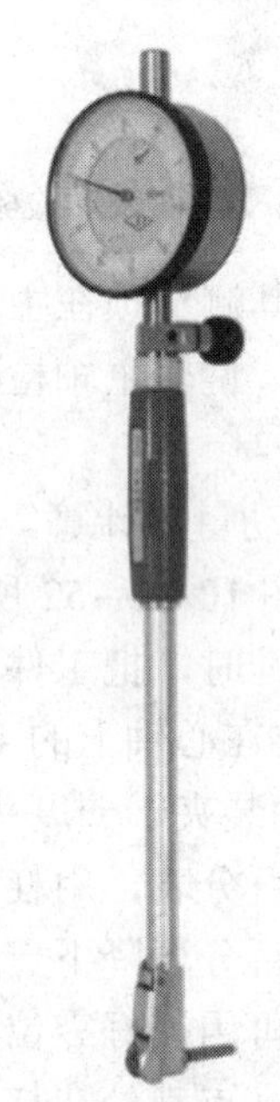

图 10－1－55　内径百分表

内径百分表是内量杠杆式测量架和百分表的组合，如图 10－1－55 所示，用以测量或检验零件的内孔、深孔直径及其形状精度。

内径百分表活动测头的移动量，小尺寸的只有 0～1 mm，大尺寸的可达 0～3 mm，它的测量范围是由更换或调整可换测头的长度来达到的。因此，每个内径百分表都附有成套的可换测头。国产内径百分表的读数值为 0.01 mm，测量范围（mm）有 10～18、18～35、35～50、50～100、100～160、160～250、250～450。

用内径百分表测量内径是一种比较测量法，测量前应根据被测孔径的大小，在专用的环规或百分尺上调整好尺寸后才能使用。调整内径百分尺的尺寸时，选用可换测头的长度及其伸出的距离（大尺寸内径百分表的可换测头是用螺纹旋上去的，故可调整伸出的距离，小尺寸的不能调整），应使被测尺寸在活动测头总移动量的中间位置。

内径百分表的示值误差比较大，如测量范围为 35～50 mm 的，示值误差为±0.015 mm。为此，使用时应当经常地在专用环规或百分尺上校对尺寸（习惯上称校对零位），必要时在块规附件装夹好的块规组上校对零位，并增加测量次数，以便提高测量精度。

内径百分表的指针摆动读数，刻度盘上每一格为 0.01 mm，盘上刻有 100 格，即指针每转一圈为 1 mm。

测量前应根据被测孔径大小，用外径百分尺调整好尺寸后才能使用，如图 10－1－56 所示。在调整尺寸时，正确选用可换测头的长度及其伸出距离，应使被测尺寸在活动测头总移动量的中间位置。

粗加工时，最好先用游标卡尺或内卡钳测量。因内径百分表同其他精密量具一样属贵重仪器，其好坏与精确直接影响到工件的加工精度和其使用寿命。粗加工时工件加工表面粗糙不平而测量不准确，也使测头易磨损。因此，须加以爱护和保养，精加工时再进行测量。

4. 角度量具

1）万能角度尺

万能角度尺，如图 10－1－57 所示，是用来测量精密零件内外角度或进行角度划线的角度量具，主要有游标量角器、万能角度尺等类型。

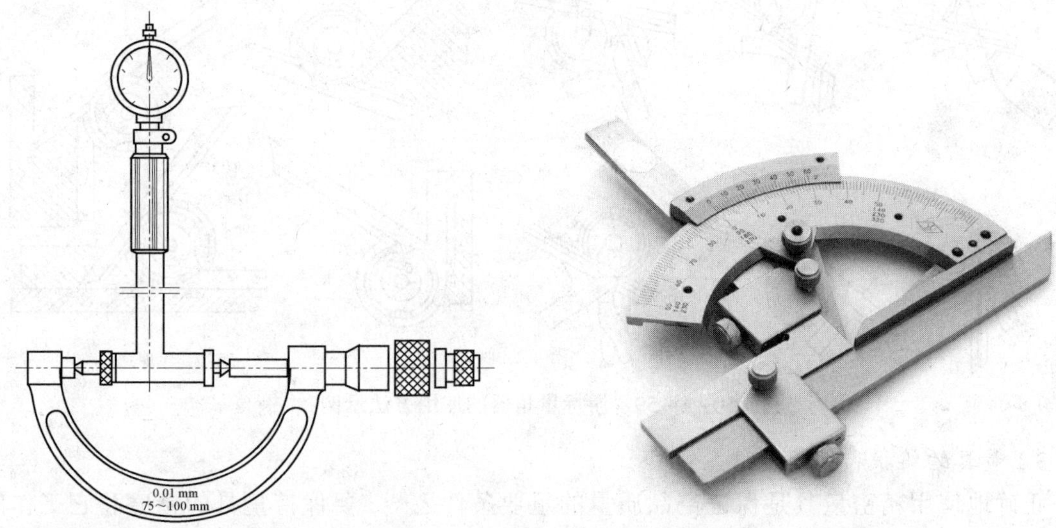

图 10－1－56　用外径百分尺调整尺寸　　　图 10－1－57　万能角度尺

万能角度尺适用于机械加工中的内、外角度测量，可测 0°～320° 外角及 40°～130° 内角。

万能角度尺的读数机构是根据游标原理制成的。主尺刻线每格为 1°。游标的刻线是取主尺的 29° 等分为 30 格，因此游标刻线角格为 29°/30，即主尺与游标一格的差值为 2′，也就是说万能角度尺读数准确度为 2′。其读数方法与游标卡尺完全相同。

测量时应先校准零位。当角尺与直尺均装上，而角尺的底边及基尺与直尺无间隙接触，此时主尺与游标的“0”线对准。调整好零位后，通过改变基尺、角尺、直尺的相互位置可进行角度测试。

用万能角度尺测量零件角度时，应使基尺与零件角度的母线方向一致，且零件应与量角尺的两个测量面的全长上接触良好，以免产生测量误差。

2）游标量角器

游标量角器，如图 10－1－58 所示。

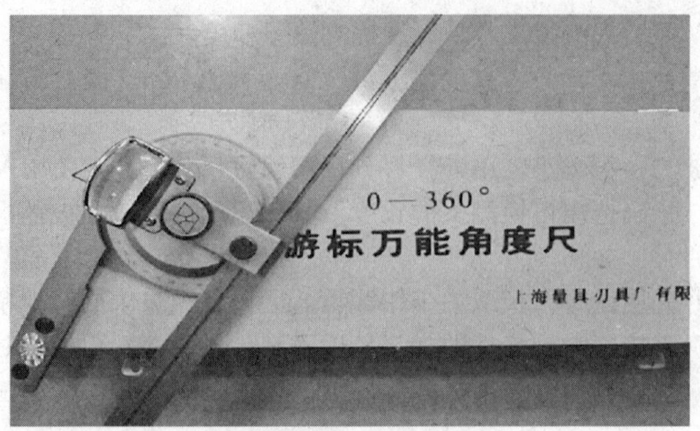

图 10-1-58　游标量角器

图 10-1-59 为游标量角器的各种使用方法示例。

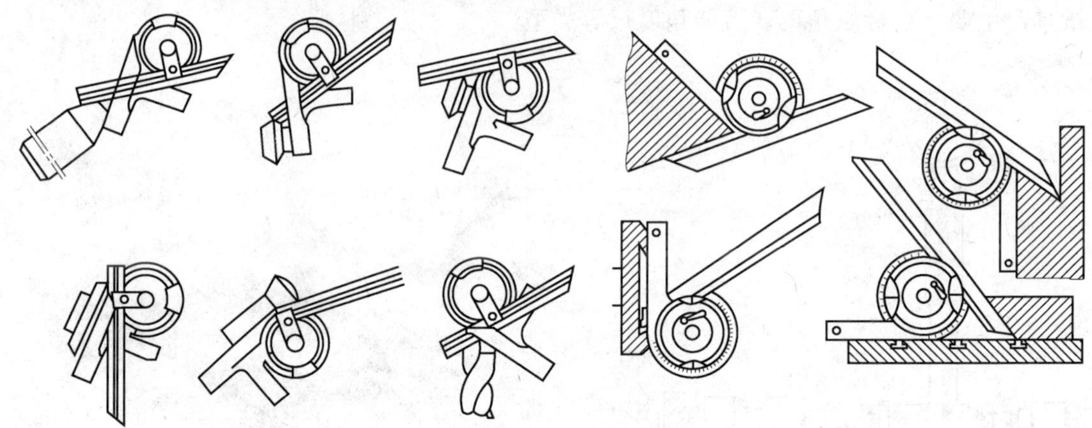

图 10-1-59　游标量角器的使用方法示例

3）量具的维护和保养

正确地使用精密量具是保证产品质量的重要条件之一。要保持量具的精度和它工作的可靠性，除了在使用中要按照合理的使用方法进行操作以外，还必须做好量具的维护和保养工作。

（1）在机床上测量零件时，要等零件完全停稳后进行，否则不但使量具的测量面过早磨损而失去精度，而且会造成事故。尤其是车工使用外卡时，不要以为卡钳简单，磨损一点无所谓，要注意铸件内常有气孔和缩孔，一旦钳脚落入气孔内，可把操作者的手也拉进去，造成严重事故。

（2）测量前应把量具的测量面和零件的被测量表面擦干净，以免因有脏物存在而影响测量精度。用精密量具如游标卡尺、百分尺和百分表等，去测量锻铸件毛坯，或带有研磨剂（如金刚砂等）的表面是错误的，这样易使测量面很快磨损而失去精度。

（3）量具在使用过程中，不要和工具、刀具，如锉刀、榔头、车刀和钻头等堆放在一起，以免碰伤量具；也不要随便放在机床上，以免因机床振动而使量具掉下来损坏。尤其是游标卡尺等，应平放在专用盒子里，以免使尺身变形。

（4）量具是测量工具，绝对不能作为其他工具的代用品。如拿游标卡尺划线，拿百分尺当小榔头，拿钢直尺当起子旋螺钉，以及用钢直尺清理切屑等都是错误的。把量具当玩具，如把百分尺等拿在手中任意挥动或摇转等也是错误的，都易使量具失去精度。

（5）温度对测量结果影响很大，零件的精密测量一定要使零件和量具都在 20 ℃的环境下。一般可在室温下进行测量，但必须使工件与量具的温度一致，否则，由于金属材料热胀冷缩的特性，会使测量结果不准确。

温度对量具精度的影响亦很大，量具不应放在阳光下或床头箱上，因为量具温度升高后，也量不出正确尺寸。更不要把精密量具放在热源（如电炉、热交换器等）附近，以免使量具受热变形而失去精度。

（6）不要把精密量具放在磁场附近，如磨床的磁性工作台上，以免使量具感磁。

（7）发现精密量具有不正常现象时，如量具表面不平、有毛刺、有锈斑以及刻度不准、尺身弯曲变形、活动不灵活等，使用者不应当自行拆修，更不允许自行用榔头敲、锉刀锉、砂布打光等粗糙办法修理，以免增大量具误差。发现上述情况，使用者应当主动送计量站检修，并经检定量具精度后再继续使用。

（8）量具使用后，应及时擦干净，除不锈钢量具或有保护镀层的以外，金属表面应涂上一层防锈油，放在专用的盒子里，保存在干燥的地方，以免生锈。

（9）精密量具应实行定期检定和保养，长期使用的精密量具，要定期送计量站进行保养和检定精度，以免因量具的示值误差超差而造成产品质量事故。

思考与讨论

1. 游标读数量具包括哪些？
2. 螺旋测微量具包括哪些？
3. 指示式量具包括哪些？
4. 量具如何维护和保养？

任务 10.2　钳工技术基础知识

钳工具有工具简单，加工多样灵活，操作方便，适应面广等特点。目前虽然有各种先进的机械加工方法，但很多工作仍然需要由钳工来完成。钳工在保证机械加工质量中起着重要的作用，是不可缺少的重要工种之一。

随着机械工业的发展，钳工的工作范围以及需要掌握的技术知识和技能也发生了深刻变化，现已形成了钳工专业的进一步分工，如普通钳工、划线钳工、修理钳工、装配钳工、模具钳工、工具钳工、钣金钳工等。无论哪一种钳工，要做好工作，就应掌握好钳工的各项基本操作技术，包括零件的测量、划线、錾削、锯割、锉削、钻孔、扩孔、锪孔、铰孔、攻螺纹、套螺纹、刮削、研磨、矫直、弯曲、铆接、钣金下料及装配等。

1. 钳工常用工具使用注意事项

1）手锤使用注意事项

（1）精制工件表面或硬化处理后的工件表面，应使用软面锤，以避免损伤工件表面。

（2）手锤使用前应仔细检查锤头与锤柄是否紧密连接，以免使用时锤头与锤柄脱离，造成意外事故。

（3）手锤锤头边缘若有毛边，应先磨除，以免破裂时造成工件及人员伤害。使用手锤时应配合工作性质，合理选择手锤的材质、规格和形状。

2）螺丝旋具使用注意事项

（1）根据螺钉头的槽宽选用旋具，大小不合的旋具非但无法承受旋转力，而且也容易损伤钉槽。

（2）不可将螺丝旋具当作錾子、杠杆或划线工具使用。

3）扳手使用注意事项

（1）根据工作性质选用适当的扳手，尽量使用呆扳手，少用活扳手。

（2）各种扳手的钳口宽度与钳柄长度有一定的比例，故不可加套管或用不正当的方法延长钳柄的长度，以增加使用时的扭力。

（3）选用呆扳手时，钳口宽度应与螺母宽度相当，以免损伤螺母。

（4）使用活扳手时，应向活动钳口方向旋转，使固定钳口受主要的力。

（5）扳手钳口若有损伤，应及时更换，以保证安全。

4）手钳使用注意事项

（1）手钳主要是用来夹持或弯曲工件的，不可当手锤或起子使用。

（2）侧剪钳、斜口钳只可剪细的金属线或薄的金属板。

（3）应根据工作性质合理选用手钳。

2. 钳工常用设备

钳工常用的设备有钳台、台虎钳、砂轮机、台钻、立钻等。

1）钳台

钳台又称为钳工台或钳工桌，如图 10－2－1 所示，主要用来安装台虎钳。台面一般呈长方形、六角形等，其长、宽尺寸由工作需要确定，高度一般在 800～900 mm。

图 10－2－1　钳工台

2）台虎钳

台虎钳，如图 10－2－2 所示，是用来夹持的通用夹具。在钳工台上安装台虎钳时，必须使用固定钳身的钳口工作而处于钳工台边缘之外，台虎钳必须牢固地固定在钳工台上，紧固螺栓必须拧紧。

台虎钳的安全操作注意事项如下。

（1）夹紧工件时只允许依靠手的力量扳紧手柄，不能用手锤敲击手柄或随意套上长管扳手柄，以免丝杠、螺母或钳身因受力过大而损坏。

（2）强力作业时，应尽量使力朝向固定钳身，否则丝杠和螺母会因受到较大的力而导致螺纹损坏。

（3）不要在活动钳身的光滑平面上敲击工件，以免降低它与固定钳身的配合性能。

（4）丝杠、螺母和其他活动表面，都应保持清洁并经常加油润滑和防锈，以延长使用寿命。

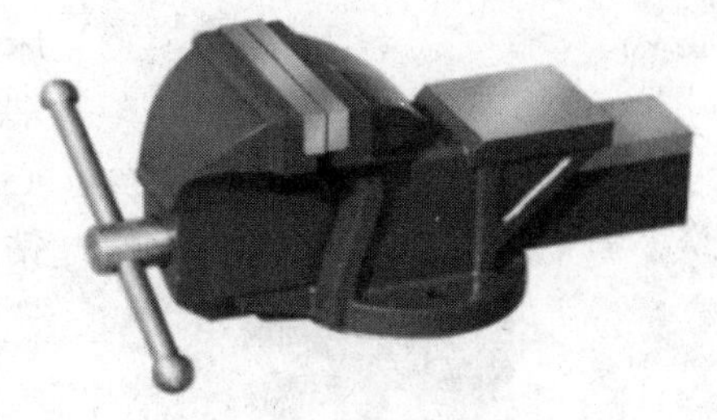

图 10－2－2　台虎钳

3）砂轮机

砂轮机，如图 10－2－3 所示，主要用来磨削各种刀具或工具，如磨削錾子、钻头、刮刀、样冲、划针等，也可以刃磨其他刀具。

图 10－2－3　砂轮机

砂轮机主要由砂轮、机架和电动机组成。工作时，砂轮的转速很高，很容易因系统不平衡而造成砂轮机的振动，因此要做好平衡调整工作，使其在工作中平稳旋转。由于砂轮质硬且脆，如使用不当容易产生砂轮碎裂而造成事故。因此，使用砂轮机时要严格遵守以下的安全操作注意事项。

（1）砂轮的旋转方向要正确，使磨屑向下飞离，不致伤人。

（2）砂轮机起动后，要等砂轮转速平稳后再开始磨削，若发现砂轮跳动明显，应及时停机修整。

（3）砂轮机的搁架与砂轮间的距离应保持在 3 mm 以内，以防磨削件轧人，造成事故。

（4）磨削过程中，操作者应站在砂轮的侧面或斜侧面，不要站在正对面。

4）台钻

台式钻床简称台钻，如图 10－2－4 所示，是一种体积小巧、操作简便，通常安装在专用工作台上使用的小型孔加工机床。台式钻床钻孔直径一般在 13 mm 以下，最大不超过 16 mm。其主轴变速一般通过改变三角带在塔形带轮上的位置来实现，主轴进给靠手动操作。

台式钻床是可安放在作业台上，主轴垂直布置的小型钻床。立式钻床是主轴箱和工作台安置在立柱上，主轴垂直布置的钻床。摇臂钻床可绕立柱回转、升降，通常主轴箱可在摇臂上作水平移动。铣钻床工作台是可纵横向移动，钻轴垂直布置，能进行铣削的钻床。孔深钻

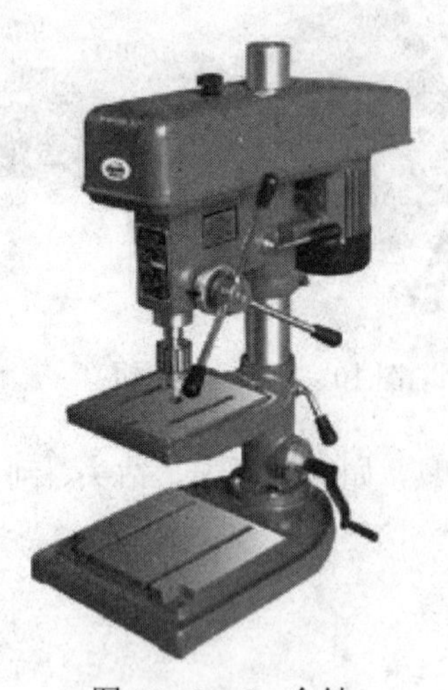

图 10-2-4　台钻

床是使用特制深孔钻头，工件旋转，钻削深孔的钻床。平端面孔中心孔钻床是切削轴类端面和用中心钻加工的中心孔钻床。卧式钻床是主轴水平布置，主轴可垂直移动的钻床。

使用安全事项：

（1）使用前要检查钻床各部件是否正常。

（2）钻头与工件必须装夹紧固，不能用手握住工件，以免钻头旋转引起伤人事故以及设备损坏事故。

（3）集中精力操作，摇臂和拖板必须锁紧后方可工作，装卸钻头时不可用手锤和其他工具物件敲打，也不可借助主轴上下往返撞击钻头，应用专用钥匙和扳手来装卸，钻夹头不得夹锥形柄钻头。

（4）钻薄板需加垫木板，钻头快要钻透工件时，要轻施压力，以免折断钻头损坏设备或发生意外事故。

（5）钻头在运转时，禁止用棉纱和毛巾擦拭钻床及清除铁屑。工作后钻床必须擦拭干净，切断电源，零件堆放及工作场地保持整齐、整洁。

5）立钻

立钻又称为立式钻床，如图 10-2-5 所示，属于金属切削机床的一种，主轴竖直布置，是一种比较实用且常见的钻床。除用于钻孔外，还可以扩张、钻沉头、锪端面、铰孔、攻丝等。

立钻有着效率高，刚性好，精度高，噪声低，变速范围广的特点。如工作台为十字形的，则工作台能纵横移动，升降手动进给。操纵集中，外形新颖，使用维修方便，适用于修理工具等单件小批量生产的车间，若配以钻卡头，也适用于成批量生产的车间。

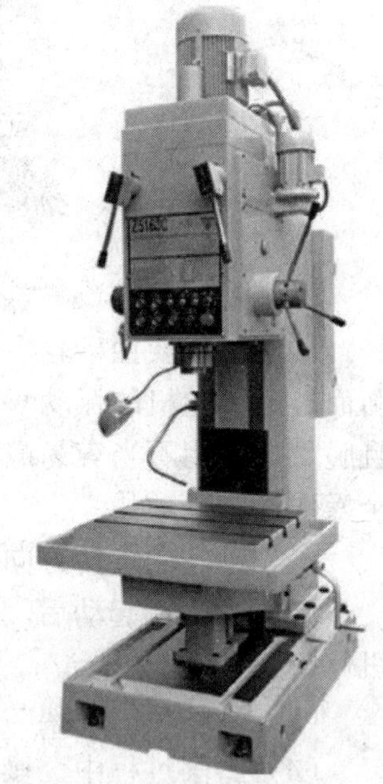

图 10-2-5　立钻

3. 相关图样识读

零件图是制造和检验零件的依据。读零件图的目的就是依据零件图样，想象零件的结构形状，了解零件的尺寸和技术要求。读零件图时，应联系零件在机器或部件中的位置、作用以及其他零件的关系，才能理解和读懂零件图。在识读零件图时应明白零件图包括：一组图形、全部尺寸、技术要求、标题栏。所以识读零件图一般方法和步骤如下。

1）概括了解、看标题栏

看标题栏是识图的第一步，也是钳工技能操作前的首要工作。根据标题栏了解零件名称、材料和比例等内容以进行备料。标题栏一般包括零件名称、材料、数量、比例、日期、单位、姓名等。从名称可以判断该零件属于哪一类零件。从材料可以大致了解其加工方法。从比例可估计零件的实际大小，然后对照装配图了解该零件在机器或部件中与其他零件的装配关系，从而对零件有初步的了解。作为一名钳工，只有读懂标题栏，才能知道在操作中选择什么样的材料，用什么工具对其进行加工制造。总之，根据标题栏对产品进行生产、准备是钳工的首要工作。

2）视图表达和结构形状分析

在机械设计和生产过程中，需要用图样来表达机器和零件，常用的图样有立体图和正投影图等。立体图就像照片一样富有立体感，给人以直观的印象。但是某些结构的形状如果发生了变形，就不能准确表达物体形状，且绘制复杂物体的立体图难度大。因此，在绘制机器图样时常绘制正投影图。所谓的正投影是什么呢？大家都知道，物体在光线的照射下会在地面或墙壁上产生影子，投影法就是人们根据这一自然现象总结出来的。早晨刚刚升起的太阳线与地面平行，照射在人的身上，在墙壁上产生一个影子。不难看出这时的影子和人的形状是完全一样的，这是因为此时的光线与墙壁垂直，把这种投影线与投影面垂直的投影称为正投影，得到的图形称为投影图或视图，一般把正对着我们的投影面称为正投影面，水平放置的投影面称为水平投影面，右边侧立的投影面称为侧投影面，这三个投影面的组合称为三投影面体系。将物体放在三个投影面体系中，用正投影法分别向三个投影面投影，得到物体的三视图，即：

主视图：将物体由前向后向正投影面投影得到的视图称为主视图。

俯视图：将物体由上向下向水平投影面投影得到的视图称为俯视图。

左视图：将物体由左向右向侧投影面投影得到的视图称为左视图。

而这三个视图有“长对正、高对齐、宽相等”的投影关系，这些重要特性，也是画图与读图的依据。

分析清楚零件各视图配置以及视图之间的关系之后，运用形体分析法和面形分析法读懂零件各部分结构，想象零件形状。零件的结构形状是读零件图的重点，组合体的读图方法，仍是用于该零件图。读图的一般顺序是先整体、后局部，先主体结构、后局部结构。先读懂简单部分，再分析复杂部分。虽然图样可以表达千变万化的形体各异的物体，从一颗不起眼的螺丝钉到一部拥有成百上千的零部件的精密设备无所不及。但是，不管图样怎样千变万化，都是以物体直观性特征出发。按正投影原理将“物”转化为人们能够共同认识和接受的“图”，在实践中发挥物体的直观性，以图样所表达的点、线、面形体为出发点，经过人的大脑思维、空间想象，形成物体真实形状。这一部分是识读零件图的难点，在识图过程中攻破这一点，才能对零件加工生产。

3）尺寸分析

零件图上的尺寸是零件加工、检验的根据。尺寸分析首先分析零件的长、宽、高三个方向的尺寸。长即为物体左右之间的距离，宽即为前后之间的距离，高即为上下之间的距离。根据三个方向的尺寸基准，查找各部分的定形和定位尺寸。所谓尺寸基准，就是标尺寸的起始位置或度量尺寸的起始点。尺寸基准一般选择零件上的一些面或线。然后，分析尺寸的加工精度及作用，必要时还要联系与该零件有关的零件一起分析，以深入理解尺寸之间的关系。

4）看技术要求

零件图的技术要求主要是指零件几何精度的要求，如表面粗糙度、极限与配合、形状和位置公差等。从广义上讲，技术要求还包括理化性能方面的要求，如对材料、热处理和表面处理等方面的要求。技术要求通常是用符号、代号或标注标准在图样上，或用简练的字义注写在标题栏附近。

4. 划线常识

根据图样或实物的尺寸，在毛坯或工件上，用划线工具划出加工轮廓线和点的操作叫划线。

只需在一个平面上划线即能满足加工要求的，称为平面划线；需同时在工件几个不同方向的表面上划线才能满足加工要求的，称为立体划线。单件及中小批量生产中的铸、锻件毛坯和形状较复杂的零件，在切削加工前通常均需要划线。

1）划线的作用

（1）确定工件上各加工面的加工位置和加工余量。

（2）可全面检查毛坯的形状和尺寸是否满足加工要求。

（3）当在坯料上出现某些缺陷时，往往可通过划线时的“借料”方法，起到一定的补救作用。

（4）在板料上划线下料，可合理安排和节约使用材料。

2）常用划线工具

（1）基准工具。

图 10－2－6　划线平板

划线平板，如图 10－2－6 所示，是划线的主要基准工具。其安放时要平稳牢固，上平面要保持水平。平面的各处要均匀使用，不许碰撞或敲击其表面，要注意其表面的清洁。长期不用时，应涂防锈油防锈，并盖保护罩。

划线平板的使用方法：

① 钢制平板一般用于冷作放样或样板修整；铸铁平板除具有钢制平板用途外，经压砂后可作研磨工具；大理石平板不须涂防锈油脂，且受温度影响较小，但湿度高时易变形。

② 0、1、2 级平板一般作检验用，3 级平板一般作划线用。

③ 平板安放平稳，一般用三个支承点调整水平面。大平板增加的支承点须垫平垫稳，但不可破坏水平，且受力须均匀，以减少自重变形。

④ 平板应避免因局部使用过频繁而磨损过多，使用中避免热源的影响和酸碱的腐蚀。

⑤ 平板不宜承受冲击、重压，或长时间堆放物品。

（2）直接划线工具。

直接划线工具有划针、划规、划卡、划线盘和样冲。

① 划针。

划针是在工件表面划线的工具，如图 10－2－7 所示。其一般由 4～6 mm 工具钢或弹簧钢丝制成，尖端磨成 15°～20°的尖角，并经过热处理，硬度达 HRC 55～60。

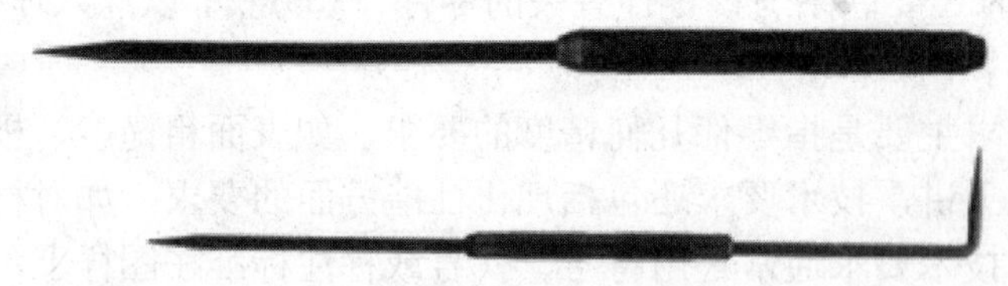

图 10－2－7　划针

划针要依靠钢尺或直尺等导线工具而移动，并向外侧倾斜 15°～20°，向划线方向倾斜约

45°～75°，要尽量做到一次划成，以使线条清晰、准确。

划针使用注意事项：

（a）划线时，针尖要紧靠导向工具的边缘，上部向外侧倾斜 15°～20° 角的同时，向划线移动方向倾斜 45°～75° 角。

（b）针尖要保持尖锐，划线要尽量一次完成。

（c）不用时，应按规定妥善放置，以免扎伤自己或造成针尖损坏。

② 划规。

划规为划圆或划弧线、等分线段、角度及量取尺寸等操作所使用的工具，如图 10-2-8 所示。划规两脚长度要磨得稍有不等，两脚合拢时脚尖才能靠紧，划圆弧时应将手力作用到作为圆心的一脚，以防中心滑移。其用法与制图中的分规类同。

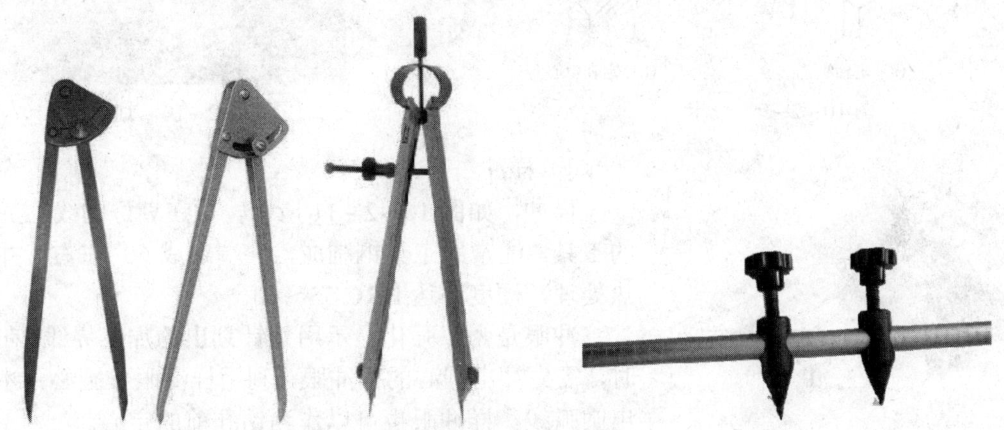

图 10-2-8　划规

划规使用注意事项：

（a）划规脚应保持尖锐，以保证划出的线条清晰。

（b）用划规划圆时，作为旋转中心的一脚应加较大的压力，另一脚以较轻的压力在工件表面上划出圆或圆弧。

③ 划卡。

也称为单脚划规，如图 10-2-9 所示，用来确定轴和孔的中心位置。

使用方法：先划出四条圆弧线，再在圆弧线中冲一样冲点。

④ 划线盘。

划线盘，如图 10-2-10 所示，主要用于立体划线和工件位置的校正。一般情况下，划针的直头用来划线，弯头用来找正。用划线盘划线时，应注意划针装夹要牢固，伸出不宜过长，以免抖动。底座要保持与划线平板紧贴，不能摇晃和跳动。

划线盘使用注意事项：

（a）划线时，划针应尽量处在水平位置，伸出部分应尽量短些。

（b）划线盘移动时，底面始终要与划线平板表面贴紧。

（c）划针沿划线方向与工件划线表面之间保持夹角 45°～75°。

（d）划线盘用毕，应使划针处于直立状态。

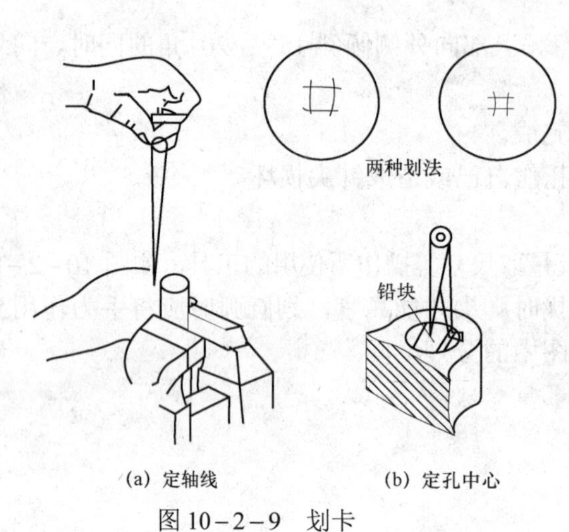

图 10－2－9　划卡

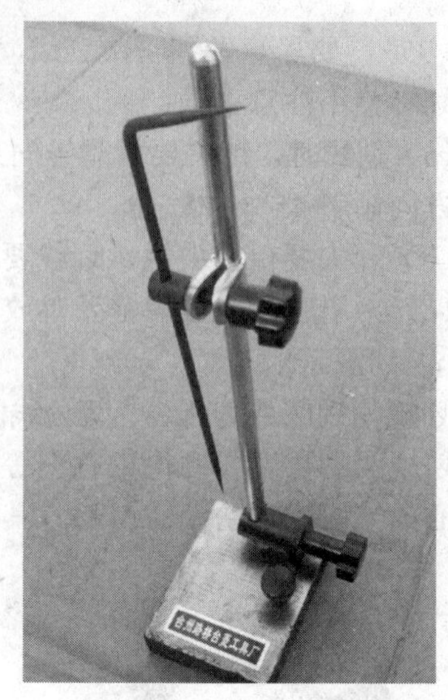
图 10－2－10　划线盘

⑤ 样冲。

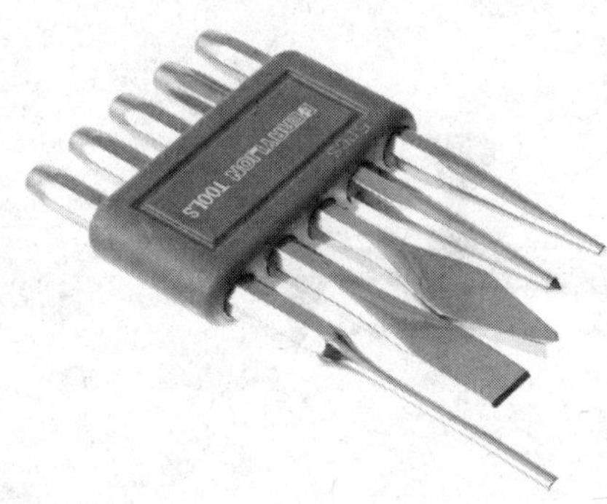

图 10－2－11　样冲

样冲，如图 10－2－11 所示，是在划好的线上冲眼用的工具，通常用工具钢制成，尖端磨成 60°左右，并经过热处理，硬度高达 HRC 55～60。

冲眼是为了强化显示用划针划出的加工界线；在划圆时，需先冲出圆心的样冲眼，利用样冲眼作圆心，才能划出圆弧线。样冲眼也可以作为钻孔前的定心。

样冲使用注意事项：

（a）冲点时，先将样冲外倾使其尖端对准线的正中，然后再将样冲立直，冲点。

（b）冲眼应打在线宽之间，且间距要均匀；在曲线上冲点时，两点间的距离要小些，在直线上的冲点距离可大些，但短直线至少有三个冲点，在线条交叉、转折处必须冲点。

（c）冲眼的深浅应适当。薄工件或光滑表面冲眼要浅，孔的中心或粗糙表面冲眼要深些。

3）划线操作

（1）找正与借料。

找正就是利用划线工具使工件的毛坯表面处于合适的位置。找正应注意以下几点：

① 要尽量使毛坯的不加工表面与加工表面的厚度均匀。

② 当毛坯上的表面都为加工表面时，应对各加工表面的自身位置找正后才能划线，使各处的加工余量尽量均匀。

借料就是通过试划和调整，使各个加工表面的加工余量合理分配，互相借用，从而保证各个加工表面都有足够的加工余量，可在加工后排除铸、锻件原来存在的误差和缺陷。

（2）确定划线基准。

所谓基准，即工件上用来确定其他点、线、面位置的依据（点、线、面）。划线基准确定

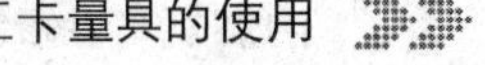

的原则如下：

① 划线基准应与设计基准一致，并且划线时必须先从基准线开始。

② 若工件上有已加工表面，则应以已加工表面为划线基准。

③ 若工件为毛坯，则应选重要孔的中心线等为划线基准。

④ 若毛坯上无重要孔，则应选较平整的大平面为划线基准。

（3）划线的一般步骤。

① 看清并分析图样与实物，确定划线基准，检查毛坯质量。

② 清理毛坯上的氧化皮、黏砂、飞边、油污，去除已加工工件上的毛刺等。

③ 在需要划线的表面涂上适当的涂料。一般铸锻件毛坯涂石灰水，钢和铸件的半成品涮蓝油、绿油或硫酸铜溶液，非铁金属工件涂蓝油或墨汁。

④ 确定孔的圆心时，预先在孔中安装塞块。

⑤ 划线顺序：基准线、水平线、垂直线、斜线、圆、圆弧线。

⑥ 划毕经检验后，在所需位置打样冲眼。

5. 锯割

锯割是用手锯（如图 10－2－12 所示）对工件或材料进行分割的一种切削加工方法。锯割的工作范围包括：分割各种材料或半成品，锯掉工件上的多余部分，在工件上锯槽等。

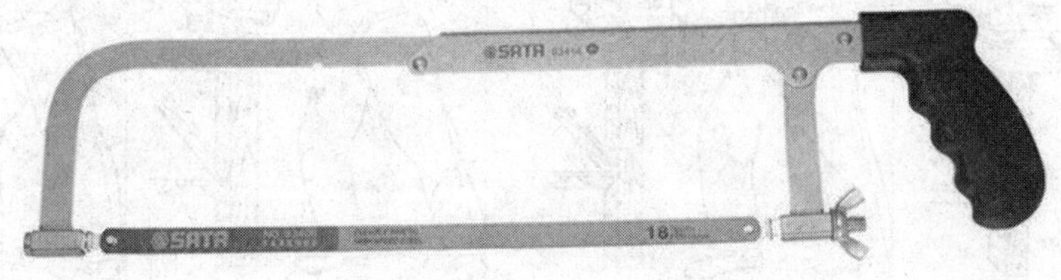

图 10－2－12　手锯

1）手锯的构造和锯条选择

手锯由锯弓和锯条组成，锯弓用于安装锯条，有可调式和固定式两种。

锯条的规格以两端安装孔的中心距表示。常用的锯条长 300 mm，宽 12 mm，厚 0.65 mm 左右。根据锯条的牙距大小或 25 mm 内不同的锯齿数，锯条可分为粗齿、中齿、细齿三类。

锯齿的规格及应用，参见表 10－2－1。

表 10－2－1　锯齿的规格及应用

锯齿粗细	每 25 mm 内的锯齿数（牙距大小）	应　用
粗	14～18（1.8 mm）	锯割铜、铝等软材料
中	19～23（1.4 mm）	锯割钢、铸铁等中硬材料
细	24～32（1.1 mm）	锯割硬钢材及薄壁工件

2）锯割动作要领

（1）手锯握法。

握手锯时，右手满握手柄，左手轻扶在锯弓前端，如图 10－2－13 所示。

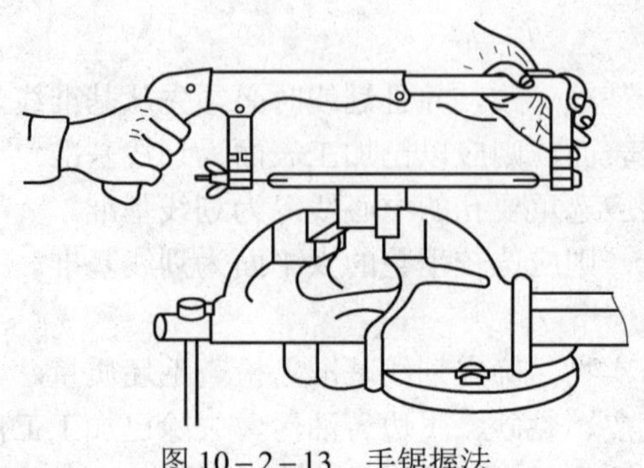

图 10-2-13　手锯握法

（2）锯割姿势。

锯割时的站位和身体摆动姿势如图 10-2-14 所示，摆动要自然。

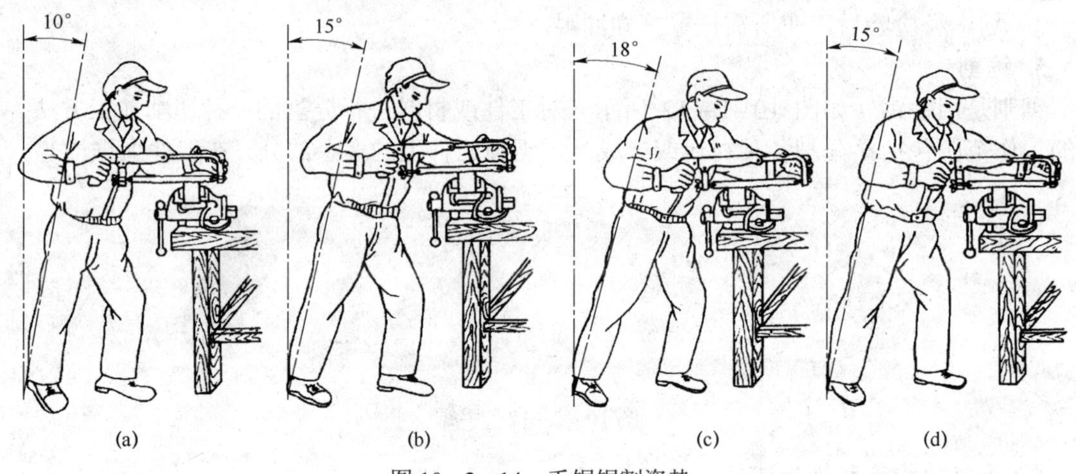

图 10-2-14　手锯锯割姿势

（3）施力方法。

锯割时推力和压力均由右手控制，左手压力不要过大，主要配合扶正锯弓。推锯时施加压力，回程时不加压力，工件将断时压力要小。

（4）锯割运动。

锯割运动一般采用小幅度的上下摆动式运动。推锯时，身体略向前倾，双手压向手锯的同时，左手上翘，右手下压；回程时，右手上抬，左手顺其自然地跟回运动。锯薄形工件或直槽时，采用直线运动。推锯时应使锯条的全部长度都用到，一般往复长度不应少于锯条全长的三分之二。

（5）锯割速度。

锯割速度一般以每分钟往复 20～40 次为宜，锯割行程应保持匀速，返回行程速度应快些。锯硬材料时速度要慢，锯软材料时速度可快些。

3）锯割方法

（1）工件夹持。

工件一般夹在台虎钳的左面，要稳当、牢固，工件伸出钳口不应过长。锯缝离开钳口约

20 mm，以防止振动，并要求锯缝划线与钳口侧面平行。对于薄管及已加工表面要防止夹持太紧而使工件或表面变形。

（2）锯条安装。

锯条安装方式，如图 10－2－15 所示。

① 锯齿必须向前。

② 松紧应适当，一般用手扳动锯条，感觉硬实不会发生弯曲即可。

③ 锯条平面应在锯弓平面内，或与锯弓平面平行。

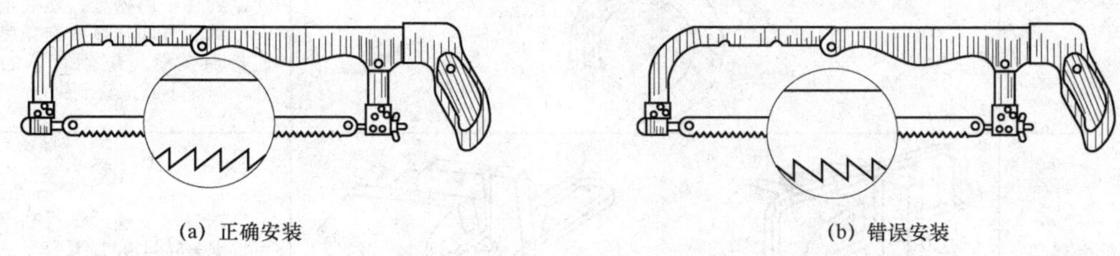

(a) 正确安装　　(b) 错误安装

图 10－2－15　锯条的安装方式

（3）起锯。

有远起锯与近起锯两种。起锯时，可用左手拇指靠住锯条导向，使锯条能正确地锯在所需位置上，行程要短，压力要小，速度要慢。起锯角应以不超过 15° 为宜。一般多采用远起锯，因为远起锯时锯条的锯齿是逐步切入材料的，锯齿不易被卡住，起锯也较方便。当锯到槽深 2～3 mm，锯条不会滑出槽外，锯弓逐渐水平时，则可开始正常锯割，如图 10－2－16 所示。

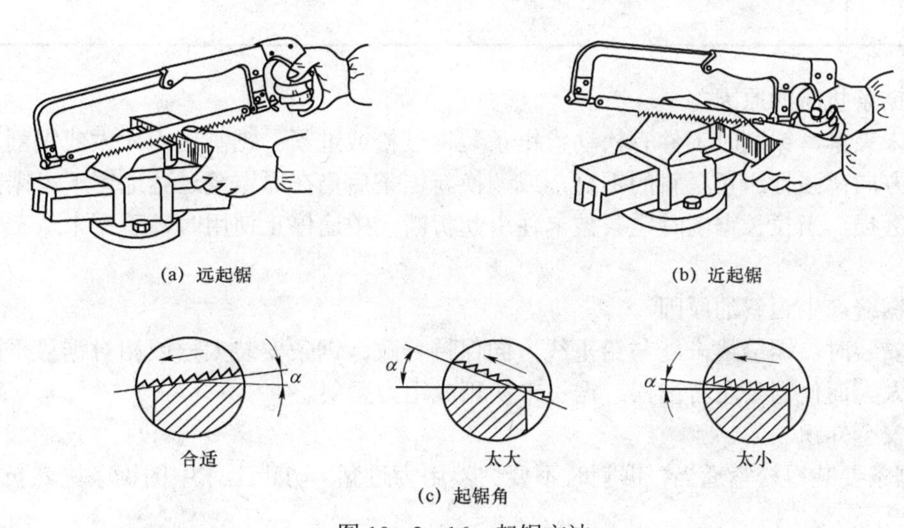

(a) 远起锯　　(b) 近起锯

(c) 起锯角

图 10－2－16　起锯方法

（4）各种材料的锯割方法。

各种材料的锯割方法如表 10－2－2 所示。

表 10-2-2　各种材料的锯割方法

材料	图　例	锯割方法
棒料		若要求锯割断面平整，则应从开始起连续锯到结束。若断面要求不高，可分几个方向锯下，锯到一定程度，用手锤将棒料击断
管子		锯割薄壁管时，应先在一个方向锯到管子内壁处，然后把管子向推锯的方向转过一定角度，并连接原锯缝再锯到管子的内壁处，如此不断，直到锯断为止
深缝锯割	(a)　(b)	当锯缝深度超过锯弓高度时，可将锯条转过 90°，重新装夹后再锯
薄板	木垫 薄板	可将薄板夹在两木块之间进行锯割，或手锯作横向斜推锯

（5）锯条折断的原因。

工件未夹紧，锯割时工件有松动；锯条装得过松或过紧；锯割压力太大或锯割方向突然偏离锯缝方向；强行纠正歪斜的锯缝，或调换新锯条后仍在原锯缝过猛地锯下；锯割时锯条中间局部磨损，当拉长锯削时锯条被卡住引起折断；中途停止使用时，手锯未从工件中取出而碰断。

（6）锯缝产生歪斜的原因。

工件安装时，锯缝线未能与铅垂线方向保持一致；锯条安装太松或相对锯弓平面扭曲；锯割压力太大而使锯条左右偏摆；锯弓未扶正或用力歪斜。

（7）安全知识。

① 锯条要装得松紧适当，锯割时不要突然用力过猛，防止工作中的锯条突然折断，崩出伤人。

② 工件将锯断时，压力要小，避免压力过大使工件突然断开，手突然前冲造成事故。一般工件将断时，要用左手扶住工件断开部分，避免掉下砸伤脚。

6. 锉削

用锉刀对工件表面进行切削加工，使工件达到零件图样所要求的形状、尺寸和表面粗糙度的加工方法称为锉削。锉削可以加工工件的内外平面、曲面、沟槽和各种复杂形状的表面，是钳工的主要操作方法之一。

1）锉刀的种类

锉刀按用途不同可分为钳工锉、异形锉和整形锉等；按截面形状不同可分为扁锉、方锉、半圆锉、三角锉、圆锉等；按锉齿的锉纹密度不同可分为粗齿、中齿和细齿锉刀。锉刀的种类还可根据锉纹的形状划分。锉刀的种类及其用途，参见表 10－2－3。

表 10－2－3　锉刀种类及其用途

名称	图　例	用　途
钳工锉	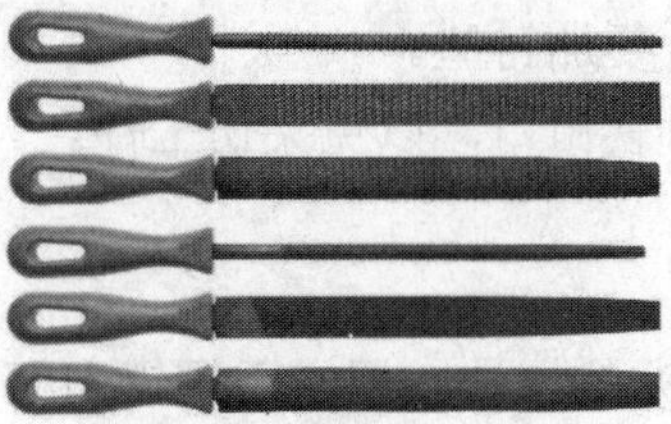	又称普通锉，用于锉削加工金属零件的各种表面
异形锉		用于对不同型腔进行精细加工
整形锉		又称为什锦锉，用于对机械、模具、电器和仪表等零件进行整形加工，修整工件上细小部位的尺寸、形位精度和表面粗糙度

2）锉刀的选用

（1）锉齿的选用。

一般根据工件的加工余量、尺寸精度、表面粗糙度和工件的材质来选择锉齿的粗细。材质软可选粗齿锉刀，反之可选锉齿较细的锉刀，具体选用可参见表 10－2－4。

表 10－2－4　锉齿的选用

锉纹号	锉齿	适用场合			
		加工余量/mm	尺寸精度/mm	表面粗糙度 *Ra*/μm	适用对象
1	粗	0.5～1	0.2～0.5	100～25	粗加工或加工有色金属
2	中	0.2～0.5	0.05～0.2	12.5～6.3	加工半精加工
3	细	0.05～0.2	0.01～0.05	6.3～3.2	精加工或加工硬金属
4	油光	0.025～0.05	0.005～0.01	3.2～1.6	精加工时修光表面

（2）锉刀截面形状的选择。

根据待加工表面的形状选用锉刀的截面形状。

（3）锉刀规格的选择。

根据待加工表面的大小来选用不同规格的锉刀。一般待加工面积大和有较大加工余量的表面宜选用长的锉刀，反之则选用短的锉刀。

3）锉削操作

（1）工件的夹持。

① 工件最好夹在台钳中间，夹持要牢靠，但不能使工件变形。

② 工件伸出钳口不要太高，以免锉削时产生振动。

③ 表面形状不规则的工件，夹持时要加衬垫。

④ 夹持已加工表面和精密件时要衬软钳口，以免夹伤工件。

（2）锉削姿势。

① 锉刀的握法。

（a）大锉刀（规格在 200 mm 以上）的握法：用右手握锉刀柄，柄端顶住掌心，大拇指放在柄的上部，其余手指满握锉刀柄。左手在锉削时起扶稳锉刀、辅助锉削加工的作用。

（b）中型锉刀（规格在 200 mm 左右）的握法：右手握法与大锉刀的握法一致，左手只需用大拇指、食指、中指轻轻扶持锉刀即可。

（c）较小锉刀（规格在 150 mm 左右）的握法：右手食指靠近锉边，拇指与其余各指握锉，左手只需食指、中指轻按在锉刀上面即可。

（d）小锉刀（规格在 150 mm 以下）的握法：只需右手握锉，食指压在锉面上，拇指与其余各指握住锉柄。

锉刀的握法，如图 10－2－17 所示。

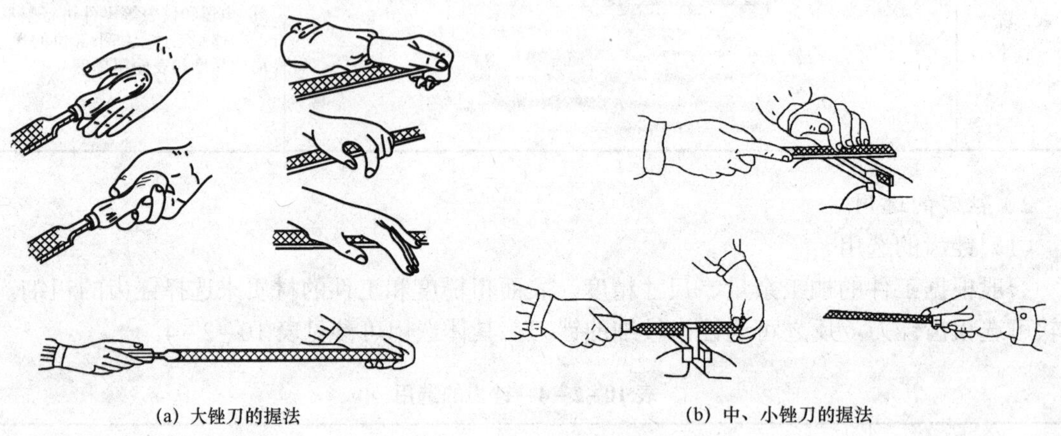

(a) 大锉刀的握法　　(b) 中、小锉刀的握法

图 10－2－17　锉刀的握法

② 锉削的姿势。

锉削时人的站立位置与錾削相似，锉削时要充分利用锉刀的全长，用全部锉齿进行工作。开始时身体要向前倾斜 10° 左右，右肘尽可能收缩到后方。最初三分之一行程时，身体逐渐前倾到 15° 左右，使左膝稍弯曲；中间三分之一行程，右肘向前推进，同时身体也逐渐前倾

到 18°左右；最后三分之一行程，用右手腕将锉刀推进，身体随锉刀的反作用力退回到 15°位置。锉削行程结束后，把锉刀略提起一些，身体恢复到起始位置姿势。锉削时为了锉出平直的表面，必须正确掌握锉削力的平衡，使锉刀平稳。锉削时的力量有水平推力和垂直压力两种，推动主要由右手控制，其大小必须大于切削阻力，才能锉去切屑；压力是由两手控制的，其作用是使锉齿深入金属表面。由于锉刀两端伸出工件的长度随时都在变化，因此两手的压力大小必须随着变化，保持力矩平衡，使两手在锉削过程中始终保持水平。

③ 锉削力的应用和锉削速度。

推进锉刀时两手加在锉刀上的压力应保持锉刀平稳，而不得上下摆动，这样才能锉出平整的平面。锉刀的推力大小主要由右手控制，而压力大小是由两手同时控制的。锉削速度应控制在每分钟 30～60 次。

（3）锉削方法。

① 平面锉法。

平面锉法有顺向锉、交叉锉、推锉等。如图 10－2－18 所示。

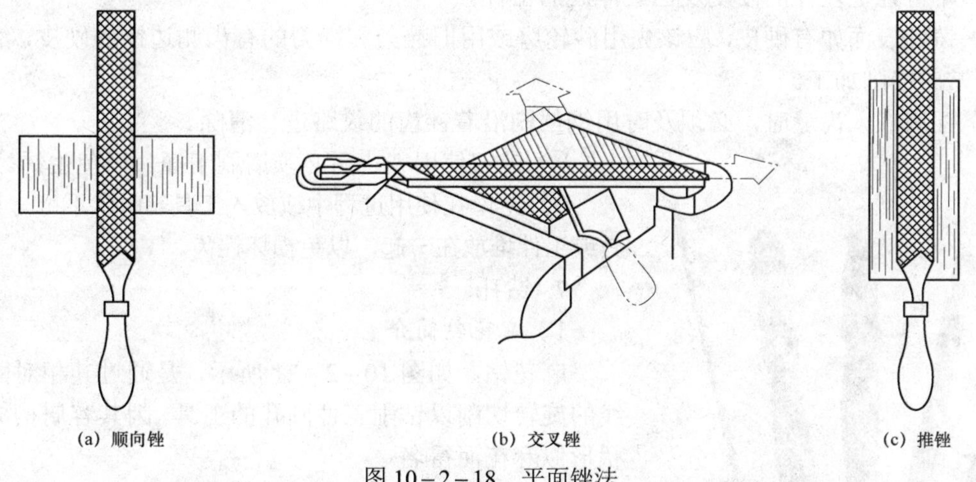

图 10－2－18　平面锉法

（a）顺向锉：顺向锉是最普通的锉削方法。锉刀运动方向与工件夹持方向始终一致，面积不大的平面和最后锉光都是采用这种方法。顺向锉可得到正直的锉痕，比较整齐美观。精锉时常采用。

（b）交叉锉：锉刀与工件夹持方向约成 35°，且锉痕交叉。交叉锉时锉刀与工件的接触面积增大，锉刀容易掌握平稳。交叉锉一般用于粗锉。

（c）推锉：推锉一般用来锉削狭长平面，使用顺向锉法锉刀受阻时使用。推锉不能用于充分发挥手臂的力量，故锉削效率低，只适用于加工余量较小和修整尺寸时。

② 曲面锉法，如图 10－2－19 所示。

锉削外圆弧面时，锉刀同时完成前进运动和绕圆弧中心的转动。锉削内圆弧面时，锉刀同时完成前进运动，并随着圆弧面向左或向右的移动、绕锉刀中心的转动等。

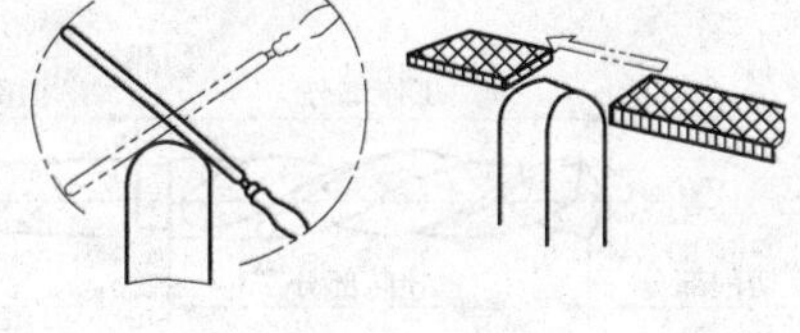

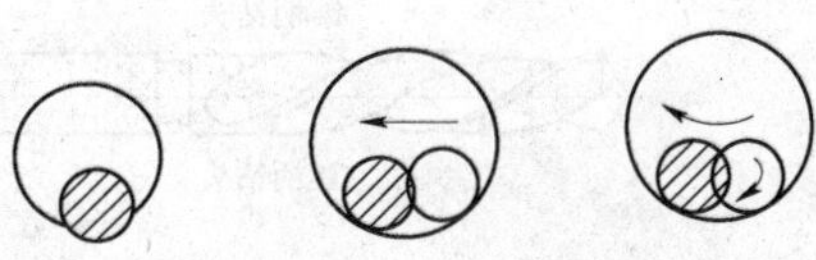

图 10－2－19　曲面锉法

③ 球面挫法，如图 10－2－20 所示。

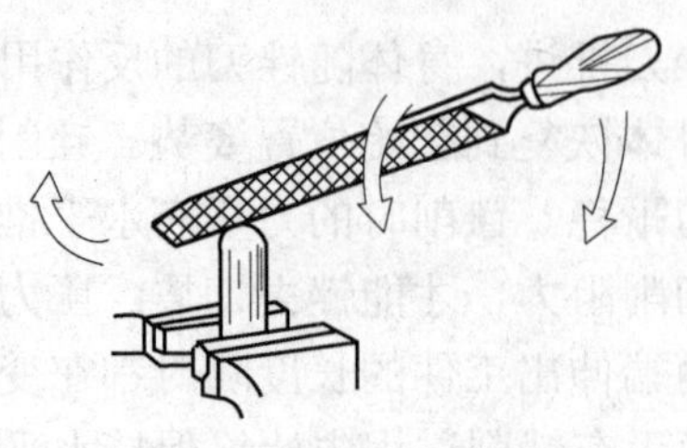
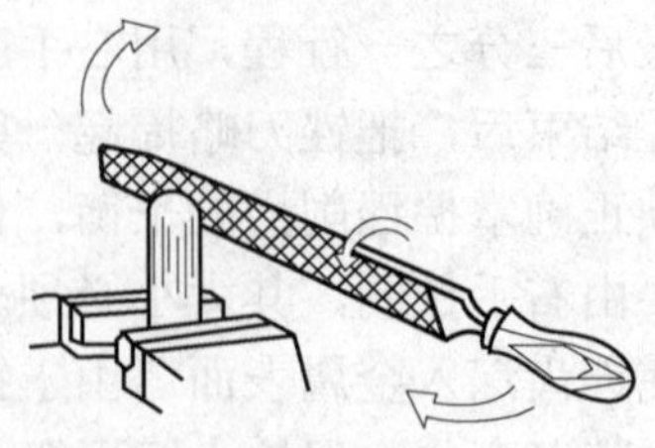

图 10－2－20　球面锉法

锉削圆柱形工件端部的球面时，锉刀以顺向横向两种曲面锉法结合进行。

（4）锉削加工注意事项。

① 新锉刀要先使用一面，用钝后再使用另一面。

② 在粗锉时，应充分使用锉刀的有效全长，这样既可提高锉削效率，又可避免锉齿局部磨损。

③ 锉刀上不可沾油或沾水。

④ 不可锉毛坯件的硬皮及已经淬硬的工件。

⑤ 铸件表面如有硬皮，应该先用砂轮磨或用旧锉刀和锉刀的有齿侧边锉去硬皮，然后再进行正常的锉削加工。

⑥ 锉屑嵌入齿缝时，必须及时用钢丝刷沿着锉齿的纹路进行清除。

⑦ 锉刀使用完毕后必须清刷干净，以免生锈。

⑧ 无论在使用过程中或放入工具箱时，不可与其他工具或工件堆放在一起，以免损坏锉齿。

图 10－2－21　麻花钻

7. 钻孔

1）麻花钻简介

麻花钻，如图 10－2－21 所示，是通过其相对固定轴线的旋转切削以钻削工件圆孔的工具。因其容屑槽成螺旋状形似麻花而得名。

麻花钻由柄部、颈部和工作部分组成，如图 10－2－22 所示。柄部是钻头的夹持部分，有直柄和锥柄两种。直柄一般用于直径小于 13 mm 的钻头，锥柄用于直径大于 13 mm 的钻头。标准麻花钻的顶角 $2\phi=118°\pm2°$，横刃斜角 50°～55°。

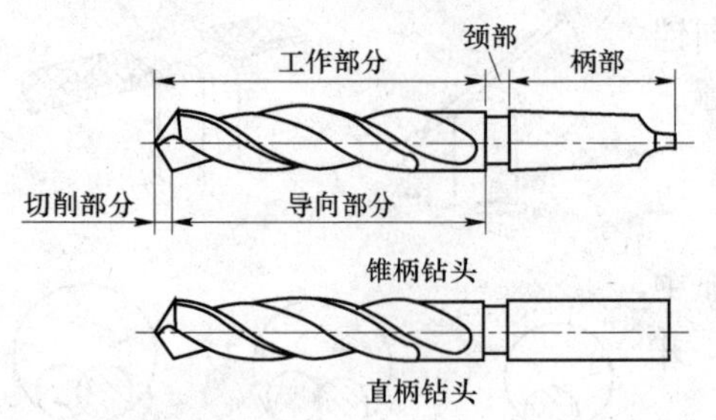

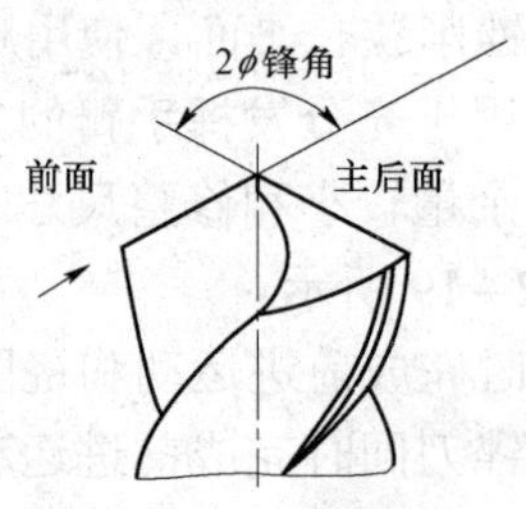

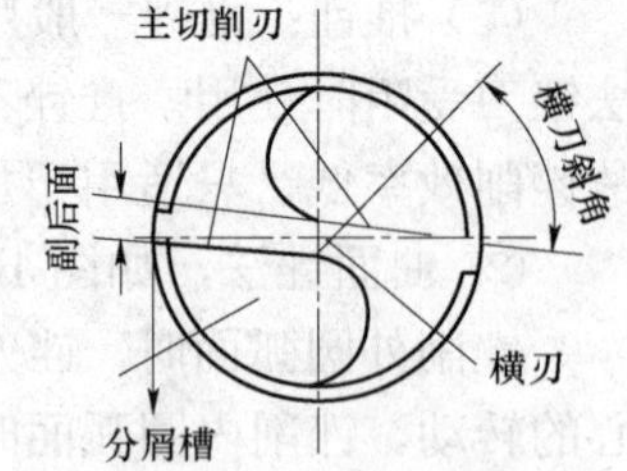

图 10－2－22　麻花钻组成

2）麻花钻的刃磨

为改善标准麻花钻的切削性能，应对麻花钻的切削部分进行刃磨和修磨。

（1）麻花钻的刃磨姿势。

麻花钻的刃磨姿势，如图 10-2-23 所示。

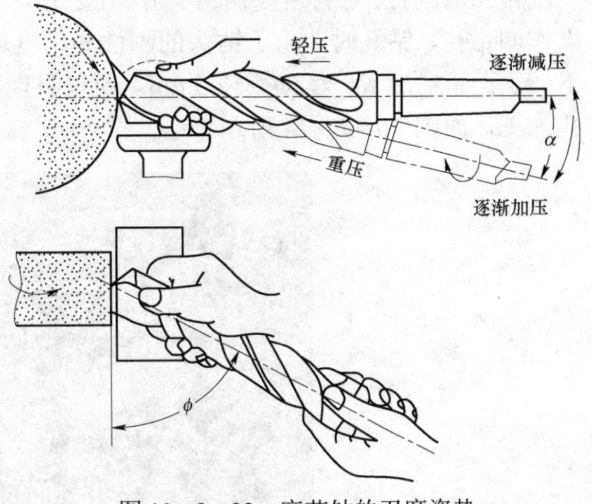

图 10-2-23　麻花钻的刃磨姿势

（2）麻花钻刃磨的一般要求。

“少磨”首先是“不磨”，拿到钻头匆匆即磨，肯定是盲目地磨。只有在刃磨前摆放好位置，才能为下一步的“磨好”打实基础，这一步相当重要。

这里用四句口诀来指导刃磨过程，效果较好。

① 口诀一：“刃口摆平轮面靠。”

这是摆好钻头与砂轮相对位置的第一步，往往有学生还没有把刃口摆平就靠在砂轮上开始刃磨了。这样肯定是磨不好的。这里的“刃口”是主切削刃，“摆平”是指被刃磨部分的主切削刃处于水平位置。“轮面”是指砂轮的表面。“靠”是慢慢靠拢的意思。此时钻头还不能接触砂轮。

② 口诀二：“钻轴斜放出锋角。”

这里是指钻头轴心线与砂轮表面之间的位置关系。“锋角”即顶角 118°±2°的一半，约为 60°。这个位置很重要，直接影响钻头顶角大小及主切削刃形状和横刃斜角。要提示学生记忆常用的一块 30°、60°、90°三角板中 60°的角度，学生便于掌握。口诀一和口诀二都是指钻头刃磨前的相对位置，二者要统筹兼顾，不要为了摆平刃口而忽略了摆好斜角，或为了摆好斜放轴线而忽略了摆平刃口。在实际操作中往往很容易出这些错误。此时钻头在位置正确的情况下准备接触砂轮。

③ 口诀三：“由刃向背磨后面。”

这里是指从钻头的刃口开始沿着整个后刃面缓慢刃磨。这样便于散热和刃磨。在稳定巩固口诀一、二的基础上，此时钻头可轻轻接触砂轮，进行较少量的刃磨，刃磨时要观察火花的均匀性，要及时调整压力大小，并注意钻头的冷却。当冷却后重新开始刃磨时，要继续摆好口诀一、二的位置，这一点往往在初学时不易掌握，常常会不由自主地改变其位置的正确性。

④ 口诀四：“上下摆动尾别翘。”

这个动作在钻头刃磨过程中也很重要，往往有学生在刃磨时把“上下摆动”变成了“上下转动”，使钻头的另一主刀刃被破坏。同时钻头的尾部不能高翘于砂轮水平中心线以上，否则会使刃口磨钝，无法切削。

3）孔加工

任何一种机器，没有孔是做不成的。要把零件连接起来，需要各种不同尺寸的螺钉孔、销钉孔或铆钉孔；为了把传动部件固定起来，需要各种安装孔；机器零件本身也有许多各种各样的孔（如油孔、工艺孔、减重孔等）。加工孔从而使孔达到要求的操作称为孔加工。

内孔表面是组成机械零件的重要表面之一。在机械零件中，带孔零件一般要占零件总数的 50%～80%。孔的种类也是多种多样的，有圆柱形孔、圆锥形孔、螺纹形孔和成形孔等。

常见的圆柱形孔又有一般孔和深孔之别，深孔很难加工。用钻头在实体材料上加工孔的操作叫钻孔。钻孔时，由于钻头的刚性和精度较差，因此钻孔加工精度不高，一般在IT10以下，表面粗糙度 *Ra* 为 50～12.5 μm，所以只能用来加工要求不高的孔或作为孔的粗加工。钻孔加工，如图 10－2－24 所示。

图 10－2－24 钻孔加工

（1）钻孔操作。

① 准确划线。

钻孔前，首先应熟悉图样要求，加工好工件的基准：一般基准的平面度≤0.04 mm，相邻基准的垂直度≤0.04 mm。按钻孔的位置尺寸要求，使用高度尺划出孔位置的十字中心线，要求线条清晰准确；线条越细，精度越高。由于划线的线条总有一定的宽度，而且划线的一般精度可达到 0.25～0.5 mm，所以划完线以后要使用游标卡尺或钢板尺进行检验；若对于划线后检验做得不够，经常拿着划错线的工件进行钻孔，根本保证不了孔的位置精度；特别是在等级鉴定的考场上，由于学生们心理紧张担心工件不能按时完成，往往划完线后不进行检验急于钻孔，等到发现孔的位置精度超差较大时已经晚了。因此，要养成划完线后进行检验的好习惯。

② 划检验方格或检验圆。

划完线并检验合格后，还应划出以孔中心线为对称中心的检验方格或检验圆，作为试钻孔时的检查线，以便钻孔时检查和校正钻孔位置，一般可以划出几个大小不一的检验方格或检验圆，小检验方格或检验圆略大于钻头横刃，大的检验方格或检验圆略大于钻头直径。

③ 打样冲眼。

划出相应的检验方格或检验圆后应认真打样冲眼。先打一小点，在十字中心线的不同方向仔细观察，样冲眼是否打在十字中心线的交叉点上，最后把样冲眼用力打正打圆打大，以便准确落钻定心。这是提高钻孔位置精度的重要环节，样冲眼打正了，就可使钻心的位置正确，钻孔一次成功；打偏了，则钻孔也会偏，所以必须校正补救，经检查孔样冲眼的位置准确无误后方可钻孔。

打样冲眼有一小窍门：将样冲倾斜，样冲尖放在十字中心线上的一侧向另一侧缓慢移动，移动时，当感觉到某一点有阻塞的感觉时，停止移动直立样冲，就会发现这一点就是十字中心线的中心；此时在这一点打出的样冲眼就是十字中心线的中心，也可以多试几次，就会发现样冲总会在十字中心线的中心处有阻塞的感觉。

④ 装夹。

擦拭干净机床台面、夹具表面、工件基准面，将工件夹紧，要求装夹平整、牢靠，便于观察和测量。应注意工件的装夹方式，以防工件因装夹而变形。

⑤ 试钻。

钻孔前必须先试钻。使钻头横刃对准孔中心样冲眼钻出一浅坑，然后目测该浅坑位置是否正确，并要不断纠偏，使浅坑与检验圆同轴。如果偏离较小，可在起钻的同时用力将工件向偏离的反方向推移，达到逐步校正。如果偏离过多，可以在偏离的反方向打几个样冲眼或用錾子錾出几条槽，这样做的目的是减少该部位切削阻力，从而在切削过程中使钻头产生偏离，调整钻头中心和孔中心的位置。试钻切去錾出的槽，再加深浅坑，直至浅坑和检验方格或检验圆重合后，达到修正的目的再将孔钻出。

注意：无论采用什么方法修正偏离，都必须在锥坑外圆小于钻头直径之前完成。如果不能完成，在条件允许的情况下，还可以在背面重新划线重复上述操作。

⑥ 钻孔。

钳工钻孔一般以手动进给操作为主，当试钻达到钻孔位置精度要求后，即可进行钻孔。手动进给时，进给力量不应使钻头产生弯曲现象，以免孔轴线歪斜。钻小直径孔或深孔时，要经常退钻排屑，以免切屑阻塞而扭断钻头，一般在钻孔深度大于直径的 3 倍时，一定要退钻排屑。此后，每钻进一些就应退屑，并注意冷却润滑，钻孔的表面粗糙度值要求很小时，还可以选用 3%～5%乳化液、7%硫化乳化液等起润滑作用的冷却润滑液。

钻孔将钻透时，手动进给用力必须减小，以防进给量突然过大，增大切削抗力，造成钻头折断，或使工件随着钻头转动造成事故。

⑦ 钻削用量的选择。

高速钢标准麻花钻可参见表 10－2－5 选择进给量，参见表 10－2－6 选择切削速度。

表 10－2－5　高速钢标准麻花钻的进给量

钻头直径/mm	<3	3～6	6～12	12～25	>25
进给量/（mm/r）	0.025～0.05	0.05～0.10	0.10～0.18	0.18～0.38	0.38～0.62

表 10－2－6　高速钢标准麻花钻的切削速度

加工材料	硬度 HB	切削速度/（m/min）	加工材料	硬度 HB	切削速度/（m/min）
低碳钢	100～125 125～175 175～225 100～140	27 24 21 33	可锻铸铁	110～160 160～200 200～240 240～280	42 25 20 12
			铝合金、镁合金		75～90
灰铸铁	140～190 190～220 220～260 260～320	27 21 15 9	铜合金		20～48
			高速钢	200～250	13

续表

加工材料	硬度 HB	切削速度/(m/min)	加工材料	硬度 HB	切削速度/(m/min)
中、高碳钢	125～175 175～225 225～275 275～325	22 20 15 12	球墨铸铁	140～190 190～225 225～260 260～300	30 21 17 12
合金钢	175～225 225～275 275～325 325～375	18 15 12 10	铸钢	低碳 中碳 高碳	24 18～24 15

⑧ 特殊孔的钻削方法。

特殊孔的钻削方法参见表 10－2－7。

表 10－2－7　特殊孔的钻削方法

项目	图　例	钻削方法
斜面钻削		（1）在工件上待钻孔处铣出一个小平面后钻孔。 （2）用錾子先錾出一个小平面，再用中心钻钻出一个锥坑后钻孔
深孔钻削		用较长钻头加工，加工时要经常退钻排屑。如为不通孔，则需注意测量与调整钻深挡块
半圆孔、骑缝孔钻削		（1）可把两件合起来钻削。 （2）两件材质不同的工件钻骑缝孔时，样冲眼应打在略偏向硬材料的一边。 （3）使用半孔钻

⑨ 孔加工时废品产生的原因和防治。

孔加工时废品产生的原因和防治方法参见表 10－2－8。

表 10-2-8　孔加工时废品产生的原因和防治方法

废品形式	废品产生原因	防治方法
孔径大	（1）钻头两切削刃长度不等，角度不对称。 （2）钻头产生摆动	（1）正确刃磨钻头。 （2）重新装夹钻头，消除摆动
孔呈多角形	（1）钻头后角太大。 （2）钻头两切削刃长度不等，角度不对称	正确刃磨钻头，检查顶角、后角和切削刃
孔歪斜	（1）工件表面与钻头轴线不垂直。 （2）进给量太大，钻头弯曲。 （3）钻头横刃太长，定心不好	（1）正确装夹工件。 （2）选择合适进给量。 （3）磨短横刃
孔壁粗糙	（1）钻头不锋利。 （2）后角太大。 （3）进给量太大。 （4）冷却不足，切削液润滑性能差	（1）刃磨钻头，保持切削刃锋利。 （2）减小后角。 （3）减少进给量。 （4）选润滑性能好的切削液
钻孔位偏移	（1）划线或样冲眼中心不准。 （2）工件装夹不准。 （3）钻头横刃太长，定心不准	（1）检查划线尺寸和样冲眼位置。 （2）工件要装稳夹紧。 （3）磨短横刃

⑩ 钻孔时钻头损坏的原因和预防方法。

钻孔时钻头损坏的原因和预防方法参见表 10-2-9。

表 10-2-9　钻孔时钻头损坏的原因和预防方法

损坏形式	损坏原因	预防方法
钻头工作部分折断	（1）用钝钻头钻孔。 （2）进给量太大。 （3）切屑塞住钻头螺旋槽，未及时排出。 （4）孔快钻通时，进给量突然增大。 （5）工件松动。 （6）钻孔产生歪斜，仍继续工作	（1）把钻头磨锋利。 （2）正确选择进给量。 （3）钻头应及时退出，排出切屑。 （4）孔快钻通时，减少进给量。 （5）将工件装稳紧固。 （6）纠正钻头位置，减少进给量
切削刃迅速磨损	（1）切削速度过高，切削液不充分。 （2）钻头刃磨角度与工件硬度不适应	（1）降低切削速度，充分冷却。 （2）根据工件硬度选择钻头刃磨角度

（2）扩孔与扩孔钻。

用扩孔钻或麻花钻等扩大工件孔径的方法，称为扩孔。扩孔钻如图 10-2-25 所示。

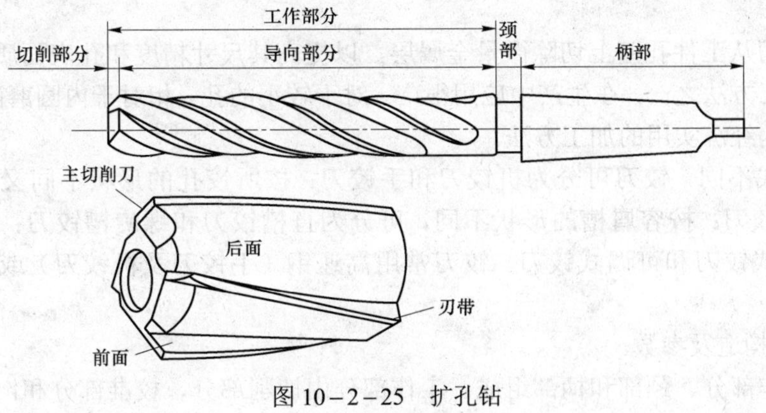

图 10-2-25　扩孔钻

扩孔加工的特点：

① 因在原孔的基础上扩孔，所以切削量较小且导向性好。

② 切削速度较钻孔时小，但可以增大进给量和改善加工质量。

③ 排屑容易，加工表面质量好。

④ 扩孔加工一般可作为铰孔的前道工序。

（3）锪孔与锪孔钻。

用锪孔钻在孔口表面加工出一定形状的孔或表面，称为锪孔。锪孔的类型主要有锪圆柱形沉孔、圆锥形沉孔以及锪孔口的凸台面等。如图 10－2－26 所示。

① 柱形锪钻主要用于锪圆柱形沉孔，以及用麻花钻改制的柱形锪钻。

② 锥形锪钻主要用于锪锥形沉孔。锥形锪钻的锥角（2ϕ）按工件锥形沉孔的锥角不同，有 60°、75°、90°及 120°四种，其中 90°用得最多。

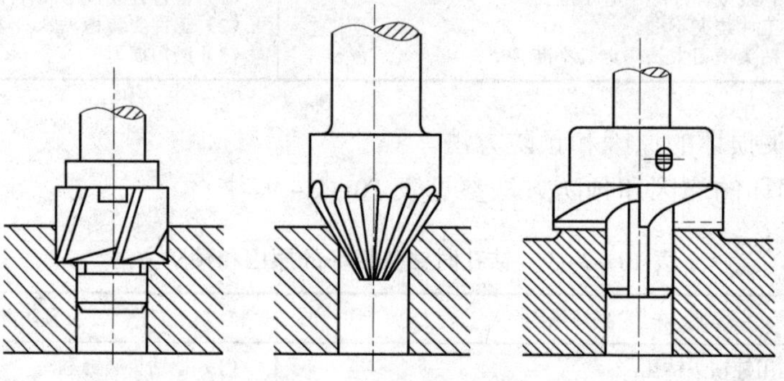

图 10－2－26　锪孔加工

锪孔注意事项：

① 避免刀具振动，保证锪孔钻具有一定的刚度，即当用麻花钻改制成锪孔钻时，要使刀杆尽量短。

② 防止产生扎刀现象，适当减小锪孔钻的后角和外缘处的前角。

③ 切削速度要低于钻孔时的速度。

④ 锪钻钢件时，要对导柱和切削表面进行润滑。

⑤ 注意安全生产，确保刀杆和工件装夹可靠。

（4）铰孔。

铰孔是铰刀从工件孔壁上切除微量金属层，以提高其尺寸精度和孔表面质量的方法。铰孔是孔的精加工方法之一，在生产中应用很广。对于较小的孔，相对于内圆磨削及精镗而言，铰孔是一种较为经济实用的加工方法。

按使用方式不同，铰刀可分为机铰刀和手铰刀；按所铰孔的形状不同又可分为圆柱形铰刀和圆锥形铰刀；按容屑槽的形状不同，可分为直槽铰刀和螺旋槽铰刀；按结构组成不同可分为整体式铰刀和可调式铰刀。铰刀常用高速钢（手铰刀及机铰刀）或高碳钢（手铰刀）制成。

① 铰刀的构造及参数。

铰刀由工作部分、颈部和柄部组成。工作部分由切削部分、校准部分和倒锥部分组成。铰刀的构造，如图 10－2－27 所示。

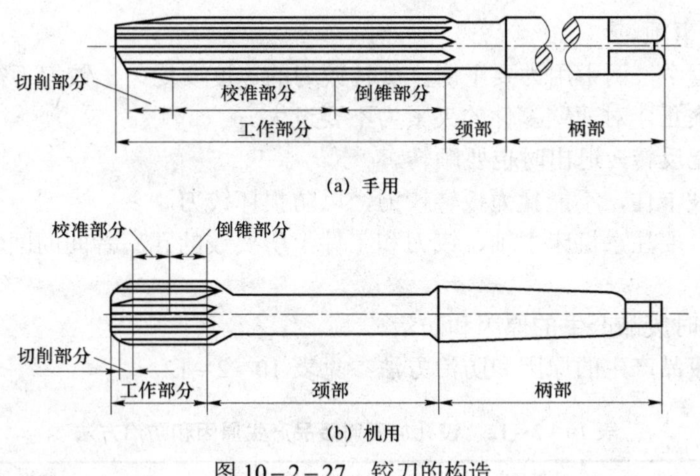

图 10－2－27　铰刀的构造

② 铰削余量的选择。

铰削余量应根据铰孔精度、表面粗糙度、孔径大小、材料硬度和铰刀类型来决定，可参见表 10－2－10 选择铰削余量。

表 10－2－10　铰削余量

铰刀直径/ram	铰削余量/mm
＜6	0.05～0.1
＞6～18	一次铰：0.1～0.2 二次铰、精铰：0.1～0.15
＞18～30	一次铰：0.2～0.3 二次铰、精铰：0.1～0.15
＞30～50	一次铰：0.3～0.4 二次铰、精铰：0.15～0.25

注：二次铰时，粗铰余量可取一次铰余量的较小值。

选用普通标准高速钢铰刀时：

（a）铰铸铁孔，切削速度≤10 m/min，进给量为 0.8 mm/r 左右；

（b）铰钢料孔，切削速度≤8 m/min，进给量为 0.4 mm/r 左右。

③ 切削液的选择。

在铰孔时加入适当的切削液，可消散切削热量，减小变形，延长刀具使用寿命，提高铰孔质量。切削液的选择可参考表 10－2－11。

表 10－2－11　切削液选择

加工材料	切　削　液
钢	（1）10%～20%乳化液。 （2）铰孔要求高时，采用 30%菜油加 70%肥皂水。 （3）铰孔要求更高时，可采用茶油、柴油、猪油等
铸铁	（1）煤油（但会引起孔径缩小，最大收缩量 0.02～0.04 mm）。 （2）低浓度乳化液（也可不用）
铝	煤油
铜	乳化液

④ 铰孔注意事项。

(a) 手铰过程中，两手用力要平衡，旋转铰刀的速度要均匀，铰刀不得偏摆。

(b) 工件要夹正，对薄壁零件的夹紧力不要过大。

(c) 铰刀不能反转，退出时也要顺转。

(d) 若铰刀被卡住，不能猛力扳转铰刀，以防损坏铰刀。

(e) 机铰时，要注意机床主轴、铰刀和工件上所要铰的孔三者间的同轴度误差是否符合要求。

⑤ 铰孔加工时废品产生的原因和防治。

铰孔加工时废品产生的原因和防治方法参见表 10-2-12。

表 10-2-12 铰孔加工时废品产生原因和防治方法

废品形式	废品产生原因	防治方法
表面粗糙度达不到要求	(1) 铰刀不锋利或有缺口。 (2) 铰孔余量太大或太小。 (3) 切削速度太高。 (4) 切削刃上粘有切屑。 (5) 铰刀退出时反转，手铰时铰刀旋转不稳。 (6) 切削液不充分或选择不当	(1) 刃磨或更换铰刀。 (2) 选用合理的铰孔余量。 (3) 选用合适的切削速度。 (4) 用油石将切屑磨去。 (5) 铰刀退出时应顺转，手铰时铰刀应旋转平稳。 (6) 正确选择切削液，并供应充足
孔成多边形	(1) 铰削余量太大，铰刀不锋利。 (2) 铰削前钻孔不圆。 (3) 钻床主轴振摆太大，铰刀偏摆太大	(1) 减少铰削余量，刃磨或更换铰刀。 (2) 保证钻孔质量。 (3) 修理调整钻床主轴旋转精度，正确装夹铰刀
孔径扩大	(1) 铰刀与孔轴心线不重合。 (2) 进给量和铰削余量太大。 (3) 切削速度太高，使铰刀温度上升，直径增大	(1) 钻孔后立即铰孔。 (2) 减少进给量和铰削余量。 (3) 降低切削速度，用切削液充分冷却
孔径缩小	(1) 铰刀磨损后尺寸变小。 (2) 铰刀磨钝。 (3) 铰铸铁时加煤油	(1) 调节铰刀尺寸或更换新铰刀。 (2) 用油石刃磨铰刀。 (3) 不加煤油

⑥ 铰孔时铰刀损坏的原因和预防方法。

铰孔时铰刀损坏的原因和预防方法参见表 10-2-13。

表 10-2-13 铰孔时铰刀损坏的原因和预防方法

损坏形式	产生原因	预防方法
过早磨损	(1) 刃磨时未及时冷却，使切削刃退火。 (2) 切削刃表面粗糙度值大，切削刃易磨损。 (3) 切削液不充分或选择不当。 (4) 工件材料过硬	(1) 刃磨时应及时冷却。 (2) 用油石刃磨切削刃。 (3) 正确选择切削液，并供应充足。 (4) 选用硬质合金铰刀
崩刃	(1) 前角和后角太大。 (2) 机铰时，铰刀偏摆过大。 (3) 铰刀退出时反转，切屑卡在切削刃与孔壁之间。 (4) 刃磨时切削刃有裂纹	(1) 适当减小铰刀前角和后角。 (2) 正确装夹铰刀。 (3) 铰刀退出时应顺转。 (4) 更换新的铰刀
折断	(1) 铰削用量太大。 (2) 铰刀被卡住，仍继续用力。 (3) 铰刀轴心线与孔轴心线有倾斜	(1) 正确选择铰削用量。 (2) 应退出铰刀，清除切屑后再铰。 (3) 两手用力一定要均匀，防止铰刀倾斜

8. 攻螺纹与套螺纹

用丝锥加工工件内螺纹的方法称为攻螺纹。

1）丝锥

丝锥是加工内螺纹的工具。分手用和机用两种，有粗牙和细牙之分；按牙型又可分为普通螺纹丝锥、圆柱管螺纹丝锥、圆锥螺纹丝锥等。丝锥的组成，如图 10－2－28 所示。切削部分起主要切削作用，校准部分用来修光和校准已切出的螺纹。丝锥的容屑槽有直槽和螺旋槽两种。一般丝锥都制成直槽，有些专用丝锥制成左旋槽，用来加工通孔，切屑向下排出；也有些制成右旋槽，用来加工不通孔，切屑向上排出。

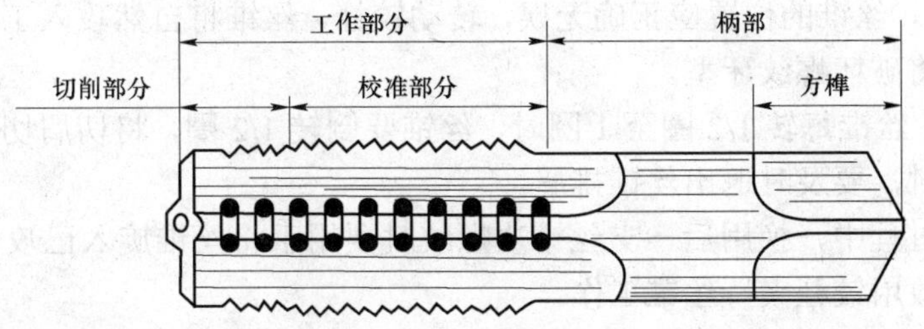

图 10－2－28　丝锥的组成

手用丝锥为减少切削力和提高其耐用度，一般将切削量分配给几支丝锥来承担。因此，丝锥可分为三支一组和两支一组两种类型。M6～M24 的丝锥为两支一组；小于 M6 的丝锥，攻螺纹时易折断，为三支一组；大于 M24 的丝锥，使用时切削力较大，也为三支一组。

2）铰杠

铰杠是用来夹持丝锥进行攻丝加工的工具，可分为普通铰杠和丁字铰杠，每种铰杠又可分为固定式和活络式两种，如图 10－2－29 所示。攻制 M5 以下的螺孔，多使用固定式。活络式铰杠方孔尺寸可调节，规格以柄长表示，常用于夹持 M6～M24 的丝锥。

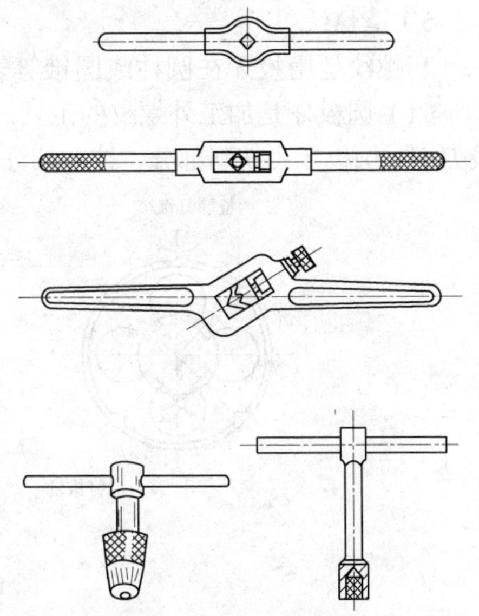

图 10－2－29　铰杠

3）螺纹底孔直径

用丝锥加工螺纹时，螺纹底孔直径应大于螺纹小径，否则就会将丝锥扎住或挤断。螺纹底孔大小要根据工件材料的塑性和螺孔的大小来决定，可用下式计算钻螺纹底孔用钻头的直径。

（1）加工塑性材料时：

$$d_{钻}=D-P \qquad (10-2-1)$$

式中：$d_{钻}$——底孔钻头直径，mm；

D——螺纹大径，mm；

P——螺距，mm。

（2）加工脆性材料时：

$$d_{钻}=D-(1.05-1.1)P \qquad (10-2-2)$$

钻普通螺纹底孔用钻头直径也可查表选用。钻管螺纹底孔用钻头直径也可计算，但较麻烦，一般可查表选用。攻不通孔螺纹时，钻孔深度要大于螺孔的深度，一般增加 0.7*D* 的深度（*D* 为螺纹大径）。

4）攻螺纹的注意事项

（1）攻螺纹前，应先在底孔孔口处倒角，其直径略大于螺纹大径。

（2）开始攻螺纹时，应将丝锥放正，用力要适当。

（3）当切入 1～2 圈时，要仔细观察和校正丝锥的轴线方向，要边工作、边检查、边校准。当旋入 3～4 圈时，丝锥的位置应正确无误，转动铰杠，丝锥将自然攻入工件，决不能对丝锥施加压力，否则将破坏螺纹牙型。

（4）工作中，丝锥每转 1/2 圈至 1 圈时，丝锥要倒转 1/2 圈，将切屑切断并挤出，尤其是攻不通孔螺纹孔时，要及时退出丝锥排屑。

（5）攻螺纹过程中，换用后一支丝锥攻螺纹时要用手将丝锥旋入已攻出的螺纹中，至不能再旋入时，再改用铰杠夹持丝锥工作。

（6）在塑料上攻螺纹时，要加机油或切削液润滑。

（7）将丝锥退出时，最好卸下铰杠，用手旋出丝锥，保证螺孔的质量。

5）套螺纹

套螺纹是用板牙在圆柱或圆锥等表面加工出外螺纹的方法。

（1）圆板牙是加工外螺纹的工具，其外形像一个圆螺母。在它的上面钻有几个排屑孔并形成刀刃。圆板牙由切削部分、校准部分和排屑孔组成。圆板牙的结构，如图 10-2-30 所示。

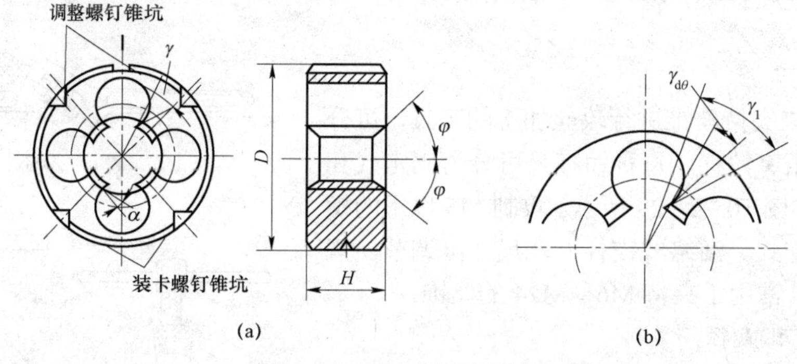

图 10-2-30　圆板牙结构

（2）板牙架。

板牙架是装夹板牙的工具，常用的板牙架如图 10-2-31 所示。

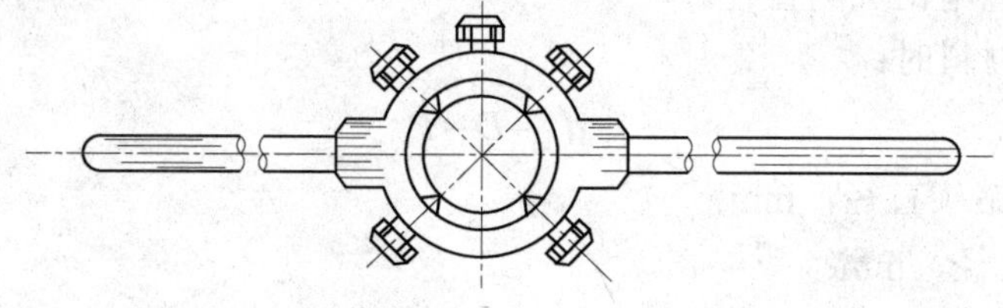

图 10-2-31　板牙架

6）套螺纹前圆杆直径的确定

套螺纹前圆杆的直径应稍小于螺纹大径的尺寸。一般圆杆直径用下式计算：

$$d_{杆}=D-0.13P \quad (10-2-3)$$

式中：D——螺纹大径，mm；

P——螺距，mm。

工作时，常通过查表选取不同螺纹的圆杆直径；套管螺纹时，管子外径的计算较复杂，一般可查表决定。

套螺纹的注意事项：

（1）套螺纹前，圆杆端部应倒成 15°～20° 的锥角，圆杆直径应稍小于螺纹大径的尺寸，以便板牙切入，且螺纹端部不出现锋口。

（2）圆杆应衬在木板或其他软垫中，在台虎钳中夹紧。套螺纹部分伸出尽量短。

（3）套螺纹开始时，板牙要放正。转动板牙架时压力要均匀，转动要慢，并观察板牙是否歪斜。板牙旋入工件切出螺纹时，只转动板牙架，不施加压力。

（4）板牙转动一圈左右要倒转 1/2 圈进行断屑和排屑。

（5）在钢件上套螺纹时要加切削液润滑，使切削省力，保证螺纹质量。

7）攻螺纹时产生废品的原因及防治方法

攻螺纹时产生废品的原因及防治方法参见表 10－2－14。

表 10－2－14　攻螺纹时产生废品的原因及防治方法

废品形式	产生废品原因	防治方法
螺纹烂牙	（1）螺纹底孔直径太小，丝锥不易切入。 （2）交替使用头、二锥时，未先用手将丝锥旋入，造成头、二锥不重合。 （3）对塑性好的材料，未加切削液，或攻螺纹时，丝锥不经常倒转排屑。 （4）丝锥磨钝或铰杠掌握不稳；螺纹歪斜过多，强行校正	（1）选择合适的底孔直径。 （2）先用手将丝锥旋入，再用铰杠攻削。 （3）加切削液，并多倒转丝锥排屑。 （4）换新丝锥，或磨丝锥前面，双手用力要均衡，防止铰杠歪斜
螺纹形状不完整	（1）攻螺纹前底孔直径太大。 （2）丝锥磨钝	（1）选择合适的底孔直径。 （2）换新丝锥，或修磨丝锥
螺孔垂直度误差大	（1）攻螺纹时丝锥位置未校正。 （2）机攻时，丝锥与螺孔不同轴	（1）要多检查校正。 （2）保持丝锥与螺孔的同轴度
螺纹滑牙	（1）丝锥到底仍继续转动丝杠。 （2）在强度低的材料上攻小螺纹时，已切出螺纹，仍继续加压	（1）丝锥到底应停止转动丝杠。 （2）已切出螺纹时，应停止加压，攻完退出时应取下铰杠
螺纹烂牙	（1）套螺纹时，圆杆直径太大，起套困难。 （2）板牙歪斜太多，强行校正。 （3）未进行润滑，板牙未经常倒转断屑	（1）选择合适的圆杆直径。 （2）要多检查校正。 （3）加切削液，并多倒转丝锥断屑
螺纹形状不完整	（1）套螺纹时，圆杆直径太小。 （2）圆板牙的直径调节太大	（1）选择合适的圆杆直径。 （2）正确调节圆板牙的直径

思考与讨论

1. 钳工常用工具有哪些？
2. 钳工常用工具使用注意事项。
3. 砂轮机安全操作注意事项。
4. 锯条折断的原因是什么？
5. 试说明孔加工操作中如何避免刀具损坏产生废品。

模块 11

现代职业培训技术简介

任务 11.1　认知工作情景下的自适应性培训
任务 11.2　熟悉培训资源开发技术

任务 11.1　认知工作情景下的自适应性培训

现在及未来，企业发展离不开长期有效的培训，培训是批量制造企业所需人才的最好方法之一。企业培训目标就在于使得员工的知识、技能、工作方法、工作态度以及工作的价值观得到改善和提高，从而发挥出最大的潜力，提高个人和组织的业绩，推动组织和个人的不断进步，实现组织和个人的双重发展。

1. 工作情景下的自适应培训定义

在培训过程中，个体具有各种各样的差异性，不仅表现在个人的能力、岗位经验、学习风格、培训目标等具有差异性，也表现在培训过程中个体本身的知识状态不断地变化。自适应培训就是受训者在体验（虚拟或是真实）工作情景和解决具体问题的过程中，通过积极的思考和操作，主动获得知识和技能的过程。在自适应培训中，受训者面对的不是内容背诵、记牢知识，而是需要通过考察实例或解决问题来获取这些知识、技能并发展思维能力。

2. 工作情景下的自适应培训的主要方式

第一，归纳学习。培训提供的学习材料相当一部分是一些未经分类的故障案例或未经整理的经验数据，受训者的任务就是从这些案例或数据中归纳出新的概念及规律。

第二，行动学习。又称“干中学”，就是通过行动来学习，即让受训者参与一些实际工作项目，或解决一些实际问题。行动学习建立在反思与行动相互联系的基础之上，是一个计划、实施、总结、反思进而制订下一步行动计划的循环学习过程。

行动学习法（action learning，又译作“行动学习”），由英国管理思想家雷格 • 瑞文斯（Reg Revans）于 1940 年发明，并将其应用于英格兰和威尔士煤矿业的组织培训。因此，雷格 • 瑞文斯也被尊称为“行动学习之父”。在行动学习课程中，每个受训者根据自己或所在企业的工作经验（或遇到的故障案例）提出一个比较棘手的问题，之后被交换到不同于自己原有专业特长的问题下，和协同学习者组成学习的团队，群策群力、互相支持，分享知识与经验，解决这些棘手的难题。

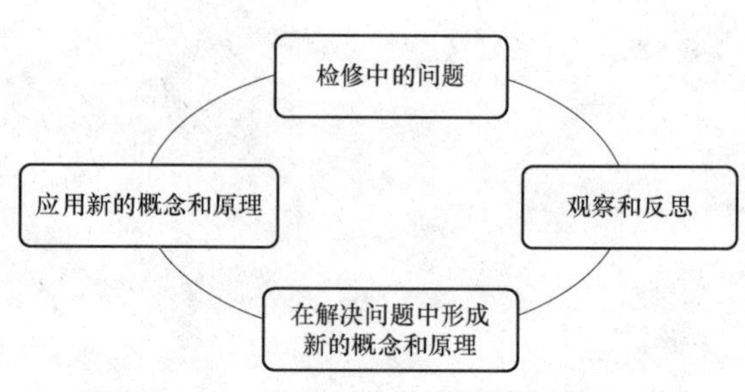

图 11－1－1　检修工作情景库博经验学习圈

行动学习理论基础是库博经验学习圈，如图 11－1－1 所示。行动学习法培训过程，就是透过行动实践学习，即在一个专门以学习为目的的工作情景下，以面临的重要问题为载体，学习者通过对实际工作中的问题、任务、项目等进行处理，从而达到开发人力资源和发展组织能力的目的。

行动学习的适宜范围：

（1）解决问题，创造业绩。行动学习是解决复杂困难问题的有效方法；问题越富有挑战性，行动学习越能发挥作用；问题的解决必须同业绩提升相结合。

（2）加强团队建设。行动学习采用的就是团队工作和学习方式；行动学习过程可以形成非常有效的团队工作技巧和习惯。

（3）提升领导力。行动学习已经成为培养管理和领导人才的最重要的途径；行动学习以解决实际存在的问题为导向，在解决问题的过程中使领导力得到升华；行动学习提升领导力显著优于传统的培训方法。

（4）促进个人发展。行动学习将个人成长作为最重要的目标之一；行动学习中的质疑和反思使每个人认识问题的能力都产生质的飞跃。

（5）建设学习型组织。行动学习参与性强，持续性好，是组织变革的重要方式；行动学习变革组织的文化，使质疑反思和学习成为组织的自觉行为；行动学习鼓励系统思维，而这正是学习型组织的核心。

第三，教中学。目前铁路企业广泛采用车间专职教师适应性培训方式，按照《铁路职业技能培训规范》和《国家职业技能标准》规定，由各车间主管教育副主任或兼职教师领入车间，车间兼职教师组织完成车间、班组安全三级教育工作（车间、班组安全考试试卷于考试后两日内交职教科三新人员专职业务指导）。培养目标是掌握本工种（岗位）安全知识、规章制度、作业标准，操作技能达到岗位标准要求，能独立上岗作业。

在这种学习方式中，重要的学习形式之一是通过“师带徒”进行学习，包括基本技能、专业技能、跟班学习阶段相关内容。

其中，师傅主要职责：

① 服从组织安排，承担“师带徒”的培训任务。

② 按培训计划负责徒弟的安全、职业道德和岗位技能等教育工作。

③ 在作业中师徒不得分离，并严格遵守各项规章制度。

④ 负责指导徒弟按标准作业，并负责徒弟的人身、作业安全。

⑤ 关心徒弟，耐心解答徒弟提出的有关作业问题。

⑥ 协助车间、班组对徒弟做出鉴定。

徒弟主要职责：

① 严格遵守各项规章制度，服从组织和师傅的安排。

② 虚心学习安全、技术业务等知识，按期完成培训任务。

③ 必须在师傅的指导、监督下作业，严禁单独作业。

④ 严格按有关技术规范和操作程序作业，保证人身及作业安全。

⑤ 尊重师傅，虚心向师傅请教作业中的有关问题。

⑥ 经班组、车间鉴定，按期参加由站段组织的定职考试。

3. 工作情景下的自适应学习主要模式

1）讲授法

讲授法是教师通过口头语言向学生传授知识、培养能力、进行思想教育的方法。讲授法有多种具体方式。

（1）讲述（叙述和描述）。

是教师向学生叙述事实材料，或描绘所讲对象，使学生形成鲜明的表象和概念，并从情绪上得到感染的方法。在叙述某一问题的历史情况、某一发明或发现的过程以及人物传记材料等时，常采用这种方法，如介绍计算机的发展史、介绍我国计算机教育的历程等。

（2）讲解。

是教师向学生说明、解释和论证科学概念、原理、公式、定理等的方法。一般当演示和讲述不足以说明事物内部结构或联系的时候，就需要进行讲解。如在程序教学时就需要对程序的规则等进行细心的讲解。

（3）讲演。

是教师向学生描绘事实，同时深入分析和论证事实，并在这个基础上，对事实做出科学结论的方法。讲演所涉及的问题比较深广，所需时间比较长，它要求有分析、有概括、有理论、有实际，有理有据。如教师就教材中的某一专题进行有理有据、首尾连贯的论说，这就是讲演。

讲授法（无论是讲述、讲解或讲演）的运用，一般要注意以下几点：

① 讲授内容具有科学性和思想性、观点与材料的统一。

② 照应教材的全面性和系统性，同时抓住它的重点、难点和关键。语言要准确、清晰、简练、生动、通俗易懂，并符合学生的理解能力与接受水平。

③ 贯彻启发式教学精神并教给学生听讲的方法。

④ 根据教材内容和学生学习的需要，与其他教学方法配合使用，并合理使用数字化教育手段。

2）示例演练教学法

示例演练教学法开创于二十世纪八十年代，是中国科学院心理研究所朱新明教授与现代认知心理学的创始人之一、美国著名认知科学家、诺贝尔奖获得者西蒙（H. A. Simon）教授在长期合作研究的基础上创立的一种教学模式。

示例演练教学法以现代认知心理学的思想为基础，根据自适应学习理论揭示学生获取知识的认知过程指导教学，是支持自适应学习的一种教学模式。这一教学模式强调知识的获取是一个从具体到抽象的过程，强调应该使学生通过自主的思考和练习归纳和发现知识，并在获取知识的同时，培养解决问题的技能和学习的方法。

示例演练教学法的主要特点：

（1）学生通过主动地体验和解决问题获取知识和发展技能，充分体现了以学生为主体、教师为主导的现代教育思想。

（2）在学习过程中，不规定统一的学习进度，通过个别化学习对学生进行分类推进。

（3）将知识的学习与技能的培养有机地结合起来，促使学生通过学科知识的学习，在一般思维能力和特定的解决问题能力两个方面能得到同步的提高。

3）案例教学法

案例教学法起源于二十世纪二十年代，由美国哈佛商学院（Harvard Business School）所倡导，当时是采取一种很独特的案例形式的教学，这些案例都是来自于商业管理的真实情景或事件，通过此种方式，有助于培养和发展学生主动参与课堂讨论。实施之后，颇具绩效。这种案例教学法到了二十世纪八十年代，才受到师资培育的重视，尤其是 1986 年美国卡耐基小组（Carnegie Task Force）提出《准备就绪的国家：二十一世纪的教师》（*A Nation Prepared: Teachers for the 21st Century*）的报告书中，特别推荐案例教学法在师资培育课程的价值，并将其视为一种相当有效的教学模式。而国内教育界开始探究案例教学法，则是二十世纪九十年代以后的事。

经过大量实例验证，案例教学法能够较好切合职工教育的需要，引入职工教育领域，将提高职工教育的效率和效果。

（1）职工教学案例是来自工作情景的实际故障，甚至是职工在工作中遇到的难题。职工参与度高，通过对这些案例的学习既可以通过交流学习他人的经验，又有机会发表自己的见解，从而有效激活职工学习热情。

（2）案例教学能有效地把工作和学习融合起来。

（3）案例教学可以有效地培养职工创新能力。案例教学启发式、讨论式的教学氛围，可以启迪职工智慧，培养他们的创新意识，有了创新意识才会产生创新的动力。教学中通过职工主动学习、独立思考、研究解决实际问题，充分调动职工的主体作用，从而激发职工的创新能力。教学中浓厚的学习氛围、科研氛围、民主氛围可以有效调动职工想象力、洞察力、思考力和表达力等因素，激活并驱动认知和实践活力，发挥职工的创造能力，培养职工创新精神。

案例教学是围绕着案例，以案例选择、案例研究、案例讨论和总结评价四步展开，追求“以案激趣”“以案导思”“以案践行”之目的。案例教学应用中应注意以下几点。

（1）案例选择。案例教学自然离不开案例，案例是培训的关键要素。首先，案例要切合实际，具有一定的典型性，不但反映内燃机车系统理论的一般特性，而且还要提高学员对内燃机车运用、保养及检修的实践能力和综合能力。同时，在案例的选择过程中，还要根据学员的情况，如学员的知识结构等，对选取案例的难度进行必要的处理，案例太难易挫伤学员参加培训的热情和自信心，相反，案例过于简单会使学员产生“轻敌”的心理。总之，案例的选取难度要适中，以促使学员对案例的理解，为讨论的展开做好铺垫。

（2）案例研究。案例研究是案例教学相对容易忽视的一步。首先教师应将学员按其知识结构不同进行科学分组，以便小组成员知识互补，基本具备研究案例所需相关专业知识和技能。然后将案例发给每个小组，由每个小组自主分工，对案例进行深入研究，并形成小组意见。对案例深入研究，形成小组意见的过程，实际上是学员自主学习、相互学习的关键期，很多专业知识的学习和专业技能的掌握主要集中在该阶段，所以案例研究阶段时间不宜过短，要使学员在小组范围内充分交流、充分发酵，否则案例教学容易流于形式，难以达到预期效果。

（3）案例讨论。案例讨论环节是学员分享经验和知识的过程。教师请每个小组派代表陈述本小组的观点（或解决方案），其他成员也可以进行补充。同时其他小组学员可以质疑问难，从而吸收各种观点的可取之处，形成有效的解决案例方法。这一环节教师要合理调度课堂氛围，既要引导学员积极参与讨论，又要避免瞎起哄、乱争论，破坏教学秩序。

（4）总结评价。总结评价阶段要注重培养学员举一反三的思考过程。教师需在本环节揭示案例中所包含的理论和知识点，帮助学员理清思路，使学员由感性认识上升为理性认识，进一步提高学员理解知识、应用原理的能力，即“以案导思”“以案践行”。同时，教师也要对学员的讨论情况进行讲评，对好的意见及独到新颖的见解予以肯定，并指出学员在讨论中存在的问题及不足，以提高案例讨论的质量。

思考与讨论

结合工作岗位实际故障设计一个教学案例。

任务 11.2　熟悉培训资源开发技术

自从二十世纪三十年代视听教育兴起以来，媒体的种类越来越多，应用也越来越广泛，教育观念也正在发生变化。早期，教师被看成信息源，媒体只起单向传递作用，把知识传授给学生，学生处于被动学习状态；二十世纪七十年代，人们认识到学生是学习活动的主体，媒体成为师生相互沟通的中介物，师生应该更多地交流；二十世纪八十年代，学习心理学的发展推动了教育技术的进步，媒体再也不仅仅是传递信息的“通道”，而是构成认知活动的实践空间和实践领域，人们更加注意和关心媒体环境了；二十世纪九十年代，人们认识到“教育技术是对与学习有关的过程和资源进行设计、开发、运用、管理和评价的理论和实践”，教学资源已经被提到了非常重要的地位，关心教学资源建设，加强对教学资源的认识和研究是极其迫切的任务。

AECT′77 定义曾经把教学资源分为两大类：设计的资源和利用的资源。AECT′94 定义对教学资源的界定有所修改，主要包括教学材料、教学环境及教学支持系统。教学资源，通俗地说，是指一切可以帮助学生达成学习目标的、物化了的、显性的（或隐性的）、可以为学生的学习服务的教学组成要素。比如教材，是学习中的物化了的资源。教材只是教师指导学生学习可以利用的一个材料，必须有教师的二次加工，必须结合学生的特点，进行科学合理的开发利用。又如作为教学中的媒体要素，也是一个资源，如何将计算机与新课程进行整合，充分发挥现代信息技术对新课程的支持，不仅反映教师的认识水平，也反映教师对现代信息技术的驾驭能力。对于铁路职工适应性培训而言，还有一个得天独厚的资源，即工作环境中的各个环节要素。学习情境则是要靠教师创造性地创设的教学组成要素。良好的学习情境，将使学生的学习事半功倍。

教学资料：蕴含了大量的教育信息，是能创造出一定教育价值的各类信息资源。信息化教学资料指的是以数字形态存在的教学材料，包括学生和教师在学习与教学过程中所需要的各种数字化的素材、教学软件、补充材料等。

支持系统：主要指支持学习者有效学习的内外部条件，包括学习能量的支持、设备的支持、信息的支持、人员的支持等。支持系统作为资源的内容对象与学习者沟通的途径，实现了媒介的功能，它与资源组成相关联，是认识学习资源概念的结构性视角。

教学环境：不只是指教学过程发生的地点，更重要的是指学习者与教学资料、支持系统之间在进行交流的过程中所形成的氛围，其最主要的特征在于交互方式以及由此带来的交流效果。教学环境是学习者运用资源开展学习的具体情境，体现了资源组成诸要素之间的各类相互作用，是认识学习资源概念的关系性视角。

1. 教学内容设计技术

结构化设计通常采用倒金字塔式结构，也称“倒三角”结构。这种结构首先把最重要的事故危害部分放在最前面，其次是对这一事故内容的展开，最后是必要的事故分析。其优势：① 便于教师快速编制出教案；② 便于学习者抓重点；③ 便于学习者快速掌握处理方法。例如，针对机车运用事故内容教学时，既达到“短、平、快”高效培训的目的，又增强了时效性。

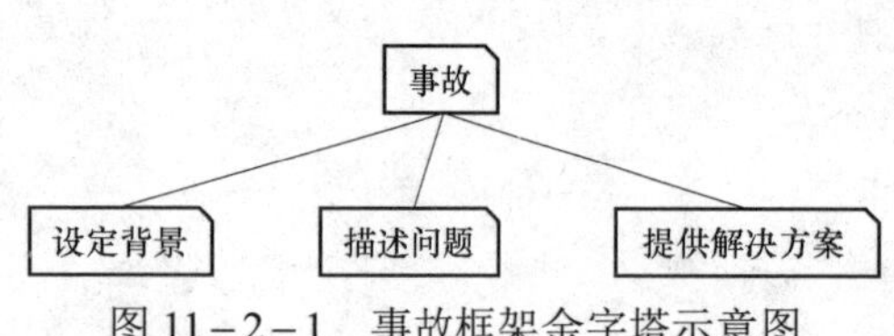

图 11－2－1　事故框架金字塔示意图

事故框架金字塔，包括三部分，每部分要有清晰的开始和结尾。如图 11－2－1 所示。

通常可以设计成两种结构：① 并列式金字塔结构，如图 11－2－2 所示；② 直列式金字塔结构，如图 11－2－3 所示。

主要信息放置在顶端。关键信息放置在中间。次要信息放置在底端。并列、直列模式可以混合使用，按先主要信息，再关键信息，最后次要信息的次序逻辑传达信息。

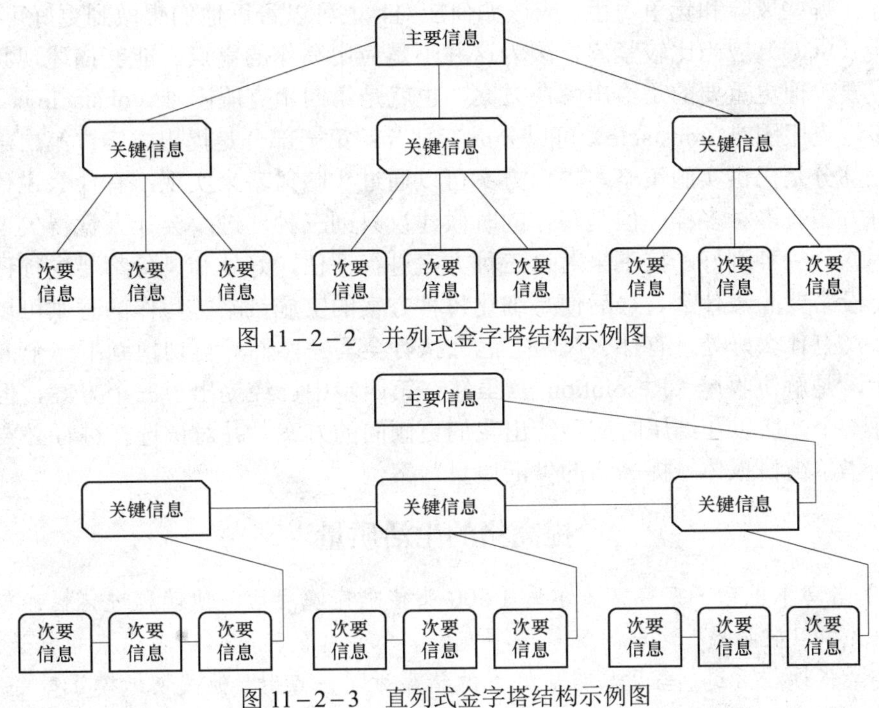

图 11－2－2　并列式金字塔结构示例图

图 11－2－3　直列式金字塔结构示例图

2. 教学内容呈现技术

1）麦肯锡 SCQOR 故事展开法

SCQOR，每个字母分别代表 situation（设定情景）、complication（发现问题）、question（设定课题）、obstacle（克服困难）、resolution（解决收尾）。

第一步，要做的是设定情景（situation）。设定情景有两个作用，一是交代故事背景，二是限定故事范围。背景应当处于稳定状态，就好像石子打在平静的湖面上才会荡起涟漪，如果打在波涛汹涌的海面上那可能谁都不会注意。框定故事范围是指故事要在设定的情景下展开。如果是写夫妻相处之道，不要写着写着突然冒出个第三者，这在午夜小说里可能很吸引人，但在应用写作里却是大忌。

第二步，要做的是发现问题（complication）。这一阶段唯一要做的就是打破情景的稳定性，也就是往湖里扔石子。乱世才能出枭雄，如果一直处于稳定发展状态，对方很难被我们的解决方案吸引——除非能帮他们更上一层楼（实际上这也是打破平衡的一种）。所以，请用力把石子砸下去。

第三步，是设定课题（question）。这是一个套路化的工作。在第二步中其实隐约提到了打破平衡既可以向好也可以向坏。所以对应的课题可以被套路地分成三种：恢复原状型（已经变坏了）、预防隐患型（防止变坏）、追求理想型（希望变好）。这三个课题又可以分别细分成若干个阶段。恢复原状型可以分成掌握状况、应急处理、分析原因、根本措施、防止复发，其中核心是掌握状况和应急处理；预防隐患型可以分成假设不良状态、诱因分析、预防策略、发生时的应对策略，其中核心是诱因分析和预防策略；追求理想型可以分成资产盘点（明确强项弱项）、选定理想、实施策略，其中核心是选定理想和实施策略。简单来说，对于已经遇到问题的公司，我们得告诉他们现在是什么情况，该怎么办；对于平稳发展的公司，既可以告诉他们存在哪些风险和竞争对手、应该如何应对，也可以告诉他们想做到更好可以怎么办。

前三步（SCQ）应当比较紧凑，因为这并不是应用写作的重点。能够描述现状并且提出问题固然重要，但更重要的是给出解决方案，也就是第四步克服困难（obstacle）。

第四步，克服困难（obstacle）可以分成三部分：第一部分是提出方案；第二部分是评估方案；第三部分是提供实施策略。提出方案可以通过头脑风暴来实现，有什么说什么即可。可能讨论时方案有多种多样，但是写作的时候建议只列三种，过少会让人觉得欠考虑，过多又会使人困惑，三种刚好。接下来对这三种方案进行评估，好处和风险都要进行评估，谁都不是傻子，没必要隐藏什么。最后便是细化每种方案的实施策略。写作的时候可以先把一个方案是什么，有什么好处，有什么风险，怎么执行全写完，然后再切换到下一个方案。

第五步，是解决收尾（Resolution）。虽然在第四步中已经提出了三个方案，但现实中一般只能执行一个，所以在结尾时应当给出我们更倾向的方案，并对该选择进行必要的说明。

下面是华尔街日报体《提高猪的生活质量》案例。

提高猪的生活质量

（开头）当乌尔里奇·克鲁特美尔的1 500头猪吃完晚餐后，他就爬进猪栏，与他饲养的猪挤在一块儿。但很明显，这里的气氛很不友好。只要克鲁特美尔沾满泥浆的靴子挨到地面，他的猪就会紧张地往后退。当几只略显好奇的猪靠近了一点时，他关切地摸了摸一头猪的嘴。那头猪本能地张嘴就咬。克鲁特美尔猛得把干瘦的手臂抽了回来，痛得喊出声来。猪群又急忙散开，他咕哝着说："只有对猪一点都不了解的人才会想出这个馊主意。"

（过渡）他所说的那些对猪不了解的人是指北莱因–威斯特法伦州的政府官员。这个地区是德国人口最集中的州，也是出产猪最多的地方。政府官员们想让那些对肉类持谨慎态度的消费者重拾信心，因为去年爆发的疯牛病和其他食品丑闻已令消费者恐慌不已。官员们说，作为应对措施的一部分，肉类必须经过更严格的检测和卫生防疫；而同样重要的是，农场主在喂养牲畜的过程中要与它们有更多的直接接触。

（主体）该州农业部唯恐本地农场主有什么不明白的地方，在最近颁布的一项法令中，为北莱因–威斯特法伦州的600万头猪明确规定了新的、改善了的权利。每头猪应当有1 m^2空间的猪圈，有打盹用的稻草或软橡胶垫。当玩耍时间到了时，猪必须有钢链或可咀嚼的玩具……

但真正使农场主心怀不满的是，该法令宣布农场主或帮工必须每天至少花20 s观察一头猪，并用文字记录下他们对猪的关爱，以表明他们与猪待在一起的时间足以达到规定的标准……

迄今为止，该法令尚未让农场主和他们的猪更亲近……

并不是北莱因–威斯特法伦州的农场主们不喜欢他们的猪……

克鲁特美尔和其他当地的农场主为了保住自己的生计，已经根据德国的农业创新计划来饲养他们的猪了……

但农场主担心的是，新法令可能会把他们逐出这一行业……

（结尾）"我们可以制定世界上所有的法规。但猪会选择它们自己喜欢的生活方式。"

2）媒体与教学内容、媒体呈现方式与人类学习经验关系

教学媒体是教学内容的载体，是教学内容的表现形式，是师生之间传递信息的工具，如

实物、口头语言、图表、图像以及动画等。教学媒体往往要通过一定的物质手段而实现，如书本、板书、投影仪、录像以及计算机等。科学运用教学媒体，才能真正发挥其效用。

自学媒体实验心理学家特瑞赤拉证实，人类获取信息 83%靠视觉，11%靠听觉，6%靠嗅、触、味觉。现代信息技术正是集声、文、色、形于一体，优化教学过程，让“死”的教学内容通过语言描绘、文字表达、图像演示、动画模拟、声音渲染等形式“活”起来，从而多角度、多形式向学生提供信息，刺激学生的多种感官，使学生高效地摄入信息。这就要求教师对文本、图像、声音、动画等进行艺术处理，增强表现力和感染力，达到高效教学的目的。

媒体呈现方式与人类学习经验关系如图 11－2－4 所示。

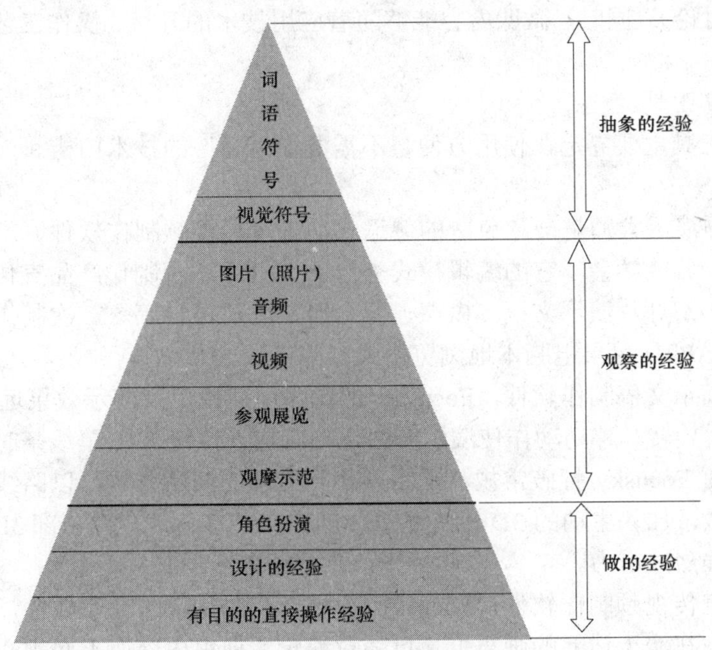

图 11－2－4　媒体呈现方式与人类学习经验关系图

3）微课

微课是指以视频为主要载体，记录教师在课堂内外教育教学过程中围绕某个知识点（重点难点疑点）或教学环节而开展的精彩教与学活动全过程。本文重点介绍适应性培训教学微课。

（1）微课的组成。

微课的核心组成内容是课堂教学视频（可以是课堂录像、实际操作录像等多种形式），同时还包含与该教学主题相关的教学设计、素材课件、教师、学生讨论、点评等辅助性教学资源，它们以一定的组织关系和呈现方式共同“营造”了一个半结构化、主题式的资源单元应用“小环境”。

（2）微课的主要特点。

① 教学时间较短：教学视频是微课的核心组成内容。根据中小学生的认知特点和学习规律，“微课”的时长一般为 5～8 min，最长不宜超过 10 min。

② 教学内容重点单一化：相对于较宽泛的传统课堂，微课的问题聚集在一个点上，主题突出，主要是为了突出课堂教学中某个学科知识点（如教学中重点、难点、疑点内容），或是某个实际问题解决方案的教学。

③ 资源容量较小：从大小上来说，微课视频及配套辅助资源的总容量一般在几十 MB，视频格式须是以 mp4 的流媒体格式为主，可方便地将其下载保存到终端设备（如笔记本电脑、手机等）上实现移动学习。

④ 资源组成/结构/构成“工作情景化”：资源来源方便。微课选取的教学内容一般来源于实际工作、协同学习过程记录等。

⑤ 内容具体。一个课程就是一个主题，研究的问题来源于具体工作情景中的具体问题。

⑥ 制作技术便捷。正因为课程内容的微小，所以人人都可以成为课程的研发者。

⑦ 多样传播和与时俱进。因为课程容量微小、用时简短，所以传播形式多样（网上视频、手机传播、微博讨论）。同时，微课内容能够随着应用技术的升级、操作工艺的创新等及时得到“升级”。

（3）微课制作工具。

本文介绍的工具主要界定在使用方便，不需要很“高”的技术门槛。

① Focusky。

Focusky 动画演示大师是一款免费的傻瓜式动画宣传视频制作软件、幻灯片演示文稿制作软件，基本 1 h 就能学会。它的编辑模式类似于 PPT，适合制作产品宣传广告片、动画宣传片视频、课件、幻灯片演示文稿、微课、纪念册、公司报告等。一次制作即可输出视频、*.EXE、网页、*.APP（苹果电脑本地浏览格式）等格式。

作为幻灯片演示文稿制作软件，Focusky 的操作便捷性以及演示效果远远超越了 PPT，它主要通过缩放、旋转、移动动作使演示变得生动有趣。传统 PPT 单线条时序，只是一张接一张切换播放，而 Focusky 打破常规，采用整体到局部的演示方式，以路线的呈现方式，模仿视频的转场特效，加入生动的 3D 镜头缩放、旋转和平移特效，像一部 3D 动画演示电影，给听众视觉带来强烈冲击力。

而作为动画宣传视频制作软件，Focusky 不同于其他复杂的专业软件，它简单易用，界面操作类似 PPT，在漫无边界的画布上，可随意编辑、拖曳内容而不必担心出界。视频转场时会自动具有电影 3D 镜头拉伸缩放、旋转和移动的场景特效，并且整个动画视频充满强烈的无穷的空间感。很多原本需要动用到 AE、Premiere 软件制作的视频，用 Focusky 就可以轻松做出来。令人难以相信，如此震撼、如此专业的动画宣传片，居然可以使用一个傻瓜式的软件不费吹灰之力就做出来了。

② Camtasia Studio。

Camtasia Studio 是最专业的屏幕录像和编辑的软件套装。软件提供了强大的屏幕录像（Camtasia Recorder）、视频的剪辑和编辑（Camtasia Studio）、视频菜单制作（Camtasia MenuMaker）、视频剧场（Camtasia Theater）和视频播放功能（Camtasia Player）等。使用本套装软件，用户可以方便地进行屏幕操作的录制和配音、视频的剪辑和过场动画、添加说明字幕和水印、制作视频封面和菜单、视频压缩和播放。

（4）微课版面设计。

微课都要以倒金字塔结构构成。如图 11－2－5 所示。

微课的页面要包括标题、主题和支持主题的信息。如图 11－2－6 所示。

标题——这个页面中最想传达的信息，最长不要超过两行。

主题——这个页面的主题。

支持主题的信息——文字论点不要超过 5 个，可采用直列式、并列式等，还可以包括图片、视频、音频、动画等多媒体素材。

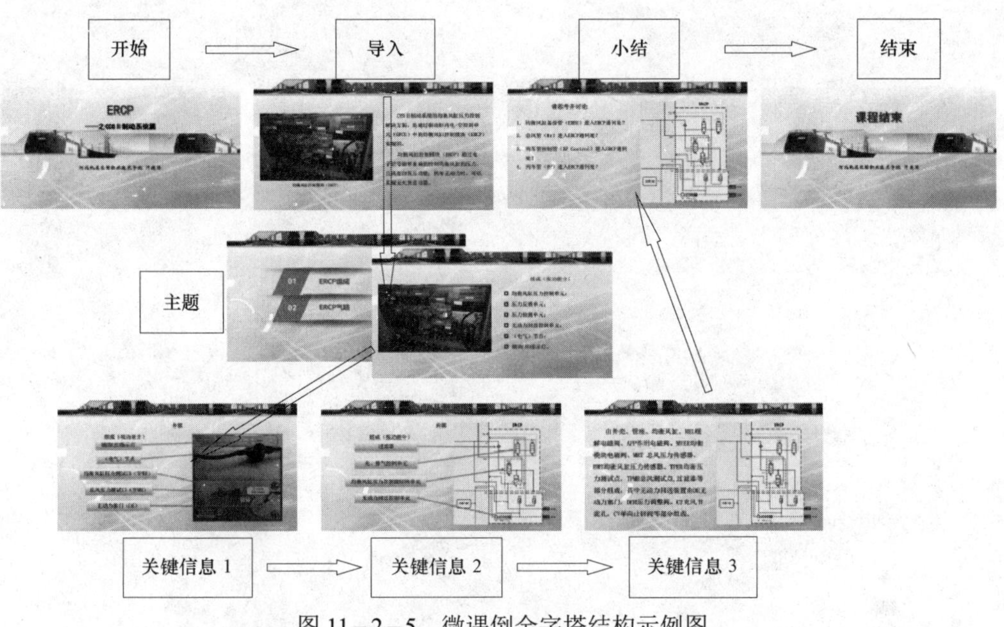

图 11－2－5　微课倒金字塔结构示例图

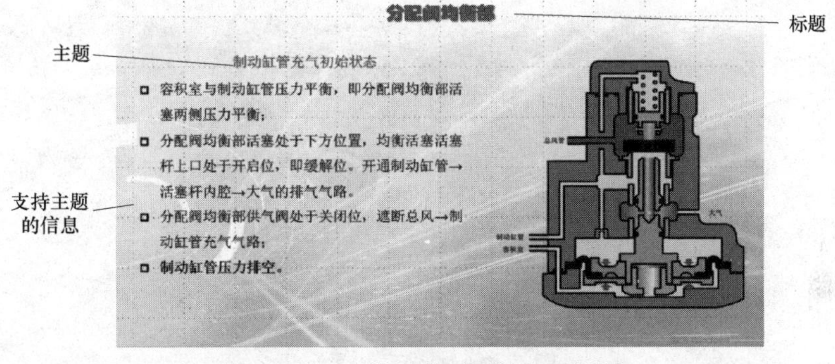

图 11－2－6　微课的页面结构示例图

思考与讨论

结合工作岗位实际教学需求，以倒金字塔结构设计一个微课脚本。

模块 12

科技论文写作基础知识

任务　了解科技论文写作基础知识

任务　了解科技论文写作基础知识

1. 科技论文的写作意义和目的

1）写作意义

科技论文写作是写作学科的一个分支，它是以科学和技术为主要内容的写作。科技论文写作具有悠久的历史，自有科学技术的文字记载以来就存在了。随着科学技术的飞速发展，科技信息的剧增，科技论文写作引起了国内外的普遍重视。

科学技术研究创新的成就，只有通过论文之类的信息载体为媒介公开发表，方能得到社会承认成为生产力，造福于人类并留传后世。

在欧美一些大学，对理工科的学生要用20～30学时的时间讲授科技报告的整理与撰写方面的知识，有的大学还设置了攻读科技写作的硕士和博士学位，在社会上还出现了以写作为职业的科技作家和科技记者。

在我国，目前全国在大专院校就读的大学生、研究生有数百万，他们结业前都要以论文的形式总结出自己的学习研究成果。全国科技人员已经超过850万，其中科技工作者、工矿企业中的工程技术人员为数众多。他们的科学研究、技术创新的任务严格地说，只有以论文的形式把成果发表出来，才能算最后完成。近年来有的大学已将科技论文写作列为选修课（如中国科技大学、东北工业大学等），还有一些大学开设了讲座。一些研究单位、工厂、学（协）会，相继举办了各种类型的讲习班、报告会。科技论文写作有一定的要求，如何写好大有学问，科技论文写作的讲授受到了广大学生、科技工作者的热烈欢迎，不具备良好的科技论文写作知识的人们都希望“补上这必要的一课”。

科技论文写作是科技工作的一部分，科技论文写作能力是科技工作者必须具备的基本功，它贯穿于科技工作的始终。科技工作者在进行科学研究、技术设计、技术革新的过程中，需要撰写大量文字材料。就一项研究工作来说，在确立课题之初要撰写综合评述或者开题报告；在立题之后要填写计划任务书；在研究过程中要做实验记录，并定期撰写进度报告；在取得阶段成果和最后完成时要撰写总结或科技论文；在成果鉴定时要写鉴定证书的草稿；在申报发明时要写发明申报书；在申请专利时要撰写专利申请文件；在成果转让时要签订科技协作合同等。其他技术性工作也要撰写大量的技术文件。据统计，世界上每年大约有400万～500万篇论文发表，有100万件以上的专利说明书公布，有17.5万种科技图书出版。其他科技文件多得不可胜数。这些科技作品是科技工作的记录和总结，也是人类的宝贵财富，对于科学技术的发展和人类文明的进步有不可估量的巨大作用。显然，作为一个科技工作者必需具备科技论文写作的能力。

当前科技论文写作能力的培养是一个薄弱环节，有不少科技工作者缺乏写作能力，写出的文章毛病很多，诸如文理不通、逻辑混乱等，令人难以卒读。一位工程师说：“在专业方面我们是大学毕业，在写作方面我们仅仅是中学水平。”这种说法代表了相当一部分人的现状。我国现行的理工、农医类大学的教学体系设置中没有科技论文写作课程。虽然中学教育阶段学过语文，进行过作文练习，但是它代替不了科技论文写作课程。科技论文写作有其自身的特点，这是中学时期的语文课和作文练习无法替代的任务。

当前，科技工作者处在激烈竞争状态中，同一项研究课题，世界上可能有许多人都在进行，谁最先研究成功，并以相应的形式公之于世，谁就占有优先权、专利权、发明权。有人作过统计，目前科技工作者，从取得研究成果到写成文章，约需 5 个月的时间。如果能在搞出成果之后，很快就写出文章，岂不是等于把取得成果的时间提前了吗？可见，擅长科技论文写作是非常有利的。

科技论文写作能力，是广大科技人员组成合理的智能结构，卓有成效地完成本职工作的重要条件。

科技人才应具备的基本条件包括：自学能力、思维能力、研究能力、创造能力、表达能力（含口头和书面）、组织管理能力等。

科技论文写作，是一门文理（工）结合的边缘学科，对于科技人员来说，是必须掌握的一种最基础的能力，是科学技术表达的手段。科技成果如果不能最后写成文章公布于众，那么一切见解和观点、一切创造与发明，都不过是科学家、科技人员头脑的一些思维活动罢了，别人无法知道。而将科研成果写成文章，那就不仅要有一定的感受能力、理解能力、思维能力、综合能力和创造能力，以及掌握观察、分析、研究问题的科学方法和具备较深厚的专业基础，更要有准确的书面表达能力。

目前我国文理分家、理工分校、专业分得过细，造成学生知识面狭窄，智能结构不够合理，有的学生不说写科技论文，就连阅读科技书籍，做卡片摘录，写读笔记都有困难。不少在科研、生产、教学岗位上肩负重任的中年专业技术干部，确实有专长，在事业上有成就，由于未受过科技写作的专门训练，却写不好科研报告和论文。曾任中国科学院院长的物理化学专家卢嘉锡说："一个只会创造不会表达的人，不能算是一个合格的科学工作者。"数学家钱学森说过："作为一个科学工作者，应该有这样的本事，能用普通的语言向人民（包括领导）讲解你的专业知识。"

作为现代科技人员，如果只懂专业，而在科技写作上没有过硬的本领，那就一定会束缚其聪明才智的发挥，专业发展也会受到限制。科技论文写作是总结、交流、传播、普及科技成果的必要手段，是将科学技术转化为社会生产的重要媒介。

科学和技术是有区别的。科学主要指人类对自然规律的认识，属于知识形态，是潜在的生产力；技术是自然科学知识在生产实践中的具体运用和发展，泛指各种工艺操作方法、技术装备和生产技能等，最终成为物质形态，是直接的生产力。其关系是：科学—技术—生产。科学技术为生产者所掌握，直接进入生产过程，并且制造出产品来，这时才成为社会的生产力，而向社会传播、推广和普及科学技术，科技论文写作就成了必不可少的手段。

科技人员要对某一课题进行研究，并不是事事都从头开始，而是在接受别人思想的基础上起步的。科学技术的发展有其继承性和延续性，任何科学家、发明家的每一项成就都必定借鉴前人的经验和研究成果，都是以当时科学技术已经达到的水平为基础的。事实上，科学史上许多重大发现、发明和创造无不是从吸收现有的研究成果，即从学术交流中开始的，科技论文写作正是维系这种继承性和延续的纽带。

科技论文写作源于科学技术活动和生产实践，同时又能动地反作用于科学技术活动和生产实践，成为推动科学技术发展的一个重要因素。

科技论文写作在科研上起着保留资料，交流信息，参加国家行业和国际学术交流、研讨、以及以文会友和快速反映及确认科研成果的作用，也是对自我科研能力进行的一种综合性训练。

2）写作与发表的目的

（1）写作目的。

对于广大科技工作者、工程技术人员而言，他们所从事的科学研究、技术革新任务，只有以论文的形式把成果发表出来，才能算最后完成。

撰写科技论文首先要确立一个指导思想。一般毕业论文是在教师指导下，运用已有知识独立进行科学研究活动，开始学习初步掌握分析和解决某一专门学术问题的方法，锻炼撰写论文以解决某一学术问题的能力。通过论文撰写，也可考查已掌握的知识面的深度、广度和写作表达能力等。

明确了主要目的，就可以由此解决一系列问题，知道在什么地方下功夫。不必企图在一篇论文中塞进自己的全部知识，不要以为塞得越多越好，不要想借此炫耀自己知识渊博，应该着重考虑的是如何针对自己选定的论文主题，在此范围内进行全面的调查和研究，运用自己所掌握的知识中，能有助于分析和解决这个问题的，进行分析和论证。学习正确地提出问题和科学地解决问题的方法，锻炼进行科学研究的能力。

明确主要目的，就不必去追求写全面论述性的大问题（初学者这样做，往往容易罗列众所周知的已有知识，写得大而空，不能切实地提出和解决一点新问题）。所写的主题可以很小却又重要，如果能运用已有知识，并扩大加深对有关材料的掌握，往深处钻研和挖掘，能够提出一点新的见解，科学地解决这一问题，表明自己初步掌握了科学研究的方法，初步具有了独立解决专门问题的能力，那么也就达到了写论文的主要目的。

有了解决这一问题的方法和能力，那么今后也就能以此方法和能力去解决其他专业问题，所以学习方法和锻炼能力是十分重要的。

导师应该在学生写论文的整个过程中给予具体的方法指导。导师的工作是指点科学研究、撰写论文的方法，而不是告知有关这个问题的全部材料、知识和论点。导师不可能对所有研究的专题都作过研究，都已有完善解决问题的结论；要导师包办代替并不能培养和锻炼自己进行科学研究的能力。

由于导师比较熟悉这一专业难题的来龙去脉和关键所在，知道可以从哪些方面去找材料，哪些材料是重要的、必读的，该如何发现问题，该从哪些线索入手，找到突破口，该针对哪些焦点去深入钻研思索，所以应着重在这方面给予指导。

自己选课题、找材料、区分材料重要与不重要、寻找突破口进行分析研究，针对存在的问题找导师给予具体指导，以期发现不正确、不周到、不细密之处，找到工作中存在的薄弱环节以及克服缺点的正确途径。

写作的目的就是摆事实、讲道理。在议论和说明中所摆的事实、所引用的事例等就是材料。这些材料是用来说明道理，表现主题的。

（2）发表目的。

① 提炼、完善研究成果。总结科技成果、撰写科技论文，是一项科技研究课题取得成果的最后的、必不可少的内容。科技论文是科技工作者，从事发明创造的直接经验、体会的提炼和概括，集中反映了科学技术的进步和发展，在科技信息资源中有着重要的价值。科学研究包括三个阶段：提出问题；调查（或实验）研究；通过论文和其他形式（如口头报告）发表研究成果。不论是科学研究或技术革新，在任务完成后，需要从实践中取得经筛选过的材料，加以综合分析、判断推理、提出论点、写成论文、总结科技成果，还可以从中发现论据

之不足，继续补做工作，并可以明确进一步研究方向，开拓新的研究领域。写作科技论文的过程就是研究过程。

② 扩大学术交流。撰写论文不仅有记录和交流科技信息的作用，对研究工作的其他环节也起着推动作用。传播、推广科技研究成果的学术交流，有各种不同形式，如召开学术报告会，举办科技讲座，举办科技成果展览会以及在期刊上发表论文等。

科技论文的发表形式主要有两种：一是公开发表交流论文。可以在国内外公开发行的期刊上发表，或在国际性学术会议上交流，也可以在国内发行的期刊上发表，或在国内学术会议上交流。二是内部发表交流的论文。在内部交流的刊物上发表或小范围的部门学术会议上交流。

把科技成果写成论文公开发表影响与收效更为显著，它不受时间和地域限制，可以传至后世，推广到各地区。

③ 增加科技积累。科学与技术有其继承性。前人的成果，为后人的创造发明和发现准备了条件。利用文字图表记载下来的论文是科学技术积累的主要方法，它推动科学技术的不断发展，丰富人类的科技宝库，为同时代人和后代人继续攀登科学技术高峰作出贡献。

④ 提高研究能力，考核业务水平。科技工作者通过论文的写作，可提高研究工作的思维分析与解决问题的能力，改善研究方法，同时学习并掌握科技论文的写作方法和技巧，提高写作能力。

科技论文发表多少（数量）和它对社会效益的贡献大小（质量）是评价科技工作者业务水平，也是取得学位和评定职称和升级的重要依据，又是发现人才的渠道之一。例如，大学生、研究生毕业申请学位，要撰写学位论文，以总结某一专业的学习、研究成果，通过答辩被授予相应的学位。

2. 科技论文的特点

1）学术性

学术性是科技论文的主要特征。它以学术成果为表述对象，以学术见解为论文核心，在科学实验（或试验）的前提下，阐述学术成果和学术见解，揭示事物发展、变化的客观规律，探索科技领域中的客观真理，推动科学技术的发展。

2）创新性

科技论文必须是作者本人研究的，并在科学理论、方法或实践上获得的新的进展或突破，应体现与前人不同的新思维、新方法、新成果，以提高国内外学术同行的引文率。是否具有创新性是衡量科技论文价值的重要标准。

3）科学性

科技论文的内容必须客观、真实，定性和定量准确，不允许丝毫虚假，要经得起他人的重复和实践检验。论文的表达形式也要具有科学性，格式应正确，条理应清楚，逻辑性要强，语言应准确、简洁、规范。

3. 科技论文的写作过程

一篇好的科技论文不仅要主题突出，论点鲜明，还应结构严谨，层次分明，格式标准，易于别人阅读。

1）选题

科技论文的选题一方面要选择本学科亟待解决的课题，另一方面要选择本学科处于前沿位置的课题。例如，在历次铁路技能人才重点培训项目中，广大技能人才关注的重点：一是检修工艺标准；二是“顽固性”故障处理技术路线和方法；三是改善现有零部件，提高系统工作可靠性；四是克服设计缺陷，进行实用性创新。这些都是论文很好的选题。

选题有大有小，有难有易。太大了，由于学力不足，无法深入；太小了，可能过于轻而易举。写作时要确定科技论文的具体题目和论证角度，应该量力而行，实事求是。

2）准备

确定科技论文的题目和论证角度后，就要做搜集材料的工作，尽可能了解前人对于这个问题已经发表过的观点。他们已经取得的成果，正确的可以汲取和继承；走过的弯路，犯过的错误，可以避免和防止。应该汲取前人已有的经验，去解决前人没有解决的新问题。在博览广搜有关材料的过程中，应该时刻以自己论题为中心去思考这些材料，区别其正确、错误，找出其论证不足与需要增补、发挥之处，在此过程中逐渐形成自己论文的观点。搜集材料的过程，就是调查研究、思考钻研、形成论点的过程。在材料的搜集、研究过程完成时，论文提纲也就自然而然地完成了。

3）提纲

制订提纲可以帮助我们树立全局观念，从整体出发，去检验每一个部分所占的地位、所起的作用，相互间是否有逻辑联系，每部分所占的篇幅与其在全局中的地位和作用是否相称，各个部分之间的比例是否恰当和谐，每一个字、每一句话、每一段落、每一部分是否都为全局所需要，是否丝丝入扣，相互配合，都能为主题服务。

因此，写提纲的好处是帮助自己从全局着眼，树立全篇论文的基本骨架，明确层次和重点，简明具体，一目了然。

4）撰写

科技论文文本结构由标题、署名、摘要、关键词、引言、正文、结论、参考文献等部分组成。

（1）标题。

标题是文章的中心和总纲，是文章的眼睛。

要求：准确恰当、简明扼要、醒目规范、便于检索。一篇论文题目不要超出 20 个字。用小 2 号黑体加粗，居中。

常见的烦琐题名如“关于饮用水中所含化学成分的快速分析方法的研究”，在这类题目中，像“关于”“研究”等词汇如若舍之，并不影响表达。凡是论文，总包含有研究及关于什么方面的研究，所以上述题目便可精练为“饮用水化学成分的快速分析法”。这样一改，读起来觉得干净利落、简短明了。

若简短题名不足以显示论文内容或反映出属于系列研究的性质，则可利用正、副标题的方法解决，以加副标题来补充说明特定的实验材料、方法及内容等信息，使标题既充实准确，又不流于笼统和一般化。

（2）署名。

署名表示论文作者声明对论文拥有著作权，愿意文责自负，同时便于读者与作者联系。

署名包括工作单位及联系方式。工作单位应写全称并包括所在城市名称及邮政编码。有时为进行文献分析，要求作者提供性别、出生年月、职务职称、电话号码、邮箱等信息。用小 4 号宋体。

（3）摘要。

摘要是对论文的内容不加注释和评论的简短陈述，是文章内容的高度概括。

摘要的主要内容应包括：

① 该项研究工作的内容、目的及其重要性；

② 所使用的实验方法；

③ 总结研究成果，突出作者的新见解；

④ 研究结论及其意义。

中文摘要 200 字左右。中文名称的“内容摘要”用小 2 号黑体加粗，居中；其内容另起一行用小 4 号宋体（1.5 倍行距），每段起首行空两格，回行顶格。

英文“内容摘要”项目名称规定为“Abstract”，用小 2 号 Times New Roman 字体加粗，居中；其内容另起一行用小 4 号 Times New Roman 字体，标点符号用英文形式。

（4）关键词。

关键词是为了满足文献标引或检索工作的需要而从论文中萃取出的，表示全文主题内容信息条目的单词、词组或术语，一般列出 3～8 个。

中文名称的“关键词”，另起一行用小 4 号黑体加粗；内容用小 4 号黑体，一般不超过 8 个词，词间空一格。

有英文摘要的论文，应在英文摘要的下方著录与中文关键词相对应的英文关键词（Key words）。

英文“关键词”另起一行，项目名称规定为“Key words”，用小 4 号 Times New Roman 字体加粗，顶格；其内容接“Key words”后空一格，用小 4 号 Times New Roman 字体加粗，词间用分号“；”隔开。

（5）引言。

引言又称前言、导言、序言、绪论，它是一篇科技论文的开场白，由它引出文章，所以写在正文之前。

① 内容要求。

（a）应言简意赅，内容不得烦琐，文字不可冗长，应能对读者产生吸引力。学术论文的引言根据论文篇幅的大小和内容的多少而定，一般为 200～600 字，短则可不足 100 字，长则可达 1 000 字左右。

（b）比较短的论文可不单列“引言”一节，在论文正文前只写一小段文字即可起到引言的效用。

（c）引言不可与摘要雷同，不要写成摘要的注释。一般教科书中有的知识，在引言中不必赘述。

（d）学位论文，需要反映出作者确已掌握了坚实的理论基础和系统的专门知识，具有开阔的科研视野，对研究方案作了充分论证。那么，关于历史回顾和前人工作的综合评述，以及理论分析等，则可单独写成一章作为引言，用足够的文字详细加以叙述。

（e）引言的目的，应是向读者提供足够的背景知识，不是要给读者设置悬念。作者在引言里不必对自己的研究工作或自己的能力过于表示谦意，但也不能自吹自擂，抬高自己，贬低别人。

② 格式要求。

（a）项目名称用小 2 号黑体加粗，居中；

（b）内容另起一行用小 4 号宋体；

（c）每段起首行空两格，回行顶格。

（6）正文。

正文是科技论文的主体，是用论据经过论证证明论点而表述科研成果的核心部分。正文占论文的主要篇幅，可以包括以下部分或内容：调查对象、基本原理、实验和观测方法、仪器设备、材料原料、实验和观测结果、计算方法和编程原理、数据资料、经过加工整理的图表、形成的论点和导出的结论等。

正文可分作几个段落来写，每个段落需列什么样的标题，没有固定的格式，但大体上可以有以下几个部分（以试验研究报告类论文为例）：

① 理论分析；

② 实验材料和方法；

③ 实验结果及其分析；

④ 结果的讨论。

内容要求：

① 论点明确，论据充分，论证合理；

② 事实准确，数据准确，计算准确，语言准确；

③ 内容丰富，文字简练，避免重复、烦琐；

④ 条理清楚，逻辑性强，表达形式与内容相适应；

⑤ 不泄密，对需保密的资料应作技术处理。

格式要求：

① 文字统一用 5 号宋体，每段起首行空两格，回行顶格，多倍行距，设置值为 1.25；

② 正文文中标题：

一级标题：标题序号为“一、”，用小 4 号宋体加粗，独占行，末尾不加标点；

二级标题：标题序号为“（一）”，用 5 号宋体加粗，独占行，末尾不加标点；

三级标题：标题序号为“1.”，用 5 号宋体加粗，若独占行，则末尾不加标点，若不独占行，标题后面须加句号；

四级标题：标题序号为“（1）”，用 5 号宋体，其余要求与三级标题相同；

五级标题：标题序号为“①”，用 5 号宋体，其余要求与三级标题相同。

注意：每级标题的下一级标题应各自连续编号。

初稿撰写：

提纲确定了，就可以撰写初稿了。原则上要简明扼要，指出问题，说明问题，分析问题。

提纲只是预拟一个轮廓，不可能对每个细节都考虑周密完善。在写作时，顺着写作思路而作，对于论点、例证和论证步骤等细节，很可能发现原来提纲中某些设想计划是不恰当的，就应该加以修改和调整。临时发现某些论点、例证和论证理由不确切，还应该重新查书、思考、斟酌和推敲，给予增补，使之完善。

当然，行文的顺畅，文字的华美，还是必要的。该用排比、重复强调等修辞手法，用以突出重点、倾注感情的地方，需要妙笔生花，使读者产生特殊感应的地方，还是不能吝惜笔墨。总之，该长则长，该短则短，量体裁衣，从内容出发，为内容服务，句无虚发，字无浪费，这是基本原则。

审查修改：

初稿写成以后，应再三修改，审查是否符合要求。事实上，人的认识不是一次完成的，很难一次就达到完善恰当的程度。仔细检查，反复修改，总会发现还有不恰当、不完善之处，大至问题是否提得鲜明中肯，论点和事例有无说服力，结构层次是否严谨；小至文字的修饰加工，有无废话，语言是否准确、鲜明、生动，等等。总会发现尚需修改之处，发现很多在提纲中看不出的毛病，原先估计不到的问题。写成初稿后，反复审查和修改，是十分必要的。

持之有故，言之成理，行之有成：

“持之有故，言之成理”是科技论文的起码要求。持之有故，即要有事实的根据；言之成理，是条理清楚，观点明确。真理的标准在于实践，仅仅“持之有故，言之成理”还不一定正确，必须能够经受实践的检验，即付诸实践，取得预期的效果，简略地说，就是“行之有成”，即成功的实践效果。

结构严谨，层次分明：

一篇好的科技论文不光要主题突出，论点鲜明，还应结构严谨，层次分明。要安排好结构，一般应遵循以下 5 个原则：

一是围绕主题，选择有代表性的典型材料。根据需要，加以适当安排，使主题思想得到鲜明、突出的表现。

二是疏通思路，正确反映客观事物的规律。就是说，必须反映客观事物的实际情况、内部联系，符合人们的认识规律。

三是结构要完整而统一，符合客观事物的发展期规律。客观事物的发展必然经过开始、中间、结尾 3 个阶段，同样，每篇文章的内容也必然要体现出这 3 个阶段。

四是要层次分明，有条不紊。文章结构中最重要的是层次，层次就是文章中材料的次序。写文章时把所选材料分成若干部分，按照主题思想的需要，适当安排，分出轻重缓急，依次表达，前后连贯，充分而鲜明地把主题思想表达出来。

五是要适合文章体裁。体裁不同，结构也不会完全相同。各种文体都有自己的结构特点。科技论文属于论说文，是以事物的内部逻辑关系来安排结构层次，因此要以说理论证为主，同记叙文以叙事描写为主不同。

（7）结论。

科技论文一般在正文后面要有结论。结论是实验、观测结果和理论分析的逻辑发展，是将实验、观测得到的数据、结果，经过判断、推理、归纳等逻辑分析过程而得到的对事物的本质和规律的认识，是整篇论文的总论点。

结论的内容主要包括：研究结果说明了什么问题，得出了什么规律，解决了什么实际问题或理论问题；对前人的研究成果作了哪些补充、修改和证实，有什么创新；本文研究的领域内还有哪些尚待解决的问题，以及解决这些问题的基本思路和关键。

内容要求：

① 应做到准确、完整、明确、精练。结论要有事实、有根据，用语斩钉截铁，数据准确可靠，不能含糊其辞、模棱两可。

② 在判断、推理时不能离开实验、观测结果，不作无根据或不合逻辑的推理和结论。

③ 结论不是实验、观测结果的再现，也不是文中各段小结的简单重复。

④ 对成果的评价应公允，恰如其分，不可自鸣得意。证据不足时不要轻率否定或批评别

人的结论，更不能借故贬低别人。

⑤ 写作结论应十分慎重，如果研究虽然有创新但不足以得出结论的话，宁肯不写也不妄下结论，可以根据实验、观测结果进行一些讨论。

格式要求：

项目名称用小 2 号黑体加粗，居中；内容另起一行用小 4 号宋体。每段起首行空两格，回行顶格。

（8）参考文献著录。

科技论文中，凡是引用前人（包括作者自己过去）已发表的文献中的观点、数据和材料等，都要对它们在文中出现的地方予以标明，并在文末（致谢段之后）列出参考文献。这项工作叫作参考文献著录。

著录的原则：

① 只著录最必要、最新的文献；

② 一般只著录公开发表的文献；

③ 采用标准化的著录格式。

著录格式要求：

参考文献（即引文出处）的类型以单字母方式标识：M——专著，C——论文集，N——报纸文章，J——期刊文章，D——学位论文，R——报告，S——标准，P——专利；对于不属于上述的文献类型，采用字母“Z”标识。

参考文献著录一律置于文末，格式示例如下：

（a）专著类示例：

[1] 张志建. 严复思想研究 [M].桂林：广西师范大学出版社，1989.

[2] 蔼理士. 性心理学 [M]. 潘光旦，译注. 北京：商务印书馆，1997.

（b）论文集类示例：

[1] 伍蠡甫. 西方文论选 [C].上海：上海译文出版社，1979.

[2] 别林斯基. 论俄国中篇小说和果戈理君的中篇小说 [A]//伍蠡甫. 西方文论选：下册 [C]. 上海：上海译文出版社，1979.

凡引专著的页码，加圆括号置于文中序号之后。

（c）报纸文章类示例：

[1] 李大伦. 经济全球化的重要性 [N]. 光明日报，1998-12-27（3）.

（d）期刊文章类示例：

[1] 郭英德. 元明文学史观散论 [J]. 北京师范大学学报（社会科学版），1995（3）.

（e）学位论文类示例：

[1] 刘伟. 汉字不同视觉识别方式的理论和实证研究 [D].北京：北京师范大学，1998.

（f）报告类示例：

[1] 白秀水，刘敢，任保平. 西安金融、人才、技术三大要素市场培育与发展研究 [R]. 西安：陕西师范大学西北经济发展研究中心，1998.

主要参考文献的写作方式如下（其中空格、标点照写）：

（a）连续出版物：作者. 文题 [J]. 刊名，年，卷（期）：起始页码-终止页码.

（b）专著（或译著）：作者. 书名 [M]. 译者. 出版地：出版者，出版年.

（c）论文集：作者. 文题［A］//编者. 文集［C］. 出版地：出版者，出版年.

（d）学位论文：作者. 文题［D］. 所在城市：保存单位，年.

（e）专利文献：申请者. 专利名［P］. 国名及专利号，发布日期.

（f）技术标准：发布者. 技术标准名称：技术标准代号［S］. 出版地：出版者，出版年.

（g）技术报告：作者. 文题［R］. 报告代码及编号. 地名：责任单位，年份.

（h）报纸文章：作者. 文题［N］. 报纸名，出版日期（版次）.

（i）在线文献（电子公告）：作者. 文题［EB/OL］. http://…，日期.

（j）光盘文献（数据库）：作者. 文题［DB/CD］. 出版地：出版者，出版日期.

（k）其他文献：作者. 文题［Z］. 出版地：出版者，出版日期.

格式要求：

（a）“参考文献”项目名称用小 4 号黑体加粗，在正文或附录后面空两行顶格排列；

（b）参考文献内容另起一行顶格用 5 号仿宋体排列，序号用“［1］、［2］……”的形式编排；

（c）引用著作和引用文章时的注文顺序同注释。

5）其他方面要求

（1）表格。

正文或附录中的表格一般包括表头、表体和表注三部分。编排的基本要求如下。

① 表头：包括表号、标题、计量单位，用小 5 号黑体（居中），在表体上方与表格线等宽编排。其中，表号居左，格式为“表 1”，全文表格连续编号；标题居中，格式为“××表”；计量单位居右，参考格式如为“计量单位：元”。

② 表体：表体的四周端线使用粗实线（1.5 磅），其余表线用细实线（0.5 磅）。表中数码文字一律使用小 5 号字。表格中的文字要注意上下居中对齐，数字位数也应对齐。

③ 表注：表注项文字写在表体下方，不必空行，用小 5 号宋体，按“（1）、（2）……”排列，表注的宽度不可大于表体的宽度。

（2）插图。

插图包括图片（稿）、图序和图名。

① 文章中的插图应遵循“图随文走”和“先见文后见图”的原则；

② 图片（稿）画面应清晰、美观，幅面大小适当，应根据内容要求和版面允许放缩至需要大小和放置于适当位置。

③ 图序及图名置于图的下方居中，使用小 5 号黑体，图序居左，图名居右，如：“图 2 上海大众销量和国内市场份额演变”。

④ 全文插图按出现的先后顺序统一编序，如“图 1、图 2……”，图名以不超过 15 个汉字为宜。

（3）数字。

① 章中的数字，除了部分结构层次序数词、词组、惯用词、缩略语、具有修辞色彩语句中作为词素的数字、模糊数字必须使用汉字外，其他均应使用阿拉伯数字；

② 同一文中，数字的表示方式应前后一致。

（4）标点符号。

文章中的标点符号应正确使用，忌误用、混用标点符号，中英文标点符号应加以区分。

（5）计量单位。

除特殊需要，论文中的计量单位应使用法定计量单位。

6）相关注意事项

（1）对于初写科技论文的人来说，论文题目不宜太大，篇幅不宜太长，涉及问题的面不宜过宽，论述的问题也不求过深，应尽可能在前人已有知识的基础上提出一点新的看法。

（2）有了一定的写作经验后，论文的题目可大一点、深一点。论文题目可以是着重谈某一点，如某个重要问题的某一个重要侧面，或某一当前疑难的焦点，解决了这一点，有推动全局的重要意义。

（3）再进一步，是对某专业的基本问题和重要疑难问题有独到的见解，对这个专业的学术水平的提高有推动作用。

（4）更高水准，是对某一学科有关的领域有深邃广博的知识，并能运用这些知识对某学科提供创造性见解，对此学科的发展有重要的推动作用，或对此学科水平的提高有重要的突破。

注意：不必要去追求写全面论述性的大问题，所写的主题，可以很小，却又是重要的。其实选题很多，选自己熟悉和所从事工作相关，并对今后工作有益的选题，既能总结工作的得失，又能促进工作。

（5）严禁抄袭、雷同，避免200字以上原样摘抄，提倡有标注的引用，提倡对参考书目的引用，对教科书的引用，对相关理论的引用，提倡以网上若干相关论文作参考。

7）铁路专业科技论文举例

DK－1型制动机空气位防止制动管自动补风导致自然缓解改进方案探究

许建林　李志南

（河北轨道运输职业技术学院，河北石家庄，050057）

摘要：本文以SS_4改机车为例，针对DK－1型制动机在空气位时，总风遮断阀不能自动关闭，导致列车制动后保压过程中，制动管自然漏泄引起的制动管补风作用，所产生自然缓解问题进行了分析和研究，同时提出改进其空气制动阀联锁开关3SA（1）、3SA（2）控制电路的解决措施。

关键词：DK－1型制动机；自然缓解；联锁开关

一、引言

DK－1型机车电空制动机（以下简称“DK－1制动机”）是我国SS系列电力机车的主型

制动机，其性能稳定、工作可靠，并能方便地与列车安全运行监控记录装置的自动停车功能及机车动力系统等配合，为列车自动控制创造了条件。所以自 20 世纪 80 年代初期研制成功后，就一直在各种国产电力机车上被广泛推广和使用。然而在该制动机使用过程中，在设计方面发现了一些比较突出的缺陷，严重制约了 DK－1 制动机的安全使用。本文深入分析研究了该制动机在运用中的空气位（463QS 置不补风位），由于总风遮断阀不能自动关闭而导致列车制动后保压过程中，制动管自然漏泄时，引起制动管补风作用所产生的自然缓解问题，并提出一些相应的改进措施。

二、空气位时，DK－1 制动机既有设计下工作原理分析

（一）电空位转空气位制动机操作

内容如下：

（1）空气制动阀上的转换柱塞由电空位移到空气位。产生效果：① 3SA（1）沟通导线 899—导线 800，使电空阀 257YV 得电，关闭初制风缸（包括电空制动屏均衡风缸管）通大气的通路。② 其余电空阀均失电。

（2）空气制动阀调压阀 53（54）调整到制动管规定压力，实现均衡风缸定压充风。

（3）转换阀 153 打到空气位，切断均衡风缸与电空制动屏均衡风缸管通路。

（二）空气位，空气制动阀控制列车管压力存在的问题

由于电空阀 253YV 一直处于失电状态，使总风遮断阀一直处于开启状态，总风到达双阀口式中继阀供气阀室。在空气制动阀制动后中立位，制动管漏泄时，中继阀主活塞右侧压力下降，而均衡风缸压力保持不变。因此，在活塞上产生一个向右压力差，作用在活塞上，产生向右推力，通过顶杆顶开供气阀，导致制动管补风作用，使（二压力机构制动机的）列车产生自然缓解作用，极大地威胁行车安全。

三、解决措施

（一）改进策略

在最小限度下改进既有的逻辑电路，实现空气制动阀手柄在缓解位、运转位时，电空阀 253YV 失电，总风遮断阀保持开启状态，保证正常向制动管充风；空气制动阀手柄在中立位、制动位时，电空阀 253YV 得电，总风遮断阀保持关闭状态，自动切断总风向制动管通路，防止由于制动管自然漏泄而产生的自动补风作用（当 463QS 置不补风位时）。

（二）具体方案

1. 传统（有触点）电路改进方案（如图 1 所示）

（1）3SA（1）联锁电路改进是：导线 899—3SA（1）（常闭联锁）—导线 800（副）—3SA（2）（常开联锁）；导线 899—3SA（1）（常开联锁）—导线 801。

（2）3SA（2）联锁电路改进是：导线 800（副）—3SA（2）（常开联锁）—导线 806；导线 809—3SA（2）（常闭联锁）—导线 818。

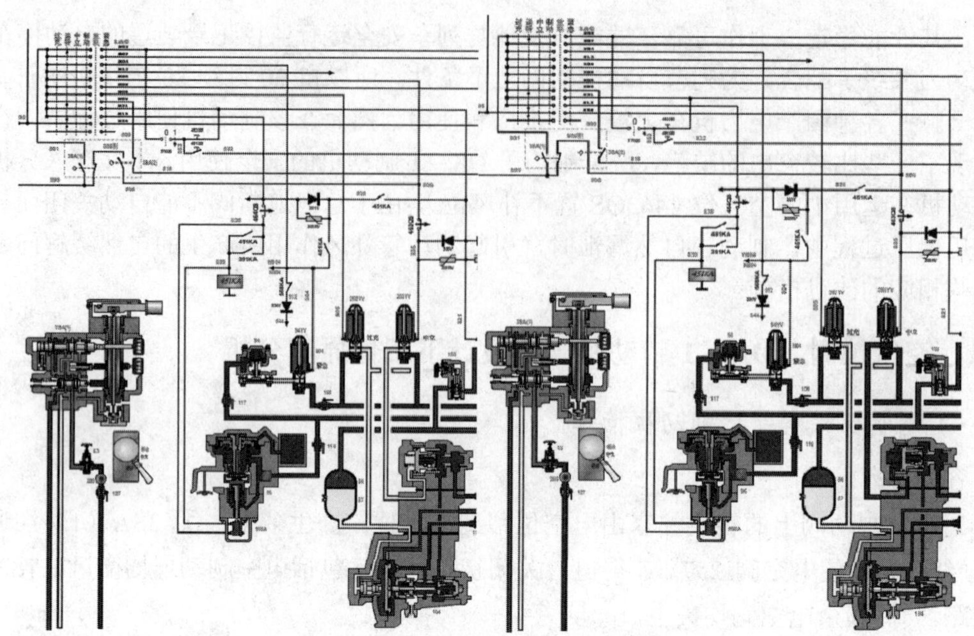

空气制动阀前两位时　空气制动阀后两位时

图 1　传统（有触点）电路改进图

2. DKL 电路改进方案（如图 2 所示）

（1）3SA（1）联锁电路改进是：导线 899—3SA（1）（常闭联锁）—导线 800（副）—3SA（2）（常开联锁）；导线 899—3SA（1）（常开联锁）—导线 801。

（2）3SA（2）联锁电路改进是：导线 800（副）—3SA（2）（常开联锁）—导线 800；导线 809—3SA（2）（常闭联锁）—导线 818。

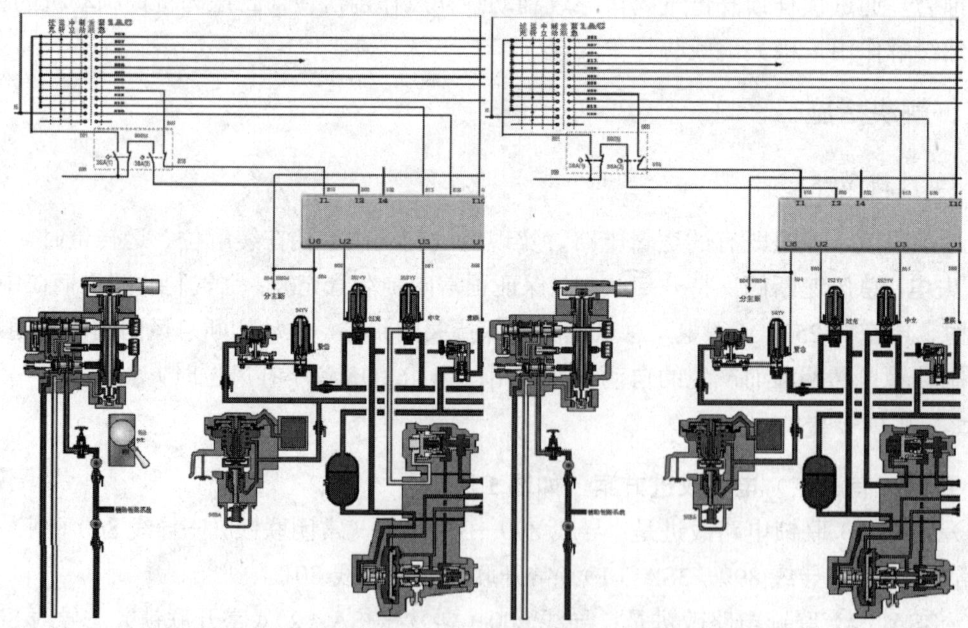

空气制动阀前两位时　空气制动阀后两位时

图 2　DKL 电路改进图

四、改进后的工作原理分析

（一）电空位

3SA（1）电路是：导线 899—3SA（1）（常开联锁闭合）—导线 801。作用原理与既有设计相同。具体如下：

（1）空气制动阀手柄置缓解位、运转位时，3SA（2）常闭联锁闭合，沟通导线 809—导线 818。

（2）空气制动阀手柄置中立位、制动位时，3SA（2）常闭联锁断开，切断导线 809—导线 818。

（二）空气位

3SA（1）电路是：导线 899—3SA（1）（常闭联锁闭合）—导线 800（副）。作用原理与既有设计比较而言，制动机的性能得到完善。实现了空气制动阀前两位时，总风遮断阀开启向制动管充风通路；空气制动阀后两位时，总风遮断阀关闭向制动管充风通路。具体如下：

（1）传统（有触点）电路：空气制动阀手柄置缓解位、运转位时，3SA（2）常开联锁断开，切断导线 800（副）—导线 806。电空阀 253YV 失电，总风遮断阀开启，可以实现制动管充风作用。空气制动阀手柄置中立位、制动位时，3SA（2）常开联锁闭合，沟通导线 800（副）—导线 806。电空阀 253YV 得电，总风遮断阀关闭，可以解决因制动管漏泄，向制动管补风作用导致的自然缓解问题。

（2）DKL 电路：空气制动阀手柄置缓解位、运转位时，3SA（2）常开联锁断开，切断导线 800（副）—导线 800—DKL（I_2）。电空阀 253YV 失电，总风遮断阀开启，可以实现制动管充风作用。空气制动阀手柄置中立位、制动位时，3SA（2）常开联锁闭合，沟通 800（副）—导线 800—DKL（I_2）—DKL（U_3）—导线 861。电空阀 253YV 得电，总风遮断阀关闭，可以解决因制动管漏泄，向制动管补风作用导致的自然缓解问题。

五、结语

对于机车而言，其制动系统的质量直接关系到机车和车辆的运行安全，所以在针对 DK－1 型制动机在实际运用中反映出来的一些不足和缺陷，进行相关技术改进时，必须尽量认真仔细地全盘考虑，在保留其成熟和可靠的技术基础上，经过理论推理、实验验证，这样才能真正地做到兼容并包。本文提出的技术改进方案，经过了 DK－1 型电力机车制动机试验台多次验证是可行的。

参考文献

［1］刘豫湘，陆缙华，潘传熙. DK－1 型电空制动机与电力机车空气管路系统［M］. 北京：中国铁道出版社，2005.

参 考 文 献

［1］ 李轩. 人类进化史［M］. 北京：中国广播电视出版社，2011.

［2］ 胡才珍. 浅议第二次科技革命与大工业文明的建立［J］. 世界历史，1996（2）：48－55.

［3］ 胡庆华. 电磁理论的创立与第二次技术革命［J］. 合肥师范学院学报，2000（3）：56.

［4］ 王扬. 第二次科技革命的内容、特点及意义［J］. 学习月刊，1998（3）：17－19.

［5］ 阎康年. 三次技术革命和两次产业革命的历史经验［J］. 世界历史，1985（4）：1－9.

［6］ 张春雨，胡敏，钟铁柱. HX_N5 型内燃机车原理与操作［M］. 北京：北京交通大学出版社，2016.

［7］ 北京铁路局. HX_N3 型内燃机车原理与操作［M］. 北京：中国铁道出版社，2014.

［8］ 本书编委会. HX_N3 型内燃机车检修技术规程（C5 修）［M］. 北京：中国铁道出版社，2017.

［9］ 铁道部劳动和卫生司，铁道部运输局. 内燃机车钳工［M］. 北京：中国铁道出版社，2007.

［10］ 许建林，蔡国强，李志南. 电力机车制动机：M^+Book 版［M］. 北京：北京交通大学出版社，2015.

［11］ 铁道部设备办公室. 铁路设备综合管理工作指南［M］. 北京：中国铁道出版社，2000.

［12］ 铁道部机务局. 机务部门机械动力设备修理和鉴定办法［M］. 北京：中国铁道出版社，1995.

［13］ 刘保军. 机务设备信息管理系统的研究与开发［J］. 铁道机车车辆，1997（1）：59－61.

［14］ 吴春复，张培彬. 铁路机务段信息系统的设计与实践［J］. 铁道机车与动车，2000（9）：28－30.

［15］ 洪国伟. 机务管理信息系统总体设计的探讨［J］. 铁路计算机应用，2002，11（2）：19－22.

［16］ 中华人民共和国铁道部. 铁路主要技术政策［J］. 司法业务文选，2013（14）：25－29.

［17］ 胡云翔. 普通钳工与测量基础［M］. 重庆：重庆大学出版社，2007.

［18］ 张水潮. 装配钳工［M］. 北京：机械工业出版社，2013.

［19］ 常宝珍. 钳工划线问答［M］. 北京：机械工业出版社，2002.

［20］ 广西壮族自治区教育厅组织编写. 职业教育教学法［M］. 上海：华东师范大学出版社，2010.

［21］ 王婀娜，舒尔茨. 德国职业教育教学法之理论与案例［M］. 北京：人民日报出版社，2016.

［22］ 赵志群，罗什. 职业教育行动导向的教学［M］. 北京：清华大学出版社，2016.

［23］ 康托. 美国 21 世纪学徒制：培养一流劳动力的奥秘［M］. 孙玉直，译. 北京：中国劳

动社会保障出版社，2016.
[24] 郑霞忠，黄正伟. 科技论文写作与文献检索［M］. 武汉：武汉大学出版社，2012.
[25] 姚养无. 科技论文写作基础［M］. 北京：国防工业出版社，2017.
[26] 中机设备维修技术服务中心. 设备操作与保养［M］. 北京：中国铁道出版社，2001.
[27] 铁道部. 铁路机务设备设计规范：TB 10004—2008［S］. 北京：中国铁道出版社，2009.